西尾幹二全集

第10巻

ヨーロッパとの対決

国書刊行会

キールの会場でシューレスヴィヒ・ホルシュタイン州経済省対外経済局長「私は、というよりドイツ人は、ご講演の間ずっと叱られっ放しであったような気がする。昔の生徒が今先生になって教壇に立って私たちの前に現われ、私たちを叱っているようにも思う」

（一三四ページ）〈上〉

デュッセルドルフ日独協会会長シュルテ博士「これから日本人のように歩めとの御説と伺ったが、それは西欧人が自分自身でなくなることを意味する。そんなことは出来ない相談だ。ドイツ人はたとえ破滅しようとも、自分の信念を押し通す」

（一四三―一四四ページ）〈下〉

「ドイツで私の講演がぶつかった壁」より

目次

Ⅵ ドイツを観察し、ドイツから観察される……413

X　日本を許せなくなり始めた米国の圧力

序に代えて

読書する怠け者

ある若い未知の読者と書簡を交す機会があった。ときおりそういう機会はあるのだが、印象に残る例は少ない。本を読む若い人が少なくなったと言われてから久しい。それは言葉に躓《つまず》く人が少なくなったということでもあろう。ところがその読者は、私の本の中のたった一語にひっかかったという。ある私の表現に抵抗を覚えたらしい。そこで、礼儀正しい質問状を寄せて来たのだが、いい加減に読み飛ばさずに、ともかく気になった一語の意味を問うて来た真剣さが私には嬉しかった。

ここでは、読書とはいったい何かを考えさせられた、この私の一年程前の経験を、順を追ってご披露してみようかと思う。

七年前に私は新書版で『ニーチェとの対話』(本全集第6巻所収)という小さな本を書いた。「ツァラトゥストラ私評」という副題が示すように、難解と言われる十九世紀の孤独な作品の中から、私が任意に好みの言葉を抜き出し、自由な解釈や連想を語った、あまり学問的とは言えない書き方の小著だった。自分が当時真剣に考えていた諸問題を投げ込んではいるものの、研究とはおよそほど遠い勝手気儘な内容の本である。その読者――T・N君といま仮にしておくが――は、本の中の私の書き込みの一部が気になって、次のような文面の書簡を寄越したのである。

拝啓　日に日に寒さが厳しくなる今日この頃でございます。ニーチェが試験とからんでいたこともあって、先生の『ニーチェとの対話』を図書館から借りて来て読みました。途中、時々ハッとするところがあり、考えさせられることの多い本だと思いました。小生、N大学の経済学部に在学しています。

ところで、先生にどうしてもお聞きしたいことがあって、こうしてお手紙を認《したた》めました。前掲書の八十四ページにある、「読み手もまた、他人の本を読むにはそれ相応の覚悟が必要だろう。もし優れた本を本当に理解したならば、場合によってはその本が読み手の人生を毒することがあるというくらいのことを、彼は承知していなくてはなるまい」（傍点T・N氏）という御言葉、さらさらと読んでいけば成程そうかも知れない、とも思えないこともないのですが、こうして一読した後も、どうもこの一節が、喉につっかえた魚の骨のようにしっくりときません。先生の比喩が分りません。

先生の右の御言葉は、その「優れた」書がその「優れる」と言われる所以と大きく矛盾するように思われて、これから生きて行く上での自分の一つの土台とすべきものが逆評価されたような気がして、どうも落着いていられないのです。

是非ともこの言葉の真意を教えて頂けませんでしょうか。お願い致します。

一月十七日　　敬具

周知の通り『ツァラトゥストラ』には「読むことと書くことと」という節があり、次の言葉を以て始まる。

いっさいの書かれたもののうち、私はただ、血で書かれたもののみを愛する。血をもって書け。そうすれば君は、血が精神であることを知るだろう。

他人の血を理解するなどは、簡単に出来ることではない。私は読書する怠け者を憎む。

本を書く側と読む側との両方に、最も厳密な意味での「体験」を求めている章句である。しかも、言語を介してこの本来の「体験」を他人に伝達することの困難、あるいは、他人の「体験」を後から本を介して理解することの絶望的困難への自覚を語っている言葉でもある。じつに強烈な問いを突きつけて来る一節だが、T・N君が疑問とした私の文章は、ニーチェからのこの引用文に私自身が突き動かされて、自由に付したコメントの中に出てくるのである。

平生の私なら、「優れた本は読み手の人生を毒するかもしれぬ」などという予言者めいた台詞はとても吐けないが、何しろこの本では、予言者ツァラトゥストラに触発されて、私自身も何者かに取憑かれたかのようにして書いているので、ついこういう思い切った表現を書き残してしまったものとみえる。

私は暫く日を置いて、次のような返書を認めた。

前略　お手紙拝見しました。ご返事が遅れ申しわけありません。

あまり難しくお考えになることはないでしょう。

優れた本が人生にすべて有益であるなどというのは、ありふれた教訓家の考えに過ぎません。ショーペンハウアーを読んで自殺した人がいますし、『罪と罰』を読んで実際に自分もラスコーリニコフのような犯罪を犯した人間がいたとも聞いています。それらの例は「誤読」以外の何ものでもないのですが、優れた本には人を誤読に誘い兼ねぬ要素があるものなのです。というより、「誤読」だから身を誤ったというのではなく、「正読」してもこの場合には危険は同じだ、とむしろ申し上げた方がよいかもしれません。優れた本を本当に理解するなどということは厳密に言うと不可能です。われわれは中途半端に理解しているか、あるいは誤解しているお蔭で、危険に陥らずに済んでいるのだともいえるのではないでしょうか。

こうした例は極端なケースだとお考えになるかもしれませんね。慥《たしか》に際立った例のつもりで書きました。しかしもっと平凡なケースでも、優れた書物を正しく理解しようと努めることが、実際に自分の人生にプラスであるとだけ考えることは、私自身の経験からも言えません。

私はある批評家に魅かれて夢中になってその人の本を読んだことがあります。その人のように考え、その人のようなスタイルで文章を書きたいと念じました。気が付いてみると、私は自分の文章が妙な模倣体になっているのに厭気がさし、そのうち自己嫌悪に陥って、どんな文章を書くこともほとんど不可能になってしまいました。自分の個性のつもりでやっていたことなのに、逆に、自分には何の個性もないのだということに否応なく気付かされてしまったのです。私に残されたのは無力感だけでした。

私は今、どうして自分が当時立直ることが出来たのか分りません。多分若さのせいと、多少の厚かましさのせいだったでしょう。

私のこのケースとは別の例ですが、昭和文学史には小林秀雄に中毒した文学青年の屍が埋もれているとよくいわれます。小林秀雄という大きな存在に圧せられ、せっかく文学を志したのに、中途で放棄した人たちの話は無数に耳にしました。自分にはとうてい及ばぬと思うと、やる気がなくなってしまうのです。小林秀雄の文学以外に、文学像を思い描くことが出来ず、かといってそれに自分の力はいかにも及び難く、模倣することも出来ず、さりとて脱出することも出来ず、結局身動き出来なくなってしまうのです。

ボードレールが、マラルメが、そしてランボオが、こうした数多くの屍を歴史に残し、その上を踏み越えて来たのでした。

こんな例のあげ方で、もうお分りいただけたでしょうか。本当に優れた書物は、ときにその読者の人生を歪めるほどの毒を内蔵しているとしても、珍しくはありません。聖書だって、仏典だって、例外ではありますまい。中途半端な書物にはそういう力がまったくありません。

若いときにそういう力に心の内部を踏み荒されることが果していいことなのか、悪いことなのか、私には分りません。若いときには自分の力がまだ弱く、踏み荒されたままで二度と立直れないこともあり得るからです。

優れた書物からさしたる影響をも受けず、ぼんやりと読んでぼんやりと人生を過ごすのも、必ずしも悪いことではないでしょう。人それぞれです。私は今多少そういう気持になっています。というより、書物のそういう読み方、理解の仕方（あるいは、誤解の仕方）しか、厳密に考えるとこの自分もついになし得ないのかもしれない、との感慨を日々深めている昨今だからです。齢をとってきたせいかもしれません。

それでは以上、ご質問への返事になったかどうか分りませんが、私見を述べてみました。

一月二十八日　　　　　敬具

暫くしてT・N君からまた手紙が届いた。

拝復　依然寒い毎日がつづきます。有難うございます。御返事、拝読いたしました。この四枚の便箋を何度も読んで、僕は自分が今までの小さな殻から抜け出た、という気がいたしました。正直に告白しますと、一山越えた、という気さえしたのです。「毒される」かもしれませんが、僕自身は優れた本を読んでいきたいと思います。僕よりも幾世紀も前にその足で大地を踏みしめた賢人たちの声を聞くことのできる光栄を、可能な限り享受したいと思っています。

それと同時に、本を読むとは何か、ということももっと突きつめて考えてみたいと思います。僕は先生の次の言葉が好きです。

「第一どうして人はそんなに本を読む必要があるのか。場合によっては本など読まなくても、人間は立派な生活人として一生をまっとうすることが出来るのである。そして、この観点を欠いたら、いくら多くの読書を重ねてもたいした稔りは得られないだろう」

これは大切な言葉だと思います。つい先日まで気が付いていないことでした。

〝優れた本の毒性〟——いったい何という言葉でしょう！　僕は先生から手紙を頂いてから、この言葉の下で暫く立ち竦んでいたのでした。優れた本というのは一体何だろう？　とも考えてみました。優れた本の絶対的優越性。これは何としたものであろう。少なくとも民主的な価値などではまるでない、この位置。優れた本の強さ、そしてその毒。——

これからも引きつづき、問題意識をもって、その強さと面していきたいと思っています。

二月十三日　　　　敬具

大変に素直な気持の滲み出ている、大学生らしい文面に、私は教訓家の役割を演じてしまった内心の羞しさをも忘れ、暫く気持の和《なご》む思いがした。しかし、読んでいておやっと気がついたことがある。T・N君は私の手紙の最後の文章に注意を払っていないのだった。「優れた書物からさしたる影響をも受けず、ぼんやりと読んでぼんやりと人生を過ごすのも、必ずしも悪いことではないでしょう」以下の、自嘲めいた私の言葉は、彼の視野にまるで入っていなかった。再度疑問を覚えて折返し質問して来るということもなかった。若い人らしく、私の文章の影の部分は見えなかったし、興味も覚えなかったのであろう。

けれども、私はあの最後の文章で、シニシズムを弄んだのでもなければ、馬齢を加えて自信を喪い、自嘲に陥ったのでもない。私は事柄の持つ二重性を、多少曖昧な言い方でしか言えなかったが、示唆しておいた積りだった。

そこで問題を今いくらか本質的に考え直して、ここで再分析してみることにしよう。そうすれば良書に特有の「毒」という私の最初の主題の真意も一層はっきりして来るだろう。

私たち現代の人間は、とかく言葉で固定化されたものがそのまま文化であるとする通念に傾き勝ちな一面がある。文章化し書物化した世界のうちに、文化の動かぬ実体が存在しつづけているのだという錯覚に囚われ勝ちである。過去の優れた書物を研究する人が跡を絶たないのは、思うにそのためであろう。本についての本が出版点数の中の最大多数を占めているのも、この理由によるのであろう。けれども、本の中に、あるいは本という形で残された単なる言葉の中に、過去に生きた人間の精神が果して実体として存在していると言えるのだろうか。たしかに、記録され保存された言葉を介してしか、われわれは過去の精神に接近しようがない。しかし、残された言葉の中に精神がそのまま実在しているのではおそらくあるまい。言葉は精神へ至るための通路、精神を解くための鍵でしかないであろう。一冊の「優れた書物」は、しょせん比喩の世界でしかない。媒体でしかない。内奥は言葉の届かぬ処にある。だとすれば、表面の言葉だけをいくら分析し、解釈してみても、精神そのものには至り得ないのである。もしもわれわれが「優れた書物」に出会いたいと欲するなら、われわれ自身が言葉という比喩を通過して、それに応えるものを持ち、共時的に相似た体験をする存在になることに成功しなくてはならないのだ。

一冊の書物を、一つの精神を「理解」するとは、おそらくそれらを単に読書することと同じではない。読者として単に知的に理解することと同じではない。われわれ後世の読者は、はるか昔に立派な行為人として生きかつ教えた一人の人間に、自らも同じ行為人としてどこまで接近できるかに「理解」の成否がかかっているといえよう。しかも、言葉という表皮的な手段を使用して——言葉は行為に及ばない——一冊の書物、一つの精神を再構成し、その内奥をいわば行為人として追体験することが求められているのである。歴史の理解とは、じつに途方もない課題だと言わなくてはならない。

他人の血を理解するなどは、簡単に出来ることではない。私は読書する怠け者を憎む。

この短章の発する問いの重い意味は、これでやっと明瞭になったと思う。「読書」という静的な認識者の姿勢では、書物の真の理解は到底なし得ないというほどの意味である。ところが、「私は読書する怠け者を憎む」(Ich hasse die lesenden Müßiggänger.)という簡潔明瞭な言句を、『ツァラトゥストラ』のある新しい訳者は、「わたしは、暇潰しに読書するといった手合いを憎む。」と訳した。また、その一つ前の訳者は「わたしは怠け者の読書家たちを憎むのだ。」と訳したし、昭和の初期の名訳は「われは読むにあたって懶惰《らんだ》なる読者をば憎悪する。」と訳している。これらはいずれも、勤勉なる読書と怠惰なる読書の二つを想定し、原著者によって前者が肯定され、後者が退けられているといった解釈に基づく訳文であろう。つまり、「勤勉なる読書のすすめ」がこの短章の意味だというわけだが、果たしてそうだろうか。そんな解釈でいいのか。余りにも見当外れではあるまいか。

ニーチェは読書することは怠け者のすることだと言っているのである。読書、すなわち言葉を読む《レーゼン》ことを通じての理解の限界、ないし不可能、そして他人の「体験」を理解するには自らの「体験」を以てせねばならないという自覚に、ニーチェの精神的態度があることは再度言うまでもないが、しかし、この観点は、知らないで済めば知らない方が良いのかもしれない、と私はふと思う。これこそがじつは優れた本のもたらす最大の「毒」に外ならないからである。例えば、明治以後、西洋文化を学んで来た日本の知識階級のうち、一体誰がこのような自覚によって認識の根底を揺るがされてきただろうか。ロンドンにおける漱石の内的分裂は「毒」に当てられた一例とも言えようが、しかし、大半の知識階級は、精神に異変も来さずに、西洋の詩人や思想家を静的に享受することを以て西洋理解と称した「読書する怠け者」にすぎなかったのではないのか。そして、この傾向は大筋として今なおさして変わっていないのでは？

しかしながら、目を西洋世界にだけ限定してみると、二十世紀の西洋の精神世界は、ある意味で十九世紀までの伝統文化に依存した「読書する怠け者」たちの学習展示室のようなものではないだろうか。現在の西洋文化は、十九世紀までの天才的な先駆者たちが「血をもって」書き残したものの複製《コピー》にすぎないのでは？　模写にすぎないのでは？　そういうもう一周り外側にある文明の変質の問題がある。だとすると、それを学んでいる私は一体どういうことになるのだろう。私におけるすべては、彼ら先駆者たちの許で一度は徹底的に考え抜かれ実行されたもののいわば再演であり、写し絵であり、繰り返しである。私はいかんともし難いその事実に、今さら抵抗しようとも思わない。

過去の優れた書物を理解しようと努めても、厳密に考えると、「血をもって」書いた精神の真の「体験」は文明の今の状況下では成り立ち得ず、結果的には「ぼんやりと読んでぼんやりと人生を過す」ことと何ら変わらぬ平板な理解の仕方で過去の書物と対応している自分自身に、私は嫌でも応でも気付かざるを得ないのである。こう述べるのは自分で自分を見下しているからではない。優れた書物を「理解」することの本来の意味を厳密に考えれば考えるほど――従って人生に対し積極的であればあるほど――自分自身の現在の位置に対してわれわれは幻想を抱くことが許されないのである。

若いT・N君にそこまで分ってもらうのは矢張り難しく、また、最初からその積りもなかったが、同君宛の手紙の中に期せずして私が自分の内心を洩らしていたことが、後で考えてみると、私自身にとって少なからず興味深い、有益な自己発見になったといってよい。

（「学士会報」第七七〇号、一九八六年一月刊）

I

世界の中心軸は存在しない

ヨーロッパの閉鎖性（バイエルン第二放送）

この論文は、欧州議会の最初の直接普通選挙に先立つ記念番組の一環として、西ドイツのバイエルン放送局より私に依頼のあったヨーロッパ論の元原稿である。ドイツ語テキスト Die Exklusivität Europas が一九七八年十二月三十日午後七時三十分―八時、西ドイツ全土に放送された。

私たち日本人はヨーロッパといえばある一定の地域と人種を思い浮かべ、かなりはっきりした概念を抱くことができるが、ヨーロッパ人はアジアという言葉によって普通には何を考えるだろうか。以前私がトルコのイスタンブールを訪れ、ボスポラス海峡を一目で見渡す寺院のバルコニーに立ったとき、傍にいたドイツ人観光団の一人が「海峡の向こうはアジアだ」と叫んだ。私はそのときちょうどヨーロッパからアジアの果ての日本へ帰って来る途中であったので、この言葉は奇妙な印象を私に与えた。私にとってアジアはまだそこからは遥かに遠く、トルコのあたりはアジアとは言えない。しかしヨーロッパ人にとって、アジアとはトルコから以東の全領域を指しているのである。場合によっては非ヨーロッパ世界のすべてをアジアという一語で言い表わしている場合さえある。彼らの思考の中では、世界といえば今でもヨーロッパ世界と非ヨーロッパ世界の二つしか存在しないかにみえる。だから彼らは観光旅行でたまたまトルコに来て、ヨーロッパとは異質な生活風俗に触れると、「アジア」という便利な言葉をただちに思い浮かべるのであろう。しかし私たち東アジア人からみれば、イスタンブールは依然としてヨーロッパの一部なのである。汽車に乗って二晩でドイツに行ける近さである。ちょうどこのときは夏期休暇で劇場が閉鎖していたが、これなどもヨーロッパの演劇界の慣習がそのままトルコに移されていた結果で、日本にはみられない慣習である。

ヨーロッパ人は一般に非ヨーロッパ世界が大変に多様であることには注意を払わない。ここにはアジアという一語でひと纏めにすることなどはとうてい出来ないほどの多くの中心点があって、アジア人は統一意識をほとんど持っていないという事情を十分に理解しているとは言えない。ヨーロッパ人はたしかに統一意識を持っているかもしれない。しかしヨーロッパ文明に対応するのはアジア文明ではなく、アラブ文明であり、ペルシア文明であり、インド文明であり、中国文明であり、極東文明である。西洋対東洋、という対立図式の立て方はその意味でも間違っているし、観念的である。私たち日本人にとっては、アラブやペルシアやインドはそれぞれヨーロッパと同じくらいに遠く、あるいはそれよりももっと関係の浅い異質な世界であると言えよう。中国でさえも私たちから見れば、価値観や美意識の異なる、謎めいて、エキゾチックで、理解できないものをたくさん孕んでいる不思議な国なのである。昔中国には足斬りの刑があり、宦官制度があり、纏足《てんそく》といって少女の足に布を堅く巻きつけ、発育を止め、歩行を困難にして、それをもって女性の美とみなした特異な風習があった。私は子供の頃そういう話を聞くたびに、中国をヨーロッパよりも遠い世界に感じた。いずれも日本の歴史の中には存在しない制度や習慣であったからである。最近日中友好条約が結ばれ、世界の眼は経済と文化において協力し合う両国の将来の可能性に向けられているが、しかし日本人は一般に現代中国にも馴染めないものを感じているのである。昨日まで毛語録を手に手に捧げて民衆が絶叫していた文化大革命は、今日ではもう否定されている。そういうことは私たちには分らない。「壁新聞」といって、重要な言論戦が印刷によってではなく、北京の要路に張り出された掲示によってなされている今日の中国の情報交換のあり方も、私たち日本人の理解をはるかに超えているのである。

文明の使徒?

アジアという名称は、今のアナトリア半島、すなわちトルコにあったギリシアの植民都市の名であった。古代ギリシア人は東の方にある広い土地をみなアジアというこの都市の名で代表させてしまった。そして古代末期から近代に至る千年もの長い期間、ヨーロッパは自己を閉ざし、暗い闇につつまれていた。十六世紀ごろまで東方のほうが人間の交流も激しく、文化も進んでいた。中国ははるか昔から高度の文明を有していたし、イスラム世界は軍事や政治だけではなく、哲学、学問、芸術において約千年もの間ヨーロッパ世界を圧倒していた。ヨーロッパが新たな勢いを得て、西方から東方へ向け、力の逆流現象が起こり始めたのは、たかだかここ三、四百年くらいの最近の出来事にすぎないのである。ギリシアに端を発し、キリスト教中世を潜り抜けて準備されていた自然科学の精神が、言うまでもなくヨーロッパの「近代」のこの力の基礎をなしている。近代になって人間が初めて世界の中心の位置に登り、自然は初めて人間の客観的な対象認識の支配下に入った。自然は完全に観察の対象とされ、人間は自然を分析し、解体して、人間に役立ちうるものに再構成する方法を獲得した。こうして近代の技術文明が誕生し、ヨーロッパからしだいに地球上の全領域に拡がり始めた。ヨーロッパのこの科学と合理主義と技術文明に対し、非ヨーロッパ世界は抵抗し反発する力をほとんど持っていなかった。自然認識のこの革命は、わずか二、三百年の間に、政治、経済、軍事の各方面においてヨーロッパに圧倒的に優位な地位を与えた。ヨーロッパで発見された自然科学の認識方法が、自然や人間を認識する唯一絶対の方法であるとは限らず、非ヨーロッパ世界にはこれとは異なる自然観察の方法が存在していた。しかしそれは能率という点で劣っていた。競争力がなかった。ただそれだけの理由で、東方へのヨーロッパの進出は急速に進められ、十九世紀の末に文化支配はその頂点に達した。

それ以来、ヨーロッパ人は自分のみを文明の使徒と信じるようになり、非ヨーロッパ世界を全部ひっくるめて野蛮と考えるようになった。かつて全東方世界がギリシア人によってアジアという植民都市の名で代表させられていたように、近代のヨーロッパ人もまた、ギリシア人の習慣に従って、トルコより東の世界は要するにこれをまとめてアジアの名で呼ぶようになったのであろう。こまかな差異などはどうでも良くなったのである。ヨーロッパ観光団の一人が「海峡の向うはアジアだ」とイスタンブールで叫んだのは、象徴的である。これは「ここから先にはもうヨーロッパはない」という意味にほかならない。世界地図の中に、中近東、西アジア、中央アジア、東南アジア、極東などの呼称が存在するのも、アジアがヨーロッパから見て、ヨーロッパ人の理解に都合のいいように区分けされ、分類された結果にほかならない。しかし例えばイスラム世界はあっても「西アジア」などというものは存在しないのだ。中国はあっても「東アジア」などというものは存在しない。日本や韓国はあっても「極東」などというものは存在しない。それぞれがみな独立した別個の世界である。アジアとか東洋の名で総称されるのはもっぱらヨーロッパ人の都合のためである。私の部屋には日本で作られた世界地図が張ってあるが、当然、日本が真中の位置に描き出されている。それによると、ちょうど「極東」に相当するのはニューヨークのあたりであり、ロンドンは「極西」に位置している、ということになるのである。

揺るがぬ固定観念

しかし現代は、ヨーロッパ人が自分を中心にして描き出しているこの世界像が、以上述べてきたようにあまりにも閉鎖的で、公正を欠いているように見え始めている時代ではなかろうか。現代という時代は他文明に自分の価値観を当て嵌めるのではなくて、他文明をそれ自体として公平に「理解」することが、学問から政治や外交に至るあらゆる局面で要請されている時代であろう。

ヨーロッパ人自身も勿論そのことには気がついている。十九世紀の末から二十世紀にかけて、ヨーロッパ人はシュペングラーのいわゆる「西洋の没落」の理念を知らされるようになった。ギリシアの古典美だけが美のすべてではない。キリスト教的自由だけが自由のすべてではない。世界にはさまざまな美があり、さまざまな道徳や哲学がある。ヨーロッパ人はこの百年間に少しずつ、ヨーロッパ的な価値基準が相対化していくのを経験せざるを得なかった。十九世紀の末頃からインドや中国や日本の古い文化を研究するヨーロッパ人は急速に殖えたし、第二次大戦後、政治的にも、外交的にも、ヨーロッパの勢力は世界地図の中で明らかに後退した。すなわちヨーロッパは他の世界からの進出と攻勢に対し、防衛的になった。ヨーロッパ人は守勢に立たされていることを自覚し、EC（注・欧州連合EUができる前の欧州共同体のこと）を中心とするブロック経済を組んだり、ヨーロッパの統一議会を創設したりして、内部対立を解消し、一つに小さく纏まろうとしている。

だから、十九世紀のイギリス人のように、自分たちは世界の七つの海の征服者であると己惚れるヨーロッパ人はもういない。しかし、それにも拘らず、わずか三、四百年の間とはいえ、自然科学と技術文明によって自分自身を中心に描き出していた彼らの世界像は、今ではほぼ固定観念となり、ヨーロッパ人の心の中からは消えていないのである。それがどれくらい根の深い固定観念となっているかを示すには、ヨーロッパ人自らが自分の伝統思想に懐疑を差し向けるときにみせる、あのきわめて独特な、ヨーロッパ的なポーズをとり上げてみるとよく分る。

例えば、三年前に来日したミシェル・フーコーの代表作『言葉と物』は、近代ヨーロッパ的な人間中心の思考に対し、真向から対立するテーゼを提出したところに非常に大きな意義があった。それはマルキシズムからキリスト教まで、あらゆる思想領域で疑われなかった人間主義に対する基本的な疑念の表明であり、十九世紀に頂点に達したヨーロッパ流の歴史主義的思考への反逆意図を秘めていた。けれども、われわれ非ヨーロッパ人がこの書を読んで不思議に思うのは、この書にはヨーロッパの外から自分を眺めている視点がまるで欠落している点なのである。十七世紀のベラスケスの一枚の絵から説き起こすこの書は、ヨーロッパ的価値の終焉を論述しながら、叙述の材料をもっぱらヨーロッパの過去の歴史と学問と芸術のうちに求めるのみである。よしんば非ヨーロッパ世界に筆が及ぶ個所があるとしても、それは必ずしも「理解」を目差してのことではない。いや、理解を目差しているにしても、その理解の質が問題なのだ。この点はレヴィ＝ブリュールからレヴィ＝ストロースの未開社会の研究のうちにも、やはり顕著に現われていると思われるのだが、ヨーロッパ人は今まで意味了解の不可能であった世界に対面し、これを理解しようとする場合でも、必ずしも未知の世界との出会いによって自己変革を試みるのではなく、なんとかしてヨーロッパ的な思惟方法によって未知の世界を組み変え、自分の知的体系のなかに位置づけようと、貪婪なまでに意欲的な姿勢をみせるのである。私はここに他者を対象化することで他者を征服せんとするヨーロッパ人の自己防衛の論理のすさまじさを見るとともに、はたして他文明に「学ぶ」とはこういうことなのだろうか、という疑念を禁じ得ないのである。

凄まじい守旧感情

現実の世界地図の中で、ヨーロッパはもうすでに一つの地方文化圏《プロヴィンツ》にすぎない。パリはもう決して世界の首都ではなく、ある意味では「片田舎の町《クレーヴィンケル》」であるとさえ言い得る。現代の世界にはどこにも中心点はなく、首都は存在しないのである。にも拘らず、ヨーロッパ人の意識は自分が世界の中心であるという観念に依然として囚われつづけている。彼らはほかの文明に謙虚に「学ぶ」ということが下手である。今述べたように、ときどきほかの文明に対し公正と公平の感覚を示し、理解と寛容の態度に出ることはあるが、それは結局は仮面にすぎず、自分の尺度でしか相手を見ることができないという欠点はいつまでも残っている。とりわけフランス人とイギリス人にこの傾向は顕著である。フランス語を喋れない人間を尊重しないフランス人の自己中心思想などは、私たちの目からは、今では田舎者の空威張りのようにみえ、じつに滑稽である。そしてこうした傾向は今まではヨーロッパの安定と統一の現われであったと思うが、これからはヨーロッパに停滞と衰弱を招来する危険な徴候となるであろう。

私は以前アムステルダムの街角で、五階の窓べに滑車をつるし、大きな家具を綱で吊り上げて、窓から家具を搬入している光景を見た。周知の通り、オランダは〝栄光の十七世紀〟をいつまでも忘れかね、街並はあの不便な、細い螺旋状の急階段を持つ古い建物で占められている。建物にエレベーターが取り付けられていない。家具は原始的に綱で吊り上げて窓から入れるしかないのである。日本人の私からみると非常に不便で、ばかばかしいほど不合理に見える。しかし勿論、古い家具や建物を大切にするのがヨーロッパ人の文化感覚であることを私は知っているし、その限りでは尊敬もしている。例えばまた、西ドイツのニュルンベルクは戦争で徹底的に破壊されたが、さながら不死鳥のように戦後ただちに中世様式のままに復興した。古い時代の味わいを出すために、建物に用いた石材に化学処理を施したと聞いて、ヨーロッパ人の守旧感情の凄まじさに驚いた。日本人はそうまでして古い文化遺産を残そうとは考えない。仏教的な無常観を持っている日本人は、生命あるものは必ず死に、形あるものは必ず亡びると悟って、執着しない。と同時に、日本人は外に目を向けた新しがり屋でもあり、古いものをどんどん捨て、新しい珍しいものを求めたがる。それは日本人の軽薄さだと言えないこともなく、弱点でもあろう。ところが、私はある経済学者から次のような話を聞いた。日本の鉄鋼生産がヨーロッパ各国をはるかに凌いでいることは周知の通りである。鉄鋼に関する日本の技術は世界の最先端にあり、この部門に関する限り、日本は技術を欧米諸国に売っている立場にさえある。いったいなぜ日本人は鉄鋼生産において戦後急速に成功したのであろうか。なんでも新しいもの、珍しいものを求めたがる日本人の弱点と、古いものを大切にするヨーロッパ人の長所とがまさに引っ繰り返って、裏目に出た結果であるという。日本人は機械や設備をどんどん改良し、取り換えるが、ヨーロッパ人は容易にそうしない。古い機械や設備をいつまでも大切に扱おうとするからである。それが技術革新の凄まじい現代においてはかえってヨーロッパ人には不利に、日本人には有利に作用したというのである。

だだっ子の八つ当り

日本は二千年間、文化輸入国で、外に「学ぶ」姿勢のみで活力を得てきた。国内の事情を外に「教え」ること、すなわち自分を説明することはすこぶる下手であるが、いつも眼を外に開き、自分を不完全と見做し、外から秀れたもの、新しいものを取り入れることには終始熱心であった。自分の基準で外の世界を決めつけるのではなく、外の世界の基準に自分を合わせることに、日本人はこだわりがない。それがじつは、日本の政治や外交が外から圧力を掛けられるまでは進んで動こうとしない、消極的な性格上の弱点にもなっているのだが、この謙虚さがまた同時に、今日の日本経済の上昇力の基礎をなしているのである。それにひきかえ、自己中心の世界像に満足し、外の世界に「学ぶ」ことの下手なヨーロッパ人は、いつまでも昔の勢力優勢であった時代の夢を見ていて、高飛車な態度に終始している。

日本のカメラ、テレビ、自動車、鋼材がヨーロッパ各国の市場に進出し、それに対し日本がヨーロッパから工業製品を買おうとしないため、貿易収支に不均衡が生じた。この二年間、日本の黒字（輸出超過）はヨーロッパの新聞やテレビで非難された。古くさい「黄禍論《こうかろん》」を唱えるアナクロニズムに満ちた論調もあった。パリには一九三〇年代を思い出させる反日気運が盛り上がったという。しかし、商品売り込みに一生懸命であった過去の日本人と同じような努力を、いったいヨーロッパの貿易業者は、日本の市場に食い込もうとして払っているだろうか。

イギリスのあるニットウェアーメーカーが次のように言ったそうだ。日本人の体格に合わせてサイズを短くする必要は承知しているが、日本からのサイズの注文書がセンチ、ミリ単位で書かれ、まるで精密機械の仕様書のようで、ばかばかしくてお話にならない。当社は諸外国にも輸出しているが、いまだかつてこのような事例には遭遇したことがない。そう述べ、日本の市場に食いこめない不満を、日本側の不誠実のせいにして、永年やってきたイギリス流の遣り方を改めようとはしなかった。

デンマークのある会社は日本から月に商品百個の注文

を受けたが、生産能力は五十個。日本のメーカーなら徹夜し、残業してでも残り五十個を作ろうとするが、デンマーク人の言い分は「あと五十個作るには機械をもう一台入れなければならない。以後、百個の注文を永久に保証してくれるか」。勿論、これは合理的な態度ではあるが、こんなことではとうてい日本の市場で商売をすることは出来ないことを、覚悟しなければならない。

キャビアの輸出もいい例である。キャビアを赤く染める染料を日本の食品衛生局は認めていない。しかし「自分たちが永い間食べてきて、障害はなかった」とヨーロッパの業者は譲らないそうである。

外国市場の事情に対する日本人の関心と研究熱はじつに旺盛である。ヨーロッパ人がそれと同じくらい熱心になることは難しいだろうが、せめてその熱意の一かけらでも持っていれば、貿易収支は日本の輸出超過には決してならないだろう。ヨーロッパ人が自分の怠慢を棚に上げて、日本の貿易の仕方を乱暴者の殴り込みのように非難するのは、私たちから見れば、我儘なだだっ子が八つ当りをしているようにしか見えないのである。もうヨーロッパがそれほどお高く止まっていられるような世界の情勢ではないことを、ヨーロッパ人自身がよく弁えなければいけない。

宗教的土壌の相違

ヨーロッパ人は非常に主我的で、自己主張においては長《た》けているが、協調の精神には欠けている。独立心が旺盛で、批判精神においては秀れているが、相手の立場に立って、寛容と忍耐をもって、相手を「理解」するという精神には乏しい。血ぬられた歴史に彩られた、残酷で陰惨なイメージを発散させているキリスト教と、宗教戦争の歴史を持たない、柔和で寛容な仏教との風土上の違いに発する相違点かもしれない。

キリスト教は肉体を侮蔑し、人間と人間以外の生物との断絶を強調する。仏教は地上において覚者《かくしゃ》となることを説いて、キリスト教のように天上に憧れるがゆえに極端に肉体を苛んだり、歪めたりしない。キリスト教は天啓の宗教であるが、仏教は認識の宗教である。仏教は人間と人間以外の生物との間に決定的な区別を設けない。草木にも、家畜にもみな仏心が宿っているとされる。仏教が広く伝えられた東南アジアや日本や韓国は、もともと温暖な気候に恵まれた季節風《モンスーン》地帯である。夏は雨が多く、人間は勤勉であれば、自然は必ず穀物や野菜を与えてくれると信じられ、闘争しないでも生きていける、平和で温順な生活環境が培われてきた。

　日本人の食生活はもともと菜食で、家畜を食糧にする習慣はなかった。牛肉や豚肉を食べるようになったのはヨーロッパからの影響で、百年ほど前からにすぎない。日本のある思想家がドイツの宴席に招待された。小豚の丸焼きがテーブルに出された。しかし小豚の手足を解体し、内臓を切り裂いて食べるのが余りにも残酷で、どうにも口にすることができなかった。私自身は、小豚の丸焼きは経験がないが、アイスバインやブルートヴルストを食べられなかった記憶がある。前者は豚の足首の料理であり、後者は獣の生血のソーセージである。日本人はよほど経験を積まないと顔を背けたくなる料理であり、気の弱い日本女性なら吐いてしまうか、卒倒してしまうだろう。

　だから、今述べた日本の思想家が小豚の丸焼きを食べられなかったという気持は非常によく分るが、彼の記述によると、席上たまたま話題が日本料理の「焼き鳥」に及び、日本人が小さな鳥を焼いて食べるという話になったとき、並み居るドイツ人がみなショックを受け、若いドイツ婦人の一人が、「ああ、なんと残酷な！」と、絶句したというのだった。

　この話は比較文化論の興味深い材料の一つになるだろう。日本人は牛や豚といった大きな動物の、形態がそのまま残っている料理や、血の匂いのある料理にこそ残酷さと恐怖を覚えるのだが、家畜を犠牲にして神の祭壇に捧げてきた——日本には宗教上のそういう儀式はなかった——ヨーロッパ人にとっては、小動物を殺害するという観念の方が残忍で、暴力的に見えるらしいのである。日本では都会から離れて奥地の農村に行くほど、純粋な菜食になって、肉を食べないが、ヨーロッパではどうやら逆で、農民の食物の方が都会人のそれよりも、ヴァラエティーを欠いた純粋な肉食に近くなるようである。動物の解体はヨーロッパの農村生活とは切っても切り離せない関係にあるのではなかろうか。

価値観の押し売り

　私はヨーロッパの、主としてイギリスの動物愛護精神というものをはなはだ滑稽に思っている。ヨーロッパ人が肉食を主体にし、血ぬられた料理を口にしながら、犬や猫のようなペットだけを毀《こわ》れ物のように大事にするなどは、偽善もはなはだしい。最近、日本の漁村で海豚《いるか》の大群が殺害された。海豚が烏賊《いか》を食い荒すので、数億円にのぼる烏賊漁の損害を食い止めるためだった。ところが、このニュースが世界中に伝えられると、各地で日本人はなんと残酷な国民かと騒ぎ立てる声が湧き起こり、ヨーロッパやアメリカのあちこちで日本大使館に抗議がなされたりした。また、先日はロンドンの日本料理店で、スッポン料理の料理法が残酷であるとして、罰金が科せられたという話もある。以上はいずれも日本人には納得の行かない不愉快な出来事であった。この文章で私が繰り返し強調してきたように、ヨーロッパ人は非ヨーロッパ世界に自分の価値観を押しつけ、自分の基準でしか相手を見ることができない盲目なところがある。右はそのきわめて代表的な例であるといえる。

私はヨーロッパ人が東アジア人よりもとくに残酷だとか、悪趣味だとかは思わない。ただその逆ももちろん成り立たないのである。世界には感覚の相違に基づくさまざまな価値観や美意識があって、例えばフランス人は蝸牛《かたつむり》を食べるが、平均的な日本人にはこれは最初しばらく薄気味が悪く、慣れるには時間がかかるだろう。

日本人が不愉快に思うのは、とくにイギリスにおいてこの種の反日宣伝が意図的に行われていることである。かつてシンガポールで日本軍に捕虜にされたイギリス将兵が、日本軍から加えられた仕打を忘れないと、今でも繰り返し言っているようだが、七つの海を支配した大英帝国が、そのむかし世界各地の植民地で、どれほどひどい非人間的行為に及んでいたかを、多くのアジア人は決して忘れてはいないだろう。そもそもシンガポールという東南アジアの遠い一角にまで、なぜイギリス人が進出し、軍事的威力を誇っていたのか、その一事だけでも、イギリス人には弁解の余地はないと思う。第二次世界大戦において日本がイギリスやオランダやアメリカと太平洋地域において戦闘を交えたことは、不幸な出来事ではあったが、その結果、ヨーロッパの植民地であった東南アジア各国は、戦後、独立の獲得を可能にした。勿論、日本はそれによって戦争を正当化することはできないが、同様にヨーロッパ人も、いかなる理由づけによろうとも、アジアへの勢力伸長を正当化することはできまい。

私は戦争中に行われた行為について、日本兵とイギリス兵のどちらが残酷で、暴力的であったかを、お互いに非難し合いたいとは思わない。水掛け論になるからである。ただイギリス人が今でも執念深くこれを怨みとして、自分の蛮行を棚に上げ、キリスト教徒だけが人道主義者で愛他主義者であるかのように振舞い、きわめて自分に都合のよい反日宣伝を繰り拡げるのは、なんとも許し難い気持がする。

進歩への信仰

もしも十八〜十九世紀以後、ヨーロッパやアメリカから東アジアへ、軍事的・政治的侵攻がなされなかったとしたら、この地域の住民は温暖な自然に包まれ、古代的に健康に、幸福に生きつづけていたであろう。彼らはヨーロッパ人やアメリカ人のように、自己を主張し、ぶつかり合って生きないし、自然を拒絶し、自然と文化との間に明確な境界線を引くことがない。東アジア人の多くは、人間と人間との関係においても、人間と自然との関係においても、調和のとれた安定した生活を送ることが可能であった。ヨーロッパの自然科学とはまったく別の体系に基づく独自の自然認識の方法も存在した。苦悩の克服の仕方も、幸福の尺度も、ヨーロッパ人とは質を異にしていた。

ヨーロッパ人は地球上に文明を普及させたのは自分たちだと今でも信じているが、それは大変に大きな誤認であり、錯覚である。別の見方をすれば、ヨーロッパ人は災厄と不幸を世界中に撒き散らしたのだ、と言って言えないことはない。彼らが東アジアにもたらしたのは文明ではなく、前にも述べた通り、自然科学であり、技術であり、合理主義であった。一口でいえば進歩への信仰である。もちろん今のヨーロッパは、もう進歩への信仰から脱却している。ヨーロッパ人の生活の中には、進歩への信仰によって必ずしも毒されないですむ基礎があるからである。すなわちそこには言葉のもっとも正当な意味における文明があり、今でもそれはかなり高い水準で保たれているが、しかし東方にもたらされたのはそれではなかった。文明から切り離された、単なる外側の部分、すなわちヨーロッパの物質的威力をなす部分にほかならなかった。そして、これは東アジア人の伝統的な生活、すなわちここに固有の「文明」に、破壊的な作用を及ぼしつづけてきたのである。

中国の病院では今でも、手術を行う際に、針麻酔という伝統的方法が採用されている。肺腫瘍を除くために胸を切開するような手術、脳腫瘍を除くために頭蓋骨を切開する手術——このような大手術においてさえ、ヨーロッパ的な薬物による全身麻酔の方法をとらない。身体の中の経穴、すなわちいわゆる壷に二、三本の針を刺し、微量の電流を通すだけで、患者は意識を失わず、苦痛も出血もなしに、手術を受けられるのである。中国の伝統的医学の考え方によれば、身体の中に、手の指先に発し人体を貫流して足の指先に終わる複雑な脈管組織があるとされている。この経路に、針を通すべき壷が並んでいる。しかしヨーロッパ流の解剖医学によってはこの脈管組織は発見できない。ヨーロッパ人は目に見えるもの、科学的に実証できるものをしか信じようとしない。しかしヨーロッパの近代生理学が把握している身体とはまったく次元を異にした、もう一つ別の「東洋的身体」が実在することだけは、どうやら動かせない事実らしい。解剖を基礎とするヨーロッパの医学は、誕生してからたかだか数百年だが、東洋の医学はじつに二千年以上の歴史を持っているのである。

日本は明治時代にヨーロッパの医学を全面的に受け入れた。そのとき中国から古来受け継いできた東洋の医学を否定して、解剖によっては証明できない、かの脈管組織を、迷信として退けてしまった。中国では幸か不幸か、社会全体の近代化が遅れたので、医学上のこの伝統が残ったのである。

右はきわめて象徴的な一例である。

新たな局面に「学ぶ」

日本は進歩への信仰に誘惑され、ヨーロッパの自然科学と技術と合理主義の道を驀《まっしぐら》地に歩んだ。そしてそれを巧みに消化し、自分のものとして十分に発展させることに成功した。なぜ日本だけがヨーロッパの影響による近代化に成功し、他の国、例えば中国は成功しなかったのかは、多方面で論じられている。日本の中世以後の歴史の型がヨーロッパのそれと類似しているからだ、と説く学者もいる。中華の思想に鎖された中国の歴史の層の厚さが開化の妨げとなってきたのだという見方もあり得る。しかしそういうことは総じて今はどうでもいい。日本はこの近代化の成功を一方では歓迎しながら、他方ではなんら誇るべき事柄とは考えていないからである。日本から同時に失われたもの、破壊されたものの大きさをもまた、私たちは今痛切に感じないではいられないのである。百年間で近代医学の高い水準に達した一方で、日本人が自分本来の心にマッチした東洋医学の経験と知恵を忘却してしまったなどは、その喪失のもっとも代表的な例であろう。

ヨーロッパ人は決して私たちに幸福を運んできた「青い鳥」ではない。例えば日本人は近代化に成功したために、いっそうの競争と勤勉と闘争に明け暮れなければならなくなった。明治以前の日本人の知らなかった文明病が私たちに襲いかかっているのである。

勿論ヨーロッパもその病から解放されてはいない。いや、日本など他の地域にその病を伝染させたために、今度はあらためて新しい競争と勤勉と闘争の局面に立ち向かわざるを得なくなっている。この局面は、東アジアの伝統文化とヨーロッパの科学精神とを融合する可能性をまだいくらかは残している日本が、自己閉鎖的なヨーロッパよりも打開にいっそう有利であるのか、ないのか、それは今後の課題として、私たちの努力いかんにかかっていよう。ただ、ヨーロッパ人が今のように視野が狭く、「学ぶ」意志がなく、これまでの実績に胡座をかいて安心し、自己満足に耽ったままであるならば、局面の打開が日本に有利に、ヨーロッパに不利に展開するであろうことは、ほとんど疑いを容れない。

（「Ｖｏｉｃｅ」一九七九年四月号、ドイツ語原文 Die Exklusivität Europas, übers. v. Dr. Renate Herold.は一九八一年四月三修社刊、及び Konrad Adenauer Stiftung "im Gespräch" Nr.4 1980.）

変化したヨーロッパの位置と日本の学問

名著といわれる本は第一主題のほかにも複数の、多くの主題を持ち、その中には名著にしてはおやと思わせる独断や偏見が含まれていることがある。

スペインの哲学者、オルテガの『大衆の反逆』（一九三〇年）もそんな名著の一つである。この本は、現代では社会の方向を決めているのは、深く考える秀れた少数者ではなく、付和雷同的で無責任な大衆であるとした第一主題によって、二十世紀社会を洞察することができた。

だが、後半の主題で、少数者と大衆のこの関係を、あっさりとヨーロッパ世界と非ヨーロッパ世界とに割り振る図式を展開し、典型的なヨーロッパの自己中心主義を告白している。

彼によれば、近代ヨーロッパに人間存在の一尺度が成熟し、その規範が世界を支配して来た。ヨーロッパ以外の「大衆民族」は、ヨーロッパの覇権はもう終った、と今やうれしげに言い、機会到来とばかりお祭り気分になっているが、ヨーロッパに替わる新しい人間存在の尺度、別の価値体系を自ら創り出す能力を持っていないではないか、と反論する。当時ヨーロッパにとって替わろうとしていたのは米国とロシアだが、オルテガに言わせれば、両国は近代ヨーロッパの模造品であって、新味がない。

「今日の世界が呈している光景は、典型的に子供っぽいものである。小学校では、先生が帰ってしまったと誰かが言うと、子供たちはわっと踊り上がって秩序を失ってしまう」。米国とロシアがしているのはそのような子供っぽいことであって、自分は両国に対し「寒気さえ感ずる」とまで言う。彼が日本をどの程度意識していたか不明だが、ハイテク成功以後の現代の日本人の、「ヨーロッパにもはや学ぶものなし」と豪語する姿を見たら、彼は寒気どころか、卒倒してしまいかねないだろう。

オルテガより三十四年も前の一八九六（明治二十九）年に、フランスの詩人ポール・ヴァレリーは『方法的制覇』の中で、やがて起こる日本の擡頭をはっきり予言している。ただし、それは世界が模範とする新しい価値体系の擡頭ではなく、「地上のあらゆる凡庸性の決定的勝利」であるとし、起こり得る野蛮の支配の始まりと見立てているのである。

日米のハイテクの優位に焦って妙に自信のない最近のヨーロッパの知識人よりも、断固たる物言いをする昔の知性の方が、よほど小気味がいいし、また真実の一面をも言い得ている。確かに、世界を支配する新たな模範が地平線に姿も見せないでいるうちに、ヨーロッパの模範が効力を失ったことは、とかく現代世界の混乱の一因と見なされている。日本のように近代ヨーロッパ文明を己の掟と見定めて来た地帯では、ひとしおそういう感覚が残っていよう。とりわけ人文社会系学問はいまだに根底において〝ヨーロッパ学〟なので、日本を肯定的に語ることに猛烈な心理的抵抗を示す人が多く、ヴァレリーやオルテガに台詞を付けられたかのごとく、日本を「大衆民族」の側に置いてやっと安心する人もいる。

一方、日本の伝統文化とは無関係に、彼地《かのち》で教養を身につけた若い学者に、ヨーロッパに劣等感を抱かない代りに、文化的断絶感や文明の形式の微妙な差異を、もうまったく感じ取ることが出来ない人々が出現している。

この二つの知識人の型が今なお多数を占めていることは、かつて世界を支配したヨーロッパの規範、ヨーロッパ中心の史観、価値観の内部で、それに従属して学問をすることが、日本の学者にとっていかに安全で、習慣的で、保身の具となるかを示している。

ここで日本の学問に関する一つの矛盾を例示したい。恐らく世界のどの新聞にも、今や日本の経済に関する記事が出ない日は一日たりとてない。しかし日本の経済学者の論説や分析を進んで紹介する外国の新聞となると、じつにお寒いかぎりである。世界は日本経済のリアリティーに関心は寄せても、日本人のロゴス（言葉）を無視しつづけているのだ。日本の経済学者は果してその現実を乗り越えようとしているのか。経済学は一つの譬えとして取り上げただけで、「実存」を欠いた日本の人文社会系学問一般に、私は問いを発しているのである。

なるほど、われわれの学問はすでに深くヨーロッパ化し、純粋な独自性はもはや成り立ち得ないのかもしれない。しかし、ヨーロッパという一つの掟が世界を支配した、というオルテガ等の前提がじつはすでにおかしいのであって、現代世界はヨーロッパに替わる新しい文明の計画図を発見できないために混乱しているのではなく（ヴァレリーやオルテガの時代のヨーロッパ人の目に単にそのように見えただけで）、世界はもともと多様であり、多次元であり、一尺度や一規範に収まらないものだという、近代以前の世界が示していたありふれた真実に再び立ち還らざるを得ないのではなかろうか。

しかもヴァレリーやオルテガが見せたあれほどの自信は、ヨーロッパが学芸だけでなく、当時、技術力・産業力・資金力等において世界に冠絶するものを誇っていた、物質文明の力に裏打ちされている。ヨーロッパの知性はつねに自分の富と力の源泉を正視するリアリズムに立脚している。

だとすれば、ヴァレリーやオルテガに学んだ日本の人文社会系の知性は、彼らのヨーロッパ・エリート主義に従順に従うだけが能ではなく、彼らのリアリズムに立脚した、自己正視の精神の型をこそ踏襲すべきではなかろうか。

その意味で、明治以来あり得ないと考えられていた日本の技術の急伸、能率主義の優位を、どう世界に説明するかは、例えば日本の哲学の重要な課題であるべきはずである。ことはヨーロッパの尺度に単に巻き込まれているあの知識人の二つの型を、まず脱却することから始められなければなるまい。

（「朝日新聞」一九八七年十月六日）

西欧の無知　日本の怠惰

一九八〇年の秋三カ月余、西ドイツに滞在し、帰国してからずっと耳障りなのは、「日本はいま世界で一番いい国だと思うでしょう?」と、賛同を求めて問いかけてくる日本人の声の多いことである。テレビをつけると、日本は今やアメリカをさえ追い抜かんとしている大国だという認識が、当り前のように話題にされている。本屋に行くと『超先進国日本』とかいう本まで出ていて面喰う。泰平天国といえばそれまでだが、私がつい数カ月前、日本を知らないし知ろうともしないヨーロッパの知識人の前で——あるいは知ろうとする善意を持っていても、結局別のことを考えているヨーロッパ人、と言った方が正しいかもしれないが——いらいら腹を立てたり、肌寒い思いをしていたあの緊張感はいったい何処へ行ってしまったのか、嘘のような気がしてくるのである。「国際化のすすめ」とか「世界の中の日本」とか、政府もジャーナリズムも日本ではこういう言葉が大変に好まれるが、そういうことを言いたがる人に限って、自分は何でも分っているというポーズから、自分の無知を忘れ勝ちなものである。彼もまたかつて外国滞在中には、日本人としての自分の正体が分らなくなったり、自分を容易に主張できなかったうそ寒い体験などを持っていたはずなのに、帰国するときれいさっぱりそれを忘れて、調子のいいことを喋り出すからである。日本の国内に人をそうさせるなにか独特な空気があるのかもしれない。例えばアメリカで自分の芝居を上演したとか、フランスで日本の現代文学を論じたとか、そういう手柄話は今なお社会的に有効であるが、打ち割ってみるとアメリカの一流劇場やフランスの代表新聞においての日常の出来事ではなく、あいもかかわらず文化交流財団のような日本の現代文化を紹介することを職業上の目的とした機関、したがって観衆も読者も特殊な層に限られている場合がきわめて多いにもかかわらず、それが日本に伝えられる段になると、三倍にも、四倍にも話が大きくなって戻って来るのである。こんなに交流が盛んになった現代にしてなおそうなのだ。日本の国内にこういう傾向を助長する空気があるためらしい。そして、その同じ空気のなかで、「日本はいま世界で一番いい国だとお思いでしょう?」とにこやかに満足げに語り掛けてくる人が多いのを見るにつけ——よしんば世界で一番いい国であるのが事実だとしても——私はなんとも釈然としない思いに囚われ、うんざりして来る気持を抑えることができない。

ところで西ドイツの国民もまた、西ドイツが今世界で一番いい状態にあると心のなかで信じているようで、たとえ数字の上で経済に若干翳りがみえてきたと伝えられるにしても、自信の点では彼らは日本人に決して引けを取らない。しかも私のような外国人にときどきはっきりそう口に出して言うドイツ人さえいた。知合いになったベルリンの壁塗り職人——私はその人の家に三週間いた——は、ドイツ・マルクが世界最強であると誇らしげに語り、日本円の強さはまあ五番目ぐらいでしょう、そう悪くはない方ですよ、と慰めるように言って、私を面喰わせたことがある。そんなことを考えてもいなかったときだったからである。その彼が西ベルリンのデパートの**Ka De We**——日本なら二流クラスのデパート——はヨーロッパで二番目に大きい規模だと自慢するので、なにやらほほ笑ましくなったものである。知識人は同じ自慢をするにしてももう少しソフィストケートされた言い方をする。例えば「今私たちドイツ人は近隣各国に対し得意そうな顔をしてはいけないのです」というような言い方をするが、その自己抑制のうちに、かえって彼らの秘められた自信のほどが伺えるのである。しかしながら、世界の他の国のこと——例えば日本のこと——をろくに知らない点では民衆も知識人もじつは同じで、私の眼からは田舎お大尽風に見え、なんとも疎ましい光景である。

私はドイツにいるときにはドイツ人のそういう無知から出た自己満足に嫌悪を覚えていたけれど、日本に帰って来るとほぼ同じ自己満足が日本国民の上にひろがっているのを発見して、またあらためて別の意味で鬱陶しさを覚えている。しかも、ドイツ人の場合と日本人の場合とでは世界における立場が違う。ドイツ人の優越はある程度まで世界に承認されて以来久しいが、日本は経済的・技術的に成功していても、欧米人と同じ路線上で競争して、ドイツ人の場合と同質の優越をかち得ているのだという風には、はっきり言ってじつはまだ世界的に十分には承認されていないのだ。日本は欧米を追い抜きつつあると日本人だけが勝手に信じたがっているのであって、従ってわれわれは二重に誤解され易い状況にあると言えるであろう。

　私は必ずしもヨーロッパの事情通ではないし、そうたびたび海外へは出ていない。今度は六年振りのヨーロッパであったが、ドイツにのみじっくり腰を落着けたのは一九六五―六七年の最初の留学の時以来はじめてのことであった。そしてドイツを見ている限り、私が『ヨーロッパ像の転換』や『ヨーロッパの個人主義』（ともに本全集第1巻所収）の中にかつて書いた、旧い文化のもつ歴史の層の厚さと堅牢な市民生活が基本において解体しているとはとうてい思えなかった。少なくとも進歩を信じている日本と、伝統との調和を尊重しているヨーロッパという、かつて私が強調したコントラストは、十数年たっても構造的にはなにも変わっていないといえる。ただ、社会生活の表面では、今まで固く守られていた秩序が弛みだし、いろいろな点で生活の崩れが目立ってきたということだけは争えない傾向であろう。

　個人的なエゴイズムと社会の全体を顧みないアナーキスティックな感情が若い層を中心に強まっている。これはほぼ世界の到る処に起こっている変化でもあるが、日本より今まで伝統や因襲が強く、個人と全体とのバランスがうまく釣り合っていたヨーロッパだけに、いったん崩れるとなると、そこに住んでいる人々には変化の規模がことのほか大きく感じられるのかもしれない。とくにドイツでは権利意識の拡大がこのところ顕著であって、「過去十年でドイツの社会はすっかり変わりました」と、私に会うドイツ人がみな口を揃えて言った。例えば十年前には同棲する大学生を嫌って下宿を提供しない家主が少なくなかったのに、今では大学生の同棲は当り前になってしまったし、高校生の喫煙飲酒がもう珍しくなく、夫婦の関係も変わり、家庭内での奥さんの権利が著しく強められた。大学終了者《アカデミカー》の地位が不安定になっている昨今、高学歴の家庭で妻に食わせてもらっている夫がふえて来て、主婦《ハウスフラウ》ならぬ主夫《ハウスマン》という新造語もあるとか、いろいろ面白い話も聞いたが、権利の拡大がある限界を越えて予想もつかぬ混乱を引き起こしている最大のケースは、ドイツでは教育の世界だといえるだろう。

　ベルリン大学のある学科では男女学生の数を同数にすべし、という要求が容れられ、能力によって入学を許すのではなしに、右利きと左利きを各五〇％入学させよ、という要求とほぼ同じようなこの滑稽な要求がついに決定機関――学生も参加する――の承認を得て通過したという。ドイツは七〇年代を通じ「教育改革」の嵐の中にあり、ことにエリートと労働者、大学教育と職業教育とを明確に区分した昔からの教育制度の廃棄が唱えられ、「機会の平等《シャンセングライヒハイト》」ということがしきりに言われ、教育と政治はほぼ同義語となる勢いを示して今日に至ったが、結果は「改革」どころか混乱の上塗りに終る外なかった。高校への進学率を高め、大学の数をやたら殖すという、日本の「戦後」がすでに実験ずみのいわばわれわれがいつか来た道を、さながら後から追いかけて歩いているのが今日の西ドイツの教育であるといえよう。その傾向には革新派だけでなく、保守党も実業界もこぞって賛成であったのは、現代の産業社会にとって教育の「大衆化」がいわば必要条件であったからに外ならないが、しかし階層意識の残る西ドイツの既成の社会のもつ文化感覚とこれはどうしても一致しなかった。最も進歩的なヘッセン州ではエリートのみを育てていた伝統的高等学校《ギムナジウム》を廃絶して、アメリカや日本のような全生徒共通の単線型教育に改めてしまったが、そのため高校卒業試験《アビトゥーア》の実力が低下し、他の州から囂々《ごうごう》たる非難を浴びせられている。一般に進歩的な地域――おおむね北ドイツ――の学力が下がり、大学にもついに格差が生じて、例えばベルリン大学は一段下の大学にみられるようになり、高校卒業試験の点の低い生徒が西ベルリンに集まりだし、そこの卒業生は就職にも損をするようになってきたという。一説にはベルリン大学では全学生に「優」をつける進歩的な教授がいるほか、点数が大体において他大学より甘く、社会的信用が失墜しているからだというが、これは同じように進歩的教授の多いブレーメン大学やフランクフルト大学にも波及しつつあり、大学はすべて同格というドイツのアカデミズムの古典的法則は崩壊しかかっているらしい。

要するに西ドイツは教育の量的拡大という点では、少しずつ日本に似て来ているのだが、昔から教育の大衆化、社会の平等化に慣れていないヨーロッパ人のことであるから、徒らに混乱を拡大し、改革にまた改革を重ね、国をあげていつ果てるともしれない不毛な論争に明け暮れている。物事を観念的に極端化し易いドイツ人。ナチズムに対する過度の反省意識から来たラディカールな進歩主義。そして歴史的にドイツ人の久しい欠点であった論争癖と、その結果としての国家のまとまりの悪さ。州独自の分権意識の強さ。――こうした諸要因が絡み合って、少なくとも教育に関する限り、西ドイツはどうにも収拾のつかない厄介な泥沼に塡りこんでいるようにみえる。それにもかかわらず改革を推し進めようとするのは、アメリカやスウェーデンなどの技術先進国の教育のあり方を気にしているからである。戦前までの旧式の教育制度を敗戦時に日本のように改めなかったドイツは、進学率の低さや高等教育の少数精鋭主義が今になって時代に合わなくなりだしたことに気がついて、焦り始めているのだともいえるだろう。

　このような現状にあるドイツから眺めている限り、日本の社会は何でもうまく行き、物事がスムーズに運んでいるように思えてくる。島国で国民の均質度が高く、エリートと大衆の二分極化が昔からさしてかっきり固定化していない日本の文化伝統の、世界に冠たる「先進性」を主張する声にも、一理あると認めてもよいような気持にもなってくる。日本の大学や高校は表向きすべて同格で、ただ事実上、暗黙のうちに「格差」を作っているが、そのおかげで学力の水準低下が防がれているというのも、ある意味では日本人の知恵だと言えないこともない。それにひきかえ、タテマエとホンネを上手に操る芸当に長けていないドイツの社会に、教育の大衆化が訪れた場合、日本のようにうまくバランスを保つことができるかどうかははなはだ心許ないと言えるであろう。そう考えれば、これまで保守的知識人に悪評の高かった日本の「戦後教育」、いわゆる教育のアメリカ型大衆化が、高度技術を競争し合う今日の産業社会の構造にきわめて有効に作用しているということも、たとえ偶然の選択の結果であったとはいえ、見逃せない事実であろう。産業の成功だけを教育の目的とし、教育を産業に従属させて考えてよいという前提に立つ限り、日本の教育はたしかに西ドイツより一歩先んじていると言えるかもしれない。……

　私は三カ月の西ドイツ滞在中に、多くの高等学校を訪ね、教育学者と討議し、雑誌や新聞に現われる日本に関する記事を読んで、もうほとんど超先進国日本論とやらをそのまま信じてよいような気分にさえなったのだった。いったいどちらが歴史の先を歩いているのか、という例の問題である。ロボットが自動車を製造して従業員の姿の見えないニッサンの工場内と、相変らず多数の労働者が流れ作業に従事しているＢＭＷの工場内と、二枚の写真が西ドイツの雑誌に並んで出ていたが、これなどを見ていると、たしかにかつての日本とヨーロッパの位置は逆転している状況がはっきり分った。第二次大戦でヨーロッパは植民地の大半を失い、とりわけアジアから手を引いた。かつてヨーロッパの市場であったアジア各地にいま圧倒的に溢れているのは日本商品である。ヨーロッパ人の商社員は年々アジアから減少しているともいう。百年前には考えられなかった事態が現に訪れている。ヨーロッパはアジアから後退したが、しかし日本はアジアだけでなく、ヨーロッパにも進出した。自動車の輸出急増による貿易摩擦によって、事態のこの新しさはヨーロッパ人にも強く印象づけられたようだ。私は丁度この件で騒ぎが起こった時期に西ドイツに滞在していたことになる。だから私が次第に強まりつつある日本の優位を心強く思い、嬉しくも思い、密かに得意にもなり、今までの無念を幾分でも晴らしてもらえるというカタルシスを味わい、その揚句、鬱積した感情を一気に払いのけてしまう景気のいい仮説にとびついて、「日本はいま世界で一番いい国」というあの流行の言葉に、私もまたそのまま従ってしまいたい気持になったとしてもそれは当然であろう。私もまたすんでの処で、そのような度し難い楽天論の虜になりそうになったのであるから、日本の国内にいて、自分自身の状態に満足している人々がそう考えたとしても、あながち不自然ではないかもしれない。

日本の商品はドイツの市場にたしかに想像以上に多数進出している。カメラ、時計、自動車だけでなく、オーディオ、卓上計算機、VTR、コピー機械、レジスターなどを店頭のショーウィンドーに大量に見掛けたし、週刊誌の広告の約三分の一が日本商品であるという事例にさえ出会った。驚くべきことには女性の化粧品も、そして何とドイツ文字のタイプライターまでが日本から輸出され始めているのである。広告を読んでいると、「日本一とはすでに世界一ということ」というような厚かましい言葉にさえお目にかかった。

外国にいて日本の製品がこのように評価されているのを眺めるのはたしかに心強いことである。だからこれらの現象を見て、多くの旅行中の日本人がそうであるように私もやはりとても嬉しかったし、誇らしくも思った。十五年前、ビヤホールで労働者風の男に、日本には大学がないからドイツに学びに来ているのかね、と尋ねられたものだが、もうそんな誤解をするドイツ人は一人もいないだろう。マスコミの影響は大きく、「日本の挑戦」というようなテレビ番組を通じ、あるいは新聞や週刊誌に絶え間なく取り沙汰されている「なぜ日本はわれわれの最大の競争国となったのか」というような取材記事を通じ、日本が技術大国であることはドイツの民衆の末端にまであまねく知れ渡るようになっている。私はそういう事実をことさらに過小評価する者ではなく、ありのままに、率直に、歓迎している。

しかし、しばらく滞在時間がたつうちに、事実の持つもう一つの重大な側面に私は気がついて来た。日本の商品はたしかに多数進出しているかもしれない。しかし商品は無人格である。日本人旅行者はたしかにあちこちでうろうろしている。しかしこれもヨーロッパ人の眼には無人格にみえるだろう。新聞や雑誌に日本に関する記事をよくみかけるようになったが、それはほとんどが経済記事、または経済がらみの風俗記事にすぎない。しかもその記事のなかに、日本の経済学者の独創的見解が紹介されている、というような例は皆無に等しい。こうなると経済記事というのは、完全に無人格である。他方、政治記事はきわめて少ない。ことに日本の政治家個人に関する記事はさらに少ない。私がドイツにいる間に鈴木首相に関する顔写真入りの記事が出たのは、私が経験した限りではたったの一度だけだった。「日本の首相、議会でうかつに演説原稿を一ページ読み飛ばす。議会に謝罪して、やり直しを約す」と、からかい半分で面白おかしく大衆夕刊紙に出ていた例だけである。日本を故意に「無人格」の国に見ようとする悪意がドイツのジャーナリズムにある現われだが、しかし日本といえばドイツの民衆にそのような国になんとなく思われている民衆全体に宿る無意識の反映でもあろう。

日本の工業製品の優秀さは近代技術の勝利であるだけでなく、なんといっても日本の伝統文化の反映である、という考え方がある。能、歌舞伎、生花、茶道だけが日本の伝統文化ではない。例えば日本のカメラのなかに日本人本来の文化が生きている。世界の人は日本の技術を買っているだけでなしに、日本の文化を競って買っているのだ、という考え方である。まったくその通りだと思う。けれどもそこでいう文化はいわば「顔」のない文化である。先の文脈でいえば「無人格」の文化だと言っていい。しかも、工業製品の元祖はことごとく欧米産で、日本人はただそれを並以上に上手に製作する技を持っているにすぎない、という評価の仕方が欧米人一般を支配している（何度もそう念を押して書いている雑誌記事を読んだ）。日本人が人類の歴史のなかでまったく新しい革命的な事業をなし遂げた例は一度もない、という言い方も私は読んだ覚えがあるし、日本には平均的頭脳を持った人間が世界で最も多数いるが、世界最高級の頭脳を持った人間はほとんどいない、というはなはだ失礼な、しかし欧米人がいかにも言いそうな批評の言葉も、記憶に残っている。最後の批評は事実に相違するが、しかし、日本の「最高級の頭脳」が世界史のなかで正当に位置づけられる普遍的座標軸を、われわれ日本人の側がいまだに提示することが出来ないでいる以上、そう批評されても仕方のない一面があるのであろう。

つい先日もカーター前大統領は退任に際し「タイムズ」のワシントン記者を前に、在任中に出会ったいろいろな世界の首脳の印象を語り、サダトもベギンも評価しているが、日本の首相についてはついに一言も触れなかった。欧米人の心が日本の政治家、否、政治家だけでなしに日本人一般に彼らの尺度での「人格」を感じないせいであろう。どう評価して良いのか分らないのかもしれない。私も西ドイツにしばらく滞在し、ドイツ人とだけ交際しているうちに、遠くから見て日本人がなぜ「無人格」の存在に見えるのかが分るような気がして来た。情報社会だというのに、西側の俳優や歌手や人気タレントが国籍をこえて登場する大衆雑誌に、日本人を見かけることがほとんどない。テレビをつけると、アメリカ人、フランス人、アラブ人がたえず出てくる。けれども日本人は日本映画放映の特定の夜にしかブラウン管に映らない。イタリア人はだらしがなく、怠け者で、ドイツ人は彼らを軽蔑しているけれど、それでもそういう「人格」を感じているだろう。ロシア人は憎たらしい国民と思われているが、だからこそそこにドイツ人は人間の意思を感じないではいられないだろう。けれども日本人に対し彼らは何を感じるであろうか。何も感じようがないのではないか。日本に関するまとまったイメージが映像からも、活字からも与えられていないのに、商品ばかりがやたらたくさん、津波のように押し寄せて来る。そうなると、蟻や蜜蜂のような集団がせっせと働いて、欧米人のおよそ与り知らぬ人生観・幸福観をもって工業製品を大量に生産し、自分たちの静かな生活を脅かしている、そういう印象だけがつよく、そこに彼らが「人格」の存在を感じとれないなら、日本人に対しては不気味な思いばかりが募るであろう。

日本からはもっぱら商品のみが目立ち、人間の声が聞こえて来ない。わずかな滞在中に、私自身でさえもそれを感じた。ヨーロッパ人がそう感じないはずはない。とかく彼らが日本の貿易の仕方を「不公平《アンフェア》」という評語できめつけて非難するのは、日本の独特な商習慣や、低く抑えられた為替レートや、通産省の行政指導など、いわゆる「非関税障壁」のことだけを指しているのではないと思う。日本人に対して彼らが漠然と抱いている人格不在の不気味な集団意志に、いいかえれば日本人の存在そのものに、非難が向けられているといっても過言ではないであろう。

なにもヨーロッパ人の生き方が唯一の基準にはならな

い。ただ彼らには世界を説得できる言葉があって、われわれにはそれがない以上、今はわれわれが何をもって自己主張の手段とするかを真剣に考えなくてはならないときであろう。それをしないでいて国内だけで日本を論じて満足し、「超先進国日本」などとうつつを抜かしているのはじつに剽軽なことではないだろうか。ところが帰国直後の私を取り巻いたのは、日本は政治的にも成熟しているというその種の日本人論を語る人の声で、例えば強力なリーダーなしでいわば村長《むらおさ》を選んで集団体制を敷く日本の社会運営の仕方こそ真のデモクラシーだといったような、最近流行の議論である。つまり、われわれの社会が外から「無人格」にみえるその特性のマイナス面をまるごとプラス面として肯定して安心しようという心根である。世界では誰もそんなことを承認しない。しかも、今の日本でその原理がたまたまうまく行っているからといって、明日同じようにうまく行くとは限らない。事実、過去において、真の責任ある政治意志を欠いた無人格の集団体制が、「一億一心」を唱え、国民を破局に駆り立てた事実はなお記憶になまなましい。現在うまく行っているというそれだけの理由で、いわば現在の偶然の観点から、歴史を都合よく解釈し、利用することは許されない。

私はドイツの教育がいま混乱をきわめ、日本の教育の方が高度産業社会の要請にむしろ合っていて、日本の方が一歩歴史の先を歩んでいるのではないかと書いた。けれども、ドイツの高等学校《ギムナジウム》を見て回った結果、一つだけ大変に感心したのは、一クラスの生徒数が上級学年で約十五名、低学年で約三十名程度であったことである。この余裕を守るためにこそ、教育界が足踏みし、混乱に耐えているのだとも言える。また、教壇が取り払われ、高校生自身の発言、自由討議が授業の中心をなしていることにも、ドイツの教授法の新しい方向を感じた。エリートの少数精鋭教育はまだ守られ、一方、職人の道を歩む大衆も自分の生き方に劣等感がなく、各々、教育を自分なりの個性的な生き方を実現するための批判力養成の場と心得ている。学歴ではなしにスペシャリストの能力を高めるのがドイツの教育だが、その個性的な訓練がコンピューターやロボットの導入による新しい技術開発にかえって邪魔になっているというのが、ドイツの今日置かれた困難である。だが、だからといって教育と産業とは別で、日本のように無人格の集団体制にうまく合う勤勉一途な人間を造るのが教育の目的だと聞かされたら、ドイツの教育家たちはただただ仰天するであろう。

日本はたしかに技術を集団的に運営していく処理の仕方とその能率において、卓越しているのかもしれない。しかし日本に技術はあっても、はたして科学はあるだろうか。科学は無人格の土壌からではなしに、厳しい批判力涵養の場からしか生まれはしない。そして技術はある段階まで独り歩きできるが、ある段階から先は科学から養分を摂らなければ成り立たないものである。日本は鉄鋼と自動車の生産量においてたしかに目下アメリカを越し、次の時代のICやLSIでアメリカと鎬《しのぎ》を削っているが、その次の時代の情報産業に十分な先行研究投資を行っているだろうか。日本のオートメーションは質の良さで知られるが、人間の関与する部分がまだまだ大きいために質を維持できているにすぎず、オートメーションがさらに進み、人間が一層いらなくなった段階に達したなら、日本がなお優勢でありつづけるかどうかは疑問だと、ある専門家から聞いた。日本はその点先の見通しに関してまだまだ甘く、とりわけ宇宙産業や原子力産業にいたっては零にも等しい。現在の成功はそれはそれで良いが、現在の成功をもって日本の歴史の中に日本人の文化的優越の根拠をまで求めようとする近頃の傾向は、はたして正当なものであろうか。産業の成功に力づけられ、人文科学や社会科学の領域までが日本的原理を定義づけ、その優越を論証しようと躍起になっているのは、いかに世の風潮に合う所業とはいえ、非科学的なことおびただしいと言わなければならない。もしも日本の産業がこれから下降線を辿り、国力も低下したなら、再び日本の歴史を悪しざまに言い、日本はダメな国だと言い触らすのが――戦後の二十年間の知識人はそうだった――おそらく世の風潮となるであろうが、しかし元来、日本の歴史の中に日本人の心を探すという文化的営為は、およそそのような外的要因に左右されるべき性格の行為であってはならないということを、ここで確認しておきたいと思う。

読売新聞の外報部次長北村文夫氏が書いていたことだが、英国労働党政権時代のヒーリー大蔵大臣に、あるとき日本人記者団が会見して、「日本と比べてなぜイギリスの労働者はかくも怠惰なのか」と高飛車な質問をしたところ、ヒーリー氏は何も答えず、ただ、「そうかな。イギリスの方が進んでいるように思えるんだが……。やがて日本もわれわれのところまで来るんじゃないでしょうか」と、柔らかい皮肉をこめて受け流されたという話がある（「ステーツマン」昭和五十六年二月号）。きわめて象徴的なエピソードだと思う。進んでいるとかいないとか、日本人は他と自分を比較してなにかというと神経質になるが、二十世紀前半までと違って、いったい何をもって進んでいると呼ぶことができるのか、進歩を測る基準が失われてしまったのがこの現代なのである。先述のとおり教育の大衆化という点で日本はたしかにヨーロッパより先んじているが、性の解放や女権の拡大という点では、ヨーロッパの方が数歩日本の前を歩いている。そして前を歩いていることがはたして幸福なことかどうか、これはじつに何とも言えない。進歩は同時に解体への接近である。それが現代である。ヒーリー氏に言わせれば競争を忘れてゆったり暮しているイギリス人の閑雅な停滞、したがって前進をもはや必要としなくなったことこそ進歩の完成された姿で、ここから先はもうなにも存在しない、ということかもしれないではないか。日本人やドイツ人はその点でまだ進歩の理念に懲りていないのである。そこから先は無だ、という限界点にまだ達していないのである。彼はそう言いたかったのかもしれない。

昨年の十月末から十一月にかけての三週間、私はベルリンのマックス・プランク教育研究所の世話になっていた。所長のベッカー教授をはじめ、ゴールドシュミット教授、バウメルト教授らにいろいろ質問をぶつけ、また研究所の紹介で市内の高等学校《ギムナジウム》を歴訪した。各高等学校では、校長先生やなんらかの代表者が私を迎えてくれ、彼らと会談する機会も与えられた。勿論、私はドイツの教育事情について、ことに近年の高校上級《オーバーシュトウーフエ》の制度改革について教えを乞うというはっきりした目的をもって出向いたので、その限りで彼らはすこぶる親切だった。遠路はるばる来た客に自国の事情を教えるためとあれば、誰でも親切になるだろうが、元来ヨーロッパ人は昔からこういう種類の親切には慣れているのである。

ところで高校上級《オーバーシュトウーフエ》の制度改革は、先述の通り、技術革新の目ざましいアメリカを意識してのことで、西ドイツが遅ればせながら教育の大衆化を推進するための進歩的政策の一つである。とすれば、当然のことながら教育の大衆化においてある成果を収めて来た日本の教育事情に、教授たちが詳しく通じているか、または強い関心を抱いているか、そのいずれかと考えたくなるであろう。ベッカー教授も、ゴールドシュミット教授も、国際会議やシンポジウムのためにすでに日本を訪れている。またこの研究所は情報蒐集力にかけては西ドイツ最大で、タイヒラー教授という日本関係の専門家もここから二巻本の、現代日本の教育に関する詳しい著述を出版している。だから、西ドイツの教育制度の改革案作成に関し、彼らがアメリカやスウェーデンやフランスやイギリスの制度と自国の制度を比較する際、同じ動機から、成功している日本の教育制度をも考察の対象にし、参考材料の一つと見做しているであろうとばかり、私は甘く考えていた。「経済大国」日本の戦後の成功を、彼らが教育の見地から無視できるはずもないだろうと思っていたからである。しかしながら、対話を重ねるうちに、どうも様子が変である。

彼らは日本に関心がないわけではない。日本の教育事情についてかなりの知識も持っている。けれども、ドイツの問題を研究するときに日本を参考にしようとは必ずしも考えないようなのだ。日本は別個だと思っている。「日本研究」という特殊ジャンルの仕事だと思っている。欧米と同質の問題が日本にもあることは承知していながら、なにか異質な要素もそこに介在していると漠然と判断している。そのために、例えば経済学の統計ならばおそらく日本を度外視するわけにはいかないだろうが、教育学の場合には、日本を先進国の教育のなかに入れて比較考量するということをつねにしているとは限らないのである。

私は同研究所の完備した図書館に二、三日通って、カタログを繰っていたとき、これまでの研究経過にみられるそうした内部事情が分ってきたのである。私の会談相手がなぜ日本に関する私の説明に生き生きした反応を示さないのか、理由が呑みこめたような気がした。そして、最大の驚きは、図書館のカタログで試しに「日本」の項目を引いたときである。日本の教育に関する書物がこの図書館ではことごとく中国と並べて一緒にされていたのだった。私はほとんど信じられない思いがした。

今度の旅で偶然、郵便局に勤務する人の家庭に世話になったことがある。そこの主人と雑談していたら、「テレビで見たのだけれど、東京には自転車が多いね」と言われて、一瞬私は怪訝《けげん》な思いにとらえられた。彼が北京と東京を間違えているのだということはすぐに分った。しかしマックス・プランク研究所の教授たちは郵便局の労働者とはわけが違う。この研究所は西ドイツで最も開かれた、世界情勢に最も詳しい場所のはずで、教授たちは人種的偏見など持つ道理もないとされた人々である。その人々が、今やアメリカを追い抜かんとしている（と日本では信じる人もいる）「超先進国」の教育を、なんともはや！　低迷している社会主義国のそれと一つの枠の中に入れてカード整理をしている事実ほど、彼らの日本への意識を正直に物語るものはないだろう。そしてまた、ジャパン・アズ・ナンバーワンと言われて浮き浮きしている国内の甘い日本人に、これほど衝撃を与える事実もなく、「世界の中の日本」という彼らの好きな言葉のまさに本当の意味を、これによりあらためて嚙みしめてもらわなければならないであろう。なぜなら、日本の国内では、同じ先進国同士として日本をアメリカやドイツやフランスと比較するという手続きに誰も疑問を持たないし、世界中到る処で同じような比較考察が行われているものと、日本人はなんとなく無邪気に信じて過しているからである。

同研究所から出ている『日本の教育に関する書誌――西欧語で書かれた戦後文献総覧』という本をゴールドシュミット教授がくれたので、教授の書いた序文を読んでみたら、書き出しが次のような文章になっていた。

日本はヨーロッパ人とアメリカ人にとって異質であると同時に魅力に満ちた国である。その輸出品が全世界に広く普及しているにも拘らず、伝統、言語、距離が今日なお日本を他の工業諸国から切り離している。……

きわめて当り前な言葉である。けれども、図書館でショックを受けた直後にこれを読み、ああやはりそういう風に見えているのか、と合点がいった言葉でもあったので、あえて引用しておいた。

私は先日偶然、日本のテレビで幼児番組を見ていたら、「ジャックと豆の木」の話をしていた。夜、お茶の間向きの娯楽番組で、トランプのスペードのエースはなぜ大きいかを説明する人がいて、ごく自然に、「これは昔の話なのです。十七世紀ごろ……」というような言い方で、イギリスかどこかの歴史をまるで自分の国の歴史のように話しているシーンに出会った。こうしたことは日本では日常茶飯である。日本人は子供のときから、ヨーロッパやアメリカと時間的にも空間的にもつながっているような言葉や映像のなかで育てられている。そしてそれを疑問ともせず、日本の孤立をことさらに意識しないで暮している。日本人の世界像は自分を中心に円満に外へ広がっていく。しかしヨーロッパやアメリカの側は、日本をそのようには見ていない。自分たちからまったく切り離して、孤絶した異質世界として表象している。子供のときからおそらくそうである。このようにして日本人と欧米人が互いに相手を見ている映像のギャップは、平生は気にもならないが、私たちが海外に出たときに否応なく意識される。あるいはこれから日本を襲うであろう国際化の波の中で、いっそう大きな、深刻な裂け目として問題視されてくるであろう。

私は先に、日本からドイツへ向けて送られて来るものが商品であれ、情報であれ、ドイツ人には「無人格」に感じられるという予想を、いろいろな事例で示した。経済が主役ならばどうしても人間不在になるからである。しかし、問題は経済優位の事情にだけあるのだろうか。欧米人と日本人とが相手のうちに見ているあの映像のギャップを、両者が互いに埋めようとしない怠惰にこそ、結局、人格不在の交渉が生じてしまう主原因があるように思えてならないのである。

ドイツの本屋でもらう一般図書のカタログの中に、数はきわめて少ないが、ときどき日本人の著作の翻訳がみられる。古典を除けば、もう本当に僅かな数の、しかもきわめて不完全な選択である。私は幾つもの出版社のカタログを見た。そして、驚いたことは、現代日本人が現代日本を論じた評論がただの一点も翻訳されていないことだった。現代小説は二、三点あったが、川端康成をはじめ異国趣味の強いものに限られる。思想は「禅仏教」、芸術評論は「能」「歌舞伎」「華道」がもっぱらである。後で聞いた話だが、ある日本学の教授が『タテ社会の人間関係』を翻訳しようとしたが、ドイツのどの出版社も引き受けようとはしなかったという。売れないと予想されているからである。ドイツ人の間に関心がないのである。フロムの『精神分析と禅仏教』などはある種のベストセラーであるが、従って日本の伝統文化には相当に関心が払われている証拠だが、現代日本などに魅力は感じないらしいのだ。自動車や半導体でどんなに成功しても、日本のその部分は一般のヨーロッパ人の知的関心に触れて来ない。これは彼らの怠惰であり、先の教育学者の無関心の例と同様に、ヨーロッパ側がぜひとも改めなければならない彼らの弱点である。先進欧米諸国は日本の伝統文化にだけ関心をいだき、逆にアジアの開発途上国は日本の伝統文化にまるきり無関心で、近代化のノウ・ハウにだけ色目を使うという、日本に向けられた諸外国のこの視線こそが、じつは世界の日本像を歪め、日本人が徒らに誤解されて苦しまなければならない主原因であると私は考えているが、一朝一夕にこの大勢が覆されるものではない。私は日本文化を論じて必ず禅仏教や能芸術を持ち出すヨーロッパ人を見ると、正直、腹が立ってくる。彼らは「文化」を論じているつもりで、じつは日本人を人格をもって現に活動している生きた存在として扱っていないのだ。かつてヨーロッパの画家たちが日本の浮世絵に、ニューギニアの原始絵画に、まったく自分たち自身の関心（Interesse は利益という意味も含む）から接近したと同じように、今なお、日本の伝統文化にだけ興味を示し日本人の精神性を評価したつもりになっている善意あるヨーロッパ人は、現代の日本人を人格主体として扱っていないという点で、鈴木首相をからかった夕刊新聞の露骨な悪意とじつは五十歩百歩の違いしかないと言ってよいだろう。

　日本からは商品が来るばかりで、日本人の声が聞こえて来ない、と私はドイツにいたときの感想を先に報告した。日本人が「無人格」に振舞っている点に注意を促したつもりだが、しかしヨーロッパ人の側が日本の現代に敬意を払わない姿勢こそ、人格不在の関係を悪化させている大きな原因と言っても過言ではないのである。責任はもちろん両方にあるが。

　最近、この点に関し私と似たような見解を展開している人は少なくないが、次の論著もそれである。

> 日本のことを知れ、とヨーロッパ人にすすめるのは、なにも、日本に学べと偉そうに言いたいわけではない。経済や政治の問題についても知るべきだが、日本人の「心」について、彼らはまったく何も知らないのである。彼らは、ヨーロッパ以外については、驚くべき無知である。／経済だけが日本ではない……しかし、文化、というと、ヨーロッパ人は古典芸能だけ連想する。フジヤマ、ゲイシャだけとは、さすがに言わなくなってはいる。けれどもである、能や歌舞伎だけが日本人の心ではない。／日本人の考え、感じていること、日本人の魂のひだを知るべきである。／私たち日本人のほうは八方手をつくして、ヨーロッパについての実学的、文学的、芸術的知識を調べ、研究し、学んでいるではないか。……その千分の一、万分の一でも、ヨーロッパもやるべきなのである。
>
> （小塩節『先進国のリーダー日本の条件』講談社）

　彼我の間の情報量のアンバランスは、それ自体が一つの大きな問題である。例えば、昭和五十年の少し古い記録だが、日本は西ドイツから年間十四億円の雑誌を買っているが、西ドイツに売った雑誌はわずかに四百万円余にすぎないのだ。日本にヨーロッパ全部を合わせたよりも豊富で多様な雑誌ジャーナリズムが存在するということを、ヨーロッパ人はおそらく夢にも想像したことさえないだろう。ミュンヘンの駅内に世界各国の週刊誌・月刊誌を売るかなり大きな店があり、タイや香港のそれらまでは見かけたが、日本の雑誌までは置いてなかった。

勿論、ヨーロッパが教え、日本が学ぶだけという安定した関係が存在していた間はこれでも良かった。今や状況が逆転し始め、しかも日本から学ばねばならないという新しい状況をヨーロッパ人一般が承認していないという事態の中で、情報のアンバランスははじめて危険な様相を帯びてくるといえる。パリのエッフェル塔に日本語の案内があったのに感激して、日本もたいしたものだと感激していた評論家がいるが、愚かな話である。事態はさらに進んでいる。日本に関するヨーロッパ人一般の基本的知識の欠如が、これからことごとに日本の方針を迷わせ、われわれの未来を危うくするだろう。

しかし、日本の現代に精神性を感じないという理由で関心を持たない種族に、これを持たせようとしても所詮無理な話であろう。私たちはそこまで彼らを動かすことはできない。私たちにできることはせめて彼らの誤解にさらに誤解を重ねる手援けをしないことで、例えば日本からの文化使節といえば判で押したように能や歌舞伎のヨーロッパ公演を企画するという、従来の習慣を改めるのもその一つである。日本がベルリン・オペラを自分の費用で招いているように、彼らが能や歌舞伎を必要とするなら自分の責任でよべばよいのだ。その代り、日本からの文化使節は現代の芸術や思想によって代表されるべきで、これをもっとどんどん紹介するような努力を重ねるべきであろう。もうそろそろそういう時期が来ているのである。

それにつけて、私には一つの提案がある。ヨーロッパ人が日本の現状を知ろうとしない怠惰については言うまでもないが、われわれが外の世界にきちんと自分の状態を説明し、上手に自己主張しないできたこともよく反省し、今後改められなければならない。ただ、その点についてだが、日本の国内では、「日本人の主張」とか「西欧中心思想の破産」とか、かなり小気味のいいテーマが雑誌の目次を飾るので、われわれはもう存分に自分を主張しているつもりになっている。しかしながら、じつはその主張はヨーロッパ人やアメリカ人やその他の外国の人々にはほとんど知られていない事柄ばかりなのである。その状況を私たちはよく弁えていなくてはならない。

私たちが日本の国内で日本人を論じたり、反省したり、定義したりするのも勿論結構だけれど、それはもう食傷ぎみで、そんなナルシシズムにかまけていても、世界のどこの人にも日本を理解させるうえで役立つわけではない。昨年サントリー文化財団が「日本の主張」という貴重なシンポジウムを企て、これは雑誌にも掲載され、内容的にもなかなか稔り豊かなものであった。外国からレヴィ＝ストロースやダニエル・ベルらを招き、日本の代表的知識人が一堂に会して日本を論じたわけだが、私が文化財団にお願いしたいのは、こういう企画をなさるなら、どうかニューヨークかパリの真中で行い、その討議内容を英語やフランス語で刊行してもらいたいということである（しかも外国の尊敬されている正規の出版ルートを通じて刊行されることが必要で、ただ出版されればいいというものではない）。日本の国内で、日本人に向けて、「日本の主張」を試みるような時代ではもうないということは、これまで私が縷々書いてきたことから分っていただけると思う。例えばパリでフランスの知識人が一堂に集まって「フランスの主張」などという文化シンポジウムを今どき行うだろうか。「日本の主張」をアピールするなら、外国で外国の知的社会に訴え、彼らを説得してこそ意味がある。今私たちはそういう時代にさしかかっている、と私には思われてならないのである。

とはいえ、私は一外国文学者で、この職業ほど右に述べた観点からみて矛盾を感じさせる職業もまたとあるまい。日本の外国文学者の仕事は一、二の例外を除いて、ほとんど日本人に向けて、日本語で書かれ、いわば日本の国内需要を満足させればそれで良いからである。先述のあの映像のギャップの内側でいわば閉鎖的に胡座をかいている仕事である。人のことを言えた義理ではない。外国に持っていって自分の仕事が通用するかどうか、それを試さないでも成り立っているのが日本の外国文学研究である。私にしてもそうである。本論のテーマからすれば、最も大きな知的怠惰に陥り易い職業の一つである。

私自身、ミュンヘンの図書館で、自分の専門でもあるニーチェ研究の総カタログを繰っているうちに、次第にたまらない孤立感を感じて来た。英独仏語の全文献はもとより、オランダ語、スウェーデン語、デンマーク語、ロシア語のニーチェ論、はてはギリシャ語、トルコ語のニーチェ論まで、総カタログのうちにちゃんと収まっているのに、ニーチェの生前から研究の始まっている日本語の文献は、たったの一冊も収められてはいないのだった。ドイツの図書館は日本語文献を収容しないからだが、日本人がドイツ語で書かなかった怠惰にも原因がある。しかし日本のニーチェ研究はほぼ本国ドイツと同じ長さの歴史を持ち、白水社からニーチェ全集の別巻として近く刊行を予定されている『日本人のニーチェ研究書誌』だけで、一巻を立てるほどの分量を誇っているのだ。それなのに、日本の長い研究史に関するこの事情がドイツに今日まったく知られていないのである。私は他人のことをいろいろ論《あげつら》う前に、まず自分の足許を反省しなければならないし、日本人全体に自覚を呼び掛ける前に、まず自分の専門における欠点を自覚しなくてはならないわけだった。

私はベルリンの書肆デ・グロイター社を訪れ、そこで年一回出版されている『ニーチェ研究』という年鑑への執筆を依頼されたとき、主筆のミュラー＝ラウター教授とテーマについての打合せを行った。かつて日本からも関西のある学者が「ニーチェと道元」という寄稿をしている。教授は私もまた同じようなテーマを提案するのではないかと思っていたらしい。私がしばらく何も言わないでいると、「日本におけるニーチェ像の変遷」というのはどうでしょうか、と、誘うように言った。私は首を振った。私は日本という立場を利用してニーチェ論を書きたくないと思っていた。私は世界のどこにでも通用する一スペシャリストでなければならないはずである。日本人としての立場なんてない。研究するのにどんな立場もあってはならない。私は日本人である前に、ニーチェという対象にただの一研究者として、ヨーロッパの研究者とその点ではまったく同じ資格で、相対さなくてはいけないのだと考えていた。勿論、結果として私の研究が、ドイツ人の目からみてやはり日本人らしいなァ、と思われるとしたら、それはそれで仕方がない。むしろ民族の個性はそのように自然に現われるべきものであろう。最初から、日本人という個性で立ち向かえば、それはもう個性でもなんでもない。先入見に外ならない。私はミュラー＝ラウター教授に、「ニーチェと自然科学」という私の年来のテーマを告げて、ドイツ語で長い論文を書くのは面倒だなァと、億劫な思いにひたりながら、彼の許を辞去したのだった。

（「中央公論」一九八一年三月号）

愚かなり「日本特殊論」

　一九八〇年の九月初めから十二月にかけて西ドイツに滞在した私は、新聞や雑誌にかつてないほど日本についての記事がよく見掛けられるのに驚いた。ほとんどが経済記事で、政治や文化についてはそれほど多くは書かれていない。いうまでもなく日本からの自動車輸出の急増が引金を引いたある興奮が、西ドイツのジャーナリズムを襲っていたのである。

　私はある程度予想はしていた。八〇年の夏頃からそういう動きが顕在化していたことは、ＮＨＫニュース・センター九時が「シュピーゲル」（七月二十一日号）の特集記事「ヨーロッパ、日本車に蹂躙《じゅうりん》される」を大々的に報道して以来、日本でもよく知られていた事実だったからである。日本の自動車工場を見て回った西ドイツの経済相ラムスドルフが、オートメーション化の進んだ日本の企業の合理化と労働者の勤勉さにすっかり感心して帰国し、「日本に学べ」と国民を叱咤《しった》したことが西ドイツ国内で物議を醸したことは、夏の終りにすでに日本の新聞でも紹介されていた。

　私はそういうことを調べるために渡独したわけではないので、最初、まったく無関心だった。しかし別件でドイツの知識人と会見するたびに、「近頃は日本に関する話題でもち切りですね」と言われ、「日本ではどうして自動車があんなに安く造れるのですか」と尋ねられるので、私なりに新聞や雑誌の動向を注意して見守らないわけにはいかなかった。そう思って気をつけていると、十五―十三年前の私の留学生時代とはたしかに隔世の感があるのである。当時は日本に関する記事はほとんど新聞に出なかったし、雑誌や街頭ネオンに日本商品の広告は皆無だった。六年前にドイツを訪れたときに、この事情に一大変化が起こっていることを私は知った。カメラ、時計、フィルム、オーディオを中心に日本商品の広告は巷にあふれ、日本の国内事情に関する関心も高まっていた。西ドイツのある大衆雑誌は皇室について特集し、ある情報雑誌は暴力団・山口組の内情までを報じていた。ドイツ人は自国にないものに異常に関心をもち、またヨーロッパの中で日本に関する比較的正確な情報が最も多く流されているのは西ドイツであることをもこのとき知った。

そして今度また六年振りに訪れて、事情がさらに一転していることに気がついたのである。自動車、電気製品、計算器等を中心に日本商品の広告は雑誌や新聞の到る処にみられ、ときに一週刊誌の広告の三、四割方を占めている例にさえ出会って驚いたこともある。

とはいえ現在西ドイツの自動車市場に占める日本車のシェアは、まだそう大きいものでは決してない。新車販売台数に限った占有率が、一九七八年三・七%、七九年五・六%だったものが、私の渡独した九月の段階で約一〇・一五%を超えたようである。年末までにはさらに飛躍しているだろうから、ここに来てにわかに急増したことはたしかに事実であるとしても、西ドイツの自動車保有台数の中の日本車の占有率を考えれば、いまなお微々たるものである。それに日本に実際に食われたのは西ドイツの車ではないという。ルノーやフィアットなどの仏伊の車、並びにフォードが主だそうで、メルセデス・ベンツもBMWも依然として安泰であり、影響をほとんど受けていないというから、西ドイツのジャーナリズムが一九八〇年の夏以来なぜにわかに熱っぽく騒ぎ立て、日本を目の仇にし始めたのかは、冷静に考えれば不思議という外はないのである。

日欧の経済摩擦が言われてからすでに久しい。しかし今までとかく悲鳴をあげていたのはロンドンやパリであって、決してボンではなかった。自国の工業力と技術力に自信を持っていたボン政府は、これまでカメラやオーディオの市場で日本に敗れても、そうみっともなく悲鳴をあげることなく鷹揚に構えていた。日本の高い経済成長率が報ぜられる度に、西ドイツのジャーナリズムは好意をもって報道に当り、競争心を示さなかった。西ドイツの優越を暗黙のうちに信じていたせいである。

ところが、それが今度にわかに揺らぎ出した。私にはそう見えた。

すなわち西ドイツの自動車産業はたしかに今のところはまだそれほど深刻な被害を受けてはいないかもしれな

い。しかし国民の六人に一人がなんらかの意味で関わりを持つというこの基幹産業が、カメラや時計やオーディオの市場を襲ったと同じ日本パニックに襲われたらどうなるか？　そういう先の見通しにおびえた不安や恐怖が、にわかにジャーナリズムの話題をさらった心理的背景であったように私には思える。

西ドイツのカメラ業界はかつて国民的支援なしで単独に日本の業界に対抗して敗れたが、しかし自動車の場合にはそういう無策のままであってはいけないのではないか、という論調を、事実、私は再三ならずに読んだのである。また、フランス、イタリア、イギリスは日本車に対しすでに非常に厳しい輸入制限を課しているのに、わが西ドイツのみは馬鹿正直に門戸を開放して日本に対し無防備である、こんなことでいいのか、という議論が、丁度総選挙のさなかの論点であった失業問題とからめて提出されると、例えば野党の首相候補フランツ・ヨーゼフ・シュトラウスは、輸入制限は将来においてわが西ドイツの自動車産業の競争力を弱め、やがて衰退につながる、日本人の挑戦を進んで受けて立つべし、と論じ、それが新聞に出て、また世間の話題になるというような出来事も、私の記憶のなかに残っている。

このように私が見聞した限りの今度の騒ぎは、多分に心理的であり、実害から発したというより、アメリカのフォードやクライスラーの苦境を目のあたりにした西ドイツ側の、幻想がうんだ不安や恐れという側面が非常に強いように思える。

それだけに、なにか意図や下心が背後にあって、政府や実業界がにわかに日本への警鐘を鳴らしだしたのだという風にもみえるのである。

そう解釈する人は西ドイツでは労働者の側に多いようだった。今この国では労働時間の短縮をめぐり、組合と政府が対決している。これ以上労働時間を短縮されては西ドイツ産業は立ち行かなくなる。そう考える政府がわざと意図的に日本の労働者の勤勉さを讃え、「日本に学べ」と国民を叱咤しているのではないかと、先述の経済相の発言の裏を勘ぐった解釈や反論が、九月初め、私が到着した直後の新聞や雑誌に盛んに出ていた。例えば大衆誌「シュテルン」（一九八〇年九月十一日号）の読者の投稿欄には次のような面白い言葉があった。

毎日幾千回と同じ手仕事をしなければならないドイツの労働者に、政府がこれ以上勤勉さを期待するなどはお門違いである。もし政府が人間を疎外せず人間に責任感を与えるオートメーションを成功させるなら、そのときはじめて極東的忠誠心を期待することが許されてよいであろう。

政府を批判するこのような労働者側の意識のなかに、興味深いことには、ロボットが工場を動かしているといわれる日本のオートメーションをきわめて人間的な運営法と理解している好意的な見方があるのである。また伝えられる日本の企業内の家族的協力関係を「忠誠心」（原語はLoyalität）という古臭い言葉で呼んでいるこのうえなく分裂したイメージも投影されている。少なくとも、日本を利用したその政府批判のなかには、幻想的に日本および日本人を理想化した方が都合がいいという意識が認められるようである。

　以上のように日本を警戒して国民の奮起をうながす側も、日本を利用して政府の下心を打ち砕こうとする側も、どちらも日本の技術力を正しく理解したうえで事をすすめようというのではなしに、ただなにかわけのわからぬ幻影に動かされて、自分勝手に作り上げた日本のイメージを徒らに振り回しているという印象が非常に強いのだった。つまり実際以上に物事が心理的に増幅されているのが目下の状況と私には見えた。

　勿論このようにジャーナリズムの表面に現われるものが国民感情のすべてではない。日本が伝統文化によってではなしに近代産業によって相手を圧迫する「力」を示したことで、相手方の政府や業界はたしかに困るかもしれないが、一般のドイツ民衆の日本への評価はこれによって高まりこそすれ、決して単純に悪意に転じるというものではないのである。ジャーナリズムが日本の自動車輸出を非難したとしても、全面的にその非難に西ドイツ国民が同調しているとは言えないだろう。どこの国でも一般の消費者というものは、安くていい品物が外国から輸入されれば、大いに歓迎するのが常である。

　私は一般の西ドイツ人は日本の産業の急速度の発展におやっと目を瞠《みは》っているものの、まだ「恐怖」を感じるところまでは行っていないように思う。これによってせいぜい日本への関心を高め、侮れないなという気持を強めている程度であると思う。ある高等学校《ギムナジウム》の校長先生は、今まで欧米人は傲慢すぎたのだから、アジアが進出する傾向はもっともっと強まってよいのだ、と私に語っていた。そう言えるくらいに永年の西欧優位から来たゆとりを彼らはまだ依然として享受しているのである。だから、日本車輸出に対するジャーナリズムの目下の攻撃が必ずしも国民感情を反映しているとは言えない、という前提をしっかり踏まえたうえで、私は以下に二、三の実例を紹介してみようかと思う。

「シュテルン」九月十一日号には「アウト・ジャーナル」という附録がついていて、「彼らは早くも戦争と勝利を口にしている」と題した六ページの特集が組まれている。「彼ら」とはいうまでもなく日本人のことである。冒頭にまず日本車にまたがり甲冑《かっちゅう》に身を固めた日本の戦国武将が、大鎧《よろい》の胴に**DATSUN**と染め抜いて、長槍を振りかざし、その左側に、楯で防戦する中世ヨーロッパの騎士が欧米車のボンネットの上に立ち、二つの自動車の激突する図が二ページを費して描かれているのである。まことに派手な扱いである。

これは日本人がにわかに攻撃をしかけてきた、というドラマティックな危機感を面白半分に印象づけようとしている、いかにも大衆誌らしい遣り方だといえる。報告文も同じように面白おかしい書き方で、しかしながら一方ではドイツ人の危機感を煽るようなどすも効かせている。曰く、東京がデトロイトに代って世界の自動車のメトロポリスとなって以来、欧米から続々とつめかける視察団や調査団は、工場見学を始める前の晩に早くも不気味な思いに襲われる。日本人はドイツから派遣されたわれわれ調査団にサントリー・ウィスキーとサッポロ・ビールをすすめてほろ酔い気分にさせ、ドイツの技術者がろくすっぽ知らないハイネの話などをして恥ずかしい思いをさせ、やがて気分が乗ってドイツ民謡の合唱ともなれば不気味な思いはますます募る。なぜなら日本人はローレライを歌うのを好み、「なじかは知らねどこころわびて……」は不安に戦《おのの》くドイツ調査団の気分にぴったりで、櫛けずる乙女に魅かれ小船も艀《はしけ》も波に呑まれるあの唄は、さながら日本の産業の波にドイツが呑み込まれることを揶揄《やゆ》しているかのような響きをもっていて、薄気味が悪いことおびただしい。つい二年くらい前までドイツ人は、日本産の自動車といえば微笑をもって鷹揚に迎えていたというのにだ……といった具合に、諧謔たっぷりの語り方である。

扨《さて》、翌日になって調査団が工場見学に案内されると、不気味の感じはやがてショックに変わるのである。広い工場に人影はほとんどなく、動いているのはロボットだけ。たまに白い手袋をした監視人に出会うが、わが西ドイツのように次々と流れ作業で製作していく労働者の列はもうここには存在しない。日本人はロボットを賞讃する。ロボットは病気もしなければ、コーヒーも飲まない。賃上げ要求もしなければ、休暇もとらない。勿論ヨーロッパの工場にだってロボットは用意されている。しかしその数の差が問題なのだ。すでに全ヨーロッパを合わせた二倍の数のロボットが日本では動いている。一九八五年に日本のロボットの数は二万五千台になることが予想され、それに比べわが西ドイツはせいぜいうまくやって二千五百台しか期待できないだろう。こんなことではいったいどうやって対抗できるというのか。このまま放っておけばアメリカに次いで全ヨーロッパの自動車産業は、やがて影も形もなくなってしまうという時代を遠からず迎えるであろう。……

特集記事はそういった、いやがうえにもドイツ人の不安を募らせる文章を長々と述べて、日産とBMWの工場内写真（車体を溶接しているロボットと労働者の対比）を掲げ、次のような数値を報告している。一九七九年に日産は六万四千人の従業員で二百五十万台の車を生産したが、西ドイツのメーカーBMWは同年に四万二千八百人の従業員でもって、三十六万二千台の車を生産したにとどまる、と。

この数字の差が正しいかどうかは筆者の知るところではない。雑誌の記事はドイツの読者にショックを与えるために、いろいろな前提条件を抜かして対比を誇張しているのかもしれない。そういうことは私には分らないが、いずれにしても「シュテルン」の特集は日本の企業の合理化を強調していて、ダンピングだとか低賃金だとか、安いが粗悪品だとかいった、昔から日本品に浴びせかけていた低次元の誤解を繰返すような愚を犯してはいない。日本車が欧米の同種の車に比べ二〇％も安い原因は、ロボット技術の導入による能率の差だと推論している。そして結論として、

ドイツの自動車メーカーが自分の秀れた技術をある程度まで自慢していたのは、二年前までは正しかったが、今日ではそれはもう危険な幻想でしかない。新型のマツダ三二三をフォードのエスコートと比較した者は、拡大鏡を用いても技術の差を見出すことはもはや大変に難しいだろう。

と述べている。

センセーショナルな書き出しで始まった特集の文章が、意外に冷静で、自分に対し厳しい結論で終っていることは、大衆雑誌として珍しい立派な態度と言わなくてはならないだろう。私はそういう意味で大変に好感をもって読み進んだのだが、しかし注意深く見ていくと、文意に疑問がないわけではない。すなわちロボットを導入でき

ないドイツの企業の体質には一言も触れられていないのである。その体質、すなわち安かった外国人労働者《ガストアルバイター》への依存、労働組合の反対、企業内の社員の配置転換や再教育・再編成の不可能、マイスター制度に代表されるスペシャリストの強大な権威、ひいてはドイツの教育制度そのものがもつ弱点――にまで、洞察の目がまったく向けられていないことに、私は次第に気がついたのだった。

これはヨーロッパの一般の知識人と会談しているときにもつねに感じられる彼らの盲点である。

私は今度の三カ月の滞在中に、教育事情を調べようと考え、各地の高等学校を多数見て回り、代表的な教育学者と談合する機会をも得た。そして、そのつど、「日本の自動車はすごいですね」「これからはドイツ人にとっての最大の競争相手は日本ですね」といった、お世辞まじりの話題が出るのが常であったが、私が日本の教育制度について語り出すと、ほとんど質問がなく、無関心で、「日本はアメリカの遣り方を真似たのですか。なるほど」といった程度の反応に終ってしまうのである。そして、日本の産業の急速な発展が善かれ悪しかれ――したがって日本の社会内の困った事件をも含めて――教育制度と実際の教育事情とに深く結びついていることに、ドイツでは教育学者ですらもがさして関心を向けようとはしないのだった。それどころか、ドイツの教育制度を私が「学び」に来たに違いないのだと彼らは百年来の習慣に従って考えているので、話題がドイツの教育問題のことになると、私の疑問など寄せつけない勢いで滔々と捲し立て、ドイツの事情を「教える」ためであれば私にありとあらゆる種類の便宜を与え、親切であろうと努めるのである。

日本の産業が驚異的な速度で進展していることを彼らは大抵知っているのであるから、そうであれば当然、日本の近代教育、ことに戦後の教育改革とアメリカ化についてもっと謙虚に「学ぼう」とする気持があって然るべきだと、日本人である私は考える。なぜなら、日本人ならば必ずこういう場面では、他人の考えに耳を傾け、相手から「学ぶ」という気持を忘れないからである。日本は西欧諸国から単に技術を学んだのではない。教育や文化を含めて、トータルに学んだのである。だから、ヨーロッパ人が「日本の自動車の技術はすごいですね」と誉めていて、その背後のことを考えないと、彼らが胡散臭く見えてくる。まるで日本には自動車の技術以外には、他の国が参考にすべきいかなる近代文化も存在しないかのように振舞っているヨーロッパ人を見ると――そういうヨーロッパ人が圧倒的多数を占めている——なにか大きな精神的欠陥を彼らに認めないではいられない気がしてくるのである。

私が「シュテルン」の特集記事に見たのも、ほぼ同じ欠陥だった。その記事は日本の技術の勝利を認めながら、日本人はきわめて特殊な精神構造を持っているので、ロボットの導入に労働組合が反対しないのだろう、と考えている。特殊な精神構造とは、労働者の人生観や幸福感がヨーロッパ人には理解できない特殊な性格を帯びているという意味である。いいかえれば、日本人はヨーロッパ人には耐えられない過剰労働——日本人は休暇をとらないで働く、というのは有名になりすぎている——にも平然と耐えている特殊な人種なのだと解釈されている。

日本人の労働組合は会社が大事であるから、ひたすら前へと前進する。この点で日本人はファナティックである。——丁度四十年前に、祖国が大事であったときと同じように。

さらにまた、日本人はわざと謙虚にへりくだって、今まで永い期間自分の本当の姿を見せずにヨーロッパ人を欺いていたのだ、という解釈もある。ほとんど本能的にこういう見方が彼らの心に浮かぶものらしい。

多くのヨーロッパの自動車メーカーは、日本人の上にこれからいかなる事態が訪れるかを、まだまったく理解していない。日本人の、自分の業績や計画をきわめて控え目に述べ立てる戦術、日本人は最も平和を好む民族だというイメージを提供してきた戦術に、ヨーロッパのメーカーたちはすっかり瞞されてきているので、輸入制限の処置くらいで「黄禍」を排除できるものと依然として楽観している。

私たち日本人はいったいいつヨーロッパ人を瞞してきただろうか。私たちがヨーロッパから「学ぶ」という受身の姿勢に安んじてきて、これまで自分の正しい姿を主張し、説明しようとしなかったことは確かだ。しかしそれはなにも相手を欺くための、自分の業績や計画をわざと控え目に述べ立ててきた戦術ではあるまい。日本人なら誰でも、戦術で控え目な態度がとれるほど自分がしたたかでないことを知っている。またわれわれにはそんな心の余裕もなかった。けれども、ヨーロッパ人の目にはそうは見えない。日本人はずるいと見えてしまうのである。そこに問題がある。

私たちから言わせれば、ヨーロッパ人が日本の近代史の流れをトータルに——単に技術だけを見るのではなくその背後の近代文化をも含めて——理解しようとする努力を怠っているために、誤解が生じるのだと言いたいところである。日本人は戦術や策略で謙虚を装うほどの余裕を持っていなかった。今までは外国から多くを「学ぶ」必要があったから、自然に謙虚になる外はなかったのである。そして、今なにも突如としてヨーロッパ人に牙をむいて襲いかかっているわけではない。彼らがつねづね日本の動きに目を向けていなかったからこそ、その間の日本の発展の長いプロセスに気がつかなかっただけである。

問題は彼らの側の習慣となった高姿勢、教えるだけで学ぼうとしなかった意識にある。また、私たちの側のこれもやはり習慣となった低姿勢、学ぶだけで自己主張をしないですませて来た意識にもやはり問題がある。

その二つの知的怠惰が、今、正面から向かい合って、互いに不信の眼で睨み合っているのが現下の状況だといえるであろう。

私は「日本恐るべし」を唱えるいくつもの新聞や雑誌の論調を読んで、欧米人が日本の技術を相応に評価しながらも、それを支える日本人の心に不信と猜疑の目を向けている例がいかに多いかに驚いた。

それは必ずしも悪意を剥き出しにしていない。ときに日本への好意のオブラートに包んで出されることもある。すなわち、日本を世界史の中できわめて特殊な文化をもつ国と考えようとする幻影がその一つである。日本について そう解釈した方が彼らには都合がいいからである。すなわち日本の経済と産業の成功は、技術の高度な達成にも負うてはいるが、歴史上・地理上のある種の偶然が生んだ、不公平《アンフェア》な前提に負うている部分が最も大きいのだ、と彼らは言いたいのである。日本はアメリカやヨーロッパと同一の共通した基盤において競争しているのでは決してない。なにか前提条件を異にしている特殊な文化状況が日本にはある。これでは不公平である。勝負にならない。そう言いたげな議論に私は何と数多く出くわしたことであろう。

一九八〇年七月に日本の自動車問題に火をつけた西ドイツ最大の情報誌「シュピーゲル」は、同年十一月三日号に「アメリカ自動車産業の危機」と題して、フォードの社長フィリップ・コールドウェルとの会見記をのせている。この会見記は、欧米人一般の代表的な日本人観をはしなくも暴露する貴重な一文となっている。コールドウェル氏も日本の雑誌によるインタヴューならそう思い切ったことは言えなかったであろう。しかし聞き役が「シュピーゲル」編集部なので、つい欧米人同士が内輪で話している本音をさらけ出してしまった一面があり、大変に興味深いとともに、読んでいて私はなにか寒気のする思いのした個所さえないではなかった。

それはもうほとんど理窟ぬきで、日本を不公平《アンフェア》な国ときめつけ、日本との間で正当な競争がおこなわれることはあり得ない、とドイツ人に訴えている独断にある。曰く、日本人は技術的に新しいことをなにもしていない。しかし結果的に一番秀れた小型車を安く造り出した事実は否定できない。この成果は非関税障壁、政府の行政指導、不当に安く抑えられた円のレート等々、欧米とは異なる条件に保護されている結果に外ならない。そう主張するコールドウェル氏が、「日本問題」という言い方をして、まったく別の星から来た別の生物の思いがけぬ繁殖をどう処置したらいいか頭が痛いと言わんばかりの口調になっている個所さえあり、私をぞっとさせたのである。

コールドウェル　皆さんがいったいいつから日本問題に関心を寄せられるようになったかは知りません。アメリカでは一九七七年以来、入念な注意を払って来ているのです。私どもの業界ではこの件で多くの政府と、アメリカ政府や西ドイツ政府とも、会談を重ねました。永い間、経済の専門家も政府関係者も関心をもちませんでしたから。

編集部　いったい何を上申なさったのですか。

コールドウェル　問題に着手する前に、基本を分析しておかなくてはなりません。日本はカリフォルニアよりも小さく、一億一千六百万人の人口があり、原材料をもちません。生き延びるために彼らは生産し、輸出しなくてはならないのです。

編集部　しかも、ともかくこの数年来、彼らは他のどの国の人間よりもそれが上手にできるのです。なぜだとお思いになりますか。

コールドウェル　彼らは久しい間、ヨーロッパやアメリカの状況を研究しました。自動車そのものだけでなく、生産工程や消費者の欲求を研究したのです。新しいことをなにか発明したかのようにみえますが、そうではありません。研究したことから最良のものを作り出したにすぎません。

編集部　そして彼らは他のどの国の人間よりも能率的に、安価に生産しています。

コールドウェル　彼らの労賃がわれわれの労賃よりも安いことは明らかです。為替相場の状況も彼らに有利に働いています。……そして、昨年ガソリンが欠乏し高くなったあの危機の折に、生産のチャンスを摑んだのです。……最初の石油危機の後で、彼らは政策を切り換え、アメリカ人よりずるく立回りました。彼らは小型車以外のものを決して作らなかったのです。その際に彼らは――アメリカ人と同様にドイツの皆さんもよくご存知と思いますが――なんの遠慮もなく、ドイツの技術、ヨーロッパやアメリカのテクノロジーを利用しつくしました。今日にいたるまで、日本人は本当に新しいものを世にもたらしてはおりません。彼らは一連の平凡な物事を非凡に作りあげたに過ぎません。……

編集部　貴方は極東からの自動車の洪水を抑えるべく、政府に対策を要求しておられますが、それはつまり自由競争を制限しようとなさっているのですか。

コールドウェル　自由な国際競争は維持されなければなりません。しかし基礎的な不平等は取り除かれるべきであると考えています。

ここまでは苦境に追いこまれた会社の社長がいかにも言いそうなことばかりで、しかもそれほど偏見に満ちているとは言えないであろうが、最後に述べられた「基礎的な不平等」とは何を意味しているのだろうか。

編集部　なにもかも日本人のせいになさるおつもりですか。

コールドウェル　自由競争のための外枠の条件はもうとうに正しく守られてはおりません。日本人の労賃がはるかに低いのは、日本の労働者がわれわれの労働者とは明らかにまったく別種のものの考え方や要求を持っているためです。また日本の税法は企業にとって有利ですし、円の為替相場も非現実的で、人為的に低く抑えられています。……

編集部　いったい政府は何をしたらよいのでしょうか。

コールドウェル　西側の政治的経済的組織――北アメリカ、西ヨーロッパ、日本のことですが――が、貿易関係におけるあまりに際立った不均衡によって手痛い混乱をきたしていることは、よくご存知でしょう。日本の自動車産業が無制限に拡張して、他国の生存をおびやかすようなことは、長期的には放っておけません。……

私が注目したいのは、貿易の自由競争の前提をなす条件が無法者の日本によって毀されているという彼の主張である。しかも、「基礎的な不平等」の原因を、日本の労働者のものの考え方や欲求が世界に例のないほど特殊で、安い労賃でも勤勉に働くのは彼らになにか特別の使命観でもあるせいではないかと、予想している点にある。ここでも「シュテルン」の特集記事と同じような日本人の特殊性という観念が、議論の前提をなしていることに気がつく。

日本人は欧米人とは違った倫理観や労働観をもって働くなにか謎めいた人種であるとでも言わんばかりの言い方で、これは他の新聞や雑誌の到る処にみられる共通した論点だが、彼ら欧米人には最初に日本人に対するこの点での先入見があるように私には思える。先入見を抱いた方が、自分の立場を守るうえで彼らには好都合だからに違いない。いったいいつ頃に形成された先入見であるかはよく分らないが、とにかく日本人を同じ土俵に置いて見ようとせず、日本人ならびに日本文化をよい意味でも特殊化したがる習慣が彼らにあって、これを突きつめてみると自由貿易を阻む「基礎的な不平等」の一つは日本人そのものであると言わんばかりの議論になってしまうのである。日本および日本文化を取り除かなければどうにもならないのだ、と言っているのとほぼ同じ内容に私には聞こえてくる。

税法、為替相場、行政指導などは枝葉の問題である。これらが彼ら欧米人の満足のいくように調整されても、なお日本の産業の前進が止まることはあるまい。そうなったとき彼らにはもうどんな口実もなくなり、日本人そのものの存在が許せないという理窟にならぬ理窟が国際協調の衣をかむって立ち現われることになりはしないだろうか。

ヨーロッパ人はこれまで何度も近代日本の起こした行動には度胆をぬかれて来たと思う。なにも自動車の貿易摩擦が初めてではない。日露戦争における日本の勝利はおそらく歴史上その最初の例であった。日本の繊維産業がリバプールやマンチェスターを壊滅状態に追いこんだ出来事も、太平洋戦争の結果、東アジアにおけるヨーロッパの植民地がいっきょに失われた出来事も、みな日本が関係していて、そのつどヨーロッパ人は複雑な思いを味わったに違いない。

しかしこのようになにか目立ったことが起こる度に、彼らは騒ぎ立て、「日本恐るべし」を繰返すけれども、それら一連の出来事を歴史の連続性として深く掘り下げて考えることをとかく怠る。自分を脅かす大事件にだけ目が向けられ、後は忘れてしまい、無関心でいる。だいたいのヨーロッパ人の意識はおおむねそうである。近代国家としての日本の国力が少しずつ発展して来た結果として、以上のような際立った出来事が連続して起こっているのだ、という足跡を丁寧に跡づけているのは一部の専門家だけである。一般の民衆はいつの間にか世界地図のなかで日本とヨーロッパの力が逆転していることに気がつかないでいるし、そういう変化を承認してもいない。ときどき東の涯から自分たちの権威を貶しめる驚くべきニュースが飛び込んでくるときにだけ、日本という国名に注意を向ければすんでいたので、日本の行動は連続した線として記憶されず、必然性を欠いた、謎めいた点として意識されるにとどまっていた。日本の文明もきわめて閉鎖的であるが、少し違った意味でヨーロッパ文明も閉鎖的であることに根本原因があると言えよう。

ヨーロッパ人は中国やインドに対しては、おそらく日本に対するような謎を感じてはいないだろう。日本のような説明のできない特殊性を、中国やインドの中に発見しようとはしないだろう。なぜなら中国はヴォルテールの時代に、インドはショーペンハウアーの時代に、聖書以前の古い国として意識され、ヨーロッパの歴史が唯一絶対ではないという近代西欧の歴史観の相対化になんらかの作用を及ぼしてきたからである。それに、中国やインドの近代史にはヨーロッパの権威を脅すような出来事は存在しなかった。

日本がヨーロッパ人の目からみて、二重の意味で特殊な文明圏にみえるのは、以上のようなやむを得ない歴史的背景にも由来していると言えるだろう。日本はマルコ・ポーロの時代からの「不思議な国」としてのイメージを、ヨーロッパ人の心の中でいっきょに変えるに足る文化的影響力を、これまでヨーロッパ史に与えたことは一度もない。それでいてヨーロッパと同じ近代的土俵で、今や彼らを凌駕せんとする勢いを示しているのであるから、彼らにはとかく説明のできない当惑感だけが残る。日本や日本人を論じた彼らの文章の中に、いつも日本文化を特殊なものとして、あらゆる文明から切り離して――勿論、ヨーロッパ中心の近代史からも切り離して――説明しようとする動機が大勢を占めるのは、彼らの立場からすればきわめて自然なことだと言わなければならないであろう。

今度の自動車をめぐる貿易摩擦で、西ドイツのジャーナリズムの中に現われた感情もまた――きわめて親日的な感情ですらも――ほぼこのような当惑感に発し、日本の産業を近代ヨーロッパの尺度では測れない特殊な一例として説明しようとする傾向を目ざしているように私には読めた。それが「非関税障壁」とか「基礎的な不平等」とか、彼らに都合のいい非難の言葉となって表面化してくるのである。私にはこれが将来に禍いをもたらす、きわめて危険な徴候であるように思えてならなかった。

ヨーロッパ人には日本を特殊化したいという衝動が歴史的にもあるという話を私はいま書いたが、しかし日本の国内における日本人の自己説明が、しきりにこの傾向を助成していることを私は最近知った。すなわち日本人の書く日本人論が、いかにもヨーロッパ人好みに仕立てられていることを私は指摘したいのだ。いわゆる日本人論が、彼らの偏見や先入見をいっそう増幅する役目を果たしているのは、予想もしていなかったことであるが、じつに遺憾なことと言わなければならない。

西ドイツの週刊誌「クヴィック」は九月二十五日号から四週にわたって、大がかりな写真入りの現地報告記事「日本の奇跡」を特集した。「なぜ日本はわれわれの最大の競争国になったか」との副題で、日本の企業の運営の仕方や労働者の意識や経営者の考え方を、実際に日本に来た記者の眼を通してくわしく調査し、報告している。もうそこには低賃金や働き過ぎといった日本商品に今もなお被せられている偏った見方は影をひそめている。全ページにわたって文句の言えないほど公正である。少し日本を良く見すぎているくらいである。日本の労働者は仕事のなかでもリラックスし、仕事を愉しみにしているのであって、苦痛としてはいない。労働時間もドイツより若干多い程度で、企業によってはドイツの平均より少ない。日本の経営者は謙虚で、他人の意見にじっと耳を傾け、企業のトップでも相手から学ぼうとする気持を失わない。こういった点がドイツ人の記者を感心させ、強い印象を与えたようだった。

働く日本人のそういう長所を正直に報告してくれたことは私たちにはまことに有難いが、記者はまた多くの日本の学者や知識人にも会ったらしく、日本の企業の成功の主原因は家族的な仲間意識、集団的経営法、和を大切にし対立を好まない日本社会の特質にあると、日本でも今や流行をなしている日本人論の受け売りをして、なるほど、こういう特殊な社会が成功の基礎をなしているのならこれではヨーロッパ人が対抗できるはずもないと、やや安心したような表情で分析を終えているのである。

この記事は日本人への好意に満ちているが、しかし日本文化全体を自分たちには近づけない一個の謎と見る昔からの彼らの習慣から解放されてはいない。それどころか、「日本人論」という近代的な味つけをしたうまい説明の方法を手に入れて、近代世界とは無関係な遠いお伽話の国・日本という、昔からあったありふれた日本観へますます回帰していく傾向を強めているのだと読めないこともないのである。

日本の社会全体は魔術によって動かされている、という見方は、もう数百年のヨーロッパ人好みの観念であった。彼らはヨーロッパ的個人主義、ヨーロッパ的美意識、ヨーロッパ的自由の概念を絶対だと信じて、じつは今でも譲ろうとはしていない。アメリカ人もこの点ではヨーロッパ人の行き方に沿っていると思う。少しでも自分たちの行き方と一致しないものがあれば、特殊な魔術であると考えてしまうのが彼らには便利である。

しかし日本の企業がオートメーションを促進し、大量にロボットを導入しているのは、なにも魔術ではない。能率からはじき出された近代的な政策に外なるまい。

つまり、労働者の配置換えや再教育が自由にできて、コンピューターの優先する新しい時代の変化に即応できる日本の社会の方がより近代的であり、より合理的である、と、少なくともこの点にのみ限っていえば言えないことはないわけだ。それに対し、頑固一徹な職人教育にこだわっていて、ロボットを導入できないドイツの社会の方が前近代的で、非合理的だとも、やはりこの一点に限っていえば言えないことはないわけである。

しかし日本の社会の柔軟さに好意的な「クヴィック」の記者ですら、そのような見方の戸口にまであと一歩とせまって、そこで反転して、やはり日本は特殊であり、同じ近代性の尺度で測るべきではない、ヨーロッパとは別個の原理で動いている社会だ、という伝統的な考え方にぱっと飛び移ってしまうのである。彼にそのような口実を与えているのが、今日日本のジャーナリズムで流行している日本人論、日本産業社会論の類いだとすれば、じつに問題ではあるまいか。

例えば、江戸時代以前の日本の大名や商家のイエ意識の中に、今日の会社経営体の原型があるというような議論を、日本のインテリはとても好きである。近代的に洗練された歴史の見方だと思っている。けれどもそれが、なにやら日本を世界の中の特殊集団と解釈したがる、昔からヨーロッパにあったお伽話の国・日本の変形になりうるとしたら、じつに滑稽なことではないだろうか。

日本もヨーロッパも閉鎖した文明圏である。ヨーロッパの優位が絶対的であったときは、「学ぶ」と「教える」の関係を通じて、その閉ざされたカーテンに破れ目が生じていた。けれども今その関係がぐらつき出している。ヨーロッパの軍事力・経済力はアジアから退き、日本の経済力が逆に西に拡がった。けれども昔の習慣はなおつづき、ヨーロッパが「学び」、日本が「教える」という新しい関係が確立したわけでは決してない。そのために今では、十九世紀後半の日本の開国の時代よりもさらに昔の、日本とヨーロッパとの古い関係に逆戻りしたような一面さえないではないのである。

日欧貿易摩擦を通じ、ヨーロッパ人が一貫して日本を非難しているのは非関税障壁であり、商習慣の違いであり、日本社会の閉鎖性である。そしてヨーロッパ人も違った意味で閉鎖的であることを、彼らは顧みようとはしない。他方日本側が非難するのは、日本に売込もうとするヨーロッパの商社の努力不足である。そこでECは特別研修生を日本に派遣して、日本の商い方法を勉強させるような一応の努力もしている。けれども即効はなく、研修生も半ば諦め顔だという。こういう状態が永くつづき、日本の貿易量がますます殖えていくなら、予想されるのは日本の社会の特殊性への、世界中からの非難の合唱であろう。欧米人は自分たちの努力不足を棚にあげて、日本を近代の同じ土俵の上で見まいとする先入見をそのまま延長し、日本人の特殊性こそが成功の原因であるなら、その特殊性こそがまた禍いの要因であるというプロパガンダに必ずや走るであろう。しかし日本人の特殊性とは、日本人そのものということであり、日本人こそ世界の禍いの源であると騒がれだしたときには、戦略的にも、もう手遅れなのである。

私たち日本人は世界のなかで決して特殊な国民ではない。日本はマルコ・ポーロの考えたお伽話の国ではない。私たちはしかるべく必然的な近代的発展を通じて、共通の競争に勝ち抜いて、能率的な技術開発をなし遂げてきたのである。

しかし日本を特殊視する欧米人の偏見を問題にする前に、私たちは私たちのために、日本が欧米と同じ近代路線上で競争しているのだということを、外に向けあらゆる場面で主張し説明する必要があるだろう。そして国内では、自分を世界の特殊人種と見るような遊戯的な日本人論の愚かさを知ることもまた、そのための第一歩となるであろう。

（「文藝春秋」一九八一年二月号）

西ドイツから見た日本

本日のテーマに「西ドイツから見た日本」という簡単な題をつけてしまったのですが、「日本から見た西ドイツ」というもう一つの視点もあり得ます。この、日本から見た西ドイツは論じ尽くされているように思われていますが、じつは意外と知られていない面があるし、また偏見ないし先入観も多々あると思いますので、本題に入る前にその見落しがちな、大事ないくつかの点をお話ししたいと思います。

ドイツと申しますと、私たちは集団的に規律正しく運営されている国、そして大変に権威主義的な国というイメージを持っています。しかしこれは半分正しく、半分当っていないのではないかと思えます。それは恰《あたか》も、ヨーロッパ人が日本について定義づける事柄が半分正しく、半分当っていないのと非常によく似ていますので、最初にこの点に注意を向けておきたいと思います。

たしかにドイツ人は規則正しく、法規をよく守る国民だということは事実かもしれません。お上《かみ》の決めた事柄に非常に忠実な民族であることは一つの性格です。例えば、西ドイツでは地下鉄などが無改札ですが、あまり問題はないようです。

私の友人のイギリス文学者が西ドイツ滞在中の私を訪ねて来て、一緒に地下鉄に乗ったのですが、全く改札がなかったのに驚きました。彼は共産国家をずっと歩いてきた直後であったので、大変にたまげて、「いやぁ、自由主義の国はいいですなあ。なんと電車まで自由だ」と冗談を言って喜んだほどです。勿論、ただ乗りした者に対する罰金制度はあります。違反が見つかりますと、電車賃が二マルク位の所で約四十マルク位罰金を取られます。しかし私はミュンヘンで切符を買ったり、ときに試みに買わないでみたりして、一カ月近く乗ったのですが、ただの一度も検札に会いませんでした。それくらい放ったらかしであれば、当然ただ乗りが多数あるのであろうと思うのですが、ドイツ人にしつこく聞きますと、ない事はないのだけれど、しかしそれは非常に混雑しているラッシュアワー時に、違反者は一車輛につき一人か二人くらいなのだそうです。それも意図的なただ乗りは少なく、切符の買い間違いや乗り越し乗車が多いというのです。だから、めったに検札をやらなくても経営は成立っているということでした。

これはドイツ人が規則をよく守る、決められた事柄に対しては忠実な国民であると言われることの証拠にもなろうかと思われます。しかしだからといって、すべてに盲従する国民では絶対にありません。一面では極めて我儘勝手な民族であるし、同時に非常に個人主義的というか、我が道を行くというか、少しアナーキスティックなところさえある国民です。

一例をいいますと、ドイツのある大学で実際に教鞭をとっている日本人教授から直接きいたことです。西ドイツの大学で授業の時間割を作るときの話を聞いて驚いたのですが、日本の大学では時間割委員会による決定に従い、事務局の教務課が先に決め、何曜日の何時は誰々がやれと命令されたら、いかなる教授もそれを否定することはできないのです。委員会にいろいろ文句を言ったりもしますが、だいたい決められた通りになります。ところが西ドイツの大学では、A教授は月曜日の午前中の二時間め、B教授は午後の三時間めというように自由に自分で申告するのだそうです。これが大学の自治であり、教授会の自治であり、学問の自由であるというのが西ドイツ人の考え方です。ですから西ドイツの大学は夜まで授業をやっていて、昼間講義室が空いているのに、夜の六時からという授業があるのです。これは夜学部ではありません。普通の授業が六時から行われるのです。それは先生方が勝手に決めるからで、「私は昼やらないで夜だけ授業をする」という我儘な先生もおられるそうです。そういう気儘勝手のため、たまたま授業がかち合って教室がとれない時には、教務課の事務員が教授たちの所を歩き回ってやっとまとめるというくらい、互いに我が道を行く気位が高いのだそうです。

もっともこれは変な意味での我が道を行くですが、いずれにせよそれくらい個人主義が強くて、議論好きで、なかなか物事が決まらない。それがドイツ人のもう一方の性格です。いま西ドイツでは教育問題で荒れているのですが、これも議論ばかりしていて物事が進まないということが原因をなしているようです。

しかし考えてみますと、規則をよく守るといった先の性格と必ずしも矛盾していないのかもしれません。個々人が大変に我が強く、我儘なので、表向きのルールだけはきちんと守らないと全体の収拾がつかなくなることを皆が知っていて、そのためにドイツの社会は法規をよく守る国民になったのかもしれません。ドイツの子供は親の前では穏和しいが、親の見ていない所で、例えば日本人の家庭に遊びに来るととんでもない悪い子になる、とよく言われるのも、ひょっとしたらこのことと関係があるかもしれません。

それから一般にドイツについては、一丸をなして国全体がまとまって動いているような印象を日本人は持っていますが、じつはドイツはフランスほど中央集権の強い国ではありません。むしろ各州の力が非常に強い国です。それは州単位の自己主張が甚だしいため、国家としてのまとまりが悪いという状態を招来しているほどです。

例えば教育に関しますと、文部省という国全体をまとめる省はなく、各州に教育省というのが設けられてあり、これがそれぞれ勝手に事を決めます。ある程度の共通の足場は作ってあるのですが、細目になると、州ごとに制度が違うといっても良いほどなのです。

ですから西ドイツというと、私はむしろ非常に個人主義的な傾向と地方分権意識がつよく、まとまりの悪い国家だと思っています。多様性に富んでいるために、かえって二度にわたる近代国家の統一、つまりビスマルクによる国家統一とヒトラーによる第三帝国がそれぞれ強権発動によらざるを得なかったのではないかと、私には考えられます。逆にいえば、その様な強権を発動しなければまとまらない程、各自がばらばらな方角を向いて、しかも勝手な自己主張をしている国民であるということにもなるのかもしれません。

さて、話は変わりますが、私が本年の二月号の「文藝春秋」に、「愚かなり『日本特殊論』」という論文を書きましたところ、あれ以降あちこちの週刊誌や雑誌でどういうわけか口裏を合わせたように、「日本が特殊だという考え方は愚かだ」と言い始めています。しかしこの十年くらいの期間はずっと一貫して、日本が特殊だというのが流行の考え方でした。

中根千枝さんの『タテ社会の人間関係』、イザヤ・ベンダサンの『日本人とユダヤ人』、土居健郎氏の『甘えの構造』など、みなそうした特殊性を強調した考え方で、七〇年代の流行の思想の先鞭をつけました。日本の民族は欧米と比較して個性を欠いており、個性を欠きながらきわめてうまく運営されているのは集団性のおかげである。日本社会のこの集団体制というものを非常に評価し、評価することによって日本の優位を説明しようとする議論が、七〇年代を通じ今まで圧倒的であったと思えるのです。

しかしよく考えてみると、こういう考え方は昔もあったように思います。戦争に対する戦後の説明の仕方がその一つでした。これも概《おおむ》ね「近代」が戦争を惹き起こしたのではなく、日本のなかの「前近代」が惹き起こしたのだと説明されていました。すなわち、日本の中に残っていた封建的な部分、日本的特殊条件が戦争の主原因であったという議論がしきりに行われ、だから戦後の日本は自分の国を反省して近代化し、イギリスのような普遍的に通用する近代国家にならなければいけない、というようなことが戦後ずっと言われてきたわけです。

しかし、私があのとき非常に疑問に思いましたのは、戦争の主役は「前近代」ではなくて「近代」であったのではないかということです。戦艦大和を造り、ゼロ戦を造った。すなわち、主役は日本の「近代」なのであって、決して「前近代」が戦争を惹き起こしたわけではないのです。だから戦後の国力の回復にもそのままつながったといえるでしょう。戦争の主役は何であったかということを考えると、それは「近代」が一つの発火点に達したと考える方が、日本の「前近代」が主役であったと考えるよりも、はるかに筋が通っているように私は当時思っていたわけです。日本は「特殊」だという、それと似たような事が最近また言われているわけで、自分の劣勢を反省するにせよ優位を説明するにせよ、なにかというと日本人は世界の中の自分の特異性を過剰に意識する――その点が一貫して私が疑問に思っていることです。

さて、私は去年の九月から十二月にかけて西ドイツに滞在しました。その間に、私は特にその事を調べに行ったわけではないのですが、やはり日本の製品が非常に出回っている現状を一旅行者の立場でショーウィンドーに眺め、考えることが多々ありました。カメラや時計が大変に出回っている事は誰でも知っていますが、ほかにオーディオ機器、卓上計算機、ＶＴＲ、複写機、レジスターなどがショーウィンドーにたくさん並んでいました。そして週刊誌を眺めますと、全広告のうち約三分の一が日本の製品の広告である事すらあるのです。また、日本の化粧品会社が進出し始めているという話も聞きましたし、驚いた事にドイツ文字のタイプライターまでが日本からドイツへ輸出されているのです。これには大変びっくりしました。また、新聞や週刊誌には威勢のいい文字広告が出ておりまして、「日本でNo.1とは、世界でNo.1を意味する」という言葉が――たしかタイヤの広告であったと思いますが――広告文字として使われていました。

私もいくつかの雑誌を持ち帰ってきたのですが、これは「シュテルン」という週刊誌の一九八〇年九月十一日号の自動車特集号です。日本の自動車と西ドイツの自動車のボンネットの上に、それぞれ日本の武将と西洋の騎士が乗ってぶつかり合い、決闘し、御覧のように「彼ら(日本人)は早くも戦争と勝利について語っている」というような説明文が書かれています。それからロボットが働いている日産の工場内と、労働者が働いているBMWの工場内の対比も、このように大変に印象強く掲げられています。またこれは「シュピーゲル」の表紙で、ビデオの絵が表紙に使われていますが、これも日本のビデオの特集号で、やはり日本製が市場を占領しているということを大きな話題にしています。事実、私は街角でテレビやビデオが置いてあるショーウィンドーの前に、ドイツの若者たちがぎっしり並んで見ている場面にいくども出会いました。そして、ショーウィンドーの約九割が日本製品であることを確認しました。ドイツのグルンディッヒとオランダのフィリップスの二社だけが何となく場所を持っていて、対抗しているようにみえましたが、後で聞けばグルンディッヒの機械の中味はおおむね日本製だそうですね。

私も一旅行者として、そういう情景をまのあたりに見れば当然心強く、日本人に会うたびに凄いなあと話し合ったりしました。たかだか十五年前の私の留学時代には、知識人は別として一般的レベルでは、日本のことを西ドイツ人はあまりよく知りませんでした。私がビールを飲んでいると、「お前は日本に大学がないからドイツに学びに来たのか。かわいそうな事だ」といわれたものです。最近はドイツのマスコミでさかんに日本の事を報道するものですから、今では民衆の末端にいたるまで日本が技術大国である事を知らない人はいません。

しかし、テレビのタイトルや雑誌の特集あるいは講演会の題目などで使われる「日本の挑戦」ということばですが、この Herausforderung Japans――すなわち今さらのように「挑戦」という言葉が用いられること自体が、じつは日本を先進国の仲間に入れていなかった証拠ではないでしょうか。つまり、「挑戦」という言葉が使われるならば、それなら果して今「フランスの挑戦」と人は言うだろうか。あるいはヨーロッパの一角で起こった経済的成功を、例えばドイツに対してアメリカ人が「ドイツの挑戦」と言うだろうか。私は言わないと思います。つまり日本が世界の話題にされて、日本人は今喜んでいるのですが、よく考えてみると「日本の挑戦」という言葉自体に、今まで挑戦するだけの力も無かったものが、突如として挑戦しはじめたという響きがあるのです。それからよく「日本はなぜ我々の最大の競争国となったのか」という言葉が聞かれますが、これも同じように、彼らはやはり今まで日本を競争国だと思っていなかったのだろうか、という疑いをわれわれに与えずにはおきません。

私は初め、日本の商品がこのように出回っていることをたいへん嬉しく思い、かつ勇気づけられておりましたが、しばらく滞在して時間がたってみますと、「日本の挑戦」という言葉に疑問を持ったり、向こうの人と話をしていくうちにだんだん違うなと感じてきました。つまり単純に優越意識は持てないと思ったのです。第一は、私たちが考えている程、西ドイツの人たちは反日感情に駆りたてられてはいないという事です。つまり、日本ではとかく貿易摩擦の結果、例えばアメリカ人がこぞって日本に悪感情を持っているとか、西ドイツもそうだとか考えがちですが、じつは悪感情をもつというのは業界の意見なのであって、一般国民は廉価で良い製品が入ってくれば嬉しいのです。消費者はどこの国でも同じです。日本でもそうですが、一般にジャーナリズムは政府の意見や業界の感情を色濃く反映しがちなものです。従って私は、日本がもっともっと、相手を圧倒するまでやると、彼らのあいだに何が起こるかといえば、必ずしも嫌悪感ではなく、そうなってはじめて若干の畏敬の念、恐れからさらに転じて尊敬心が起こるのではないかとさえ思うのです。欧米と日本との間にある落差は、今でも尚それぐらい大きい。つまりわれわれがいくらやったところで、恐怖心を起こす段階までなかなかいかない。日本ではそこが錯覚されている。つまり日本に伝えられていることと、西ドイツで感じることとちょっと違います。西ドイツの一般の人は落着いており、日本で騒がれているほど貿易摩擦で反日感情が高まっているようなことはないと私は感じています。

もともと西ドイツという国は親日的で、「日本がんばれ」という気持が多少厚い国ですから、何か事が起こっても、すぐ悪感情に傾くよりも日本を弁護する傾向もありますので、他の国とはちょっと事情が違うかもしれません。ただ、なぜ恐怖感をさほど感じないでいられるのかというと、じつは一般民衆は日本の実力というのか、本当の産業の力というものをまだ知らないのだと思います。知らないから恐怖感を感じるところまで行かないのだと思うのです。だから日本はもっと遠慮なく進出したらいいんだ、と私は思います。私が会ったインテリ、いわゆる産業に関係しない文学者だとか教育学者だとかいう人たちは、今まで欧米人は非常に得意になっていたし排他的であったのだから、ここらでアジアがもっと進出してくるのは、地球上のバランスからいっても良い事ではないかと私に言ったり、少なくともまだまだ日本をたいした事はない国だとなめているなと思わせる言葉を吐きました。なめているからそういう事をいい、事実を知らず、知らないから恐怖を感じていないのだと思います。

ところが一方、よく事情に通じているはずの政府や産業界の人たちも日本の実情を知っているかというと、やはり本当のところは知らないので、逆に恐怖ばかりを感じてしまうのではないかと思います。実際以上に日本の進出のスケールを恐れて、日本人の心を知っていれば常識的に恐れる必要のないようなことに関してまでことごとく重大に考える。そこで恐怖を感じる。そういう傾向があるように思います。知っている立場の人々が本当のことは知らない。そこで指導的立場にあるこれらの人々は、今度は一貫してアンフェアという言葉を使います。日本人はアンフェアだというのです。

このアンフェアという言葉はドイツ語にも英語からそのまま入っており、不公正という意味ですが、われわれには非常に遺憾とすべき言葉です。なぜならば彼らはご承知のように、今まで日本側にダンピングだとか、低賃金だとか、不公正な労働時間差だとかさんざん非難してきて、そのどれもが日本に当て嵌らず、そういう非難をだんだん言えなくなっていることに気がついて来たのです。というのは日本人は今では別にダンピングをしていないし、低賃金でもないし、労働時間差もそんなにひどくはなく、これらが現実に数字ではっきりしてきているからです。そうなると、通産省の行政指導がいけないのだとか、円のレートが人為的に低く抑えられているとか、いろいろ新たな難癖をつけてくるのですが、しかしその心理をよくよく考えてみますと、どうも日本人であることがけしからんと言っているように聞こえてくるのです。日本の通貨が特別低く抑えられているといいますが、今では事実そんなことはありませんし、さらに日本の通産省の行政指導が行き届いていてアンフェアだというならば、各国がやればいいのだし、事実各国もある程度やっているのです。彼らはいろいろなことを言っていますが、これらすべてが弁解になっており、弁解にすぎないことに彼ら自身今ではうすうす気がついてきたのです。そこで彼らは何を言うかというとアンフェアという。この言葉を使って、日本人であることが何かけしからんとしか聞こえないような議論を展開します。いいかえれば、日本人の人生観、労働観がアンフェアである。つまり日本文化そのものが、アンフェアな存在だと言っているように聞こえてくるのです。

ところが、困ったことには、さながらそれに追い討ちをかけるかのように、われわれ日本人がうまくいくのは日本の文化が特殊だからだとか、日本の社会が「タテ」社会であるからだとか、日本の社会には「イエ」意識があるからだとか、われわれは集団意識によって経営しているからだとか等々、ご承知の「日本人論」を日本の知識人が説明するのです。それを欧州の報道人がずいぶん聞きに来ています。ドイツやフランスから来た特派員は日本の知識人に会って、日本の社会は特殊だとの説明を聞かされますから、「そうか、それで解った」と彼らは納得するのです。しかしこういう納得のされ方は困るのです。集団主義というのはコレクティビズム（collectivism）です。訳せば全体主義と同じことですから、彼らに私たちがそういう説明をしてはたして良いものかどうか、はなはだ疑問と言わなければなりません。

私は西ドイツで実際に生活していて、日本製商品がたくさん出回っていることに最初は非常に感激したのですが、だんだん疑問に思った一つには、確かに日本人の作った商品は秀れているかもしれないけれど、ビデオであれ、テープレコーダーであれ、形態は欧米産のものと同じなのです。日本的特性もまた目に見えない個所でたくさん発揮されているのでしょうが、近代工業製品というものはどこの国へ持ち出しても結局外形は同じ様なものになってしまいます。日本人の文化が自己主張しているようにはどうしても見えません。少なくとも近代工業製品に人格を感じさせないという一面があります。これを一つの大きな問題として感じたわけです。

それから日本の旅行者はあちこちでうろうろしていますが、彼らこそまさに人格を感じさせない存在ではないのでしょうか。新聞を拡げますと最近は日本のことがたくさん出ていますが、それは経済記事、又は経済がらみの風俗記事にすぎません。しかも、経済記事といっても、日本の経済学者の発言が向こうの新聞に大きく扱われているなどということは皆無に等しいのです。

先日、雑誌「諸君！」に何十人というアメリカの経済学者から直接取材した記事が載っていました。その記事を担当した編集者から聞いた話で私もいささか驚いたのですが、アメリカの経済学者は日本のリアリティー、つまり日本の現実に対しては非常に好奇心を持っているが、日本の経済学者の書いたものにはまったく興味を持っていないそうです。この編集者はそれを聞いて愕然としたといいますが、私が今申し上げたいのもそのことに関係しているのです。カーター大統領が先日退陣した時、「タイムズ」の編集者を前に、記憶に残ったいろいろな政治家の名前をあげ、サダトもベギンも誉めていましたが、ついに大平氏の名前は出てきませんでした。結局日本の政治家から経済学者にいたるまで、彼らの価値観、彼らの尺度をもってしては、人格というものが感じられないのではないでしょうか。われわれは相手に人格を感じさせなくてはいけないし、われわれが無人格だなどとはなにびとも考えることはできません。それどころか日本人はきわめて人格的な人種だと思っています。しかし少なくとも欧米人にはそれが人格として感じられないとしたら、これは文化交流をする上で最も大きな、根本的な問題ではないかと私は思うのです。

私が向こうで新聞を見ていて、日本の政治の記事はときどき見かけましたが、政治家の記事はほとんど見ることが出来ませんでした。たった一度、鈴木総理が顔写真入りで出ていましたが、それは鈴木総理が議会で原稿を一ページ読み飛ばしてしまったために、議会に謝罪をしたという記事でした。「読み飛ばす」というドイツ語はユーバーブレッテルン überblättern で、blättern というのはパラパラとページをめくるという意味です。それに über の「飛び越す」という前綴《ぜんてつ》がつけてあったので、奇妙に印象深く覚えているのです。これは夕刊新聞に出ていました。

こういうこと自体、日本をからかおうとする悪意が、ドイツのジャーナリズムの中にある証拠だと私は思います。それはつねづね日本人といえば人格を感じさせない存在だと彼らが決めつけている、その表われだと言えないこともありません。

しかしながら、こういう考え方もあります。われわれは自動車やカメラや時計などで秀れた技術を発揮してきましたが、これは近代技術の中に日本の本来の伝統文化が生きているためだと考えたらいい。能や歌舞伎や生花だけが日本の文化ではない。カメラや自動車や時計の技術の中に日本の伝統文化が生きているのだ、と考えるべきだというのです。日本の製品はアフターケアひとつとっても、非常に秀れているために良く売れると言います。しかしこのアフターケアの精神なども、日本の文化であるという考え方ですが、全くその通りだと私も思います。文化というのは、過去に死んでしまった文化遺産や、能や歌舞伎のような古典芸能などにだけあるのではなく、まさにこの現代の、私たちの社会に生きているなにものかであると考えるのは正しいのですが、しかしながら、日本の製品に対して欧米人がこれを文化として感じないというところにもうひとつ別の問題があります。彼らはあくまで、工業製品の元祖は欧米人のものであって、それをたかだか日本人は上手に作っているだけだ、と思っています。欧米ではそういう考え方が圧倒しています。少なくとも現代日本の最大の所産であるといえる高度産業社会に、彼らは精神性を感じないのです。それが問題です。もっとも彼らが今のように閉鎖的であるのは彼らの損なので、放っておけばよい、と考えることもできます。日本人はどう思われようと一向構わぬ、という肚《はら》が一方では据わっていなくてはなりません。それはその通りですが、貿易摩擦をめぐる文化外交を考えたときにはそうは言っておれません。ここにこれから私たちが解決していかなければならない一番大きな問題の一つがあるのではないかと思います。

考えてもみて下さい。例えばドイツ人はロシア人を非常に憎たらしい国民だと思っているでしょうが、しかしロシア人にその憎たらしいという人格を感じているのだと思います。それからイタリア人はだらしない国民だと思っているでしょうが、だからまさに彼らにだらしないという人格を感じているはずであります。しかし日本人に彼らは何を感じているでしょうか。何も感じようがないというのが実情だと思います。このように、日本人の正体が何だか解らない、と思っているところへ、商品ばかりが次々と流れ込むものですから、向こうの立場に立ってみれば、あたかも別の星から来た生物が突如繁殖したかのような印象を受けるのではないかと思います。

ここに「クヴィック」という西ドイツの大衆雑誌を持ってきました。昨年秋の号で「日本の奇跡」と題する日本特集が載っています。ご覧のように先ず新幹線です。次は自動車の工場内。次は兜町、世界二番目の証券取引所と紹介されております。それから意地悪にも、世界第一の国の中心都市東京の空は何と醜いことか、電信柱で蜘蛛の巣のようになっている、という写真説明もあります。このように「クヴィック」という雑誌が四号にわたって日本特集をやっているのですが、その四号目でしきりに言っていることは、比較的正確な日本の事情案内であって、じつは日本人のマイナス面は一言も指摘されていないのです。特に労働時間などでは、実地に日本の各企業を調べに行って、平均して日本の労働時間はドイツのそれよりも少し多いくらいで、週で二時間少ない企業もあるということまで言っていて、好意的かつ公平な見方を守っています。しかも知的な説明で、日本に対して憎悪を向けようとするような気持は初めからないのです。しかし最後の段階で、ではなぜ日本人は成功したのかというところにきて、次のような困った結論に終ります。すなわち「日本人は西欧人の全く与かり知らない生活観、労働観を持っているから強いのだ」と解釈しています。「彼ら（日本人）はわれわれとは全く異質な人生観を持って働いている。それゆえに成功するのである。技術に関してわれわれが負けているわけではない。しかし労働の仕方や社会の仕組みがあくまでわれわれとは異質であって、われわれの想像を絶するような独特のものである」と。この点に、日本人を動かしているのは人格不在の集団意志であると、西欧人が判断する原因があるのではないかと私は思うのです。

　例えば私は教育事情を調べるために、今度あちこちの高等学校を回ってみたのですが、非常に感心した事は、西ドイツの学校の学級の生徒数の少なさなのです。高等学校の一教室が低学年で三十人弱、高学年では十五人位です。これは今いくら西ドイツの教育界が混乱し、問題を抱えているといっても流石《さすが》だと思った点です。一方日本人が中国へ行きましたら、あの物凄い人間の数を見た瞬間に、それだけで説明のできない圧迫感を感じるでしょうし、あんな事ではたして教育ができるのだろうかと思うことでしょう。ちょうどそれと同じで、西ドイツの人が日本へ来て、日本の学校を見たなら、一教室五十人位いるわけですから、あれで教育ができるのだろうかと感じると思うのです。勿論日本の学校はこれでちゃんとうまくやっているのですが、彼らの見方はまた別です。その辺に彼らが日本人を見る時に、自分たちには理解の及ばない集団意志を持った特殊な民族だと、日本人を規定してかかろうとする原因があるのだと思います。こう規定することによって、ある意味では西欧人は安心し、少なくとも技術の優位という点では西欧世界は依然として日本に立勝《たちまさ》っているんだ、という自己弁解が可能となり、安心も致します。それから安心するだけではなく、恐ろしいことにはそれを理由に、もしも日本が世界の仲間入りをしたいのなら、そういう謎の部分をなくして出直して来いという言い方をわれわれにするようにもなって参ります。日本人が持っている日本人としての人格を人格として認めないで、それをむしろ抹殺することによって仲間入りを許しても良い、という理論になってくるわけです。現に最近の状況はそうなっているのではないでしょうか。私はその辺が非常に厄介な問題の一つではないかと思います。

私が一番驚いたことは、彼らが現代日本にいかなる精神性をも感じていないということで、一、二の例をあげてみましょう。私は本屋のカタログを調べてみたのですが、日本人が書いた現代日本に関する評論が全く翻訳されていないのです。小説は川端康成や井上靖のものが出ていましたし、ときどき大江健三郎なども出ることがあります。このように小説の翻訳はときたま出ないわけではないのですが、やはり西ドイツなどでは、エキゾチックな味の強い文学がよく出るといえます。しかし小説以外では、現代日本の文化や社会を論じたまともな評論はまったくといっていいほど紹介されていないのです。紹介されているのは古い伝統芸能や宗教に関するものであって、現代日本に関するものではありません。つまり、依然として禅、能、歌舞伎とかに関するものばかりが翻訳され、事実ある日本学の教授が『タテ社会の人間関係』を翻訳しようと思い、本屋にもちこんだところ、あらゆる出版社から全部ことわられて挫折したという話を聞きました。『タテ社会の人間関係』が、私としては今西欧に紹介されるのは内容的に余り嬉しくないのですが——内容が少し類型対比で、日本社会の特殊性を誇張しすぎているためです。また歴史意識が欠落しているからです。——しかしこれが少なくとも日本の現代の社会というものを分析しているユニークな評論であることは事実です。現代の日本の社会に西ドイツ人やヨーロッパ人が関心を持たないので、この本は売れないだろうし、従って本屋は出版しないという結果に終ったようです。基本に無関心が横たわっていますので、例えば日本側がお金を出して現代評論や現代日本に関する学問を翻訳したり、あるいはユネスコの力で翻訳したりしても、はたして彼らが手に取って読むかどうかは解りません。それにひきかえ、フロムの『精神分析と禅仏教』という本は西ドイツでベストセラーになっているのです。禅仏教に対しては当然ドイツ人たちは関心を持つのでしょう。これは日本の古い文化には彼らが精神性を感じている証拠だともいえます。しかし現代日本に対してはおよそ彼らは人格を感じようともしません。ここにわれわれはどうしようもない問題の壁、ディレンマを感じないわけにはいきません。

ところが何とあきれたことには、西洋人がまさに否定しようとしている、あるいは自分たちと異質と思っているこの人格不在の集団意志、つまり西欧側からみての日本的特性を、そのまま無媒介ないし論証ぬきで、プラスの意味に評価しようとする作業が日本の論壇では今や盛んになってきているのです。例えば『超先進国日本』という本が出版されたりして、その本だったかどうかは忘れましたが、日本は経済や産業だけが進んでいるのではなく、デモクラシーも超一流で、政治的にも最も成熟した国民である。政治的生き方でも世界の最先端を行っている、というような議論が最近あちこちから出ているのです。自民党が鈴木総理大臣を選んだあの経緯が勢いをつけたのかどうか分りませんが、日本人は「和」の国民であって、強力なリーダーなどは必要としない国民である。皆が弱いリーダーを囲んで仲良く集団体制を敷いていく。これこそ西洋が学ぼうとして学べない日本型デモクラシーの先進性である、といったような自惚れた議論が盛んに出ていて、私はあっけにとられたものでした。言わせておけばどこまでいい気なことを言い出すか解らないと私は思いました。

つまりこんな議論は世界の誰もが認めません。認めないことは以上に繰返し申し上げてきたとおりです。日本人だけで悦に入ってこういうことを言って、平気でのぼせ上っているのではないかと思います。これは日本人だけが遅れていてすべて駄目だというあの議論、戦争の原因は日本の前近代性であった、という以前の議論とどこか似ているような気が致します。こんな呑気なことを言っていると、いつかそのうち日本の産業の成功の原因は日本の「封建性」と「前近代性」にあった、というようなおかしな議論に発展して行くのではないかと想像することも出来ます。私はそういう所が日本の知識人の足りない点、思想界が真剣勝負をしていないところだと思います。しかし、実業界の実践に立たれている方は必ずしもそういうおめでたい事は言いません。明日日本がどうなるか解らないということを、絶えず感じながら生きているせいだろうと思います。ついこの間も松下通信工業の唐津一氏が書かれた文章を読みましたら、そういう甘い事はとても自分達には言えないと書いていました。ところが日本の大学教授ならびに一部ジャーナリストは、日本の技術や経済だけでなく、他の文化、人間の生き方に関しても独自かつ完璧で、外の世界から学ぶ必要はない、そういう結構なことを言うのが好きです。昔からそうなのです。実際に勝負をしていない種類の人々が一様にそういう解釈をしがちなのですから、傍観者の解釈というのは困ったものだと思います。もし日本の経済が仮に急激に没落していったとしますと、「日本人はダメだった」という議論が再びわっと拡がるに違いありません。なぜならば日本はダメだという議論はついこの間までの日本の風潮だったのですから。

ご記憶の方もあると思いますが、ライシャワー大使が日本に来たのは十五年ぐらい前だったでしょうか。その頃ライシャワー大使は何を日本人に言ったかというと、ただ単に「日本は近代に達した」と言ったのにすぎません。日本は近代に達しているのだから自信を持ちなさいと言ったのです。ところが、日本の論壇がそれにどんな反応をしたかというと、「あれはライシャワー路線だ」と反発しました。ライシャワー路線というのはおそらく共産党あたりから出た言葉であろうかと思うのですが、つまり日本人に自信をつけさせて、現代社会の矛盾と混乱から目を逸らさせようとしている陰謀である、というのです。現にライシャワー大使は、日本が近代に達したのだという当り前な事実をおずおずと言っただけですが、それに論壇は反撥したのですから、ちょうどあの時点まで、「日本はダメである。日本は封建的な国である。日本は近代社会として遅れている。だから何とかして西洋の真似をして進んでいかなくてはならないのだ」という考えが、単に経済や政治の部門だけでなく、文化の部門にまで一般的に拡がっていたのだといえましょう。

例えば文芸評論の分野では、桑原武夫氏の「第二芸術論」という戦後の有名な俳句否定論から、中村光夫氏の『風俗小説論』を経てずっと一貫して西洋文学優位が文壇の中心主流だったのです。社会科学の方もそうだったと私は思います。大塚久雄氏の経済学でも、また丸山真男氏の政治学でも、やはり日本はダメで西欧に追いつけ、というのが基調をなすモチーフだったと思います。ついこの間までの日本はそうだったのです。

ついこの間までダメで、今急になにもかも良くなるのでしょうか。私はダメだというのも誇張だし、日本は超先進国だというのも誇張だと思います。ものごとの真実はつねに真中にあるはずですが、最近は全部以前のモチーフがひっくり返って逆になっているのです。文学では日本文学が良いことになっていますし、海外の文学の動向に関心も示さなくなって来ました。社会科学の分野では、日本型デモクラシーの原理を求めてというようなことがいわれ、日本的形態のデモクラシーの原理の発見こそが社会科学だというのですが、科学というところにひっかかります。私には似而非科学だとしか思えません。つまり、たまたま今の日本の成功を起点にして、その成功から日本の歴史を遡って勝手に解釈することは許されないことではないでしょうか。
小林秀雄氏は一貫して、歴史は解釈ではない、現代人の好みの解釈で歴史を都合よく歪めてはいけない、と言い続けてこられました。氏の大著『本居宣長』は氏の解釈ではありません。氏の主観を投影した創造物ではありません。いわば本居宣長という対象を前に氏が演奏をしているだけであって、氏自身も私は解釈家ではなくて、演奏家にすぎない、というようなことを言っています。氏は歴史の意志というものを感じているからだと思います。われわれが日本の現在の成功を起点にし、そこから過去の歴史を解釈する事がどんなに間違った行為であるかという事を、むしろ学問の立場から感じないわけにはいきません。もし現在の成功から過去が解釈できるのなら、時代が変って今度は日本の産業がダメになると、たちまち日本の過去もダメになるということにならざるを得ません。しかし日本の歴史がそんなに猫の目のようにくるくる変っていいものでしょうか。

私は欧米人が現代日本というものにどうも精神性を感じておらず、彼らは彼らの論理をこちらに押しつけてくるばかりであるのに対し、日本は彼らの論理に合わせようとするだけで、他に策がないままでいるのですが、こんな遣り方では問題が解決されるとは限らないということを申し上げてきたつもりです。そうはいっても、精神性を感じない人種に何とかして精神性を感じさせようとしても、そう簡単にはいきません。彼らが日本の禅や歌舞伎には関心を持つかもしれないが、現代日本の文化にはたいして関心を持たないのだとすれば、それはどうしようもないことです。彼らの心をまで動かすことはできません。せめてわれわれにできる事といえば、彼らの誤解に手を貸すような事をしないということだと思います。誤解の上にさらにまた誤解を重ねるような愚かな事はできるだけ慎むべきではないか、私はそう考えるわけです。

慎むべき第一は、日本の文化が特殊であるということを日本人自らが主張し、相手にそういう説明の仕方をして、相手を安心させてはいけないということです。またそれは事実にも合っていません。われわれはあくまで近代的な判断から、例えばロボットを導入して生産性を高めているのであって、何も日本の社会が特殊だからロボットを導入しているのではありません。その点に関してはわれわれの社会がむしろ欧米社会よりも「近代」というレベルでの競争に勝ち抜いているのだと説明する方が、日本の社会が特殊だと説明するよりむしろ正当ではないかと思えます。もちろん日本が「近代」競争に勝ち抜いていない部分も多々ありますが、勝ち抜いている部分は勝ち抜いているのだと率直に言ってもいっこうに構わないのではないかと思うのです。

またひょっとすると、日本は資本主義の最も理想的な形態を歴史の上で初めて実現しているのかもしれないのです。小さな政府、そのうえ権力の弱い政府、そして自由競争、それからあらゆる点で民間の知恵というものに依存するという、アダム・スミスの資本主義の教えを、むしろ欧米が原理どおりに実現していないのであって、日本が実現しているのだというふうに欧米に主張し、説明していく方が、日本が特殊であって、集団体制を敷いて、村落共同体意識の中に生きているから日本の産業は強いのだと説明するよりははるかに合理的な自己主張ではないかと私は思うのです。外への自己主張をどう具体化していくかという手続きはまた非常にむずかしく、次の問題になると思いますが。

それから、第二は文化交流の面において一言提言しておきたいことがあります。文化使節を出すときに、日本側は何かというと能や歌舞伎をもっていくのですが、これはもうそろそろ止めたらいいのではないかということです。私は外国にもっていくならば、日本の現代思想や現代芸術をもっていくべきだと思います。例えば日本はベルリン・オペラを日本のお金で呼んでいるのでして、もしヨーロッパの演劇界が行き詰っているがゆえに能や歌舞伎を見たいというならば、ヨーロッパ自身がお金を使って呼べばいいのです。それくらいの気構えが日本人にはあっていいのではないかと思います。相変わらず能や歌舞伎を日本のイメージの代表として外に売りつづけるのは、誤解の上にさらに誤解を重ねるようなことだという気がしてなりません。

ある西ドイツ人の運転手が私に、日本では禅の精神で自動車を造っているのではないか、と問うたことがあります。これはほとんど笑い話ですが、向こうの人は案外に真剣にそう考えているようです。古い日本と新しい日本のイメージが分裂していて、つながらないからでしょう。もっと新しい日本のイメージをわれわれの責任で高めていく必要があると思います。今日は最後にその提案をしておきたいと思います。

（一九八一年三月三日　第十七回本田財団懇談会における講演）

アジア人の見方——「場末」の島国・日本

良きパートナーの出現

最近再び「アジアの時代」あるいは「太平洋の世紀」ということがよく言われ、アジア・ブームが訪れているように思われる。

一方では、ヨーロッパが一九九二年に向けて市場統合を目指し、米国がカナダ、場合によってはもう少し中米の方まで含めた新たな経済圏を形成しようとしている。経済のブロック化が世界中いたるところで既成の事実となりつつある情勢下で、日本は孤立感を感じているがゆえに、また、歴史的にもつねに孤立感を感じさせられてきただけに、ECに対抗する太平洋経済圏というものへの積極的対応を意識するようになり始めたのは、蓋《けだ》し当然なことだともいえるであろう。日本の政治的・外交的コースとして、今後、東アジアないし東南アジアを有力なパートナー視して行く方向は、きわめて自然なことであり、反対する理由はもとよりなにもない。

戦後のかなり長い期間、世界はいわゆる東西対立の二極のイメージでのみ見られて来た。米国と西ヨーロッパが一方にあり、ソ連と中国が他方にある。西と東のいわゆる政治的対立構図である。この相剋図からみると、日本その他の国々は長い間いわば埒外だった。今なおこの二極対立は存続しているけれども、近年世界にもう一つの力の渦が生じて、そこを無視して世界的政治は考えられないという認識は、米国、欧州、共産諸国にも急速に広がりつつあるように思える。すなわち、日本、韓国、台湾、香港、シンガポール、さらにタイと続く国々、いわゆるＮＩＥＳとＡＳＥＡＮの興隆がそれである。この動きは、単なる経済的な力というだけではなくて、それに伴う政治的な力の出現という一面もあるのであって、近代国家日本がほぼ同程度の成熟した協力体制を組めるパートナーを欠いていた不安定が、ようやくにして徐々に解消される可能性をも示している大変に歓迎すべき事態であることは、あらためて言うまでもない。そこで、私は敢えて一歩進めて、日本の主導で、韓国、台湾等のＯＥＣＤ加盟国への導入、さらに近い将来に、サミット（先進国首脳会議）へのＮＩＥＳの代表者出席を誘導することを――ＥＣ圏の代表者出席が認められていることと見合って――ここに提唱しておきたい。日本がそういう政治的な面で協力的役割を果す企てを、私はむしろ積極的に進めるべきだとさえ思っている。

加えて、それに伴って日本はある程度の犠牲をも忍ばなくてはならない。日本はある意味では利害が欧米先進国と一致し、ＮＩＥＳ諸国と対立する面もあって、米国からの「日本叩き」の肩代りを後者に差し向けたいという誘惑にも駆られようが、そのことにＮＩＥＳ諸国が非常に敏感であることも知っていなくてはならない。また、先進国の域に近づきつつあるＮＩＥＳ諸国に、欧米先進国は通貨の切り上げや最恵国待遇の撤廃というような時期尚早な要求を突きつけ始めていることに、日本がどれだけ抵抗し、後発国の弱い地盤を支えてあげることができるか、これもまたきわめて大切な課題であるように思える。欧米先進国はアジアの興隆を必ずしも快くは思っていない。彼らが日本とそれ以外のアジアの国々との間に楔《くさび》を打ち込むという離間策も、いぜんとしてまだ可能な段階にある。そのような際に、日本はどこまでも欧米の側ではなく、アジアの側に立つことが、また立とうとぎりぎりのところまで努力することが、倫理的要請でもあるだけでなく、対世界戦略の上でも日本の国益に適うことだと私は考える。

以上私は、アジア諸国との連携という外交方針を積極的に推進する重要性について語った積りだが、その際用心しなくてはならないと思われるのは、ＥＣにほぼ匹敵する連帯地域がアジアに出現する将来の可能性についてのあまりに楽天的な期待である。分り切ったことだが、上げ潮にあるＮＩＥＳ諸国にしても、政治的にはまだ余りに不安定である。韓国は現在の民主化がうまく進まなければ、これ以上の発展は望めないし、香港は九七年に中国への返還が決まっていて、早くも頭脳と資金の流出が始まっている。台湾も国家としての国際的公認を欠くままに、異常なスピードで黒字幅を広げてきたのだし、タイ以下のＡＳＥＡＮの国々が韓国並みに飛躍的発展をとげるには、まだまだ時間がかかりそうである。加えて、かつて太平洋全域で戦って敗れた日本のこの地域での政治的影響力に限界があることもまた、まとまりを阻むブレーキ要因である。だが、ＥＣに匹敵する有機的にまとまった経済共同体がアジアに望めそうもない根本理由は、そうした政治現象的な事情によるのでは必ずしもない。もっと奥深い歴史的、文化的な背景の相違によるのだと考えるべきである。それが、本論の訴えたい第一主題である。

「場末」の島国・日本

すなわち、ヨーロッパの場合、いま各国が統合に向かうのは単なる未来主義ではないということを銘記しておかなくてはならない。もともとあの地帯は現在のような国民国家群に分かれてはいなかった。近代以前のヨーロッパには元来、国境などない。森林は海のごときものであり、都市は島のごときものであった。〝聖書とラテン語〟という共通の絆で結ばれたキリスト教文明圏は、そもそもの最初において有機的な統合体だったのである。近代国家という、国境を画したその後の単一体の方がむしろフィクションにすぎない。今ヨーロッパが近代の国民国家の枠を乗り越えて、ある大きな統合性を理想に掲げて一つにまとまろうとしているのは、近代以前の旧き良き伝統に復帰しようとする意味合いにも発しており、過去において一つであった血の記憶につながっているだけに、地球上の他のいかなる地域にも見出し難いほどの高次の統一性が前提として約束されているのである。いったい東アジアや東南アジアに、これに匹敵するどんな有機的統一性が想定されるのであろうか。儒教文化圏であるとか、稲作文化圏であるとか、漢字文化圏であるとか、何か最初から文化的一体感が存在するかのごとき前提で議論がすすめられがちであるが、それは歴史への洞察を欠いていて、正当ではない。そうなりがちな原因の一つは、日本人はすぐ〝仲良く〟とか〝一体感〟とかを強調したがる通俗的傾きを持つからだが、もう一つの原因は、ヨーロッパ・キリスト教文化圏のアナロジーをアジアに無意識に当て嵌《は》めてしまう近代的知性の錯覚があるためである。アジアとかオリエントとか東洋とかが要するにヨーロッパに対する単なる対抗概念であり、その意味できわめて消極的な受け身の概念であるのと同じように、非西欧世界に何らかの「文化圏」を設定する試みが、近代以前にはおよそ必要とされなかった西欧的概念操作の一つであることもまた、われわれは知っていなくてはならないであろう。

例えば「東南アジア」などという概念をわれわれは日頃平気で使っているが、ここに住む人々に対し失礼をおかしているのかもしれない。一九四三年にケベック会議で「東南アジア司令部」の設置が定められたのが、この語が政治的な意味において公式に用いられた最初のケースであったといわれる。それ以前にも、欧米人の旅行記やサマセット・モームの小説の中で用いられる例は若干あったそうだが、右のような欧米の軍事的政治的表現が、やがて広範囲に用いられる地域概念になった典型的な例らしい。だからわれわれ日本人は戦前戦中に「東南アジア」とはほとんど言わなかった。私も子供心に記憶があるが、われわれは「南方」とか「南洋」と言った。戦後占領軍の影響で「東南アジア」を使うようになったにすぎない。これも西欧的な尺度で地球を区分けした帰結への盲従といえる。それならこの地域の内実を表すものは何であろうか。中国でもなければ、インドでもない、その中間にはみ出た世界、という点でいえば、日本とむしろ似ているともいえるが、本当のところここに住む人々は「東南アジア」という一つのアイデンティティを歴史的に育んで来たわけでは決してない。この地域が一個の運命共同体になったのは、皮肉なことに、太平洋戦争が起り、日本によってほぼ全域が占領された結果だという説もあるほどである。

日本は大東亜共栄圏を主唱し、自らを盟主と思い込んだが――近頃の日本にも少しその種の錯覚がある――われわれにとっての「南方」すなわち「東南アジア」は、日本とはほとんど歴史的文化的に共通点がない。というより、日本がむしろこのアジアの広範囲な領域からみても、宗教的には特殊に外れた、風変わりで、ユニークな例外民族と見做されているといった方がよいのである。ヒンドゥーイズム（インド教）、イスラム教、小乗仏教という、この地域の三大宗教は、ついに日本に入らなかった。ユダヤ教も入らなかった。フィリピンや韓国で圧倒的な力を持つキリスト教も、日本人にはほぼ無縁である。

十三世紀まで、「東南アジア」のほとんどの領域はヒンドゥーイズムに被われていた。インドを起点として、フィリピン以外の全域に影響が及んだ。十三世紀以降にやって来たのはイスラム文明で、マレー、インドネシア、フィリピンのミンダナオ島あたりまでを支配した。ほぼ同じ時期に、小乗仏教がビルマ（現ミャンマー）、タイ、ラオス、カンボジアをカヴァーした。矢野《やの》暢《とおる》氏によると、そもそも日本という国は、ユダヤ文明、イスラム文明、ヒンドゥーイズムといった三つの大きな宗教が（小乗仏教は中国以北の全域に入らなかったが）、まったく渡来しなかった珍しい「場末」であり、東南アジアの人々は日本及び日本人をそう見て、ひそかに蔑み、例外視しているそうである。日本人は自らをアジアの指導者と己惚れているのかもしれないが、例えばタイやジャワでは日本を文化面で自分たちより下に見ているのが普通だということである。ジャワ人は自分たちこそ世界文明の中心地であると信じていて、ジャワの貴族出身の某インドネシアの学者が、矢野氏にあるとき、「いったい日本には知識人がいるのかね」という驚くべき質問を持ち出したこともあったそうである。経済面で日本にいくら圧力を感じても、宗教的背景を異にする日本の精神文化に、東南アジアの人々はもともと関心がなく、民主主義や議会制度といった近代精神を学ぶなら、日本からよりむしろ欧米に直に学んだ方がはるかにましだ、と考えている人が圧倒的に多いと一般に判断される所以である。

これも矢野氏に聞いた話だが、農業の技術指導に行った日本人が、現地人はただ見ているだけで何もしない、困った怠け者だ、仕方がないので自分で全部やってしまった、というようなことをよく言うけれども、現地人の流儀に対する無知に外ならない。彼らは自分より偉い人、もしくは目上の人がいる状況では何もしないのが習慣で、怠惰ということとはまったく関係ないのだそうである。

また、この地域は「雙系制社会《そうけいせい》」といって、父方と母方とが対等に力を持ち、苗字のないのが普通だそうである（ただタイだけは近代になって例外的に苗字を制定した）。日本のように「ムラ」社会とか「イエ」社会と呼ばれるような、内部保護的な、緊密な仲間社会の組織原理は、ここでは考えられない。その場その場の二人間《ににんかん》の関係だけが、組織原理といえばいえる唯一の原理であるとも聞く。都市や国家に対する西欧市民社会に特有のあの抽象的な契約意識も、氏族社会といわれる中国や韓国のあの根強い門閥意識も、ここには存在しない。二人間の関係というのは、矢野氏の使った比喩によると、例えば目の前に阪神ファンが来れば、相手に対する礼儀から阪神を誉め、巨人ファンが相手のときは巨人を誉める、といったものだそうである。日本人からみると「二枚舌」であるが、それがここでは「誠実」と見做される。従って組織に対する忠誠という文化は成立し得ない。日本人にしてみればいかにも非道徳に見えるのも、こうした文化の相違に由来する。

日本は雙系制社会の行動様式というものをどうしても

理解できないようだ。忠誠という観念のないこの世界に、日本的経営法を持ち込んでも、終身雇傭制を導入しても、うまくは馴染まず、崩壊してしまう。日本人が東南アジアに入り易いと簡単に思っているのは、華僑という氏族社会がクッションになって、日本人を迎えているためで、錯覚にすぎない、という矢野氏の言葉に、私はギクリとした。私が氏の談話を聞いて衝撃を受けたのは、丁度それがマルコスの追放劇というフィリピン革命の直後であったせいでもある。われわれの基準では何とも分らないあの国の道徳意識とリーダーシップのあり方が、氏の説明で何ほどか分ったようにさえ思った。雙系制社会では「二枚舌」の論理をどこまで多元化できるかが指導者の条件であり、西洋的な「論理」も、日本的な「誠実」も必要とはしない。いい加減な口車と金をばら撒く能力がキーポイントになる所以である。昨日までマルコスに忠誠を誓っていた軍が、無血のままにあっという間に寝返った無節操、そして敗れた側の各界指導者が糾問も断罪もされない無紀律——何とも分らない不可思議事と思われていた謎が、私にはこれで少しは解けるような気がしたものだった。

しかし、社会の組織原理がわれわれとはかように違うのであるから、われわれが彼らを不可思議と思う以上に、雙系制社会の側でも、異様に勤勉にせこせこ働く北方にある日本人社会は、何とも理解のできない不可思議な世界に思えているのではなかろうか。日本と同じ父方単系制の社会は、アジアではスマトラのバタック族だけだそうである。日本人とバタック族。大多数の東南アジア人にとっては、きわめて特殊な例外人種にすぎない。彼らは中国文明の影響を圧倒的に受けて来たので、これを理解する素地はあるに違いない。しかし、日本は氏族社会の中国ともどうも異なるようだし、かつて自分たちの主《マス》人《ター》であった英国やオランダやスペインとも異なる組織原理で動いているらしい。日本というこの新しい謎めいたものの持つ圧力。説明のできない労働の原理。難しい言語。排他的な人種。それでいて米国をさえ急速に追い上げている経済と技術の力。なにかと主人顔に振る舞いたがる援助大国。鬱陶しい光景。わけの分らぬ存在。いなければいない方が静かに、平和に暮せる迷惑千万な相手。……

私は「アジアの興隆」に日本が仲間として参加する外交方針を重要視すると先に書いたが、その方針は当然としても、ECと匹敵する文化共同体をアジアに作ろうと意気込んだり期待したりする愚かさについては、いくら強調してもし過ぎることはないように思っている。

「理」のない儒教と「理」のある儒教

韓国の全斗煥前大統領の周辺で、きな臭い犯罪の匂いが立ちこめてから、続々と逮捕される人が一家一眷族にほぼ限られているのは、日本人にはあまり馴染めない、珍しい出来事であったといえよう。日本で成功した有名な香港出身のテレビタレントは、中国本土の奥地にも多数親族を抱えていて、遠縁までが彼女の富にたちまち群がり、ぶら下がっているという話も何かで読んだことがある。日本が地理的にその中に属している「東アジア」でさえ、すでに日本とは余りに異なる組織原理で動いているのである。

　概して中国人の国家意識は稀薄だが、韓国人のそれは熱烈である。しかし国家意識よりも、地域意識の方がもっと熱烈だとわれわれに悟らせてくれたのは、過日の韓国大統領選挙戦とその結果であった。大半の日本人は驚きの目をもって、地域ごとに党勢がくっきり区切られるこの国の不思議な構造を見つめた。しかし、国家よりも、地域よりも、さらに強烈な紐帯でしっかり結ばれ、抽象的な人間関係をいっさい排除しているのが、大家族意識であるとも聞く。全斗煥の事件はそれを如実に示してくれた。

　中小企業の活発な台湾に比べ、韓国は大企業を成功させた財閥国家である。しかもその財閥は血縁でがっちり固められ、いわばオーナー将軍が独裁している大ファミリーだという。約五十ぐらいのファミリーが韓国経済を支配し、その中でもとりわけ大きな五から十くらいのコンツェルンが圧倒的な力を持っているといわれる。この社会でサラリーマンとして成功するには、いかにしてファミリーの一員になるかにすべてがかかっているそうだ。そのため、日本のように資本と経営とを分けるクールな企業運営というものが、韓国では不可能であるらしい。

　日本社会には関係社会といっていい、抽象的な人間同士の関わり方がなにほどかある。西欧型の個人主義を育てる風土まではそこにはないかもしれないが、簡単に集団主義の名で日本社会を定義してよいかどうかには疑問がある。家族や地域という集団の紐帯は他の「東アジア」の国々よりは弱く、日本型の特異な個人主義の成り立つ地盤というものがあって、それが社会運営の基本になっているかにみえる。企業経営において、資本と経営がクールに分けられているなどもその一例である。具体的にいうと、オーナー社長が全権を握るのでは必ずしもなく、サラリーマン出身の、学歴社会を潜り抜けて来た知的エリートが企業のトップに立つ。一人のオーナーの独裁によって運営される企業は、ごく小さな商店経営、もしくは各企業の初期的段階にそうなるのであって、株が公開され、大企業になるにつれて、日本の関係社会にほぼ見合った個人の独立性が保証されるようになる。オーナーの私的性格は次第に消され、さながら官営企業のような抽象的性格を持ち始めるに至るのである。そのような仕組みが日本の発展に多かれ少なかれ貢献したという風に考えてよいのではないか。上下の賃金格差を小さくし、中産階層の幅を広くし、戦後の民主社会の安定に寄与した仕組みの一つがこれであったといっても過言ではない。

　同じことは若い人の就職についても言える。日本では全国どこの高校を出ていても、学校間格差を問わずに、高校卒の資格を承認する。沖縄の高校でも、北海道の高校でも、同資格で東京の企業に採用され得る。日本の教育システムが国民全体からよほど信用されている証拠である。これはヨーロッパ諸国等では考えられない。地縁、血縁のコネ、政党の支持等々が就職の重要な要件になる不自由はよく耳にする。ことに幹部社員の採用に際しては、外国の企業は慎重である。学歴だけで信用してしまう日本は、スパイ等を警戒しないで済む安全度の高い国だともいえる。それだけにわが国の物事の考え方はすべてにわたって不用心で、甘いが、しかし、学歴だけで採用された幹部社員や上級官僚が、後は実力と運次第で企業のトップにも立てるという日本の仕組みが、日本的関係社会によく見合った人間相互の関わりのある種の抽象性を示しているともいえないだろうか。

　深田祐介氏に『新東洋事情』という面白い本がある。氏族社会の韓国には、右に見た日本型の抽象性は存在しないと見立てている。企業は大財閥であればあるほど、一族に握られ、オーナー将軍の独裁で運営される。だから、日韓間であらかじめ取り決めていた合資会社の共同方針が、韓国側のオーナー社長の鶴の一声で覆されるという、国際常識に反するような奇怪なことさえあの国には一杯あると伝えている。「ここは韓国ですから」と韓国側の幹部は一言いうだけで、釈明も、謝罪もしないという。日本人がこれに驚くのは、文化の違いというものがここにも深く関係しているからではないかと私は思う。

　深田氏の本でショッキングなのは、氏がきわめてはっきりとこの国への経済進出を警戒すべしと強調していることである。そして事実、日本の企業はどんどん韓国から撤退し始めているようだ。氏によると、進出企業は軒並に韓国ナショナリズムの標的にされて、共同経営のホテルが乗っ取られたり、果てしない、非常識な賃上げ闘争に晒されて、苦杯を嘗めさせられているという。現地雇傭人は、日本企業で働くことは恥辱で、一族一門までが世間から後ろ指をさされているのだからこれだけの金を払え、といった恩着せがましい無理難題を吹き掛けてきて、ときに政府までがそうしたヒステリー現象に協力しているので、とてもやり辛いらしい。深田氏は、ことに金融業に関してはよほどのベテランの人材がいない限り、進出は見合わせた方がいい、とまで書いている。以上は、今世紀の遺恨に起因していることは言うまでもないが、韓国人の民族気質もまるきり無関係とはいえないだろう。その証拠に、今世紀の遺恨という点では同じ筈の台湾では、事情はがらりと変わり、日本企業に勤務することはむしろ誇りで、一族が喜ぶ行為だと見られているそうである。日本への信頼というか、人情の通じるところがあって、日航がスチュワーデスを募集すると、台湾では第一級の素晴らしいお嬢さんが応募してくるという。韓国でそんなことをしたら袋叩きに合うようなこと——酒場で旧軍歌を歌う、等のことも、台湾人は一緒に唱和するし、懐かしがって、率先して日本語で歌い出す人さえもいるという話は、他でも聞いたことがある。中国人のおおらかさ、度量の宏さ、大人《たいじん》然たる野放図さといった民族気質もやはり無関係ではないと思う。何事でも胸を張り、緊張している日本人の一寸真似のできない点である。

ここで宗教に話題を戻すと、中国仏教を実践面で代表しているのは、日本同様に禅だが、中国の禅もまたあまり一生懸命やらない野放図さを特徴としているといわれる。日本の禅の修行は、永平寺などに行けば分るように、大変に厳しい。姿勢を正したり、警策《けいさく》で打ったり、ともかく潔癖なまでに厳しくやる。ところが、中国の禅というのは、ゆったりしているものらしい。坐禅をしていても、ほとんど寝てばかりいる。中国人というのは昼寝をしたり食事をしたりするのが大好きなのである。鎌田茂雄氏からこの点の面白い話をたくさん聞いたことがあるが、中国では葬式等でも、日本のように黒服を着て、私語を禁じ、威儀を正して、というような厳粛荘重なものではおよそないらしい。厳粛荘重にやろうにも、葬儀に一週間位かけたり、異常に長い時間を要するので、坊さんはお経を読みながら煙草を吸ったり、お茶を飲んだり、まことに自由なもので、集って来た会衆も、葬儀場で博奕を打ったり、大食痛飲したり、まあ日本の常識からみればただごとではないらしい。

日本の仏教は、いかにもこの国の派閥主義や「イエ」

意識にふさわしく、宗派というものにひどくこだわる。日本仏教などというものは存在しない。あるのは曹洞宗であり、日蓮宗であり、東本願寺である。けれども、韓国仏教にもかつて宗派というものはなかったが、中国仏教もやはり宗派にこだわらない。あるお寺に華厳宗の住職が入ると、その寺は華厳宗になり、禅宗の住職が入ると、禅宗になるのである。まことにあっけらかんとし、泰然自若としている。こういうことは日本の仏教には絶対ない。日本人が米国で布教をすると、仏教そのものを教えないで、自分の宗派のことだけを教える。それほど暢気《のんき》さを欠いた、形式一点ばりの性格を見せながら、外国の坊さんが絶対にやらないこと、〝肉食妻帯〟を平気でやっている破戒の宗教であるのもまた、わが国仏教の一大特色であるといわれる。以上は宗教の本義とは関係のない、単なる風俗現象面だけに焦点を当てた観察になるが、宗教もまたそれぞれの民族文化の反映である。純粋性、潔癖性を必死に追求しながら「イエ」社会、「ムラ」社会に縛られている日本の国民性を、日本仏教もまたみごとに反映していることを、これらの逸話は物語っているように思えた。

最近は東アジアの経済興隆の背後に儒教文化を共通項として強調する見方が、かなり有力だと聞く。しかし儒教といっても、中国の儒教は「理」を非常に重要視するのに、日本の儒教にはそれがない。「理」はヨーロッパ哲学の「理性《ロゴス》」とは違うものの、「情」を重視してしまう日本からみると、中国はヨーロッパ寄りだといえる。相良亨《さがらとおる》氏によると、「理」を追求する姿勢が中国儒教には一貫して流れているのに、儒教が日本化されると、とたんにそういう肝心な要素がどこかへ抜け落ちるか、撥ね除けるかされて、教義の本体はすっかり変質してしまうという。代りに、「誠」という日本的概念が「理」の代りに強調され、仁斎、素行に始まり、吉田松陰に至って、「誠」の強調は絶頂に至る。西田幾多郎もこの日本的儒教の「誠」の伝統に浸っていると見ることができよう。

アジア全体に通じる共通項はない

以上の通り、アジア各国の文化、宗教、習俗、モラル、人情といったものはそれぞれ驚くほどに違っていて、日本と合う国、合わない国のあることがよく分る。とかくわれわれは自分の色眼鏡で世界を眺めて、そのお陰で生きる不安から免れているのだが、しかし、世界はじつに多様で、ごく身近な国においてさえも目を見張らせんばかりのことがたくさん内蔵されており、ハムレットではないけれども、哲学などで片のつかないことで世界は満ち満ちている。とすれば、個性の相違、利害の相反を互いに認め、忍耐づよく相手との一致点を見出し、それを少しずつ拡大していくという努力の積み重ねは必要であるが、いきなり文化的一体感をアジアに期待し、主張するのは間違いである。アジアとの連携の一層の拡大は、外交的政治的には正しくても、文化共同体への期待は、いわば完全な幻想である。

もしアジアに共通点があるとすれば、過去二世紀にヨーロッパ近代の影響を、各国それぞれ違った形態であったとはいえ――大半は植民地として――もろに全身に受けて来た同一経験である。アジア人にアジア人としての自覚を与えたのはヨーロッパである。いいかえれば、皮肉なことにヨーロッパ志向がアジア人の唯一の共通項でさえもある。また、日本だけでなく、各国が「脱亜入欧」意識を標榜している。しかも、各国が自分のところこそ「文明開化」の中心地だと信じている。これは日本人には意外な点かもしれない。日本は自分だけが中心地だと思っている。また歴史がそれを裏書きしたと信じている。けれども、大半のアジア人はそんなことを思ってもいない。各国それぞれがその点では日本と似ているのである。最近でこそシンガポール首相が「日本に学べ」式の説を唱えだしたということは、いかに今まで、そういう発想が欠けていたかを物語っている。大半のアジアの知識人から見ると――政治家や外交官は援助欲しさに別の言い方をするだろうが――日本は中心でも何でもない。西欧世界から見て、久しく日本は辺境であり、中国の周辺文明にすぎなかったわけだが、東南アジア、西南アジアの人から見ても、日本は同様に太平洋の片隅の不思議な存在でありつづけたにすぎないのである。

日本が他のアジアから、文化的にみても、宗教的にみても、ほぼ完全に分断されていた過去の経緯は、先に見た通りである。最大多数を占めるヒンドゥー教徒やイスラム教徒のアジア人からみると、日本人は文化的に野蛮な人種であり、ともあれ西欧のような模範たり得ない。中国人や韓国人からみると、儒教も仏教もすべて「日本教」に仕立ててしまって、本家からみて似て非なるものを信奉して来た不思議な集団である。矢野暢氏は、自分以外の他のアジア人を蔑視するというのがアジア人すべての特徴だと、鋭い指摘を述べている。日本人は今までアジア蔑視を自分にのみ唯一の恥ずべき行為として、ことあるごとに自戒し、反省して来たが、そこがじつに日本人の甘さ、想像力の欠落している点である。自分は他のアジア人を蔑視していると恥じ入り、自分がアジア人から蔑視されているということにまったく思いも及ばなかったのは、日本人全体の何たる不覚であろう。

最近「アグネス論争」という、婦人論客の間で戦わされた面白いやりとりがあった。その中で山口令子さんという若い論客が、アグネスは要するに、日本を小馬鹿にし、中国がすべて素晴らしく、日本人は嫌いと語っているにすぎない、と言い切って、靄のような議論の不透明をいっぺんに吹き払ってくれたのは見事である。知識集約型産業に向かう日本経済はアジア経済の模範である、と説教しているエコノミスト諸氏よりも、よほど外国人の心が見えているといえはしないか。例えば「経済雁行説」というのがある。日本＝NIES＝ASEANの順に、経済指標のカーブを雁の上昇飛行になぞらえた一見もっともらしい経済学者の新理論である。親鳥日本を先頭に一列に昇っていく雁の行列に比したこのアジア経済万歳論について、あるシンガポールの知識人が、この順序ではまるで一等国、二等国、三等国と言っているようなものではないか、と激しく噛みついているのをテレビで見た。そして、NIESもASEANも、日本よりはむしろ欧米を尊敬している。欧米は自由の観念や議会制度やもろもろの近代的な新しい生き方を与えた。日本は何を与えてくれたか。そう疑問を述べ、シンガポールには日本のような「韓国ブーム」は起こらなかった。日本人が韓国の興隆を喜んでいるのは、過去の自分に見惚れているのであって、勝手に雁の親鳥気分で、韓国を子雁に見立て、ナルシシズムに耽っているだけだと、軽蔑の表情を隠さずに語っていた。他人の心の見えない日本の経済学者に、アジア経済を語る資格はない。丁度その同じテレビで、フィリピンの知識人が、フィリピンも「韓国ブーム」を知らず、ソウル・オリンピックにも冷淡だったと語り、所謂NIES諸国は、米国軍事戦略の前線で、まだ政治的に独立していない「半国家」にすぎず、やがて時とともに真の独立国フィリピンの民主主義の成功が、韓国や台湾や香港よりもはるかに有利で力強い立場をかち得るようになるだろう、と誇らしげに語っていた。

政治的にも経済的にもほぼ絶望に近く見えているフィリピンのこの強烈な自尊とナショナルプライドが、アジアを考える上でのすべての鍵である。どこの国もみな自分が世界の中心であると信じて疑わない。西洋化＝近代化においてさえ、必ずしも日本が中心だとは思っていないのだ。

「西欧中心史観」からの脱却と日本の孤独

アジア人は総じてこれまで、日本を日本として理解しようと努めたことはほとんどなかったであろう。つねに西欧を媒介として、その基準で日本を見て来たように思える。

それなら日本のアジア認識はどうか。アジアをアジアとして理解しようとしたことが、やはり同じようになったのではないか。ヨーロッパ語で書かれた書物を通じてアジアを研究し、アジアの未知の宗教世界についてさえ、西欧の近代宗教学に導かれて、やっと知識を広げることが出来たのである。

それに、もし日本人は、自分が兄貴分で、近代日本の方式を他のアジア人が学ぶのが近代化の近道であると考えているとしたら、日本は他のアジア人の前に、自分を近代化の手段として提供していることになり、日本を日本それ自身として認識してもらおうという本来の目的を、最初から放棄していることになるのである。

同じことはアジア人の側にもいえる。日本に来る留学生の中で、日本の歴史、宗教、哲学、文学等を学ぼうとするのは、圧倒的に欧米人である。アジアからの留学生の関心は、科学技術に集中している。たまたま韓国や台湾から日本の近代文学を学びに来る人がいるにしても、欧米人とは好みが違う。欧米では谷崎潤一郎や川端康成がエキゾチシズムのゆえに好まれ、鷗外や漱石にはさしたる関心が払われない。他方アジアからの留学生には、鷗外や漱石に共感を持つものが多い。ヨーロッパと苦闘する日本の先人の姿に、自分の姿をオーバーラップさせて、問題意識を掻き立てられるからではないかと思われる。ということは、彼らの興味は必ずしも日本それ自身にあるのではなく、とどのつまりはヨーロッパに最終の照準が合わされている、ということに依然としてなるであろう。

すべてのアジア人が「脱亜入欧」意識を持ち、それぞれ自分のところが「文明開化」の中心地であると信じたがっている、という事情を、私は先に指摘したが、このような彼らの希望の延長線上に日本を置いて、一時的にでも日本を近代化の参考材料にしようと、アジア側にせよ、日本側にせよ、問題を単なる近代化への通過点として考えているとしたら、亀が兎に追いつかないように、日本人を含むすべてのアジア人はヨーロッパに永遠に追いつかない自己否定の洞穴に落ち込むだけであろう。日本はアジア人から便利化されるだけで、深い処では決して対応してもらえない。このようなお互いの対応の仕方はどう考えてもおかしい。

従来西欧人が、西欧地域以外の人々に向かって、自分の生活の仕方、個人主義や自由主義に基づくライフスタイルが最高で、西欧以外の地域は全部それをモデルにして前進し、歴史は各国とも西欧が展開したと同じような軌跡を描いて、西欧の後を追いつつ展開するものと教え、その進み具合によってそれぞれ近代化の程度や段階を判断し、序列化するという風に、西欧が科学や産業だけでなく、政治や道徳や風俗に至るまでつねに世界の先頭に立っているべきものとする所謂「西欧中心史観」があって、かつてこれが地球上で大手を振って罷り通っていた。「脱亜入欧」とは、アジア人が全面的にこれを受け入れ、屈服し、自分自身を否定するという意味に外ならない。アジア人が日本を近代化の手段と看做して、一時的に便利化して考え、それゆえ科学技術だけを学びに来る、というのも、みなこの路線を盲目的に踏襲している結果なのである。あくまで西欧を中心に据え、次に日本が位置し、その後にアジアが続くという構図を、アジア人までが心ならずも認めてしまっているばかばかしい光景といえるであろう。「西欧中心史観」の無効を身をもって体験しているのは、アジアでは日本が初めてである。他にこの体験をどこまで共有し得るアジア人がいるだろうか。一九五〇年代まで、日本人にとっても近代化と西欧化とは同義語だった。しかし、西欧の歴史とはまったく異なる処にも、「近代」は可能である。その自信が少しずつ萌してきた。日本の民主主義や自由の観念が、欧米と同質になることはないが、それらは永遠に未完成なのではない。西欧とは異質な形式での、日本的完成品と看做すべきである。そう考えてはじめて、日本人は「西欧中心史観」を脱し、自国の古い歴史や宗教や文化風俗、とりわけ江戸時代のそれらの中に、今日の発展の動因を読みとることが可能になったのである。アジアの留学生もまた、もし日本に来て真剣に学ぶ気があるのなら、目先の科学技術にだけ飛びつくようであってはならない。日本は「西欧中心史観」の代用品ではない。日本の近代化を遠い過去に遡って調べるとか、日本が自らの伝統意識を生かしつつどのように西欧を学んで来たかという日本に特有の「西欧学」を一つの大きな学問の対象とするとか、アジア人の側にもそろそろそういう動きが出てこなくてはならない筈なのである。しかし本稿で私が紹介して来たような、各国が自分独自の宗教やナショナリズムに閉ざされ、てんでんばらばらなアジアの状況では、日本のこの先駆性を真に理解する姿勢はまずは望めないだろう。NIES諸国が成熟し、西欧流の自由の観念がすべてではない、と悟るほどの屈折点に到達するときまで、日本人の複雑な経験はアジア人には理解されず、日本の「脱西欧」の孤独な試みは、孤独であるがゆえの危険と価値とを、日本人だけで支えていかなくてはならないであろう。

アジア人から消えない植民地型の自己否定心理

私は本稿で、アジアの文化的一体感という幻想を戒めてきた。宗教や風俗が多様であるからだけではない。唯一の共通項ともいえるヨーロッパ志向においてさえ、見て来た通り、一体感を形成し得なかった。

　私はさらに本稿で、日本人の「アジア蔑視」が荒唐無稽であり、むしろ日本人がアジアの知識人から蔑視されているさまざまな局面を紹介した。なぜそんなことを多角度から取り上げたのかといえば、日本人が自分の置かれた位置、自分の背中をリアルに知っているべきだと思うからだが、もう一つの理由は、日本の近代がなしとげたことの真の意味はきわめて孤独で、ここでも賞讃や共感をアジア各国から期待すべきではないと警告しておきたかったからである。アジアの知識人が、日本はただの金持国、西欧の模倣をうまくやりとげただけの国と言いたいのなら、勝手に言わせておくがいい。西欧人をいつまでも主人《マスター》と崇める心を残している旧植民地国民には、日本人の「西欧中心史観」への国を挙げての壮烈な挑戦《チャレンジ》がどういうことなのか、本当に了解できる時代はおそらく容易に来ないであろう。

　欧米世界と対抗しているのは、アジアという漠然たる広域ではない。日本という一国、これが例えばEC共同体の全体と対抗しているというのがいまだに真の現実なのであって、アジア共同体がこの肩代りをする時代がすぐに来るとはどうしても思えない。

　忘れ難い思い出なのだが、私がニューデリーからタージマハール廟へ、タクシーを傭って走破したときのことである。タクシーはほぼ同時に二台出た。私の車より前に、英国人夫妻の乗った車が先発した。夫妻は私に丁寧に挨拶して、先へ行った。しかし間もなく、埃を巻き上げる街道で、後の車の不利を知った。私は何度も注意したが、ターバンを巻いたインド人運転手は、前の車の約十メートル後方にぴったりとついて離れない。途中で前の車が故障した。私はこれ幸いとばかりに先に行くように指示した。しかしインド人運転手は、動かない。約小一時間、前の車の故障が直るまで、私もまた待たされた。私はほとんど怒りの声を上げんばかりだった。しかし東洋人の車が英国人の車を追い越し、その先を行くなどということは、彼には考えられないことであったようだ。

一九八二年、私は西独の八都市で、外務省の依頼によって「近代日本とは何か」という題の講演をして歩いた。日本の近代が西欧の模倣では必ずしもない所以を主張した内容の講演で、「中央公論」にも掲載され、英訳、仏訳された。すると、あるインドネシアの知識人がこれを批評し、田中角栄を例に挙げて、日本はいまだ近代以前だと言ってきた。宗教と政治、教権と国権との相剋から近代の国家意識が生まれたヨーロッパの歴史に鑑み、ついぞそのような経験を持たない日本は、近代国家に入らない、と断定した。この人は西洋の歴史の展開を、他に類例のない唯一無二の基準としているのである。西洋の近代を世界のすべてを統括する近代史の方程式と見定め、それ以外は全部ダメだと言っているのであって、昭和二十年代の日本の知識人にもこの手の人士が多かったなあ、と、私は私に対する批判文を読みながら懐かしく思い出していたが、同時に、「これでは貴方のお国のインドネシアも永久に救われないんじゃないですか」と、この相手に向かって語り掛けたかった。日本に日本独自の近代化のスタイルがあったように、アジア各国もまたアジア各国それなりの個々の個別的な近代化のパターンがあるはずだということを、私は私の講演で言外に示唆していたのである。そこが読み取れないのは、彼らの救い難い拝欧意識、自己否定心理のなせる業であろう。私は哀れを覚えると同時に、彼らとの付き合い方の難しさと日本一国のまことに特異な孤独を感じた。この孤独は欧米世界から共感をもって評価されるはずもなく、非西欧世界からこそ理解されるべき性格のものだが、それが不可能となれば、近代日本のいわば回避し難い宿命という外に言いようがない。

一九九二年の欧州統合は過去への復古主義だと私は前に書いた。復古による団結意識再生への呼び掛けである。人は余り気がついていないようだが、五百年前の一四九二年はコロンブスの米大陸発見の年、並びに、国土回復《レコンキ》運動《スタ》によるイベリア半島からのイスラム教徒掃討の成功、キリスト教教会の決定的勝利の年である。「九二年」は偶然に選ばれたのではあるまい。同じ年のスペイン・バルセロナ市のオリンピックまでがおまけつきの祝い事のような、欧州あげての大同団結が、今、高らかにうたい上げられているのである。

それに比べると、アジアには、立ち還るべきいかなる共通の歴史もない。復古すべきいかなる拠点もない。

それでも日本が今後アジアを尊重していかなくてはならないのは、冒頭にも述べた通り、政治的外交的に当然の措置というべきだが、余りに過度な期待は禁物である。われわれ日本人はなぜ西欧がアジアを侵略し、植民地化しながら、アジア人の心にいまだに崇敬の感情を刻みつけているのかを考えてみなくてはならない。こちらが敢えて教えるのではなくても、黙っていて学ぼうという気を起こさせるものがあるかどうか、それが文化移動の決め手である。それを考えると、孤独な価値に生きる日本は今のところ、どうみてもその条件を充分に満たしているとはいえないであろう。

（「正論」一九八九年一月号、「『アジアへの幻想』を排す」を改題）

II　西ドイツ八都市周遊講演（日本外務省主催）

近代日本とは何か（講演録）

本稿は国際交流基金の依頼により、在独日本大使館の協賛を得て、一九八二年九月二十九日から十月十一日までにキール、リューネブルク、ハンブルク、ケルン、ボン、デュッセルドルフ、ミュンヘン、シュトゥットガルトにてドイツ語によって行なわれた講演の日本語原稿である。ドイツ語テキスト「Was ist das moderne Japan?」は巻末に掲載されている。

聴衆の皆さん！

私は日本の大学に勤務している独文学者《ゲルマニスト》の一人で、ドイツの思想と芸術に幅広い関心を抱いています。本日私は、ドイツ研究家としての、私自身の専門テーマについてお話するために皆さんの前に立っているのではありません。しかしドイツ人の皆さんに対し、私とドイツ文化との結びつきからお話を始めるのが物事の自然な順序であろうかと思います。そしてそれは自ずと、本日のテーマ、近代日本をどう考えるべきかの主題に道を通じることになるでしょう。

じつは私はアルトゥール・ショーペンハウアーの主著『意志と表象としての世界』の翻訳家であります。しかも、日本における六度目の翻訳家なのです。わが国最初の翻訳は一九一一年に行なわれました。けれどもその日本語は今日から見て、余りにも古風で、大時代的で、今の日本人の好みに合いません。否、若い人はもうその日本語を読めなくなっていると言った方が正しいでしょう。私の国ではこんな風に、十九世紀の後半からすべての物事が急速に、大きく変化しつづけてきました。衣食住が代表する市民の暮らし方や社会制度だけではありません。

言葉までもがどんどん変わって行きます。今の高校生たちは半世紀前の日本の文学を読むのに、語句の注釈をさえ必要とするほどです。ゆったりした時間がのどかに流れているヨーロッパとはまったく違った時間意識が、私の国の国民を捉えています。彼らの許《もと》ではすべてが速く処理され、あわただしく解釈されなければなりません。良く言えばそれは国民的エネルギーの現われです。悪くいえば歴史の無時間性、永遠を忘れた愚かな人間主義の表現かもしれません。

さて、私はまたニーチェの専門研究家でもあり、二巻本の『ニーチェ』という本を発表しました。目下《もっか》西ベルリンのヴァルター・デ・グロイター社が大規模に刊行しているクリーティッシェ・ニーチェ全集の日本語への翻訳者の一人でもあります。ところでニーチェの翻訳全集は日本においてこれまで八度刊行されました。これは本国ドイツにおけるニーチェ全集の刊行回数よりも多いのです。聴衆の皆さんはこんなこともおそらくご存知なかったことでしょう。否、ニーチェに限りません。ヨーロッパの代表的な思想家や芸術家は完備したいくつもの翻訳全集を持っています。例えばマルクス・エンゲルス全集は過去六回も出版されました。ヨーロッパ諸国でもこのような例は存在しないでしょう。

ところでニーチェに話を戻しますが、彼は周知の通り狂気に陥った翌年の一八九〇年まで、ドイツでは孤独な、知られざる思想家でした。一八九一年には大学書店の店員がニーチェの名を知らなかったという報告を、マックス・ダウテンダイという昔のドイツの作家が語っています。ところで、日本でニーチェが初めて論評されたのは、何と驚くべきことに一八九三年でした。何というす早さでしょう。また何という機敏な関心の向け方でしょう。日本が明治維新で鎖国政策を止めてから僅《わず》か二十五年後のことでした。最初のマルクス全集十二巻は一九二〇年までに刊行されています。

すなわち、私の申し上げたいのは、日本は近代社会として十分な体制を整えないでいるうちに、西欧諸国と同様に、体制を破壊しかねない危険な思想家たちに関心を向ける人々が多数いて、しかも彼らの活動を許容する精神的ゆとりが、日本の社会全体の中に早くからあったということです。また、日本は軍事や経済や政治の仕組みだけを西欧諸国から受け入れて、後は仏教や儒教といった自分の伝統文化で間に合わせようと考えたのではないということです。今の中国は多分そのように便利に考えているのでしょうが、日本人は産業や技術だけでなく、精神文化そのものを西欧から学ぶことに強い抵抗を示しませんでした。その結果日本における西欧の芸術や学問の研究がどのような細部に及び、どれほど高い水準に達しているかについて、皆さんは一寸《ちょっと》想像することさえ難しいでしょう。つまり、私がこのことで考えたいのは、なぜこれほどまでの強い好奇心が日本にのみ起こり、他のアジア諸国——例えば中国——には起こらなかったのかという問題に他なりません。

中国にはすでに高い精神文化があり、日本にはそれがなかったからでしょうか。日本人は自らの精神文化の空白を埋めるために、西欧からそれを借りて来なければならなかったのでしょうか。そう考えるのは歴史を知らない人間のいうことです。ある程度同質の、高い精神文化を持たなかった地帯に、別の高い精神文化に対するす早い反応が起こることは考えられません。つまり日本には西欧文化から刺戟や衝撃を受けるよりもはるかに前に、それを受け入れるにふさわしい条件がすでに成熟していたのでした。あるいは、十九世紀の日本は西欧文化から刺戟や衝撃をたとえ受けなくとも、遅かれ早かれ、近代的な精神運動を開始する段階に達していました。

成熟していた十九世紀日本

私が申し上げたかったのはそのことです。ニーチェ等の新しい思想家へのす早い知的な好奇心がそれを物語っています。あるいはニーチェは近代的思想家ではなく、近代に対する批判的な思想家ではないかと反論なさるかもしれません。しかし近代がある一定の段階に達しない限り、近代に対する批判的な思想家への必要は生じませんし、国内にそれを理解するための前提条件もそもそも発生しないはずでありましょう。例えば現代のインドやイスラムの社会において、ニーチェが必要になるとは思いません。ここではヒンズー教とイスラム教という二つの宗教が今なお余りに強大で、西欧の精神文化を学ばなくても十分にやっていけるし、むしろこれは邪魔だからです。ニーチェが克服しようと生涯戦った問題が、これらの国々にはその擬似形態さえ——日本にはそれがあるのですが——存在しないと想定することに、それほど大きな支障があるとは思えません。

この点では私は一つの興味深い報告を致さなくてはなりません。最近デ・グロイター社と協定を結んでいる白水社から、私は友人と二人で『日本人のニーチェ研究

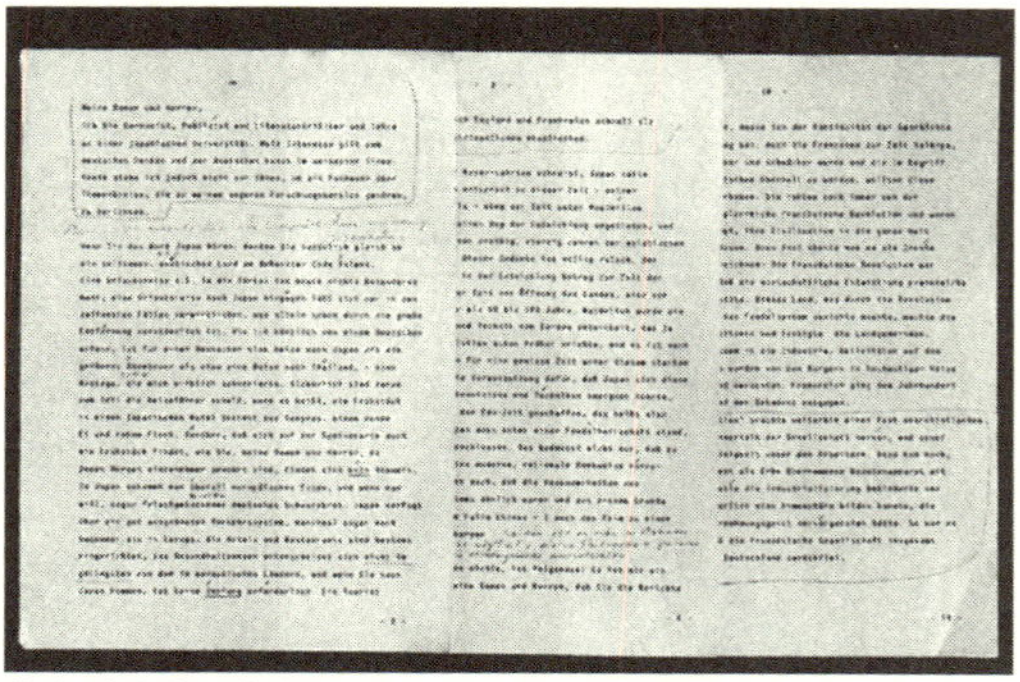
著者が講演で実際に使用したドイツ語原稿

譜』と題し、一八九三年以後現在までニーチェについて書かれた日本人のあらゆる文章の書誌と、その中の重要論文のアンソロジーを編集して、この秋に刊行することになっています。皆さんどうか驚かないで下さい。書誌、すなわち書かれた論文の題名・年月・発表誌紙の記録ですが、それだけで三百ページにもなるのです。この事実は残念ながら欧米の専門研究家の間ですらまったく知られていないのが実情です。一九六〇年にアメリカのノースカロライナ大学がヨーロッパ系言語で書かれた『国際ニーチェ文献書誌』を刊行しました。しかし同書は九十年に及ぶ日本人の、題名だけで三百ページになるこの膨大な研究業績に対していっさい考慮を払っておりません。

日本語で表現された日本の近代文化が、世界史のなかでいかに異様に孤立しているかの一つの実例ですが、しかし私が言いたいのはさらにその先のことです。ニーチェはドイツ本国でもすぐには理解されず、幾つかの段階を経て徐々に理解されて来ました。一八九〇年代に彼は野獣的本能の解放者、過激な個人主義者として誤解され、ほとんどスキャンダルにすぎませんでした。二十世紀の最初の二十年間になってやっと、ゲオルク・ジンメルが生の哲学者として、エルンスト・ベルトラムが神話復興の詩人哲学者として、彼を理解しようと努力しました。しかしヨーロッパのニヒリズムの告知者として、形而上学の歴史の中にニーチェを正当に位置づける試みは、皆さんもご承知の通り、一九三五年以後、マルティン・ハイデッガーやカール・ヤスパースが登場して初めて実行されるに至ったのです。

ところで、日本の九十年に及ぶニーチェ研究の歴史ですが、これもまた、ドイツの動向とほぼ同時代的に、並行して、同じような複数の段階を経て展開されたという重要な事実を御報告しなくてはなりません。日本が鎖国政策を止めた僅か二十五年後に、ドイツ本国とまったく同じ時期に、ニーチェに関する論評や解明が始まったことは前に述べましたが、この最初の一八九〇年代におい

西尾幹二全集第十巻
ヨーロッパとの対決
月報11
国書刊行会

自己本位で西尾思想を読む

日独文化研究所所長
テュービンゲン大学客員教授　大橋　良介

漱石が用いた「自己本位」の語は、自分勝手な恣意といった意味ではなくて、日本人としての「宿命への静かな決意」（「漱石の文明論と現代」）だった。西尾幹二氏の厖大な著作も、この意味での「自己本位」の根本軸に貫かれた思想のように、思われる。その姿勢は「ヨーロッパとの対決」という本巻のテーマにおいて、表明的となる。氏の言う「対決」は、ヨーロッパと向かい合って喧嘩腰で対峙する、といったものではない。むしろ、「自己正視の精神の型」をヨーロッパから学べ（「変化したヨーロッパの位置と学問」）という、日本人としての謙虚なまねびの姿勢と、表裏している。その姿勢は、現実には自我中心的すぎると西尾氏が見るヨーロッパ世界への評論の視座に転じるとき、歯に衣着せぬ直言となる。しかしその論争スタイルの根底に、「人間が自我意識を捨てて、無心に達するという究極の救い」（「無心への飛躍」）といったものへの視座が含まれる。それを看過したら、西尾思想の読み違えとなるだろう。

この「自己本位」の視座は、一方で「東と西との深い溝」への鋭い洞察の遂行となる。しかし他方でヘリゲルの到達した心境を認めて、そこでは「東の文化と西の文化の相違であるとか一致であるとかという問題は、実際どうでもよいようにも思えてくる」（「無心への飛躍」）、という感懐となる。フーコーに見られる「ヨーロッパの外から自分を眺めている視点がまるで欠落している」ことへの批判（「ヨーロッパの閉鎖性」）は、「私の内部にも、ヨーロッパに規定され、支配されている要素が厳然と存在する」（「西欧の自閉　日本の無力」）、という自己凝視に転換する柔軟さを、ともなっている。

氏のエッセイは読者にも、この「自己本位」の姿勢を要請するであろう。これは私の実感である。私もドイツ滞在は合算すると十年を遥かに越え、ここ五年ほどはドイツ各地の研究所や大学に切れ目なしに招かれて、現在はテュービンゲン大学で教鞭を取っている。ときどき日本の知人がやってきて、「日本語を教えているのですか」とか、「西田哲学を講義するのですか」とかといった質問をする。私への日本からの土産を、日本学講座の事務室に届けてくれた学生もいる。しかし私がいま哲学科で講義しているのは、当地がシェリング、ヘーゲル、ヘルダーリンが学んだテュービンゲンということも勘案して、「ドイツ観念論」である。正演習は、「レヴィナス現象学」である。講義の聴講者数が多すぎて、教室が小講堂に替えられた。

それだけに、西尾氏が「日本がどんなに進歩発展しても、西欧と共通し得ないものがある」(「日本の擡頭はどのように解釈さるべきか」)と述べるとき、さらに「同じ言葉の中に双方〔日本人とヨーロッパ人〕が違う概念を表象している」(「西欧の自閉　日本の無力」)と記すとき、私はただ深い同感をおぼえるのみである。「西洋人の東洋人に対するほとんど無自覚な傲慢さ」(「〝日本の友〟シュミット前西独首相に反問する」)も、一部は氏と経験を共有する。

西尾氏はこういったヨーロッパの傲慢を「放っておけない」ということで、鋭く的確な論駁を企てる。そしてその誠実さとその所論とに、私はいつも啓発されてきた。ただし私自身は、そんな傲慢は「放っておけばいい」というスタンスで過ごしてきた。これは西尾氏の言う「知的怠慢」かもしれない。ただ本音を言えば、私は自分自身の「ヨーロッパとの対決」で精一杯で、余力がない。ドイツの大学でドイツ哲学を講じ、諸学会で研究者たちと論じ合う「日本哲学の視点」が意識的・無意識的に基盤となり、逆に私の理解する日本哲学が、ドイツ哲学の容赦ない吟味に晒される。互いの陣地の心臓部に入り込むようなせめぎあいの場に立つとき、陣地外のヨーロッパ人の傲慢など構っていられなくなる。もっともそれは、「象牙の塔のなかの嵐」にすぎないかもしれないから、そういう意味では西尾氏の所論は、私にとっていつもフレッシュな刺激と警告でありつづける。

最後に、本巻所収の諸エッセイは、主に七〇年代後半から八〇年代前半にかけての、つまり日本経済が右肩上がりの時代のものである。しかし、その時代は終わろうとしていた。西尾氏はそれを敏感に察知している。「この七年の間に何かが起こっている」(「身構える西欧的自尊心」)と。「牛の足のように歩みがのろい」(「無心への飛躍」)と思われたインドや中国の近代化は、この二〇年の間に世界状況を一変させつつある。西尾氏のエッセイを繙くとき、「漱石の留学経験とそれを基本においた文明論が、今の私たちの時代からみていかなる現代性を持っているかを再検討してみたい」(「漱石の文明論と現代」)という氏の志向が、今度は西尾氏自身の文明論に対する二〇一〇年代の読者の志向として、浮上してくる。そのような仕方での「再検討」もまた、読者には「自己本位」の読み方の楽しみとなるであろう。

イベリアの旅

東京大学名誉教授(ドイツ文学) 高辻知義

およそ半世紀前になるが、西尾幹二と彼の東大の独文科の大学院で学んだ同級生が同時期に何人も西ドイツの留学生試験に合格して渡独した。それから二年の出張期間をおのおの留学先で過ごしたが、我々は専門のドイツ文学の博士課程コロキウムなどに顔を出すものの、それほど本場のゲルマニスティクなるものに深入りした訳ではなかった。むしろ、初めて渡欧する機会を与えられて、ヨーロッパの在り方を見極めてやろうという気持ちの方が強かった。確か、西尾にも「ヨーロッパを探す日本人」といったような題の作品がある筈である。だから、めいめい休みになると機会をとらえては北欧へ、また南欧へ足を伸ばしていた。ただ、東西冷戦の時代であったから、東ドイツも含めて、鉄のカーテンの向こうはほとんど覗いていなかった。

西ドイツ滞在があと半年になろうとしたとき、西尾と私と、今は故人となった丸山匠の三人でイベリア半島の旅をする相談がまとまった。私が住んでいたフランクフルトに集まってもらい、そこから私の車で、フランス経由でスペイン入りし、ポルトガルに入って大西洋岸に出たあと、南のアンダルシーアを経て、南フランスへ戻って行くルートを考えた。

まず、誰もがすでに幾度か訪れていたパリでも、サンリスだのサンドゥニなどの近郊にも足を伸ばしたし、かたわらオペラ・コミックの『カルメン』も忘れなかった。パリからは、ソルボンヌに留学している丸山夫人の愛子さんも加わったので、スペイン、ポルトガルでは彼女の達者なフランス語に大いに助けられた。彼女はパリで運転免許もとっていたので時にハンドルを握ることもあったが、あとの二人は後部座席に胡坐をかいて、窓外の景色に見入ったり、時に、単調な窓外の眺めに居眠りをしたりだった。

スペインの首都、マドリードについて記せばきりがない。プラード美術館のベラスケスもおろそかにしなかったし、午前一時から開演するフラメンコのショーを見た足で、碌に眠りもせず、トレドにも出かけ、ついでに立ち寄ったアランフエスでシラーの『ドン・カルロス』の冒頭の「アランフエスの素晴らしかった日々もこれでおしまいだ」の台詞を思い出したのは、ドイツの忘却を念じる旅であっても、ゲルマニストのしっぽがまだ切れていなかったせいか。マドリードのような大都市は面白かったが、それ以外の単調で広漠としたスペインの荒れ野には少し参った。

それが一変したのはポルトガルに入った時だった。辺り一面には緑が滴り、まるで伊豆半島の一角にたどりついたような感じで蘇る思いがし、これはポルトガルを通じての印象だったが、西に進んで、大学町コインブラのさき、ナザレの濱で西へ限りなく青々と広がる大西洋を目の当たりにした時は、ついにヨーロッパの西の端に来たのだとの思いに満たされた。ただ、残念なことに、首都リスボンそのものにはさして注意を引く物もなく、到着の翌々日の午後一時、早々と出発して、肥沃なポルトガル西南部を抜け、一路、南東を目指し、国境を越え、十時にセビリアに着いた。

著名な、このアンダルシーアの町では首都に劣らぬ時間を費やした。近くのコルドバへ一日がかりで往復したし、別の一日は、近隣の小さな村で、草競馬ならぬ、シーズン前の闘牛のオープン戦のようなものがかかる、と聞いて出掛けていった。スペインの町はどこでも必ず闘牛場が見られたが、人口が千人ほどの村にも一応小さいながら、立派なそれがあり、本格的な闘牛を見る機会を初めて得た。ただ、全てが終わって帰途に就く時、西尾の口からヨーロッパ文明批判と取れる辛辣な言葉が漏れた。「あれは人間が必ず勝つと決まっているんだね。飽くまで人間優位というのはひどい話じゃないか」。確かに格好のいい闘牛士が登場し、喝采を浴びていたが、実は彼らは屠牛士でしかなかったのだ。

セビリアからは南下して軍港カディスを経てスペイン南端のアルヘシラスに着いた。そこからは英国に占領されているジブラルタルの魁偉な岩山が東方、遥かに望まれ、かのオデュッセウスがこの先は地獄だと知りながら、敢えて船を西へ進めて大西洋に出たという、ジブラルタル海峡にまつわる神話も思い出された。むろん、アフリカの北端セウタ（スペイン領である）も間近に見えた。

後はアンダルシーアの町々を縫っておもむろに帰って行き、スペイン最後の大都会バルセロナで、初めての春のザルツブルク祝祭の切符を手にしていた西尾が列車の客となって別れていった。私と丸山は結局、アマルフィまで行ってUターンしたのだが、すでに幾度かイタリアを訪れていた西尾のラッパロの夕日の美しさとか、トリーノの都市美についてのアドヴァイスは有難かった。

この同じ旅については本全集第1巻に西尾氏自身の回想記があります。（編集部）

てニーチェの名は、日本でもやはり同じようにスキャンダルにすぎませんでした。一九一〇年以後に彼はやっと生の哲学者、詩人哲学者として理解されました。そして第二次大戦直前の一九三五年頃には、ドイツと同じようにニーチェをニヒリズムの主題と結びつける理解の仕方が拡がりだしました。勿論、ドイツ人の研究成果からの影響はつねにありました。しかし日本人の業績の優秀なものを精密に見ていきますと、必ずしも模倣ではないのです。ドイツにおける研究の動きとほぼ同時に、あるいは場合によってはそれよりも多少早く、同じ問題意識、時代の運命に対する同じ課題が日本の知識人の前にも浮かび上がって来ていたと言っても過言ではないのです。

ニーチェは要するに一つの例にすぎません。西欧の他のさまざまな思想家や芸術家の研究が、ニーチェの場合と同様に、この百年間に、日本人にとっては自己自身の課題となり、また西欧世界から日本人へ向けられた挑戦と感じられていたということをここで強調しておきたいと思います。

日本は明治維新で開国したほぼ直後から、このように西欧の精神史に自己を適応させ、かつこれと対決し、今日に及んだのですが、しかしこのことは、物質文明だけでなく精神文化までをも日本人が西欧人を模倣した結果であると考えてもらっては困ります。どうかそのような誤解だけはしないで下さい。むしろ逆で、日本は鎖国時代にすでにある独自の近代性を育んでいたので、そのため開国後ただちに、西欧の思想や学問を素直に受け入れることが可能であったし、またそれを自分に必要な課題と感じたのだと、そのように理解してもらわなければなりません。最近皆さんは、自動車やエレクトロニクスを大量に生産する国が、精神文化面では儒教と仏教を基本としていることに、つねづね神秘めいた矛盾を感じているようです。日本にも西欧的な学問や芸術が存在することを皆さんも聞いてはいるでしょうが、それはみな、いまだ模倣の段階にあり、自動車やエレクトロニクスといった技術産業面だけが今ようやく独創性を発揮し始めたのだ、と、そのように考えているに相違ありません。

日本に関する知識が乏しいヨーロッパから見ている限り、皮相な見方に囚われるのは止むを得ないことでしょう。しかし精神文化と産業技術とはまったく別個のものではないのです。それは相互にからみ合って一つをなしています。勿論日本には、儒教や仏教を基本に置いた伝統文化も依然として他方には存続しております。ニーチェへの関心に象徴されたような、西欧の精神文化による自己測定と、この伝統文化への無言の信頼とが微妙に重なり合って、文化の複合状態を作り出しています。今それを明瞭に腑分《ふわ》けし、分析することは出来ません。ともかく、そういう複合的な全体が日本なのです。

繰り返しますが、日本は西欧世界と接触する十九世紀後半より以前に、「近代社会」への第一歩を踏み出していました。よしんば西欧からの刺戟や衝撃を受けなくても、日本が近代的な精神運動を展開し始めるのは時間の問題でした。皆さんはただ西欧世界の規範《クリテリウム》に当て嵌《あは》まらないものは近代的でないと簡単に考え勝ちではないでしょうか。キリスト教の色彩を帯びていない、儒教や仏教の影響下に置かれた「近代性」というものもあるのだということを認めることから、皆さんの論議を出発させていただかなくてはなりません。

近代社会の共通性

とかく皆さんは問題を西洋対東洋という、今までのありふれた対立図式に囚われて考え過ぎる傾向が強いように思えてなりません。近代社会の持っている共通性にもっと目を向けることが、均衡のとれた判断といえるでしょう。

皆さんは日本と聞くとまずアジアの涯《はて》の遠い国という印象が最初に思い浮かぶようですね。休暇旅行でトルコまで行く人はいても、日本まで行く人が滅多にいないのは距離からいって当たり前と思います。けれどもタイに行くよりも日本に行く方がドイツ人にとってずっと冒険と思われていると、最近皆さんの同胞の一人から聞いて、私はショックを受けました。旅行案内書にも問題があります。日本のホテルでは朝食にわかめ、生の卵、生の魚が出るなどと書いてある。日本は西洋風の食事も発達している国で、選択は自由です。大都市では焼きたてのドイツの黒パンさえも手に入ります。日本はヨーロッパとまったく変わらない、あるいはときにもっと便利な交通システム、ホテル設備、レストランが存在する国で、防疫体制は完備し、予防注射の必要さえありません。少なくとも単なる旅行者にとっては、現代の日本はアメリカへ旅行するほどの冒険心も要《い》らない国と言えましょう。駅や地下鉄は清潔で、犯罪発生率は低く、夜の街道や公園を若い女性が歩いても危険のない、世界でほとんど唯一の大都会が今の東京です。

そこで提案ですが、皆さんは問題を西洋対東洋という既成の対立尺度に囚われずに、次のように考え直してみたらどうでしょうか。日本と西欧は地球の正反対にありながら、互いに無関係に、並行して、一定の歴史的経過を辿《たど》って、十八〜十九世紀にほぼ類似の段階に達しつつあったという風にです。ただし産業革命は西欧が一歩早く開始しました。イギリスが先頭を切って、一八〇〇年前後に実行しました。フランスでは一八三〇年代、ドイツでは一八五〇年代。そして日本では日清戦争の頃の一八九〇年代でした。鉄道が最初に敷かれた時期を比較してみますと、この関係がよく分かります。イギリスでは一八二五年、ドイツでは一八三五年、そして日本では一八七二年でした。年差は見掛けよりはずっと小さいのです。日本とイギリスの間の差でさえおおよそ五十年ないし百年です。しかし二十世紀前半においては、この差は実質的にもっと大きく影響し、有利な条件は雪だるま式にいよいよ有利な条件を生んで、イギリスやフランスを文句なく先進国の座に押し上げて来ました。

しかし今の世界地図を眺めてみますと、このときの五十年ないし百年は大した差異ではなくなり、当時鎬《しのぎ》を削ったこれら諸国と、そのとき仲間入りをできなかった諸国との差の方が、今では修復し難いほど大きくなってしまったといえるでしょう。

「デア・シュピーゲル」の編集員の一人であるマイヤー・ラールセン氏は、日本人は百十年前に、十五世紀のヨーロッパのマクシミリアン皇帝の時代に相応する処から出発し、三、四十年でアジアの大国となったと書いていますが、これはまったくの間違いです。明治維新を開いた百十年前に、日本と西欧の差は今申し上げた通り五十年ないし百年程度のものでした。勿論、近代的な科学や技術は産業革命を一足先に経験していた西欧産のものであり、日本はしばらくその圧倒的な影響下に置かれました。しかし日本が西欧から学んだ科学や技術をたちどころに自分の身につけ、自分で展開させる能力を開発したのは、先立つ江戸時代、封建制度下の鎖国時代の日本において、準備がほぼ完了していたことを意味します。それはあらかじめ近代的合理的な思考が少しずつ育っていたことを意味するだけではありません。日本の封建制度そのものに内在する幾つかの特性が、ヨーロッパの封建制度の特性に相似して、中国とは違って、近代化を促進する要素を内包していたことを意味します。

中国はそれ自体が一大文明世界でしたので、外部の世界から学ぶべきものは皆無だという思想が深く中国人の心の中に根を下ろしていました。十九世紀に海外に出た人材は相当いましたが、祖国に戻ってから活躍する場所もなく、そのまま消滅するのはごく普通のことでした。外部に対する反応や内部からの企業的な活動などは、余りに一元的な中国帝国よりも「藩」という小さな封建領地に分かれて多様化していた日本の方が、発展へのきっかけに遭遇する機会はずっと多く恵まれていました。爛熟した官僚国家であった中国で、秀れた人材は官界での高い地位を求めることに全精力を注ぐのが通例でしたが、日本では政府の外に出て、あるいは政府に反対して、地位では測れない目的や理想を達成しようとする計画を持つ人が少なくありませんでした。当然のことですが、企業家的な冒険心は少しずつ育成されていたのです。西欧との接触を避けていた十八世紀の末頃の日本に、発達した金融機関や交易機関が出来上がっていたことも看過《みす》ごすわけにはいきません。

いずれにしても、皆さんがもしも次のように考えているとしたら――ドイツの新聞・雑誌に次のような考えがじつにしばしば現われますので私は憂慮して言うのですが――大変に嘆かわしい誤謬《ごびゅう》に陥っているといえましょう。すなわち、日本という東の涯のよく働く黄色人種の住む神秘の国が経済的に成功したのは、元をただせばみな白色人種の欧米人が科学や技術を教えてやったからであって、日本人はわれわれ欧米人と接触するまでは、科学も技術もまったく知らない迷信に満ちた未開の人種であった。彼らの今日の発展はすべてわれわれ欧米人の指導と訓育によるのであって、彼らは零《ゼロ》から出発して今日の繁栄を築き上げたのである、と。この考えは哀れな傲慢だけでなく、歴史に対する驚くべき無知に発するものと申す他ありません。

日本の「近代文明」の性格

いったい皆さんはヨーロッパの一般民衆の家庭――金持や貴族の館ではありません――で、フォークやスプーンが食卓に載ったのは何世紀からであったかご存知でしょうか。それは何と十八世紀からでした。それまで彼らは食事には十本の指を使っていたのです。十七世紀まで、ヨーロッパの大抵の家に個室はなく、庶民は裸のまま大型のベッドに数人で雑魚寝《ざこね》する習慣でしたから、男女の営みは昼間の戸外でなされるのが普通であったと、歴史書には記されています。

半世紀前日本に住んで英文の『日本歴史』三巻を著わしたイギリスの古典学者ジェームズ・マードックは、多くの資料文献を駆使して、十七世紀初頭から十九世紀中頃に及ぶ鎖国時代の日本人の生活水準を類推しています。飢餓その他例外的な時期はあったにしても、平均して考えれば当時の日本人は、フランス革命以前のヨーロッパの普通人よりもずっとましな幸福な生活を味わっていたと彼は書いています。また、一八〇七年に日本の北辺を侵して捕囚されたロシア海軍軍人ゴロヴニンは、当時の先進国イギリス・オランダなども見聞していた人でしたが、後に貴重な日本見聞記を残しました。その中で彼は、農業・鉱山業・工芸・美術その他あらゆる面での日本人の技芸の優秀さを褒《ほ》め讃《たた》え、ヨーロッパ人に遜色ないものと評価したうえで、日本は先祖からの伝承で十分に啓《けい》蒙《もう》され、幸福な生活を送っているのだから、今さら外から「開化」される必要はないだろう、という意味の日本人研究を、帰国後手記として公表しました。

つまり日本の「近代文明」が西欧の刺戟と衝撃によって促進されたことは疑いもありませんが、しかしそれは徳川幕府下の鎖国時代に、少しずつ準備され、蓄積されて来ていたものが誘発されたという以上の意味を持ってはいないのです。日本の「近代文明」がもしも欧米人の指導と影響にのみ負うているのだとしたら、日本以外の地球上のあらゆる国々は、今日、日本と同じように速やかに前進を遂げてもなんら不思議はないと申せましょう。現代の開発途上国の方が、当時の日本よりも、はるかに恵まれた条件下に置かれているからです。十九世紀後半の日本は、僅かの宣教師から受けた教育面の無料奉仕を除くならば、いかなる無償援助にも与《あず》かりませんでした。しかも外国からの債務を危険視した当時の日本政府は、どんなに苦しくても、巨額の借款《しゃっかん》を受けようとはしなかったのです。ところが今日の世界では、政治的になんら危険のない開発途上国援助が、ほぼ無償で提供されてさえいるのです。

つまり、近代日本の出現は、日本の過去の歴史に内在していた自発的な自己展開能力に大部分負うているのであって、欧米の刺戟と影響はきわめて甚大なものではありましたが、中心的要素ではありませんでした。

皆さんは近年の「日本の挑戦」（今ドイツで流行《はや》っていることば）を、余りにも固定観念で捉えてはいないでしょうか。すなわち第一に、西欧に対する非西欧国の初めての挑戦という意味においてです。しかし、そういうセンセーショナルな図式で考える前に、どうかもっと冷静に、歴史の発展段階理論でもって考えてみて下さい。かつてイギリスをドイツが追い上げ、そのドイツに日本がいま追い迫っているのは、産業革命における後発性の順序によっているのであって、アジアの特殊な事例というような観点を余りに多く取り入れて考えるべき問題ではないということです。

それから第二に、歴史の連続性ということをつねに考慮していただきたい。一九八〇年に日本の自動車輸出がヨーロッパ人にショックを与えたとき以来、西欧のジャーナリズムは日本という国がにわかに西欧に牙《きば》を剝《む》き出して襲いかかったような書き方を致しました。ある雑誌などは、日本はろくな工業力も持たなかった零の地点から、すなわち無から、戦後わずか三十年で今日の工業力を築き上げた、という神話を流布していました。しかしこんなばかな話はありません。あたかも日本の近代史が昨日今日始まって、自動車ショックでにわかにその点に気がついたかのような西欧人のあわて振りは、つね日頃日本の近代史の全体を連続した一本の流れとして意識していない怠惰の現われです。

振り返ってみれば、日露戦争での日本の勝利もヨーロッパ人を驚かせました。それから間もなく、日本の繊維産業がリヴァプールやマンチェスターを壊滅させたときも、ヨーロッパ人は〝日本恐るべし〟と騒ぎました。しかしヨーロッパ人はすぐ忘れてしまうのです。日本からのニュースは皆さんにはつねに点として意識され、連続した線として意識されないからです。第二次大戦が終わってみたら、太平洋からヨーロッパの植民地が一掃されたことも、結果的にみれば日本の仕業《しわざ》でした。そして今度は自動車ショック、あるいはエレクトロニクス・ショックですね。皆さんはしばらく驚き、騒ぎ、そしてまた忘れてしまうでしょう。しかしそんなことをしていると損をするのは今度は貴方がたです。どうか歴史を連続体として考えて下さい。今日の日本の工業力は、昨日今日に始まったのではありません。日本は四年間もあの巨大な米国を相手にして戦争をした国です。戦争史上に残る大型戦艦や戦闘機を自力で開発した工業力の延長線上に、戦後の造船、鉄鋼、カメラ、エレクトロニクス、自動車の成功があるのであって、これをアジアにおける例外的出来事のように考えるのは大きな間違いだと私は思います。「近代」という同一路線上での競争が地球の表と裏で行なわれて来たのです。勿論、皆さんが間違いを犯したままでいても、日本人はもうあまり腹を立てません。どうでも良いと思っています。認識上の過ちを犯した者がそこから生じた損害を後日償《つぐな》わなければならないのは歴史の宿命です。

日本像を歪める「シュピーゲル」

以上私は西欧と日本の歴史の並行的発展について述べ、技術や科学を基礎とした「近代」の由来が地球上の一つの特定の地域、例えば西欧にのみ固有のものでは決してないことを指摘したつもりです。日本は儒教や仏教に基づく自己の伝統文化を完全には失わぬままに、むしろそれに支えられて、独自の「近代」を展開することに成功した一つの代表例といえるでしょう。

しかしそうは言っても、皆さんは日本の社会は閉ざされていて、西欧人にはなかなか馴染《なじ》めないなにか風変わりな要素を持っている社会だという印象を、どうしても拭《ぬぐ》い切れないでいるでしょう。皆さんの日本人に関するイメージを要約するとおよそ次のようになると私は推察します。すなわち日本人労働者は少ない休暇でもよく働くというが、人生観や幸福観がどうも自分たちとは違うようにみえる。彼らは自分の私生活を犠牲にして、企業に忠誠心を捧げ、集団の中に埋没して生きていて、個人の権利を主張する自覚を持っていない。政府と民間企業はつねに協力して、いわゆる「日本株式会社」という能率的な組織戦術を展開し、世界の市場を脅かしている。ロボット等のオートメーションの導入に大胆で、機械が人間を破壊することを少しも憂慮しない。彼らは生産性を高めるに必要とあらばどんな野蛮なことでも平気でする国民である。彼ら日本人にはどこか文化感覚が欠けている。あるいは、少なくとも、われわれ西欧人とは異質な文化感覚を持っている。地球上の到る処に日本からの商社マンと旅行者がいて、彼らはあらゆる国の顧客の好みを調べ上げ、その欲求を十全に調査して、次第に自分たちの利益に合致する戦術を展開する。かくて短期間で日本の国民総生産は地球全体の一〇パーセントを超え、小さい島国は北の端から南の端まで工場地帯となり、自然環境はひどく破壊され、国民は公害とストレスに悩まされていて、決して幸福に暮らしてはいない、等々。そして皆さんは次のように自問するでしょう。このような日本をどうして「近代」という西欧世界と共通の尺度で測ることができるだろうか。西欧と日本が並行的な歴史展開を遂げて、同じ種類の競争をして、同じゴールを目指して走って来た等と、どうして信ずることができるのだろうか。……

皆さんはおそらく私のこれまでの話を聞いて、以上のような疑問ないし反論を心の中に抱いておられるでしょう。と申しますのは、私はドイツの雑誌や新聞に出ている日本に関する記事を比較的数多く読んでいますので、ドイツで日本という国がどのようなイメージをもって思い描かれているかを、ある程度想像できる立場にいるからです。

一九八〇年、日本の自動車産業の成功がドイツのジャーナリズムを最初に騒然とさせたあの年の秋、私は三カ月、ドイツ学術交流会の招きで滞独し、週刊誌「シュピーゲル」や「シュテルン」や「クヴィック」の特集号を読む機会がありました。八一年二月にはテレビが三回にわたって「日本の挑戦」等の題名で特集番組を流したのを私は知っています。同年春週刊新聞「ディ・ツァイト」が調査団を派遣して「日本報告」という大型記事を作り、これは後に本になりました。そして九月に再び「シュテルン」が「日本の神話」と題した特集別冊を発行し、本年一月には「シュピーゲル」が好奇心本位の、奇妙に歪《ゆが》んだ日本の戯画を再び世間に提供しています。「シュピーゲル」の記事は一貫して不正確です。露骨に日本をこき下ろそうという悪意をちらつかせた、ドイツ人の品位と知性を疑わせる記事が、とくにこの雑誌に圧倒的に多いのはじつに遺憾です。これは私ひとりの意見ではなく、東京大学の外国人講師ザビネ・マリーア女史が「シュピーゲル」は日本像を歪めて来たという具体的批判を新聞に二度書いたことからも裏づけられます。今までの文献中では「ディ・ツァイト」の「日本報告」が比較的に良心的で、日本の長所も弱点もできるだけ公平に観察しようとする冷静さを感じさせました。

「日本社会特殊性」論の一面性

しかし、いずれにしても、これら各種の文献に通して共通して言える一つの特徴は、日本人の人間関係や社会構造のうちに、世界に例の少ない特殊な性格をつねに見ようとしている点です。すなわち日本の企業の経営の仕方や経済思想を世界史の中の一つの例外現象と考えようとする傾向です。

例えば日本人の規律正しい集団主義は今やドイツでもつとに有名です。工場労働者が一斉に体操をする場面などはテレビにも紹介されたようですし、日本人が自己紹介し合うとき、相手の仕事よりも所属する会社の名前の方を尊重する慣行なども、もう皆さんは耳にたこが出来るほど聞かされているでしょう。六年間日本にいてソニーその他で働いたラインハルト・ケーラー氏は次のように説明しています。日本の社会は同質性の度合いが高いので、組織の中の葛藤《かっとう》を好まず、全員が賛成するまで粘り強く話し合い、いわゆる多数決の原理では動かない。強力なリーダーが事を決するよりも、集団合議制で決定がなされ、上は下の合議でなされた決定を単に承認すればよいのである。勿論逸脱に対する上からのチェックは

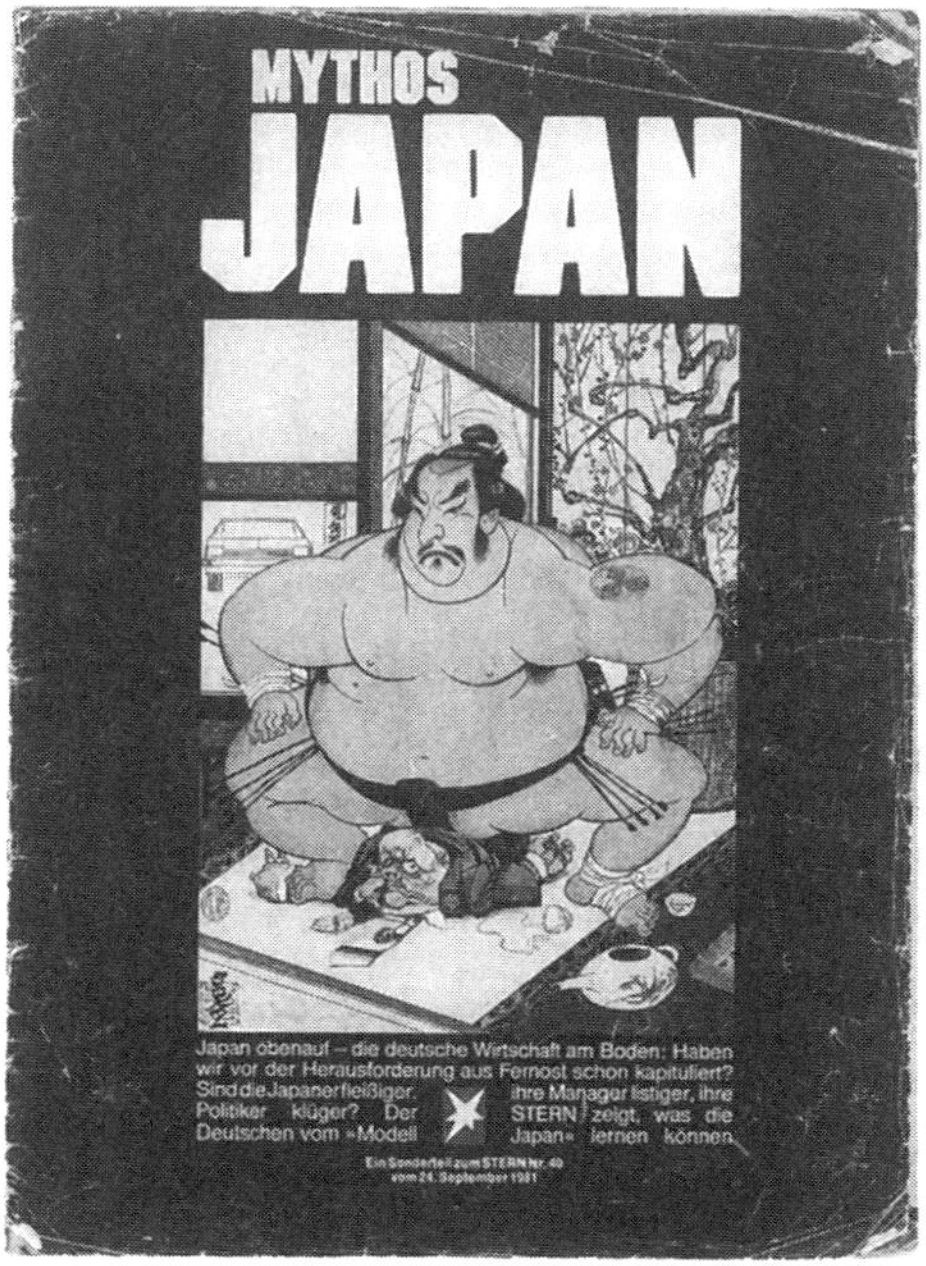

(左上)「シュテルン」日本特集号「神話の国・日本」(1981年９月24日号)。大都会の治安の良さを日本人は自慢するが、夜８時以降ヤクザというマフィアが大都会を管理しているから治安が良いのだ、などとも書かれている

(左下)「シュピーゲル」(1982年１月４日号)。表紙には、「日本人から学ぶだって？　否！」と書かれている。文中には「日本人から学ぶのは社会的後退を意味する」とある

(右下)「シュピーゲル」(1982年12月６日号)。下段には、「200万人の失業者」と大書されている。北斎の有名な絵をモチーフにすることで、失業の背後に日本あり、と暗示

あるが、下の者はみな決定のプロセスに参加し、上からの指令で動くのではなく、全従業員が企業という一つの共同体に帰属しているという安心感によって、下も自発的に労働し、かくて能率的な経営が保証されている。それを支えるのは大量解雇を決してしない雇傭《こよう》制度である。終身雇傭と年功序列は、日本の企業の特徴である。そのため労働組合は西欧にくらべずっと協調的で、労使が一団をなして企業利益という一つの目的へ向かうことが可能となる。日本の企業にブルー・マンディ・シンドローム（青い月曜日症候群）やアブセンティズム（無断欠勤・ポカ休み）がほとんどないのは、企業がさながら一つの家族のように考えられている共同目的意識のためである。……

企業をこのように一種の精神共同体と見なす集団主義が、一言語、一民族から成る同質性の度合いの高い日本という社会の特殊な、世界に例の少ない性格に由来することは、あらためて言うまでもありません。この特性が今、大戦争のない限りでの地球上で日本に有利に作用していることも事実でしょう。なにしろ地球上到る処で起こっているのは、人種と宗教間の争いです。イスラエル、北アイルランド、ローデシア、カンボジア等々きりがありません。アメリカの黒人問題も、ドイツの外国人《ガスト》労働者《アルバイター》の問題も、こうした争いの一種といえましょう。しかし、日本にはこれに類する悩みがありません。そのうえ昔から集団の「和」を大切にし、西欧的な意味での個人主義が容易に育たないで来たのが日本の社会でした。ここでは独創的な人間であるよりも、自分の我を殺して（忍んで）周囲と協調する人間、つまり西欧社会のように子供のときから他人と違う能力を目指す人間であるよりも、人並みであること（平均して他人と同じように生きる能力）を目指す人間を、なによりも大切に評価して来た社会でした。勿論、この日本型の「和」の文化には欠点もあります。集団内のメンバーが個人としての自分の意見を持たず、附和雷同《ふわらいどう》して動くので、危機に際しての秀れた判断力、破局予知能力を持つ指導者が、集団から排除されてしまうという欠点です。日本の社会が西欧側からみて、つねづね明確な意志を持たない無人格の集団にみえるのはそのためと言えます。そういう欠点はありますが、しかし人種と宗教間の闘いの絶えない今の地球上で、日本型の「和」の文化は今のところ欠点よりも長所をより多く発揮しているというのも争えない事実でしょう。日本の企業が好成績を収めている理由の一半は確かにここにあります。

ドイツ人の書いた各種の文献が共通して強調している

この日本社会の特殊性という観点には、以上の通り、容易には否定できない一応の根拠があると言えます。それは何よりもまず日本人自身の今日の好みのテーマでもあって、論壇では日本社会のユニークな特殊性をさまざまに定義づけるのが流行となってさえいます。皆さんはご存知ないでしょうが、「タテ社会」とか「甘え」といった標語がなかでも有名です。

ドイツの雑誌で紹介された、日本の工場労働者の体操（「シュピーゲル」1988年９月５日号）

しかし私自身は、本講演でこれまで何度も皆さんに注意を促《うなが》して来たように、日本を西欧と対照させてこのように特殊化する対立図式にのみ皆さんが一面的にとらわれることのないように再び切にお願いしたい。日本と西欧における「近代」の共有というあのテーマに、ここでもう一度立ち還りたいと思います。成程日本人の交際の仕方や会社の運営の仕方には、ユニークな特殊性が認められるでしょう。それが日本経済の成功の一要素であることも疑えない事実でしょう。しかしどこの国にも国民的特性はあります。ドイツにはドイツ的性格、フランスにはフランス的性格があります。日本はアジアの島国ですから、西欧人からみればその国民的特性にどうしても多少風変わりの度合いが感じられるとしても、それはむしろ当然のことと言えましょう。ただ国民性がどうであるかが問題の核心ではないということです。

ところが現在ドイツのジャーナリズムが日本の国力の急激な増大に戸惑い、日本に浴びせている非難や批判の多くは、この日本社会の特殊性をもっぱら唯一の論拠にしています。例えば日本の労働者は特殊な労働観や人生観を持っているため、企業への忠誠心を幸福と感じている。こういう彼らがドイツの労働者よりも少ない休暇で生産に励み、ドイツの職場を脅威にさらすのは果たして正しいことか、という主張がなされています。あるいは日本がロボットの導入による工場の自動化を大胆にすすめた技術上の革新を、ドイツ人は非人間的行為のように言い、経済の効率をすべてに優先させる日本人の思想は非文化的だという主張がなされています。これはドイツ人だけでなく、西欧人のすべてが言います。西欧はさまざまな文化への憂慮をふっ切れないでいるので、日本人のように遮二無二《しゃにむに》、経済優先の道をつっ走ることが出来ないで来た、と自国民にも弁解する論調がよくみられます。しかしこれまでの二百年間に、大胆で非情な技術革新を重ねて来たのはいったい西欧人以外の誰であったというのでしょうか。

ドイツのジャーナリズムは日本の社会や文化を西欧世界の基準に合わない特殊なものとして例外視することを大変に好みますが、これがじつは皆さんを安心させ、便利な考え方になるからこそ好まれているのだということを、皆さんはもっと勇気をもって直視しなくてはなりません。ドイツの今日の経済的停滞の最大の原因は、一九七〇年代にエレクトロニクス関連事業への投資を怠り、IC、LSI、光通信などの先端技術においてアメリカと日本に決定的に立ち遅れてしまったことにあると言われています。しかしドイツ人はその事実を認めたがらない。西欧の文化的優越にいつまでもこだわっている。そして何かというと日本は特殊だという遁辞《とんじ》に走る。

ヴァレリーの洞察

日本とドイツの間に起こっているこの心理的経緯は、一八九〇年代にドイツとイギリスの間に起こった経緯と甚だしく類似していることに、この際目を向けてもらいたいと思います。今のドイツ人は日本人の経済活動をある不愉快な面持ちで見守っています。しかしそれは一八九〇年代にイギリス人やフランス人がドイツ人の経済活動を見守っていたときに襲われた感情と寸分違わぬことを、私は最近、各種文献を調べれば調べるほど、ある種の驚きをもって確認しないではいられません。

フランスの詩人思想家ポール・ヴァレリーは、一八九六年に「方法的制覇（すなわちドイツの制覇）」という論文を書いて、当時のイギリス人の慌て振りを詳しく描いています。「人々は動揺した。ほとんど眉をひそめた。いっそう憂慮すべきゲルマニアが露骨にその姿を現わした」というのが有名な書き出しです。到る処に「ドイツ製」の商品が進出し、軍事的勝利よりももっと恐ろしいドイツの経済的勝利が静かに進行している、と警告を発したうえで、当時のドイツ人の作戦行動を次のような言葉で表現しています。すなわち変わらざる勤勉、富の綿密な分析、生産手段の果敢な建設、そしてある単純な、他を顧みない恐るべき概念に対する全的な服従、等々です。ヴァレリーはドイツの商業活動が国家によって盲目的に保護されていることを指摘し、それを集団の力とさえ名づけています。ドイツ人の個別の活動には自らなる規律があって、すべては国全体の活動に結びつけられ、それが個別の利益を秩序づける仕組みになっている。そしてひとたび外国人、すなわち敵が現われるや、ドイツ人同士のあらゆる競争は停止されてしまう。「これは共通の勝利のための誠実なエネルギーと熟練との協力である」と書いています。

皆さん！　ドイツのジャーナリズムが近頃日本及び日本人について書いている表現と何と似ていることでしょう。ドイツ人の書いた日本報告書のどの中にも、「日本株式会社論」という集団主義への非難の言葉が認められます。

ヴァレリーはさらにこうも書いています。ドイツの商人は世界中にいたる処の顧客の欲求を調査し、周到な心理学によって、諸国民の食べる物、使う物に関する十分な考察をめぐらし、また諸国民の支払い振りを知りつくしている。

> こうしてドイツは僅かの年月のうちに、工場、鉄道、運河に蔽《おお》われてしまった。
>
> 驚くべき数のドイツ人旅行者たちがいて、彼らが外国で手に入れた経験が外交と経済に利用されてきた。

ヴァレリーの九十年前の言葉は、ほとんどそのまま、皆さんの日本及び日本人に対する言葉として読みかえることさえ出来るでしょう。

ヴァレリーはドイツという新しい競争者の出現に対するイギリス人の気持を忖度《そんたく》して、次のようにも言っています。

> それまでは、地の利を得ないと共に、時の利をも得ていない、立ち遅れの一競争者によって、已れの生体機能の営みを脅かされるなどということは、イギリスが全然意識しないところであった。

これと同じことを「ディ・ツァイト」編集の「日本《ヤーパン》・報告《レポルト》」の「生徒から学ぶ？」の章が記しています。

> 長い間「彼ら」のことはともかく滑稽《こっけい》に感じてい

た。ときどきはうるさいとも感じていた。「彼ら」とは日本から派遣された数多くの代表団のことである。……ドイツ人自身がこの見学者から何かを学ぶことになるかもしれない、などと思い浮かべた人は当時ほとんどいなかった。

ヴァレリーの天才はこの事態を予想していました。「方法的制覇」という例の論文の末尾に、ドイツによってなされた方法の勝利を日本が追認するであろうことを予言し、「日本は、ヨーロッパは自分のために作られたものと考えているに相違ない」という謎めいた一句を残しています。一八九六年（明治二十九年）というじつに早い時期での予言が的中した洞察は驚嘆に値しますが、しかしこのフランスの叡知《えいち》は、ドイツと日本の「方法的制覇」を歓迎しているのでは決してなく、これを「地上のあらゆる凡庸《ぼんよう》性の決定的勝利」と見て、来るべき未来社会をペシミスティックに思い描いているのでした。それはイギリスとフランスを文明の最前線に置いて、この二国のみを先進国と定めた十九世紀の価値観にあくまで立脚した思想です。やがてドイツがその世界地図に納得しなかったことは、今日までのドイツの発展とイギリスの没落によって事実上立証される結果となりました。

歴史の逆説

ヴァレリーは皆さんの祖父たちの示した活力やエネルギーの集中を、優雅を欠いた所業、一種の野蛮行為と考えていたわけであります。しかし、ドイツ人自身はその頃、おそらくそのような非難めいた冷眼視に決して納得していなかったでしょう。実際私もヴァレリーの考えはある意味で英仏の傲慢の表現と思わざるを得ません。

現在ヨーロッパの力の事実上の中心をなしている西ドイツの産業構造の基盤は、第二次大戦後ににわかに成立したのではなく、ヴァレリーの青春時代、すなわちビスマルクの時代に形成されたものでした。普仏戦争の勝利と国家統一の後のあの〝泡沫会社群発生時代《グリュンダーツァイト》〟――浮薄な好景気ゆえにニーチェが憎悪して止まなかった時代――に、ドイツの生産力はすでにフランスを追い抜いていました。鉄鋼生産量でいえば、ドイツは一八八〇年にフランスを、一九一三年にイギリスを抜いて欧州一となっています。この上昇するカーブの延長線上に第二次大戦後の西ドイツの奇跡の経済復興《ヴィルトシャフツ・ヴンダー》が起こり得たのであって、二度の大戦は上昇気流に乗った国民的エネルギーの興隆のカーブを一時的には中断したにせよ、完全に断ち切るには至らなかったのです。それどころか致命的な敗戦にもめげず、西ドイツが戦後たちどころに立ち直ったのは、一九世紀後半の国民的エネルギーがひきつづき持続していたことの明らかな証拠といってよいでしょう。前にも申し上げた通り、歴史の連続性という考え方を私は尊重したいと思います。

ヴァレリーの時代のフランス人は、国力の上では次第に新興ドイツに追い抜かれつつありましたが、その現実を認めたがりませんでした。彼らはかの輝かしい「フランス革命」の残映の中にあり、自国の文明こそ世界に普及されるべき普遍妥当の価値そのものであると信じて疑わなかったからです。しかし歴史の皮肉とでもいいましょうか、かの「フランス革命」のおかげで、フランスは産業国家としての発達の遅れを招いたと言えなくもないのです。革命により封建制度を一挙にこわしたこの国では、小作人がすべて土地所有者となり、農村が強固になりましたが、その代わりに、産業に資本が投下されず、一般に商業活動を見下す尊大な気風が、民間人の間に次第に瀰漫《びまん》するようになりました。フランスは爛熟《らんじゅく》と疲労とデカダンスの世紀末へ向かいます。また「大革命」は結果として社会内に無政府主義的ともいえる個人主義を育て、労働における非協調の風土を作りました。おまけに、ナポレオンの遺産ともいえる強大な官僚制度が、この国の産業界の上層部を牛耳《ぎゅうじ》り、本来の企業家らしい、進取の気性に富んだ革新の気運が、商業資本の内部に容易に醸成されなかったのです。フランス社会全体がドイツに比べ次第に立ち遅れて行くのは自然の成り行きでした。

このようなフランスから当時のドイツを眺めると、おそらく何もかもが腹立たしく思えたことでしょう。人間は自分の欠点を見ないものです。フランスこそじつは官僚支配の国家であったのに、また大学における研究の自由もドイツの方がはるかに野放図《のほうず》であったのに、フランス人はドイツをあたかも個人主義を知らない、組織にただ忠実な、遅れた集団主義の国家のように考え、ドイツを野蛮視しました。「革命」を経験していないドイツには真の近代精神は成立していないのだと言わんばかりのフランス側の論調に、ドイツの知識階級は脅かされ、劣等感に悩まされつづけたのです。こうした双方の複雑な感情の衝突がやがて第一次大戦の発火点にまで発展したことは、よく知られた、皆さんの近い過去の歴史に属する出来事です。

ところで私がここで申し上げたいのは、追われる国家は追い迫って来る国家に、フランスがドイツにかつて抱いたと同じような偏見を抱きがちだということです。十九世紀末から二十世紀へかけてのドイツの労働者は、フランスの労働者に比べればたしかに組織に忠実で、低い労働条件にもめげず勤勉であったことでしょう。けれども、それはなんら非難さるべきことではありません。それどころか、じつはこの時期に、ドイツの勤労社会にはフランスでもイギリスでもまだ試みられていない進歩的政策が相次いで打ち出されていました。健康保険、傷害保険、老齢年金といった社会保険を最初に始めたのはビスマルクで、福祉先進国と言われたイギリスよりも四半世紀も早い一八八〇年代のことでした。それは必ずしも人道主義の動機に発した政策ではなかったでしょうが、後の時代に進歩的官僚がこれを引き継いで、今日の西ドイツ企業の労使協調に思いがけぬ効果を発揮して現在に及んでいるのです。

私が皆さんに指摘したいのは歴史についての二つの逆説です。後発国が活力とエネルギーに溢れているとき、先発国からこれをみるとある野蛮な集団意志とみえる、というのがその一つです。また後発国は先発国に追いせまろうと努力しているときに、自ら気づかぬ間に、先発国よりいっそう進歩的で近代的な社会改革を果たしていた、ということが結果的に後で分かってくるというのが、逆説の第二点です。

もうこれだけ申し上げれば、皆さんは日本人は働きすぎるからけしからんとは、仰有《おつしゃ》らないでしょう。また日本人は特殊な人種だから集団性を発揮できるのだなどとは、非難なさらないでしょう。なぜならドイツ人もまたかつて、勤勉さと集団への忠誠心のゆえに手ひどく非難されていたからです。

また日本の民衆は公害とストレスに悩まされ、下層労働者の犠牲の下に生産性を高めているという「シュピーゲル」あたりが流す悪宣伝が、多分に日本に対するドイツ側の焦りの表現で、事実を正確に反映していないことも、今までの心理的な説明から納得していただけるものと思います。どこの国にも貧富の差はありますが、日本は欧米と比べてその格差の少ないことは、一九七六年のOECDの調査で明らかになっています。主要十カ国の中で差の最も少ない国はオーストラリア、二位は日本で、十位はフランスです。日本は中産階級の幅が最も広い国の一つと言えます。公害とストレスで日本の民衆はみな病人のように暮らしているという報道を読んだら、どうか皆さんは日本人がいま世界一の長寿国だという単純な数字上の事実を思い出して下さい（数字略）。

日欧の教育観の違い

さて、次いで私は、先ほど少し言及した歴史の二番目の逆説について考えてみたいと思います。

世界で最も早い近代国家となったイギリスが、今では制度的にも文化的にも最も古い要素を多くかかえ、階級間の冷たい反目に悩んでいるのは周知の通りです。また「大革命」を経験したフランスの政治や経済が、遺憾なことに上流階級出身のグランドゼコール卒業者に支配され、フランス社会全体が上下の賃金格差のきわめて大きい不平等に病んでいるのも今述べた通りです。先発国のイギリスやフランスに比べれば、後発国のドイツが今やはるかに平等な近代国家になっているのが実情であって、私が歴史の逆説と言ったのはその点に他なりません。フランスのドイツ研究家グローセル教授が、労使の共同決定方式が示しているように、フランスより今や格段に西ドイツの民主主義の方が発達していると観察しているのは、非常に正しいと言えましょう。

さてここで日本を持ち出すと、皆さんはまたしても私が日本の優越を吹聴《ふいちょう》したくて、日本の方がドイツよりもさらに民主的で、さらに近代的だと言おうとしているとお考えになるかもしれません。私はそんな単純な図式を展開しようというのではないのです。民主主義の基準は国によって異なり、どの国の政治の仕組みが一番秀れているかをここで議論しても始まりません。皆さんは日本人には西欧的な政治概念がないとお考えでしょう。私はそれを必ずしも否定しません。私もそう思っているからです。個と個の相反の上に成り立つ民主主義などという西欧の政治概念は日本人にはもともとそぐわないものかもしれないからです。ただ次のような興味深い事実をともあれご紹介したいのです。

一昨年私はミュンヘンで約二十日間、郵便局のある労働者の家庭に民宿しました。八歳と十二歳のお子さんがいて、二人とも基幹学校《ハウプトシューレ》に通っており、成績はいいそうですが、上級学校へ進学する考えが子供本人にも、親にもまったくありませんでした。親から理由を聞きますと、親はわが子を自分の属する親類や知人の仲間から著しくかけ離れた、別のタイプの人間に育てたくないという動機が最大の理由でした。一種の階級的停滞現象です。日本ではまったく考えられないことでした。

日本では少しでも高い学校へ子供を進ませようとどの親も夢中です。子供の成績が良ければ、親の職業にかかわりなく、どこまでも高い上級学校へ進んで行きます。

日本人には階級意識がはなはだ乏しく、親の地位身分は子供の一生をほとんど拘束しません。逆にいえば世襲による権威の継承は、歌舞伎等の伝統芸能の分野以外には存在しません。

子供たちには親の地位身分とは無関係に、上昇していくための機会がほぼ平等に与えられているといえます。その第一の関門は学校です。いい学校に入ることで、一流の企業や官庁に入る最初の有利な条件を獲得するのが、日本の平均的な青年たちが人生の最初に果たさなければならない課題として意識されています。学校がすべてではありませんが、学校はかなり大きな要素の一つとなり得ます。日本には四百五十の四年制大学があり、進学率は同年齢層の三〇パーセント（男性だけをみれば四〇パーセント）、高等学校への進学率は男女合わせた全国平均で、九四パーセントにも達する有様です。

イギリスでは中産階級の子と労働者階級の子との間ではフットボールさえ一緒にやらないと聞きます。この話に日本人はたまげます。ドイツの社会にはイギリスほど画然とした階級間の壁は一見ないようにみえます。けれども、先の郵便局の労働者の家庭の例話が示しますように、意識の中に壁はなお厳然としてあるようです。ドイツでは労働の職種に応じて、賃金の支払い方にも俸給《ベッツューゲ》、月給《ゲハルト》、日給《ローン》という三種の区別があり、労働者階級とは日給受給者を指すとの明確な定義があるようですが、日本にはこういう階級区別は今ではまったく存在してはいません。給料といえばほぼ全員が月給と決まっています。

階級の壁の少ないようにみえるドイツの社会にさえ、やはりなお壁が存在する明らかな証拠は、三分岐型教育制度の存続です。一九六五年頃から制度改革が熱心に試みられましたが、伝統的制度の構造そのものを根本的にこわすことは出来ませんでした。「綜合制学校《ゲザムトシューレ》」の普及率はわずか三パーセントで、しかも評判が悪く、ここ数年新設されていません。三分岐型教育制度はやはり依然としてドイツの現実にマッチしていると申す他ないでしょう。そして私は、矛盾に聞こえるかもしれませんが、日本にはないその長所を大いに評価している一人でもあるのです。

日本のように教育がどこまでも大衆化し平板化していくための危険は、こうした階級間の壁の存在によってしか抑制し難いと思われるからであります。国民の三分の一の人間が大学へ進学する国では、大学の質を全体として下げるか、さもなければ大学に一流から三流、四流……と格付けを与えるか、どちらかしか方法がありません。日本は後者の方法を選びました。そのために激しい進学戦争が起こり、ヨーロッパの教育界とは別の災いが発生しました。それは青少年の心身に加えられるストレスの増大を意味します。

しかしこうした事態は、じつに不思議な話ですが、日本人がヨーロッパ人よりも教育権に関する「機会の平等」をはるかに多く実現し、ドイツの新聞によく出ている理想の標語「万人のための教養！」をほぼ達成してしまったことの、にがい代償であると考えられるのです。日本は教育の大衆化という点では、明らかに西欧世界よりも一歩先を歩んでいます、それが教育の見地からみて善いことかどうかは別として。ともあれ日本では自分の能力に応じた学校を選ぶという慣習が確立しているため、フランスのように限られた階級が最高学府を独占したり、イギリスのように、階級に応じて選ばれるべき学校、大学、職場での地位が子供のときからほぼ決まってしまうというような奇妙に固定化した現象は存在しません。企業が新入社員を選ぶ際に、親の地位・財産・縁故によらず、本人の学力の程度に応じるのが一番合理的で、公正だという考え方は、日本ではほぼ全国的なコンセンサスを得られています。だからこそ、一流大学の関門をめざして、日本の若者たちは激しい学力競争を演じるわけです。そこから生じる教育上の弊害は、たしかに今、日本中の学校や家庭を悩ませていますが、それは裏返せば、封建時代からの階級間の断絶が今や事実上消滅し、ある種の「能力平等社会」が実現していることの止むを得ない代償でもあるのです。

日本の近代教育と明治維新

私は本講演で近代史の逆転現象について述べてきました。近代史において後から改革や革命をなした後発国の方が、先発国に追いつくためにいっそう急進的な政策をとる結果、百年以上経つうちに、いつしか相当に進歩した側面を数多く持つようになるという逆説についてです。私はこの場合の「進歩」の概念を、必ずしも良い意味でだけ用いているのではありません。「進歩」は現代ではすでに「自己破壊」と「ニヒリズム」に境を接している場合もあり得ます。しかし、ともあれ、価値意識をいったん離れて、単なる事実だけを追跡するなら、日本はヨーロッパ諸国よりもさまざまな点で進歩した国になってしまったという現実を認めてかからなくてはなりません。教育の大衆化を切実に求めている西ドイツは、ご承知のように一九六五年以来改革を重ねて来ましたが、その有り様は私には百年遅れて日本の教育の辿った跡を今やっと追いかけ始めた姿に映ります。

と申しますのは、日本では一八七三年近代的な学校制度を確立したとき、勿論西欧、とくにフランスの中央集権的制度を参考にしたのでしたが、この時点ですでに小学校から大学までの単線型教育制度をあっさり取り決めていて、西欧社会において普通であった複線型の、階級ごとに仕切られた制度の導入を断固拒絶してしまったからです。勿論、国を鎖《とざ》していた江戸時代には、武士階級のための学校（藩校）と平民町人のための学校（寺子屋）との間に明確な断絶がありました。もし当時の日本人に西欧の制度を単に模倣する意識のみが強かったら、この二種の学校を存続させ、その後中間階層を加味した、現在おそらく西ドイツと同じような三分岐型教育制度が日本にも出来あがっていたことでしょう。ところが日本はその道を選ばなかったのです。国を開いて僅か五年後に、武士の子と平民町人の子とを一緒に教育し、互いに競争させるという、当時の西欧社会では思いも及ばなかった大胆にして急進的な政策が取られたのでした。一体なぜ当時の日本人に先見の明があったかは謎です。鎖されていた日本の封建時代に「近代」への準備が着々と進められていたという、私の先の話を思い起こしていただきたい。そしてまたこれこそが、後発国の方が先発国よりも一層急進的な政策をとり勝ちだという歴史のあの逆説を裏書きしている事実に他ならないのです。

日本が近代的学校制度を定めた一八七三年に、イギリスの小学校の就学率は四〇パーセントで、日本より、格段に高かったのです。なにしろイギリスは世界の教育先進国ですから。しかしそのイギリスが八〇パーセントに達した一九〇〇年には、日本の小学校の就学率もすでに八〇パーセントに達していました。そして一九一〇年前後には両国はほぼ一〇〇パーセントに近い数字になって、肩を並べたのです。このとき中等教育（ドイツでいえばギムナジウム）の就学率では日本一二パーセント、イギリス四パーセントで、日本はイギリスを早くも凌駕《りょうが》していたほどでした。日本の教育の平等化と量的拡大は、決して第二次大戦後の出来事ではなく、こうして百十年に及ぶ長い歴史を持っていたのだということがお分かりいただけたかと思います。

なぜそういうことが可能になったかは、明治維新の性格に関係があります。明治維新は支配階級の交替という点では、ヨーロッパに起こったあらゆる「革命」よりもある意味で徹底した一面を持っていたからです。ヨーロッパでは支配階級は何百年とつづいています。中世以来の貴族、領主の子孫は、地主的文化にどっぷりひたり、乗馬、ヨット、ダンス、狩猟、コレクションの趣味、ワインに関する知識などを弄《もてあそ》ぶことを久しく高雅な生き甲斐《がい》とし、彼らに対する教育は、旧い芸術や宗教の伝承が主たる目的でした。十九世紀の日本の場合には、旧時代の大名（領主）や大地主の子供にそのまま指導者の役割を託《たく》すわけには行きませんでした。指導者たる条件はなによりも海外に留学し、外国の知識や技術をしっかり学んでくることでしたから、社会のあらゆる階層からそれにふさわしい人材が求められ、「学校」が選別機関の役目を果たしました。日本人は「市民革命」を経験しなかった国民ですが、それでも教育制度という手段によって、封建的な階級秩序の名残《なご》りを革命にも似た迅速さで毀《こわ》して来たのでした。

貴族的精神の危機

もうこれで皆さんは、今日の日本の活力とエネルギーの由《よ》って来た理由は十分にお分かりになったことでしょう。日本という後発国がヨーロッパの先発諸国からは一寸想像もできない過度に「平等」の行き過ぎた国家になっているという近代史のあの逆説も、おおよそ納得が行ったかと思います。

それがヴァレリーの言うように「地上のあらゆる凡庸性の決定的勝利」でないという保証はありません。ニーチェの所謂《いわゆる》「畜群」の文化、ツァラトゥストラの「末人」の文化の到来を日本が世界に先駆けて告知していると考えるヨーロッパ人も、おそらくいるでしょう。しかし日本に今日起こっていることは、解放とニヒリズム、平等の拡大と自由の過剰という一大矛盾へ向かう近代史の必然的な帰結と考えるべきで、その点では保守的に停滞しているヨーロッパの将来とも無関係ではなく、皆さんがこれを単に東洋の神秘、特殊な例外と考えることだけは許されません。

日本の産業の今日の強さは、労働者の平均的質の高さにあると言われています。高等学校で物理や化学の実験をし、三角函数《かんすう》を学んだ青年たちが日本では工場労働者となっています。彼らはオートメーションの進んだ工場に柔軟に自分を合わせることができ、さらに技術革新が進めば、今までやっていた仕事を止めて、別の課題へ取り組む能力を身につけています。秀れた政治指導者や個性的な人格の乏しい日本には、その代わりに、工場労働者の末端にいたるまで、本を読み知識を得ようとする開かれた熱意が存在し、その平均的知性の高さが、日本の社会を支えています。ドイツの労働者のように、個人別に職業上の領域を区分して教育されていないので、自分が分担していなかった仕事に突然回されても、拒否反応を起こしません。自動車の塗装にはロボットを使う方が安く良質にできると分かれば、塗装工は今までの仕事を止めて、別の職場へ配置転換されます。ドイツでは基幹《ハウプト》学校《シューレ》を出た十四歳からずっと塗装工である者は、その道にかけてのマイスターを人生の目標にしていますので、途中で別の仕事へ変わることなど思いも及ばず、工場へのロボットの導入には、強い抵抗を示す結果となります。

私は二年前ドイツの教育状況を調べて歩きましたが、西ドイツの職業教育がすでにかなり時代に合わなくなり、十九世紀型産業には合致していたマイスター制度が、もはやうまく機能しなくなっているように思えましたが、そういう点に疑問を抱くドイツ人がいなかったのは意外でした。個別の職域のずば抜けた熟練工を作るより、次々と新しい仕事をこなして行ける、平均的能力の高い人間を教育することの方が、益々オートメーション化の進んで行くこれからの産業社会には格段に必要なことなのではないでしょうか。この点に関する限り、ドイツの三分岐型教育制度はもはやたしかに時代遅れです。十五年間も議論してなんら成果の上がらなかった制度改革の運動にも大きな問題がありました。

皆さんの耳には痛いでしょうが、ヴァレリーはこんな風にも言っています。

人はかつて善くあって未だに自分を満足させているものを改変することを、容易に肯《がえ》んじない。

これを彼は「イギリス気質」と呼んでいるのですが、私にはヨーロッパ一般に共通する気質のように思えます。しかし昔のヨーロッパはそうではなかった筈《はず》です。十七～十八世紀のイギリス、十八～十九世紀のフランス、十九～二十世紀のドイツは革新の情熱が燃えさかっていました。ニーチェの告げたヨーロッパの終焉《しゅうえん》が本当に迫りつつあるのでしょうか。

しかし誤解のないように言っておきますが、西ドイツ市民の方が平均して日本人一般よりなおかなり高い生活水準を享受しているのが現実です。今の段階で日本が西ドイツを追い越したとは少しも思っていません。

ただロボットやオートメーションを嫌悪しながら、外国人労働者に人のいやがる仕事を押しつけることには嫌悪を覚えない今のドイツの状態には、正直いって矛盾を覚えます。日本人は単一民族ですから、苦役には別の世界の人種を当てればよいという考えには思い当たらないのです。それくらいならロボットの方がいいと考えます。ドイツに限らず、西欧世界は一般にオリエントやラテンの奴隷文明の流れを受け継いでいる結果ではないか、との説をなす日本人もいるほどです。

しかしニーチェは古代ギリシアを念頭に置いて、秀れた文化には奴隷制度が必要だと敢えて言いました。奴隷とは近代世界でいえば、いわば一つの比喩で、外国人労働者による新しい形式の植民地主義もその一つであり、また階級間格差のことでもあります。階級間のあの「壁」によって閉ざされた教育制度の下でこそ、ヨーロッパ文化は少数者の貴族的精神によって守られることが可能でした。ヴァレリーが依拠《いきょ》していたのもまさにそれです。今、危うくなっているのはヨーロッパの産業ではなく、その高雅な貴族的精神そのものなのです。奴隷の反乱が始まっているからです。そして、そこで起こるであろう嵐の数々は、おそらく一言語、一民族、一神話の日本人にはあまり関係がないとも言えましょう。

日本では今、大西洋の時代は終わり、やがて政治・経済の中心は太平洋に移動すると予想している人が多いようです。アメリカと日本につづいて韓国、台湾、香港、シンガポール、それにカナダ、オーストラリアを加えた一大経済圏が成立すると考えられているのです。イギリスは鉄道による運輸革命を、アメリカは自動車による運輸革命をなし遂げましたが、第三の技術革命は光通信などを中心としたテレコミュニケーションの技術によるというものです。

素人の私には分かりませんし、予想も言えません。ただはっきり言えることは、そんな時代がかりに来ても、近世から近代にかけてのヨーロッパの精神文化が消えてなくなることはなく、技術文明とは無関係に、人々の精神を支えつづけて行くであろうということです。

（「中央公論」一九八二年十二月号）

ドイツで私の講演がぶつかった壁

「中央公論」一九八二年十二月号に全文を掲載した私の講演「近代日本とは何か」は、同年九月二十九日午後八時から、キールの商工会議所で行なわれた第一回を皮切りに、二週間で西ドイツ・八都市を集中的に巡回した。以下そこで得た経験の要点を記し、日欧相互理解の困難に関する考察、と言えばいささか大袈裟《おおげさ》だが、要するに私の幾分挑発気味の講演内容にドイツ人がどう応じたかという具体的な場面を紹介して、そこから出た幾つかの問題を考察してみようかと思う。

私は今「幾分挑発気味の講演内容」と書いたが、前掲の拙文をお読みいただければお分かりの通り、それは私の最初からの意図の中にあった。日本の国内で日本を語るのとは意味が違うのである。外国で日本の立場を主張しようとすれば、自分がそう望まなくても、事実を語っただけで「挑発気味」にならざるを得ない。分かり易い一つの比喩で説明しよう。

気になる日本

通り魔殺人事件のニュースを聞いて慄然《りつぜん》としない人はいないであろう。日本の社会の現状を憂慮し、このような状態が生じた社会の病理を反省する言葉を私たちは書いたり、読んだりしている。けれども、国内で普通のこうした言葉を、そのまま外国語に直して、外国人に聞かせる気持に私はなれない。恥部を隠したいからでもないし、宣伝を企てたいからでもない。問題はもっと輻輳《ふくそう》している。西ドイツのある雑誌記事に、東京は治安がいいというが、ヤクザという名のマフィアの団体が夜の東京を管理しているので、治安がいいように見えるだけなのである、という出鱈目《でたらめ》もいいところの内容が書かれていた。西欧人は一般に日本についてこれほどにも知らないのである。とすれば、まず私たちは世界のあらゆる大都会と比べて東京が格段に治安がいいのは、民度の高さ以外に理由がないと説明し、自己主張していかなくてはならないだろう。そのために必要とあれば、人口比に対する犯罪件数を挙げたり、検挙率の高さを述べて、自説を客観的に論証しなくてはならないだろう。それは事実だからで、事実を述べることが結果的に外国人にプロパガンダと映り、彼らを挑発するとしても、これはやむを得ない。外国で外国人を前にした場合にはまずそういう心掛けが必要であって、そういう努力なしでいきなり通り魔殺人事件への反省を述べたとしたら、外国人の頭は混乱し、日本は恐ろしい国と思い、夜の地下鉄にも駅にもほとんど犯罪のない東京の現実を、にわかには信じることが出来ないだろう。

問題がこのような次元からさらに、心理や思想の領域における日本人と外国人の食い違い、前提の相違に関わってくると、日本人は気が遠くなるほどの思いに陥るのが常である。自らは外国のことを良く知りながら、外国人に知られていない日本という国の持つ宿命の一つであろう。

ある日本の作家がパリの新聞に、日本人はいま危機にあり、国民全部が精神病を患《わずら》っているようなものだと書いたという話を聞いたが、無責任も甚だしいと私は思った。フランス国民の多数はこれを「文学的形容」とは受け取らないだろう。日本に関する悪質なテレビ映画や雑誌特集記事が後を絶たないヨーロッパにおいての話である。ドイツの場合でも、自国に公害事件が発生すると、まるで判で押したように、暫くしてマスメディアにほぼ同種類の日本の公害に関する記事が流される。そして日本における公害はもっとひどい野放し状態にあるとの虚報を伝えるのを常とする。政治的意図もあるかもしれぬが、どうもそれだけではないらしい。読者がこれを読んでほっと一安心するというカタルシスの効果を狙っているためと考えられるからである。読者に快感を与えるのは自由なジャーナリズムの主要な仕事の一つである。日本はそういう相手国に選ばれるという栄誉をかち得ていることの方を喜んだ方が良いのかもしれない。なにしろ西ドイツ国民がその消長を今もっとも気に懸《か》けている国は日本だからである。

リューネブルクで講演する著者

興奮に包まれたキールの夜

前置きはこれくらいにしよう。私の講演内容が、そういうわけでつね日頃の私の論調と多少趣《おもむ》きを異にしていることに、すでに気がついて下さった方もおられるかもしれない。

第一回のキールの夜、会場は興奮に包まれた。どうして最初のあの晩だけ際立《きわだ》ってそうなったのか、今もって分からない。

司会役を務めたシュレースヴィヒ・ホルシュタイン州経済省対外経済局長P・ヤノーハ氏は、私の講演が終わった直後、次のような挨拶をした。

「自分はメモを取りながら聞いていたが、今何からお話していいか当惑している。学生時代出来の悪い生徒でいた頃、まずい答案を提出して、先生に叱られたときのことを思い出した。いったい日本人とはいかなる存在か、また分からなくなった。私は、というよりドイツ人は、ご講演の間ずっと叱られっ放しであったような気がする。昔の生徒が今先生として教壇に立って、私たちの前に現われ、私たちを叱っているようにも思う」

前後の修飾を省くと、大体こういう意味のことを言ったのが、どうも会場を一層刺戟したのではないかと思われる。勿論ヤノーハ氏はユーモアのつもりで語ったのだろうが、会場はユーモアどころではなかった。質疑応答の時間に移って、講演全体に関わる質問ではなく、言葉尻を捉えた、講演の一部分にのみ関わる反論が相次いで私に向けられたのは、聴衆によほどフラストレーションが貯まっていたものとみえる（尤《もっと》もそれは半ば私が期待していたことでもあったのである。彼らの本音が聞けるからである）。

中年の男Ａ「日本は西欧の影響とは独立して、江戸時代に独自の近代社会を準備していたというお話であったが、しかし日本は当時長崎でオランダに門戸を開いて、世界の情報を必死に集めていた。日本人は情報を集めて利用する才能ばかりが発達した国民で、日本が独創の国だというのは嘘っぱちである。今でもアメリカからパテントを買って、技術大国を自称している」

西尾「十七～十九世紀に西欧の情報を入手していたのは日本だけではなく、アジアのあらゆる国々において条件は同じであった。むしろ鎖国していた日本の条件は不利でさえあった。その中で日本だけが近代化に成功した事実を貴方はどのように説明できるのか。すべて西欧の猿真似だというのか」

中年の男Ａ「日本はアメリカやヨーロッパ諸国が時間をかけ、多大の投資をして発見した原理を盗用して、巧みに大量生産システムを作り上げ、金儲けのみに夢中になっている。これは不公平であり、許し難い。日本が自ら開発した原理はなにもない」（この質問は他の会場でも何度も出た）

西尾「講演の中でも強調したように、十九世紀から二十世紀へかけて、イギリスからドイツへ産業の力が交替した。とりわけ製鉄業の長足の進歩が目立つ。それを基礎づけた発明の大半はイギリス人、ベルギー人、フランス人によってなされたが、その発明を制度化し、一大技術革命をなし遂げたのは、ほかでもない、ドイツ人であった。自動車を発明したのはアメリカ人ではないが、自動車を大量生産システムにのせ、現代人の生活に一大変化をもたらしたのはアメリカ人であった。どこの国が原理を最初に発明したかが重要なのではない。ただ、新しい生産システムの制度化に成功した国がアジアの国であるがゆえに、これを今までとは別扱いし、白眼《はくがん》視《し》するのは人種的偏見である。私が本講演で日本を特別扱いしないように強調した意味が貴方には本当には分かっていないように思える（ここまできて私は自分の言葉に刺戟され、激昂して叫んだ）。技術革新に対する情熱を失い、労働モラルを今や喪失したドイツが、日本を非難する資格はない！」

するとと会場のドイツ人から、不思議なことに「そうだー」の声が上がった。

中年の男B「外国人労働者《ガストアルバイター》は現代における新しい植民地主義だという貴方のご意見、西欧は古代奴隷制度に慣れ親しんだ地帯だから、このような現代的奴隷制度に安易に傾くという論旨には納得し難い。それは日本がコンピュータによる奴隷制度下にあるというのとまったく同様の議論である。しかも忘れてならないのは、日本には多数の在日朝鮮人が居住し、廊下の掃除などをみな彼らにやらせているではないか」

西尾「日本に住む朝鮮人は日本の総人口の約〇・五パーセント、西ドイツに住む外国人労働者は総人口の八パーセントにも及ぶという。数字的にも単純比較はできない。勿論西ドイツの外国人流入の事情には同情すべき理由も十分にあるが、一時期、西ドイツが安い労働力としてこれに依存し、経済の高度成長を達成したのも紛れもない事実である。どこの国にも人の好まぬ労働、単調な労働をする人間は必ずいるが、日本では朝鮮人がそれを全面的に背負っているという事実はない。その種の労働を行なう人に日本人、朝鮮人の区別はない。それに対し、今の西ドイツでは外国人と西ドイツ国民との間に労働の種目に関して截然《せつぜん》たる区分けがなされている」

比較的若い男「自分は医者であり、日本の私立大学で医学研修を受けたことがある。その経験からすれば、学生は大部分、富裕家庭の子弟であったと記憶する。講演で述べられた、日本における教育の機会均等の実現とはどういう意味か。日本には私立大学が多数あるが、西ドイツでは大学教育にそんなにお金はかからない」

中年の男C「その点については私も発言させてもらいたい。日本では幼稚園に始まり、私立の小・中・高校を経て名門大学に入るのがエリートコースと聞いている。それには当然、経費負担の問題がある。講演ではドイツに階級間の〈垣根〉があるように指摘されていたが、日本こそ富者と貧者の間の〈垣根〉が教育を歪《ゆが》めているのではないか。ドイツの公教育は無料が原則だから、少なくともこのような原因に基づく〈垣根〉はドイツ社会には存在しない」

中年の女性A「講演は郵便局の労働者の子弟の、成績が良くても上級学校へ進まない例を挙げ、これをもって階級的停滞現象を説明していたが、たまたま出会った一例で全体を推し量ってもらっては困る。〈基幹学校《ハウプトシューレ》〉で満足しないでさらに上級学校へ進もうというのが、今では西ドイツ全体の一般的傾向である」

以上のような教育問題に関する私の考え方への疑問は、他の会場でも執拗に、繰り返し提出された。教育の平等化の面で日本が西ドイツよりも進んでいると言われた一点が、彼らにはどうしても納得いかないらしいのである。

目を覚まして下さい！

私はキールでは上手に弁明ができなかった。しかしハンブルク、ケルンでは弁明のための詳しい原稿を用意しておいて、遺漏《いろう》なきよう努めた。勿論、所得配分の不平等から来た教育の機会の不平等は、日本にはたしかに存在する。けれども、ドイツでは教育費をたとえ無料にしても、進学率はそれほど上昇しない。日本では親に経費負担という問題があったにしても、進学への熱意は衰えない。要はこの違いである。日本の政府は生徒や両親の競争心を鎮《しず》めようという政策を一貫してとって来たが、西ドイツ政府は生徒や両親の競争心を刺戟して、なんとかして進学率を高めようと努めてきた。この違いは、現にみられる「機会の不平等」がドイツと日本とではまったく性格を異にしていることを意味している。ドイツの場合には封建時代以来の歴史的な「垣根」が個々人の意識の底に見えない形で存在していることを意味するが、日本の場合は決してそうではない。歴史的な「垣根」をいったん毀《こわ》してしまった後に生じた新しい不平等――しかもそれが学校によって形成される――に、日本人は悩まされているのである。

この間の事情は講演でも十分に述べ、さらに後から補説したが、講演会場のドイツ人にはどうしても理解してもらうことは出来なかった。彼らはどの会場でも一様に不信感を表明した。ケルンでは、私の詳しい説明の結果、日本にも新しい不平等が生じたというのなら結局は同じことではないか、と叫ぶ学生風の男がいた。ドイツの教育も進学率が上昇し始めてから日本の状況に似て来ていることを私は例示し、日本は「機会の平等」を達成し新しい矛盾に陥った実験国家であり、ドイツの教育の将来を占う材料になるという私の説明は、言葉の不十分もあったが、一般のドイツ人にはなんとも理解し兼ねることであったようである。これに関しては拙著『日本の教育 ドイツの教育』（本全集第8巻所収）に詳しいので、本稿でもこれ以上の説明は慎むことにする。

この他キールでなされた質問には感情的なものが多かった。講演の全体の精神を理解しようとする姿勢には乏しかった。

中年の男D「日本では外国人労働者ではなくロボットが汚い仕事を引き受けているという話だが（私は講演の中でそんなことを決して言っていないのだが）、日本の経済は家内工業や零細企業に働く低賃金労働者によって支えられていると聞く。講演者の主張は不公正である」

若い金髪の女性「自分は日本に関する情報を聴きたくてここにやって来た。しかしイギリスやフランスの悪口、その次にドイツの悪口が出て、日本を正当化しようとする意図がありありとしている。われわれドイツ人の間違いについてのみ批評を受けた。誰が間違い、誰が秀れているかという話ばかりで、落胆した」

中年の女性B「日本の失業率が低いのは女性の失業率が計算の中に入れられていないからだと聞く。そういう実情を隠して、講演は日本をひどく褒《ほ》め、ドイツをひどくけなした。非常に不均衡である」

老婆「私は講演の内容にまったく納得がいかない。私は夫と一緒に一九二二年から八年間も日本に暮らしたので、皆さんの誰よりも日本をよく知っている。日本がドイツに匹敵する国だというようなお話にはとてもついて行けない」

この最後の老婆の発言――大正時代の日本の記憶で語っている――がキールで起こったすべてを象徴しているように思えた。

私は次のようなかなり長い追加演説で講演を閉じた。

「私は日本の優越を宣伝しているのではありません。ドイツ、もしくは西欧世界がむしろ久しく優越感情にひたって、外の世界を見ようとしないできた閉鎖性に私は警告を発しているにすぎないのです。例えばドイツも教育の大衆化の時代を迎えつつあるのですから、ドイツの教育学者はこの点で先を歩んでいる日本の教育事情に強い関心を持つのが当然で、それは自分のためにも役立つはずです。しかし彼らはイギリスやスウェーデンを研究しても、日本を研究せず、日本の教育に関する唯一人のドイツ人専門学者は、日本語を読めないのです。そんな程度で専門家が務まっている。アメリカの日本研究の水準は高く、こういうことはとても考えられません。ヨーロッパは非常に閉ざされた世界です。皆さんは外のことを何も知らない。私の本日の講演は皆さんには御不満かもしれません。私のもたらした情報は皆さんには耳新しく、ドイツのマスメディアで聞かされていたこととは違うので、にわかには受け入れ難いかもしれない。けれども、皆さんの唯我独尊《ゆいがどくそん》を揺さぶり、眼を覚ましてもらうのが私の講演の目的の一つでもあります。ドイツでは知識人と一般労働者の間の教養の差が大きすぎる、というようなことは、日本人の誰の目にも明らかなのですが、皆さんは夢にも考えてみたことがないでしょう。『フランクフルター・アルゲマイネ』とほぼ同水準の日刊新聞が日本では二千五百万部も発行されているのです。日本には種類豊富な雑誌ジャーナリズムが存在し、その規模は全ヨーロッパを合わせたそれよりもさらに大きいでしょう。これは宣伝ではありません。事実を述べているだけなのです。ただ皆さんはそういうことを想像したこともない。ヨーロッパの中だけを見て満足している。私がイギリス、フランス、ドイツの悪口を言って、最後に日本を正当化したという反論が先ほどありましたが、物事を理解するのには歴史的に理解することが必要で、私がしたのはそれだけのことにすぎません。考えてみればヨーロッパが他の地域に優越していたのは、たかだか三百〜四百年のことにすぎません。ひょっとしたらその時代は終わろうとしているのかもしれないのですよ。自己満足を捨て、どうか皆さん、目を覚まして下さい。……」

最後はまた再び、ドイツ人を叱るような高飛車な口調になった。目を覚まして下さい、という言葉は、私が八回の講演会を通じて何度も用いた言葉であった。ところが不思議なことに、この言葉と同時に、キールの会場には激しい拍手が湧き起こったのである。

終わってからも興奮して会場を立ち去らない人が何人もいる。先刻の老婆は、依然として納得し難いようで、「北ドイツ人は冷静だから貴方の話を黙って聞きましたが、南ドイツ人は血の気が多いから、貴方の身に何が起こるか分かりませんよ」などと、わざわざ私のそばに寄って来て、脅すようなことを言う。事実はその逆であって、会場が興奮したのは北ドイツのキールとリューネブルクだけであった。

共鳴した人々

しかし数分するうちに私の周りに人垣が出来て、わざわざ握手を求めにくる人が幾人もいる。キール大学の教育学教授と自己紹介した人が、「まったく貴方の仰有《おっしゃ》る通りで、ドイツの一般人は教養水準も低く、労働慣習にも柔軟性がないのです。日本の労働者は国際情勢にも通じ、文学に興味を持つ人も多いと聞きますが、本当でしょうか」などと尋ねて来た。女子学生のような若い娘が三人ほど寄って来て、そのうちの一人が代表して、「ヴァレリーの引用個所で、当時のフランス人がドイツに対して抱いていた偏見と同じような偏見を、私たちが日本に対して抱いたことがご講演でよく分かりました。自分の一面的な見方が訂正されて、本当に良かったと感謝します」と正直に語り、ぺこりと頭を下げて、はにかむ風でもなく、私に握手を求めた。また、保守党の地区代議員の名刺を出して、講演原稿のコピーをぜひ一部欲しい、勉強会に使いたいから、と申し出て来る人もいた。

要するに、会場の空気に押されて、共鳴者たちは発言する気になれなかったらしいのである。声高に発言した人に教養程度の高い人がいたのかどうかよく分からない。日本ならこういう場合に遠慮して発言しないような立場の人でも、ドイツではまったく無遠慮に振る舞うのが普通だからである。

高校の先生と称した中年の女性がやはり好意と関心を示して近づいて来た。彼女と会場の玄関口で暫く立ち話をした。

「今のドイツでは高福祉が人間を駄目にしているのです」と彼女は言った。「人間がモラルと未来への信頼を失ったらどうなるのか、その見本が今のドイツなのです。講演の中で日本の企業の人間関係の〈和《ハルモニー》〉についてお話になりましたね。日本ではどうしてああいうモラルがまだ維持されているのでしょうか」

「日本もいつかは壊れるときが来るかもしれませんよ」

「キリスト教が災いしているのではないでしょうか。キリスト教は絶対神の信仰で、自分以外のすべてに対する不寛容が基本をなしていますから」

「難しい問題ですね。個人主義が今のドイツでは変質して、他人に対してただ不寛容に振る舞うだけの利己主義になってしまったと仰有りたいのでしょう」

「ええ」

「日本人には神がいませんから。周りの人間世界が神の代用をしていますからね。たしかに仰有ることが関係あるかもしれません」

話はこれ以上展開しないうちに、私は同行者に急がされて、ハンブルクへ向かう車に乗り込んだ。

しかし十月一日付の「キール新報」にはきわめて客観的で、冷静な傍聴記事が出た。会場のどこかに新聞記者がいて、興奮に捲《ま》き込まれず、メモを取っていたらしいのである。

「ドイツ人は遅れているか？――東京の大学教授が日本におけるドイツ像を語る――」と題し、十五センチ四方のかなりの量の報告をのせてくれた。「西尾教授は東西を対立させて考える習慣的思考が両国の相互理解を妨げて来た、と情熱的に語った。……教授は近代工業の刺戟が西欧文明から来たことは認めたが、日本はこの刺戟を自力で独自に発展させたのだと主張する。個人生活を犠牲にして企業のために勤勉に働くという日本のサラリーマン像はいつわりだと言い、むしろ一つの言語、一つの民族から来た同質感情が、外国人労働者に妨げられることなく、柔軟な意志決定を可能にしているために、企業活動を効果的ならしめているのだと述べている。西ドイツはこれに反し適切な時機にエレクトロニクス関連産業への投資を怠り、日米に遅れをとったが、この事実にドイツ人は眼をつぶっていると教授は指摘した。(後略)」

細部の要約に不満はあるが、聞き書きだけで纏《まと》めたにしては短い中に意を尽くして、十分に客観的に報道してくれたと、私は感謝する思いだった。

講演の手直しの効果

第一回のキールの講演に紙数の多くを費やしたのは、最初の印象は私にとってやはり鮮烈だったこと、それからキールの会場は一番荒れたので民衆の抱いていた日本像が無意識の裡《うち》にさらけ出されたことに、私が意味を見出したためである。

ハンブルク以後の講演のために私は原稿の手直しをした。郵便局労働者のエピソードは削除して、代わりにドイツの教育学者が民衆は無意識下に階級の「垣根」に呪《じゅ》縛《ばく》されていて、子弟を上級学校へ進ませることを人生の課題としていないとつねづね嘆いている事実を紹介し、私の出会った偶然の一例で自説を述べるのではなく、ドイツ人学者の証言によって自説を補強するといううまい手を用いることにした。これなら文句をつけられまいと私は密かにほくそ笑んだ。次いで、講演の終結部がヨーロッパの没落を宣言し、いかにも冷たく突き放した口調で終わっているので、彼らが頭に来たのも無理からぬことだと考え直し、次のような一文を急遽《きゅうきょ》作成して、附け加えた。反論の多くが私の論全体にではなく、最後の二、三ページの内容に集中しているので、この策を講じたのである。

「聴衆の皆さん、ひょっとすると本日の私の話は皆さんの耳には非常に厳しい批判と聞こえたかもしれません。けれども、私はドイツを愛しドイツを尊敬する者の一人として、今一度強調したいのですが、私は本講演によって皆さんを〈贅沢な生活〉の眠りから、閉ざされた自己満足の夢から呼び醒《さ》ましたいと欲したのであって、それ以外に他意はありません(ハンブルク、ボン、デュッセルドルフではここで「おーー」という奇声が上がった)。私はつねづね深い友情でドイツと結ばれている多数の日本人の代表の一人として、われわれ日本人が現下の貴国が陥っている状況、すなわち見通しの喪失状態(**Perspektivlosigkeit**)を真剣に憂慮していることをお伝えしておかなくてはなりません。今こそ皆さんはドイツの労働モラルを回復し、政治的経済的危機を乗り切っていただくべき好機にあると、信じております。

皆さんの中には、日本人の生活習慣や風俗についてもっと知りたいと思ってお出でになった方もおられ、そういう方はおそらく私の講演にがっかりなさったのではないかと思います。しかし皆さん！〈極東のエキゾチックな国〉を論ずる時代はもう疾《と》うに過ぎ去ったのです。近代日本を西欧と共通する近代史の展開の中に位置づけて考察することこそ、日本について皆さんが今一番知りたいと思っている知識や疑問に対する解答になるであろうことを私は信じ、本日の講演を終わりたいと思います」

こうした手直しの効果があったせいか、ハンブルク以後の会場では、ケルンの会場が多少荒れた他は、熱っぽい雰囲気はもう二度と起こらなかった。会場は一流ホテル、国際文化会館、博物館附属会議場といったどこも交通便利な有数のホールで、外務省在外公館のご苦労が察せられた。しかし聴衆は必ずしも多くなく、少ないときで六十名、多いときでも百五十名を超えたことはなかった。日本でもドイツ人教授の講演会に人がそんなに集まることは滅多にないのである。聴衆の水準はまちまちだが、もともと日本人に好意と関心を持つ知識人や商社マンや技術者、あるいは日本人と結婚しているドイツ人等が主で、日本に無関係であった人が会場にまぎれ込んで来た例は非常に少なかったように思える。これがある意味では残念な点であった。しかし知的水準はそう悪いわけではなく、最初のキールを例外として、南に行くに従い、次第に高度な対話が可能になっていった。

本音をさらけ出した抵抗

流石《さすが》にボン（注・当時西ドイツの首府）の聴衆の水準は高かった。またデュッセルドルフでは財界人の昼食会に招かれ、無言の反応があったように思えたが、質疑応答の時間はなかった。代わりに昼食会に出席した新聞人と日独協会研究者の数名が別室で講演の感想を述べて、討議し合う機会を作ってくれた。

そこで出た代表意見の幾つかを要約しておく。

新聞人A「ドイツのマスメディアが日本像を歪めているという講演中のご指摘は正しいと思う。けれども大概の記事の背後に政治的意図が潜んでいることを国民は知っているので、マスメディアに現われた日本像が西ドイツ国民の日本像と一致するわけではない。例えば労使関係でいえば、使用者側は日本の労働者が勤勉であることをたえず宣伝に使い、労働者側は日本の労働組合が無力で抑圧されているという事実を勤勉の裏に嗅《か》ぎつけて、この点のみを強調したがる」

新聞人B「講演は日本の教育制度の進んだ面だけでなく、〈大衆化し平板化して行く危険〉についても公平に目を向けているが、大切な指摘だと思う。日本の教育制度は独創的人間や個性的創造を生むのにふさわしい条件を満たしていない。これは日本の将来にとって大きな問題となる憂慮すべき点である」

新聞人C「講演の最後に西ドイツの〈見通しの喪失状態〉Perspektivlosigkeit という言葉が用いられたが、今われわれが Perspektiv を失っているということは新しい Perspektiv を求めている証拠であって、未来の可能性をも失っているということでは決してない。それならいったい日本にどんな Perspektiv があるのだろうか、と問うてみたくもなる。〈太平洋の時代〉ということを講演では述べられていたが、西欧世界を無視したそのような Perspektiv は日本にとって危険である」

私が追加文に用いた Perspektivlosigkeit の一語は今の西ドイツの現実を的確に表現した言葉で、ドイツ人自身もよく使用するのだが、それだけに日本人の口から出たことが気に障《さわ》るらしく、どの会場でもこの一語をめぐってなにかと言いたがる人が続出した。

さて次の意見が最も重要な思想上の立場から発せられた。

デュッセルドルフ日独協会会長シュルテ博士・鉄鋼企業経営者「講演は西欧と日本の歴史の共通性を強調した。工業社会の歴史の発展についていえば、なるほど共通性はある程度認められるが、西欧と日本には根本的な宗教上の相違がある。西欧人は今でもキリスト教徒で、絶対神を信じている。ということはキリスト教徒以外の存在を許さないという意味だ。日本は仏教、儒教、道教に培《つちか》われ、このような非寛容を知らない。だから〈和〉の世界ということが言える」

西尾「キリスト教的色彩を帯びた近代性だけが唯一の近代性だという考え方に、私は反対している。日本は仏教や儒教の特性を失わずに近代性を獲得している」

シュルテ博士「確かにそれは仰有る通りだ。しかしそこがまさに西欧と日本の違う処である。日本は外国の文化を理解できる精神を具《そな》えている。宗教的伝統がそれを可能にしている。けれどもキリスト教は自分自身が一番偉いと信じる絶対宗教で、他の宗教を認めない。貴方の講演は、西欧人もこれからは日本人のように歩めと言っているように聞こえたが、それは西欧人が自分自身でなくなることを意味する。そんなことは出来ない相談だ。

われわれが日本人のように歩み出したら、われわれはもう西欧人ではなくなっている。日本のように自由に外のものを受け入れだしたら、キリスト教を捨てている証拠であり、それは自分を捨てていることに外ならない」

西尾「しかし西欧の自己中心思想が世界史の中で優勢を示したのは、たかだか三百年位のことですよ。十六世紀以前の世界ではアラビアや中国の文明の方が進んでいて、その頃の西欧人は東方から学ぶ姿勢を持っていた」

シュルテ博士「西欧人が非寛容で、新しいものを外から受け入れる意志がなく、自分がつねに絶対だという意識は、昔のことはともかく、今ではほとんどイデオロギーとなっている。イデオロギーとして各人の心に附着しているのだから、今更どうにも変えようがない。これは一方では、たしかにわれわれには重荷であり、問題であるかもしれない。けれども、たとえ破滅しようとも、自分の信念を押し通し、他者の考え方を認めないという意識に、西欧人は今もなお深く呪縛されていて、ここ当分変わりそうもない。貴方の講演は近代の共通性を強調し、西欧人に生き方の自己訂正を迫っていて、一見われわれ西欧人の困難を打開する鍵が隠されているようにもみえるが、原則面ではとても適用できない」

西尾「アメリカ人もキリスト教徒だが、貴方がたよりずっと柔軟性に富んでいる。ゼネラルモータースのような大企業でも、日本的経営法がいいと分かると、積極的に取り入れていると聞く」

シュルテ博士「アメリカは第三のグループで、歴史の発展の仕方が違うのだから、この際除外して考えてもらわなくては困る。アメリカとヨーロッパが同じ原理で動いていると考えるのは貴方の先入見である。じつは私は同族会社を経営している。会社は貴方が考えるよりもずっと〈和〉の精神に満ちている。不景気になっても、従業員を馘首《かくしゅ》することは出来ない。それがドイツの不景気の原因の一つになっているほどである。アメリカだったら、企業が成功するかしないかが一切に優先する価値で、経営上必要がなくなれば従業員を遠慮なく馘首する。そういう点でもヨーロッパとアメリカとは違う。日本は現象面ではこの点むしろヨーロッパに近いとも言えるのである」……

という具合に、議論はどこまでも平行線を辿るので、司会役の荒木デュッセルドルフ総領事によって、巧みに切り上げられた。しかし、日本人としての私の自己主張に、西欧側から思想的に手ごたえのある、本音をさらけ出した抵抗が示された思いがして、私はかえって爽快な気分になった。

論理的矛盾を突かれて

ミュンヘンは私の古巣である。昔留学していた時代に知り合った人々がどこからか聞きつけて、何人か講演会場に姿を現わしてくれたのは、私を感激させた。有名な大オペラ劇場のすぐ裏にあるスペイン文化会館の一室が会場に当てられた。南ドイツ人は血の気が多いから、貴方の身に何が起こるか保証しない、と言ったあのキールの老婆の脅迫とはまったく裏腹に、ミュンヘン、シュトゥットガルトの南独二都市での討議が、最も冷静かつ落ち着いた雰囲気で、双方冗談を言い合い笑い声さえ上がるほどのムードの中で成功裡《せいこうり》にすすめられたことは、何といっても皮肉と言わなくてはならない。しかも私の講演内容の弱点に向けて最もアイロニーに富んだ、鋭い質問を投げて、私をあっと驚かせたのもミュンヘンの質問者であった。私は質問者に初めて敬意を抱いた。今まではドイツ人と私とでお互いの主張をぶつけ合うばかりで、私もやり込められたという実感を一度も抱かないできた。ミュンヘンではじつにいろいろな人が発言したけれども、この最も肝要な問いを発した人——後にハンス・ヨアヒム・ベッカーという名の企業研修所の教官で、哲学博士の肩書を持つ人と分かった——との対話を中心に、要点を紹介しておこう。

ベッカー氏「講演の中で述べられたドイツのイメージにはどうも納得のいかない面がある。しかし今はそのことよりも、講演で展開された先生の思想そのものに私は一つの論理的矛盾を見出している。矛盾というのは他でもない、先生はニーチェの研究家で、その思想に重きを置き、またヴァレリーを引用して、彼の思想をも評価している。このように一方ではニーチェやヴァレリーといった西欧の貴族主義的精神に依存し、他方においては日本が西欧世界に対してとった技術優位のための闘い、コンピュータやロボットの導入を評価している。そしてあまつさえ日本の労働者の平均的な質の高さを礼讃してさえもいる。これは矛盾ではないだろうか。ニーチェやヴァレリーは近代の技術文明の行き着く先に懐疑的で、技術の発展に対し人間性を守らなければならないと考えていたと思うが、先生はこの点をどう考えるか。技術が人間性に適用されるべきであるか、人間性が技術に適用されるべきであるか」

まさしく正論で、私は私の講演の中にそもそもの初めから内在している矛盾を、もののみごとに突かれた思いがしたのであった。私が西欧世界に向けている姿勢のもつ矛盾と言ってもいい。近代文明の終焉のテーマを、私は頭では十分に分かっている積りであった。技術の無限の拡大がもはや人間を幸福にしない、という認識は、ショーペンハウアーやニーチェの研究家である私にとっては、今さら説教されるまでもない自明の判断であった。けれども、私は他方においては、日本人である。今日の日本の「技術の優位」という神話にうつつを抜かして言っているのでは決してない。それは私のこれまでの国内における発言を見れば紛れもないはずである。ただ、私は日本人として、日本の国力に限界があり、西欧世界に匹敵するに足るだけの余裕を日本がすでに身につけているとはまったく考えていないのである。経済成長への手綱を緩め、優雅な暮らしを尊重したいと考えている今の西欧人のものの考え方を取り入れるだけの基盤が、まだ日本には出来ていないと考えている。西欧に対する数字上の優越が百年つづいて、やっとニーチェやヴァレリーのような精神の貴族主義を謳歌《おうか》する人が存在可能となるのかもしれない、とも思っている。とすれば、勤勉さという財産を除いて、他に日本人に何があるだろうか。これは矛盾だが、しかし現実である。ロボットもコンピューターも私個人には無縁な存在だが、それなら他に世界に誇る何が日本人にあるのだろうか。非西欧諸国の日本が近代産業国家となったという事実以外に、日本は人類の歴史に、いかなる顕著な貢献をしたといえるだろうか。

そう考えればこそ私の西欧人に語りかけた論議の内容には、矛盾が内在し、本稿の最初に東京の治安の比喩で分かり易く説明した、あの内向けの顔と外向けの顔への分裂が、論の組み立て方そのものの中に深く刻み込まれているはずなのである。そしてそれはおそらく、ドイツ留学中には日本を擁護し、帰国すれば西欧文化の移入に励んだ鷗外の中に早くも胚胎《はいたい》していた矛盾と類似していると言ってもよいであろう。私がベッカー氏から突っ込まれたのは、大袈裟《おおげさ》にいえば百年来の日本の知識人のもつ矛盾に、矢が射込まれたといってもよいのである。

西欧の現実への当惑

私は急場しのぎの弁明の論を即座に組み立てた。

西尾「私は十九世紀までの西欧の芸術や学問に今でも深い尊敬の念を抱いている。しかし講演の中で〈奴隷の反乱〉という比喩で述べた通り、エリート意識に支えられた古い西欧の高貴な文化は次第に崩壊しつづけ、すでになくなりかけている。そして世界は好むと好まざるとに拘わらず、また新しい、未曽有《みぞう》の技術革新の大波を迎えようとしている。私はそれに合理的に対処する方が、感傷的に逃避するよりも、人間的なことだと考えている。貴方が人間性という言葉を用いたから敢えて言うのだが、ドイツの職人が十年も二十年もかけて訓練した高度技術が、コンピュータの開発で一、二年で無効になってしまう時代をわれわれは迎えつつある。それに対する準備を怠っているドイツ社会にはやがて混乱が起こるであろう。その方がはるかに非人間的ではないだろうか」

私の弁明の辞は幾分苦しまぎれであり、突かれた矛盾を避けて、敢えて強弁していることに自分で気がついていた。

ベッカー氏「ただ今のお答の中にすでに問題が含まれていると思う。人間は誰でも十年、二十年の先を予想し、計画をもって生きている。しかし、一、二年で予想が立たなくなるような生き方を強いられるとしたら、それはじつに非人間的な話である」

西尾「ドイツの社会が過度に専門的な細胞に分かれた、融通のきかない個人が単位の社会だから、非人間的に感じられるのであって、日本のように流動的な、独特に自由な社会では貴方が考えるほどに非人間的には感じられないのである」

と、私は今の日本でいわば流行をなしている日本人集団主義の論を敢えて平然とわが「仮面」として、防戦につとめたのであった。しかし私が自分の言説を半分くらいしか信じていなかったということは、ここであらためて言うまでもない。

ベッカー氏との論争はじつはこの後も、現代における技術の必要性とその制限をめぐって、一層大きな絵を描いて拡がっていったのだが、紙数の都合でこれ以上紹介できないのは残念である。ただ討論の中で、彼が日本について、とくに日本の明治時代について余りに詳しいので、不思議に思って講演を終えたら、会場に残った氏は、私の中央公論社刊『ニーチェ』二巻を持ち出して、自分はこれを全部日本語で読みました、貴方の講演があることを知って、鶴首《かくしゅ》してお待ちしていました、と言われて、私はさらに一層驚いたのだった。氏はミュンヘン大学において、「明治時代日本におけるニーチェ受容史」で、学位論文を受理され、近くそれがドイツで刊行されるという話であった。氏が日本に詳しく、私の思想の裏を読むような質問をして来た理由も幾らか呑み込めて来た。上智大学に留学し、ミュンヘンでは日本思想を哲学の副科として専攻したという。

そう言えば今度の講演では、これに類する予想し得ぬことが幾つかあった。私が以前ヘリゲルの『弓と禅』を日独比較思想史の中で論じた「無心への飛躍」(全集本巻Ⅳ収録)が、ドイツの日本学者の雑誌「鏡」に訳載されていて、無断翻訳は困った話ではあるが、私の講演を聞きに来た人の中に、これを読んでいて、宗教思想の話を期待して来場し、オートメーションによる日本企業の未来性について私が語るのを聞いて、わが耳を疑い、いったいどういうことかと、講演が終わってから個人的に私の許《もと》へやって来て、詰問するので、正直、答えようがなくて困ったことがあったのである。

私は本稿の冒頭で、日本人が国内へ向ける顔と国外へ向ける顔とを意識して区別しなければいけないと書いた。しかし、地球が小さくなって、その二つの顔が区別できないほどに次第に重なって来たという新しい現実が発生してもいるのである。だがまた、大正時代の日本の記憶から一歩も外へ出ないキールのあの老婆のようなドイツ人が存在するという現実もまた、覆《くつが》えしようがない。日本人にとって、西欧の日本観が今では幾重にも層をなして、きわめて複雑になっているのだといえる。一体今その層のどれを信じたらよいのか当惑し、困り果てているというのが、私の心境である。

(「中央公論」一九八三年一月号)

拒否される日本人の自画像

フリーベ氏はドイツ技術者協会のジェネラル・マネージャーという肩書のついた、日本語で印刷された名刺を前の晩私に渡していた。短い東京滞在中に三度私に会う機会を求めた。最後の晩私たちは、調査団の団長のウヴェ・トーマス氏も交えて高輪プリンスホテルのそばで会食した。

「一体日本をここまで発展させて来た動力のもとは何でしょうか」とフリーベ氏は私に訊いた。「通産省が日本人を賢明に導いたのだとの説をなす者がいますね。私もそういうことはあったと思いますよ。けれども私の言いたいのはそんな小さな問題じゃない。いいですか。通産省のお役人の賢さも、サラリーマンの勤勉さも、みんな背後から何かによって動かされていると考えるべきではないでしょうか。すべてを動かしている、日本社会の底にあるその原動力は何でしょうか」

「今の日本そのものが仮面だと仰有《おつしや》りたいのですね」

「貴方のあのドイツでの御講演の原稿を読ませてもらいましたが、あの中にも書いてありませんでした」

「……」

「分かり易くいうとこういうことです。ドイツ民族がナポレオンの軍勢と戦ってこれを破ったとき、軍略があり、同時に哲学がありました。クラウゼヴィッツの名をご存知でしょうね。軍略家としての彼ではなく、哲学者としての彼のことです。その戦略の背後にある基本的なものの考え方、すなわち彼の哲学が、当時のドイツ人の行動の規範をきめ、彼らの原動力となっていたのです。その後のドイツに起こったすべての出来事は彼の哲学の反映であり、影にすぎません」

ドイツ人の中にこういう断乎たる口調を好む人がいる。陽性の性格の人に多く、付き合い易い。

私は現象は本質の反映にすぎず、実在するのは「物自体」のみであるとする、ドイツ人好みの例の二元論的思考を思い出していた。

「そこで私がお尋ねしたいのは」と彼はさらに言葉をつづけた。「一体今の日本人の活動の背後を支える哲学は何なのか、ということです」

「……」

「例えば、これはアメリカで聞いた話ですが、五つの輪《リング》に関する哲学書があるそうですね」

輪《リング》というドイツ語で、こちらがすぐに思いつくのはせいぜい『ニーベルングの指輪《リング》』くらいであるから、日本史の中から類似のものを挙げてみよと言っているのかと真意を量り兼ねていたら、「五つの」という数字もあったのに気づいてはっと思い当たった。

「ああ、宮本武蔵の『五輪の書』ですね」

「それ、それですよ。それが日本人の哲学の原点だと聞きました。自動車産業も、先端技術も、みなこの本のあるおかげで成功しているとか……」

私の前に今坐っているのは文学者でもなければ、観光客でもない。歴とした科学技術の徒である。しかも西ドイツ政府を代表して一九八三年七月初旬に来日した、情報工学調査団のメンバーの一人である。十名のメンバーは工科大学の教授、国立研究所の所長、連邦科学研究省の情報工学研究局の局長といった錚々《そうそう》たる顔触れであった。

ドイツ技術者との対話から

畑違いの私が調査団の来日を機に開かれたドイツ大使館関係のレセプションに招かれ、団長のトーマス氏、そしてこのフリーベ氏に、その後二度もお目にかかったのにはじつは理由がある。一九八二年秋、私は西ドイツ八都市で、日本の外務省の求めに応じ、「近代日本とは何か」と題する講演をして歩いた。講演の日本語訳は「中央公論」に掲載された。しかるにドイツ語原文はボンの日本大使館がこれを活字にしなかった——じつはここに一つの問題があるのだが——にも拘わらず、どういうわけか強い反響が現地に残っていて、タイプ原稿を後から探し求めるドイツ人が少なくなかったようだ。今度の団員の一人、電算機会社の日本担当取締役クロジク氏などはボンの日本大使館へ出向いて、タイプ原稿のコピーをもらってきて読んだ、と言っていた。関心を寄せた理由は、勿論講演を聴いた知人に勧められたからだが、つねづねドイツのジャーナリズムを介在させない形で、直《じか》に日本人の考え方を知りたいと思っていたからでもあるという。「こういう情報に飢えているのです」と彼は言った。

調査団が名指しで私をレセプションに招いたのにはもう一つ別の理由もあった。私が十八年前に在籍していたミュンヘン大学文学部のゼミ仲間の高等学校《ギムナジウム》時代の友人が、じつに偶然に、トーマス氏とフリーベ氏だった。彼ら二人がしきりに私に連絡し交際を求めて来たのも、主としてそういう個人的理由によるものと思われる。

私は日本の成功の背後には宮本武蔵『五輪の書』があるのではないか、と尋ねられ、唖然《あぜん》として為《な》すところを知らなかったそのときの気持を鎮《しず》めながら、

「日本人の活動の背後に唯一の原理を求めるということ――これが私には大変にドイツ的な要求に思えます。貴方のご質問自体がドイツ的なのです。一民族の活動因は複雑で、とても一つの哲学に還元することなどできるとは思えませんが……まして十七世紀の武士の剣法の奥義《おうぎ》書《しょ》と現代の工業技術とを直に結びつけるのはとても無理な話で、単なるこじつけ以上のものにはなり得ないでしょう」

と私は言った。

「しかし歴史の中の何かとまったく無関係だとは思えませんよ。『五輪の書』が駄目なら、他に何かもっと根本的な思想が日本人にはあるのではないですか。私が言うのは昨日今日の思想のことではなくて、昔からの日本人の思想の原型といったものです」

思想だ、哲学だとしきりにいう処がいかにもドイツ人らしい。

「逆説的かもしれませんが」と私はやっと重い腰を上げた。

「貴方のようなドイツ人がとかく考えたがる一つの原理、根本的思想、哲学――そういうものをそもそも欠いていること、それが日本人の哲学かもしれません」

「……」

「もう少し説明するとこうです。日本の民衆の心には慥《たし》かに世界に例の少ない独自性があるかもしれません。しかし今それを簡単には定義できないXとしておきますと、日本の特徴はXそれ自体にあるのじゃあなくて、それが外からありとあらゆるものを受け容れる柔軟性を持っていること、また外への適応性において非常に高いこと、さらにまた受け容れたものをことごとく吸収して、必要に応じて消化してしまう力を具《そな》えていること――その加

工する力、同化力、それがXなのであって、Xは古代以来、内容的に不変なのではなくて、時代に応じ状況に応じ変貌し得るものなのですが、このような対外適応力を発揮する形式だけはいつまでも変わらなかった、そういうことではないかと思うのですね。それが日本人の流儀、この発展の基礎となった、貴方のいう〈哲学〉に相当するものではないでしょうか。もちろん、これは多くの人が言っている通説であって、何も目新しい意見ではありませんが」

「そこの処が私にはいつも疑問なのです」と、そのときまで黙ってビールを飲んでいた西ドイツ連邦科学研究省の情報工学研究局長トーマス氏が割って入った。トーマス氏は長身で、穏やかな、ユーモアを弁《わきま》えた、いつも知的に中庸《ちゅうよう》を保つ人柄である。思い付きを野放図《のほうず》に口走る陽性なフリーベ氏とは好対照をなしている。

「日本人の〈学ぶ能力《レルンフエーイヒカイト》〉の高さはつとに有名で、よく聞く話です。ただ私に理解できないのは、独自の文明を自国内に生み出さず、吸収一方という文明は必ず衰亡するのに、日本はそうはならなかった例外だということなんですね。例えばローマを見て御覧なさい。ローマはギリシアその他から文明を受け容れ、急速に発展した代わりに、また同じくらい急速に衰亡しました。しかし日本は中国から文明の諸原理を輸入し、それでいて中国の属国にはならず、衰《ほろ》びることもなかったんですね。日本文明は古代以来下降せず、少しずつ上昇しつづけ、今日もなお上を向いている。外来文明ばかりで成り立って来た国が、二千年近くこういう上昇傾向を保ちつづけるということは考えられないことなのです。世界史に例のない現象ですから、貴方の御説には納得がいかないのです」

こんな風に話は酒の勢いも手伝ってか、次第に壮大な議論へ発展していった。二氏は初めての来日なので、「日本とは何か」に新鮮な関心を燃え立たせていた。半導体やコンピュータの事情調査という本来の仕事よりも、この問題の方が遥かに気懸《きがか》りだと言わんばかりであった。

「ウーン、難しいですね。答になるかどうか分かりませんが」と私は一応解答らしきものを提出してみることにした。どうせ座興である。よく言われている仮説の一つを語って、反論に応じておくのもまた礼儀の一種であろう。「今仰有《おっしゃ》ったことはね。ローマと関連して言うと、ローマ帝国は版図《はんと》を急激に拡大しました。それが力を失った原因です。しかし日本は、御覧のように置かれている位置からして、ペルシア、インド、中国、朝鮮といったさまざまな文明の流入して来たいわば影響の終着点で、入ってくるばかりで外へ出て行くことのなかった国です。沢山の河川の水を一カ所に集めた貯水池のようなものでした。これがひょっとすると日本の力の尽きせぬ源泉かもしれません。逆にいえば、日本は影響力を外に拡大できない国、帝国になってはいけない国、いつも二番目に位置しているにふさわしい国なのかもしれません。その点でローマ帝国と比較はできません。ローマ帝国と比較していいのはむしろ、昔日の力を失いつつあるアメリカではないでしょうか。近頃日本でもそういう類似《アナロジー》をたのしむ人が少なくないようです」

「それはある程度納得がいきます」と今度はフリーベ氏が応じた。「中部ヨーロッパは地理的にいってまったく日本とは正反対で、〈通り抜け交通地帯《ドゥルヒガングスフェアケール》〉ですから、新しい外来文明に対し日本人のようにいつでも緊張感と期待感を持って臨むということが起こらないのですね。民族大移動期を通じ、民族の血も文化の型も政治の質もいったんごちゃ混ぜになって——そのおかげで豊かな生産性を結実しはしたのですが——新鮮な感覚を失い、外から学ぶという張りを持たなくてもう久しいのです。それにひきかえ日本という国には、比較的同質性を保った、ゆったりと長い時間かかった発達史がみられるのみです。進歩したテクノロジーが到来すると、中部ヨーロッパではもうとうに鎮静してしまったあの〈追いつけ追い越せ《ナッハホール》の欲求《ベダルフ》〉がやにわに高まるのも不思議はありません」

と、まるで日本人の本来的欲求を知りつくしたかのような口振りでものを言うのも、私には微笑ましくもおかしかった。

こうしてわれわれの対話はいつ果てるとも知れず、食事中にも議論好きのドイツ人らしい高潮した口調のもの言いが何度も繰り返された。

右のような日本をめぐる文明論風の座談は今おそらく世界の到る処で行なわれているであろう。私はただそれを紹介したくてここに再現したのではない。ヨーロッパ人が日本を論ずる際の特徴の一つがここに端的に現われていることをこれから考えてみたいのである。

西欧に自己訂正を求めることが必要だ

一九八〇年に欧米を襲ったあの日本製自動車ショックの折にドイツにいた私は、タクシーの運転手から「日本では禅の精神で自動車を造っているのかね」と言われ、帰国後笑い話として紹介した。日本人労働者の人生観・幸福観が特殊だから日本の生産性は高いという見方が欧米世界に広がっているのを、私は何としても訂正しなければならないとも思った。その頃広く読まれたウィルキンソンの名著『誤解』(中央公論社刊)も、日本とヨーロッパの間の誤解に関して、「その責任の大部分はヨーロッパにある」と明言している。現代の日本について知らないし、知ろうともしない一般のヨーロッパ人の無知ゆえの傲慢に対し、彼ら自身はほとんど自覚を持っていないと、ウィルキンソンは証言している。じつはこの自覚のなさが、私からみても何とも始末の悪い困った事態なのである。例えば禅、能、歌舞伎、生花の本はヨーロッパ語に翻訳されても、日本人の学者や評論家が現代日本の政治や文化を論じた精神活動が翻訳されることはほとんどない。日本経済の統計やグラフは欧米の新聞に載るが、日本の経済学者が欧米の新聞から敬意をもって見解を乞われるということは絶無である。そしてこのような過度のバランスの傾きが持つ異常さに日本人は敏感に気づくけれど、彼らはまったく気づかない。否応なく気づかされるような状況に置かれていない、と言った方が正しい言い方になろう。そのために、日本の経済的成功を日本人の伝統文化や労働者の人生観や社会の特殊な仕組み――集団主義的経営のような――に原因づけるのが欧米人のほとんど本能的な反応となっている。自分たちの社会とは異質な東方的要因、従って学習不能かつ転移不能な要因に説明を求めることは、彼らにとっては大変に便利で、都合がいいからである。自分たちの価値体系を脅かされずにすむからである。日本は遠い極東の国だ、という地理的関係をまず意識して、そこから問題を考えることを彼らは生得的に好む。もしそうでないとしたら、日本と西欧は同じ条件で、同じ質の近代の道を競合して走り、能率と合理性において今日本が少しずつ西欧を追い抜きつつあるという認識に、否でも応でも直面せざるを得ないことになる。それは辛いことである。考えたくないことである。彼らにしてみればそういう認識は一日でも後に延ばして、西欧の文化的優位、日本の島国的特殊性ということですべてを説明してしまいたい。欧米人の心理は今この辺にある。

私は一九八二年に『西欧の無知　日本の怠惰』(文藝春秋刊)という本を書いた。その中の論文「愚かなり『日本特殊論』」(全集本巻I所収)で、まず日本人自身が欧米側の、日本人を特殊人種扱いしたがるこの種の詐《さ》術《じゅつ》に落ち込まないように、もうそろそろタテ社会だの甘えだのイエ意識だのといった「日本人論」を口走るのを止めるようにと主張した。さもないと、やがて欧米側から怪《け》しからんのは日本の工業では決してなく、その大本にある日本の文化だという声がきっとあがるだろう、と予言した。予言の的中を誇るつもりはないが、忘れもしない八一年の十二月に、アメリカのボルドリッジ商務長官が市場開放を求め、「日本人は自己の文化伝統を変えるべきだ」という、アメリカですら良識ある人を顰蹙《ひんしゅく》させた無遠慮な発言がついに飛び出したのだった。

文化を変えよというのは、よく考えれば、日本人はどうにも邪魔だ、その存在を抹殺せよと言っているのとほぼ同義語なのである。閉ざされた国日本をもっと開放させ、自分たちの流儀に近づけようという善意にもみえるが、そのじつ日本人の伝統的な生き方を制限しようという政治的意図がそこには隠されている。

私が外務省から講演の依頼を受けた八二年春はちょうど右のような状況にあった。

夏休みに講演の原稿を書き出すに際して、まずとりあえず私の念頭にあったのは、日本といえばヨーロッパ人が真っ先に意識する「東の涯《はて》」という空間感覚に楔《くさび》を打ち込むことだった。もとより日本が東洋の一国であることの持つ意味を私は尊重している。しかし今はその意味を本来の場で甦らせるためにも、何としても、彼らの習慣と化した惰性的な空間感覚に、共時的な時間感覚——日本も西欧も多少の年差はあるもののほぼ並行して同じ「近代」を歩んできたという相対化された感覚——を、一段と色濃く重ね合わせ、彼らに自己訂正を求めることこそが必要だと、私はこのとき直観的に判断したのだった。

トーマス、フリーベ両氏との対話の中に、日本とヨーロッパが同じ時間を共有してきたという意識が完全に欠落していることに読者はお気づきであったろう。彼らが西欧優位の狭い見地でものを言っているとは決して言えない。日本とヨーロッパを価値的に並列して眺める、相対化された目を有してさえいる。けれども、「中部ヨーロッパ」と日本との比較がはしなくも対話の中に出た例でも分かるように、それは空間的な並列意識を一歩も出ていない。明治維新がドイツ統一よりも二年早かった事実さえ、おそらく彼らの念頭には浮かばないに違いない。日本とヨーロッパがほぼ同じ質の近代の道を競合して走り、今日ここに至っている、という歴史のある点での、共有感情が彼らにはすっぽり脱け落ちているのである。彼らがかりに歴史的比較をするとしたら、明治維新以前の日本を十四、五世紀すなわち中世末期のヨーロッパと対応させる程度の認識しか持ち合わせていないのだ（事実私は講演の中で、某ドイツ人のそういう認識を批判した）。

加えてヨーロッパ人は日本人が一から十まで外から学

ぶ能力において異常な力を持ち、日本人が自ら発明し、創造したものは何もないという——そんな極端なことはあり得ないにもかかわらず——神話を心のどこかに抱いている。日本人への驚嘆は、今でも、「われわれからよく学んだなァ！」に尽きる。私は日本人の民族的特徴が学び上手であることは十分に認めたうえで、ただそれだけでは何としても事実認識として片寄っていることを、彼らに少しでも知らせる努力をしなければならないと思った。

そういうわけで、私の講演は西欧と日本の近代史の共通性を強調することから始まった。産業革命はイギリスが先頭を切って、フランス、ドイツ、日本とつづいて起こり、イギリスと日本との年差は百年足らずであること。日本は江戸時代に近代への準備をほぼ完了し、このとき西欧からの衝撃によって急激に自己展開を開始する直前の段階にあったこと。ところが西ドイツの雑誌・新聞の論調は、今日の日本の成功因としてアジアの孤立した島国内の社会的特殊事情を数え上げるのみで、余りに一面的であること、等を前半で詳説した。後半では十九世紀後半のドイツ産業の擡頭《たいとう》に向けてイギリス、フランスが加えた非難の数々を聴衆に思い起こしてもらい、ドイツが今日本に加えている非難の内容ときわめて似ている事実に注意を促した。ここから歴史に関する次の二つの逆説的教訓を学ぶことができるだろう、と私は述べた。㈠後発国が活力とエネルギーに溢れているとき、先発国からこれを眺めるとある野蛮な集団意志と見えざるを得ないということ。かつてのドイツがそう見られたし、今の日本もそう見られている。㈡後発国は先発国に追いつこうと努力し始めた時点で、自ら気づかぬ間に、先発国よりいっそう進歩的、否、急進的な社会改革を成しとげ、百年も経つと、後発国の方が一段と進歩した外観を呈するということ。日本の場合には明治五年の単線型学校制度の確立がその改革の一例に当たる。とはいえ「進歩」という意味を必ずしも良い意味だけで用いているのではない、と私は何度も強調している。日本における教育の普及と平均化は、良質の労働者を多数輩出させることに成功し、自在にオートメーションの導入を可能にした今日の日本産業の基礎を形づくったが、しかし他方、受験競争という災いを生んでいる。これに対し、階層間の垣根で仕切られたヨーロッパの複線型教育制度は、教育の質を下げない長所を具えているが、他面、過度の個人主義と専門家意識を醸成し、社会全体がこれに妨げられて、時代の新しい局面への柔軟さを失いかけている……。

以上私が講演で述べたことはほとんど今の日本人の平

均的意見にすぎまい。産業革命の順に国力の交替が行なわれているという歴史的アプローチは、いうまでもなく、日本を極東の島国として例外扱いし、その意識にいつまでも捉われるヨーロッパ人の通念を打破するためであった。その際私は十九世紀後半からのドイツの興隆の背後に、二十世紀の政治的悲劇が胚胎《はいたい》していた周知の事情を敢えて無視して、論を展開した。それが良かったか悪かったかは分からないが、ともかく承知して採った私の戦術だった。

　話は前に戻るが、フリーベ、トーマスの両氏は私の講演原稿をすでに読んでいた。それなのに彼らは日本を歴史的に位置づけている私の講演の肝心な点を、何も読んでいなかったのだということが今ははっきり分かる。なぜなら日本とローマ帝国を比較するなどして、彼らは問題をただ空間的に、非歴史的にのみ扱ったことがいい証拠だからである。近代の出来事を古代史と比較するのは――近頃の日本でも流行《はや》りのようだが――歴史意識の欠如以外のなにものでもない。日本の神秘化を拒絶している右の私の論旨を読んでいるフリーベ氏が、宮本武蔵の『五輪の書』を経済的成功の背後に見ようとまでしていたのは一体どう理解すべきだろう。彼は私の論文を読んではいたが、読んでいなかったと同じことである。

　私がドイツでタクシーの運転手から、「日本人は禅の精神で自動車を造っているのかね」と言われて面喰《めんくら》ったと前に書いたが、われわれは今どうしてこの話を笑うことが出来るだろう。ヨーロッパでは相当の知識人までがほぼ似た思考をしているのではないか。フリーベ、トーマス両氏のように最先端科学技術に携わっている欧米人が、つねづね一番偏見なしで日本の実力を評価する人たちである。そういう人たちでさえ、日本と聞くと瞬時に歴史科学的思考を忘れ、神秘主義の探究を始めるというこの事態を、われわれは問題の一切の前提として確認しておく必要があろう。

西欧の既成の見方に挑戦しよう

　私の講演の日本語原稿全文が「中央公論」に掲載されてから、編集部ならびに私個人に、ドイツ語原文を送って欲しいという要求が相次いでもたらされた。主としてドイツ滞在の経験者、ドイツ経済や歴史の研究家、ドイツに支社を持つ日本企業の関係者等である。スイスと商取引をしている個人企業の人もいた。いずれも講演が常日頃の自分の思いを代弁してくれているので、知人のドイツ人に読ませたいという具体的理由からだった。なかには国連地域開発センターの責任者で、東南アジア各国の知識人十五名にこれを送ってコメントを取り寄せ、機関の刊行物にしたいという申し出もあった（これは講演の英訳文が出てから実行された）。

反響がこれだけ大きかったことに、正直、私自身が吃驚《びっくり》した。やがて英訳に次いで仏訳、韓国語訳も一部短縮の形で出されたが、肝心のドイツ語原稿はいつまで経っても印刷活字にならなかった。私はタイプ原稿のコピーを作って多数の求めに応じなければならなかった。ボンの日本大使館は一体いつになったら活字にしてくれるのか――私と相前後して二度講演した小塩節氏の原稿はつねに小冊子に印刷され、大使館で無料配布されている――私は正直のところ心待ちしていた。しかし何の音沙汰もなかった。

論壇では中嶋嶺雄、山本満、公文俊平、村上兵衛の諸氏が新聞等で大きなスペースを割いて好意的論評をお寄せ下さり、とりわけ中嶋氏は拙論を「朝日新聞」昭和五十七年末の「今年の論壇ベスト・ファイヴ」の一つに選んで下さった（本全集第4巻月報参照）。私は自慢して報告しているのではない。日本の論壇の一応の水準に達した論考と、少なくともその程度までは自認してよいはずの、また日本とドイツの両方で読ませて欲しいと求める人の多かったドイツ語原文を、大使館が従来の慣例を破ってまでも、決して小冊子に作ろうとしない頑なさに、私は外務省という役所の一つの「意志」を見る思いがした。

私は西欧側の既成の見方――日本を特殊な国として神秘化したがる――に挑戦しない穏和《おとな》しい日本人の講演以外は、ひたすら現地の反撥を恐れて早々と後ろに隠してしまう八方配慮型の役所の思惑と警戒心の中にも、リアリティを認める人間である。公文俊平氏がお葉書を下さり、ここが外務省の駄目なところで、言論人は役所の思惑などに遠慮せずに今後ともどしどしやりましょうと勇気づけてくれた。またキヤノン株式会社の海外業務担当者が、日本の在外公館はつねづね現地企業の気持を察せず、こちらが一番してもらいたいことをせず、代わりにどうでもいいことをするが、これもその一つですな、と同情的に語っていた。それでも私は役所には役所の事情があり、道理があり、言い分があるに相違ないと思え、それも一つの現実の壁としてありのままに受け止め、尊重する思想の持ち主である。少しも腹は立たない。むしろ、日本人の今の常識程度を語ったにすぎない私の主張――多少挑発する意図をこめていたにせよ――が、現今の日本と西欧との関係局面においては起爆剤の役割を果たし兼ねないということに、端なくも一つの問題が露呈していると思う。すなわち日本と西欧のそれぞれが描いている世界像がひどく喰い違っているという問題が。

現オマーン大使加藤淳平氏が私の講演の提起した問題を話し合うために、昭和五十七年末に外務省の同僚数氏とともに会食の席を設けて下さった。氏は外務省情報文化局の内部が、同講演の評価をめぐって意見がはっきり二分したことを教えてくれた。加藤氏自身は日本人が今こそ歴史観の訂正を西欧世界に求めて行くべきときと考え、とりわけフランス語圏にそれが必要であると積極的見解を述べて、私の方法論に賛成であった。私は氏とさらに会談を重ねる予定であったが、五十八年春には氏はオマーンへ赴任してしまった。同年二月、富士電機の幹部が、シーメンス東京代表に私のコピー原稿を読ませ、彼らと一夜真剣に討議する機会を与えてくれた。キヤノン株式会社は同十月に、海外支社の現地採用社員の研修会に私を招き、欧米人社員の教育用に講演の英訳テキストを教材として用い、パネルディスカッションに近い長時間討論会を開催した。国内研修としては日本電気、住友、各地の教育委員会その他が講演を教材とした……。

一方、求めに応じて私が送ったドイツ語原文のコピーは、さらに幾つものコピーに分かれて依頼者の知人であるドイツ人たちの許《もと》へ送られた。昭和五十八年四月頃までに、約二百通以上のコピーが海を渡ったようだ。そして同年十月頃までに私の手許に百通以上の返書が届いた。十ページ余に及ぶ長文の感想もあったし、口汚い罵倒《ばとう》の言葉を並べただけの反論、あるいは短い中に的確に論旨を読み取った知的な分析等、じつにいろいろだった。その雑多さこそ問題の具えた真の顔である。以下選んでごく一部を紹介する。

私の主張に対する反響に思う

真っ先に届いたのは弁護士上野襄治氏のペンフレンドである二十五歳の学生リープケ氏と、日本研究家と称する七十二歳の婦人グレンマーさんの長い感想文で、私宛でなく上野氏宛であるため、私に対しては遠慮のない言葉が書き並べてあった。とりわけリープケ氏は私のタイプ原稿の五十個所に註番号をつけ、いちいち細かく反駁《はんばく》している。日本は西欧の影響を受ける以前に発展への条件が国内的に熟していたので、単なる模倣国とは思わないようにという私の意見に彼は註を付し、「日本人が多くのものを西洋からコピーしてきたし、今もなお西洋人に似せようと必死に努力しているという一般意見に自分も与《くみ》している」と述べ、例えば「整形美容で何人の日本女性が西洋人風の瞼《まぶた》の手術を受けていることか」といった例証を挙げる。私が産業革命の起こった年代をイギリス、フランス、ドイツ、日本の順に挙げた個所に註をつけ、「ここで西尾氏は私には感心できないことを始めている。氏は日本という国をヨーロッパ全体と比較するかと思うと、今度は各国と比較するという矛盾を犯している」等と、日本人には一寸《ちょっと》よく分からない言い掛かりめいた反応を書いている。彼はそもそも日本と西洋を同列に並べて比較することが気に入らないらしい。比較したがるのは「日本人の劣等感」だといい（いくらか当たっているとも私も思うが）、「否、両者を比較するこういう議論の仕方をするのは西尾氏だけではない。世界中の世論、統計家、みながしているが、正直いって私にはそのような遣《や》り方が我慢ならないのだ」と、日本を仲間に入れたくない感情をぶちまけている。余り相手にしない方がよい人物かとも思うが（ドイツの大学生の水準を示すか！）怖いのは不思議な日本通であることで、「ドイツで三千五百円の輸入酒シーヴァス・リーガルが日本では一万円もする、これでも日本の市場は開放されているといえるのか」、等と書いている（ここまで気にしているとなると彼の方にも劣等感がある）。上野氏によると彼は国の制度にことごとく反対を唱える人物で、徴兵忌避《きひ》者であり、日本商品の進出にもつねづね腹を立てているという。

ミュンヘン在住の老女グレンマーさんはこれに比べればずっとまともな人物と見えた。西洋と日本の工業化の発達史を比較する西尾の視点は当地のジャーナリズムでもまだ行なわれていない貴重な試みと思うが、鎖国時代の日本は、西洋人にとっては「七つの封印のある書物」であって、どうにもよく分からない。そう断わったうえで、講演の言うように、江戸時代に日本が近代社会への独自の一歩を踏み出していたとすれば、それは「社会構造と組織への忠誠心の関係」すなわち伝えられる集団主義的人間関係が封建時代に出来あがってそれが今日に及んでいるのであろう、と相変わらず現代日本を封建時代の延長線上に捉える習慣的考え方を示している（この点は私の講演の説得の仕方にも問題があったためと今反省している）。「和《ハルモニー》」に象徴される日本人の集団意識はわれわれヨーロッパ人には異常にみえる、と彼女はいう。ロボットの導入によって労働者が配置換えに応じる柔軟さと、それに労働組合が反対しない忠誠心はドイツでは考えることができない。さらに、日本では専門家教育が余り重視されず、企業に入る際にも専門資格はさして問われずに、卒業した学校の名前の方がむしろ尊重されると聞いて、この点でもわれわれはただただ驚くばかりである。

ドイツでは賃金の支払い方や呼び名に階級間の差別があると講演で述べられているが、それは事実であるとしても、第二次大戦以後この差別はどんどん撤廃されている。

ドイツでは上級学校はあらゆる階層の子供たちに公平に開かれている。教育に関し階層間の「垣根」があるかのような御説には納得がいかない。それは昔の話である。それどころか、幼稚園から学歴競争が始まると伝え聞く日本の教育状況の異常さの方が、何といっても問題ではなかろうか。幼い子供への精神的ストレスは、考えただけでも恐ろしい話である（この点はリープケ氏も強調した）……。

ご覧の通り日本と西洋の近代史を並べて考えてもらおうとした私の意図は、右の両名の頭の上を素通りして、代わりに私の言葉の端々にひっかかって、瑣末《さまつ》な反応をするばかりである。グレンマーさんは八三年二月から四月末までに三回上野氏に書簡を寄越《よこ》したが、回を追う毎に感情的になり、私への誹謗《ひぼう》の口調が高まって来るのを、私は不思議な気持で眺めていた。

間もなくその理由が判明した。

四月私は中央公論社気付でハノーヴァー大学国際経済法の教授オスカー・ハルトヴィーク氏から一通の書簡を受け取った。

私の妻は日本人で、ミュンヘン大学においてドイツ人の日本学者《ヤパノローゲン》たちと交渉を持っている。貴方のミュンヘンでのご講演後、彼らの間で起こった激しい討論の模様を妻が私に聞かせてくれた。そこで私はご講演の原稿を取り寄せて一読したが、私の同国人の間に起こった防衛的なリアクションの数々には賛成でき兼ねると考え、そのことをお伝えしたくてお手紙を差し上げた。賛成でき兼ねるどころではない。貴方が歴史的な並行状況を述べ、そこから西欧側の証言を引き出し、西欧人たちに西欧側の判断を突きつけて、それが日本人の一個の主張たり得ることを聴衆の前で論証してみせている考察法は、じつに見事という外はない。政治的な観点で私が大変気に入ったのは、日本の経済奇跡が社会内の対立や緊張の少ない点にあるとの説明を貴方が歴史的に解明し、現代の教育制度から証明してみせたことである。これは私には貴方の御講演の中で私にとって最も印象強く、また啓蒙《けいもう》されるところ最も大きい部分であった。

ハルトヴィーク氏はこう述べた後、「当地の陳腐きわまりない日常的議論」に附き合わないでいられる距離に貴方が住んでいることが私には嬉しい。「勿論、細かい点では問題とすべきこともあるかもしれないが、しかしそれは、貴方の御講演が全体としてヨーロッパ人を大変に裨益《ひえき》するという事実に比べれば、取るに足らないことといえよう」と書いていた。そして最後に、「私の同国人のうち御講演の真価を本当に分かった者はごく僅《わず》かしかいないとの印象を持っているので、私は敢えてこの手紙を貴方に差し上げた」と結んでいる。

成程これでいろいろな事情が分かってきた。グレンマーさんの最後の書簡に、ミュンヘンの日独協会――私の講演会をかつて主催した――の月例会において、タイプ原稿を会員にコピーして回し、正月から三月までに何と三度にもわたってあの講演をテーマとする討論会を開いたと書いてあったのを思い出した。私の記憶では、講演の当日ミュンヘンの会員は比較的冷静に質疑応答していたと覚えているが、私が帰国してから、彼らはどうにもその日の印象が忘れ難く、テキストを取り揃えて、御丁寧に三晩もかけて侃々諤々《かんかんがくがく》の議論に及んだ模様なのである。グレンマーさんの書簡に、「西尾氏の理論はドイツ人の間でも日本人の間でも論争の余地が十分にあり、日本人でさえ決してすべて氏と同意しているわけではない」とあるので、私を欠席裁判したこの三度にわたる討論会に、日本人が嚙んでいるらしいことも私には予想できた。私は詳しい事情が知りたくて、まずハルトヴィーク夫人に、次いで私も面識のあるミュンヘンの日独協会長フリッツ・ファン・ブリエッセン氏に手紙を書いて、月例会の討議の様子を知らせてくれるように頼んだ。

前にも書いた通り、文化交流の最前線で比較的公平な判断をするのはまず実務家であり、次いで科学者や経済学者等であって、相手国の文化を専門的に研究している文学研究家や芸術学者が必ずしもいい理解者であるとは限らないのである。ことに日本と欧米諸国のように力関係に微妙な変化が生じ始めた場合、前者は素直に事実認識から出発するが、後者は生半《なまなか》な知識を持っているだけにかえってそれに捉われて、固定観念を変えない。

ドイツにおける日本研究家は――アメリカと違って優秀な学徒が少ないだけに――その種の困った人種の典型、つまり西欧の優越を前提として古い日本文化を趣味として愛し、二言目には『菊と刀』やラフカディオ・ハーンを持ち出す、昔から少しも変わらぬ親日家の一群である。

フランスにもイギリスにもほぼ同じような事情があると私は兼ねて耳にしている。パリやロンドンに歌舞伎一座が来たり、日本の文化講演会が開催されたりすると、集まるのは日本研究家、日本贔屓《びいき》で、一番見せたいし聞かせたい相手である一般市民が容易に近づけない雰囲気を醸し出してしまうという。日本の文化外交が真っ先にぶつかる壁が日本に冷淡な一般世論ではなく、むしろ日本を愛しているロビー族の存在だということは何といっても一つの皮肉である。そして私の感触では、日本の在外公館は〝日本ロビー〟が邪魔だという自覚に乏しい。この壁を突き破って、自国の広報をさらに効果的にしようという考えが少ない。むしろロビー族に依存しようとする。

それが、私の講演の場合には日独協会の果たした役割であった。私が事前に幾度も、大学とか記者クラブといった知識人の公開の場で話させて欲しいと頼んだのに、それは実現されなかった。やっても聴衆が集まらないという理由から、員数を揃えるためにロビー族に声を掛け、お願いして集まってもらうのが、どうやらこの種の催しの実態である。

西ドイツに日本ロビーがいるように、日本には西ドイツロビーがいる。ドイツ語を喋《しゃべ》ったり書いたりすることが得意で、いつもドイツ人の喜びそうな話題を口にして歩いている親独家である。ドイツ文化の久しい優越関係から、今では相当の地位にある日本人音楽家、哲学者、ドイツ文学研究家が彼らの中にはいる。海外渡航の難しかった一昔前には、西ドイツ大使館に取り入って留学生選考に政治的力を発揮していた、実利的な西ドイツロビーもいた。彼らは親独家ではあっても、日本の文化界に影響力がなく、彼らを利用しても西ドイツの利益にはさしてならないことに、西ドイツ大使館筋がまるで気がついていない点でも、西ドイツにおける日本大使館の場合とまったく同様である。

ミュンヘン大学の日本研究家であるハルトヴィーク夫人ヒラツカ・ケイコさんが日本語で詳しく手紙に書いて下さったのは、まずこの種の問題であった。夫人は私の講演が「シュピーゲル」等のマスメディアに対する批判のような印象を与えたことが、戦術的には得策でなかったという。もっと知的に中立な新聞や学会誌を相手にし、そういう場所にそれ相応の手を加えて載せれば、反響もずっと高度のものであったろう、残念でならないと仰有り、とりわけ日独協会員は「相手とするに余りに小器であり過ぎ」「自分の考えの枠《コンツェプト》に当て嵌《は》まらないことはまったく理解できない」人種であるから、「講演を消化しきれなかったことは当然」とさえいえる。当地で余りにも大騒ぎする人がいるので原稿のコピーを私も一読したら、どこにも「ひどい」内容は書かれておらず、「きわめて冷静に事実が述べられているに過ぎない」ので、主人にも早速読んでもらった。彼も「私と同意見で、こんな良い講演を聞かせて貰ったのに怒る方がバカである、誰もその真意が摑《つか》めなかったということではドイツ人として恥ずかしい」というわけで、主人からの例の手紙となった、と説明しておられる。

夫人はその際、夫人の友人である上智大学教授木村直司氏——ゲーテ研究家で、私も識《し》っている人だが——がたまたま滞独中で、私の講演を論難する日独協会の例会に招かれて、質疑応答の席に就き、自ら次のように発言したと夫人に報告したことを伝えている。

「日本人は決して外国人の助けなしで近代化の精神的素質をも備えていたわけではない。その点で西尾氏の所説はひどい。日本の近代化は十六世紀に来たキリスト教の宣教師たちによってその精神的基礎を作ってもらったために可能になったのである」

参加したドイツ人たちは、「ああ、西尾氏はその大切な一事を隠していたのだ」と一斉に安心して拍手が湧《わ》き起こり、「流石《さすが》木村先生はドイツで学位をお取りになっただけのことはある大学者だ」とみな一様に晴れ晴れとした表情になり、大喜びしたという話である。

木村氏が私の知らぬ処で私に闇討ちを仕掛けていた事実は不問に付すとしても、いくらキリスト教系の大学に勤めているのでキリスト教に義理があるとはいえ、またドイツの方が日本より何でも秀れているとした方が氏の利益に一致するとはいえ、ここまで事実を捩《ね》じ枉《ま》げて物を言うのは、氏が〝西ドイツロビー〟であることを割り引いてもいささかお粗末すぎはしないだろうか。

日本は十六世紀にキリスト教化される危険を事実上拒絶することに成功した国である。明治以降の急速な発展がキリスト教に原因づけられると考えるより、その反対であると考える方が、はるかに歴史事実に合致しているであろう。これはほぼ国民的常識である。問題は木村氏、というより依然としてかなり多くの知識人が西欧側の提出する思考の枠内でしか物を考えることができず、またその種の日本人が西欧側に歓迎されるだけに発言権を持つという不幸な事態——日本と西欧の双方にとって不幸な——が今なお解消されないことである。

双方の相互理解を妨げているのは理解者を自称しているこれら双方のロビー族である。互いに苦い真実を見ず、甘い狎《な》れ合いだけを事とする。いつまでも幻想の中にひたって生きたがる。甚だ嘆かわしい困った事態と言わなければなるまい。

日独協会を代表する老会長の反応

ミュンヘン日独協会長ブリエッセン氏は三度の討論会には出席しなかったようだ。けれども、私からの現地の事情問い合わせに対して、いい機会だから自分の考えを述べさせて欲しいと、私に長文の返信を寄越した。

要約すると次の通りである。

御講演を聴いた聴衆の意見によると、貴方の議論はドイツとドイツ人に関する誤てる観念の上に成り立っているが、それは貴方がドイツのジャーナリズムの意見を鵜呑《うの》みにしている結果である。貴方は当地での日本像が不当に歪められていると非難しているが、それも所詮ジャーナリズムの表に現われた日本像を非難しているだけであって、普通のヨーロッパ人の抱いているイメージはそれとは異なる。例えば、工場の自動化やロボットの導入による日本産業の極端な能率化をヨーロッパ人が批判したときに、果敢な生産手段の拡大ができる〈日本人にはどこか文化感覚が欠けている〉、という誰かの一語を貴方が取り上げ、このような見方を普通のヨーロッパ人の日本像であるかのように論じているが、それは間違いである。日本人が高度の文化感覚を具え、ことに審美的方面で文化的貢献をしていることを知らないヨーロッパ人は一人もいない。特殊例を一般化しては困る。われわれはヨーロッパだけが絶対ではなく、世界にはいろいろな価値体系があることをよく弁えている（本当ニソウダロウカ。ココガ曲者）。近代社会がキリスト教の上にだけでなく、儒教や仏教の上にも成り立つという理論は、貴方に指摘されるまでもなく、マックス・ウェーバーはもとより、ライプニッツからラフカディオ・ハーン――私はハーンについて学位論文を書いた者だが――に至るまで、多くの先人がすでに十分に論じて来た。B・H・チェンバレンがハーンとの往復書簡の中で、古き日本は死んだが、近代日本の表層の下に、その国民的性格は無傷のままに残り、過去の多くは本質的変化を蒙《こうむ》らずに生きている、と述べた言葉をここで思い起こしておきたい（今ノ時代ニハーンヤチェンバレンヲ引例スル所ガモウイカニモ古イ型ニ嵌マッテイル）。

貴方は日本人の集団意識が一言語一民族の同質的な体質から来ると言っているが、これについてベネディクトの『菊と刀』が何と言っているか、ぜひ読んで欲しい。世界中に民族や宗教上の争いが絶えないのに、日本にはそれがないのが強みであると貴方は言うが、かつての日中戦争は民族の戦争ではなかったのか。国内の朝鮮人問題はどう考えるのか（私ハ今ノ日本人ノ活動ハ相当ニ同質的体質ノオカゲデアル、ト言ッテイルダケデ、シカモソレハ時代ガ変ワレバ日本人ノ弱点ニモナル、ト例サエ挙ゲテイルノニ、ソコハ見ナイデ、勝手ニ日本人ノ自慢ダト思イコンデ文句ヲツケテクル）。

貴方はドイツ人が工場の自動化やロボット導入に反対する癖に、外国人労働者に汚い単調な仕事をさせることには抵抗がないのを疑問に思うと言っているが、この点で私はいくつかの訂正をしたい。ドイツ人は自動化そのものに決して反対なのではなく、いかにして一国民がその危険から身を守るかを今考え論じ合っている処だ。ローマクラブは自動化が心身に及ぼす悪影響に警告を発している。外国人労働者の問題だが、貴方は西欧における新しい植民地主義の現われではないかと仰有る。おお、貴方はどこでこんな言葉を習い覚えたか！　一昔前の旧日本帝国の満州から連想したのか、それとも在日朝鮮人労働者からか？　どうか間違えないで欲しい。西ドイツの外国人労働者は自由意志でやって来たのであって、連行されて来たのではない。しかも彼らは西ドイツで得たお金で故国に家を建て、商売を始めている。彼らを帰国させるときには、西ドイツ政府は沢山のお金を付けている。たしかに日本にはこの問題はないかもしれない。が、代わりに日本人は東南アジアに工場を移す遣り方をしたではないか。……

講演中に私も揚足《あげあし》を取られるようなまずい片言をつい洩《も》らしたかもしれない。これはほんの小部分でも、反省材料の一つである。尤《もっと》も私は彼らの本音を問い糺《ただ》したくて、敢えて承知で刺戟的表現を用いた処もある。一般にヨーロッパでは論争を誘発するための「挑発《プロヴォカチオーン》」を意図的に試みる慣習があり、私はそれに倣《なら》ったまでだが、ただこの種の試みを演劇的皮肉《イロニー》と受け取れない人々がいることを私は計算に入れていなかった。彼らは痛い処に触れられたと思い、それだけでカッとなって、論旨全体を考える余裕がなくなってしまうのである。日独協会を代表する老会長のこの反応は、三度の討論会の空気を想像させるに十分である。彼らが日本を小癪《こしゃく》だとつねづね思っていた話題にのみ彼らは反応する。私の講演の筋道全体を理解しようとする姿勢ではなく、気に入る言葉、気に入らない言葉に最初から感覚的に身構えている。開発途上国ではこういうことがままあるので気を付けるようにと言われていたが、西欧ではまさかと思っていた。今の日本が予想外に深く憎まれているという事実が、彼らのこの本音の露呈によってかえってはっきりしたといえる。そして、日本と西欧が「近代」を共有している並列的時間感覚を喚起しようとした私の主題そのものは、彼らの頭を素通りしてしまうことも明らかになった。

歴史的相違を認め合った上で

在独経験者の加賀美道子さんを経由して私に意見を寄せられた東北大学の外人講師W・ヴィルヘルム氏は、私が歪められた日本像を講演で正そうとした努力は認めるが、正そうとする余り正反対の肯定的日本像を単純化して描き過ぎた危険性はないだろうか、と疑問を投げ掛けている。講演者は西ドイツの三分岐型教育制度と明治以前の日本の階級差に基づく藩校や寺子屋の制度とを、社会構造的にどこかつながっているように論じているが、これは不適切である。日本の教育界における能力主義はある程度認めるけれども、塾や予備校や大学の腐敗事件はどう考えるのか。講演者は日本が西欧世界に知られていない事情を残念がっている。しかし知られていないから助かっているのも事実ではないのか。

以上は日本に短期間在任して近頃日本への関心が一段と減少したと伝え聞くドイツ文学者の見解である。外国人から掛け値なしの本音がこれだけ聞き出せたということに、私は我田引水ではないが、一つの成果を認めているのである。

北海学園大学の太田和宏氏（経済学）はビーレフェルト大学歴史学部に留学し、西欧以外で日本だけが近代法治国家になった不思議議について、主任教授が〝さむらい精神〟のせいだなどと言うばかりで、日本の近代史についてほとんど何も知らない実情に唖然としていた。氏は「中央公論」で拙論を読み、我が意を得た思いで、私のドイツ語原稿をかつての恩師知友に送った。間もなくブラットフォーゲル講師から懇切な見解が送られてきた。これは今までのドイツ人の反応とはまるで異なる、しっかりした内容に貫かれている。流石は社会科学者だと思った。以下は要約文である。

私の関心の対象は社会史にあるので、もっぱらその観点から意見を述べさせてもらいたい。明治以前の日本にすでに高度に発達した、受容能力を十分に備えた文化が成立していたという講演者の主張はきわめて当然で、それは日本をアフリカやラテンアメリカ諸国と比較してみればすぐ分かる。もし日本に準備が出来ていなかったのだとしたら、西欧文化との対決がかくも急速に行なわれることは考えられないことであろう。経済的進歩は無からは生じないし、歴史過程を跳び越えて起こるものでもない。

講演者の言う通り、ドイツの工業化はフランスやイギリスのそれとは異なって、土地所有者や荘園貴族のエリートに反抗する形で行なわれ、代わりに国家がその利益を代弁した。国家による挑戦と競争が、とりわけイギリスに対して向けられたときにドイツが巨大な力を発揮したこの状況は、御説の通り、島国日本が技術的に優位であったヨーロッパに向けて今挑戦と競争を試みている状況に、まさに正確に照応する。

当時ドイツの企業家は今の日本の場合と似て、労働者に対し〈父親のような〉面倒見の良さ、福祉への義務感を持っていたので、その頃の工場は国家と並んで、もう一つの社会的統一体としての役割を果たしていた。講演者が描き出しているドイツ史の概略にも示されている通り、社会保障の当初の目的は労働者を企業に定着させ、革命心理から遠ざけるためであったが、労資協調のこの体制から、ワイマル時代に調停制度と賃金政策が確立されるに及んで、労働組合の力が増大した。この基盤から社会民主党が成立したのである。

学校制度について言えば、国家が（とくにプロイセンで）封建貴族の支配権を制圧した十八世紀に、国家官僚養成の必要から現行の高等学校《ギムナジウム》創設の動きが生じた。当時の三つの社会階層である官僚《ベアムテ》、事務労働者《アンゲシュテルテ》、労働者《アルバイター》に応じて三つの学校が創られ、三分岐型教育制度が確立されたが、現在ではもうその名残《なごり》はほとんど残っていない。

以上は全体の三分の一の要約である。社会科学的に詳しく冷静に叙述して、日本と西欧が近代史の共通の道を歩んだという私の判断の大筋の正しさを証言し、細部の誤謬《ごびゅう》を指摘している。じつに誠実な、納得のいく所見である。彼はこの文章を次のように結んでいる。

各国の歴史的相違を認め合った上で、共通性を看《み》過《す》ごさないようにしようという講演者の主張は、私には大変に貴重に思われる。……日本の実像について知識を殖《ふ》やすことがドイツでは今何よりも重要である。これは今後の大きな、未来を孕《はら》んだ課題となろう。それゆえ私は本講演に感謝し、その論の正当であることを強調しておきたいと思う。

私もまた右の結語に感謝し、ドイツになお冷静な知性の存在することを心強く思った。

（「中央公論」一九八四年二月号）

身構える西欧的自尊心

外国に着任した一広報参事官が次のように書いている。

　私は安堵した。今度こそ本当の自分の姿をこの国の人々に識《し》ってもらうぞ、という野望に燃えた。私がこの国に着任して□□□□人であることが知られると、人々は何と言ったか、まあ聴いてほしい。

「ああ、□□□□□□□□の国の方ですか」

「なんといっても食べ物は□□□□料理に限りますね」

「お国には、素晴らしい美術館、博物館がたくさんおありのようで……」

　何故、国鉄の新幹線のことを訊いてくれないのか。たまには□□□□産業の偉大な業績について言ってくれてもいいではないか。何十度、いや何百回となく、私は切歯し、扼腕《やくわん》したものだった。

　一九六〇年代までに西欧諸国に留学した日本人は、みなこういう言いしれぬ口惜《くちお》しい思いをした筈《はず》である。否、つい最近までそうだった。右の伏字《ふせじ》は、四文字に「フランス」、八文字に「オートクチュール」と入れて頂きたい。駐日ＥＣ委員会代表部広報部が発行している「ＥＣジャーナル」（一九八四年一月号）の「編集後記」に当たる一文「ヨーロッパは博物館に非ず」から、字句を若干変更して引用した。筆者は広報参事官ジル・アヌイ氏で、任地は勿論日本。「国鉄の新幹線」とは言うまでもなくフランス国鉄自慢の超特急ＴＧＶである。

「ＥＣジャーナル」は昨年まで表紙にヨーロッパ各国の美しい観光的な街頭風景を採用していた。しかしいつまでも日本人の異国趣味に阿《おもね》るのは面白くないと考えたらしく、今年からがらりと方針を変えた。ヨーロッパは観光だけが取り柄の「古色蒼然とした博物館的存在ではない」と、アヌイ氏は同文の中で主張している。ヨーロッパは「科学研究および技術開発の分野」で日本に「決して退《ひ》けをとるものではないこと、少なくとも日本と同等のレベルにあることを私は強調しよう」と氏は述べている。で、今年度から表紙テーマには「現代ヨーロッパの科学技術」を持ってくることに決めた、と氏は宣言している。毎月送られてくる同誌の表紙をみると事実そうなっている。

私は右の一文を読みながら何とも言いようのない複雑な思いに捉われた。数年前に「誤解される日本」を特集した某誌の座談会に出て、いつまでも茶道や華道や歌舞伎を売り物にする日本の文化外交が誤解を招く原因だと論じ合ったことがある。テレビ映画『将軍』はある意味で国辱ものだし（いまだにチャンバラの国と思われているのではたまらない、という意味で）、日本航空の外国支店に入ると琴の音が鳴りひびき石庭《せきてい》がしつらえてあるのもワンパターンで感心しないと、参会者は言いたい放題のことを言ったものだった。あれからまだ四年とは経っていない。あっという間に日本と西欧諸国とでは時と所を替えて仕舞ったのだろうか。今では西欧人が異国趣味を売り物にする自らの「文化外交」を恥じ、日本と「対等」の科学技術を自分も所有していることを喧伝《けんでん》しようとさえしているのだ。何という変わりようであろう。こういう事態の変化を私たちは素直に認めるべきものなのだろうか。

私は日本人向け広報雑誌に書かれている日本人への配慮に満ちた文章を、文字通りに本気にする積りはない。ジル・アヌイ氏にしても本心でどう思っているかは判らない。それにフランス本国に住むフランス人の大半が自国の文化外交の「異国趣味」に恥じ入って、〈ヨーロッパは日本で誤解されている！〉との危機意識を抱いているとも思えない。むしろ自国文化中心主義に安心して胡座《あぐら》をかいているのがフランスの、否ヨーロッパの現状であることは、いまだに大幅には変わっていない。私が再三書いてきた通り、ヨーロッパ語に翻訳された能劇場や禅仏教に関する本はごまんとあり得ても、現代日本の社会科学や人文科学の新しい成果のヨーロッパ語への翻訳は滅多に存在しない。つまりヨーロッパ人は日本の古い文化には関心を示しても、同時代の日本人の精神生活に対してはほとんど関心を抱いていないのだ。ただ近年の日本における技術面・経済面での急速な発達のお蔭で、そういう発達を可能ならしめたアジア人の精神生活は一体何であろうかということに、好奇心を抱いている人が以前よりも多少殖《ふ》えたことは確かであろう。しかしそれも従来余りに日本が知られていなかったからこそ起こった補充作業であって、百二十年以上夢中で西欧から知識を取り入れてきた日本と比較しての情報量の差は、そもそも問題にならない。「ECジャーナル」の表紙が近頃俄《にわ》かに観光名所から科学技術に衣更えしたからといって、文明の座標軸が逆転するような激変が起こった事実を直ちに意味しないことは、まず問題把握の前提として確認しておこう。

それでも私が西ドイツに最初に留学した一九六〇年代頃までには考えられなかった異質な変化が、少しずつ生じていることは間違いない。当時日本に鉄道があることを知らないドイツ人も少なくなく、高速道路があることを知らないドイツ人はごくざらだった。だから留学生会館などに京都の庭園や仏閣のカレンダーではなく、東海道新幹線や名神高速道路の絵入りのカレンダーを掲げるべきだという議論が、日本人留学生の間で大真面目に取り上げられたことがあったほどである。この関係を丁度《ちょうど》裏返す「ECジャーナル」の何げない一文が、鋭く、鮮明に私の眼を射たのは、私に右のような思い出があった

からである。西洋優位の文明の状況が逆転したわけではないにしても、今までの私の経験では把捉《はそく》し難い何かまったく新しい事態が最近少しずつ発生していることだけは、まず否定しようもない現実だと私には思える。

日本の成功因は特殊か普遍か

それが何であるかは今の処私にはよく分からない。ただ、それを分からせるのは哲学の課題の一つだと思う。少なくとも今までは次のような状況把握がきわめて一般的であった。

東洋と西洋の出会いは、西洋の東洋に対する優位という歴史から始まったものであり、その力関係は、少なくとも精神文化の面に関しては、今日もなおつよく持続している。したがって彼ら（西洋人）は、東洋に対して知的関心をもたねばならぬ必要性のなかにおかれているわけではない。経済の分野などは別として、哲学や思想の分野では、今日でも西欧知識人の大多数は、東洋に対して真剣な関心を抱いてはいない。もし遠い将来、科学技術・政治経済・軍事力などの面で東洋の力の優位という事態が起こっ

てくるとすれば、やがて彼らの上にもこの課題がさけ難い必然性をもって迫ってくるかもしれない。そういう予想は現在では馬鹿げたものであろう。

（湯浅泰雄『東洋文化の深層』傍点は引用者）

秀れた比較文化思想家である著者の右の文は、全体としてリアリティに立脚した正論であるが、ただ最後の一行のような断定を下すことが今果たして許されるかどうか。「ニューズウィーク」が「ヨーロッパの衰弱」を特集したのは本年（一九八四年）四月九日号である。右の引用文は一九七七年に書かれているので、著者は昨今ならこれほどあからさまに断定できないかもしれない。この七年の間に何かが起こっている。何かが露呈してきている。だからといって、「ニューズウィーク」が憂慮している、近未来にヨーロッパ人の生活水準が急速に下降し、愚かな中立主義と政治的自暴自棄からカタストロフを招来して、西ヨーロッパ全土が「灰色の憂鬱な一地帯」にまで疲弊してしまうなどという事態がそう簡単に来るとは到底思えない。ただそういう芽が到る処に存在するのは事実である。西ドイツの若者や知識人の間に拡がっている一種の「技術嫌悪」症候群は徴候の一つである。瞬く間の没落はないにしても、ヨーロッパの文明そのものが再び激しい生命力を恢復《かいふく》する可能性はきわめて乏しいと見なくてはならない。

少なくとも思想的には次のような一点が確認されなくてはならないであろう。

経済における能率本位主義、技術におけるイノヴェーションの展開力は、近代社会に関する限り西欧産で、この面での東洋の優位はあり得ないと考えられてきた。湯浅氏が言う通り、西洋優位の構図は精神文化の面にも反映して、久しく西洋の知識人は東洋の精神文化に関心を抱く必要に迫られないで来た。勿論、例外はあった。例外は東洋独自の精神文化に関心を抱く人々――中国の易《えき》に関心を示したユングや、日本の禅に傾いたフロムのような人々――であって、彼らは東洋の文化に自分自身の問題を解決する鍵を求めて接近した。とはいえ、彼らは東洋の力、技術や経済の面での力に魅力を覚えたのではない。むしろその逆である。西洋の技術や経済の持つ力では説明できない、あるいは処理し切れない何かを東洋の心の中に発見して、東洋に歩み寄って来たのである。

しかしわれわれは今はこのような既成の構図に安心して依拠《いきょ》して物を考えることが出来るだろうか。それでは現実を見ないある種の怠惰に道を通じてはいないだろうか。喧伝される「環太平洋儒教文明圏」の未来図に私はバラ色の夢を描いているのではない。EC広報参事官の一人が「東洋の力の優位」に対抗心を燃やしたという偶発の一事実があったにせよ、それが西洋人全部の認知事項になっていないことは私が再三述べた通りだ。が、だからといって、湯浅氏のあの一行、東洋の技術や経済が優位に立つという「予想は現在では馬鹿げたものであろう」という断定から今や有効性が失われ、世界の総体的イメージが、このため非常に輻輳《ふくそう》して来たこともまたもう一方の事実である。しかも、いまだに限定された（一部は現実と化している）東洋の技術や経済の優位の原因が、西洋の精神文化の再生産にあるのか、それとも西洋の技術や経済の力では説明できない東洋独自の精神文化の開花であるのか、あるいは両者の混淆《こんこう》であるのか、もしくは東西を超えた共通の先進性の一段階を示すものなのか、という重要な問いもまた未解決のままに残っている。

歴史は今動きつつある。こうと断定するには百年の歳月を必要とする厄介な問いであるに相違ない。今は差し当たり個々のケースについて、そのつど具体的判断を下していくしかないであろう（例えば、新素材産業《ニューセラミックス》が日本の伝統的な焼物工芸の技術に裏打ちされているとか）。

とはいえ、先端技術が東洋の伝統文化と無関係だとは思わないが、余りに深く関係づけるのもまた危険だと私は思う。それは企業内の人間関係の「調和」と「終身雇傭《こよう》」に保証された日本式集団経営と称されるものが、果たして日本の社会慣習にのみ固有の産物か、それとも、成功したあらゆる世界の企業に多かれ少なかれ認められる一般的性格に由来するものかが、近年しきりに議論されていることとも相似た関係にある。日本の成功の原因を文化の特殊性に求めるべきか、それとも世界に共通する普遍性に求めるべきか、というあの繰り返されてきた二者択一の問いにつながっている。「普遍性」といってもしょせん「西欧人の了解範囲にある合理性」といったほどの意味で、本当の〝普遍〟といえるかどうかは疑問だが、ともかくこの問いに、日本の生産力の擡頭《たいとう》以来、大袈裟《おおげさ》に言えばいわば世界中が悩まされていると言っても過言ではない。

私は日本の成功因は特殊でもあり普遍でもあって、どちらか一方には決め難いと今は考えているが、問題はスコラ的議論に明け暮れて特殊か普遍かの名目論に興じることではなく、守勢に立つ西欧側の日本を封じ込めようとするあらゆるエゴイズムを、そのつど論駁《ろんばく》していくための武器として、あるときは日本文化の特殊性を主張すればよいし、あるときは世界史に列《つら》なる普遍性を主張すればよいと考えている。それは決して御都合主義ではなく、地球上に万人の認める中心点など存在しない今日、〝普遍〟もまた厳密には存在しないと考えるべきだからである。要は何を主張するかというこちら側の意志ひとつにかかっている。

　技術と経済と軍事、一口でいえば政治の優位があってはじめて、その文明圏の持つ精神文化の他の文明圏への波及が始まる――これが太古以来の法則かどうかは知らないが、「黒船」の記憶も定かなわれわれには、西洋と日本との現在までの関係の起点がここにあったことを容易に忘れることはできない。それだけに、日本の成功因が文化の特殊性にあるか普遍性にあるかを穿鑿《せんさく》することが重要なのではなく、日本の力の優位を西洋側が果たして正直に認めるか否かが、問題のきわめて決定的な転回点をなしているのだと私は考えてきた。日本の成功を西洋のコピーとして片附けるか、あるいはその独創性ないし歴史の内発性を認めるか否かも、結局は、日本の力の優位を現実として受け入れざるを得ない彼らの感情の抑圧の程度によって左右されている。私はずっとそう観察してきたし、そう経験してきた。「中央公論」誌上において私が一連のエッセー［本巻所収］で追跡している問題もまたこの関心に発している。

私の西独講演のその後の反響

講演「近代日本とは何か」に対する毀誉褒貶《きよほうへん》ない交ぜの反響については、私は先に二回報告文を綴った。最初の報告文は講演会場での直接の反響を、二回目は帰国して一年間に西ドイツから私に寄せられた感想や批評及びその周辺の諸問題を扱った。

　それから今はさらに半年経過した。反響はなおつづき、本国ではかなり知られた二人のドイツ人教授と、西ドイツに在住するアメリカ人教授が拙稿を読んで書き送ってくれた詳細な感想文が今手許《てもと》にある。一方、国連地域開発センターの本年度の英文刊行書『発展経験の移転可能性――日本の場合の諸研究』（大来佐武郎《おおきたさぶろう》編）には、拙稿の英訳と、それに対するインドネシア、インド、タンザニア、アメリカからの五氏の感想文とが、同センター長峯晴夫氏の解説を添えて、同時に掲載された。同書はアジア・アフリカ方面で読まれる可能性が大きいので、新しい何らかの反響が期待できるが、これとは別に、最近クウェートからの引き合いがあり、拙稿のアラビア語への翻訳許可を求めて来た。英、仏、韓国語につづいての四番目の翻訳だが、肝心のオリジナルであるドイツ語原稿は、外務省関係者が拙稿の内容の奥にあるいささか危険な毒を含んだ西欧批判に怖れをなしてか、いち早く背後へ引っ込めてしまったためであろうか、ドイツ人の眼に触れる機会はもうないものと私は諦めていた。僅《わず》かに友人の計らいで東大比較文学研究会の機関誌に、約三分の二に圧縮されたドイツ語原文が掲載されたが、文学研究誌という場違いのせいか、西ドイツからの特別の反響は今の処ない。と思っていたら、西ドイツのある学術誌が原文の掲載を求めて来た。実現は本年夏になると思うが、小さな一つの行為が、多くの人の好意と支援を得て、一年半も経った今頃なお少しずつ波紋を拡げていく事実に私自身が驚いている。拙稿を知り合いの外国人に読ませようと、手数を厭《いと》わないで紹介に努めて下さった日本の未知の方々の情熱に、この場を借りて御礼申し上げたい。

私が講演「近代日本とは何か」を書いた動機は、一九八一、二年当時西欧に支配的であった、日本に対するあからさまな偏見を正すことだった。西欧人のその頃の通念によると、個人主義を知らない日本人は、自我を欠いた、封建的に未解放の集団人間であるというのである。日本人の企業への忠誠心、労働への意欲は、文明の発展段階の遅れた日本人の特殊なメンタリティに由来する。西欧人はあそこまで身を落として、経済的成功のみを目指して齷齪《あくせく》する気にはなれない。西欧人は文化的にもっと高度である。自由な余暇を楽しむ文明人である。日本人は労働の奴隷であり、われわれ西欧人とは違った特殊な幸福観、人生観に生きている。それに、日本人が自ら発明した原理はなにもなく、彼らはすべてを西欧から学び、コピーして来た。われわれのコピーである日本人がわれわれよりも成功するようなことがあり得る筈もないし、あってはならないことだ、と。

この愚かな独善――今でもじつは大半の西欧人を支配している――を排するために、私は講演で問題を冷静に歴史的に考察するように求めた。すなわち、日本の「近代」は江戸時代に準備が完了していた。だから日本は短期間に急速に発展し得たのであって、すべてが西欧のコピーではない。それどころか、西欧人がまだ通過していない歴史の段階を、日本人が先に潜り抜けて仕舞った局面さえ幾つもある。「後発国」がかえって「先進国」を追い抜くこともある歴史の逆説を考えて頂きたい。その一つの例は中等高等教育の普及である。私はそう述べて、高学歴社会を必ずしも理想化はしないものの、新しい時代の技術革新に適応できない今の西ドイツの教育制度の柔軟さの欠如と、時代遅れの性格とを指摘して、日本より一層多くこの点での困難を抱えているとした。ドイツ人が日本に対する自らの遅れを顧みず、すべてをメンタリティの相違に帰してしまう知的怠惰を私は批判したのだった。

私の講演内容に対する賛否両論の渦がどんなに激しく高まったかは、二回の報告文に記述した通りである。ドイツ人の間でも、またドイツに住む日本人の間でも、私に対して〝良く言ってくれた〟という者から、私を〝無知〟呼ばわりする者までじつに限りなかった。その余波は今日なお「中央公論」編集部への投書となってつづいているらしい。私の主張に賛同し協力してくれた未知の多数の日本人に私は先に感謝したが、こういう場合には協力してくれるのも日本人なら、卑劣な裏工作で足を引っ張るのも日本人（ドイツ人が怒るのなら分かるが）だということを私は経験した。

微妙に変わりつつある西欧の日本像

一九八三年の年末から今年にかけて、西欧のジャーナリズムにある変化が訪れている、という風に私には思える。詳細は分からないが、日本観が少し動き始めているようだ。西ドイツでは各誌紙が競って刊行した「日本特集号」が、このところ姿を消した。「最近ドイツ人は日本のことを話題にしなくなりました」と、本年四月ハンブルクから私に手紙をくれた人もいる。それならまた昔のように日本問題は忘却の淵に沈んでしまうのかというと、今度はそうでは決してないと私は思う。成程日本人を好奇心本位で描いた「日本特集号」の時代はもう終わったのかもしれない。しかし違った形で日本はもっと複雑にドイツ人の心に絡み附いているように思える。

「シュピーゲル」（一九八三年十二月二十六日号）は先頃、「ドイツ産業——われわれは未来を眠り呆けるのか？」という特集記事を掲げた。標題には勿論日本の一語も書かれていない。けれども、一ページ目から日本にしてやられている実情報告がなされている。否、ほぼ全ページが、日本の産業を意識した記事で埋められているといっていい。思い出してみると、一年半前の「シュテルン」の「日本特集号」は、グラビア写真で面白おかしく日本人を嘲弄《ちょうろう》したものだった。ヤクザの刺青《いれずみ》や、西洋婦人に似せた整形美容や、サラリーマンの夫を送り出す玄関先で夫の靴を蹲《しゃが》んで磨く日本人の妻の姿等々、いかに日本人は未解放の屈辱に耐えているか、いかに日本人は顔貌まで西洋人に似せようとしているか、を戯画化していたものだが、今はもうそういう段階でないことに、ドイツ人自身が遅まきながら気がつき出したのに相違ない。「ドイツ産業」の特集号が、事実上、日本産業の特集号と言ってもさして不思議でない内容で染め抜かれていることは、ほんの一年ほど前までのドイツでは考えられない事態であった。

叙述の前半では、ハイテク分野で西ドイツが日本に挽回できないほどに立ち遅れた事実を認め、やがてこの国の産業が衰微する原因となる由々《ゆゆ》しき事態をドイツ国民は気がついていない、と警鐘を鳴らす。西ドイツは東欧並みの二流の工業国になるであろうという、厳しい批評家の言葉を紹介したりもする。後半では一転して、いや、大丈夫だ、西ドイツは輸出王国で、総量において日本に敗れたことはなく、販売方法を改良すれば今後も最高の工業国の地位を維持できるであろう、と。

ところで、一九八三年十二月にイギリスの「エコノミスト」が特別号として出した「日本特集」は、一連のこの種の西欧人の書いた日本論の水準を一気に引き上げた、私がついぞ予想もしていなかった客観性のある高度の分析内容に満ち溢れている。西欧側の描く日本像に、新しい変化が訪れている、と私が先に述べたのは、この一冊を読んで、イギリス人の知性と襟度《きんど》に私が尊敬の念を抱いたからに外ならない。

今まで日本文化の特殊性に原因づけられていた、例えば企業内の「和」を、日本人古来の伝統と考えるよりむしろ戦後の日本人が戦前の労働争議のにがい経験を避けようとして考え出した近代的な技術革新の一つだ、と事実を挙げて例証している処などに、同特集号の秀れた客観性が現われている。総じて同号は日本を西欧世界とはかけ離れた特殊な国家としてではなく、対等な、ときにはより秀れた競争相手として正当に評価しようとする冷静な意志で貫かれている。勿論それだけに、そこでなされている今日の日本への批判は鋭く、かつ深い。日本の成功因を日本の「神秘化」のうちに見ないで、世界的共時性のうちに見ようとするこの客観的観点こそ、私が西ドイツでの自らの講演で主張した基本モチーフに外ならない。もし一九八二年秋に、「エコノミスト」特別号の日本像がすでに西欧世界の一般的な常識として定着していたなら、敢えて私は、日本人を自我のない集団人間、特殊なメンタリティの持ち主とする西ドイツの論調に抗議して、挑発的な講演をして回る必要はなかったであろう。

興味深いのは「エコノミスト」より一カ月早く、在独二十余年になる日本人作家ヒサコ・マツバラ氏が、右とほぼ同じ観点の近代日本像を素描していることである(「賢い日本人」「シュピーゲル」一九八三年十一月七日号)。その中で氏は、ドイツ人は日本人が歴史に学んで通り抜けたある道程をまだ通過していない、ドイツ、というより西欧の企業は上意下達の軍隊組織に似て、命令する者とされる者との区別が余りにも露骨である、日本の企業がこの点を克服し、独特な労働協調体制を打ち建てているのは、日本古来の社会習俗によるのではなく、日本人が戦後の労働争議に学んで、搾取《さくしゅ》される者を作ることが資本の論理に合わないという合理的智恵を知ったことによる、ドイツ人はまだこの智恵を身につけていない、自分が京都の商工会議所で西ドイツの「労資共同決定法」(労働者の経営参加を決めている法)について講演したところ集まった日本の経営者の方々は、〈ああそんな事なら、日本では法律を作らなくてもとうの昔にやっていたことだ〉と異口同音に語った等々を論述している。

マツバラ氏のこの一文が頑迷なドイツ人をどの程度納得させたかは分からないが、かの「シュピーゲル」がともあれこの論文を掲載したということは、西欧ジャーナリズムの日本への見方がここへ来て微妙に変化し始めている一つの証拠といえる。

恥部であり神であるもの

それにしても、西欧人の多くが「エコノミスト」の水準にあるわけではない。一般にはまだひどい無知と偏見が支配している。知識階層においても事情はほぼ同様である。その意味で、西ドイツに在住するアメリカ人で、中世教会史を専攻するミュンスター大学教授ロバート・ウォルトン氏が、私の講演草稿を読んでタイプ用紙に隙なく八枚の小論を寄せて下さったのは大変有難かった。というのはその内容が、私と同様に現在の西ドイツを距離を以て批評しているからである。

氏は専門の中世史から説き起こして、ドイツが容易に国家たり得なかった背景と、そこに生きたドイツの知識人の弱点の由来を説明したが、その豊富な内容を、ここで簡単に叙述することは当を得ていない。ただ氏が近代国家としてのドイツを評価せず、戦前のドイツの知識階級が、技術革新や産業社会の発展に背を向け、やがてナチズムに陥ったと同じ傾向が、今の西ドイツに蔓延《まんえん》し始めていると指摘している点は重要である。氏によると若いドイツの知識層の近代産業国家への嫌悪は今著しく、そのロマン主義的ラディカリズムはこの国を社会主義に追いやり、やがて貧困と欲求不満から擾乱《じようらん》を醸成するであろうと語っている。私が「近代日本とは何か」で十九世紀以後の日独の近代史を並行して論述したことでさえ、氏はドイツに対する過大評価と考えている。日本の方が近代社会としての条件を遥かに多く具《そな》えていると、氏は現在の西ドイツに居住しながら密かに考察しているようだ。

従って私のドイツへの批判には氏はほぼ全面的に賛成で、とりわけ「今日の教育制度に対する貴方の憂慮は肯《こう》綮《けい》に当たっている」と評価し、「ただそれをドイツ人に直《じか》に言うのは危険きわまりない」。例えば第一次大戦の終結時に、ドイツが名誉ある和睦の機会を逸したのは、ルーデンドルフ将軍の愚鈍と無能以外のなにものでもないのだが、ドイツでは誰もそれを認めようとはしなかった。それどころか、敗北は銃後の裏切りによるという軍部擁護の伝説さえ生まれ、その後の歴史に悪影響を及ぼした。これが正にドイツ人というものである。

「ドイツ人の言っていることは全部正しい。ドイツ人は謝罪しない。いかなる外国人もドイツの制度を批判してはいけない」

「私は貴方の勇気を評価する。しかし貴方のしたことはリスクを伴っていた」

「ドイツの労働者の不完全さについて貴方の言ったことは絶対的に正しい。そしてそれは確かに部分的には欠陥だらけの教育制度の所産である。同じ不完全さは大学でも経験される。全面的な教育改革が今こそドイツでは緊急に必要な筈である。しかし決して行なわれないだろう。行なわれない理由は無数にある。とりわけ私の同僚を見ているとよく分かるが、何かが本質的におかしくなっているのだということを、彼らは全然認める用意がないのである」

成程私は西ドイツ八都市を回って蛮勇ともいうべき危険な弁説をして歩いたわけだ。教育制度はどこの国でも恥部であり、かつ神である。しかしドイツ人にとっては恥部より神の意識の方が強い。それがドイツ人というものだろう。私はその神を叩いたのである。ドラマが起こらない筈はなかったわけだ。

（「中央公論」一九八四年八月号）

欧米人が描く日本像の奥底にあるもの

日欧米の摩擦はいま冷静な整理期に入った

日欧米間の経済摩擦は、今後も一段と高まることが予想されているが、思想問題としては、第一ラウンドを終った。デイビッド・ハルバースタムも、「ただいまは、第一の戦後時代が、激化する競争と傷跡のうちに終ろうとしているところである[1]」と書いた。

今振り返ってみると、いわゆる「日本の挑戦」が大きな衝撃波を引き起こす起点となった年は、一九八〇年であった。日本の自動車生産台数が初めてトップの座を占めた年である。日産座間工場のロボットによる自動車組立現場の写真は、世界中の雑誌のグラビアを飾った。鋼鉄の腕が何本も左右から自由に動いて、溶接し、鋲を打ち、ベルトコンベアに乗せて運ぶ無人の工場内部は、日本でもひところテレビによく紹介された。次いで、自動車産業を日本人は衰退産業のうちに数えているという情報が、瞬く間に世界中に第二の衝撃波となって伝わった。あの時点からまだ三年と経ってはいない。自動車に関してはすでにほぼ勝負がついたようだ。いわゆる先端技術《ハイテク》については、日米間の争いとなり、欧州は後退した。そうわれわれは伝え聞いている。

ハルバースタムは次のようにも書いている。

私が見るところでは、われわれ（欧米人）は新しい時代に突入した。真の競争相手は、欧米に向かって悪を為そうとする、どこかののろまな共産主義国ではない。新しい時代の真の競争は、われわれから知識の大部分を学んだが今日の西欧は時代に取り残されてしまったと信じている国、天然資源はほとんどないが、恐るべき人的資源を持った国を相手として行われるであろう。[2]

日欧米間の摩擦と緊張の一層の激化が未来に待ち構えていることを、欧米側が意識している言葉である。もし言葉どおりに緊張が激化し、関係が険悪になったときには再びどうなるか分らないのではあるが、一九八〇～八二年に世界中を襲った最初の衝撃波は、最近ひとまず鎮まり、思想的には今や小休止状態に入ったといえる。嵐の前の凪《なぎ》か、それとももう当分は平静化するのか予想はつかないが、日本文明の台頭を世界史の文脈の中でどのように位置づけるべきか、という侃侃諤諤《かんかんがくがく》たる各国の論争は、最初日本人を愚弄《ぐろう》する戯画《カリカチュアライズ》化の形態をとり、一九八三年後半から、少しずつ地味で、真面目な日本探究へと相貌を変えていった。

後者の代表例は、ロンドン「エコノミスト」の特別号[3]である。日本を西欧世界とは掛け離れた特殊な国家としてではなく、対等な、ときにはより秀れた競争相手として正当に評価しようとする客観的な態度が、西欧人の側からここに初めて示された。日本の成功因を日本の「神秘化」のうちに見ないで、世界的共時性のうちに見ようとする、この雑誌の編集方針は立派だと思った。少くともそれまで、欧米に流布していた論調の多くは、日本人を自我のない集団人間、企業への忠誠心を苦にしない不思議なメンタリティの持主、世界史の例外現象とみなす見方に立脚していた。「エコノミスト」より五カ月前に出た「タイム」の日本特集号[4]からも、この種の偏りが完全に拭い切れているとは言えない。

次いで私が感心したのは、世界的な科学雑誌「自然《ネイチャー》」の「日本の科学」という特集記事[5]である。電子技術化社会、バイオテクノロジー、高エネルギー物理学、それに大学のあり方等の具体的検討を踏まえたうえで、日本の科学技術の長短を冷静に分析している。この国の成功が西欧の科学技術の模倣的摂取にある以上は、西欧世界がその後塵を拝するはずはない、という西欧側の従来の無意味なうぬぼれを特集は厳しく戒め、日本の科学者がこれまでにやってきたことの詳細な検討がいかに必要であるかを説いている。論文の序章と結論部を要約すれば、およそ以下の通りである。

日本の科学は、「細部に至るまで欧米と共通の共感をもって理解されるに値するもの」であり、それを為し得るのは「科学の専門家の仲間たちによってだけ」である。というのも、日本の科学がなんら魔法ではなく、人類に共有されているものの一部を成しているにすぎないからである。日本一国だけで成し遂げたものは何一つない以上、日本人の側においても、欧米人の側においても、「われわれの技術」という排外的意識が今日のように相互に高まっている状態は、甚だまずい。また、成功があらゆる分野での凌駕を意味すると考えるのも危険な幻想である。日本がバイオテクノロジーの分野で期待外れになっていて、航空機技術や薬品化学においても立ち遅れていることは何ら日本の恥にはならない。と同時に、近年の日本の素晴らしい成功に対する欧米側の反応が、とかく思慮の足りない誇張に走り、幾つかの研究計画を緩やかに束ねたにすぎない第五世代コンピュータの開発計画を持ち上げる余り、ここに「世界の主導権」を握ろうとする日本人の野望を見たりするのは、見当外れである。日本の科学技術の達成度を過大評価するのも、過小評価するのも愚かなことである。

よく日本の技術は改良技術で、創造性に欠けているとよく指摘される。欧米社会でも相変わらずそう囁かれているし、日本の国内でも憂慮すべき問題として討議されている。けれども、技術というものは元来、技術自体に目的があるのではなく、社会のニーズを満足させる手段であり、ある意味では市場の下僕でしかない。日本の技術者が他の国の技術者に比べて市場性のある製品開発の機能面において秀れているのは、創造性の欠如ではむしろなく、他の国の人々が精一杯まねなければならない積極的特性であって、日本人はこれをかえって喜んでいい。ただし、それでもなお、日本の科学者にはノーベル賞が五人にしか授与されていないことを以て、日本の社会が創造力を欠いた社会であるかのごとき判断は、依然として跡を絶たないであろう。この点で日本の科学に若干とも独創性の不足が認められるとすれば、その根本原因は日本の大学が基礎科学を相対的に軽視していることにあるのであって、日本人の創造力の欠如の問題では必ずしもない。技術に比べて基礎科学の研究状況がみすぼらしい点に加えて、大学や研究所における早い時期での人事の固定化、終身雇用制度が、独創的発見の促進を妨げている。また、大学における研究の方式が外側から、ことに政府によって細かく規制されていて、多くのプロジェクトが短期目的の枠内に収められすぎている。これは経済のためには良いかもしれないが、基礎科学にとっては具合の悪いことなのである。この点での大学改革がなされるなら、創造力という点でも、事態はおそらく変わってくるであろう。……

他にも多くの重要な論点があるが、以上、序章と結論部の要約によって、この特集号の日本観察が、バランスのよくとれた、公正《フェア》な態度に支えられていることが分るであろう。

日欧米の摩擦が第一ラウンドを終り、いま冷静な整理期に入ったことを示す好個の例である。

欧州は戦前の日本のように道徳的優位にこだわる

以上のように比較的公正に現代日本を考えようとする声はイギリスやアメリカからは聞こえて来るのだけれども、不思議なことに、私が多少とも事情を知っている西ドイツからは、聞こえて来ない。もちろん、私は西ドイツのメディアのすべてに通じているわけではないし、私が目にするのはたかだか「シュピーゲル」「シュテルン」「ツァイト」などの日本特集記事に限られるが、それでもアングロサクソンとの姿勢の違い、度量の欠如、感情的な対抗意識ばかりが目立つ狭隘《きょうあい》さは、否定できない。最も客観的であった「ツァイト」の特集記事でさえ、本に纏められたとき、編集部代表格のミヒァエル・ユングブルートは、「序」の第一行を、「日本は一九八〇年になって初めて〈発見〉された国である」[6]というセンセーショナルな表現――まるで現代日本をコロンブスによって発見された新大陸のように扱う――で書き出しているほどであった。ましてや元来が煽動的な「シュピーゲル」に至っては、近年になっても、ほとんど悪質ともいえる、次元の低い日本愚弄を止めようとしない。

推測される理由の一つは、世界の覇者であったか、また現に覇者である大国の襟度に、戦後成金の国家――日本もまた同じことだが――は、欠ける点があるのかもしれない。あるいは、日本の急成長を前にしてもアメリカ人は自己のナンバーワンの地位が不動であることを疑わず、逆にイギリスは早々と白旗を掲げて、どちらにしても動揺しないですんでいる。ところが、ドイツ人はそうは行かない。日本の進出に一番衝撃を受けている。一番傷ついている。

一九八三年に「ニューヨーク・タイムズ」と「シュピーゲル」が調査員を派遣して、「日本の教育」を特集した。[7]前者は「朝日新聞」にもかなり大きく取り上げられた。[8]この頃レーガン大統領は日本の教育の成功に目を向けるよう米国民の注意を促した。教育の遅れは大統領選挙戦の重要争点の一つでもあったので、ソ連のスプートニク・ショック以来の最大の教育危機が、今、最も効率のいい日本の教育の達成度の高さによって証明された、との当時米国を蔽った論調は印象的であった。日本人に負けてなるものかという米国人らしい思い込みの強さは、「ニューヨーク・タイムズ」の記事を健康にしている。日本の教育のある面に素直に驚き——ある面は疑問だと言っているけれども——学ぶべき点は謙虚に学ぼうとしているからである。

他方、西ドイツの最大の情報週刊誌「シュピーゲル」の十ページの日本教育特集は、ここに紹介するだけでドイツ人の品性を疑わせてしまうほどの偏見と情念に満ちている。何しろ書き出しがあの金属バットによる両親撲殺事件である。これによって日本の教育環境がいかにひどいかを言い立てる、意図的に恥部に触れる記者の口調は、アメリカ人のおおらかな態度とはまるで異なるのである。例えば、日本では受験地獄のため、小中学生の六割が慢性の不眠症に悩み、校外学習で胃痛を訴える児童のために、首都だけで十二の病院が特別治療室を設けている、などと書いている。日本人はそれでも、高校卒業生数の多さ、大学進学率の高さを自慢にし、「世界最良の教育制度」と自称しているが、まさに噴飯物である。数字の魔術に欺かれてはならない、と警告を発する。日本の大学の水準はヨーロッパのそれよりも格段に低いのだ。それにも拘わらず、国際的水準が揺らごうが下がろうが、ピラミッドの頂点にある東大が日本人にとって教養の最高の審判所でありつづけているのは、明治天皇の命令に今でも日本人が黙従しているからに外ならない。というような断定を下した後で、次のように日本の教育を定義している。

学ぶことは日本ではつねに真似すること、再製すること、コピーすることに外ならない。個性的な創造性は滅多に問われず、批判への意志や能力もまた決して努力目標になった試しはない。このことはほとんどすべての領野に当てはまる。例えば、この国で偉大な芸術家とみなされるのは、新しい道を敢えて進む独立不羈《ふき》の創造的天才ではなく、師の手本を本物と取違え兼ねないまでに再現してみせる能力を持った者である。現代においてもなおそうである。東京にはこんな風にして、巨匠の称号を手に入れた書道家が暮している。この巨匠の弟子は、彼自身がすでに師範なのであるが、わが師に依然として毎月、試作品を提示して鑑定を乞うているのである。師はただ単に、自分の筆跡と照合してみるだけである。

一寸した筆の逸脱でさえ誤りと判定される。十九世紀日本の最大の教育家福沢諭吉は、自伝の中に記している。武士の私塾で教育を受けた若い時代、生徒たちは先生の声音そっくりに読んだり話したりしようと努力したものである、と。日本の教育とはまさにこのようなものである。(9)

もうこれ以上の引用は必要ないと思う。

必ずしも事実無根の出鱈目の羅列ではないだけに、かえって始末に悪いのである。弱点の反対側には長所があり、特殊な事実の表側には一般的な事実がある。ところが弱点と特殊だけを組合わせ、それ以外を切捨てて構成した作文は、何も知らない人間にさながら事実の全体像であるかのような効果を発揮する。少くとも、「多少の誇張はあろうが、五分の真実もあろう」とまず思わせ、次第に、誇張と感じた意識は薄れるので、「まあ大ざっぱな全体像はああいうものなのであろう」という固定観念を植えつけることに成功するのである。「シュピーゲル」はこのような情報操縦術にもっとも長《た》けた、したたかな雑誌である。心あるドイツの知識人は「あの手のものは……」と軽蔑をこめて語るが、その彼自身が「シュピーゲル」を読んでいるし、他にこれに替る有力な情報誌を持たないのが西ドイツの実情である。

それならなぜこのような意図的煽動がなされるのだろうか。日独間の遠い関係からいって、政治的目論見があるとは思えない。思うに、西ドイツ国民がその消長を今最も気に懸けている国が日本で、彼らはわれわれが考えている以上に、日本をライヴァル視しているのである。従って「シュピーゲル」の右のような記事を読んで西ドイツの読者がホッと一安心するというカタルシスの効果こそが、編集部の一番の狙いに相違ない。これは私の推理だが、そうとしか考えられないのだ。読者に快感を与える——そのやり方が公正であろうとなかろうと——のは、洋の東西を問わず、まさに自由なジャーナリズムの主要課題なのである。

他方、大半の日本人にとってドイツは依然としてカント、ゲーテ、ベートーヴェンの国であり、ベンツと近代医学に象徴される、科学技術や職人芸のしっかり確立した立派な大国である。その技術に近頃多少の翳りが見えて来たというような話は、専門家以外は知らない。大部分の日本人はドイツに対する畏敬の気持を失っていない。かりに「シュピーゲル」がやったように、ドイツの教育や文化を揶揄する露骨な記事を日本の雑誌が掲げたとして、これを読んで安心したり、快感を覚えたりするような一般の日本人はおそらく一人もいないだろう。だから、そんな記事も作られない。もちろんアメリカに対しては日本人の気持はもっと複雑である。犯罪都市ニューヨークの荒廃や自動車の町デトロイトの崩壊の実情報告を読むわれわれの心に、秘かな快感がないとは言い切れまい。けれども、ドイツはＮＨＫの「名曲アルバム」が映す美しい古都のたたずまい、音楽の都のイメージに代表され、現在、日本人の感情的な対抗心や反発の対象ではまったくない。われわれからみてそれほどドイツ（もしくはヨーロッパ）は今や遠いのである。

おそらく戦前までは事情は逆だった、と私は思う。この点は今ようやくわれわれの反省段階に達した、興味深い問題点といえるのだが、かの「近代の超克」座談会をいま読み直すと、アメリカに対する対抗心はほとんどなく——むしろアメリカ映画に好意さえ寄せられている——ヨーロッパの近代文化の爛熟とその限界点へ向けての日本文化の防衛的対応が、取交わされた主要な話題であった。横光利一『旅愁』の主人公・矢代の論争の要点も、またほぼ類似のヨーロッパに対する自己防衛の思想にあった。パリに遊学した彼は、ヨーロッパの科学技術に対抗して、唐突に日本の古神道を持出すのである。つまり当時の日本の知識人が強烈に意識していたのは、アメリカの物量文明ではなく、精神文化と科学技術とを融合させていたヨーロッパの「近代」の優越そのものであった。日本はたしかにドイツと手を組み、アメリカを主たる敵に回して太平洋で戦ったわけだけれども、今考えてみると、われわれは当時アメリカと戦ったのではなく、アメリカの背後にあるヨーロッパの巨大な影と戦ったのかもしれない。

一九三〇年代に国際舞台で活躍した日本人の多くは、今と違って、日本の優越を主唱する根拠としてもっぱら古い伝統文化に依拠した。国粋的イデオロギーに取憑かれた当時の国内の論調もまた、奇妙なくらいに、日本人は地上の他のどの地域にもみられない道徳を具えたユニークな人種、特殊な民族であるとの観点に固執した。武士道はもとより、「和」の精神という言葉さえも、今日同様に使われている。それは日本が近代の合理的側面、科学技術ではヨーロッパに及ばないにしても、道徳面での優越に取縋ろうとした、顧みるとややもの哀しい光景なのである。自己防衛の姿勢はいつの時代にも雄々しくは見えない。そして、大変に驚くべきことと言ってよいのだが、類似の構造が今度は逆転した関係で現在のヨーロッパと日本との間に起こりつつあるように私には観察されるのである。

この刮目《かつもく》すべき新しい局面にここで目を転じてみよう。環境破壊を主たる理由にして、西ドイツの青年や知識層の間に拡がりつつある「技術嫌悪症候群」はその一つの現われである。「緑の党」の出現は単なる現象以上のものを物語っている。それはロマン主義の古い伝統に復帰しようとする思想的傾向の一端とつながっている。啓蒙主義を排した神話精神の復権。マルクスではなくニーチェへの回帰。シュタイナーの神智学への関心。ニュートン依拠の近代科学を否定したゲーテの自然観の見直し。以上の動きが今後どのような方向に進んでいくかは予想もつかない。ただどの動きにも共通していえるのは、日米に存在しない近代への懐疑主義が顕著であることである。地球上に張りめぐらされた高度技術のいっそうの発展に対する思想的懐疑が――ここが最も重要な点であることにご注意いただきたいのだが――じつは、つねに、ヨーロッパの精神的道徳的優越として語られていることである。

そして、これと並行するかのごとく、国際舞台で活躍する最近の日本人は、一九三〇年代とは逆に、日本の優越を主唱する根拠として、もはや古い伝統文化の道徳性を持出すことを好まない。また日本人はユニークで、特殊な民族だから高い生産性を保持できるのだという説にも抵抗する。『菊と刀』以来、「タテ」社会、「甘え」の構造、「縮み」の理論等に及ぶ風変わりな心理主義的特殊日本社会論で、自分たちの現状をもはや説明できないことにも、近年ますます気がついている。その意味では私が、「文藝春秋」(一九八一年二月号)に「愚かなり『日本特殊論』」を書き、七〇年代の論壇の風潮に疑念を呈しておいたのは、自分で言うのも妙だが、予測がそう間違っていなかったことを物語っている。

一般の日本人はヨーロッパに依然として愛と敬意を抱き、愚弄する意図を少しも持たない。そういう昔からの習慣に従っている。それなのにヨーロッパ人は日本人の現在を物質主義・能率主義・技術万能主義――ヨーロッパがかつてそうであったことを忘れ――と決めつけ、深い思索を欠いた非文化的状況であるかのごとくに言う。そして、自己防衛の動機が隠れていることにまるで気がつかず、ヨーロッパの道徳的優位をにわかに唱えだしたりするのである。加えて、「シュピーゲル」や「シュテルン」をみれば、日本の文化や教育の歪曲した戯画像を読むことに一般大衆までが快楽を感じていることは明らかで、日本人にとってヨーロッパが次第に遠くなっているのと反比例して、ヨーロッパ人にとって日本は次第に手近で不快な圧力として意識され、しかもその意識はますます深化して、複雑化しているように思える。

日本がかつて科学技術の劣勢の代償として、民族の独自性と道徳の優越性を主張したのと完全に同質の状況が、逆転して今のヨーロッパに発生しているとまでは、単純化して言うことはできまい。それに、日本の現状がすべて健全なわけでもないし、また「自然《ネイチャー》」が言う通り、日本の「成功」はしょせん一部に限定されていて、総体としてみれば西欧世界の優位は動いていない。ただ、日本を見る西欧世界の目に、近頃競争心と無自覚な防衛論理が惹き起こす不健全な要素が影を投じ、ことにドイツにおいてそれが顕著であることを言っておきたいのである。伝え聞くところではフランスもほぼ同様であるらしいが、私がフランスの実情に通じていないので、ドイツばかりを取上げ、結果的にドイツに不当な仕打をしているのかもしれない（どなたかフランスの実情報告をして下さる方がいれば有難い）。

以上をみると、日欧米間の摩擦が小休止状態に入り、思想的に冷静な相互検証の時代に進んでいるとの最初に述べた仮説は、事柄の一面であって、全体としては、ことに大陸ヨーロッパにおいては、そう簡単に判定できないようにも思えてくるのである。

ドイツでは二つの対日イメージが混在する

ところで、西ドイツの新聞や雑誌に出てくる日本の映像、写真やイラストの中の日本人像が、ここへ来てにわかに、日本人に好ましい方向へ変わり始めていることを教えてくれたドイツ人がいる。日本研究家のイルメラ・H・キルシュネライトさんは、私に書簡形式で長文の論説を寄せた。ヨーロッパ人は今西欧中心思想を訂正し、自己の相対化を実行し始めている。その証拠という意味で、三葉の写真を同封してきた。彼女は私が一九八二年秋に西ドイツの八都市で行った講演「近代日本とは何か」の日本語原稿を「中央公論」誌上(10)で読み、関連する詳しい論説を書き送って来たのである。今それを訳出する紙幅はここにはないが、三葉の写真は論説の主題を補う役目をしている。

次ページの写真（A）は西ドイツ発行のクレジットカードであるEUROCARDの広告である。右角に「貴方はこのカードを一枚持てば、日出ずる国においても困ることはないでしょう」とあり、さらに下に、当社は英米のクレジット会社と協定を結んでいるので、東京や大阪の外へ出てもこのカードで支払える、すなわち、「貴方が福岡に泊り、名古屋で鋤焼きを食べ、金沢でキャッシュを調達するのも、このカードを見せて一寸微笑みさえすればよいはずです」などと書いてある。（A）の写真

は、カードの日本語広告の一部を利用したものであって、日本女性の顔半分が写っている。来日するドイツ人旅行者に宛てたスタイルをとってはいるが、いうまでもなく、広告は遠い外国でさえ信頼を得ているとのイメージを示すことによって、カードの一般的信用度を売り込んでいるわけである。もし日本が悪いイメージを喚起する国なら、信用第一のこの種の業界が日本を広告素材に採用するはずもない。キルシュネライトさんもその点を強調している。

一般に日本のビジネスマンや日本企業に示される尊敬の念は――かりに恐怖や拒否感情が先立っていたら、この形式の広告に使用されることはあり得ないでしょう――ある経済雑誌のための新聞広告に表われています。デュッセルドルフの日本商工会議所副会長で、日本の鉄鋼会社の総支配人である某氏が、広告の中では、〈一家言ある人物〉として紹介されています。

日本料理店で食事中の日本人紳士を写している写真（B）が、それである。「経済週報」の広告で、写真中の人物ツダ・ヒロヒコ氏は、職業柄自分はドイツ経済の正

確な情報を必要とするので、信頼度の高い「経済週報」を重宝しており、ドイツで働く同胞の多くもまた、同じ判断から、これを毎日の仕事に欠かせない情報源としている、との九行のコメントを写真の右側で語って、「一家言ある」処を示している。

写真（C）はさらに高い信頼性と確実性とを必要とする銀行の新聞広告である。ディルク・ケーグラー商会という銀行の一顧客を広告面に出しているのがユニークであるが、ご覧の通り、ケーグラー氏の周りを、八人の若い日本の技術者か商社マンかが取り囲んでいる。ただし、右側の広告文は日本人について説明せず、ケーグラー商会がエレクトロニクスの部品関連会社であり、銀行の信用と保証を得て、堅実な成長を遂げたことだけを伝えている。

キルシュネライトさんの秀抜な解説は次の通りである。

〃ケーグラー氏〃は日本人の一団に何事かを説明しているように見える。――一目しただけでは、西欧人から学び取り猿真似する日本人という決まり文句《クリーシェ》が、ここでも実証されているように思える。そう思ってしまえば、もうドイツ人が無造作にこれを見限るであろうことはいうまでもない。が、絵が気にかかって好奇心を抱き、右側の文章《テキスト》を読むと、ドイツ人実業家ケーグラー氏はエレクトロニクスの部品市場に参入して成功を収めたのだということが分る。エレクトロニクス部門での日本の優越は、すでに広く知られている事柄なので、この絵は機知《ウイット》に富んだパロディー風の新解釈なのだということが分ってくる。すなわち、ケーグラー氏は大変に優秀なので、日本人でさえもが彼の提供するものを見にやってくるのである、と。古い日本人のイメージは、ここで永続的なイメージに生まれ変わったのである。

(A)は「ツァイト」の折込み雑誌の広告、(B)(C)は明らかに新聞広告だが、記載がないので何新聞か分らない。いずれも一九八四年のものである。「シュピーゲル」の日本教育特集のあの憎々しい言葉の調子も一方の事実なら、これらの新しい写真のイメージももう一つの事実なのである。

しかし、つい先頃まで、ドイツの読書界に出回っていた写真やイラストの中の一般の日本人像は、哀れで、滑稽で、悲惨で、醜悪でさえあった。序《ついで》に、均衡をとるためにも、ここに二、三紹介しておく。

写真(D)は女性の整形美容の顔形のマスクに取囲まれた有名な日本人の整形外科医である。日本女性はアジア風の細い眼を厭がり、丸い眼の西欧女性の顔に似せようとしている。日本人は容貌でまで西欧人の真似をしたがっているのだ、という説明が付せられている。この種の写真の影響がどんなに大きかったかは、私の講演を反駁したドイツ人の中で三人までもが、猿真似日本人のグロテスクな実例として整形美容を持ち出し、日本の「近代」に主体性の一面を認めたいとする私の歴史観を否定したことでも分るのである。

写真(E)はお定まりの、封建的桎梏《しっこく》の下に喘ぐ日本の家庭婦人の奴隷的奉仕ぶりを示す一例である。夫の出勤時に毎朝玄関で靴を拭う妻。写真のすぐ下に、夫は夜遅くまでホステスに取り囲まれてバーで遊んで帰り、妻は起きて待っている、と書かれている。

写真(F)はショッキングな一枚である。「ボスのために一本の指を」と書かれてある通り、指をつめたやくざの指先のアルコール漬け壜詰めである。日本人でもこんな写真を実際に見た人はいないであろう。本邦初公開かもしれない。日本社会を象徴する画像として、見開き二ページで紹介されている。東京の治安がいいのは警察の優秀さのせいではなく、やくざによって街の安全が維持されているからだ、などとさえ解説されている。ひどいものである。

以上は一九八一年九月に出た代表的週刊誌「シュテルン」の特集号「神話の国日本」[11]から選んだ三枚である。この特集号には多数の日本企業が競って広告を出し、編集活動を財政的に支えている。一体どうなっているのかと首を傾《かし》げずにはいられなかった。

わずか二年半ほどの間にドイツ人の日本イメージが急激に大きく変わるなどということがあり得るだろうか。彼らは（D）（E）（F）のグロテスクなイメージに次第に飽きたために、（A）（B）（C）の新鮮なイメージを求め始めたにすぎないのかもしれない。経済関係が険悪化すればまた逆戻りする可能性は十分に考えられる。が、日欧米の摩擦が二、三年の激動期間を置いて、一九八四年にようやく冷静な反省期に入って来たという、本論の冒頭で述べた仮説が、西ドイツにおいてもやはり当てはまることを、二種類の方向を異にした写真が裏書きしていると考えても、あながち間違っていないのかもしれない。そういう仮定も一応は成り立つと考えてよいであろう。

ともかく、さまざまな「事実」が存在するのである。今はそれ以上のことは言えない。

欧米人の日本像は昔から変化していない

今日の日本の卓越性が技術と産業分野に限られ、それもエレクトロニクスという限定された部門にすぎないにも拘らず、日本は世界の第一位を占めているわけではない。コンピュータ市場におけるＩＢＭの占拠率は五六パーセント、日本は数社合わせてたかだか七パーセントにすぎない。この数字が逆転して日本企業が世界市場の六〇パーセントを占め、ＩＢＭの比率が一〇パーセントに低落したときに初めて、一分野における日本の「優越」が云々できるのである。しかし、それもわずかに一分野に限ってにすぎない。日本の国際的地位が真に第一級に達するには、政治、外交、軍事のあらゆる面において卓越性を示す必要があり……というようなことを論じているのは、もちろん、私ではない。『学歴主義、新しい文明病』で名高いイギリスの社会学者Ｒ・Ｐ・ドーア氏のある講演[12]の中の一節である。

たしかに、日本は「№１」などと煽《あお》られて単純にうぬぼれてはなるまい。が、ドーア氏は近頃の日本人の増長を戒めてこんなことを語っているのではない。むしろ日本の地位が国際社会で今以上に上昇していく可能性、それにかかる時間、方法などを、かつての英国が米国にランク付けにおいて敗れ去ったときの経験を織り込んで、日本人の参考に供しようと好意的に語っているのである。が、日本のランク付けを上昇させようとする意図それ自体に対し、繰り返し言っておくが、私は関心を持っていない。私はただ、ドーア氏の問題の提起の仕方の中に、つねづね日本を眺めるときの西欧人のものの見方の典型例――それに私は今疑問を持っている――を、発見する思いがしたのである。

氏は一九一八年のヴェブレンの有名な新聞での発言「日本の機会」――日本人でこれを覚えている人はそう多くはあるまい、と氏は断っている――を取上げている。ヴェブレンによると、日本はこの年、工業力と軍事力の上昇するカーブのある高い一点に達した。しかも、工業化が必然的に惹き起こす軍事的不利益、すなわち個人主義、自由主義の成長による封建的精神の弱体化、社会内の団結力のゆるみがまだ起こっていない状態を維持しつづけていた。従って日本はこの時点で「軍事帝国」になる「機会」を備えていた、という説である。ドーア氏はヴェブレンのこの発言を踏まえて、そこに現在の日本の地位上昇の問題のアナロジーを見ているのである。つまり、地球上で日本ほどに、民衆におけるテクノロジーの知識の蓄積量のカーブが急速に上昇している国は他にない。他方、労働者の勤勉さ――ヴェブレンの文脈でいえば社会内の団結力の強さ、封建的精神ということになるが――の程度は、これまでの日本では相応に高かった。ところが、労働倫理は今少しずつ下降し始めている。テクノロジーのいっそうの発達によって、日本の労働者が個人主義、自由主義の味を覚えれば、ますます下降する可能性があるだろう。従って現時点が丁度、技術の上昇するカーブと倫理の下降するカーブが交叉する「絶好の一極点」にある、というような意味のことを述べている。

ドーア氏の講演の本旨を紹介するのがここでの目的ではない。右は講演中の枝葉の一端にすぎないが、私はこのような日本観察の内部にひそむ西欧人の慣習化した発想の一つを、問題として取り上げたいのである。

日本には日本独自の個人主義、自由主義があって初めてテクノロジーの発達を見たのだと私は思う。精神文化面、すなわち個人の生き方、集団のあり方、教育、道徳、宗教等において、日本が西欧と同じになることはあり得ない。ところが、右の議論の仕方をみていると、西欧と同じ個人主義、自由主義が日本に欠けていることが従来の労働倫理面での日本の有利さであり、やがて日本も西欧並になって、労働倫理の衰弱と荒廃の時期を迎えるであろう、そのとき日本人も西欧流の個人主義、自由主義を身に具え、精神文化面でもやっと国際的に一人前になるのだ、といったような近年欧米で流行をなす議論が、ここから導かれて来るように思えてならないのである。

西欧世界が自分の鋳型にはめてしか日本を見ることができない惰性の一例である。

加えて、精神文化面と物質文化面とを極端に分けて考える西欧人に特有の二元論がここには認められる。工業力や軍事力といった物質文化は、ヴェブレンの文脈によると、遅れた封建的体質と結びつき易い。個人主義、自由主義といった西洋流の精神文化は、進歩した近代性を具えているので、団結力に欠け、生産性を阻害する。

ドーア氏はさすが、日本産業の生産性の高さを封建的精神と結びつけてはいないが、通例、欧米人の日本像には根強くこの観点がこびりついている。ノーベル経済学賞受賞者として知られ、日本経済の指南役の一人でもあるあのポール・A・サミュエルソンまでが、日本人が学校を巣立って大企業に終身雇用されるのは、「これは本当に封建主義だ。一九八〇年が幕府時代みたいで、君が歌舞伎座で見ているままの世界なのだよ。[13]」とある日本人に語っているインタビュー記事を、私はほとんどわが眼を疑う思いで読んだ。

文学者となるともっと直観でものを言うのでひどいことになる。二年ほど前に来日したイタリアの文豪アルベルト・モラヴィアは、日本各地を見て歩いて、日本の社会をしごくあっさりと「封建的産業社会」と規定し、次のように語っている。

日本人の身体のうちには、まだ個人主義が確立していない、と申しあげざるをえません。それゆえ、日本の産業構造を支えているのは超資本主義とも呼ぶべきものであり、ごく少数の手に掌握された富と権力とが、忠誠心を媒体として、圧倒的多数の民衆を封建的関係につなぎ止めているのです。[14]

いったい日本についてどれだけの知識があってこんな暴言を吐くのだろうか。

しかし、良心的な日本レポートを書いたデイビット・ハルバースタムでさえ、こんな風に言っている。

日本の挑戦が史上初である特徴は……ポスト封建社会の社会的規律をいまだに保持している国に、近代社会の活力のすべてを融合させたことにある。[15]

この言葉は一九一八年のヴェブレンの発言と内容的にほとんど直結している。欧米人の抱いている日本像は、昔から本質的に何も変わっていないことになる。

ところで、今われわれは彼らの言葉の裏にある動機を読むべき時代ではないだろうか。

彼らは日本を緻密に分析した結果、封建社会と規定しているのではなく、ただ空漠たる印象から、そうあって欲しいと願望しているにすぎない。何も日本に対してだけではない。技術力、生産力、工業力、国力、軍事力の秀れた地帯に対しては、後退する西欧世界は文明化した唯一の地帯の誇りを以て、自分たちが少くとも精神文化面において、一段と進歩した段階にあることを主張したいという誘惑に抗し切れないのである（精神文化面と物質文化面とを区分けしたがる動機もそのへんにあろう）。「進歩」という近代の理念——例えば、科学技術をバラ色に見る——をとうに克服したはずの懐疑主義の西欧人が、道徳や教育や文化に関しては「進歩」があると考えているのだから、矛盾した話ではないか。個人主義、自由主義を具えている自分たちは、それを持たない地域の人間より高級な生き方をしている。それだけに、物質文化面において次第に劣勢に立たされているのも止むを得ない、そう彼らは考えたいのである。

このような考え方の基幹をなしているのは、私が本論ですでに述べた通り、自己防衛であることにすでに気がつかなくなっている防衛心理から出た、ヨーロッパの精神的道徳的優越の意識ではないだろうか。

戦前フランスの文明批評家として鳴らしたアンドレ・シーグフリードが、『欧州の危機』の中で、この点に関して現在のヨーロッパ人と寸分変わらぬ感想を述べていることは、ここで記憶に留める価値がある。以下、昭和十一年の訳文に従う。

疑ひも無く、世界競争の現在の状態の下にあつては、ヨーロッパは或る方面に於ては敗北してゐる。ヨーロッパは、東洋及び極東に於て、饑餓賃金と自動機械との結合によつて打ち負かされてゐる。これに日本の場合の如く進歩した技術が加はると、其の攻撃は抵抗すべからざるものがある。彼等は、我々が自分達のやつてゐる事の究極の結果を少しも考へずに熱心に売つて来たところの道具を利用してゐるのだ。今や此の新しい武器を備へたアジアは、其の不幸な境遇そのものゝお蔭で、我々を打ち負かしてゐるのだ。……其の競争に於ては、最も貧しき者が最後に勝利を得るのだ。これは、生産のある階梯に於ては、あまりに真実なことで、何となれば、悪貨は良貨を駆逐するといふグレシャムの法則のやうに、二つの人種の間の競争に於ては、勝利を得るのはより進歩した人種ではなくして、生存するのはよりみじめな人種だからである。[16]

これは傲慢以外のなにものでもない。現代ではこれほどあからさまに公言できなくなった違いはあっても、日本の生産性の高さを封建的精神と結びつけたがる動機の裏には、シーグフリードの倨傲《きょごう》に類似した、欧米の精神文化の方が進歩しているという奇妙な倒錯感情が隠されていることは、否定すべくもない。

日本人は封建的独裁下にあるというお節介な論調

私はここにもう一つの実例を紹介しよう。

西ドイツで信用度の高いロヴォールト社の新書「ロロロ」の一冊として出版された『労働国家日本』という本の、終章からの引用である。「中公新書」や「講談社現代新書」のようなよく読まれる本であるだけに、左の一節にショックを受けない日本人はいないだろう。

日本は他の国では知的にもしくは革命的に実現された社会発展に、幾世紀にもわたって参加しなかった国だ。日本は暴君たちの力で、あらゆる外国の影響から永い間切り離されていた。一例を挙げると、最初のキリスト教化は一五九七年に、三万人以上の日本人キリスト教徒が殺害されて、残酷な帰結に終った。十七世紀にフランスの旅行者フランソワ・カロンは、江戸（後に東京）の建築労働者が全体の利益のためとあれば、自分をどのように犠牲に供するかを観察して、次のように書いている。

《大名が自分のためかまたは将軍家のために城壁の築造を命令すると、大名の家臣たちは、どうか城壁の下に自分の身体を埋めるという名誉を与えて欲しいとしばしば願い出るのである。そのわけは、人肉の上に築かれた建造物はいかなる災難にも見舞われないと彼らが信じていることにある。願いを叶えてやると、予め定められた場所に彼らは嬉々として赴き、そこに身を横たえ、土台石をわが身の上に載せさせる。石の重さによって彼らの身体は即座に押し砕かれてしまうのである。》

現代日本の支配階層ではなくて、一般国民を問題にするなら、将軍家によるこうした封建主義の独裁的精神は、今日なお日本では至る処に作用している。社会の最重要の領域、教育制度から労働環境に至るまで、独裁的精神が影響力を持っている確証を、われわれは看過するわけにはいかない。独裁的精神は単に影響しているだけではなくて、圧倒しているのである。

みっともない兎小屋でなんとか人間らしく生活を整えようとしているあの日本国民、都会の喧噪と汚物の真只中にある小屋の戸口に、二、三個の花の鉢植えを置いていじましい幸福を得ようとしているあの国民に、われわれはどんな抗議を申し述べることが出来よう。家族を養うために日中もんぺと白い手拭い被りをして道路工事に仕方なく傭われている労働者のあの哀れな妻たちに、われわれはどのような非難の言葉を浴びせることが出来よう。彼ら日本人は、軍隊式の学校教育を受けているので自由を教えられたことがなく、政党政治は腐敗しているために反抗する気力もなく、騒がしく大言壮語するジャーナリズムのために静かに瞑想する機会さえ持たず、彼らの頭上を轟音を立てて通り過ぎる社会発展の只中へ、なす術もなく放り出されているにすぎない。こうしたことが起こるのは、途轍もなく傲慢なエリート階級の日本人が、外国に向けて二十世紀を売りまくる反面、日本国内では十六世紀を往時のままに保持しているために外ならない。日本の政界・財界の権力者たち、角縁眼鏡を掛けた管理者たち、何かというと自国の伝統文化を自慢する老人たちのあのクラブは、人間性の掟にかくも根本的に違反しているのであるから、じつをいうと彼らは文化を欠いているといっていいのだ。

日本を支配するこれら紳士たちは、贈収賄の現場を押さえられても平然として恥じない。日本の惨めな人々を眼の前に突きつけて示しても、同情しない。さまざまな事実を以て彼らに対決を迫っても、真実を語らない。彼らがこの国を統治できるのは、日本国民が封建制度――昔はヨーロッパをも支配していた――をついぞ一度も離脱するチャンスを手に入れたことがなかったからに外ならない。このような判断を下す場合に、日本にもかつてあった多数の小さな抵抗運動は勘定に入れなくてもよいだろう。――小さな抵抗運動は一本の大きな流れに統合されなければ意味がなく、統合されてはじめて、見掛けだけ謎めいているこの国は正常になり、幸福と自由に対するさまざまな可能性においてわれわれと同等になり得るのである。日本は依然として不安に満ちた国である。近代の視界からこの国を見ると、病んでいる国である。が、この国のエキゾチックな異質性に気を奪われた揚句、日本は封建主義の国であってそれ以上の批評はもうしないと思い定めてしまうのなら、たとえロボットによるベルトコンベア付の封建主義であるとしても、異常な点は少しもない。

しかしながら、日本は西欧の政治上のパートナーであり、貿易市場の競争者でもあるのだから、われわれのこの現代にふさわしい観点で批評されなければならない国でもあるのである。なぜなら、日本は単にポケット計算機や自動車を輸出しているのではない。不公正なその社会水準と、自由を経験していない、旧式で黴《かび》の生えた生活環境を輸出しているのである。日本は貿易の相手諸国を持たなければこれほど強くはなり得ないのだし、従って市場としてわれわれを必要としているのであるから、その点にもチャンスが、すなわち、われわれが自己を防禦するチャンスだけではなしに、このような日本人のために援助してあげるチャンスが認められるはずである。胡散《うさん》臭いパートナーである国ニッポンに、二十世紀にふさわしい社会秩序をまず自国内に作り出すよう、要求することは可能であろうし、また要求されなくてはなるまい(17)。

著者は二人で、日本に派遣されていた有力新聞の特派員である。永年にわたって、彼らが日本に関するどのような原稿をドイツに書き送っていたかを考えるだけで、空恐しくさえなる。

日本人にとって口当りのいい本――『ジャパン・アズ・ナンバーワン』のような――は翻訳されるけれども、本当に日本人が読む必要のあるのはこのような本である。そしてこのような本は決して翻訳されない（後に三修社より刊行されていることを知ったが、広く読まれてはいない）。なぜ読む必要があるかというと、われわれ日本人は国内にいる限り、国際的に侮辱を受け、真底から腹を立てるという国外では日常茶飯の経験をさえしないですませてしまうからである。われわれは鎖国状態の中で、毎日をお祭り気分で過している。日本人がつねづね尊敬を払い普段は親日的と信じているドイツ人が、このような本を書いている。しかも一番ドイツ人に読まれるのは、じつは、この手の本なのである。

そしてさらに大事な点だが、読者はここに書かれてある内容がサミュエルソンやモラヴィアの言説の要点を、多少下品に、挑発的に表現しているにすぎないことに気がつくであろう。サミュエルソンやモラヴィアがこの本を読んだら、いちいち納得するかもしれない。否、大半の西欧人は自らここまで露骨には公言しないだけで、肚の中では日本に関するほぼ類似の表象を心中深くに蔵しているのではないだろうか。

注目すべきはここにおいても、精神文化面と物質文化面を二つに分けて考える習慣的な対立図式が存在することである。日本人の精神文化面はいまだに十六世紀で、封建的独裁下にあり、自由を知らない。それゆえに、海外に二十世紀を売りまくる物質文化面においてのみ、矢鱈滅法に強いのだ。不公正な低い生活水準を輸出できるからである。だから、まず国内の精神文化面を、二十世紀にふさわしい秩序に改め、西洋流の自由や幸福を知らしめなくてならない、というお節介な論調である。表現は乱暴だけれども、考えの大筋は、じつはヴェブレンからアンドレ・シーグフリードを経て、モラヴィアやサミュエルソンに至るまでの基本につながっている。西欧流の個人主義、自由主義を知らない日本の民衆の無知ゆえの国家的強さ、というのが骨子だからである。従って、この本は思想的にはなんら新味もないし、ショッキングでもない。むしろ西欧の一流の思想家たちの日本像が、じつはこの野蛮な感情激発の書と基底を共にしているということが今少しずつ分ってきたということの方が恐ろしいし、ショッキングである。

アンドレ・シーグフリードも相当に感情的だったが、一九三五年のあの発言より、新聞記者の右の書がより居丈高に西欧流の自由や幸福の優越を唱えているのは、日本の脅威が以前より切実になったからであろう。また劣勢にある西欧人が精神的道徳的優越にのみひたすら取り縋るという自己救済の構図を一段と強めざるを得なくなっているからであろう。

このような時代に、われわれは自国の文化をどのように把握し、どのように主張していくべきであろうか。

経済的摩擦から更なる思想的対応が求められる

西ドイツの新聞や雑誌で扱われる日本人のイメージが、技術、経済、企業、ビジネスといった物質的側面では好印象を与える映像となり、教育、道徳、家庭の暮し方、集団のあり方といった精神的な側面では醜悪化される、という大体の傾向があるように私には今思い出される。詳しい統計調査をしたうえでなければ本当は軽々には言えないのだが、紹介した何枚かの写真から見ても、そうしたことがおよその傾向として結果的に言えるような気がして仕方がないのである。物質文化面と精神文化面の二つは不可分にして結合しているはずなのだが、欧米人はこれを敢て二分化し、前者の成功を承認せざるを得ない分だけ、嵩《かさ》にかかって後者への攻撃をしつづける。十九世紀末以来、今日までずっとつづいている彼らの対日戦略（といってもどこまで意図的かは分らないのだが）のスタイルになっているように思えてならない。

これに対抗し私たちは、日本の精神文化面での優越性を唱える必要は少しもない。もしも欧米人の好みに合わせ、精神と物質とを二元的対立項として扱うなら、私たちは前者の価値の相対性、優劣判定の不可能をどこまでも言いつづけていかなくてはなるまい。物質文化面に関しては優劣が数字に表われるので、人間はとかく明示できない方の優勝劣敗を隠れ蓑にして、自己欺瞞に陥りたがる存在だからである。この危険は日本人においても同様である。

個人の生き方、集団のあり方、教育、道徳、宗教等において、日本と西欧との間には上下の差はない。日本はこれらの点で西欧の影響を強く受けてはいるが、やはり別個の体系を具えていて、西欧のそれとは相対的に等価である、との考えをどこまでも推進していくべきである。物質文化面、すなわち技術、産業、経済の成功や失敗が前者によって制約されていることはいうまでもないが、数字に表わし得る後者の優劣で、前者の上下を決定したら一体どうなるだろうか。後者が劣勢に立つと、かえって前者の優越性に取り縋る例は、日本も過去に経験したし、西欧も現に経験している。

精神文化面における日本の特殊性という見地を、私はこれまであらゆる所で極力退けてきた。特殊とかユニークとかは、どこかに普遍があり、普通《コモン》があるとの前提に立つ。しかし日本が特殊だというのなら、ヨーロッパ世界も一つの特殊である。最近、前英国公使が日本をa country apartと呼んだ[18]。apartは「例外的」「掛け離れた」でout of the commonの意味である。相変わらず彼らはこういうことを言いつづけているのだが、見地を変えれば、イギリスだって私にはカプセルに包まれている国のように見えることがある。最近邦訳されたラルフ・ダーレンドルフの『英国論』[19]などを読むと、上から下まで身分の微妙な差別が行き渡って、他国で理解されている程度の民主主義すら欠くというこの国こそ、特殊例外的な先進国である。そう言われても仕方のない構造をこの国は抱えているのではないか。

われわれはあらゆる国々の精神文化面での相対的等価性を、ことある度に世界に向けて言いつづけていかなければならない。過去においてわれわれが物質文化面で劣勢にあったとき、精神的に特殊だとの観点に立つ限り、武士道その他パセティックな形で伝統文化を喚び起こさなければならなかった。また、現在、物質文化面である程度優勢であるとき、われわれは精神的に特殊だとの見地に立てば、成功因はその特殊さにあり、他国は学ぶことができず、不思議なメンタリティを持つ人種との競争は不公平《アンフェア》だから附き合いたくない、と言われるのが落ちである。われわれは自己防衛のためにも、特殊も普遍もないこと、人類は地球上の全文化の平均的平等性という凡庸な観念に耐えなければならないことを、彼ら欧米人に機会あるごとに説いていかなくてはならない。

しかし、欧米人は文化人類学の教訓から学んで、あらゆる文化の平等性についてはすでに十分に弁《わきま》えていると言うであろう。観念的には分っているが、本当には分かっていないことを、委曲を尽くして分らせるのは、じつは人が考えるほど易しい課題ではない。ことに説明役であるべき海外にある日本人が欧米の論理に巻き込まれてしまうだけに、得てして頼りないことが問題である。困った一例を挙げると、ロンドン・スクール・オブ・エコノミクスで行われた森嶋通夫氏の公開講義——邦訳された本の題名は『なぜ日本は「成功」したか?』[20]である——が挙げられる。私は一読して驚いたのだが、この本に書かれてあるのはある種の日本史の単純化であり、図式化である。日本の成功を封建的精神に結びつけるあのラインにつながる欧米人の好みへの迎合でもある。すなわち中国に儒教を学んだ日本人は、儒教の中から仁を棄て、忠を重視し、これが今日の産業社会に至るまで個人主義、自由主義の発生を抑え、集団や組織に対する忠誠心を涵養したというのが、簡単にいえばこの本のおおよその方向である。いくら学問的体裁を整えていても、基本モチーフが欧米の精神文化の優位という思想の枠内にあり、西洋理論を以てアジアを分析する意識から脱け出ていないのであるから、欧米人のこれまでの固定観念をただ単に増幅させるに終っただけであろうことは、およそ想像に難くない。以上の点についてさらに語りたい多くのことがあるが、別の機会に譲ることにしよう。

いずれにせよ、われわれは今難しい時代を迎えている。経済摩擦から更なる思想的対応が求められるであろう。われわれは冷静さの中での自己自身への確信、西欧に規定されてきた事実の正直な承認の中での、規定し得ない自己の根源の発見に、いよいよ多くの努力を注がなくてはならない局面に立たされている。

【注】

（1） 徳岡孝夫訳「日本の『比類なき挑戦』」（「文藝春秋」一九八四年一月号）一九八ページ

（2） 同右、一九〇ページ

（3） “The Economist”, December, 1983

（4） “Time”, August 1, 1983

（5） “Nature”, September 29, 1983

（6） Richard Gaul/Nina Grunenberg/Michael Jungblut: Japan-Report, München 1981, S. 7

（7） “International Herald Tribune”, August 3-7, 1983 (from New York Times). “Der Spiegel”, Februar 28, 1983

（8） 一九八三年七月二十九日朝刊

（9） “Der Spiegel” a. a. O. S. 141f.

（10） 一九八二年十二月号

（11） “Mythos Japan”, Sonderteil zum STERN Nr. 40, September 24, 1981

（12） Ronald P. Dore: The “Learn from Japan” Boom. in: Speaking of Japan, November, 1984

（13） “Business View”, Tokyo, P14 October 1980

（14） 河島英昭「イタリアの作家モラヴィア氏　日本の印象を語る」（「東京新聞」夕刊・一九八二年十月二十八日）

（15） 前掲論文、一八七ページ

（16） 津世文訳　香川書店　一九三六年

（17） Ariane Dettloff/Hans Kirchmann: Arbeitsstaat Japan Rowohlt, Reinbeck bei Hamburg 1981, S. 197 f.

（18） J. S. Whitehead: Japan——A Country Apart. in: Speaking of Japan, June 1984

（19） Ralf Dahrendorf: On Britain. 1982　天野亮一訳『なぜ英国は「失敗」したか？』ＴＢＳブリタニカ、一九八四年

（20） ＴＢＳブリタニカ、一九八四年

（「中央公論」一九八五年二月号）

III

パリ国際円卓会議（読売新聞社主催）

日本の擡頭《たいとう》はどのように解釈さるべきか（ポジションペーパー）

本稿は一九八六年九月二十三日～二十五日にパリで開催された国際円卓会議「ヨーロッパと日本——未来への展望」（読売新聞社主催）の第四セッション「二十一世紀へ——未来像の創造に向けて」のポジションペーパーとして執筆された。会議では英訳文が使用された。

一

西欧語に翻訳できない日本語は多数ある。日本の古い伝統文化に関係のある言葉にそれが多いとしても不思議はない。しかし、二十一世紀を目指す日本の政治から文化に及ぶあらゆる分野に共通して、誰もが目標としている合言葉があり、それが西欧語に必ずしもうまく翻訳できないということは何を意味するであろうか？

その言葉とは「国際人」である。「日本人はこれから国際人であれ！」という呼び掛けや、「われわれの目指す国際人とは一体何か？」といった議論が、日本では絶え間なく取沙汰されている。政治、経済、貿易、金融、労働問題は言うに及ばず、教育改革の論議の背後にまでも、国際人であるべしとするこのテーマが底流をなしている。

しかし、西欧世界にはこのような議論は存在しないのではなかろうか。私が知る限りの西欧人に聞いてみると、彼らはまず第一に「国際人」というこの言葉が何を意味するかが分からないというのである。西欧社会には市民間にそういう相互の呼び掛けも存在しないし、合言葉もない。おそらくその理由は、西欧人は現実においてすでに「国際人」であるから、いまさらことあらためてそうなろうとする必要がないのだ、と考えられるためであろう。少なくとも今まではそう考えられてきた。西欧で通用している尺度は、従来、そのまま世界に通用する尺度でもあった。

過去の歴史を振り返ってみると、どの民族も国力の増大していく上昇期には、自国文化の独自性を平然と外部に押し拡げて、自ら謙虚に「国際人」であろうなどとは敢えてしないのが常である。自国文化の尺度がそのまま国際的尺度となるからである。十九世紀の英国、二十世紀の米国の例はみなそうであった。ところで、日本はいまある意味で国力の増大している上昇期にあると思うが、過去の西欧各国の例と違って、その日本において朝野《ちょうや》を挙げて「国際人」であろうとする努力が休みなく話題になっているのはどういうわけだろうか。日本人はいまなお、自分を閉ざされた特殊な民族と意識し、それを克服しなければならない欠点と見做《みな》しているからであろうか。また、日本の獲得した近代技術文明は、一〇〇パーセント西欧からの移植、ないしは模倣摂取の結果にすぎず、日本人の家庭生活、風俗、道徳、商習慣、政治の運営、教育のあり方等は、いまだに封建的に立ち遅れ、より進んだ西欧世界の水準に達していないからであろうか（西欧の雑誌ジャーナリズムが取り扱う「日本特集号」の記事や写真は大抵この見方に立脚している）。

それとも、まったく見方を変えて、次のように考えるべきであろうか。すなわち、近代技術文明はがんらい西欧のそれとは別の母胎から生じたもので、西欧の影響は確かに大きかったとはいえ、それがすべてではなく、西欧人が今なお奇異に思う日本人の生活――宗教、道徳、風俗、商習慣、政治、教育等――に、日本の近代文明の成立の母胎があると考えるべきであり、しかもその母胎の独自性は、古来外に「学ぶ」ことに謙虚な日本人の適応力の柔軟さに支えられてきたと判断すべきではあるまいか。日本人がいま「国際人」になろうと再び謙虚に外の世界を意識している理由は、この性来の柔軟さのゆえではないだろうか。

二

ここで、「国際人」とは何かを今一度吟味してみることにしよう。

現代日本人の考える「国際人」とは、自国を愛し、なお世界的視野で全体を把握できる人、と言っていい。あるいはこうも言えよう。世界各国の異なる生き方、考え方を尊重し、理解し、自分のものの見方を絶対とせず、異なる文化の人びとに自分の物指しを当《あ》て嵌《は》めるのではなくて、彼らの立場に立って考えることが出来て、その上で彼らに自国の文化価値を説明することの出来る人。言いかえれば世界に価値の中心点は何処にもないことを知った上で、なおかつ価値を信じることの出来る人。西欧中心史観（注、世界各国の歴史を西欧の歴史の尺度で判断する立場）が有効でなくなりつつある今の地球上のあらゆる文化圏に通用する「国際人」の資格条件は、およそ右のようなものであろう。

　ところで、「国際人」が右のような存在であるとしたら、日本人がいまだこの域に達するに不十分であることは言うまでもないとしても、西欧人もまた一般にその資格を甚だしく欠いていると言わなくてはならない。一昔前のように西欧人がそのまま「国際人」であるなどとは、今は断じて言えないからだ。それどころか、私の乏しい経験から言うのだが、西欧人にはむしろ真の「国際人」は少ないと言わざるを得ない。彼らは西欧文化にどっぷり浸《ひた》り切っていて、他の文化価値を往々にして評価し得ないからである。彼らはどんなに公正を誇る人でも、無意識裡《り》に、異なる文化圏に、自分の尺度を当て嵌めてしまう過誤を犯しがちである。彼らは異なる文化圏を理解しようとしないのではない。理解のための努力は膨大《ぼうだい》である。ただ、認識の前提が自らの主我的な価値観に縛られているために、必然的に、西欧の外を見る彼らの目は、一定の歪《ゆが》んだ映像を結ばざるを得ない。日本人は彼らの認識の歪みからくる災いをこれまで散々経験して来た。それは低級な興味本位の週刊新聞の記事から、高度の学術論文にまで至り、数え挙げれば切りがない。

　例えば、男女間の関係はがんらい微妙で複雑なのに、日本婦人が社会生活で一般に控えめで、自己抑制的である表面現象だけを捉えて、彼女たちは封建的抑圧下に悩む世界で最も解放されていない不幸な人びとである、と論評するなどがその一例である。各文化圏にはそれぞれ固有の幸福感があり、西欧婦人の幸福感だけが唯一絶対なのではない。

　より高度の形而上学的な問題に関しても、同じ認識の歪みが認められる。前世紀にアジアの宗教に関心を向けたマックス・ミュラー以来の西欧の仏典研究は、仏陀《ぶつだ》の真の言葉とされる経典がアジアに何千何百と同時に並存し、それがアジア人には少しも矛盾ではないというようなことが理解できず、イエスの言葉が唯一無二の真理で、これのみを規範（カノン）とするキリスト教の前提に縛られて、ついに唯一の仏陀の言葉を無理に科学的に分析して、「原始仏典」を割り出した。そういうことが本来の信仰の精神には背馳《はいち》するにも拘わらずである。しかも西欧人はアジアの宗教にこのように自分の宗教観を当て嵌めるだけではない。彼らの中の比較的公正な人々は、西の世界に欠けているものを東の世界にしきりに期待するという先入観にとかく縛られる。すなわちキリスト教の超越的人格神とは完全に正反対の無神論的神格のイメージをさかんに仏陀像の中に求めるという固定観念に囚われ、豊穣なアジアの宗教を、貧しいものへと単純化してしまう過誤を犯しがちである。西欧ではキリスト教の神の観念が、それを逃れようとする覚めた人びとをも、知らず知らずして支配している結果である。――

　現代においてもなお西欧人は、この自己中心的世界像を完全に打ち毀《こわ》しているとは思えない。もとより日本人もまた日本人に特有の世界像に今なお閉ざされていて、その視野からしか世界を見ていないではないかと反論されるかもしれない。しかし、日本人は自分がとかく島国的な狭い視野に閉ざされがちであることをいつも知っていて、これを避けようとする反省意識に休みなく動かされている。日本人がいま「国際人」であろうとけなげに努力し、自分の立場に執着せず、外の世界から謙虚に「学ぶ」という伝統的習性を保持しつづけているなども、そのいい現われである。

　ところが西欧では「国際人」を目指そうという気もないし、そんな言葉に理解もないのである。自分たちの認識の視野がとかく閉ざされがちだという自覚さえ、普通の場合にはきわめて乏しい。ここに一つの決定的な相違、大きな問題が認められる。

三

　予想される二十一世紀の世界は、価値の多元化の一層の拡大によって特徴づけられる世界であろう。活力に富む環太平洋文化圏の他にも、カナダ、オセアニア、南米、イスラム、中国、インド等における歴史の展開は、西欧中心史観ではどうしても説明できない新しい謎と魅力ある輝きを示すことであろう。

　西欧文明はきわめて巨大で、奥深かった。その影響力はにわかに衰えないし、今後もなお、西欧文明という一冊の辞典を引かなければ解読できない諸問題は、地球上に山積しつづけるだろう。なぜなら、自然科学の発達がこれからの世界にもやはり依然として決定的である限り、自然科学――その母胎はアリストテレスとキリスト教である――を産んだ西欧文明が、問題解決の鍵を最も豊富に抱えている事実には、今まで同様にまったく変わりがないからである。

けれども、西欧文明のその豊富な鍵のどれを用いてもどうしても開けることのできない秘密の函《はこ》が、地球上のあちこちに発生することもまた紛れもない。近年における日本の擡頭はその一例と言っていい。非西欧文明圏における初めての、西欧文明圏をも凌ぐ科学技術と産業生産力との結合は、西欧のどの辞書にも書かれていなかった未曽有《みぞう》の挑発的出来事ではなかったかと思う。私は日本の好調を吹聴《ふいちょう》したくてこう書くのではない。日本の擡頭を西欧文明の既存の鍵だけに頼らずして、新しい視点からどう解釈するかが、結局二十一世紀のその他の似た問題、地球上の価値の多元化した諸相を予想していく上での先駆的代表例になると考えたからに外ならない。

この新しい解釈のための一つの事例を取り挙げてみよう。

現代の日本は「民主主義」が比較的順調に機能している国と思うが、厳密に西欧的な民主主義概念をそこに探し出そうとすれば、必ずや失望するであろう。個人の価値を基本に置き、どんな現実解決の前にも弁論と討議を果てしなく繰りひろげる、西欧民主主義のロゴス（言葉＝理性）尊重の姿勢は、日本にはない。個と個の価値の相反の上に成り立つ対話の精神が、日本には欠けているのである。この国で対話と言えば、最初から暗黙裡に了解し合っている事柄の再確認か、微妙な意見の差を調整するための気分的儀式にすぎない。上は国会から下は町の商店主たちの寄り合いにまで見られるこの典型的な日本的風景を、それが西欧の民主主義の既存の型に一致しないが故に、「封建社会の残滓」であるとか、「アジア的混迷」であるとか決めつければ、西欧の昔からの習慣的アジア評価にしかならず、二十一世紀の世界像の創造のためには何ら寄与《きよ》しない結果に終わるであろう。日本の民主主義体制がこの非西欧的性格の故にかえってうまく機能しているという争えない事実を容認した上で、その特性と将来性とを、西欧の歴史用語を用いないで、未知の問題として肯定的に解釈し直して行く必要性を、私は主張しているのである。

四

日本人は厳密な意味における西欧流の個人主義・自由主義を知らない人種である。しかし、それは当然ではないだろうか。西欧人が仏教的な無常感を知り得ないのと同様である。日本人が個人主義・自由主義を完全に獲得し得ないのは、日本の進歩発展がまだ不十分だからだ、というような問題ではない。一般に個人の生き方、集団のあり方、道徳、風俗、商習慣、政治の運営、教育の仕組み、等において、日本は向後何年経《た》とうとも、またどんなに進歩発展しようとも、西欧と同じになることはあり得ないのだ。両文明はもともと基盤を異にしているからである。

ところが、二十世紀初頭から今日まで、擡頭する極東の島国に対する西欧世界の評価には、一つの錯誤がこびりついている。すなわち、日本では個人主義・自由主義が確立していないが故に、労働者は国家や企業への熱い忠誠心を抱き、そのため勤勉に働くことに抵抗がない。日本の擡頭は、民衆のこのような無知ゆえの、社会の封建的立ち遅れゆえの、国家的強さに外ならない。言いかえれば、日本の進歩発展がまだ不十分だから、国家全体としての強さが発揮されているのである。しかしやがて日本が西欧と同じ段階に発展すれば、日本の民衆もいずれは個人主義・自由主義の魅力を覚えるようになるだろう。そうすれば、労働意欲も次第に下降し、社会内の団結力も緩み、日本は国家的後退を余儀なくされるに違いない……。

以上のような西欧側の評価は、第一次大戦の頃から今日まで、しかも私が目にするごく最近の各種の日本論評の背後にまで、さまざまな形で忍び込んでいる。これはおよそ次のような前提の上に成り立っている。すなわち西欧の個人主義・自由主義が人間の生き方として世界で最も上等で、快適で、魅力に富んでいて、従って地球上のあらゆる地域の人間はこれを手に入れようと努力し、あらゆる国々の歴史はこれを実現するために西欧の歴史の跡を追っかけている、という前提、一つの途轍《とてつ》もなく傲慢な前提の上に成り立っているのだ。おまけに、西欧人は上等で快適な生き方をしているだけに、社会内の団結力が弱く、目下《もっか》生産性が阻害され、劣勢に立たされているのもまた止むを得ない、という自己弁解をも内に含んでいる。

西欧に流布している以上のような謬見《びゅうけん》ほどに、二十一世紀の未来像の形成にとって阻害要因になるものはないであろう。なぜなら、日本に限らず、西欧以外の地球上のいかなる国々の近代性も、この見地に立てば、永遠に贋物《がんぶつ》性を脱し得ないことになるからである。

キリスト教を背後に持った近代社会だけが唯一の近代社会なのではあるまい。このことを日本ほど劇的に証明した例はない。日本の近代社会は、西欧に接触する以前の江戸時代に早くも端を発していた。決して昨日今日に出現したのではない。西欧の影響だけから出来あがったのでもない。

日本がどんなに進歩発展しても、西欧と共通し得ないものがある。すなわち、個人の生き方、集団のあり方、宗教、道徳、風俗、商習慣、政治、教育、等々がそれだが、一口で言えばこの日本の文化そのものが、近代社会の成立の母胎なのである。日本の歴史の中の西欧と共通するものだけが、母胎なのでは決してない。これは何としても誤解されてはならない点である。

西欧から日本を眺めていると、どうもこの点が違って見えてくるらしい。日本の中の西欧と共通するもののみが近代的に見え、古来の特殊日本的なものは近代性の正反対に位置しているように見えるらしい。しかし、断じてそうではないのである。

歴史は複合的、総合的に展開するものである。西欧近代の規範に当て嵌まらない特殊なものは近代的でない、と簡単に考えられてはならない。キリスト教の色彩を帯びていない、儒教や仏教の影響下に置かれた「近代性」というものもあるのだということを認めることから、すべての議論が開始されなければならない。

本稿で私が強調したかったのは、西欧も日本も、それぞれがそれなりに閉ざされた世界であることを互いに認め合いたいということである。一方が普遍で、他方が特殊なのではない。ある文明を特殊とかユニークとか呼ぶと、どこかに普遍があり、普通（コモン）があることになるが、そんなものは今の地球上の何処にも存在しないのだ。もし日本が特殊だというのなら、西欧世界も一つの特殊なのである。私が本稿で繰り返し述べて来たのは、西欧人へのこの点での自覚の呼び掛けである。

昨年ある英国の外交官が日本を「a country apart」と呼んだ。apart は、out of the common（普通から外れた）の意味である。まだこういうことを平然と語る西欧人の少なくないのに驚いているが、二十一世紀の世界像の形成のためには、他の文明を apart と呼ぶのではなく、他から見たら、ひょっとして自分の文明も apart と見えるのではないかという謙虚な自省こそが必要であろう。実際、見地を変えれば、往々にして英国などは私にはカプセルに包まれた国のように見えることがあるのである。

自分の視野が特殊に閉ざされがちであることをいつも知っていて、異なる文化の人々に自分の物指しを当て嵌めるのを極力避けようとするのが、日本人の理想としているあの「国際人」の精神である。日本人はこの精神を身につけるのにまだ十分とは言えないが、二十一世紀の世界像の創造のために、あらゆる国の人々に、ことに西欧文明圏の人々に、声を大にして求めているのがこの「国際人」の精神であることを、あらためて最後に強調しておかずにいられない。

(『西尾幹二の思想と行動②』に初めて収録)

西欧の自閉　日本の無力

ヨーロッパから十二人、日本から七人の知識人が相集う国際円卓会議「ヨーロッパと日本——未来への展望」（読売新聞社主催）が、一九八六年九月二十三日～二十五日の三日間、パリで開催された。私はそれに参加した一人として、若干の感想を述べようと思うが、延べ十四時間、十九人が参画した大討論の全貌を概括《がいかつ》することは不可能だし、意味もない。内容のあらましは「読売新聞」同年十一月二、三日付の紹介に譲るとして、私自身はあくまで、自分が関与した、個人的に興味を覚えた問題点にだけ絞って、考えを整理してみる。

ヨーロッパの自尊と弁解

しかしその前に、四年振りのヨーロッパ訪問で得た幾つかの印象を、前置き代わりに報告しておきたい。

パリの会議の後、十月六日、私はミュンヘン大学の書籍売場にいた。新刊の書棚を見るともなく見ていると、『会社——日本の成功の秘密』という派手な装幀の本が目に入った。中年の女性店員曰く、「この種の本が最近ときどき出ます。日本は今までわれわれの文化や技術をコピーして来ましたが、近年自分自身の科学技術《テクノロジー》を持つようになったためでしょう」。「近年とはいつのことですか？」と私は訊いた。「ここ三、四年だと思います」。「それまで日本人がしたことは全部コピーだったのですか？」と私はすかさず念を押した。「そうと違いますか。ドイツでは皆さんそう言ってますけれども。私自身はそのように聞いたり読んだりしているだけですが」と、彼女は少し当惑したような微笑を浮かべた。話はこれだけである。ヨーロッパ人のごく平均的な日本像の一面であると思う。

今夏BBC放送が「ヨーロッパの栄光」と題する八回のテレビ番組を流した。ヨーロッパは科学技術と自由、人権、進歩の思想とによって世界を征服した。ギリシア・ローマ文明はヨーロッパにしか拡がらなかったが、ヨーロッパ文明は地球上の全地域に拡がった。ただし、地球上の各所で、この文明を単に受容するのではなく、それに参加するという新しい例が幾つか見られるようになった。その結果、分家が本家を、贋物《にせもの》が真物《ほんもの》を凌駕《りょうが》し、打ち負かすという事態さえ起こるようになった。しかし、それはヨーロッパの栄光でなくて何であろう。ヨーロッパの価値が地球の全域に拡がった証拠なのであるから。……というようなコメントが毎度語られ、番組の初めと終わりに、栄光を象徴する月桂冠が映し出されて、念の入ったことに、その葉がはらりと一枚落ちる処まで示されたという。

この番組を私自身は見ていない。在ケルン日本文化会館長小塩節氏から詳しく聞いた通りに書いてみた。いかにも今のヨーロッパ人が作りそうな番組ですね、と私は氏に言った。「ヨーロッパの栄光」を讃える番組を作ったのがアメリカや日本の放送局なら、少しも疑問とするに当たらない。ヨーロッパ人自身が、今頃になって自分の栄光を讃えている処に、私は何か釈然としないものを感じた。しかも、月桂冠の落葉によって、斜陽を一方で意識しておきながら、非ヨーロッパ世界は今なおヨーロッパの価値の出店であり、出張所であり、ヨーロッパの「自由、人権、進歩の思想」を追いかけ、そっくりそのままコピーしようとしているものと決めこんで、そこに彼らの自尊心をつないでいる処に、私は本来のヨーロッパ人らしからぬ、自己弁明めいた女々しささえ感じたのである。

比較できない文化意識

西ドイツ滞在中に気がついたのだが、この国は一九八二、三年頃の「暗い時代」を脱したせいか、日本を愚弄するような、ひところのヒステリックな雑誌記事が影をひそめた。私はイギリスに滞在した一週間、日本の産業スケールの巨大さを、西ドイツ滞在中よりも強く感じた。日本人ビジネスマンの顔写真が英国の銀行の新聞広告に再三採用されているのを見て、日本人が産業経済の面で、期待され、信頼されている度合いが、並々ならぬものであることを知った。だから、ヨーロッパは今までと異なり、自分中心のものの見方を改めるようになった、と一部の日本人は今しきりに主張するのだけれども、私は俄《にわ》かには信じ難いのだ。

イギリスにおいても、西ドイツにおいても、日本に関するイメージで相応の理解と評価が示されているのは、禅・能・歌舞伎・庭園などの古い文化と、自動車・半導体・コンピュータ・会社経営法などの産業文化と、もっぱらこの二つばかりである。二つのイメージが突出し過ぎ、中間にあるべきもの——現代日本人のいわば普通の精神生活——がすっぽり欠け落ちているのに気がつく。ヨーロッパ人は自分の精神生活の優位を疑わず、外の世界の精神生活に関心を持ち得ないためではないか。そのような前提で描かれた日本像が、材料面で若干新しくなっても、従来の日本像と構造的に何も変わっていないのもまた当然である。

パリ国際円卓会議の会場風景

私がここで言う日本人の精神生活とは、個人の生き方・集団のあり方、すなわち日本人の自我、そこから派生する道徳、風俗、労働慣行、商習慣、政治の運営法、教育の仕組み、等、一口でいえば日本の今の文化のことだが、ヨーロッパ人はこれを自分たちの現代文化と等価のものとして尊重する姿勢を、いまだにまったく持っていないように私は思う。ヨーロッパが潜《くぐ》って来たあの「自由、人権、進歩の思想」に照らしてみて、日本人の精神生活は余りに遅れていると考えるか、基準に合わず、特殊に閉ざされていると考えるか、のいずれかなのである。その証拠といってよいと思うが、突出した新旧二つのイメージをめぐっては、数多くの日本論が出版されているのに、中間にある現代の普通の精神生活に関する情報は（愚弄する目的ではなく、評価する目的なら尚さらに）、じつに微々たるものなのである。今春、ヴェネチアとケルンで明治以来の日本人の洋画展が初開催され、日本にもヨーロッパと同じ近代絵画の歴史があったということを初めて知って、驚きかつ当惑した彼《か》の専門家たちがいかに多かったかを、今あらためて考えてみる必要があるだろう。

勿論、現代日本人の暮らし方とか文化とかが一般にヨーロッパからみて魅力を欠くことの一半の責任は日本にもあるが、ヨーロッパ人が自分の側の動機――自分の精神生活の基準を日本に当《あ》て嵌《は》めるだけで、その前提を壊したがらないし、壊さないでも済んできた今までの世界状況――にかなり原因していることもまた、一面の真実ではなかろうか。ヨーロッパ人が今なお日本観のこの惰性の中にあることは止むを得ぬとしても、日本人までが彼らのその前提に阿《おもね》り、その枠にすぽっと嵌まった思考形態に陥る必要が何処にあるであろう。

ヨーロッパ人はアメリカの擡頭《たいとう》以来、アメリカには文明はあるが文化はない、と言いつづけて来た。この安易な定義づけほど、アメリカ文化への最大の誤解であったものはない。ヨーロッパ人は今日本を評して、現代の日本には産業はあるが精神生活はない、と決めつける固定観念を流行《はや》らせている（日本人は〝働き中毒〟でその暮らし振りは非文化的だというのは、まさにその手の、ヨーロッパの暮らし方を押しつける決めつけの典型である）。

ドイツの代表紙に載ったある日本の若いドイツ文学者のエッセーについての噂を聞いた。何でもその若いドイツ文学者は、日本人は自我に対する疑いをまったく持たない人種だ、と書いたそうである。否、日本人には自我がない、とまで書いたという。自我がないから日本ではヨーロッパから美しいもの、進んだものだけをどんどん取り入れ、文化が薄っぺらになっているが、自分はそういう自己喪失者の群がる環境の中でドイツのある詩人に出会い、近代精神の物凄さを知った。……大略そういう方向のエッセーだそうだが、ヨーロッパ人がどれくらいこういう日本人の文章を狂喜し、歓迎するかは想像に余りある。日本人は自我のない人種だ、と日本人自らが言っているのだからまず間違いない、と彼らは安心する。そしてヨーロッパ的自我の病んでいる部分には目を塞《ふさ》ぐ。若いドイツ文学者は自分が無意識に、現代ドイツ人の心理に阿《おもね》っていることに気がついていない、それほどに自己把握が薄弱なのである。

経済や技術は比較できるが、文化意識に比較が及ぶと、どうしても不正確になる。否、ときに途方もない誤解を招く。日本人の自我はヨーロッパ人のそれに比して弱い、とまでは言い得ても、日本人には自我がない、などとは言い得ない。自我のない人間なんかいないからだ。自我のあり方が異質である、と言い直したにしても、自我とか異質とかいった同じ言葉の中に、彼我《ひが》が認識する内容はときに百八十度も逆になる。一般に日本人社会はヨーロッパ的な「個人」の意識ではなく人間と人間との「関係」を尊重するが、ヨーロッパ人にはこのことが理解を絶していて、従って彼らはそこに、端的に人間の世界ではなく、猿の集団のようなものを連想してしまいがちなのである。

だから、同じ言葉の中に双方が違う概念を表象しているという事実を、われわれは日欧問題を考えるときの考察の出発点としなくてはならないであろう、と、私は差し当たり示唆しておきたい。

テロを危ぶむパリで

パリの国際円卓会議は四セッションに分かれていたが、全員参加・全員討論の形式だった。初日は「民主主義・社会主義・福祉国家」をめぐる政治的主題を扱い、二日目の前半は経済の、後半は科学技術の現代文明における諸問題を討議した。そして最終日は「二十一世紀へ——未来像の創造に向けて」という題であるから、要するに総論であり、締めくくりであり、文化全般に関わるテーマを論じ合ったといえよう。

各地から集まった顔触れは、フランスから日米欧三極委員会のヨーロッパ委員長ベルトワン氏他二名、イギリスからサセックス大学科学政策研究所副所長パビット氏他一名、西ドイツからキール世界経済研究所所長ギールシュ氏他一名、オランダからOECD開発センター所長エメレイ氏他一名、そして異色の参加としては、アイスランドから現職の首相ヘルマンソン氏、ポルトガルから元首相ピンタシルゴ氏(婦人)、加えて、社会主義圏から唯一人ポーランド科学アカデミー会員シャフ氏、といった面々である。日本側の参加者は、石井威望《たけもち》、加藤秀俊、舛添要一《ますぞえ》、武者小路公秀《きんひで》、西部邁《すすむ》、篠原三代平、それに私の七名であった。

会議に先立って、数カ月前に、参加者はポジションペーパーといって、自分が語ろうと思うことの大略を、小論文に纏《まと》めて、提出しておいた。和文と英文との両方で読めるように用意がなされていた。私自身は最終日の総論のセッションを当てられたので、「日本の擡頭はどのように解釈さるべきか」と題した、西欧側に質問を発するペーパーを提出していた(本巻III所収)。

三日を通じた討論の場所は、欧州評議会のパリ支部会議場で、三人の日本婦人による同時通訳が用意されていた。丁度《ちょうど》その頃はパリで無差別テロが連続していた時期であり、市役所で、警察署で、デパートで、爆弾が破裂しては市民を殺傷していたが、幸いなことに会議の期間中は何も起こらなかった。

西部邁氏のペーパーについて

会議ではまず、フランス国際関係研究所長のド・モンブリアル氏が口火を切り、十六世紀以来、政治と経済に合理性を求めてきたヨーロッパでは、つい最近まで、歴史はある特定の進歩という方向に向かって歩いているという信仰を棄て切れないでいた。しかし七〇年代に共産主義のユートピアが完全に崩壊し、同時に、日本の働き過ぎの能率主義も西欧のモデルにはならないことが分かってきた。にも拘わらず、とド・モンブリアル氏はここで強調したのだが、日本がやっているゲームをわれわれも引き継いでいかない限り、これからはわれわれもやっていけないのではないかとも考えている。「価値観はその国の威信《プレステイジ》に結びつき、威信は力に結びついている。力を持たない国が発言権を持つなどと思うのは幻想である」と断じ、後にこの点でポーランドのシャフ氏に嚙《か》みつかれ、二人は言い合いをしていた。が、ともかくこのように開会直後のフランス人の第一声に、早くもヨーロッパ人の本音はさらけ出されたのである。

さらにド・モンブリアル氏はこんなことまで言った。

「フランス人は特権的価値観を有する国民だから、われわれフランス人が世界を支配してもよいと考える人は、今でもフランスにきわめて多いが、この考えは現実の国力との間にギャップを生じ、われわれを困惑させている」

これほど率直に語る例は稀である。と同時に、大変に傲慢《アロガント》なものの言い方だともいえる。以上彼が述べたことを裏返していえば、日本人と同席し文明の未来を共に語るなどということは、十年前までは（否、五年前まで！）まったく考えられないことであった。最近では日本にも力が出て来て、威信《プレステイジ》も伴ってきたので、席を共にしてやろうではないか、と宣言しているにもほぼ等しいのである（フランスの知識人にこの手の堂々たる地中海文明中心主義者が多いことは——英独には意外と少ない！——周知の事実である）。

イギリスのデュシェーヌ氏は、過去二百五十年にわたり爆発的な変革をつづけて来たヨーロッパで最近「この先はどうなるのか」という疑問や不安が拡がっている事実を正直に認めた。西ドイツの「ディ・ツァイト」紙国際問題担当員のベルトラム氏は、「今は過去の方法のあらゆる妥当性が失われ、一つの時代の終わりに来ている」と認識、その中で、世界が相互依存を必要としているにも拘わらず「人の心の中に障壁を作ろうとする」動きがあると警告した。

アイスランドのヘルマンソン首相の発言が皮切りになって、西部邁氏のポジションペーパーが西欧側から（少なくとも数氏から）名指しで賞讃を浴びたことが、第一セッションを通じての大変に目立ったトピックだった。本稿の主テーマに関わりがあるので、以下字数の許される範囲で要約、紹介する。

パリ国際円卓会議にて（左が著者、右が西部邁氏）

西部氏は現代日本を「高度大衆社会」として、きっぱり否定的に定義した。ヨーロッパは近代と近代への懐疑、進歩主義と伝統主義の二重性から成るが、近代日本は前者のいわば表側の価値だけを受け入れ、純粋培養し、「近代への懐疑を大幅に削《そ》ぎ落としてきた」。その結果、産業主義の果実である物質的技術的快楽と、民主主義の成果である社会的平等とのみをひたすら享受する大衆社会化を成功させるに終わった。

「日本が技術的快楽と社会的平等という近代的な価値基準において多大の〝成功〟を収めたのは、近代への懐疑を投げ捨てたからである。逆にいうと、ヨーロッパがその基準からみて遅れをとっている最大の理由は、その基準自体を疑いつづけてきたからではないだろうか。……（疑いが）文化の質を保持するために必要だったのだとすると、日本の場合には、産業主義および民主主義の成功によって文化の失敗を招来したのだといえる」と断定した。

さらに氏は、その原因として、日本とヨーロッパにおける個人と集団との関わり方の相違を分析し、両者の関わり方の日本的特質が産業主義において有利である半面、「人文思想的の《（ママ）》知識を発達させる」懐疑の力を養う上では不利であることを指摘し、「一般的にいって、日本の産業的および民主的成功がヨーロッパから恐れられこそすれ、かならずしも敬意を寄せられないのは、こうした文化的安定性ゆえの文化的貧血のためであろうと考えられる」と断じた。

以上は氏の文章の前段の要約で、舌足らずはお許し頂きたい。

　私の読者なら、私もまたこの論法のどこか一部と構造的に似通ったヨーロッパ論を過去に書いていることに、お気づきであろう。私はヨーロッパを基準にして日本の文化的貧弱さを高飛車に裁いたことはないが——自分もまた日本人の一人である以上、自分だけが高い文化圏にいるかのような顔は出来ないからである——、ただ、ヨーロッパにだけ即して考察すれば、近代的価値の背後に、反近代の価値意識が底流をなしていて、つねに進歩的未来主義に対する歯止めの役割を果たしてきたこと、もともと日本の風土には存在しない、個と集団の激しい緊張の中から、「人文思想的な知識」の蓄積の基礎をなすヨーロッパ一流の貴族主義的精神が育まれて来たこと、等は、私自身の念頭からもつねに離れたことのない主題だった。プラトンからカント、ヘーゲルを経て今日に及ぶ「人文思想的な知識」が、非ヨーロッパ世界の思想に座標軸を与えつづけていることもまた、あらためて言うまでもない。

　ところで西部氏は後段で、現代の産業主義やビジネス文明は姿を変えた進歩主義信仰であり、日本だけでなく、あらゆる先進国において、保守派が「伝統を破壊してやまぬビジネス文明を保守する」という「倒錯」に陥っていると、大変に鋭敏な指摘をしている点に私は注目した。私はこの洞察には敬意を表する。ただ、もしそうだとすれば、ヨーロッパもまた「産業主義やビジネス文明」に汚染されている点においては、日本と本質的には何の違いもないということになりはしないだろうか。十九世紀後半にニーチェやブルクハルトがヨーロッパの金権思想と文化の衰亡を批判したが、その後実際には何の自己訂正もみられなかった。第二次産業革命、能率万能主義、植民地主義、工業技術礼讃、そして全世界の市場支配は、つい先頃までのヨーロッパの現実だった。ヨーロッパはある意味では今の日本より以上に「産業主義とビジネス文明」の主舞台だった。「産業は成功したが文化は失敗した」は、西部氏の言うように日本の問題であるだけでなく、じつはヨーロッパの現代の問題でもあるのである。

　西部氏のポジションペーパーは以上見た通り秀れたヨーロッパ理解を含んではいるが、間違いは、文化比較を導入したこと、そしてヨーロッパが今産業主義において半歩後退している点を彼らの文化的優位としてやや美化し過ぎていることである。それだけならまだいい、氏がそこから一転して、現代日本の文化の断罪に走ったのは、余りにも大雑把《おおざっぱ》な観念論でくくり過ぎていはしないかと私は思った。

氏によれば、ヨーロッパ人は進歩への懐疑を抱いているので、「文化の質を保持」することに成功し、日本人は進歩信仰に溺れているので、「文化の失敗を招いた」というが、果たしてそんなことが簡単に言えるだろうか。今のヨーロッパに昔日《せきじつ》に比すべきどんな質の高い創造的文化があるというのか。また現代日本の成果が今恐れられこそすれ「敬意を寄せられない」のは、私見では、先述の通り、ヨーロッパ人の日本をそう決めつけたい自己閉鎖性にも原因の一半はあると思うのに、氏は日本人の「文化的貧血」のためであると、責任はことごとく日本人にあるかのように自己卑下《ひげ》する。そして、そのような日本否定論、ヨーロッパ礼讃論を、ヨーロッパ人の目の前で展開したのである。

私は西部氏に迎合の下心があったとは決して思わない。氏はヨーロッパ在住者ではないし、彼《か》の地の心理的委曲に通じる仕事にも従事していないからだ。ただ、現代文化の衰亡という日欧に共通する問題を、明らかに次元の異なる日欧比較の場に持ち込んで、産業主義・民主主義・大衆社会の軽薄さがさながら日本にはあって、ヨーロッパには存在しないかのごとき論を、ヨーロッパ人の眼前で展開することがどういう効果を生むかに、氏が余りにも不用意、ないし無防備であった謗《そし》りは免れないと思った。

氏のペーパーが西欧側の参加者から賞讃を浴びたのは、私には当然すぎるほど当然のことと思えた。ヨーロッパ人が今一番言ってもらいたい微妙な一点に触れているからである。すなわちヨーロッパの半歩後退が文化的精神的優位のゆえであるという、あのポイントを快くくすぐる結果となってしまったからである。実際、雑誌などを読むとすぐ分かるが、日本は産業面で成功したが、精神生活面では問題があり、やや劣っているというのは、いまヨーロッパの到る処に拡がっている一種の合言葉であり、通念である。というより、おそらく日本をそう見たいという彼らの願望なのである。彼らが日本に抱いている大体の概念《コンセプト》はみなこのラインに沿っている。西部氏の文章は重厚で、哲学的味わいもあり、堂々としていることを私は評価しているが、ある種の不用意から、日本人を自我のない軽薄集団のように捉えたあの若いドイツ文学者と似た印象を与えた一面がないわけではない。七人の日本人の論文の中で、氏のそれが一番西欧側の習慣化した日本像の枠組みにすぽっと嵌まっていたことだけは争えない。私は氏の文章に西欧側参加者が並々ならぬ関心を寄せたことに、ヨーロッパ人が結局は自分の習慣化した思考の外に出られない外光拒否型の人種であること、彼らはわれわれが彼らに歩み寄って来ることだけを期待する怠惰な自尊を脱け切れない事実を、あらためて知ったのである。

白熱化する日本人同士の論争

私の覚えている限り、西部論文に疑問を表明したのは、私の他には経済学者の篠原氏ひとりであった。氏は西部論文が日本の現実に必ずしも即応していないとの見地から反論した。日本人の産業主義、すなわちよく働く集団主義的傾向には、日本独自の宗教的歴史的背景があり、従って「文化の失敗を招いた」などとは一概には言えない、と。よく働くとか、実用面に強いとか、ヨーロッパ人からみて文化的とは思えない事柄の中にこそ、日本人の文化があるとむしろ逆に考えなくてはならないという意味である。

西欧側参加者は、西部論文を切っ掛けに、その後一斉に日本に対する注文や疑念の声を高めた。日本は産業面で成功したが、精神文化面では問題があるという、西部論文といわば基調を一つにする日本批判——勿論その中には傾聴しなくてはならない貴重な意見も少なくなかった——が、相次いだ。

西ドイツのギールシュ氏は、日本は国内に敢えて異民族を受け入れるという、われわれのしているような倫理的努力が足りないのではないかとの疑問を投げ掛けた。フランスのベルトワン氏は、日本は経済的に成功したもの の政治的にそうとは言えず、西ドイツの方が同じ敗戦国でもよほどうまくやっているように思う、と批判した。さらにイギリスのデュシェーヌ氏は、日本は産業優先で来て、成長に対する懐疑的精神が消滅した、と西部氏と同じような判断を示し、追いつけ追い越せの精神だけではおそらくもうやっていけないのではないか、と質問した。

いずれも日本の国内で言い尽くされている内容ばかりではあるが、日本の将来にとって無視し難い、重要な問題点であることだけは間違いない。

私自身はそれらを全部承《う》けたわけではないが、約二十分にわたり大略次のような意見を開陳した。——「西部論文が歓迎されたのは、ヨーロッパ人を喜ばせ、勇気づける言葉が見られるからだと私は思う。そこで私は敢えて逆の道を選ぶ。私はこれから西欧側参加者にとって耳の痛い、苦い言葉ばかりを並べるからご承知頂きたい。それによって皆さんにより生産的な自己懐疑の念を喚《よ》び起こすのが私の目的である。

日本の産業優先と能率万能主義とが批判されているが、それらはヨーロッパのかつてのお家芸であったではないか。それでいてヨーロッパは内部に古い伝統文化を擁《よう》し、この新旧の二重構造が嚙み合っていた。それがわれわれを魅了し、圧倒したのだ。しかし、今はもはやそうではない。かつては教育における階層差別、貴族主義的精神と大衆社会と――この二つの織りなす緊張と調和が、ヨーロッパの偉大さをなす点であった。それが、前衛と伝統、最先端の科学技術と保守的な市民意識と、この新旧二面を両立させて来た文化形成の母胎であった。ところが今のヨーロッパに、今世紀前半まであった貴族主義的精神は存在しないし、かといって日米のような『高度大衆社会』も実現されていない。どちらでもないその中途半端さ、不徹底さが、今のヨーロッパの最大の問題である。

相変わらず日本人を〝働き中毒〟だと規定している論文が西欧側にあったが、例えば十九世紀後半から百余年のドイツ人は一体〝働き中毒〟でなかっただろうか。先端技術と産業絶対主義に邁進《まいしん》したのは、かつてヨーロッパ以外の何処の文明であったであろう。私は今のヨーロッパ人のいわゆる『懐疑』というものを、西部氏ほどに信用する気になれない。自己弁解を内に蔵しているやに見えるからである。かつて科学技術で劣勢にあった一九三〇年代の日本人が、武士道や古神道を持ち出したように、日米のハイテクノロジーの優位に関聯《かんれん》して、今のヨーロッパ人がしきりに自らの伝統文化からくる精神的道徳的優位ゆえの立ち遅れを主張するのを読むと、かえって情けない気になってくるのである。そこには根の浅い防衛意識、自らは気がついていない心理的な自己欺瞞《ぎまん》さえ感じられるからである。

西部氏は現代の日本には文化がないと言ったが、しかし私の見る限り、まだ雑草のような生命力だけはヨーロッパよりも立ち勝《まさ》っているように思える。そこに西欧とは異質な宗教的背景があると言ったのは篠原氏だが、問題はヨーロッパにおいて生命力そのものが弱まっていることである。先ほどギールシュさんは西ドイツの異民族の移入を『倫理的』と呼んだけれども、果たしてそうであろうか。私の知る限り、西ドイツは人口の急速な低下に悩み、七パーセントの外国人労働者を一二パーセントに引き上げて、窮状を切り抜けようとしていると聞く。出生率の低下は、西ドイツの親たちの利己主義、安逸と快適な生活のために子供は邪魔だという思想に基づくと聞く。これこそまさに、生命力の衰弱以外の何ものでもないだろう。いったいこれがどうして『倫理的』行為なのであろうか。外国人が増大し、ドイツ文化は危殆《きたい》に瀕《ひん》している。二〇五〇年にはドイツという国家がなくなるという冗談話さえ耳にする。それがドイツ市民の物質的快楽の維持のためだとしたら、一体何が『倫理的』であろう。私が愛し、かつ尊敬していたドイツは、今何処へ行ってしまったのか。私のヨーロッパに対する感情はアンビヴァレントで、愛憎こもごも入り乱れている。ヨーロッパは古い伝統文化と新しい革新精神とを共に調和的に具《そな》えた、堂々とした、偉大なヨーロッパであって欲しいのだ！　それが私の真意である。ところが現状は一体何ということか！　ただただ情けないという外はない！」

　というような調子で、言うべき必要のあることだけはこのとき全部言っておいた。イギリス人のパビット氏がすぐ反応し、今ヨーロッパに対する大変にフランクな批評を頂いたが、ヨーロッパもまた大衆社会の俗悪化に陥っているのは仰《おつしや》る通りで、残念な点だ。ただし、ヨーロッパの科学技術にダイナミズムが失われたと考えるのは早計で、まだ勝負はついていない、と反論した。ここで舛添要一氏が、西部と西尾の二人の論を自分は黙って拝聴していたが、どちらにもヨーロッパへの劣等感があり、一番若い自分は世代の差を感じる、と言い出したのには驚いた。氏は自分はヨーロッパ育ちで劣等感も優越感も持たないので二人の論を理解し難い、と、このような問題提出の場面に「個人事情」とやや見当外れと思われる「世代論」を持ち出したために、討論の糸が切れてしまった。

　西部氏と私との提出しているような日本とヨーロッパの歴史に関わる本質的考察に、いったい「世代論」や「育ち」が有効であろうか……。舛添氏にきっぱりと反論したのは私ではなく、西部氏の方だった。氏は「劣等感があるのかと問われるのなら、〈そうです。私には劣等感があります〉とお答えするだけです」と言って、後は黙った。勝手に誤解するならするがよい、という態度で、氏には潔《いさぎよ》い処がある。氏は私の批判にもこのときは一言も応酬しなかった。

石井威望氏のペーパーについて

今回のシンポジウムは日本人同士が激しく論争し合った点が目立った特徴であった。わけても私と西部氏の意見の相剋《そうこく》は四セッションのうち三つにまで影響した。日本人記者席からは「西―西論争」などと冷やかされたが、ヨーロッパ人の眼前で、日本人同士が互いの主張をぶつけ合う光景は、おそらく彼らにとっても新鮮な興味の対象であったかもしれない。日米欧三極委員会欧州委員長のベルトワン氏が、会議の最終日に、主催者の新聞社幹部に、今回は日本人が決して同質的ではなく多様性を持つ国民だとの感じをあらためて持った、と告げたそうだ。

しかし、私と西部氏との間に果たして根本的な思考の対立があったのかどうかは、今になってみるとよく分からない。西欧文明に対する尊重の念はどちらも変わらない。ヨーロッパを普遍的文明と見做《みな》し、日本がそれに包《ほう》摂《せっ》され、規定されている宿命を強調すれば、必然的に西部氏の論になる。逆に、日本がヨーロッパから完全には規定され得ない、はみ出す部分をより積極的に評価すれば、ヨーロッパは日本の外にある一つの閉鎖文明圏に見えてくる。そこをクローズアップしているのが私の立論である。

そうはいっても、この二つの論は必ずしも対立していない。私の内部にも、ヨーロッパに規定され、支配されている要素が厳然と存在するからである。「内なる西欧」は十九世紀末の理想化されたヨーロッパを基準にしているので、とかく日本の現実を裁く自己批判の形式をとり易い。西部氏の論はその線に沿っている。が、「内なる西欧」が実際のヨーロッパ社会の姿から余りにかけ離れ、形骸化すれば、自己批判も無力に見えてくる。私が問題にしたのはその点である。とはいえ、この二つの方向は相互に絡み合っていて、定かには区別し難いというのが実情に近いと思う。だが、今回のように、ヨーロッパ人の前に自分の立論を明示するとなると、どうしてもいずれかの方向を強調せざるを得なくなる。時と所を変えれば、西部氏も日本を擁護してヨーロッパを批判するかもしれず、私もヨーロッパを理想化して日本を断罪するかもしれないのである。問題はきわめて可変的である。ただ、今回は、二人がそれぞれ異なる方向を強調することを選択した。横光利一『旅愁』の中に、西欧絶対化論者の知識人と日本擁護の知識人が二典型として描出されているが、ひょっとすると西部氏と私とは、一九八〇年代の『旅愁』を、テロの激発するパリで期せずして演じているのかもしれない、との感慨は、会議中の私の念頭から ずっと去らなかった。

「科学技術文明と現代」と題された第三セッションでも、西部氏は場を盛り上げる面白い発言をした。

「新産業革命とか情報化社会とかは、自分には空しい言葉に思えてならない。人類は技術革新の可能性を必然的に選択しなければならないと思い込んでいるが、これを選ばないというもう一つの選択肢もあり得る筈だ。新技術にすぐ飛びつくのは、その間の慎重な考慮、思考のプロセスを省いているからではないか」

これに対しては、なぜ新技術を避けようとするのか分からないとする加藤秀俊氏から、コンピュータによる新しい文盲の出現を危ぶむピンタシルゴ氏らの技術懐疑論に至るまで、多様な意見の飛び交う中で、十分な理解を得られず、多くの人から実現不可能な空想論として、否定された。私もまた「根本的な問いは往々にして不毛である」などという憎まれ口をきいて、氏に反対した。

私は、新産業革命とか情報化社会とかいう言葉への西部氏の不快感には共感したが、氏の理想論は突きつめていけば、個人的にヒマラヤの山奥へでも逃避するという形式のラディカルな解決策をしか生み得ないのではないか、という意味の発言をした。この他にも技術と現代社会をめぐっては、原発事故、緑の破壊、生命倫理の問題、コンピュータと失業、等々、さまざまな主題が多様に討議されたが、今それらをいちいち報告する意図は私にはない。前にも述べたように、本稿の目的はシンポジウムの概括ではない。日本とヨーロッパの接点ないし対決をめぐるテーマに、私の関心は絞られている。

石井威望氏のポジションペーパーは、最近の情報技術の目ざましい革新を、ルネサンスの三大発明にも比すべき人類の重大な転換点だと述べたが、イギリスのパビット氏が、今新しい技術革命・産業革命が起こっているのかどうかも疑わしい、と留保したのは印象的であった。しかし石井論文に盛られた、日欧文化史の上で看過ごせない重要な一点——漢字のワードプロセッサーの開発が持つ新しい意義の指摘——に、西欧側参加者の好奇心がまったく動かなかったのは、ある意味で象徴的な出来事に思えた。石井氏は「文化的、歴史的蓄積の異質性」がかえって技術的には「重要な活力の源泉」になることを語り、簡単に「コード化されない部分」がむしろドライブになって、技術の思い掛けないフロンティアが開かれている現状を説明した。これはヨーロッパよりも日本が、日本よりもアジアの他の地域が、予想外の新展開を示す可能性を示唆したものである。合理的言語を持つ世界がかえって不利になるという、従来の「先進＝後進」の図式を覆《くつがえ》すこのような新しい見方——素人の私には正否の判断は勿論できないのではあるが——に、本来ならヨーロッパが、心を動かされ、ある衝撃を受け、いろいろな考えを脹《ふく》らませ、従ってもっと熱心に質問したり、討議を加えたりするべきはずのものであろう。勿論、信じ難いというのならそう素直に言えばいいのだ。場にいたヨーロッパ人のほぼ完全な沈黙と無関心は、一体何を物語っているのであろうか。

私はヨーロッパが余りに厚い壁に取り巻かれた、閉ざされた文明圏であることを痛感し、本稿でもその点を強調して来た。石井論文の挑発的な問題に背を向ける彼らの姿勢は、ヨーロッパ文明の障壁の厚さ、その中での彼らのみごとなまでの自己完結性、ないし自閉症を示す一例であるようにさえ私には思えた。

日本の擡頭はどのように解釈さるべきか

最終日にセットされていた私のポジションペーパー「日本の擡頭はどのように解釈さるべきか」（本巻Ⅲ所収）は、まさにこの問題を取り上げ、ヨーロッパを取り巻く厚い障壁に外から多少とも揺さぶりを掛けようという意図に発していた。

私は「国際化」というキーワードを用い、日本人がこの言葉を好み、いま朝野をあげてスローガンにしているのは、日本人が自分を閉ざされた特殊な民族と意識しているせいだが、しかし、それならヨーロッパ人はすでに「国際化」されていて、まったく何も問題はないのだろうか、という問いを立てたのである。もし「国際化」ということが、異なる文化の人々に自分の物指しを当て嵌めるのではなく、異質な考え方を尊重し、他者をそれ自体として理解することであるなら、日本人がまだそのような域に達していないことは言うまでもないとして、ヨーロッパ人もまた、その条件を著しく欠いていると言わなくてはならない。異なる文化を理解しようとするヨーロッパ人の努力は大変なものだが、彼らの認識が主我的な価値観――キリスト教からくる――に縛られているため、自己中心的な世界像をどうしても脱し得ないからである。

その例は「低級な興味本位の週刊新聞の記事から、高度の学術論文にまで」至るところにみられると述べて、私は次のような事例を挙げた。

例えば、男女間の関係はがんらい微妙で複雑なのに、日本婦人が社会生活で一般に控えめに振る舞うことだけを捉えて、彼女たちは封建的抑圧下に悩む世界で最も解放されていない不幸な人々である、と論評するなどがその一例である。

より高度の形而上学的な問題に関しても、同じ認識の歪みが認められる。前世紀にアジアの宗教に関心を向けた西欧の仏典研究は、仏陀の真の言葉とされる経典がアジアに何千何百と同時に並存し、それがアジア人には少しも矛盾ではないというようなことが理解できなかった。イエスの言葉が唯一無二の真理であるとするキリスト教の前提に縛られて、唯一の仏陀の言葉を無理に科学的に分析して、『原始仏典』を割り出した。しかも西欧人はアジアの宗教にこのように自分の宗教観を当て嵌めるだけではない。彼らの中の比較的公正な人々は、西の世界に欠けているものを東の世界に期待するという負の先入観にとかく縛られがちである。そういう形で自分に閉ざされている。すなわちキリスト教の神とは完全に正反対の無神論的神格のイメージをさかんに仏陀像の中に求めるというドグマに因われる。

私はさらに、近年の日本の擡頭に関するヨーロッパ側の解釈にも、同じような主我的な錯誤が投影されていることを、問題にした。日本の近代社会は、ヨーロッパ人がとかく信じたがるように、昨日今日に突如として、西欧の一〇〇パーセント模倣の下に成立したのでもなければ、日本の歴史の中の西欧と共通するものだけを母胎として生まれたものでもない。個人の生き方、集団のあり方、すなわち日本人の自我、そこから派生する道徳、風俗、労働慣行、商習慣、政治の運営法、教育の仕組み、といったあの「普通の精神生活」が複合的、綜合的に絡み合って、日本の近代社会は成立したのである。「普通の精神生活」において日本人が今後とも完全に「西洋化」されることはあり得ない以上、いつまでもヨーロッパの物指しで日本の社会状況を遅れているとか特殊であるとか判定するようなことは止めるようにと、私は訴えたのだった。

各ペーパーの提出者は、十分間の補足説明の機会を与えられていた。そこで私は前の晩に作文して、通訳に原稿を渡しておき、「鎖国」についての、新学説を踏まえての私見を展開した。日本は閉ざされた特殊な国であるとのイメージは、多分に「鎖国」が原因していると思われるからである。われわれは機会あるごとに、西洋史の外にあっても、なお決して特殊であったわけではない、日本の歴史の合理的な説明を試みなくてはならない。すなわち、十四〜十七世紀の南アジアの物産（木綿、茶、生糸、砂糖）をめぐるポルトガル、オランダ、イギリス、それに日本の通商貿易の状況の中から、日本にだけ「鎖国」を可能にする条件が生まれて来たこと、ヨーロッパで資本主義的な近代システムが誕生したのと時を同じくして「鎖国」が成立したことには深い関係があり、歴史の符合ともいうべきものがあって、「鎖国」はある意味で日本の近代への胎動の出発点であったことを、今その方面の新鮮な研究をすすめている川勝平太氏の新学説

（注・若き川勝氏の一九八三年国際交流基金懸賞論文という最初期の論考に基づく）を利用しながら説明した。

イギリス人のパビット氏が、西尾の述べた日本の発展史に関しては同感で、古文書の中にも日本人の造船や科学の知識の確かさを伝える文字があり、歴史事実は仰る通りと思うと発言してくれたのは有難かったが、その直後に何とも驚くべきことが起こったのだった。すなわち二人の日本人が私に猛然と反撥して来たのである。これは思い掛けないことであった。

まず舛添氏は、「われわれは日欧のどちらが優劣かを話すためにここに来たのではない。西尾氏とは異なる歴史の書き方も出来る。今日の日本で、ことに若い人に日本中心主義が起こっている時代に、このような発言をするのは政治的に危険であり、偏狭な愛国主義《ショーヴィニズム》だ」というのである。

読者はおそらく信じ難いと思う。何という見当外れな批判であろう。一体いつ、どこで私が、日欧の優劣を論じているであろう。人の話をよく聞いていない、大雑把で情緒的な反応はこれでこの人において二度目である。私は即座に、「ここはヨーロッパであって、日本ではない。私は若い日本人に向けて語っているのではなく、日本からの情報の乏しいヨーロッパの方々に、新しい学説に基づく歴史の知識を与えているだけだ。ヨーロッパはまだまだ日本についての知識では啓蒙《けいもう》化さるべき段階である。偏狭な愛国主義とは何の関係もない」と駁論《ばくろん》した。

西部氏の批判はこうである。「西尾の描いた歴史は今日の日本人の多数派の意見である。私はそれにはっきり反対する。西尾は歴史の連続性を主張しているわけで、それには一理はあるが、歴史は同時に屈折するものである。明治維新で四十五度、大戦で四十五度屈折した。そのつどわれわれはどれほどヨーロッパに関わって来たことか！」というのである。

これはある意味で正論である。先述のあの「内なる西欧」にのみ目をこらせば、鎖国以来の「歴史の連続性」が可能かどうかがまず問題だからである。西部氏は二つのセッションで私の批判に黙って耐えていたが、ここで仇を討ったのである。

しかし、それはそうだが、舛添氏と同様に西部氏もまた「場」を間違えているように思える。パリのこの会場はわれわれの「屈折」を語るには余りにもふさわしくない場所である。それに、私は日本人の「多数派」がそうしているようには、ヨーロッパに対する日本の優越をただの一行も語っていない。私はヨーロッパの優越に抵抗しているだけである。受け身で、守勢に立たされている日本のぎりぎりの自己主張、ヨーロッパの価値観では割り切れない、そこからはみ出たものを持つ日本のあり方を説いているだけである。それを愛国主義というのなら、そう言われても私はいっこう構わない。しかし、西部氏が勘違いしているのは、われわれの「内なる西欧」などを脇へよけ、長尺における東アジアにおける日本史を考えるなら、明治維新においても、今次大戦においても、日本史は四十五度など決して屈折していない、それなりに連続して一貫しているという史観が成り立つという点が見落とされていることである。

司会者から自説弁論の時間を与えられて、私は二つの例を挙げた。ヨーロッパ文明の終焉を分析したフランスのある文化史家の大著（注・ミシェル・フーコー『言葉と物』）が、ヨーロッパの芸術、学問、歴史を材料に語るばかりで、外からヨーロッパを眺めるという視点を欠いていることは、日本人には信じられないナルシシズムに見える、ということ。それから十九世紀末以来、ヨーロッパ人は多数の仏陀伝を書き残しているが、「隣人愛」というキリスト教の観念で色塗られていない例はほとんどなかったということ。つまり仏教をキリスト教倫理でしか見ることができないということ。「だから『国際化』されなければならないのは今ではむしろヨーロッパ人の方なのです」と、私は敢えて繰り返し強調しておいた。

経済学者の篠原氏は、これまで「国際化」とは日本が欧米に自分を合わせることであったが、今は次の段階に入っていると思う、問題のいかんによっては、欧米が日本に合わせる必要もときにないわけではない、と述べた。これから日本人もその意味で今日のように遠慮なく要求して行くこともあると思うが、よろしく了解して欲しい、と。

日本人のじつにとりどりの「顔」が映し出された国際シンポジウムであった。

（「中央公論」一九八六年十二月号）

〃西欧強迫症〃を超えて――西部邁氏との会議中の論争を帰国後に継続展開する

一九八六年九月二十三日―二十五日、読売新聞社主催のパリ国際円卓会議「ヨーロッパと日本――未来への展望」が、日本から七人、ヨーロッパから十二人の知識人を集めて、開催された。四つのセッション、延べ十四時間の討論会である。会議の席上、西部邁氏のポジションペーパーがヨーロッパの知識人の間で評判をよんだが、私はあえてそれに異を唱え、反論した。その結果、私と西部氏との間で激しい論争が繰り広げられた。

日本人のヨーロッパ観をめぐって展開された二人の意見の対立は、四セッションのうち三つにまで影響した。日本人記者席からは「西―西論争」などと冷やかされたが、ヨーロッパ人の眼前で、日本人同士が互いの主張をぶつけ合う光景は、外国人の目にそれなりに新鮮に映ったらしく、日米欧三極委員会欧州委員長G・P・ベルトワン氏をして、会議の最終日に、今回は日本人が決してホモジニアスではなく、多様性を持つ国民であるとの感想をあらためて抱いた、と語らせた。

帰国後私はそのいきさつを「西欧の自閉　日本の無力」（「中央公論」一九八六年十二月号）というエッセーで紹介し、論評した。さらに、パリで言い残したことや言い足りなかったことがわれわれ二人にはまだまだあるに相違ないと、主催者読売新聞社側が考えてくれ、同社の月刊誌「THIS IS 読売」（一九八七年一月号）で論争の続きを存分に展開するようにと、大幅のページ数を提供してもらった。本対話「〃西欧強迫症〃を超えて」が、それである。

本来なら西部氏のポジションペーパーの全文を読者に紹介し、それへのヨーロッパ知識人サイドの共鳴と共感の声を伝え、私が西部氏の論のどこに疑念を表明し、二人はどんな論争を展開したかを、詳しく読者に知ってもらうのがいちばんいい。本全集では前稿「西欧の自閉日本の無力」でそのアウトラインだけある程度お示しし、さらに、私自身のポジションペーパーを紹介することが出来たが、それ以上のことは出来なかった。いつの日か、機会があれば、一冊の本に著したいくらいの面白いテーマだと思っていたので、本全集で関係文章をひとまとめにしてご提示できたのは幸いだった。

西部氏のポジションペーパーは、「高度大衆社会・日本の現状」と題され、つねづねの氏の持論を展開している。すなわち、近代西欧を見ると、表面では近代の価値体系が信奉されていたが、裏面ではそれが懐疑されてきた。この懐疑の面こそが西欧知識人の活動の舞台であり、進歩主義と伝統主義との間の緊張や葛藤のドラマを生む母胎であった。ところが近代を輸入した日本では、もっぱら近代の価値体系への信仰に傾き、上澄み液だけが純粋培養され、懐疑の面は大幅にそぎ落とされた。その結果日本は、技術的快楽と社会的平等においては成功を収め、ビジネス文明、産業社会をつくり上げたが、かわりに文化の失敗を招来した。

大略そのような方向で、技術革新と貨幣的利益をめぐるゲームが異常に大規模に展開される日本の社会の〝文化的小児症〟を弾劾し、凡庸、低俗といった不徳を生み落としている日本の高度大衆社会は、もはや簡単にはアジアへ帰還できない。日本はヨーロッパが近代的諸価値の推進にあえて「失敗」し、「文化の質」を守った逆説に学び、近代に対するそれほどの厳しい自己懐疑をくぐり抜けない限り、日本固有の文化にすら帰還できないのではないか。その意味でとくに日本の知識人はヨーロッパにおける懐疑の精神の歴史を、より身近なものとして受けとめなければならない、と論じた。以上はもちろんきわめて舌足らずな要約である。

おそらく私の読者は『ヨーロッパ像の転換』や『ニーチェ』といった私の仕事が、西欧における近代価値への懐疑、裏面に流れる反近代の思潮と表面の近代価値との葛藤を主題にして来たことを知っておられよう。西部氏の西欧史の見方は、大筋において私のそれに近い。西欧近代の二重性は、私が初期から言いつづけてきたテーマである。そして、見方がきわめて近いだけに、ある一点における相違が果てしない遠さとなり、私を苛立たせた。

その一点がなにかは本書所収の二人の論争的対話においても明らかにされるが、とくに私を苛立たせたのは、西部氏の論述の中の、たとえば次のような個所であった。

「日本が技術的快楽と社会的平等という近代的な価値基準において多大の〝成功〟を収めたのは、近代への懐疑を投げ捨てたからである。逆に言うと、ヨーロッパがその基準から見て遅れをとっている最大の理由は、その基準自体を疑いつづけてきたからではないだろうか。つまり、それは意図的な〝失敗〟だったということができる。その失敗が文化の質を保持するために必要だったのだとすると、日本の場合には、産業主義および民主主義の成功によって文化の失敗を招来したのだと言える。」

いまのヨーロッパでなにかというと日本は非難と批判の対象になる。ハイテクに象徴される技術革新と製品競争力の成果以来、〝日本の産業の成功は文化の犠牲の上に成り立つ〟は、いまの西欧のマスコミの合言葉であり、通念である。というより、日本をそう見たいという彼らの願望なのである。西部氏のペーパーが西欧側の参加者から共感を得たのは当然である。ヨーロッパ人がいまいちばん言ってもらいたいきわどい一点に微妙に触れているからである。ハイテクなどでのヨーロッパの半歩後退が文化的精神的優位のゆえであるという、彼らがつねづねそう思い込みたがっているポイントを、結果的にきわめて快くくすぐっているからである。

私は西部氏が現在のヨーロッパを少し美化し過ぎているように思えた。一九三〇年頃までのヨーロッパについてなら言えるかもしれないが、いまは彼地《かのち》の民度も精神的レベルも相当に下がっている。なにかにつけヨーロッパ人が、アジアが経済的に興隆するのはヨーロッパ的基準の精神生活を犠牲にし、企業への封建的忠誠心に集団的にとり憑かれている結果だ、と言いたがるのは、自らの後退に対する口実や言い訳が欲しいということだろう。米国ではやった「日本異質論」もその一例である。ヨーロッパの日本観は、依然として十九世紀末の「黄禍論」の焼き直しである。口実や言い訳が欲しいというのは、彼らがそれだけ活力を失い、精神的秩序を見失っている証拠ではないか。とても西部氏の言う、深い精神的懐疑がいまのヨーロッパの半歩後退を意図的にひき起こしている、というふうに美化して見ることは私にはできない。

近代文化の軽薄さ、進歩主義の弊害も、ひょっとすると近頃のヨーロッパのほうが日本よりひどいかもしれない。柔軟性に欠け、なにごとでも論理的批判的に行動する彼らは、ほどほどということを知らないからである。かつての彼らの美点であった個人主義は、いまでは形骸化し、利己主義となってしまった。民主主義や大衆社会のばかばかしさが、さながら日本にはあって、ヨーロッパにはないかのごとき西部氏の論の立て方は、私には実際のヨーロッパからはずれた観念的図式に見えた。しかし、それよりもなによりも、日本人がヨーロッパにやって来て、多数のヨーロッパ人の目の前で、日本を徒らに誤解させるような論点を不用意に孕んでいる論文を提出し、議論の場に供したことに、私は耐えがたい思いがしたのである。

もちろん彼らに阿《おもね》る意識は西部氏にない。氏の文章は重厚で、哲学的味わいもあり、堂々としていた。しかし今のヨーロッパで、ご自身のこの論法がどういう効果を生むかに対し、氏はあまりにも無警戒ないし無防備ではないかと、私はそのときそう思い、ヨーロッパ人に異見の存在を主張するために、反論と論争に駆り立てられたのだった。

オルテガの名著『大衆の反逆』(一九三〇)は、現代で社会の方向を決めているのは優れた少数者や知的エリートではなく、付和雷同的で無責任で愚昧な大衆であると見定め、二十世紀社会の特質を洞察したことは、よく知られている。西部氏がしばしば依拠し、パリでの基調論文でも言及している思想家である。ところがこの本の後半でオルテガは、優れた少数者と愚かで無責任な大衆とのこの対比関係を、ヨーロッパ世界と非ヨーロッパ世界とにあっさりと割り振る図式を展開している。そして当時ヨーロッパに取って代わろうとしていた米国とロシアを、近代ヨーロッパの模造品であって、新味がないと切り捨てた。まさに典型的な西欧中心史観である。

彼が日本ないしアジアをどの程度意識していたか不明だが、ヨーロッパ以外は愚かで無責任な「大衆民族」であると見做すのが彼の立脚点だから、いま彼が生きていたら、ドイツやフランスのマスコミで日本やアジアをさんざん愚弄して戯画化している現代の風景に、思想的色彩を添えることになったであろう。

私は西部氏に、氏が依拠するオルテガを疑え、と言った。われわれ二人の間ではこの論争は、最近に至るもまだ決着を見ていない。

円卓会議にはアイスランドからヘルマンソン首相が知識人代表として参加していた。首相が西部論文を先に賞讃した。それが皮切りになって、少なくとも西欧側の数氏から、賛同の言葉が寄せられ、第一セッションの目立つトピックとなった。ヘルマンソン首相は会議終了後すぐに、首都レイキャビックに戻り、レーガン米大統領、ゴルバチョフ・ソ連共産党書記長を迎え、いわゆる「レイキャビック会談」を主宰した。パリは中東危機のあおりでテロが多発し、シャンゼリゼは危険だというのでわれわれは近づかなかった。そんな時代である。

何人かの日本人参加者も西部論文に同調した。私の覚えている限り、疑問を表明したのは、私の他には、経済学者の篠原三代平氏一人だった。西部氏の立論は日本の現実にかならずしも即応していない、との見地からなされた疑問表明であった。日本人の産業主義、すなわちよく働く集団主義的傾向には、日本独自の宗教的歴史的背景があり、したがって「文化の失敗を招いた」などとは一概には言えない、と。

さて、最初にも述べたように、私と西部氏との西欧近代史観には、むしろ共通点のほうが多い。どちらも明治以来日本人が学習してきた西欧の人文科学的教養、すなわちわれわれの「内なる西欧」を尊重している。そこを基準にしていまの日本を批判するとしたら、それはしばしば私自身の立場でもある。西部氏の論は今回、その線を強調している。他方、「内なる西欧」が現実のヨーロッパ社会の姿からあまりにかけ離れ、形骸化すれば、日本への批判も無効に見えてくる。今回私が問題にしたのはその点である。とはいえ、この二方向は相互に絡み合っていて、つねに厳密に区別できるとは限らない。時と所を変えれば、西部氏も日本を擁護してヨーロッパを批判するかもしれないし、私もヨーロッパを美化して日本を弾劾するかもしれないのだ。問題は可変的である。ただ、ヨーロッパ人の前でこのテーマを展開するとなると、どうしてもいずれかの方向を選択し、強調せざるを得なくなる。それが近代日本の知識人の宿命なのかもしれない。

横光利一『旅愁』の中に、パリで西欧絶対化論者の知識人と日本擁護派の知識人が論争し合う典型的なスタイルが描き出されているが、ひょっとすると西部氏と私とは、一九八〇年代の『旅愁』を、テロの激発するパリで期せずして演じているのかもしれない、との感慨は、会議中の私の念頭からずっと去らなかった。

会議に参加した日本側メンバーは、他には石井威望、舛添要一、武者小路公秀、加藤秀俊の諸氏であった。

〝西欧強迫症〟を超えて

〈対談〉
西部　邁（著述家）
西尾幹二

ヨーロッパは主流ではない

西尾　僕は、パリの会議が終わってお別れするときも、フェアにやりますよとあなたに申し上げた。僕はあなたに「戦友」を感じたのでね。また、あなたのおっしゃることで共感することが非常にあって、それだけに、それをねじ曲げたりはしたくない。それでもあなたはねじ曲げられたと思っているかもしれないけれどもね。

西部　いや、そんなことはない。

西尾　今日も僕としては、できるだけフェアにやりたい。

僕は、近年の流行であるところの日本礼讃論を語ったつもりはまったくないのです。僕は会議提出用のペーパーでも、パリにおける発言でも、また「中央公論」における論文（一九八六年十二月号）でも、日本の優越というのは語っていない。ただ、圧倒するヨーロッパの優越に対する抵抗と、それをやむを得ず認めざるを得なかったいままでとは違って、近年、いちばん見えにくかったヨーロッパの閉鎖性が見え始めた。つまり、閉鎖的ということであれば、ソ連も、アラブも、中国も、アメリカも閉鎖的だし、むしろ日本がいちばん閉鎖的であるまいと努力している文明圏かもしれない。

なかでもヨーロッパはいちばん閉鎖性が見えにくかった。というのは、ヨーロッパ系の言語でわれわれの座標軸が決められていて、会議の用語のみならず、思想も文化も含めてヨーロッパの基準で国際社会が二、三百年くらい動いてきたことがあるために、ヨーロッパは一〇〇％開かれていて、それ以外の文明圏がみんな閉ざされているというふうに見えるのは、まったくヨーロッパの側から見ただけの議論の立て方で、僕らはそれに黙従してきたわけです。その意味ではヨーロッパの閉鎖性というのはいままでまったく見えなかった部分、あるいは見ちゃいけなかった部分で、国際化といえばわれわれがヨーロッパに歩み寄るという以外のことではまったくなかったわけですが、少しずつその辺のことが変わり始めてきた。

これからさまざまな文明圏が台頭する可能性があると思うが、少なくともヨーロッパはもう主流ではなくなるかもしれない。いわば日本が第三勢力の尖兵の役割を果たしているのかもしれない。そういう意味でヨーロッパの閉鎖性ということを僕は強く言ったつもりで、そのことは最近の流行の議論ではまったくなくて、日本ではだれもまだ言っていなかった問題であるということを、最初に申し上げておきたい。

西欧は足元見なさい

西部　じつは、僕自身、数少ない経験ではありますが、いま西尾さんがおっしゃられたように欧米のとくにインテリたちがどれほど閉鎖的であるか、もっと露骨にいえばショービニスティックであるかということについては、つくづく味わわされたことなんです。彼らは相当強い差別主義者でもありますしね。

僕のパリ発言というのは、ヨーロッパのいいところを認めるというところから始めたということがあって、一部の、とくに日本人の参加者からは誤解を受けたところがあるんです。なぜヨーロッパのよさをほめるところから始めたかというと、ヨーロッパ人の閉鎖性を認めながら、しかし、その彼らの心の壁を少しでも開放させるにはどうすればいいかという、僕なりの一つの方法だったのです。簡単に言っちゃえば、ヨーロッパの近代の歴史が持っている、とくに哲学的、思想的、そして知的な奥行きの深さといいますか、複雑さといいますか、そういうものはやはり非常に大事なことだと、僕は認めたわけです。

それを言うことのメリット、あるいは効果があったと思うんです。ヨーロッパ人自身が、とくに今度集まったようないくぶんテクノクラート的な色彩を持つ人々はヨーロッパの精神史というものをほとんど踏まえていないということが、しばしば目につくわけですよね。

彼らがもしもそれをたっぷりと知っていて、それで彼らの門戸を閉ざしているのならば、それを指摘したとて詮ないわけだけれども、彼ら自身が自分たちの精神史を忘れている。今世紀初めはアメリカ、今世紀後半は日本に追いまくられてうろたえているばかりであるというヨーロッパの状況の中で、あなた方にもそういう深く長い精神史があったではないか、そういうことを思い起こしてほしいし、私たち日本人もそのことに思いいたるべきであるというのが話の切り口になるかなというふうに考えたわけです。

目立つ懐疑のポーズ

西尾　ただ、ヨーロッパの持っている奥深さ、あなたの言葉で言えば人文思想的な精神というものがいかに大きなものであったかということは、僕も西洋研究の学徒である以上、認めるにまったくやぶさかでないわけです。僕が西部さんのペーパーと発言にいらだった最大の原因というのは、日本に対する批判がそこに逆投影されたことです。しかも、いまのヨーロッパで流行している合言葉に符号を合わせたかのような同一のパターンで日本が批判された。つまり、「日本では産業は成功したが文化は失敗した」というあなたの断定の仕方が、僕には否と言わせたんですね。

産業というのは文化とつながっているのであって、あなたのおっしゃるように相反関係にはないのではないか。それはヨーロッパの場合もまったく同じだったんではないのか、日本だけではなくて。ヨーロッパの、とくにあなたがおっしゃった意味での近代的な懐疑の精神が根強く有効であった時期というのは、じつはヨーロッパの産業、あるいは力が最も興隆し、頂点に達していた時期でもあった。その時期にこそ、たとえばブルクハルト、ボードレール、ニーチェ等々からヴァレリーにいたるまでの、そういう懐疑の精神というものが生きていた。この時期はヨーロッパにおいても、物質的、形而下的勢力の最も果敢な時期で、十八世紀のヨーロッパが美しいまとまりを持ったとすると、十九世紀のヨーロッパはあらあらしく外に進出した時期であったわけです。その時期に抵抗した懐疑の精神というのがわれわれの胸を打つ面があるというのは、事実なんですね。

ところが、今日のヨーロッパは、あなたがおっしゃったように人文的知性の懐疑が今日のヨーロッパの産業の力の半歩後退をもたらしたのではなくて、もともと原因と結果が逆で、ヨーロッパの力が衰弱してきたために、それが原因で、懐疑のポーズが目立ち始める。全体が弱化した結果、天才たちだけが所有していた懐疑がいわば大衆化してきた。つまり、懐疑が民衆のいわば口実になっているというのが、僕の見ているヨーロッパの現実なんです。それがヨーロッパで言うところの、彼らが新聞あたりにまで書きちらす懐疑の姿である。ところが、それをあなたが非常に美化してご発言なさったものですから、僕は現実観察が少し甘いということをまず言いたかった。

もう一回、繰り返して同じことを申しますと、ヨーロッパの精神の内部にある美しい懐疑が技術と産業の進歩に歯止めをかけた、とあなたはお書きになっておられますけれども、どうもそうではなくて、ヨーロッパの文化そのものに漸次《ぜんじ》、崩壊が始まっていて、それが彼らに精神的懐疑を誇張させる。かつてはすばらしく見えた個人主義が、あるいは偉大で、孤独なヨーロッパ的な魂のようなものまでが、今日、何というのでしょうか、個人主義の屍といっていいか、あばら骨が見え始めてきたということが現実にある。それを直視したくないので、彼らは何かというとヨーロッパの文化的精神的優位を口実にしたがる。

ところで、西部さんのペーパーは、そういうヨーロッパ人の裏の動機は見ないで、ヨーロッパの現実の状況も考えないで、ヨーロッパを美化し、日本を断罪した。ヨーロッパの半歩後退が彼らの精神的優位のゆえであるという、彼らがいまいちばん言ってもらいたい微妙な一点をこそぐっている。産業主義や大衆社会の軽薄さがさながら日本にはあって、ヨーロッパにはないかのごときあなたの議論が、納得いかなかったんですね。

僕は西部さんに迎合の下心があったとはまったく思わない。ただ、不用意な発言なんですよね。ヨーロッパ人がアメリカを愚弄するときにいつも使った「アメリカには文明はあるが、文化はない」という合言葉を、いま彼らは日本に向けて使います。「日本には産業はあるが、文化はない」と。西部さんはこれとほぼ同じパターンの概念で、自分の国を批判した。ヨーロッパ側の通念、彼らの習慣化した日本像にすぽっとはまった言い方に合わせてしまっている。そこいらが僕のいちばんの疑問なんです。

マネーゲームに突進する日本

西部　第一の、産業と文化というものが本質的に相反するものとは限らない、あるいは、お互いに手をたずさえることが可能なものであるとの言い方は、僕はまったくそうだと思っているわけですよ。そういうものであるべきだったと思うんですね。

ところが、産業と文化が剝離というか、お互いに切り離されていくという傾向こそが、じつはヨーロッパにおける大衆社会の出現ということであった。したがって、僕は産業というよりか、むしろ産業主義、インダストリアリズムという言葉を使っている。ブルクハルト、ニーチェその他の人々が大衆社会に対して嫌悪の情、反発の情を示し始めたのは、ヨーロッパの産業が密度としてクライマックスに達して、そしてそこで産業と文化が分離し始めるという予兆なり証拠なりを見て、そこで産業主義批判、あるいは産業主義を伴う大衆社会批判というものを手がけたということじゃないかと思う。

僕は、いまの日本の産業そのものに反対しているんじゃない。文化というものをきちっと内的に組み込まずに、マネーゲームあるいはテクノゲームという非常に平板な次元に盲進、突進し始めている。そういう産業主義というものを、大衆社会の一つの重要な兆候として批判しているわけです。かつてヨーロッパの知識人たちが産業主義というイデオロギーに対して、つまりマネーゲーム、テクノゲームへ馴化されていく傾向に対して非を鳴らした。それから、一世紀たちましたけれども、基本的には同じことがいま日本人に、とくに日本の知識人に突きつけられているんじゃないか。

産業そのものに反対するのではなく、産業と文化の有機的な結合を回復させるためにどういうことを考えなけりゃいけないかということのかかわりで、産業主義批判、あるいは大衆社会批判というものをやる必要がある。

第二点は、西尾さんは、ヨーロッパの文化崩壊というものが起こって、それがいまのヨーロッパの産業の衰退というものをもたらした、それにもかかわらずヨーロッパの文化的な優位というものが盲信されていて、それが口実になってヨーロッパの文化および産業の衰退が自己正当化されていると言う。そういう言い方に一理、二理がないわけじゃない、あるいはもっとあるのかもしれません。しかし、僕が言いたかったことは、別次元のことです。たしかにヨーロッパは大衆社会が出現するにつれて文化崩壊を起こした。

ところが、ヨーロッパがアメリカおよび日本とちょっと違うのは、たとえばブルクハルトなりニーチェなりが提起した、近代に対する懐疑の精神が、ヨーロッパの一般庶民たちにもいろいろな形で浸透している、ないしは影を落としているという点です。

ちょっと唐突な例のようですが、いまの日本の社会ぐらい、いわゆるポルノというものが白昼公然とまかり通っている国も少ない。普通の人間が、電車の中で、喫茶店で、あるいは家庭の中でそれを楽しんでいる。しかも、それを老若男女の目前でやっている。ほかの国と厳密に比較したわけじゃありませんけど、僕の知る限り、日本は度を越しているんじゃないかと思うわけです。

もちろん、ポルノについていえばヨーロッパが先達だし、ヨーロッパの現在にいろいろそういうものがあることは知っています。しかし、ヨーロッパではそういうものの隠しどころ、現しどころというものについてのある種の秩序というものが、まだ残っている。ところが、日本の大衆社会にあっては——もちろん、ポルノはほんのわかりやすい一例にすぎないと思うんだけれども——俗悪さの隠しどころを知らない。のべつ幕なしに大衆文明をお互いに楽しみ合う。お互いに許し合う。そういう点で日本文化こそ、衰退の最中《さなか》にある、あるいは、紊乱を極めている。ヨーロッパがアメリカなり日本なりに追いまくられて非常に困難な事情にあり、そこにニヒリズムとかペシミズムが色濃くただよっていることは認めます。しかし、大衆文明に対する自己懐疑という点で、ヨーロッパのほうが、いまなお優位を保っていることを、僕は、認めざるを得ない。

僕はパリ会議ではそれを知識人の哲学的、思想的な営為の蓄積というふうに言ったけれども、じつはそれだけではなくて、一般庶民のふるまい方、あいさつの仕方、行列の仕方、切符の買い方、ないしは電車の中の椅子の座り方、あるいは雑誌の種類云々に関するまで、そういう蓄積がにじみ出ている。総合判断として、一般庶民まで貫いてヨーロッパの文化の優位性というのは、ありありとしていると思うんです。これは卑下しようということでは全然ない。日本がどうにかなってほしいと思うから言うわけですけれども、ヨーロッパの文化の劣位ということはちょっと認められませんね。

西欧は無秩序でエゴ

西尾　ポルノなんていうことが出てくると、話が少しそれるんじゃないかと心配しますけれども、いちおう話題に出た以上は申しますが、あちらの性的無秩序というのはほとんど日本の比じゃないということですね。場所柄をわきまえているかどうかという点ですが、フランクフルト中央駅のすぐ前のカイザー通りはご存じですか。あれは東京駅前にすぐ歌舞伎町があるようなもので、にわかには信じられないような光景ですよ。

西部さんのお話を伺っていると、やっぱりご論文と同じように観念的で、なんとなく図式的だなっていう印象なんですよね。ヨーロッパでは天才たちの精神が一般庶民たちにもいろいろな形で浸透していると美化しておっしゃいましたが、そういうことは少ないですね。ヨーロッパではものすごい包括的天才が出るかわりに、一般庶民の教養や民度が低くて、双方が無関係というのが普通ですから。日本のほうがむしろ庶民が表層文化の影響を受けやすい構造じゃないですか。

それから、「あいさつの仕方、行列の仕方、切符の買い方、電車の座り方……」にヨーロッパ文化の優位性があるなんて話をまたまた聞くと、ちょっともう正直困ってしまうんですね。明治以来、そして戦後もずっとこういうことを言われ続けてきたでしょう。だから、そう言われると、やはりそういうものかなと信じてしまう層が日本にはまだ相当厚く存在するんですよ。物を考える人間はこのような観念的前提をまず疑ってかからなくっちゃ。

あいさつや切符の買い方がヨーロッパのほうが立派だなんてことは絶対にありません。こういうことで日本の民衆にいたずらに劣等感を抱かせるのは非常にまずい。ヨーロッパでは一流ホテルに泥棒が出入りし、郵便局の局員を信じないので小包にハンダで封印する国もある。それでも郵便物はしばしば盗まれて届かない。ドイツでさえ郵便の遅配、欠配が慢性化してきました。

ついこの間、フランスから帰ってきた友人がしみじみ言うんですが、いまのフランスは戦後の日本によく似ている、と。それはどういうことかというと、たとえば八百屋さんが屋台にジャンパーをちょっと掛けておくと、そこへバーッとかっぱらいが来る。そうすると、追っかけて行ってそれを取り押さえる。取り押さえても、その犯人を警察に突き出すということも、もうしない。日本の戦後もそうだった。自分のものは自分で守るほかはない。しかし、捕まえた側にそれを犯罪として摘発しようとする意識もなければ、捕まえられた側もニタニタ笑って立ち去っていく。これは、いわば犯罪が恒常化している状況ですね。

ドイツの場合は、そういう表立った無秩序はないんです。非常にしっかりしているように見えるんですね。ところが、しみじみとあるドイツ人が僕に語ったんですが、もう、あかんと。ドイツではいまお金があって相当みんないい暮らしをしているんだけれども、子供をつくらない。子供をつくると外国旅行に行くときにお金がかかるというような発想が多くの人の意識の中にあるんだということです。親のエゴイズムのために子供は邪魔という考えが社会的に蔓延している。

もう一つは、教育にこれだけ日本人がお金をかける、たとえば子供の教育のためにパートしてまでお母さんが塾の費用を出すというような話には、目を丸くして驚くわけですね。彼らは子供に非常に冷淡ですから。その冷淡が、ある基準があった時代にはヨーロッパの個人主義のすばらしさでした。個人主義がいま屍になっているというのは、個人主義が度を越しまして、エゴイズムになりかかっているということなのです。その一つの例は、この間、ハンブルクで息子が金持ちの父親を告訴するという事件があった。それは、学費を出せという告訴事件なんです。結局、法廷の調停で大学生の子に月々決められた額が支払われることになった。親子関係が冷えている例として、ドイツでも話題になった。つまり、なんというのかな、私たち日本人の感覚では考えられないようなことが起こっているのも事実です。

西欧には品位が残る

西部　西尾さんのおっしゃったことは、そうだと思うんです。ヨーロッパの無秩序というのは、とうに始まっているし、日本人には想像もつかないような性的な乱脈さまで含めていろいろな無秩序が進行している、いま現在もそうである。個別に拾いあげていけば、日本人が及びもつかない、本当に白眼をむきたくなるような途方もない混乱というのがあるということは僕も知っている。

ヨーロッパ人は、そういう混乱の経験がある。人間というものが非常に危険なもので、恐ろしいもので、本当に人を殺しかねない、他人のものを盗みかねないといったような可能性、あるいは危険性を持った存在であるということがとうのむかしから知られていて、いま現在も知られている。僕が思うヨーロッパの品位というのは、そういう自分たちの恐ろしさ、ないしはグロテスクというものを、何ほどか自覚しているがために、無秩序を一方で展開しながらも、同時に、それをどこかで隠そう、あるいはチェックしようという努力もまた繰り広げられているということです。

もちろん、いまのヨーロッパが品位あるすばらしい文化ですと言いたいんじゃなくて、ヨーロッパにかろうじて見られる品位というのは、そういう人間存在の矛盾とか、二律背反とか、不安定性とかいうものを自覚するところから生まれている。その自覚にもとづいて平衡感覚みたいなものが、人々のふるまいの中にあらわれている、というふうに僕は感じる。

日本は途方もない大衆社会だというのは、そういう人間の持っている危険性とかグロテスクとかというものに関して無自覚であるということです。人間はたいしたものので、いいもので、安心できるもので、信頼できるものでという、根拠を尋ねれば相当に薄弱な思い込みの中で、相互にもたれ合っている。日本人のほうが秩序があるとか、礼儀正しいとか、安穏に暮らしているとか、いろいろな言い方ができる。しかし、浅薄な人間理解、浅薄な社会理解にもとづく社会の安定にすぎないために、少しずつ泥沼に入り、いまや、一流会社員たちが白昼公然と婦女子の前でポルノまがいのスポーツ新聞なり、漫画雑誌なりを広げるといった姿になっている。彼らはそれを無秩序だとも思っていないし、人間のグロテスクだとも思っていない。当然のこととしてそういうことをやっている。その無自覚さが日本人の品位の基盤を損ねているんじゃないかと思う。

もう一度、繰り返しますけれども、人を信ずるか、人を裏切るか等々の相当厳しい実験というものを、歴史上、いくたびとなく味わわされ、いま現在も、たとえば途上諸国からの移民等々をかかえて日々、味わわされている人々が、どうにかそこで秩序を見出そうとしている。そういう切ない努力の中に品位のかけら程度のものが保持されていると、僕は感ずる。

ところが、日本というのは、大衆の持っている底知れないミディオクリティなりグロテスクというものについて、気付く兆候すらない。そういうものに対して目配りをするのが役割であるはずの知識人までもが、大衆の凡庸さ、醜悪さというものに関して、ノータッチという形での言論を組み立てている。そのことからして僕はやはりヨーロッパの精神的優位ということを言いたいわけです。ヨーロッパがワンダフルであるとか、そういうことではない。

知識人が最大の障害

西尾 ちょっと待ってください。少し論点がずらされました。あいさつの仕方や切符の買い方やらに、ヨーロッパのほうが礼節があり、立派だと言い出したのはあなたのほうなのですからね。だから、そんな事実はないと僕は申し上げたまでです。ヨーロッパの秩序と無秩序のダイナミズムについて、文化の二重性については、そのとおりですが、ただ、ポルノを含めて、そういう歴史や宗教の相違からくる問題を東西比較の場に持ち出すということが間違っているんじゃないかということを、私は言っているんですね。経済や技術は比較できるけれども、文化というのは背景がいろいろ複雑なだけに安易に比較はできないと僕は思っているからです。

そこで、話をやや元へ戻させていただきたいんですが、日本を高度大衆社会として規定された西部さんの発想、懐疑の力が強いがゆえにヨーロッパには文化が維持され、日本だけが産業主義の快楽と民主主義の平俗に陥っているという断定——これが僕の疑問の出発点でありますが、じつはあなたのこの発想はヨーロッパの思想家の誰かにせりふをつけられているんだと僕には見えるという問題があるんですね。

それはたしかオルテガだったかなと思うんですけれども、かの有名な、西部さんもよく愛読されている例の本の中にも、非ヨーロッパ文化圏——たぶん日本を意識したでしょうが——を、ヨーロッパの貴族的精神の見地から、非常に簡単に野蛮扱いし、「大衆社会」の中にくり入れています。ヨーロッパの自己正当化のために、古きヨーロッパの伝統は叡知に輝くと定める反面、非ヨーロッパ文明圏をひっくくって否定している。あなたの「大衆社会」論が、ヨーロッパの思考の枠の中にあるようにみえると言ったのはこのことです。

つまり、この発想はヘーゲルがゲルマン民族の自由こそ最高の段階だと言って以来、救いがたいヨーロッパ人の自分の見地の自己正当化の議論がずっとあったわけで、それが日本ならびに台頭する非ヨーロッパ圏に向けられる、つねの態度であったということなんです。オルテガのこういう発想はその後もずっと続いて、一九三五年ごろにシーグフリードというフランスの批評家が、やはり台頭する日本をいわば非文化、野蛮がゆえに強いという発想で規定しています。

それからかの有名な経済学者ヴェブレンが『ザ・オポチュニティ・オブ・ジャパン』の中で、一九一八年でしたけれども、日本が軍国主義になるチャンスを持っている、それはなぜかというと、勤労と勤勉の精神、封建的な国家に対する忠誠の精神と、それから科学技術あるいは工業技術の上昇とが結合している時点に達しているからだと言って、野蛮が強い、したがって美しき文明は敗北するんだというようなことを言っている。その見地はずっと戦後も続きまして、ごく最近、ノーベル賞受賞者のサミュエルソンというアメリカ人の経済学者が、とにかく日本の社会は歌舞伎座のあの舞台と変わりはしないんだ、大企業に入っていくあの精神はそういうものなんだよ、というようなことを言っている。

すべて一貫してヨーロッパ人のアジアを見る目、あるいは台頭する文明を見る目は、まさしく高度大衆社会としての日本、あるいは日本を先頭とする非ヨーロッパ世界を未解放世界として切り捨てる彼らの戦略なんです。あなたの発想がこのラインにそのまま乗っていることが僕には遺憾なんです。僕はまずそういう思想を距離感を持って批判して、そこからスタートしないと彼らの論理に巻き込まれるだけだということを、まず言いたい。

西部　でもね。

西尾　ちょっと待ってください。もう一つ言わしていただきますが、つい最近、江藤淳さんが、近刊の『日米戦争は終わっていない』で、日本の戦後の知識人がアメリカの言語空間に巻き込まれているということを、再度おっしゃっている。ヨーロッパに対してもこの同じ指摘が成り立つと思う。僕は、日本の知識人はずっとヨーロッパの言語空間に巻き込まれてきているということを、いま非常に強く申し上げたい。日本を正しく外に伝えられない最大の障害は、政府の態度でもなければ外務省でもない。最大の障害は日本の知識人だと思っているんです。

日本文化は腐敗する

西部　でも、それは非常に通りのいい整理だけれども、やはり問題含みです。というのは、じつはヨーロッパに対する批判というのは、もちろん政治的、軍事的には、あるいは経済的には、もちろんヨーロッパ以外のところからいろいろな対抗というのは出てきたけれども、同時にヨーロッパに対する懐疑を最も深めたのはヨーロッパ人自身であるということ。そのことはどうしても認めていただきたいですよ。

卑近な例でいえば文化人類学的な知見を用いて未開文明というものを探りあてて、そして未開と文明の対比をやって、ブラジルのナンビクアラにもそれなりの文化があるということを言ったのは、フランス系のユダヤ人のレヴィ＝ストロースですよね。ほかにたくさんの例を挙げてもいいですがね。

西尾　僕はそういうレヴィ＝ストロースがじつはいちばん憎ったらしいんですよ。

西部　そうです。たとえば彼も含めて、ヨーロッパ的な論理でもってヨーロッパ自身を懐疑するということですから、アジア人たちが仏教的精神でとか、禅の精神でヨーロッパを批判するというのとは異なる。しかし、僕が見るところ、規模と深さにおいて、ヨーロッパに対する懐疑を、少なくとも言葉の次元において――言葉というのは思想といってもいい、哲学といってもいいけれども――深めたのはヨーロッパ人自身のほうです。自分たちの文化の危機というものを感じた点では、ヨーロッパが先達です。西洋文明の危機を感じてどうにかしなければいけない、しかし、どうにもならないんじゃないか、という深い絶望の中で、なおかつ希望を持たなければいけないというふうにヨーロッパ人は構えた。

日本がここまで豊かになって、これ以上、この路線を単方向的に追求してもたかが知れているというふうに僕には思われる。そうなったときにヨーロッパ人たちが五十年もあるいは百年も前にやっていた、そういう文明のクライマックスの中での絶望なり、絶望の中での希望なりをわれわれがいまここで考えてみる必要がある。ヨーロッパ人を踏まえなくたって自分たちでそれをやればいいわけだけれども。しかし、幸か不幸かヨーロッパ人たちが、文明の崩壊という危機の中でいろいろな思考実験をやってくれているわけです。それを参照しないという手はない。

僕はいま、おおよそクライマックスじゃないかと思うんですけどね、日本文明の。そういうところで、ヨーロッパの経験を組みこんで、それをわがものとして、自己懐疑へ向けての思考習慣を身につけなければ、この日本文化の果てしない自己満悦、それにもとづく、忍び寄る腐敗を防止できないのではないか。だから僕は、べつに彼我の優劣関係そのものを言いたいんじゃなくて……。

西尾　分かっています。

西部　ヨーロッパのそういう失敗の、ないしは危機の実験にすらわれわれが学ばなければいけないたくさんのものがあるんじゃないか。ヨーロッパもわれわれよりははるかに優れたものを――商品や技術においては彼らはどうやら遅れをとっているらしいけれども――そういう精神の面において彼らも優れたものを持っているのかもしれないというふうに仮説して、それについて検討するという構えを日本人は、とくに日本の知識人は持たなければいけないということなんです。

いまは裂け目の時代

西尾　西部さんのおっしゃったりたいことを僕はこういう言葉で考えてみます。つまり、日本人は西洋否定の論理さえも西洋から学ぶほかはないという逆説があるのだということです。

先ほど、文化人類学の話が出た。そして、あなたのおっしゃる話をつないで言うと、ヨーロッパが自分の危機を自覚して自分を相対化し始めた。これはヴォルテールぐらいから始まるわけで、彼が中国に関心を持ち始めて、ショーペンハウアーがインドに向かって、そしてニーチェがソクラテス以前の古代ギリシャに向かい、ロレンスがエトルリアに向かい、その他等々で、天才たちはそういう先駆的な役割をずっと続けてきて、枠を突破するということと価値観の相対化ということをやってきた。

けれども、ヨーロッパ文明があまりにも巨大な閉鎖文明圏であるがゆえに、一般の知識人にはそういう意識があまりないことと、たとえばさきほど文化人類学が出たけれども――僕は文化人類学にいちばん腹が立つとさっき申し上げたんですが――一見、相対化しているつもり、つまり、未開民族や何かを扱って、一見、ヨーロッパを超えて非ヨーロッパたらんとしているかのごとき手法が、自分に未知のものをいかにして自分の論理体系の中におさめこむかという果てしないヨーロッパ的なあがきであると、僕には見えるのです。

いまの文化人類学はもっと複雑でもっと多様なものを持っているといわれればそれまでです。ただ、ヨーロッパ人と話していると、たとえば僕がヨーロッパ文明はぜんぜん、自己の相対化ができていないという話をすると、いや文化人類学というものが出現して以来、われわれはそのことについては本当に深い自覚を持つようになったというようなことを言うんですけどね。ところが、その文化人類学なるものが、ちょうどトインビーの世界文明相対化と同じように、結局は自分たちの文明を是認し、肯定するための防衛論理みたいに見えるときがあるんですね。

それで、そういうふうにヨーロッパの文明というものが長い危機に耐えるためにさまざまな果てしない努力をしてきて、アジアの文明などを理解しようとしたことの努力が膨大であることは、僕も認めるにまったくやぶさかではない。しかもわれわれの学問がそれにいまなお規定されている。アジアを探究するにしてもヨーロッパの方法を使わなければならない等々、問題は無限にあるわけで、そういうこともなお認めざるを得ないんですね。

ただ、いまそれが裂け始めた。裂け目が見え始めてきたということも一方では言わざるを得ない。そして問題は、こういう時代にヨーロッパをどう考えるかということの次に、日本の知識人のあり方がどうあるべきかという問題になるのではないかと僕は思っているんです。僕はヨーロッパの努力を非常に尊敬の念を持って見ている西部さんの姿勢というものを相応に評価するわけですけれども、西部さんの今回のペーパーを読んで僕が感じたことは、大正教養主義時代の文化人が遠くからヨーロッパをあこがれている姿勢と少し似ているという印象を持つわけなんですね。

つまり、いま日欧の関係は必ずしもそういう姿勢、つまりわれわれが座ったままで、向こうが偉大で、そしてわれわれは机に座って勉強しているという構造ではなくなってきている。向こうも大きく揺れている。動いているものが動いているものにぶつかっている時代なんだと、そういうふうにいま僕は思うわけなんです。裂け目が見え始めたというのはこのことではないか。そういう意味では、大正教養主義以来の教養人のあり方というものが、いま真に問われている時代だというふうに思うわけです。

西部　そうも言えるけれども、大正教養人とやっぱり違うと思うの、僕は。

大正文化人のようなヨーロッパかぶれとか、ヨーロッパを上に崇めて、あの坂の上に登ればどうにかなるというふうなのとは全然違って、むしろ谷底を見たヨーロッパ人たちの精神は何であったか、しかもその谷底の中でもなおかつ快活さを忘れずに、なんとかそこで生きていこうとした――近代でいえばエドマンド・バークあたりから始まるんだと思うけれども――そういう精神史というものは、日本の知識人の中に、保守的知識人というふうに世間でいわれている人々の間にすら、ほとんどいさ さかも定着していないと思うんですよ。

ヨーロッパをモデルとして、理想として、進歩として学ぶんじゃなくて、むしろ人間の腐敗、堕落、危険、不安定というものを、まごうかたなく見据えて、そこでなおかつ生きのびようとした人々の精神の堆積というものについては、向こうから学ぶべきものがあると思うな。

失われた江戸の自由

西尾　そこで僕はまったく新しい機軸をここで出してみたいと思うんです。僕の考え方の根底にこれがあるから、今回、ああいう発言をし、あのペーパーも書き、また西部さんにいろいろ申し上げたということもあったと思うのですが、それは、江戸時代の日本人は対ヨーロッパ関係においては案外、ノルマールであったということです。それはたとえば、シドッチと新井白石との対話を見ればよく分かります。

しかし、明治維新において非常に大きな恐怖感と劣等感が発生した。強迫観念と言ってもいいですが、その強迫観念の内容は一種の近代的自我と言われているものであったと思うのですね。つまり、ヨーロッパ的な個の意識と、それから果てしない砂をかむような孤独と、そしてそれと環境との闘いと、理想主義ならびに理想主義であるがゆえに没落を意識するというような、西部さんの言葉で「人間の腐敗、堕落、危険、不安を見据える精神」と言ってもいいが、そういう精神構造を含むダイナミズムですね。それがもしヨーロッパの精神の類型だとすると、ニーチェの言葉でいえば悲劇的精神と言ってもいいんだけれども、そういう近代的ないし西洋的自我というものが、明治の初年に日本人に取りついた強迫観念であったと僕は思うんです。

それがために漱石が七転八倒の苦しみをしたわけですね。つまり、それを身につけようとし始めたが身につけることはできない、日本人としてはどうしたらいいだろう、と。この思いは荷風にもあるわけです。荷風はだから背中を向けちゃって、もうあかんということで花柳界に入っていくということもあったでしょう。鷗外はこの点で少し違うかもしれないが、いまは問いません。

しかし、この西洋的ないし近代的自我がまだ十分な展開や解決を見ないうちに戦争を迎えて戦後になった。戦後にもう一回、激しい劣等感が日本を襲ったわけですよ。

そのために、物の見方にいろいろ大きな狂いが生じた。しかし、最近ようやく変わり始めた。日本はだんだんノルマールになってきているんだということを申し上げたいのです。近代的自我なんていうものは幻想だということが分かってきた。なぜならば、それはヨーロッパの風土と社会環境と宗教的背景の中でしか成り立たないものなんだから、日本人がいくらしゃちほこばったって、われわれのものになるものじゃないんだ。そういうときには、われわれは自分の五本の指をみつめたときに、われわれのほそぼそとした五本の指はこれしかないということにハッと気が付いて、そのときにわれわれは一種の精神病理的な危機を脱するんじゃないのか。それはわれわれの傲慢でもなんでもないんで、われわれが自らに立ち返るということなので、そうするとひょっとすると文学史なんかもこれから変わるかもしれないと僕は思っているんですよね。漱石はいまよりも偉くなくなるかもしれないし、いろいろ大きな変革、変動が起こるかもしれないと僕はむしろそう思っています。

自我と伝統のバランス

西部　でも、近代自我というものを一直線に掘り進めたときに、それが底抜けであり、結局、自我の中身が溶けて流れるということ、そのことにヨーロッパの保守的精神の歴史というのはいち早く気付いた。自我一本槍では自己解体なり自己溶解を遂げざるを得ない。したがって、自我には支えがなければならん、という形で伝統というものに行き当たって、その伝統にこだわったのもまたヨーロッパ人であるわけです。

それが日本によくある伝統主義と違う。自我の極北までいって、そこから自我をひたすら追求することの虚しさにはたと驚愕し、そして伝統へのいわば遡及運動というものをやる。同時に、伝統に埋没することの不可能というもの、つまり、ひとたび自我に目覚めてしまった以上、伝統の単なる一構成分子に自分を化すことの不可能を知り、したがって、ふたたび自我を目指して自分の言葉を吐くべく、決断とか勇気に賭ける。言ってみれば、自我をとるか伝統をとるかという二者択一が問題なのではなくて、むしろ自我の極北で伝統に気付き、また伝統の極南でまたふたたび自我に返らざるを得ない。

そういう往復運動の中で、平衡感覚を保つために、自我と伝統が精錬されていく。たとえば神は死んだというふうにニーチェが言った、その神をまたふたたび再興させる道は果たしてありや否や、というふうな、宗教感覚の再興という問題もあります。自我と伝統のきわどい二律背反の中での平衡術をさぐるために、死んだはずの神にまでふたたびまたそれを生き返らせようとする、そういう努力をやってきた歴史が、ヨーロッパの精神史にはあると思うんです。

僕が言いたのは、図式化していえば、自我主義と伝統主義の間でのきわどいせめぎ合いの中でどう平衡をとるかということが重要だということです。そういうことについては、僕はまだ日本の近代の精神史の中で——個人的にはもちろん人それぞれやっていたと思いますよ——でも、ひとつの思想の潮流として定着しなかったと思う。

ヨーロッパの中には、それこそニーチェも含めてそれらしき痕跡というのが点々と残っているわけです。それをフォローすれば事がすむなんてバカなことは言わないですけれども、とりあえず、そのことは無視できないテーマだろうと思うのです。しかも、いまの日本のビジネス文明の花開く大繁栄の中でこそ、その問題を考えるというのを一つの手がかりとして、日本人の知識の状態というもの……。

日本人は卑下するな

西尾　僕の言ったことはちょっと誤解されたかもしれないんだけれども、西洋が入ってきたがために起こった禍と、日本特有の禍とが、混同されている面がつねにあるんですね。たとえば、私小説なんていうのも、あれは西洋文学が入ってこなければああいう形にならなかったかもしれないんで、西洋に対する強迫観念が何かを生み出すということが、ずっとある。それを日本そのものの弱点だと考えがちである。

たとえば、われわれが家という問題を考えたときに、核家族が絶対に正しいとか、親は見捨ててでも一対一の個人として結婚生活を送るべきであるとか、恋愛の自由とか、いろいろ言ったけれども、日本の現実となかなか一致しないためにわれわれはいたずらな精神病理に陥ってきたというようなこともあると思うんですね。

ところが、最近、日本人は少し変わってきまして、あまりそういうことを気にしなくなってきて、やっぱり親と一緒に暮らすのがいいんだとか、老人を大事にするのは日本人の美点だとかいうことがだんだん分かってきて、西洋産のイデオロギーに対する強迫観念を一般民衆は持たなくなってきていると思うんです。僕はこれはいいことだと言っているんですよ。一つの日常的な例ですがね。そういうことが思想の世界にも文学の世界にもつながっているんじゃないか。連動しているんじゃないか。

つまり、果てしない強迫観念というものがわれわれを苦しめてきたために、ある錯覚が生じている。日本人のいまの禍の一つとして集団主義のマイナス面がいろいろ言われる。日本人は顔のない、個性のない、人格のない集団だなんていうことを批判されたりしますけれども、あれもしかし、江戸時代の日本人がそうだったという保証はどこにもないんですよね。西洋化された結果としての日本社会にああいう現象が起こったのかもしれないんです。つまり、西洋人のようにわれわれは堂々と立派にやらなければならないんじゃないかというこわばりが、そういうゆがみを拡大させたんじゃないのか。日本人の本来の姿なのか、それともわれわれが無理やりにいろいろな基準に合わせられているために起こった現象なのか、判然としない面がいっぱいあるような気がしますね。

　つまり、われわれは日本人である以上は、しょせん、ヨーロッパ化することはできない。にもかかわらず、われわれはヨーロッパ化せんとした。そして、それにもかかわらずヨーロッパ化はできなかった。だけれども、ヨーロッパ化されてしまった部分があることも、まぎれもない。その複雑な状況の中でわれわれが得たものは多いけれども、また、同時に、ある種の精神の統一は失ってきているのかもしれない。そして、徐々にいま、日本人は自分を取り戻しつつあるということは、はっきり言って、僕は疑うべくもないことだと思っております。

　日本の商品のすばらしさということを日本人が自慢するのを非難する人がいますけれども、僕は、日本人はちっとも恥じることはない。すばらしい商品をつくれる日本人は自ら相応に自信を持ったらいい、と僕は思います。なぜならば、いままでの過去の歴史において、世界に冠たるすばらしいことをした民族が、そのことを誇りにしなかったことはないんですね。

　日本人が世界に冠たる立派な商品をつくったことを自分の喜びとする、誇りに思うんだったら、なぜ知識人がそのことで自虐趣味を持ってそれを批判するんでしょうか。その必要はまったくない。堂々として、孜々《しし》としてそれをつくった生産者たちは自虐に陥っている暇なんかないんですよ。彼らは行動家であって、思弁家ではない。じゃあ、知識人は何をつくり、何を残したというのですか。誇りを持つこと、自信を持つということが、ものを正常に見ていくということの出発点だということも、私は一つの示唆だと思うんです。

商品を誇る構えが頽廃の一歩

西部　僕はそう思いませんね。チェスタトンがこういう言い方をしていますね。自分なんぞは疑って然るべきものである。しかし、真実は疑うべきではなかったのだ、と。彼はさきほどの近代自我主義を批判したんです。

つまり、俺が、俺が、自分が、自分がというふうに自己をふくらませればふくらませるほど、自分の密度が薄くなって自我の実態があやふやになる。つまり、自我などは疑って然るべきものであったと言うんです。彼はそのときカソリックになっています。神なのか、真理なのか、超越なのか知りませんけれども、そういう自分を超えた何ものかがあるというふうに設定しなければ、自我などというものはただひたすら溶けてあいまいになり、満悦に陥るだけである、ということを、彼は言おうとしたと思うんです。

同じことはヨーロッパ保守派の人はずっと言っていると思うんですね、十八世紀の末から。その言葉を使って西尾さんに反逆するとすれば、僕は、日本なんぞは疑って然るべきものであると言いたい。西尾さんは日本は立派な商品をつくって自慢してもよいと思う。

西尾　自慢じゃなくて、自信を持っていいと言うんです。

西部　いいんですよ、それぐらいのことは僕だって分かっているわけです。僕が言いたいのは、そういう立派な商品をつくっているが、そんな自分なんぞは疑って然るべきものであったということです。だからといって、ヨーロッパに従えとか、そんなことを言っているんじゃないんです。真理とか超越とか、そういうことを言うと突拍子もない話になるから、その第一歩として、われわれが忘れたもの、気付かなかったもの、そういうものが、ヨーロッパの裏面の思想史としてあるのではないか。それをとりあえずヨーロッパの保守的精神史というふうに言ってみたまでのことなんです。

西尾さんが言ったように立派な商品、立派なテクノロジーをつくることに対して、どうしておまえはインフェリオリティ・コンプレックスを持つんだというふうに言われれば、私とて、たしかに立派なものをつくるのは立派なことだということで簡単に同意してもいいわけです。ただ、商品だとか技術だとか、たかだかそれしきのことに自己満悦したり自画自賛したりして、おまけにこれこそ日本のセールスポイントだというふうにして売り出そうとする、そういう構え方にすでに頽廃の第一歩が始まるということを言いたいわけです。

たしかに日本はビジネスも繁栄させたし、技術も商品もつくった。そのこと自体についていえば、それはもう文句はないわけですよ。でも、人間はパンのみに生くるにあらず、技術のみに生くるにあらず、商品のみに生くるにあらず、です。たかだかパンごときに、それに自分たちの文化を委ねて、あまつさえそれを国際社会に売り出そうとしても、そうはいかないということなんです。

働き中毒だっていい

西尾 そうじゃないんですよ。僕はこういう考えを持っているんです。日本が本当の意味でヨーロッパと対等になり、ヨーロッパ化するのには、あと二百年、繁栄を続けなくてはいけないと言っているんです。そうしたときにはじめて、ニーチェやヴァレリーがあらわれる。われわれはしょせん、末流の知識人にすぎない。二百年、繁栄する——日本だけじゃないと思いますよ、非ヨーロッパ文明圏ならどこでも——繁栄というと変ですけれども、ひとつのポテンシャルというか、力というか、そういうものがアジアに開けば、それが精神の成立する前提なんだ、と。なぜならば、ヨーロッパのさまざまな懐疑の精神やさまざまな果てしないあの精神上の苦闘は、全部、物質的、形而下的威力の上に乗っかっているんですよね。

それで僕はいちばんカール・レーヴィットという人に腹が立っているのは、彼は力のない日本にやってきて、いま述べた前提を無視したうえでひどい理不尽な言葉を日本について言っているんですね。ニーチェだったら、絶対に言わない。ニーチェはやっぱりヨーロッパの貧しさ、非常に深い貧しさを知っていたからね。だから、僕はそういう天才しか認めないんだけれども、ヨーロッパ人の中で。とにかく天才はヨーロッパの心の貧しさを知っている。ところが、そういう貧しさを知るというふうな声が出てくるのは、不思議なことに三百年ぐらいたってからなんですよね。

日本も貧しい国だったので、果てしない闘いをして、ある段階に達したときに本当の懐疑が生まれるだろうし、本当の自己否定も出てくるだろうと思うんです。われわれは自己否定する自己がないんだということ。むしろその点ではあなたと同じ意見かもしれないけれども、自己否定するよすがすらもないんだということです。そういう点で日本の繁栄は百年か二百年続かなかったなら、とうてい太刀打ちできない、と。じつは僕の現実認識はそういう認識なんです。

そういう意味で日本人よ、誇りを持て、もっともっとやらなくてはだめだ、ということなんです。働き中毒云々なんて言われて日本人が働かなくなったら、どうしますか。ほかに何がわれわれにありますか。僕がびっくりしたのは今度のパリ会議のペーパーでも、日本人の働き中毒を非難するせりふが日本人自身のペーパーの中にあったことです。これは本当に驚きました。これはあなたのペーパーじゃないですよ。

日本を語る弁証法

西部　つまり、僕の戦略戦術はこういうことなんですよ。福田恆存さん的な言い方をすると、日本国家という虚構はものすごい大事な虚構なんですよね。それとくらべたら自我などという虚構はつまらない虚構なんです。つまり、僕がそこで言いたいのは、もしも日本国家対自分ということになったときには、自分なんぞは疑って然るべきである。しかし、日本国家、日本社会が営々として数千年やってきた、この一つの民族の生命なり、あるいはその生命を語ろうとする日本国家という物語に関しては、それのほうがはるかに大きくて重いものだ。自分一個の人格とか自我などという虚構はどうでもいい。

ところが、そこで注意していただきたいのは、こうなんですよ。自分の欲望から言いますと、これも福田恆存さん的な言い方なんだけど、つまりいちばん簡単に疑えるのは自分なんですが、ところが、いちばん信じたいのは自分なんです。僕は日本の国家なんてたいして信じたくないです。いちばん信じたいのは自分である。日本国家などを信じて、そのために日の丸だ、君が代だなぞといって旗を振る。僕はそういうのはほとんどおろかな所業だと思っている。いま、いちおう日本国内についてはそういうふうに言う。

次に、日本国家とほかの国家というふうに考えるわけ。そうすると、そこで同じことが始まるわけですよ。

つまり、日本国家というものを一つの人間として、人格として考えますでしょう。それで、国際的な社会の中で考えると、日本国家なぞは疑って然るべきであるということになる。ヘーゲルじゃないけれど、世界史というふうな虚構のほうが重いのだというふうに考えなければいけない。しかし、欲望として言うなら、希望として言うなら、僕は日本を信じたい。世界なんぞは、そんなものは見たことも触ったこともないわけで、実感が希薄なわけです。そういう自国に対する疑念と信念という両方向の中でものを言わなければいけないと思うんです。

僕は、じつはヨーロッパのそれらの保守的精神、といってもいろいろなことがありますから、簡単にひっくくるわけにはいかないんだろうけれども、ともかくそういう精神の歴史がヨーロッパにはある。西尾さんは、パリで、私たちが日本を代表して来ている以上、日本を分からせるために日本の歴史を語らなければいけないと言う。

それを理解しようとしないヨーロッパ人に対して、きちっと批判していかなければいけない、と言う。

そういう努力を無駄であるとか、間違っているとかいう気は毛頭ないんですけれども、僕が言いたいのは、こういう弁証法が成り立つかもしれないということです。これは僕の希望かもしれないけれども、僕が国際的な場において日本自身を疑って然るべきものであるというふうに言ったときに、心あるヨーロッパ人ならば、自分自身を疑うことを知っている日本人ないしは日本というものを、それなりに評価するはずです。そうなれば、僕の言うことに、彼らも耳を傾けるやもしれない。そういう僕なりの戦術というか、希望もあったわけです。

明治人・鷗外の絶望

西尾　わかりました。最後に近付いてきて、たぶんいちばん重大な問題が出てきた。それは、外国に対するビヘービアの問題だと思うんです。一つの例として、二十五歳の留学中の森鷗外のことを申し上げます。鷗外は、地質学者のナウマンが「日本列島の地と民」という文章をミュンヘンの新聞に発表したことに腹を立てて、同じ新聞で駁論をしました。僕が、それを読んでびっくりしたのは、なぜいきり立ったか分からないほど瑣末なことに対して怒ったことなんです。たしかにナウマンの書いたことは必ずしも正確ではないけれども、悪意に満ちていたわけではないんです。

たとえば、日本人は非常な体力を持っているけれども粗末な食事を食べているといったことで、鷗外は本当に怒った。粗末な食事という一言にこだわっている。それから、奥地では人はほとんど裸足で歩いていると書いたことに対して、そんな事実はまったくないといって反論している。それからまた、日本には伝染病が広がっていると、たまたま伝染病にかかったナウマンが書いたことに対して、伝染病死亡率のデータまで出して駁論したんです。

この鷗外の義憤に、現在のわれわれはある種のいじらしささえ感じるのです。その程度のことで、われわれはもう悩まなくてすむからです。しかし、程度は違うけれども、われわれがいまなおヨーロッパ人の日本誤解、無理解、知識の欠如に悩まされているのも事実なのです。鷗外がいま生きていたら、やはり日本のために啓蒙家として敢然と発言したと僕は思うんですね。

当時の鷗外が深い絶望感の中にいたことが分かるのは、彼はあっさりと文化の等価値ということが言えなかった。たとえば、おはぐろを非難された、その一言に対しては、彼はギリシャ人のようなすばらしい民族と交渉をもつことができなかったゆえであるというような妙な言い方で、日本人の劣等性というものを認めざるを得なかったのです。

けれどもわれわれは、いまはそういうことはない。そこで、少なくとも文化の等価値、それから風俗習慣の相対化ということを外国に向かって言っていかないと、とんでもない誤解を招くということがやはり問題としてあるような気がしているわけです。ご承知のとおり、いわばナショナリスト鷗外は、日本に帰れば、日本の医学界と文学界に対して近代化、西洋化のための努力、ないしは論陣を張った。つまり、明治人・鷗外は二重の人格を演じなければならなかったわけです。

これはずっとそうだったんですね。それではいま、日本人は二重の人格を強いられることがもうなくなっているかというと、僕はたしかになくなっている可能性が少しは出てきていると思っておりますが、パリの今度の規模のような会議がやっと緒についたという段階でしょう。日本に関してはまだまだヨーロッパ人を啓蒙する義務がわれわれにはあるのではないでしょうか。

文化水準は存在する？

西部　この段階でこんな問題を出すと収拾つかなくなるかもしれないんですけれども、とりあえず言ってみると、文化の相対性みたいなことを西尾さんはさきほどからおっしゃっている。鷗外の話で。それから、じつは文化の相対性というのは、ヨーロッパについてアメリカ人もとうに言っていることですね、自己反省として。ニューギニアの文明にも、ひとつの言い分があるんじゃないかということです。文化というのは相対的なものである。その優劣は決められないという考えが、ずっと続いているわけです。たしかに文化の相対性というのは魅力的な仮説で、私たちにとっても少なくともかつては励まされる仮説であったわけですよ。日本もひとつの文化である。決してヨーロッパと優劣の差がないと考えることができる。

これは私、素直に言うんだけれども、ときどき、いや頻繁にかな、本当にそうかいなと思うときがあるんですね。やはり優劣の基準というものがあるのかもしれない。

西尾　人種もですか。

西部　人種ですか。

西尾　ここが大事な一語よ。

西部　それはちょっと分からないな。正直言って分からないな。

西尾　文化ということは、人種ということにつながってくるんだから。

西部　そのところについてはまだ分からないんですよ。いずれにしても文化はそんなに相対的なものかどうか。この相対主義の考えを延長すると、日本は日本で日本流にやれ、韓国は韓国、アフリカはアフリカ、アラブはアラブとみんな勝手ということになる。言ってみれば自由放縦に流れるのと同じことが、文化の相対主義においても起こってくるわけですよ。僕はもちろん、絶対的にヨーロッパが優で日本が劣ですなどという、そんな絶対的な基準は示せないし、示す気もない。

しかし、僕が言いたいのは、やはり文化の相対性を脱け出て、どこかに基準があるかもしれないと考えてみる必要がありはしないかということです。その基準から照らすと、かなりの証拠でひょっとしたらヨーロッパが優位かもしれない。という理由は、彼らが残した商品とか、彼らが残した文学とか、哲学とか、そういうことではなくて、簡単に言うとこういうことになるのかな。さきほどの繰り返しになるけれども、やはり自我の虚しさというものを知ったのもヨーロッパ人であり……。

西尾　いや、それは違うよ。それはアジアの宗教にだっていっぱいあるよ。むしろ、アジアのほうが虚を知っているよ。

西部　それはそうなんだけど、とりあえず近代に限定して言うとそう言える。また、伝統に凝りかたまることの虚しさを知ったのもヨーロッパ人である。つまり、僕が言いたいのは、苦悩というものをかなり深く知ったその力量において、ひょっとしたらヨーロッパ人はわれわれの上にいるのではないか、というふうに感じられるときもあるわけです。

ヨーロッパの裏にある野蛮

西尾　相対的なんだよ、アジアは。絶対主義というものがないから。そういう意味では、劇的な、悲劇的な、壮絶な、そういう意味での苦悩の高さ、深さというものがアジアでは緊張をはらまないということがある。しかし、その緊張をはらんだニーチェがはっきり言っているんだけれども、仏教はキリスト教よりも百倍もおとなの宗教だ、千倍も成熟している、キリスト教のごときは足元にも及ばない、と。これは逆説じゃなくて、彼は本気に信じて言っているんです。

それで、いまの話はおもしろいんで、僕もヨーロッパ研究を一生をかけた仕事にしている人間ですから、ある一面では西部さんのおっしゃるとおりだと思っているんですよ、心の中ではね。ヨーロッパの優位、ヨーロッパの文化の持っている蓄積の優位、そしていまのわれわれはそれによって制約されている。その座標軸に支配されている現実、それはもう救いがたいですが、ただ、こういうこともあるんですね。

つい一年か二年前のドイツの新聞を読んでいたら、日本紀行が載っていた。あるドイツ人が日本の悪口をいっぱい書いている。上野の博物館に行って仏像を見たけれども、まったくなんの感興も起こらなかった。まことに貧しい世界だというようなことを書いているんです。上野にエラスムスの像があるんですか。エラスムスの立像があるんだそうですが、そこに来たときにはじめて精神の光を見たというようなことを書いているわけですよ。

ところが、私は今度ヨーロッパで、あまり時間がなかったが、美術館をいくつか歩いたんです。ケルンで中世の絵画を見ていてうんざりするんですね。本当にうんざりする。流血、悲惨、残酷、稚拙な、たとえば首をちょんぎって血がどっと流れている絵だとか。地獄絵を含めて、なんと幼稚な、なんと幼い想像力、なんたる寛容の欠如、なんという野蛮ね、はっきり言って。僕はヨーロッパの奥にある救いがたい野蛮ということは何度も何度も意識することがあったけれども、日本人は、あるいはアジア人はずっと寛容で、ずっと平和で、ずっと文化的で、ずっと生の虚しさを知っていて、少なくとも西洋がアジアに進出してこなければ、いろいろな問題が起こらなかったんじゃないかという疑問もあるんですね。

そういうことを考えると、文化の相対化という話になるんだけど、いま問題になっているのは、地球上のあらゆる人種と文化の優劣の話じゃなくて、日本対ヨーロッパに話を限定しているわけですが、僕はヨーロッパ文化の日本文化に対する優越ということを言われると、承服できない。われわれの言語文化、宗教文化はもっと深い。これはなんとしても文化の相対化、等価値ということを主張の根拠にしないわけにはいかないという気になってくる。ここらが、いまの僕の最後の結論かもしれない。

西部　いま西尾さんが言ったことは、それはそうなんですよ。

西尾　ある意味で堂々めぐりなんだよね。われわれの宿命なんだよ。だから僕はかつて『旅愁』を例に出した。横光利一は日本主義者と西欧主義者の両方を書きたかったんだけど、あれは両方、書けなかった。書こうとして書けなかった。つまり、片方の日本人しか書けなかったんです。結局は、矢代（『旅愁』の主人公）しか書けなかった。しかし、これは両方の人間像を書ければ、トーマス・マンなんですよ。ここにまた日本的自我の弱さがある。

西部　僕は、しょせん、島国人間なんですよね。つまり、ヨーロッパとアメリカも含めて生活をしたことがあるけれども、旅行に等しいようなものですよ、一年暮らそうが、二年暮らそうが。研究テーマとしても、プロフェッションとしても、そうなんですよね。また話がひっくり返ってくるけれども、僕は本当は日本人にしか関心がないのかもしれない。あるいは、自分の言動が効果を及ぼし得る射程というのはこの島国だというふうに諦めたということかな。そして、結局僕が気になるのは日本の知識人のことなんです。

西尾　僕も同じです。

（読売新聞社刊「THIS IS 読売」一九八七年一月号）

インタヴュー

日本の知識人、いびつな西洋観の系譜

構成　遠藤浩一

I　幻想的固定観念

昨秋のパリ国際円卓会議を嚆矢に展開した西尾幹二氏と西部邁氏との論争は、大きな反響を集めたようである。

「今日の日本は高度大衆社会であってビジネス文明と呼ぶのが適切だ。日本（の知識人）は欧州の懐疑の精神の伝統に学ぶべき点がまだまだ多くある」と説く西部氏に対して、西尾氏は「今のヨーロッパには今世紀前半まであった貴族主義的精神もなければ、日本のような『高度大衆社会』も実現していない。その不徹底さ、また、自己の尺度でしか他を見ない高慢な自己閉鎖性こそ問題だ。今のヨーロッパ人の『懐疑』を西部氏ほど信用する気にはなれない」と反駁した。

ヨーロッパ人を前に日本人同士が自己のアイデンティティにかかわるテーマについて議論を展開したことは、興味深い、われわれはようやくそういう時機を迎えたのだろうか。

両者の主張を西洋礼讃論ないしは日本礼讃論と見たり、あるいはともに対西洋コンプレックスのなせるわざと片付けるむきもあるようだが、ことはそれほど単純ではない。いやおうなく「他者」とのかかわりのなかで生きることを迫られているわれわれ日本人にとっての切実な問題意識が、少なくとも一方にはある。したがって議論は、行間に微妙な陰影を綾取りつつ進んでいったのである。

西尾　僕は、日本万歳論を唱えているつもりはないのです。日本がいいと言ったりダメと言ったり、そんなことはどっちにしたってくだらないと思う。しかし、便利なものだから、ついつい礼讃論ダメ論といった具合にパターン化して考えるクセがある。昔からそうなんですね。

　西尾氏のこの指摘は、ずっと一貫しているところだ。

西尾　日本を肯定するのも否定するのもともに怠惰なんです。真実はそのどちらにもありません。日本を批判するとき、たいていの人は十九世紀のヨーロッパに理想を置くわけですが、しかし、現実に今のヨーロッパと日本を比べると、少なくとも、ヨーロッパが日本のお手本だなんで見ることはできない。だから私は、日本がいいというのではなく、事実をありのままに見ようじゃないかと申し上げているんです。

　それにしても、僕たちにとって、西洋による呪縛は思いのほか根深いようである。文化や文学を、あるいは宗教、政治を考えるにつけ語るにつけ、結局西洋の枠組みの中であがいているだけの自分に気づかされることが多い。文明の優位に対する驚きがいびつな形で醸成されて、「ヨーロッパではこうだ」と、知らず知らずのうちにあちらに範をおいている。あるいはその反動として偏狭な自己愛に堕するか……。

西尾　ヨーロッパの文学や文化に出会った六十より上くらいの知識人（といわれる人々）には、ほとんど留学経験がないんですね。あったとしても、圧倒的な文明の差の中で相手を見てきたという、旅行者、享受者としての経験でしかなく、向こうで精神的な闘いを挑んできた経験がない。繭《まゆ》を破らずして繭《まゆ》に包まれたまま帰ってきてしまった。

　したがって、日本の知識人の間にはヨーロッパに対してきわめて受動的な見方が完成していて、驚くような名のある人たち――われわれがその思想や文化観、学問的業績などを尊敬し仰ぎ見ているような先達の方々が、こと西洋対日本という問題になると、急におかしくなる。この人たちの間には、保守・革新の枠を越えて、ある種の幻想的固定観念があるんです。彼らは日本をネガティブに言う習慣の外に出られないのです。

　日本の知識人にとって、ヨーロッパについて考えることは、ずっと一級の問題だった。それだけに意識が非常に複雑になっていて、肯定するにせよ否定するにせよ、われわれの心の中にはいろいろな襞《ひだ》があって、簡単にはいかないんです。

鷗外の留学を近代文学の始まりとすれば、以来ずっと、こちらが学ぶだけという受け身の構造でした。ゲーテ党やボードレール党というのが日本国内にたくさんいて、国内で研鑽を積んだ人が出掛けていくわけだけれど、お墓を前にして感涙にむせんだりしてね。そして美術館や博物館や演劇を見て帰ってくる。河上徹太郎さんがパリに行ったときの体験談を読んで、アッと驚きましたね。横光利一のしき写しのパリを見て帰ったようなものだと自分で白状してるんですよ、退屈してすぐ帰って来たと。しかし本当に行動的な人間だったら退屈するはずがない。横光利一なんてヨーロッパを何も見ていなかったにも等しいのですからね。結局観光客にすぎなかったんですね。あるいはよしんば向こうの大学へ行って学んだという年輩者がいても、これまたお客さんでね。——もっとも最近は、外国で学位をとったり研究を続ける人、つまり外国人と勝負する人も出てきてはいるんですが、本当に一流かどうかは疑問です。全部が全部ダメだというわけじゃないんだけれど、日本の社会の組織がしっかりしていて、そこから外れた人が向こうへ行くケースもあったりしましてね。瑣末な研究家になって帰ってくることが多いんです。

そういう意味では、閉ざされた殻の中にいて西洋の研究に自己をさらす経験が絶無だった先輩たちは、しかし、日本の伝統の中で自国の文化や文学を意識しつづけたために、それが裨益となって精神的には安定していた。そしてすぐれた業績をあげてきている。

ところが最近は異邦人みたいな日本人があらわれきて、われわれの伝統文化とは全く無関係に向こうで教養の基本を身につけて帰ってくるけど、あちらの主流は、重箱の隅をつつくような学問だから、日本では通用しないんですね。これも困ったことです。西洋とは何か、日本とは何か、の全体を考えようとしないんですね。

私はね、日本の知識人は、老世代も新人類も精神構造は同じなんじゃないかと思うんです。どっちにも問題がある。老世代は西欧に強い劣等感を持っているけれども、新人類の方は日本もヨーロッパも差がないように思っている。そこに断絶や区別や相違点を全然感じないんですね。パリで、私と西部さんの議論の中には、ともにヨーロッパへの劣等感があって、若い自分は世代の差を感じる、なんてことを言ってた人がいましたが、これなんか新人類的発想の典型ですね。彼らも老世代も外が見えないという点では同じなんですよ。

数学者が向こうの大学で数学を教えるとか、化学の専門家が、あるいは半導体の専門家が向こうで教えることはいくらでもあったのですが、人文科学系の知性の代表が西欧の知識人とわたりあって、日本と西洋のことを問題にするなんてことは、これまでついぞなかったわけですよ。逆に言うと、日本の「物」についての情報は伝えられていても、「日本」そのものについて考えることはヨーロッパの知識人の第一級の問題ではなかった。日本研究家というのは好事家であって、第一級の知識人が日本について考えたり発言したりすることはまずなかった。彼らは近代日本というのがよく分かってなくて、古い文化、伝統を持つ国というイメージ——庭園とか禅、仏教、歌舞伎などからいきなり飛んで、半導体とか自動車産業、会社経営法とかにいっちゃって、その間をつなぐイメージが全くないんです。少なくとも彼らはその中間項を真剣に考えようともしない。これは現在でも基本的には変わらないのですが、ただ、日本の産業の興隆にともなって、彼らの心の片隅でそろそろ気になり始めてはいる。

ところが、気になり始めている彼らに、日本の知識人はまだ応え切れずにいる。これまでこういう課題を与えられたことはなかったし、したがって問題意識の中に登場しなかったのです。西欧を勉強した人間が、その姿勢そのものを西欧人にぶつけ、その適否について議論することがなかったのです。だから、日本的な情緒の中で西欧を学び、言ってみれば、西欧に関するさまざまな知識を語る言葉が、きわめて日本的な論理で語られることがいくらでもある。私に言わせれば、大正教養主義がそのひとつの代表だし、戦後の進歩的知識人と呼ばれる人たちもそうですが、今思うと、最近はやりの保守派という人たちもその点どうなのか、疑問なしとはしませんね。

II 知的頽廃

西尾 さて、今、ものを考える人間一人ひとりの前に、そういった大きな課題が立ち現われているわけです。これまでのように、ただ向こうのものを受け入れるだけでは、問題は何も解決しない。初めて相手の顔が現われたからです。つまり、西欧人が日本を、そしてわれわれの西欧文化の摂取の仕方を問題にし始めているときに、はたしてわれわれは、国内向けの顔だけで成り立つのか、という問題に直面させられているのです。私などはむしろその端の方にいるのであって、これからの世代にとって、大変な問題になるでしょうね。そのとき、単に英語が喋れるとか、挨拶が上手にできるとか、外国人との社交がうまいとかだけでは、知識人として成り立たなくなってくる。無論、西欧のことを日本の情緒で語るなど論外で、これからは自分自身の日本観なり自己の世界における日本文明の位置などについてしっかりした主張を持ち、それを外国人にぶつけていくことが求められる。そろそろ西欧の論理で、西欧人がつけてくれたセリフに合わせて日本を論ずることに疑問を持つべきときなのではないですか。西欧が先鞭をつけた文明史観の中に取りこまれればそれで満足というものではないはずである。日本は立場が違うのですから。

一例をあげましょう。おそらく世界のどの新聞にも、日本の経済に関する記事が出ない日は一日たりとてないと思います。しかし、日本の経済学者の論説や分析を進んで紹介する外国の新聞は、これまた一紙たりとてない。そのことに、日本の経済学者はなぜ矛盾を感じないのか。なぜ気も狂わんばかりの思いをしないのか。ところが彼らは依然としてヨーロッパ産の経済理論の摂取と紹介で満足している。これは大変な知的頽廃ではないか。日本の経済を日本の理論で語ろうと、なぜしないのか。

もう一つ、オルテガをはじめとするヨーロッパの思想家の議論にのっかって、日本の大衆社会批判をすることへの疑問も禁じえません。オルテガは、日本などのアジア諸国をいとも簡単に野蛮扱いし、「大衆社会」の中にくり入れて、その先頭にある日本をヨーロッパの貴族精神への反逆だと書いている。

私は、日本人が自分の言葉で自己批判するならこういう言い方をしても悪くないと思うけれど、ヨーロッパ人の、自己正当化のために非ヨーロッパ文明圏をひっくくって否定するような、身勝手で一方的な価値観を日本人が代弁する必要はないと思うのですよ。しかもそれを国内のみならずヨーロッパ人の眼前で展開するとは何事か。ヨーロッパ人には、受けるでしょうけれどもね。

日本人の大衆社会批判それ自体は重要なテーマであろう。しかし、それを語る言葉が「借り物」だったとは！　脈々と醸成されてきたいびつな西洋観は、これほどまでに根が深かったのである。してみると、先達の西洋とのかかわりについての足跡をもう一度辿ってみずにはいられない。

III　知識人の系譜

西尾　森鷗外は、確かに一級の文章家であり知識人だったけれど、大思想家、大小説家だったかどうかは疑問ですね。彼はその読書経験をみても分かる通り、身体が半分江戸時代だった。ドイツの文学に触れるなんて留学してからの話でね。そして、問題を観念的に極限まで問いつめることをしない人ですから、ドイツへ行っても、嬉々としてその中に入っていけた。それこそ女性体験もするし、向こうの貴族社会にも入っていった。この点夏目漱石と対照的で、日本とは何か、学ぶとは何か、あるいは自我の問題、向こうが本当なのかこちらが本当なのか――といった漱石をとらえた煩悶から解放されている面が鷗外にはあった。外界をじっと観察するけれども、それを心理的内面的に取り込んで自分の中でドラマを展開するというタイプじゃなかった。自己形成が前近代的だったといえるのではないか。まだ西洋劣等感の始まらない江戸時代の日本人のように。

一方漱石だって半身は江戸時代に置いていたわけだけれど、こちらは近代文明の洗礼を受けた影響が色濃く出てますね。近代化した知識人の弱点みたいなものを背負っている。漱石にとって最大の問題はロンドン留学で、これは鷗外の留学体験とくらべて不安定で、混乱しています。もっとも漱石が文部省の留学生だったのに対して鷗外は駐在武官だったし、イギリスとドイツの違い――イギリスは当時世界の文明のいわば最先端でしたからね。日本との落差が大きすぎた。それにくらべればドイツはまだまだ田舎でした――はありましたが、それは措《お》くとしても、ロンドンで漱石がやったことはかなり荒唐無稽で、こう言ってよければ、痴愚に終わった観さえある。

彼はまず、今までやろうと思っていたあらゆる勉強を捨て、――もちろん大学院へ行くでもなく、旅行するでもなく、ロンドンの宿舎に閉じこもって万巻の書を読み出すなんて言い出した。しかも大英図書館にある本を全部読まなければ自分の問題は解けないみたいなことを口走る。読書によって留学体験を得ようというわけですが、これはもう支離滅裂、子供じみたナンセンスと言うしかない。結局彼は日本と西洋の間に立ち、どうすれば自分が成り立つかというアイデンティティの危機にさらされたのです。そしてそれを実存的自我のなかで演じたのだと言えるわけですね。それが鷗外にはなかったんです。

永井荷風は、帰国後はともかく留学中にはそういう悩みはなかったですね。荷風はパリがパリであった時代、いちばんいい時期のパリへ行ってたんです。第一次世界大戦前のパリは、本当に爛熟した、文字通り文化の華の時代であった。ニーチェなんかも、芸術上のあらゆる問題はパリにあってドイツにはないというようなことをしきりに言っておりますけれどもね。したがって荷風は精神の鍵を爛熟したパリに預けてしまった。そこで、市民文学の生まれてくる母体である市民社会の価値を見て、帰ってくる。しかし日本には市民社会は存在しないでしょ。で、絶望して、反市民的な花柳文学に身を投ずる方向に行ってしまった。これまた実存的危機といえば危機ですね。

その後島崎藤村、萩原朔太郎なども、西洋とのかかわりでいろいろありますが、小林秀雄になると少々変わってくるのですね。小林さんがヨーロッパを旅行したのは自己形成が終わった後だったし、また非常に賢いやり方をした。つまり、自ら図式をたてず、常に日本文学と西洋文学とを交互に見た。したがって西洋を肯定するとか否定するとかいう轍《わだち》から逃れるすべを知っていた。それには時代の変化、西洋との共時性ということもある。鷗外、漱石、荷風までは、西洋における近代批判——日本では文明開化批判ということになります——が、問題としてはっきり把握しきれていなかった。しかし昭和初期になると、西洋では近代が行きづまりに達し、それが同時に日本でも呼吸され始める。彼我がパラレルになってくるんです。小林さんの場合には、ランボーについての著述にそれが出てくるし、政治的には、ほぼ同時にファシズム前夜という状況を迎えたわけだし……。

ところが戦後になると、同時性はどこかへすっ飛んじゃいまして、——今度は対アメリカだけれども——、圧倒する文明、政治的な力の前に大変な劣等感がのしかかってきて、再び日本ダメ論が主流を占める。それがまた七〇年安保の三島由紀夫が亡くなった前後に西洋文明との同時性ということがさかんに言われ、最近に至っては、追い越しちゃったというような話になっている。

Ⅳ 「読書する怠け者」

ダメ論礼讃論は、結局同じ紙の裏表のような関係ではなかろうか。コンプレックスと表裏一体のアロガンシィ（傲慢）、物質的、文明的劣等感と、その反動としての精神的、道徳的優位の主張……。

西尾　横光利一の『旅愁』のなかで、日本の国家予算はパリ市の予算より少いとか、日本が科学技術ではるかに遅れていることに対する主人公の焦り、また、その主人公が日本に帰ってきて料亭に打ち水がしてあるのを見て、「ああ、これが日本なんだ」と感じ入る情景が描かれている。そして、日本の道徳のほうが健全だし、日本人はせわしないヨーロッパ的能率主義に巻き込まれていない分だけいまだ美しさや素朴さを持っていると説くのですが、つまりここには、あの時期の極端な劣等感と防衛意識が出てくるんですね。

　ところが、それと同じことを近ごろはヨーロッパ人が言ってるわけですよ。彼らはしきりにヨーロッパ文化の精神の高さゆえに、自分たちは日本やアメリカの能率主義に毒されることはない、と口にする。打ち水はしないにしても、あちらのレストランへ行くとローソクを灯して古色蒼然としたムードを盛り立てている。一〇〇パーセント一九三〇年代の日本と同じだとは言わないけれど、心理構造的にはかなり似た面があるんです。

　そういうヨーロッパ人の言い分を、ヨーロッパ人の前で日本人が代弁することの滑稽さはすでに指摘されたところである。そして、それは旧態依然とした国内向けの理屈でしかないことも。

西尾　『旅愁』の主人公の日本主義者・矢代のようなあり方から、今日のわれわれは完全に醒めている。このこと自体が大変なことじゃないかと思うんです。そしてヨーロッパにかつての日本と類似の精神構造のあることが見えてきたのも、日本自身が醒めたからにほかならない。

　そういうことが、これからいかにわれわれの思想や文化にかかわってくるかを考える必要があるんじゃないか。ところが、相も変わらず国内の需要にむかってのみ思想や文学が生まれていて、国際社会に自己を投影することには、まったく不熱心である。なぜそのことに危機感を抱かないのか。そこに知識人の怠惰があると思うんですよ。

　ニーチェの『ツァラトゥストラ』に、こういう言葉があります。

――いっさいの書かれたもののうち、私はただ、血で書かれたもののみを愛する。血をもって書け。そうすれば君は、血が精神であることを知るだろう。
　他人の血を理解するなどは、簡単に出来ることではない。私は読書する怠け者を憎む。

　これは、本を書く側と読む側の両方に厳密な意味での「体験」を求めている言葉ですが、要は読書などで人生はつかめないし、また、他人が血で書いたことを頭で理解して、それで本当に分かったような気になっていいのか、ということですね。

偉大な詩人であれ宗教家であれ、彼らの残した言葉というのはいわば殻であって、その奥に真の人間の体験があるわけです。ある人間が生き、かつ行動して、その結果言葉が残った。言葉はその体験を理解する手段にすぎない。だから、われわれは追体験という行為を経なければ、ある行為や人の体験を本当に理解することはできないし、またそういう自覚が大切なんです。ニーチェは、したがって読書だけでこと足れりとする怠け者を憎んだのです。

同じことが日本と西洋文化というテーマでも言えるわけで、西洋に対する本当の理解なぞできないのじゃないかという絶望みたいなものを一体どれだけの人間が自覚しているか、この点をいま私は痛切に感じるんです。漱石にはその認識があって、彼は精神に変調をきたしたんだけども、逆に言うと、西洋の詩人や思想家を研究している日本の知識人が、絶望もせず、精神に変調をきたすこともなく、落ち着いてやっていられるのは、私もふくめて、要するに「読者する怠け者」なんですね。

「読書もしない怠け者」には、思いの及ばぬところであろう。

（「kakushin」一九八七年四月号）

IV

シュミット前西ドイツ首相批判

アジア各地に日本史資料館を

昭和六十一年九月、私はパリのある国際会議に出ていて、中曽根首相（当時）の人種差別発言のニュースを、傍の英国人から耳打ちされた。それに先立って〝藤尾文相発言〟があり、文相が罷免されたニュースもすでに伝わっていた。同じ春の教科書問題も知られていた。最近は日本の国内のニュースが、みな国際的反響を呼ぶ仕組みになっている。「それだけ日本が重要な国になったからです。重要になればなるほどドイツと同じように苦しい立場に立たされます」。隣席のドイツ人出席者が、戦後ずーっと周辺諸国に頭の下げっ放しだった西ドイツの苦しい立場を思い出すかのように、私に言った。

しかし私はそれを聞いていて、日本の事情は西ドイツとは少し違うなと思った。日本の方が外交的に面倒で、誤解され易い。なぜなら、過去の戦争について国民が抱く国内的イメージと外国人が抱く国際的イメージとの間に、ドイツの場合にはギャップがあまりなく、日本の場合にはかなり隔たりがあるからである。ドイツ人は交戦相手国のすべてに対し加害者であった。自らが最悪の犯罪国家であったことを認めざるを得ず、過去を徹底して謝罪することによってしか生きる道がなかった。ドイツ人は大戦争を二度も起こし、ユダヤ人の組織的大量虐殺をした。戦後そのような過去を全面否定することで、ドイツ人は自国の歴史をさながら外国の歴史を語るように冷淡に、愛情もなく、不信の目で語るようになった。それが将来の国民感情形成の面で必ず災いをなすと分っていても、差し当たり今は、このことが国内から見るドイツ史と、外国人の見るドイツ史との間の違いを小さくしている。だからポーランドやフランスを相手にして教科書の内容を相談したりできるのである。

しかし日本の場合にはどうも事情が違う。日本人が現代日本史をどんなに否定的に描いても、中国人や韓国人が描く現代日本史とはどうしても一致しない点が出て来るのは避けられないのではないか。それでも、中国大陸や韓半島に日本軍が侵攻した以上、その点で日本人には謝罪の意志があり、限度を越えなければ中韓両国の認識に歩み寄る余地はある。けれども、日本の主たる交戦相手国は彼らではなく、ソ連を含む欧米列強だった。そして、欧米列強に対し、日本人は加害者意識がほとんどなく、彼らに罪悪感を抱く日本人は恐らくいないだろう。それどころか原爆を落とされて、被害者意識をすら抱いている。ここにドイツ人との決定的な相違がある。

日本が欧米列強のすべてに対し「犯罪国家」であったと考えている日本人は、よほど特殊な思想の持ち主以外にはまずいまい。戦後の日本人にはナチス犯罪を追及したドイツ人のような道徳的厳しさがない、などと分ったようなことを言う人がよくいるが、ドイツ人は戦後、生きる必要からそうせざるを得なかっただけで、道徳的に高潔であったからではなく、またドイツとは違った戦争をした日本人には、そうする必要も、理由もなかったまでである。

昭和六十三年五月十三日、奥野誠亮国土庁長官がタブーに触れた発言をして、藤尾元文相と同様に、引責辞任した。奥野氏は「日本に侵略の意図はなかった」と言うのではなく、「侵略という意図だけであの戦争のすべてを説明はできない」という風に言えば問題はなかったろう。それにしても、こういうことが起こる度に野党がはしゃぎ、日本が外交的に失点し、政府が逃げ腰で事をただ穏便に収めようとするだけで終わる繰り返しが、いつしか取り返しのつかぬ事態を招くことになりはせぬか。失言しない西ドイツの政治家と比較して、日本の政治家は自覚が足りないとか、歴史を知らないとか、いろいろ言う人がいたが、私はそうは思わない。すでに述べた通り、日本は目的や動機においてドイツと違った戦争をしたのだ。少なくとも、決定的に違った一面を持つ戦争をした。そのために、日本の国内で考えられている戦争像と、国外で外国人が考えている戦争像との間に、ドイツの場合よりも大きな開きが生じ、従って、国内で無警戒に語られる言葉の端々が、国際的に唐突に響くという結果になっている。

日本の位置がこれから大きくなるにつれ、この傾向は益々強まるであろう。だからといって、日本の国内の自己主張をただ抑えればよいのではない。日本人の描く戦争像を、国際的な討議の場に出し、抑えるべき処は抑え、認めさせるべき処は認めさせるという、言葉による努力を一段と傾注しなくてはならないときであろう。これは日本にとりきわめて重大な課題で、竹下首相（当時）のように、ただ事なかれ主義で、頭を低くしてやり過ごせばいいというものではない。

幸い世界の歴史学者の中には、あの戦争で日本だけが悪かったのではなく、植民地解放という結果もあって、ドイツのした戦争とは違うということを分かってくれている人も少なくない。ただし世界の新聞論調はドイツと区別しないし、中国、韓国に理解してもらうには時間がかかる。そこで、アジア各国の代表都市に、日本政府は積極的に日本史資料館を作り、世界の学者たちを招いて、太平洋戦争の認識を巡って、広範囲な学問上の討議を展開すべきであろう。日本の犯した過ちの資料は隠さずに、全公開し、謝るべきは謝り、避け難かった部分は認めてもらうよう努力する。そのような地味な、忍耐強い努力の積み重ねによってしか、問題は解決されまい。そして、それが今後の日本にいかに大切な課題であるかは、あらためて言うまでもないであろう。

（「サンケイ新聞」一九八八年五月十六日）

〝日本の友〟シュミット前西独首相に反問する

〝日本には友人がいない！〟

最近（一九八八年）、前西独首相ヘルムート・シュミット氏が、「日本は友人がいないという現実をもっと直視すべきだ」といった意味の発言を重ねていることはよく知られている。日本の孤立化と度の過ぎる対米依存の危険について、また過去に犯した戦争の罪をドイツ人のように近隣諸国に懺悔しない日本人の迂闊さについて、さらに米国の不動産の買いあさりで新たな敵を作っていることの愚かさについて、等々、まことに時宜に適った辛辣な直言が、忠告という形で、氏から日本に次々と浴びせられている。その多くは真実の一面を射当てているし、友情から出た忠告と看做すことが出来るので、日本でこれに耳を傾ける人は少なくない。

折しも米国からの「日本叩き」に遭って困惑の度を深めているわが国では、わが国以上に輸出立国である西独が、「西独叩き」を免れている事情に、あらためて感嘆の目を向け始めていた。この点に関しても、シュミット氏の観察は次のように鋭く、的確で、かつ自信に溢れている。戦争で欧州各国を敵に回したドイツ人は、戦後近隣との関係修復を第一の外交目標とし、あらゆる場面で戦争犯罪を深く謝罪しつづけ、今ではＥＣに十一カ国、ＮＡＴＯに十四ないし十五カ国の友人国を持ち、さらに東欧にも友情を広めた。また、国内市場を最初から思い切ってオープンにして、国の内外とも自由な市場経済を徹底させた。こうして西独は、日本のように対米一辺倒にならないで済む欧州中心の経済環境を作り上げ、ＥＣ

の枠の中に身を置いたお蔭で、今では日本に比べて、外からの圧力に抗し易い。たとえ米国が保護主義的貿易戦争を仕掛けて来ても、相手はEC十二カ国であって、米国が農業補助金をやり玉に上げるとしても、ECが決めたことで、西独を名指しで非難することはできない。それに対し日本への非難はもろに直接的である。加えて、西独の防衛費の対GNP比率は日本に比べ三倍、経常収支の黒字も日本より小幅である。それにもう一つ重要なことは、米国の政治家が自分の間違いを他に転嫁して無責任な責め方をする場合に、西欧世界のドイツよりも、アジアの日本の方が責めやすい、ということがある、等々——。

言われてみれば確かにシュミット氏の言葉通りに日独の相違点が浮かび上ってみえる。

米国の太平洋貿易が急成長を遂げ、今や対欧州貿易高を五〇%以上も上回っているにも拘わらず、米国の政界、マスコミ、知識人の間に依然として欧州中心の見方が蔓延《はびこ》っていることを、日本人は今、割り切れぬ気持で眺めているのが実情である。つい先頃も大統領候補のゲプハート下院議員等が、日本や韓国の輸入規制に激しい攻撃を加えながら、同じような重商主義的な規制をしいている欧州やカナダに対しては決して攻撃を仕掛けない不公平さを、われわれは目撃したばかりである。それでいて、日本は西独にとってのECのような、大きな外枠をなす経済文明圏《サークル》を持たない。シュミット氏に言われる通り、近隣諸国とサークルを組んで、米国に当るということは日本にはほとんど不可能である。それどころか、太平洋を主たる舞台にした今次大戦の評価ひとつでも、アジア各国でそれぞれ受け止め方が異るし、日本の国内でさえ見方が分裂している。また、日本の防衛費の増大を求める米国が、軍事力の飛躍的増加をも果して希望しているかどうかとなると、これは疑問で、この点での米国の要求の身勝手さと論理破綻を前に、日本は進路の選択に差し当り不透明たらざるを得ない。それやこれやで、確かに西独のように道筋のはっきりした、単純な路線を歩めないでいる。そして、自らでさえどうにも制御し難い経常収支の黒字の増大と工業技術による楽天的前進によって、日本は今、こと志に反し無計画に肥大化した自分の力を持て余し、意図せずして押し上げられた指導国家の地位にいささか当惑しているのである。

このような折も折、日本は友人を持たないことを思い知れ！　というシュミット氏の忠告、というより批判は、まことにタイミングよく、日本人の胸にずしりと響いた。急には解消し難い困難と知っているとはいえ、孤立化に悩んでいるまさにその困難のさ中に、一番痛いこの点を突かれれば、胸にこたえない筈はない。気の弱い日本人なら、シュミット氏の言葉におろおろし、反論ひとつ出来ないだろう。欧米人の警告や叱責を、神託《オラクル》のように迎えたがる習慣を持つ日本のジャーナリズムが、この言葉に飛びつき、講演や雑誌インタビューやシンポジウムへの招待等で、シュミット氏を大いに歓迎したのも、彼により日本人の現下の苦痛が赤裸々に照らし出されることを快事とするいささか自虐的感情に駆られたからに外なるまい。前首相のジャーナリストとしての勘の良さと、日本の政治家にない言語駆使力の卓抜さは、いくら褒めても褒め過ぎることはないであろう。

〝ドイツは複数の友邦を持っている〟

私がシュミット氏の日本への発言を最初に知ったのは、U. S. News & World Report, *Jan. 11, 1988* のインタビュー記事の中の次の個所だった。

「欧州と比較すれば、日本は特異な状況にある。われわれはEC十二カ国の一つなので、どんな国も西独に簡単に貿易戦争を仕掛けることはできない。しかし日本はいかなるコミュニティにも属していない。日本を一国だけ外へ閉め出してしまうことはいとも簡単だし——現に進行中である。それゆえ自分の地域に友人を持つことは、ドイツ人よりも日本人の方がずっと必要なはずである。幸いドイツ人は、近隣諸国といい、米国といい、複数の友人を持っている。日本人は米国という気乗り薄な(halfhearted)友人を持っているだけではないか」

halfhearted は「本気でない」「本腰でない」「冷淡な」の意味である。真相をずばりと言われた感じがする。

次いで「ニューズウィーク」(日本語版一九八八年四月二十一日号)と朝日新聞社の新週刊誌「アエラ」(同年五月二十四日創刊号)において、それぞれ次のようにほぼ同じ趣旨の指摘がなされた。

「第二次大戦で暴虐の限りを尽くし、完全に打ちのめされたわがドイツにも今や友人はいる。ECは十一の、NATOには十四ないし十五の新しいパートナーがおり、ポーランド、チェコ、ハンガリーなどの国々にも友人を持っている。……

だが日本はどうか。経済面でも軍事面でも、同盟国と呼べるのはアメリカだけだ。……どの西欧諸国と比べても、日本ははるかに孤立した国だ。……

(日本は)世界から疑いの目を向けられていることにすら、まだ気づいていないようだ」(「ニューズウィーク」)

「日本は近隣諸国のうちに友人をもっていません。それなのに、そのことがいかにまずいことか理解している日本人は数えるほどしかいないように思われます」（「アエラ」）

「朝日新聞」（一九八七年十一月十六日夕刊）にも、次のような同一主題のヴァリエーションが認められる。

「日本はアジアの国なのに、アジアに友人が一カ国もない。韓国、ソ連、フィリピンもみんな友邦ではない。あえて言えば、米国が唯一の同盟国だ。これは悲劇である（それに比べ東西ドイツはともに数多くの友邦に恵まれている）。この差は国家レベルの問題に限らない。私たちは他のヨーロッパ諸国の言語を理解しているし、新聞も読める。日本人は朝鮮語もフィリピンの言葉もほとんど分からないだろう。これは、ドイツ人と比べて日本人は隣国の人々の考えを理解していないことを示している」

シュミット氏の日本観察は同一モチーフの繰り返しで、どれもほぼ同じことを少し角度をずらして語っている。念のため私はシュミット氏の日本での二つの講演（ジャパン・ファイナンス・ゼミナール主催一九八六年十一月二十八日、大和証券経済研究所主催一九八七年五月二十日）の英文草稿を、関係者のご好意で取り寄せ、読ませて頂いたが、私自身はここでは、日本の一般読者にシュミット氏が強く訴えかけている「ニューズウィーク」「アエラ」「朝日新聞」での発言を主に取り上げ、他は参考資料にさせて頂きたいと思う。

前提の相違を無視した議論

シュミット氏の発言内容は、それが意図する範囲に限っていえば、なにひとつ間違いを含んでいないといっていい。従って日本人としては今後のアジア外交の重要性をあらためて考え、「脱亜入欧」という近代日本史の目的の終焉を確認すればよいということになるのかもしれない。けれどもシュミット氏の発言を、それの意図する範囲を越えて、その外から眺めると、いささか違った色合いを帯びて見えて来ることに私は気がついている。第一に、氏の口調にある種のおどしが含まれている。第二に、戦後のドイツ民族の経験による日本に対する優越の意味でのみ語られている。第三に、日本とドイツとでは歴史背景においても、地勢上の位置においても共通するところが少いという前提の相違が、無視されている。つまり、もともとブロックをなす西欧諸国のどれか一国と日本を比較し、日本がどのブロックにも属していないといわれても、今更どうしようもないないものねだりを強いられている感じがする。第四に、これは以上の総括ともいえるが、氏は西欧世界に住む自分の尺度と価値判断を絶対とし、それを異質の国に当て嵌めて見ているだけで、西欧人に例の多い典型的な知的閉鎖性を示しているという風にもいえる。

自信に満ちたその態度は、ある種の頑迷さとも映る。少なくとも氏はこう言っているのだと要約できる。〈ドイツはうまくやって来たのだ。ドイツは成功した。日本は危《あぶ》なくて見ていられない。日本はドイツの遣り方をしっかり勉強しなさい!〉日本からの多数の留学生を迎えた、かつてのドイツの大学教授のポーズによく似ている。シュミット氏が単純なドイツ自慢を語っているのだと私は思わないし、思いたくもない。けれども、氏の議論のすべては一つの事柄を前提としている。すなわち、日本は米国からの凄まじい「日本叩き」に出遭って、その前途に困難が予想されるのに対し、西独はECという仲間に守られその危険から免れている。従って、西独の前途の方が安全で、期待に満ちている、という前提である。

しかし、右の前提が確実だという保証はどこにもない。ひょっとすると全然逆かもしれないのだ。ただ、「日本叩き」に出遭って不安に捉われている近年の日本人の胸にのみ、シュミット氏の言葉が切実に、痛く突き刺さって来るのであって、前提がもしも狂えば、シュミット氏の言葉にどれだけの説得力が宿っているであろうか、甚だ疑問にもなる。すなわち、米国が「日本叩き」をして「西独叩き」をしないのは、ECに守られている西独の智恵というだけでなく――それも勿論大きな原因の一つだが――、西独の技術力や経済力が日本のそれよりも米国にとって将来的に脅威ではない、という単純な事実に発しているのではあるまいか。

この認識はシュミット氏の思いもよらぬことなのであろうか。氏の議論の中には、日本の危険が、米国と欧州に対する日本の経済的技術的な挑戦にあるという、われわれが今ある種の覚悟をもって静かに意識している問題認識が完全に欠落している。氏がその点についてほんの僅かでも語ろうとしないのは、氏の意識の中にその認識がないせいか、それとも不快感から考えないようにしているせいなのか、私は問いたい。勿論、日本の挑戦が果して実を結ぶか否かが分るのは百年後の未来である。誰にも分らない。しかし、少くとも、次のようには言えるだろう。今のところ経済的技術的な競合において日本と西独とは並んでいる。決して西独が圧倒的に優位なわけではない、と。だとしたら、西独の戦後の経験だけを唯一の拠り所に、日本を教育するという伝統的習慣から氏はもっと解放されていてよい筈だし、日本の現実に対しもっと謙虚であってよい筈であろう。アジアの持つ多様性、西欧の価値判断で裁けない東の文明の複雑さ、戦後のドイツ人のような単純化された外交路線を歩めない、一国だけ大きくなり過ぎた日本の位置。急には変えられないそういう現実に対し、もっと複眼をもって、相手を「理解」するという慎重な心掛けで発言すべきであろう。

つまり、一口でいえばこうだ。氏の言葉には私たちを一瞬どきりとさせる効果はあっても、深い思索へと私たちを導き、勇気づける効果はない。氏はどうにも変えようもない状況、学びようもない教訓、日本が取り入れることがどうしてもできない運命的前提に立って、この前提を手に入れなければお前たちは救われないのだと言っているのである。さながら父親と死別した子供に向かって、お父さんが生き返らなければお前は救われない、と言っているようなものである。ひょっとすると母子家庭の子の方が将来大きく成長するのかもしれないのに、である。

東アジアに同程度の先進性と共通の歴史を背にした諸国の相集う西欧のようなブロックが成立し得ないことは、初めから分り切っている事実である。つまり、シュミット氏の物の言い方と比較の仕方には、ある種の子供っぽさが宿っているということを私は指摘しておきたい。アジアについて発言する多くの親切な西欧人のアジアに関する無知が、ここで再び顔を覗かせている。それにシュミット氏は歴史に関する重大な事実誤認もしている。氏はドイツ人のした戦争と日本人の戦った戦争が同じ過ちを犯した同じ戦争だという前提で語っているが、一体どうしてそんなことが言えるのか。

戦後ドイツ人を支配する不正直

シュミット氏の発想の中では、日本の孤立主義と西独の国際主義、あるいは国際協調主義との比較が中心を占めている。西独は輸出相手国を分散させ、貿易が一国に傾き過ぎないように注意を払ってきた。自国の市場開放を徹底させ、競争力を持たない自国企業に同情せず、大胆な合理化を試みてきた。こうして競争力をつけた西独企業からの輸出は伸びたが、それにつれて輸入も拡大した。国際的共存共栄の中での西独経済という位置づけは、単に経済の次元の問題にとどまらない。西独社会全体の思い切った開放措置を背景にして、経済の自由化＝国際化を可能にしてきたのである。外国人労働者を大量に受け入れたのもその表われだし、西独の軍隊がNATOに従属することにドイツ人が我慢してきたのもその結果である。第二次大戦でのドイツの蛮行に、今なお罪意識を告白しつづけなければならないとドイツ人が考えている理由もまた、ここにあったと思わざるを得ない。

それに比べれば、日本は確かに経済的にも軍事的にも、危険なまでに米国一国に傾き過ぎている。外国人労働者も受け入れようとしないし、市場開放も不徹底であることは否めない。日本は今や危険な自閉的孤立主義に陥り、西独は世界中から愛される〝国際国家〟になっている――そんなことは到底言えないのだが――と、いかにもそう思い込まされてしまうような自賛の調子が、シュミット氏の断定的口調の中に宿っている。しかし、私はここで敢えて天邪鬼《あまのじゃく》を演じようと思うのだが、右に見た西独の長所はことごとくその弱点に、日本の弱点はすべてその長所に逆読みすることさえも強《あなが》ち不可能ではないということを申し添えて置きたい。もしも日本人の誰かが〝戦後日本の歩みはまことに立派であった。西独はもってこれを範とすべきである。日本にとって易々と可能であったことが、西独にとって必ずしも可能でないのは一体なにゆえか〟と、叱責調でドイツ人に教え諭《さと》すならば――シュミット氏はその逆のことをわれわれにしているだけなのだが――驚くべきことに、世界像はまったく違った姿でわれわれの前に描き出されることになるであろう。

日本と違って、戦争直後の西独は、購買力を持つ先進国に囲まれていた。この地の利を得て、いち早く貿易による経済復興の起点を摑む。しかし国境のせめぎ合っている欧州中央部で、ドイツ民族が生き延びて行くためにまず真先にしなくてはならなかったことは、進んで自分の罪を認め、許しを乞い、周辺の批判を躱《かわ》すという「戦術」であった。ドイツ人はただ只管《ひたすら》謝罪し、頭《こうべ》を垂れ、懺悔しつづけた。勿論、弁解の余地のない戦争であったからでもある。ドイツ人は二度も戦争を起こし、二度目にはいかなる自己防衛の理由もなく、公然と世界征服の旗を掲げた。さらにユダヤ人の組織的大量殺戮の事実は、戦後ドイツ人のあらゆる勇気を奪い、あらゆる精神活動を歪めた。シュミット氏は「ドイツは大戦中における自分たちの大きな過ちを罪と認め、その歴史的事実を深く悔いている」と証言しているが、事実その通りであろう。しかし、ドイツ人が「過去の克服」を言いつづけ、自己の罪悪を裁きつづけるのは――私たち日本人にこの点でどうしても分らないのは、ナチ幹部の〝魔女狩り〟風の見せしめ処刑とそれによって国民が自分を浄化できると信じる自己欺瞞であるが、これについては後で私の疑問を述べる——半ばは贖罪意識から出ているにしても、半ばはドイツ民族の〝生きる必要〟から出た政治的戦術に外ならないのではないか。

ドイツ人が周辺諸国に謝罪し、懺悔しつづけたのは、本心はどうであれ、そうしなければ生存を維持できないという、欧州中央部で国境を囲まれている地勢上の理由によるところがきわめて大きい。「過去の克服」のスローガンは、ドイツ民族の生きて行くための智恵であり、手段でさえあった。それによって周辺諸国の警戒心を解かない限り、ドイツの貿易も、産業も成り立たない。しかし、これによって同時にまた、ドイツ人は自分自身の歴史を否定し、民族文化を徹底して断罪するという、大きな、取り返しのつかない犠牲を払ったのである。戦後のドイツの文学も、思想も、「過去の克服」の単調なテーマを繰り返すばかりで、ほとんど見るべき成果がない。

ドイツ人の心には戦後ずっとある大きな不正直が支配している。フランクフルトで『がらくた、都市、そして死』という芝居が上演されたとき、劇場にユダヤ人が押しかけて来て、芝居を粉砕した。内容は土地投機などをする戦後のユダヤ商人に対する諷刺劇で、ナチスとは関係がない。しかし、劇場への狼藉を論難するドイツ人はいなかった。戦後のユダヤ人のやっていることに関してまで公式には全部正しいと言わなくてはならない自分へのこの嘘は、ドイツ精神界を不健康な無力感で圧し潰す。民族問題はこの国では長い間タブーであった。街角の便所に「トルコ人帰れ！」「トルコ人に死を！」と大書されてあるのに、新聞紙上では大学教授が、トルコ人との共存はドイツ民族が再生し得るか否かの、神が与え賜うた貴重なチャンスだ、などと民衆が顔をしかめるような偽善的な言葉を平気で書く。こういう不正直が一般化するほどに、一民族が自分の過去を否定し、民族の独自性を断罪したことが、後世の文化形成にまで深刻な影響を与えないはずはない。ナチスの淵源をルターにまで遡ったり、ゲルマン英雄神話を否定したり、ゲーテ崇拝心理の中にナチズムの芽を見ようとしたりする、異常なまでに過敏な過剰反応さえあった。これがドイツ民族が、欧州中央部で生き延びていくために支払った代償である。

自国の歴史を否定しなかった日本

これに比べ、敗戦国日本が置かれた環境はまったく違う。西独が復興の緒に就いた頃、中国に革命が起こり、朝鮮では戦争が始まった。そして日本を取り巻くアジア諸国は購買力をまだ具えていなかった。日本が生存を維持しさらに国力を回復していくのに、米国への依存度を高めるしかなかったのは、当時のアジアの状況では止むを得ぬことであったし、ある意味では幸運でもあった。戦後の日本は西独と違って、あらゆる交戦国群に例外なく罪責感を抱かなくてはならない状況下にはなかった。侵攻した近隣諸国に対してはともかく、ソ連を含む欧米列強に対し戦争で罪を犯したと考えている日本人は、余程特殊な体験者以外にはまずいないのではあるまいか。そして太平洋戦争の主たる相手国は欧米列強であった。

戦後の日本では戦争の評価をめぐって久しく激論が戦わされ、まだ決着をみていないが、ドイツと決定的に異るのは、否定論から肯定論に至るまで、国内に非常に幅の広い複数の考え方があることである。ドイツのように外国人に分り易い単純な一つの結論で終っていない。西独では悪いのはすべてドイツ、だから外交的には謝る一手あるのみという、他に選択の余地のない、自国の歴史の絶対的断罪論で、国論が一つの色に塗り潰されているが、幸い日本ではこのようなことには決してならない。それは外交的には日本の態度を分り難くするが、戦後を生きて来た日本の国民意識の形成にとっては、大変に大きな幸運であった。なぜなら、日本人の多くは、自国の歴史に誇りを失わずに済んだからである。

アジアが革命と動乱で収拾のつかない状態でいる間に、日本は漸次国力を回復した。西独のように、自分自身の歴史の否定、民族文化の断罪をもって経済復興の足場にするという、不幸な逆説に身を晒すことはなかった。対米依存度の高さは残ったけれども、日本は民族の統合を失わなかったのである。戦後の日本が今日まで孤立主義を守ったままで来たこと、西独のように国力も未回復のうちに、周辺諸国との国際協調路線を推進する無理を犯さないで来られたこと――このような日本の条件を、私はシュミット氏のように否定的に考えず、最善最良の選択の結果であったと考える。

西独が国内市場の開放を徹底し、貿易相手国を分散させたバランスの良さを、氏は西独の智恵ある選択のようにいうけれども、ナチス犯罪国の烙印を押された国が、先進諸国家の間に身を置いたときに、〝生きる必要〟から、思い切って自国を開いて見せないわけにはいかなかった、止むを得ぬ選択だったにすぎまい。西独は商品市場だけでなく、金融も、労働界も、国防も「国際化」した。生き延びていくためにその方が有利だという判断が、この国をEC諸国に対してだけ開放的にしたのであって、この国の勇気でも、心意気のなせる業でもない。西独では戦後早くから欧州圏内の国際主義が必要であったが、周りに先進諸国家を持たない日本はこれを必要としなかった、それだけの違いである。

ドイツは日本の模範たりえない

それならこれからの日本は孤立主義を捨て西独をモデルに国際協調路線を選ぶべきかというと、西独は決して模範にならないという、シュミット氏が仰天するような ことを以下に書く。すなわち、氏が自画自讃する西独経済の国際的共存共栄とは、見掛けだけの張り子の虎でしかない。確かに西独のGNPに対する輸出割合は三〇％弱で、日本の二倍以上にもなり、大変な貿易国家に見える。また対米貿易は総貿易量の一割程度で、自慢する通り、三、四割にも及ぶ日本のように米国に傾き過ぎてはいない。そこが賞讃される所以だが、しかし、じつは数字の魔術、錯覚がここにある。すなわち、西独の通商の約七割は欧州の域内貿易にすぎないのである。一九九二年に向けて欧州は経済圏として一つに纏まろうとしているのであるから、制限付きでなら、欧州は今や一つの国家に譬えることも、強《あなが》ちできないわけではない。少くとも、アジア人の遠い目からは、欧州は文化的経済的に纏まった一つの国家のように見える。もし欧州を一つの「国家」のように考えるなら、そして西独を一つの「県」のように考えるなら、ECを超えられない西独は、じつになんと「国際貿易国家」とさえ言えないのである。

シュミット氏の自慢する西独国際主義といっても、よく観察してみると、EC共同体の枠の中に小ぢんまりお行儀良く収まる性格のものであって、大変に閉鎖的で、真の意味での世界性を欠いている。氏が嘲笑する孤立主義下にある日本の方が、地球全体を通商相手にし、世界貿易国家として、はるかに広域に目が及んでいる。日本の商品は世界の隅々に溢れているではないか。日本の孤立主義は危険だと氏は言うが、その危険に耐えている日本の方が、ECの仲良しクラブに安住している西独より、周辺に同族ブロックを持たないだけに、大規模に世界全体を相手にするという国際性を発揮している逆説を、氏はどう考えるのであろうか。

戦後のドイツ人はナチス時代への反省から、民族的狭隘さを捨て、国境を超えた人間になろうと努力して来た。動機が〝生きる必要〟からであるとはいえ、私はその健気さを買ってきた。しかし彼らはドイツ人であることを超えることは出来ても、西欧人であることを超えることがどうしても出来ない。近年ではむしろ頑固なくらいに西欧人であることを誇りに思い、西欧人としての立場にしがみつこうとしているドイツ人が多いように思う。シュミット氏もその一人である。

氏の頭の中には西欧の価値尺度がそのまま世界の価値尺度だという古い意識がまだ残っているようにみえる。そのため、日本は孤立し世界の中心から逸れ、西独は世界のただ中にあって孤立していない、と氏は思っているのかもしれないが、西独が属しているECブロックが今ではすでに一つの孤立した、閉ざされた文明圏であって、必ずしも世界の中心に位置していないという事実に、氏は一度でも思い及んだことがあるのだろうか。西独はECブロックに友人をたくさん持っているので孤立していないと自慢しても、ECブロックそのものが世界の動きの中心から逸れ、自己完結的な孤塁を守っている状況が、今後もどんどん進行していくとしたら、対米依存度の高い日本とEC依存度の高い西独と、一体どちらがより安全で、将来性により恵まれているといえるだろうか。

欧州の人口は今や減少方向で、市場は長期的には狭小化の傾向にある。現在、世界で二十位までの人口保有国の中には欧州から四カ国（英仏伊独）が入っているが、二〇二〇年には一カ国も残らないと算定されている。今世紀の初頭に世界の二十大都市の中に欧州の都市は十あった。現在は二つだけ（ロンドン、パリ）で、二十一世紀になるとひとつもなくなってしまうといわれる。かつてローマ文明の崩壊が人口の減少から始まったといわれているが、今や恐るべき事態が西欧文明を襲いつつあるのである。

なかでも西独の人口の急激な下降はすでに危険水準を割っている。あと十年もすると、現在でも悩みの種子の外国人労働者を倍増しない限り、西独市民の経済生活を維持できないといわれている。ドイツ女性は子を産み、育てることを喜びとする母性本能を失いかけている。ドイツ青年は目の前の生活の安定や楽しみだけを愛し、国の未来とか、他文明との競争とかを考えなくなっている。日本にもそういう傾向はあるが、ドイツことに西独の荒廃は日本の比ではない。英仏よりも急速な人口の激減が何よりもの証拠である。シュミット氏もその点は認めざるを得ないだろう。そして、敢えて言わせて頂くが、とくに西独に顕著なこの精神的に投げ遣りな未来喪失感情は、ヒットラーとアウシュヴィッツに深く原因している。自分の国への嫌悪、歴史への憎悪をあれほど叩き込まれて教育され、そしてその代償で得た経済繁栄が、青年の精神の内部を蝕み、無気力化させない筈はないと私は観察している。

「ドイツの戦争」と「日本の戦争」の決定的な違い

話は変わるが、現在アフリカの混乱と悲惨は、西欧人による植民地化の結果である。以前にはなかった飢餓が、西欧の侵入による自然体系の破壊によって起こった。アジアでも最貧国のバングラデシュやフィリピンの停滞は、植民地支配による永年の収奪の影響から未だに立ち直れない姿である。幸い東アジアの一部は少しずつ力を回復し、文明を与えてやると称して奪取してきた西欧の爪跡も、徐々に癒えている。日本につづくＮＩＣＳの擡頭は良き前兆で、十七世紀以来の西欧中心の世界秩序に初めて破れ目を作ったのが、西欧を凌ぐ能率主義と合理的威力によるものであったことの意味は大きい。世界は多様で、中心はどこにもないことをシュミット氏も知らなくてはなるまい。やがて半世紀もすれば、東アジアの挑戦はさらに顕著になり、日本がそこで果した役割、とりわけ太平洋戦争が果した役割を、互いの加害被害の意識を超えて、歴史科学的な冷徹な目で、認識し合えるようになるだろう。今はまだ駄目で、とりわけ中国、韓国の理解を得るには時間がかかるが、東アジア各国が先進国群に入り自信を持てば、被害者意識は薄められ、歴史を客観的に評価し直す気運は高まろう。否、すでにそういう徴候はぼつぼつ現われている。

勿論日本が、西欧の植民地主義の真似をした愚かさ、西欧の軍事支配を排除するのに別の軍事支配をもってしたことの罪は、永遠に消えない。日本の当時の軍部の考え方に、帝国主義的意図があったことも事実である。思い上りと短慮と視野の狭さと頭に血が一時に昇った興奮状態は、一九三〇年代の日本人を特徴づけていた。例えば今のイランを襲っているような、西欧化＝近代化に対する急激な反動が伝統的精神主義と歪んで結びつく心的危機が、国内の戦争要因であったとすれば、国外の戦争要因は、ロシア革命に対する過剰反応、中国大陸のロシア支配に対する恐慌、加えてまだ世界の指導者になりたての未熟な米国のアジア戦略の間違い、中国と手を組んで米国がアジアの平和を指導しようとした性急な日本封じ込め政策の失敗、等であったと、私は考えている。

しかし、ドイツと決定的に違う点がある。ドイツは高度に文明化した近代国家群に取り巻かれていた。そこへ堂々と侵攻したのである。他民族征服の意図は明らかだった。同じ侵攻の罪があるとはいえ、日本軍による太平洋戦争の舞台となった国々は、欧米列強の事実上の支配下にあり、独立主権を失っていた国々が圧倒的に多かった。日本にも強権支配の意図がなかったとはいえまいが、日本は勝利を収めるや、ビルマその他東南アジアに幾つもの国の独立を用意し、自由インド暫定政府を承認した。独立を口にすることさえ禁じられていた戦中に、日本は各国の国民軍の創設を助け、これがアジアの大部分に新しい意気と精神を生み出したことを、ビルマの指導者バー・モウは、戦後、「歴史の最終審判においても生き残る」真実として、公平に証言し、礼讃している。

シュミット氏の回顧録『人間と権力』は、地球全体を見渡す広い視野で叙述され、アジア各国の多様な諸相についても興味深い観察を語っているが、アジアの悲惨を招来した欧米列強の暴慢な制覇、貪婪な搾取、ヒューマニズムの仮面を被った組織的冷酷さ、神の名における不平等の押しつけ、等々についてはー言も語っていない。欧州至上主義者のエゴイズムは、今に始まったことではないが、これではアジアで起こった戦争の多面的性格が分る道理もないのである。

戦争断罪の仕方の微妙、かつ重大な相違

シュミット氏の日本批判のもう一つの要点は、過去の大戦を省みるときの日独の姿勢の差にあった。日本人はドイツ人がして来たような犯罪への悔恨と恥辱の表現を、近隣諸国にしていないと、あらゆる機会を捉えて氏は問責している。

「日本の知識人や政治指導者で、許しをこう必要がある、と国民に向かって言った者はいなかった。勇気がないというよりは洞察力に欠けているからだと私は思う。

西ドイツがポーランドと国交を回復したとき、当時のブラント首相はワルシャワを訪れ、対独戦の犠牲者が葬られている墓地にひざまずいた。あれはすばらしい意思表示だった。日本はそんなことを決してしない」(「ニューズウィーク」)

「日本の友人たちも、あの東アジアでの戦争で日本がおかした犯罪を恥じていることを私は疑ったことはありません。しかし、日本は、その悔恨と恥辱の気持がどれほど深いものか、近隣諸国の人々に分かってもらおうと十分な努力をつみかさねてきたのかどうか」(「アエラ」)

敗戦から一九七〇年頃まで日本の「知識人」や「政治指導者」による「許しをこう必要がある」という類の過去否定論ばかりが、論壇をも、政界をも圧倒していたという事実を、まずシュミット氏に申し上げておきたい。ただ、日本の首相は「墓地でひざまずく」類の芝居がかったパフォーマンスを、東洋的羞恥心から、なし得ないだけである。そういう大袈裟なジェスチュアは、東洋人同士では、決して好意を以て迎えられないだろう。それはともかく、近隣諸国、とくに中国と韓国に、日本人の「許しをこう」気持の深さを、もっと分ってもらうよう努力したほうがよい、という氏の忠告は、それはそれなりに素直にわれわれが受け止めてよい言葉だと思う。ただ私は、氏のこうした発言の背景と、奥にある動機を問題にしているのである。

何度も言うようだが、納得し難い最大の点は、日独二つの戦争の同一視である。たまたま同じ時期に世界戦争に参加し、第二次大戦と呼ばれるが、日本にとっては心理的に「第一次」である。ファシズム的要素もあったが、民族解放戦争の側面もあった。ナチスに似た面もあったが、各地に啓蒙主義をもたらしたナポレオン戦争のような性格もあった。ナチスによるユダヤ人虐殺は科学的組織的計画的論理的であったが、日本軍の蛮行は突発的幼児的無思想的情緒的であった。前者はいまだに謎と恐怖と神秘に満ち、後者は軽蔑と嫌悪とを惹き起こすのみだ。そして何よりも最大の違いは、戦後のドイツ人には弁解の余地がなく、いわば世界に対する確信犯的加害者と位置づけられたが、日本人は東アジアのある部分に対しては加害者であったものの、ソ連を含む欧米の連合国軍に対しては被害者意識すら抱いていることである。善かれ悪しかれ日本人の心理的現実はこうである。

シュミット氏は日本人が主観的にいくらそう思っても、世界はそれを認めない、と言うのであろう。「今や自分が正しいと信じることを振り回すだけでは世の中は動かない」(「アエラ」)と氏はこの点を推察して、強調している。ここでいう「世の中」とは欧米世界のことで、日本人が過去のあやまちを広島、長崎で帳消しにし、自分の罪を悔悟しない、と氏は別の処でも不満げに書いているが、私には近頃日本を小憎らしく思っている欧米世論の後押しがあって出て来た言葉と思われる。と同時に、弁解の可能性を封じられた戦後のドイツ人の苦難と比べての日本人の気楽さに対する、口惜しさ、苛立たしさが、シュミット発言の動機のすべてである。

しかし、日本人は罪に対し気楽なのではない。ドイツ人が犯したような規模の罪を犯していないだけの話なのだ。こういえば、何かと反撥する向きもあろうが、国民がこの点を一番よく知っている。日本では戦時内閣の閣僚の一人が戦後総理大臣になったのを筆頭に、日本人の手で、戦争指導者を犯罪人に仕立てあげることをしなかった。いわゆる「戦犯」はすべて極東軍事裁判で戦勝国の報復措置として裁かれた人々である。西独では昨年も、テレビの有名司会者が若い頃にナチの新聞に体制支持の記事を書いていたことを発見されて、司会の座を降ろされた。日本では戦争協力の思想鼓吹者で、戦後、左翼の代表知識人になった人が随分いた。日本人の罪に対する余りの無反省、余りの不誠実なのだろうか。ドイツ人の責任感の余りの強さ、余りの厳しさなのだろうか。日本の新聞等では、大概その程度の通俗的な言葉しか出て来ないので、私は敢えて言っておくが、これは日本がドイツ人と違った戦争をしたことを国民が本能的に直観している結果だと思われる。

論理的に突きつめて考えると、戦争責任は国民全部にあるのである。指導者が騙し、われわれが騙されたのではない。東条英機は愚昧な指導者だったが、彼がわれわれを操ったのではない。そんな御大層な、イワン・カラマーゾフのような偉大なニヒリストでは、彼はない。彼もまた何ものか目に見えぬもの、時代の運命に、操られた哀れな存在である。国民はそのことを知っている。特定の指導者と自分との間に、明確な一線を引いて、区別できないことを知っている。国民は彼らを許したのではない。ただ何を許し、何を許せないか、厳密に問いつめると自己欺瞞に陥ることを、日本の国民は賢明にも、察知して、我慢して行動したのだと思う。

この点でどうしても分らないのは、シュミット氏が自慢するドイツ人の断罪の仕方である。一体ナチスに心酔し、手を汚したのは、何処の誰だったというのか。西独で今健康な顔をして生きているある年齢層以上の市民たち、パン屋さん、肉屋さん、学校の先生、駅員さん、等々……ではなかったのか。だとしたら、党員の経歴を持つ人を見つけ出すや否や、得たりとばかり「犠牲の山羊」に仕立て上げて、魔女裁判さながらに彼らを葬り、その血汁を吸って、ドイツ一般国民の世界に対する無実を宣伝し、善良さを吹聴して歩くというのは、何というみっともない、恥ずべき光景であろう。シュミット氏の思惑とは逆に、ドイツ人が悔悟のジェスチュアを見せれば見せるほど、そこには嘘が感じられる。なぜならそれは道徳ではなくて、芝居だからであり、現代の残りのドイツ人が生き延びるために、一部のドイツ人を犠牲の血祭りに上げて恬として恥じない、戦後ドイツ人の本能となった、例の〝生きる必要〟上の行動にすぎないからである。周辺諸国の人々は、ドイツ人の所謂「過去の克服」を、シュミット氏が日本人に自慢してみせているほどには、いまだ十分に信じてはいないように私には観察される。アムステルダムであるとき私がドイツ語を用いた処、一人の老婆から、ここではドイツ語を話さないで欲しい、と険しい顔で睨みつけられたときのことが、私には忘れられない。

日本人もまた周辺諸国から決して理解されてはいないし、愛されては勿論いない。しかし、日本人の心の中にあの戦争をドイツ人のように全面否定し得ない十分の根拠が宿っていて、そのことによって未来を生きようとしているのである限り、シュミット氏が勧めるように、「墓にひざまずく」等の芝居がかったポーズでただ謝ればいいというものではない。言葉で謝るべきはたしかに謝るべきであるが、善き意図であった部分は認めてもらうよう、アジア各国との対話を深める必要があると思う。そのためにも私は、過日、アジアの主要都市に日本史資料館を作り、世界の学者を招いて、太平洋戦争の認識をめぐって広範囲な学問上の討議を繰り拡げるよう、日本政府に提案した（「サンケイ新聞」一九八八年五月十六日）。日本の犯した過ちの資料は隠さずに全公開し、また事実に即して日本の善意を主張すべき点は主張するという、地味な、忍耐強い努力を続ければ、太平洋戦争が欧州大戦とは、動機においても、結果においても異った戦争であったことを理解してくれる国々は、次第に増えるであろうと私は信じている。

寒々しい日本の知的状況

最後に日本のジャーナリズムに一言。

外国人の日本に向けての叱責や教訓や警告を、日本のメディアが流して悪いとは思わないが、それが一方的な内容である場合には、同じメディアが必ず反論を載せることが今後は必要であると私は考える。それが討論の精神である。大体名のある外国人に何か言われると、深く裏を考えずに、そうだ、そうだとすぐ感心し、有難がる習慣は、わが国ジャーナリズムの病弊であるが、今回も多方面の人々がシュミット氏の言葉を追い駆け、神託かご託宣のようにこれを扱った。すでに分析した通り、氏は西独の行き方をあくまで〝正〟とし、日本の行き方を――環境や条件の相違を無視して――〝否〟とする一方的断定を展開しただけなのである。とんでもない身勝手なことを言われているだけなのに、先生に叱られた生徒のように、襟を正して、これを謙虚に受け入れる一部の知識人のあり方に、私は、ああ、何という情ない人たちだろうと思うと共に、ここに相変わらず「国際化」されていないわが日本の寒々とした知的状況を見る思いがして、慄然とした。

かりに日本の元首相のどなたかが西独に出かけ、友情からというポーズで、日本の経験に照らして西独の現状がいかになっていないか、と、思い切った発言をずばずば言ってのけたらどうなるであろう。ドイツ人は日本人の忠告に素直に耳を傾けるであろうか。西独のマスコミは、痛いことを語った日本の元首相の言葉を、あらゆるメディアを通じてドイツ人に知らせようと努力するであろうか。

シュミット氏の言葉に魅了された日本人は、比較的欧米社会に通じた人が多かった。そこが問題である。西洋人の東洋人に対するほとんど無自覚な「傲慢さ《アロガンツ》」を氏の言葉のうちに読みとり、何かがある、と、その隠された動機を考えようとしない欧米通は、要するに欧米に出かけて行って何も欧米の正体を見ずに帰国した人たちである。再び言うが、そこに問題がある。

最後に、本稿は直ちにドイツ語に訳され、「中央公論」編集長の名において、シュミット氏と「ディ・ツァイト」紙に送付され、再反論を要求することになっている。

（「中央公論」一九八八年七月号）

シュミット氏との論争不成立について読者への報告

本論は「中央公論」一九八八年七月号（六月十日発売）に掲載され、直《ただち》に翻訳作業に入った。翻訳は現代ドイツ語への翻訳にかけて達人の域にある元ミュンヘン・ゲーテインスティテュート講師田中敏氏（現明星大学教授）が、思想的に共感して下さった事情もあって、積極的に担当し、ヴォルフガング・シュレヒト氏（早稲田大学助教授）がこれを補佐した。両氏の協力体制で約一カ月を要し、望み得る最高の訳文になったと信じている。

訳文は「中央公論」編集長平林孝氏の名で、ヘルムート・シュミット氏と同氏が発行人の一人でもある週刊新聞「ディ・ツァイト」に、七月十五日付で送付し、掲載と反論を依頼した。それに先立ち平林、田中両氏を交じえ、「ディ・ツァイト」以外のマスコミにも依頼することの当否を検討したが、シュミット氏本人にまず論文をぶつけ、反論してもらうことが先決で、反シュミット陣営のマスコミに先に論文が掲載されることはフェアーではなく、シュミット氏を徒らに怒らせ、沈黙させてしまうとの判断から、差し当り「ディ・ツァイト」の出方を見守ることにした。もし論争が成立したら、「中央公論」と「ディ・ツァイト」で同時掲載するのが平林編集長の計画であった。

八月中旬、「ディ・ツァイト」編集長テオ・ゾンマー氏の秘書より、論文は落手し、編集長は暑中休暇中ゆえしばし待たれたい旨の返信があった。九月八日付にてテオ・ゾンマー氏本人より返信があり、論文を四分の一に短縮すれば掲載の可能性がある、と言ってきた。われわれはこの段階ではうまく行きそうな気がし、「ディ・ツァイト」を信頼してよいように思った。しかしシュミット氏からの音信はなく、本人の手許に届いたかどうかさえも分らなかった。

九月二十八日、平林編集長は私の要望により、四分の一にしたのでは主張が十分に伝わらないから、せめて半分か、三分の一にして、二回に分けて掲載することをテオ・ゾンマー氏に要請する書簡を出した。

その後もシュミット氏からは何の返事もなかった。ただ、「毎日新聞」主催のシンポジュウムのため氏が大阪に来るという情報をキャッチしたので、平林氏は宿泊する大阪ロイヤル・ホテル気付で、「十月八日の夜ホテルに電話をするから、反論を『中央公論』に執筆するかどうか聞かせてほしい」という手紙を、十月三日に出した。そして、平林氏が約束の日時に電話をすると、ホテルのフロント係りは、直接電話をつなぐことはヴィップ相手なので出来ないことになっており、必要なら氏の方から連絡する手筈なので、電話のあったことだけ氏に伝える、ということだった。しかし結局、電話はなかった。

しかしその直後に、シュミット氏が来日直前にハンブルクから出した九月二十一日付の書簡が、平林編集長宛に中央公論社に届いた。日本側からの書簡は全部ドイツ語であったのに、シュミット氏はどういうわけか英語で、次のように書いて来た。

「親愛なる平林殿。

私自身の書いた論説記事に対する西尾教授の応酬論文の翻訳をお送り下さり、有難うございました。貴国とその国民の友人の一人として、私は悪意ある言いがかり(wrong accusations)に対し自分の立場を弁護するのは望ましいことだとは思いません。ドイツの戦後の態度が日本のモデルであるべきだと私は決して考えたことはないし、書いたこともありません。この点を考慮すればするほど、私の側からの今後のいかなる執筆原稿も、読者の間に誤った印象(wrong impressions)を生み出すことになりはしないかということを心配します。それくらいならむしろ、どなたか任意の一日本人、一朝鮮人、一フィリピン人、一インドネシア人に頼んで、私の論説と西尾教授の応酬論文とに関するその人の判定を、貴誌の読者に対して述べてもらうことの方が、適切であるように思います」

十月十八日付でテオ・ゾンマー氏より返書があり、原稿は四分の一に短縮する以外に、掲載の可能性はないと言ってきた。しかし四分の一にすれば掲載する、というはっきりした意志が再度示された。この書簡が日本に届いたのは十月二十五日頃である。

十一月十五日、平林氏は四分の一に短縮することで西尾氏を説得するという返事を出した。この間、日本側の返事がやや遅れたのは、シュミット氏の拒否的姿勢が明確になった今、氏に対する義理はなく、われわれは省略しない全文を、「ディ・ツァイト」以外のドイツの新聞に載せる可能性を模索し始めていたのである。

田中敏氏の知人の、ドイツの新聞業界に関わりの深いドイツ財界人C氏が、この間に本論の訳文を読み、大変な共感を示して下さるという出来事があった。C氏は「こともあろうに『ディ・ツァイト』になぜ持ち込んだのか」と手紙でも言ってきて、自分に全権を任せて欲しいというので、私はドイツのマスコミへの論文掲載の交渉をC氏に任せる全権委任の署名入り文書を送り、しばらく反応を待った。やがて「南ドイツ新聞」との交渉次第がC氏より送られて来た。長大論文を載せる「南ドイツ新聞」の週末版にC氏は期待し、そこの編集部との交渉結果である。ところが同版編集部も、やはり約四分の一に短縮するなら、という条件で載せる意志があることを伝えている。しかもその際の附帯条件が気になった。四分の一にする短縮作業はドイツ側でするというのである。これでは困る。ドイツ人にとって耳の痛い、都合の悪い文言は削り取られてしまうだろう。しかも、今の段階では載せるとはまだ一〇〇パーセントは確約できない、とも書き添えられていた。

われわれはC氏の協力にも拘わらず、やはり最初から交渉して四分の一なら掲載を確約している「ディ・ツァイト」との話合いを、これ以上延ばすのはまずいと判断し、方針を元へ戻し、十一月十五日付のテオ・ゾンマー氏宛の返書となったのである。

すると、これを読んだ直後と思われるが、十一月二十三日、テオ・ゾンマー氏から中央公論社にファックスが入った。四分の一に短くする際に、シュミット氏に対する非難の文言はすべて削除されたい、とのことだった。

シュミット氏が発行人の一人である「ディ・ツァイト」にしては当然で、この新聞にわれわれが期待を抱きつづけたことの方が問題だと、むしろ日本の読者は思われるであろう。しかし、掲載確約のテオ・ゾンマー氏の応答はそれまでつねに誠実で、しかも向うからファックスを打ってくる熱意もあり、少くともこの段階までは、「ディ・ツァイト」側に掲載の意志はあった、と私は判断している。そう思った理由のもう一つは、テオ・ゾンマー氏は独立した個人で、シュミット氏に命令され、支配される関係ではない、と推定される若干の証拠もあったからである。例えば、まだシュミット氏から何らの音沙汰もなく、私の論文が届いたかどうかさえ分らない頃、テオ・ゾンマー氏に確認を求める添え書きをしたことがある。すると氏は、その件は自分の関知する処ではない、シュミット氏の問題はどこまでもシュミット氏の問題で、私は立ち入らないことにしている、ときっぱり書いてきた。私は日本とは違ったこの態度に感心した。従って、「南ドイツ新聞」への失望もあって、われわれはずるずると「ディ・ツァイト」の好意的反応に引き摺られたといえよう。

しかし、今にして思うと、シュミット非難の文言を抹消せよと言ってきたあの瞬間が、立ち止まって考え直すべき絶好の機会であったかもしれない。

十二月七日、ここで初めて私の名で、次のような書簡をテオ・ゾンマー氏に送った。

四分の一に短縮することと、シュミット氏に対する非難を削除することとを了解したが——ここで私はシュミット氏との論争自体は諦めていたので——、短縮作業はあらためて書き直すより難しい作業であるし、且つ自分も多忙をきわめているので、多少時間がかかることを了解して欲しい。何とか今月半ばには発送するようにする、という内容の書簡である。

論文は十二月二十八日に発送した。四分の一に短くし、シュミット批判を全面削除した。表題も、最初の原稿は、「ヘルムート・シュミット氏への公開質問状——ドイツ人の西欧中心主義と〝過去の克服〟——」であったのを改め、単に「ドイツ連邦共和国と日本における〝過去の克服〟と現代に及ぼすその影響」に変更した。内容ももっぱら「過去の克服」のテーマ、日本とドイツとでは戦った第二次大戦が動機も目的も結果も違うというあの主題にしているが、現代の貿易問題にも言及し、本論で言っている内容はほとんどすべて圧縮、収録されている。

しかし、それに対する「ディ・ツァイト」からの返答はなかった。

一九八九年三月十日、毎号のように空輸されてくる同新聞の掲載の日を鶴首して待っているのに、約二ヶ月経っても載っていないので、「中央公論」編集長が、一向に掲載されないが、掲載の意志があるのかどうか、照会の手紙を出した。

しかしこれにも返事はなかった。

四ヶ月半経った五月十二日、私は日本側がこの件で侮辱されたことははっきりしたと判断し、次のように私自身の書簡で最後通告をした。すなわち、約束しながら掲載しない理由を説明して欲しい。なにか政治的な理由があるのか。いずれにせよ返事をファックスで即刻もらいたい。もし返事がない場合は、時代錯誤も甚だしい差別意識と判断し、今までの経過を日本の論壇で公表する積りである、と認めた。この手紙を私は念を入れて、ファックスと郵便との両方で送った。

しかし、さらに二ヶ月返事が来なかった。

そして七月十二日になって、原稿が先方に届いてから じつに七ヶ月余も経ってから、突然私の家に次のファックスが入った。

「私たちジャーナリストは、日々新たな事件の波と戦っている。あなたのような学者とは全く違う〝時間〟の中で生きている。あなたが取り上げた問題はもう古い。時局に合わない。従って、私たちは、あなたの論文を掲載するつもりはない。この古い論文にこだわらず、日本人とドイツ人とが今日の世界情勢の中で共有する問題について、あなたと私で、新聞掲載に適切な長さの論文で論争し合うのはどうか」

私はシュミットの名を削り、「過去の克服」というあの終りのないテーマを主題にしたのだから、私の「取り上げた問題はもう古い」などとは言えないはずである。

七月二十一日、私は次のような意の文面を発信した。

「論文で取り上げた問題が時局的に古いという言い方は承服できない。また、新聞ジャーナリストは分秒を争って生きているというが、それにしては、この件に関しての『ディ・ツァイト』の応答は悠長をきわめていた。意見交換を貴紙紙上でするという提案は喜んで受け入れる。いつでもその用意がある。」

しかし、これに対する向うからの提案はいまだになされていない。

以上が「ディ・ツァイト」との経緯のすべてである。

その後、日本の国際政治学者で、ドイツ系の著名なS氏が、私のシュミット批判論文にかねてから好意を寄せていたことから、氏の知人で、「フランクフルター・アルゲマイネ」紙の編集責任者の一人に、同訳文を持ち込んで、掲載方を依頼した。つねづねは筆まめなこのドイツ人編集者だが、返事を書いてこない、梨の礫《つぶて》だと、S氏は驚き、怪しんでいる。

私の推理だが、シュミット氏に対する遠慮などということは、他紙の場合にはまったく考えられない。「ディ・ツァイト」の場合でも、シュミット関係項目は削ったのだから、それが主原因ではない。要するに、私の論文はドイツ人社会のあるタブーに触れているのである。

さらに一年経った一九九〇年七月、私の最初の論文はドイツアジア研究協会編「アジア」第三十六号に、ミュンヘン大学教授ヨアヒム・グラウビッツ氏の好意ある計らいで、若干短縮されて、約八割が掲載された。私の言いたかった主要な内容は全部収められている。Vgl. "Asien-Deutsche Zeitschrift für Politik, Wirtschaft und Kultur", Nr. 36, Juli 1990, hrsg.v. Deutscher Gesellschaft für Asienkunde e. V., Hamburg, 69-75S.

しかし、これに対する反響は、私の耳には届いていない。アジアに関心のあるドイツ人しか読まない雑誌だから、ここに掲載されても、残念ながらドイツ人社会一般に語り掛けたことにはならないことを私は知っている。

私は今、あるドイツの代表高級紙から、日本の産業の成功に果した教育の役割についての寄稿を求められている。これなら喜んで掲載されるであろう。ドイツ人の知りたいテーマだからである。しかし私はなぜか心が進まない。私がドイツ人社会に向かって一番言いたい内容を拒まれて、彼らの好みに合うことだけを書く気にはなれない。

シュミット批判論文の中のあの「過去の克服」のテーマに、ドイツの各新聞は無関心であったのではない。以上の報告から分る通り、大きな関心と刺激を受けていた。しかし最後の一線で踏み切れなかった。彼らの心は一度は震えた。しかし、立ち止まった。そういうことだったと思っている。そして外国人の心を震えさせる内容でなかったら、われわれは苦労して外国に向かって思想を発信するなどという努力を、一体なぜする必要があるであろう。

（一九九一年十月十日記）

（『日本の孤独』一九九一年十二月六日刊所収、書き下ろし）

追記　時間が経ち過ぎたのでこの報告は「中央公論」にではなく、私の単行本『日本の孤独』において公開された。

V　異文化を体験するとは何か

漱石の文明論と現代——平川祐弘氏へ

一

　最近は私などの世代が思いもつかないような海外経験が存在し、それを基にした小説も書かれている。髪を長く伸ばしジーンズを穿いたいわゆるヒッピースタイルの日本の青年を外国の街角で見掛けることも珍しくないが、彼らは大抵自分が日本人であることに囚われていない。東京での自分の生活をそのまま延長したところで外国人といわば野合し、自分の属する文化と外国文化との違和感などに最初から悩まない。当然、鷗外、漱石から横光利一に至る西欧体験の観念のドラマなどは、彼らには無縁である。

　そういう新しい世代の新しい外国体験小説と称せられるものも二、三読む機会があった。異文化に接することのあっけらかんとした心理的無抵抗は、たしかに新しいといえばいえるのかもしれない。もしそれが私たちの時代の「現実」に正確に照応したものであるなら、そこを起点にして、鷗外、漱石以来の観念ドラマは所詮徒《あだ》し事であったと逆証明する試みも当然なされて然るべきだろう。けれども、そう言えるだけのものが新しい世代の文学作品にすでに熟しているかどうかは、また別問題である。「現実」にもいろいろの層があるからである。私などは漱石が「ホトトギス」に書き送った「倫敦《ロンドン》消息」を読んで、今なお身につまされるものを感じている。勿論、漱石の観察の幾つかは今の日本の現実とひき較べてすでに合わなくなっている。例えば彼はいたく感心して、「此国（イギリス）では衣服では人の高下が分らない。」

と書いているが、これなどはむしろ今の日本のことを言っているのである。ところが、文部省から派遣された官費留学生の彼が、「自分が日本に居つた時の自分ではない単に学生であると云ふ感じが強い」と説明している状況は、欧米へ行く今の日本の学者たち——ことに人文科学・社会科学系の——の状況と、そんなに大きな違いはない。日本の「現実」が多層をなしている所以である。

勿論、どの層が一番深いかは一概には言えない。今の世界の状況下では、漱石風の煩悶などはむしろ行動の欠如から来た古めかしい内攻的気鬱症にすぎず、すでに幻想だと考える人もいよう。ことに科学技術の分野では、日本はとうに「自己本位」の能力を確立し、「現代日本の開化」で述べられたような「空虚の感」「不満と不安の念」を覚えている人などはもういないのだ、という見方も十分に可能であろう。

漱石は明治四十四年に次のように書いている。

「吾等は渾身の気力を挙げて、吾等が過去を破壊しつゝ、斃れる迄前進するのである。しかも吾等が斃れる時、吾等の烟突が西洋の烟突の如く盛んな烟りを吐き、吾等の汽車が西洋の汽車の如く広い鉄軌を走り、吾等の資本が公債となつて西洋に流用せられ、吾等の研究と発明と精神事業が畏敬を以て西洋に迎へらるゝや否やは、どう己惚れても大いなる疑問である。」(「マードック先生の日本歴史」下)

それから約七十年の歳月で、事態が漱石の予想を覆すに足る一大変貌を遂げたことはあらためて言うまでもない。自動車産業だけでなく、集積回路や光通信といったエレクトロニクスの最先端の分野で、日本の科学技術は西欧にすでに決定的に差をつけ、米国とのみ鎬《しのぎ》を削る段階にさしかかっていると言われる。欧米諸国は日本からの資本の投下と企業の進出を切望しているのである。この一文のみに限っていえば、漱石の文明論は今や完全にリアリティーを失っている、と判断したくなるのも当然であろう。

私はかねてから、漱石の留学経験とそれを基本においた文明論が、今の私たちの時代からみていかなる現実性を持っているかを再検討してみたいと考えていた。それは今の日本において文学の見地からみて「現実」とは何か？　という問いと不可分な関係にある。「現実」は多層をなしているので、なかには古びて意味を失った層が出て来たとしても不思議はない。ただ文学の見地から、ことに漱石の文学の見地からみて、何が今になお生きている最も重要な層であるかを識別した上でなければ、なにも言えないはずである。古びて意味を失った層に杭を打ち込んで、やれ漱石の文明論は古くなったのならないのと騒いでみても致し方ないからだ。

　以上のようなことを私は漠然と考えていはしたが、あえて考えを煮つめる切っ掛けもなく久しく手を出し兼ねていた。すると偶々《たまたま》、最近私が読んだ評論のなかで、この点に関連して大変に気になった一篇があった。気になったというのは不快になったとか厭になったとかいうのではなくて、非常に勉強になり、教えられるところも多く、大体において説得されたのだが、ただ右の肝心な一点に関して私と見解を異にしているように思えるので、相違点は何かと考え出すとかえって全体としての書き方には納得しているだけに気持が落着かなくなった、といったような意味である。その一篇とは平川祐弘氏の近年の力作評論『漱石の師マードック先生』*である。これは条理をつくしたなかなかの力篇で、資料も豊富、叙述も平明、読みものとしても親切な、良く出来た論文である。少しだらだらと冗漫なまでにそれぞれの引用が長いのも、この作者らしい暢びやかに寛いだ精神の運動の流れと読めて、不快ではない。

　そこで以下この秀作に対する私見を叙べるという形式を借りて、私は私がかねてから抱いている漱石の文明論の現代におけるリアリティーの検証、ひいては文学にとって今の日本の「現実」とは何か？　という問いへの私なりの考察を書きつけてみたいと思う。

　ただし私は今ここで漱石論を十分に展開しようとは思わない。作家としての漱石の全像を問題にしなければ、本当は漱石の文明論と今の日本の「現実」との関係にも正当に光を当てることは出来ないのかもしれないが、許されたこの小論の範囲内では、私はまず平川論文に触発されて自分が気になった肝心な問題点を引き出し、そこから視野を広げて、現代の日本と漱石との関係を問うという方向へ私の叙述を延ばしていきたい。つまりは私が行っている文芸時評**の一種の延長であるとご理解いただきたい。とはいえ扱うのは枝葉末節の問題ではなく、本質論である。

二

　平川祐弘氏の二百枚の力作評論は、漱石の有名な講演「現代日本の開化」に裏側から光を当てた点に功績があり、西洋と日本をめぐる漱石の文明観に、氏が「漱石は存外自国の過去については無知であった」として、大胆な批判的見解を展開している点に中心主題がある。

　漱石が一高生の時代に英語や歴史の授業を受けたスコ

ットランド人マードックは、漱石が敬愛した数少ない外人教師の一人であった。一八五六年に寒村の貧しい家庭環境に生まれたマードックは、少年時代に夜を徹して勉学し、当時一流と言われたアバディーン大学を極め付きの成績で卒業して、オックスフォードやドイツのゲッティンゲン大学、またパリのソルボンヌへも留学し、二十四歳の若さで母校の教師に迎えられた。しかし冒険心の旺盛な人であったらしく、一年で母校を辞してしまい、オーストラリアに渡り、そこでグラマースクールの校長などをしていたが、間もなく社会主義に惹かれ、シドニーの新聞社の委託で、中国人移民問題の調査のために香港、さらに広州まで行った。その帰路、日本に立ち寄り、大変気に入って、お雇い外人教師として日本の教壇に立つ決心をしたようだ。明治二十二年(一八八九年)に一高の教師として迎えられ、そこで漱石にも出会う。しかし生来血の気の多いマードックは、一高で四年ほど教鞭をとった後、南米パラグワイで当時建設中であった共産主義コンミューン設立の事業に身を投じてしまう。この辺りの経緯を平川氏はエピソードを混じえて、興味を惹くように叙述している。

しかしマードックは社会主義の夢に間もなく破れ、「日本、この西洋の下手な翻訳」と冷笑したこともある日本への思いに再び誘われ、ある直観から、本格的な日本史を書くことに後半生の目的を定めた。彼はいったんイギリスへ戻ってイエズス会士の通信などの夥《おびただ》しい材料ノートを作成し、明治二十七年、再び日本にやって来た。そして、金沢の四高を振り出しに鹿児島の七高の教師などを歴任しつつ、最終的に『日本歴史』三巻を著した。漱石が朝日新聞に「マードック先生の日本歴史」と題した文章を二日にわたって発表して、恩師の仕事に紹介の労をとったことはよく知られている。

平川論文の功績の一つは、このマードックの知られざる前半生やパラグワイの共産主義コンミューンにおける活躍の模様を、物語のように平明に紹介してくれたことである。ただし、この論文は豊富な資料を駆使しているようにみえるが、マードックの日本以外での生活資料としてはたった一つの材料に頼り切っている。これは私には意外に思えたことで、勉強家の平川氏らしくない点だと思った。しかし、学問上の手続きとしてはたしかに問題だが、物語として読む分にはさして気にはならない。叙述の至る処に良質の人間観察が溢れ、筆者の穏健な良識が息づいている。

例えば、マードックと直かに関係のない叙述の中ではあるが、

「外国語が達者で外国にさらされる機会の多い人の中から得てして強烈なナショナリストが輩出するものである……。」

あるいは、鷗外や漱石は知識人として西洋近代文明の重圧の下でいかに対応すべきかを繰り返し作品にしていたので、

「だからこそ西洋では川端や谷崎ほど高く評価されることのない漱石や鷗外が、いまなお東アジアの留学生にたいしては、深く訴える内容を持っているのだ。」

と、東大比較文学研究室に来るアジア各国の留学生の観察から出て来たと思われる言葉、等々、秀抜な表現が平川論文のあちこちにばら蒔かれていて、読む者を楽しませてくれるのである。

ところで、『日本歴史』三巻におけるマードックの歴史観が漱石のそれと根本から違うこと、しかも前者の方が現代日本の実態を正確に予言していたのにひきかえ、漱石の暗い予感は日本の歴史に対するある知識の欠如に由来するのではないか、というのが平川論文の大胆にして、重要な問題提起なのである。

マードックはイギリスで古典学者としての教養を積み、しかも世界各地を見て歩くという数奇な運命を経験した。その結果書かれた彼の日本史が独自な洞察に満ちているであろうことは十分に想像される。平川氏によれば、マードックの歴史観は、鎖国以前の十六世紀の日本が文明生活のあらゆる面で当時の西欧世界と肩を並べており、また当時の日本人は劣等感に苛《さいな》まれてもいなかった、という文化的相対主義に立脚している。辺境に生まれた彼は、終生醒めた眼でイギリス中央の価値観から距離を保っていた。当時の欧米人の多くが囚われていた西欧中心的価値観――キリスト教を中心に据える――から、彼は免れることが可能であった。平均的にいって徳川時代の日本人は、マードックによれば、フランス革命以前の西欧の普通人よりもずっとましな、幸福な生活を味わっていたという。徳川時代二百余年の間に西欧世界では科学と技術が興隆し、日本との間に著しい差が生じたが、日本はその期間にただ「停滞」していたのではなく、密かに近代化への潜勢力を養っていたと見ているのである。「日本という国民の真実の力はその奥深くに潜んでいた」と、マードックは予言しているそうである。

それにひきかえ、漱石の「現代日本の開化」は、周知のとおり、日本の近代の行末にきわめて悲観的である。外から無理に開かれた日本は自己本位の能力を失い、「外発的」で「上滑《うわすべ》り」に滑って行く外ないのだ、という暗い予感を断定的に語っている。和歌山で行われたこ

の講演の主題が、漱石の留学時代に胚胎していることは、「文学論ノート」などからも明らかだが、しかし平川氏によれば、直接には漱石がマードックの『日本歴史』の読後、日本の行方に明るい見通しを持つマードックの文化的相対史観を疑問とし、これと対照的な自分自身の文明観を確立しようとして、いいかえればマードックの楽観論を片方で意識しながら展開したのがこの講演である、という。このような裏の事情を、似た表現の対比などから推理してみせたのが、平川論文の基本である。

そして、そういう推論を踏まえた上で、にわかに氏は一転して、今や自動車産業が欧米を脅かしている現代日本の到達度から考えるなら、マードックの予見は正しく、漱石の悲観論は間違っていたということになるのではないか、と主張するのである。

「二十年、三十年の短期の見通しにかけては漱石は正しかったが、七十年、八十年の長期の展望にかけては漱石は正しくなかった、というべきだろう。それが誠実な漱石に対する私達の誠実な回答であると信じたい。日本はいまやかつての借金を返済すべき時期にさしかかっているからである。」

また、氏は鷗外と漱石を比較して、鷗外は世界文明の中心が移動し交代することがあり得ることを知っていて、日本が西洋に借りを返す時もあることを予見していた。鷗外は西洋化する以前の日本の歴史との連続性についての認識があった。それにひきくらべ、明治維新で歴史がいったん切れたと考える漱石には「断絶の意識」が強かった。だからマードックの言うような、徳川時代における近代化への隠れた潜勢力を漱石は読み取れなかった。およそ以上のような考察を繰り拡げた後に、平川氏は、「漱石は存外自国の過去については無知であった」「自分の位置づけをきちんと出来なかった人……」「漱石は複眼でもって自国の過去を遠近画法のうちに把えることを怠った人のように思える。」とまで言い切っている。

三

じつにいろいろな問題点が私の胸中に澎湃《ほうはい》として湧き起こって来るのを、私はどうにも抑えることができない。平川氏のもう一つの漱石論の副題は「非西洋の苦闘」である。これが「漱石文学に一貫する主題でもあった。」と、氏は今度のマードック論文の方でも同じ言葉を繰り返し、『三四郎』や『それから』の中から、日本の西洋に対する負い目を語った情景を引用している。

勿論漱石が日本と西洋に相関わる精神上の危機を、作家として仕事をつづけていく主要動機の一つとしていたことはあらためて言うまでもないが、それは西洋に対する日本人の負い目を克服して「非西洋」になるというようなナショナリズムめいた主題であったかどうか、私にははなはだ疑わしい。漱石は最初から、日本か西洋かというような相対的比較意識を超えようとしていたのではないか。私にはそう考えられてならない。いつまでも対立概念に囚われていては、文学は出来ないからである。

しかしそう結論づける前に、問題の「現代日本の開化」を、私は今度じっくり再読してみた。そして従来とかくこの有名な講演に言及する人が、平川氏を含め、ある簡単な錯覚に陥って読み間違えをしている点があることを私は発見した。

「開化」とは現在の論壇用語に言いかえれば「近代化」であるが、この講演は今までは通例、西洋の「内発的」な開化と日本の「外発的」な開化とをもっぱら比較した文章と考えられている。つまり、前者を基準にして後者を点検し、後者がいかに皮相で、空虚で、上辷りであるかを漱石が直視しようとした内容の講演であると理解されてきた。いいかえれば、西洋に追いつけ追い越せという日本の近代化の慌ただしさと皮相さのみを問題にした講演だと思われてきた。

その場合日本のように後から、しかも外から開化された近代と違って、西洋の開化の仕方、すなわち内発的な近代は、直接には漱石によって批判されていない、それどころか、むしろ理想化されていると思われていた。漱石は内発的な開化という西欧文明の安定した展開の姿を念頭に置いて、これを理想の一つと見ている。それゆえに彼には強烈な負い目の意識が生じた。日本は今後何年かかっても到底だめだ。自発的に展開できる自己本位の能力を持てそうにはない。そういう絶望感に彼は囚われた。それがあの講演の心理的背景で、あくまで日本は西洋に勝てるのか勝てないのかという比較意識に発している、と。人々はあの講演をこのように西洋か日本かという対立概念でのみ見て来たと思う。だからこそ日本が高度産業国家として成功した今日、漱石の暗いペシミズムは認識の間違いではなかったか、というような疑問が生じ得るのであろう。

しかし、「現代日本の開化」をよく読むと、漱石は必ずしもそういうことを言っていない。私は今度あらためて読み直し、おやおやと思った。彼は日本と西洋の開化の仕方の比較をする前に、じつに長々と「一般的の開化」について論じているのである。しかも「開化」そのものを少しも理想としていないのだ。それどころか不安や苦痛を増す災厄の一つとさえ見ている。ここに決定的な誤認の起点がある。すなわち、漱石は開化とは性質の異なった二種類の人間活動に発すると述べ、これを「積極的」と「消極的」とに区別する。「活力消耗」の方面と「活力節約」の方面とも言っている。つまり文明が開化し、質素な生活では我慢ができなくなって贅沢を求めるようになるのが前者なら、できるだけ手数や労力を省いて便利になろうとするのが後者である。欲望の拡大の方向と、無駄な力の節約の方向である。後者の便宜や合理性を一層手に入れるために、人はかえって前者の欲望の擒《とりこ》になるのを避けることができない。だから今の人間は「生存闘争から生ずる不安や努力に至つては決して昔より楽になつてゐない。」昔の人間は「死ぬか生きるかの為に争つた」が、今日の人間は「生きるか生きるかの競争になつて仕舞つた。」「……生活の吾人の内生に与へる心理的苦痛から論ずれば今も五十年前も又は百年前も、苦しさ加減の程度は別に変りはない……。」「是が開化の産んだ一大パラドックスだと私は云へるのであります。」とはっきり語っている。

近代を人間の意志や欲望の増大の舞台と見て、それに火を点けた科学や技術を幸福に対する侵害と考える思想は、今日では別に目新しい考え方ではない。科学信仰の強かった十九世紀にも、ショーペンハウアーあたりが先鞭をつけたペシミズムの世界観に早くもみられる。ただ漱石がこの後で、日本と西洋の間の「開化」の違いを述べる有名な段に及んでも、「開化」すなわち人間の進歩を歓迎する姿勢でものを言っているところは一個所もないのである。日本と西洋の近代化の性格を比較分析する前に、彼は近代そのものを一個の疑問と看做している。日本か西洋かという比較を意識する前に、それに囚われない地点から問題を見ている。そこがなによりもまず肝心な点である。だから、日本が西洋に対する負い目を克服して対等になる時期がはたして来るかどうか、というようなナショナリズムめいた感情が漱石を主導していたとは、私にはどうしても思えないのだ。人間だから彼にもいろいろな感情があるのは当然だが、それが主動因だとは思えない。なぜなら西洋に追いつけ追い越せという後発工業国のエネルギーこそ、漱石の言う「生きるか生きるかの競争」の表現であって、彼が最も苦々しく思ったものに相違ないからだ。

「時々《じゞ》に押され刻々に押されて今日に至つた許《ばか》りでなく向後何年の間にか、又は恐らく永久に今日の如く押されて行かなければ日本が日本として存在出来ないのだから外発的といふより外に仕方がない。」

「斯う云ふ開化の影響を受ける国民はどこかに空虚の感がなければなりません。又どこかに不満と不安の念を懐《いだ》かなければなりません。夫《それ》を恰《あたか》も此開化が内発的でゞもあるかの如き顔をして得意でゐる人のあるのは宜《よろ》しくない。それは余程ハイカラです、宜しくない。虚偽でもある。軽薄でもある。」

よく知られた内容なのでこれ以上の引用は差し控える。漱石の右の口調は決してやけっぱちな捨て台詞ではない。彼は絶望していたのですらない。日本の未来に対し暗い見通しを述べている文だと額面通りに受けとる人が多いが、私にはそうとさえ思えない。彼はただ、正直に宿命を見るように勧めていただけである。宿命ときけば手も足も出なくなる閉塞状態だと思うのは愚かである。むしろ、ここには静かな自信すら漂っている。私はこの講演全文に、伝えられる悲観的な調子があるとさえどうしても思えないのである。むしろ、あるのは自己限定への決意である。静謐な、落着いた心境である。

私は平川氏がこうした漱石の断念への決意を、西洋に対する負い目、劣等感といった平俗な心理的次元に引きずり下ろして解釈していることにまず疑問を覚える。さらに、日本の自動車産業がマードックの故国スコットランドにまで進出した時代を迎えたことに氏が触れて、日本がついに借りを返す時が来たので、漱石の悲観論は今や無効になったと論じている理解の仕方に、文学者の心を扱う評論研究の立場からみて、なんとしても納得がいかないのである。

「現代日本の開化」の中で、漱石は西洋が百年かかってやったことを日本が十年につづめて、しかも他人の目に「内発的」と見えるようにやるとすれば、「年限が十分の一に縮まる丈《だけ》わが活力は十倍に増さなければならんのは算術の初歩を心得たものさへ容易《たやす》く首肯する所」と語っている。これはまさに日本のような後発工業国が、活気を帯びて先進国になりつつある今日の世界の逆説的状況を、漱石がすでに予言していた言葉とさえ言えるだろう。そう考えれば、産業社会としての今の日本の活力もまた、「外発的な開化」のもたらした一結果であって、漱石の述べた宿命の範囲の外に出るものではないことを、右の引用は物語っている。

漱石は日本の歴史の連続性について深く省察せず、明治維新で歴史が断絶したかのような意識を余りに強く持っていた、と平川氏は批判しているが、しかしこれも、「現代日本の開化」に関する限り、事実に相違する。よく読むと、彼は日本と西洋とを問わず、地球上どこにでもある普遍的な文明の開化を想定していて、それを「一般的の開化」と呼んでいる。そして、西洋に接触する以前の日本にも開化の動きはあり、古代から数えて「長い月日を前後ぶっ通しに計算して大体の上から一瞥して見るとまあ比較的内発的の開化で進んで来たと云へませう。」と書いている。そして、それが西洋による明治以後の開化と質的にまったく別のものであったとは言っていない。量的な相違だと述べている。「丁度複雑の程度二十を有して居つた所へ、俄然外部の圧迫で三十代迄飛びつかなければならなくなつた」のが、明治維新における西洋による「開化」であった、と説明している。日本が徳川時代の末期までに複雑の程度二十までは開化していたと述べているのであるから、漱石の歴史観はマードックの歴史観の正反対とはいえないだろう。それどころか、西欧至上の歴史観――キリスト教を中心に据える――に漱石が屈服していたのではない証拠に、「西洋の開化と耶蘇教的カルチュアーと密切の関係のある事は誰でも知つてゐるが、耶蘇教的カルチュアーでなくては開化と云へないとは、普通の日本人に何《ど》うしても考へ得られない点である。」(「マードック先生の日本歴史」下)と述べている。これは近頃の論壇用語でいえば、西洋化と近代化とは別であるということである。つまり、漱石はここで、近代化は宗教的民族的制約を離れた地球上の普遍現象であるという、はなはだモダンな思想に接近しているともいえる。日本の近代化が西洋化の帰結ではなく、日本と西洋の発展は並行進化現象であったという、例えば梅棹忠夫の『文明の生態史観』あたりの考え方――この大雑把な楽天論もまたやり切れない代物なのだが――をいち早く先取りしてさえいると言ってもいいかもしれない。そうみていけば漱石とマードックの歴史観に、悲観・楽観のニュアンスの違いはあっても、本質上の違いはないことになろう。

勿論、私は漱石の見方はモダンな史観であったことが言いたくてこんなことを書いているのではない。彼のような微妙な感性と限界へ向けて思索する型の倫理的な天性の残した言説は、互いに矛盾し、多彩に解釈できるいわば多面体である。従って、平川氏が描いた像とはまるで逆の漱石像を彼の残した言葉から組み立てることも決して不可能ではないことを、私は示したかったにすぎない。漱石のような多面体から、現代の論者が自分に都合のいい言葉を拾い出し、論者の固定観念を増幅させ、一つの像にまで造型することは、厳に慎まれねばならない。

四

以前読んだ本の中に、日本に滞在し日本が嫌いになったあるスウェーデン人の感想が引用されていたのを印象深く覚えている。自国にいた当時、彼はヨーロッパ文化に自信を持っていた。ヨーロッパの形而上学に根を下ろした学問と芸術が完結体として存在し、それがいまだ世界に対し意味を失っていないという見通しに、秘かに信頼を寄せていた。しかし日本に来てみて彼はびっくりした。日本人はヨーロッパの文化をじつに見事に——というか目も眩むばかりに——ばらばらにして使っている。ここには、細切れになった形で、ヨーロッパの文学、音楽、絵画、科学技術のすべてがある。そういう光景を見て、彼はほとんど気が狂いそうになった。それから彼はスウェーデンに帰ったが、いわば足許の土台を奪われたような不安を感じ、もうヨーロッパ文化に元のような落着いた自信を持つことができなくなってしまったというのである。

これは漱石の時代に日本に来た人の感想ではない。昭和五十年頃の来日者の感想である。

一ヨーロッパ人が実際に日本を見たときに気が狂いそうになるほどの、ばらばらに寸断されたヨーロッパのデザインによって、私たちが日常の意識を組み立て、さしたる疑問も感じないで、心のバランスをうまく保って生活している——すなわち気が狂いそうにならないでいる——この不思議さは、平生私たちの意識の外にある。ただ、ときおり切実に感じられる機会がある。外国に出て日本を振り返ったときとか、あるいは外国から日本へ帰って来たときなどに、敏感な人ならなにか感覚の平衡を失ったような、言いしれぬ不安定さをもって、自国の不思議さが意識されるはずである。

「必竟《ひっきょう》吾等は一種の潮流の中に生息してゐるので、其潮流に押し流されてゐる自覚はありながら、斯う流されるのが本気だと、筋肉も神経も脳髄も、凡てが矛盾なく一致して、承知するから、妙だとか変だとかいふ疑の起る余地が天で起らないのである。丁度葉裏に隠れる虫が、鳥の眼を晦ます為めに青くなると一般で、虫自身はたとひ青くならうとも赤くならうとも、そんな事に頓着すべき所以《いはれ》がない。かう変色するのが当り前だと心得てゐるのは無論である。たゞ不思議がるのは当の虫ではなくて、虫の研究者である、動物学者である。」(「マードック先生の日本歴史」上)

これはマードックのような外国人が外から日本を見て

感じる不思議さが、通例内にいる日本人には意識されないものだと論じている内容の一節で、私が右に挙げたスウェーデン人の体験談と一脈通じている。漱石自身が外国に出て、自らの同一性がばらばらに壊れるような経験をしていなければ、このように外から見た日本の不思議さという主題を意識して取り上げることもなかったろう。漱石は先のスウェーデン人とは位置が逆になるが、ロンドンで、自分がばらばらに寸断され、気が狂いそうになるほどの精神上の危機を味わったに相違ないのである。「現代日本の開化」のなかで「外発的」と呼んだ日本の近代の不調和は、ロンドンから帰った彼が、あのスウェーデン人の眼で日本を見た観察結果の一つといってよいであろう。私はいわば譬喩的にそう考えている。日本の産業がヨーロッパを追い越そうが追い越すまいが、日本の蒙ったこの宿命には少しも変わりはない。ヨーロッパの上辺のデザインで生活と精神とを組み立てている私たち現代の日本人の不気味なスタイルの喪失は、漱石の時代よりますますひどくなってこそおれ、好転している萌しはない。

　例えば『「文学論」序』で言っているように、漱石は漢籍も英語も学力がほぼ同じだが、漢学を味わえるほどにも英文学を味わえないことに気がついて、愕然として文学とは何か？　という初歩的疑問の解明に取りかかったという。英文学には絶望したが、「思ふに余は漢籍に於て左程根底ある学力あるにあらず、然も余は充分之《これ》を味ひ得るものと自信す。」と証言している。しかし現代の日本では、中国古典にせよ、仏教研究にせよ、現代の私たちにも分り易くするという大義名分で、ヨーロッパ系言語の翻訳語のような用語を用いて解説され、教育されている。例えば「縁起とは相対性の原理である。」といったような説明の仕方である。勿論それで私たちが何かを深く分るようになったというのなら、それはそれで良いのだが、実際には私たちは「相対性」というような翻訳語を用いることで、東洋の伝統文化と西洋の伝統文化のどちらかに接近しているのでは決してない。むしろ逆に、両方から遠ざかっているのである。

　相対性とは絶対性の反対語であり、キリスト教の絶対的超越神の伝統を除いては、西洋の哲学や宗教の言語としては、厳密には考えられない。しかし、そこまで深く理解したうえで、仏教解説にこの語が使われているのではおそらくない。ただなんとなくヨーロッパ風に説明する方が分り易いと考えて、そのような説明が漠然と受け入れられているわけだが、じつはその漠然たる使い方が、問題を混乱させる結果となっている。つまり言葉だけが無反省に、便利に使われている。その揚句、自国の伝統文化を曖昧化し、加えて西洋の伝統文化をも分ったものとして簡単に片づけてしまう習慣が生まれる。漱石が日本の国民はやがてどこかに「空虚の感」を感じないわけにはいかないだろう、といった精神状況は、まさにこの国民を挙げての漠然たる無自覚にある。

漱石は左国史漢に通じ、深く漢学の伝統の中にあったからこそ、英文学が分らないという自覚に突き当ったのである。だから、絶望することもあり得た。「人は余を目して幼稚なりと云ふやも計りがたし。余自身も幼稚なりと思ふ。斯程見易き事を遥々倫敦の果に行きて考へ得たりと云ふは留学生の恥辱なるやも知れず。去れど事実は事実なり。」漢籍を通じて文学の概念を承知していた彼は、英文学における文学の概念がまるで別種類であることに、ロンドンに来てやっと気がつき、驚愕したのである。

しかし現代の私たちはなにか驚愕すべき対象を今でもまだ持っているだろうか。もはや何に対しても驚愕しはすまい。絶望もし得まい。自分にはこれこれが分らない、という全身を揺さぶるような断念の体験がまるでないのである。その代わりなんでも分ったような顔をして、潮流にただ漠然と押し流されている。

五

若き漱石がロンドン滞在中に書いた「倫敦消息」や、あるいは当時の精神状況を伝える『「文学論」序』をみると、留学生としての彼の生活振りは、吉田健一がかつて『東西文学論』の中で拙劣な異国体験として非難したように、決して誉めた暮し方とはいえない。お金があまりなかったからというだけの理由では、おそらくない。イギリス社会に融け込まないで、交際を嫌い、旅行を好まず、蟄居して本ばかり読んでいた偏屈な青年は、いったいヨーロッパ体験をしたといえるのかどうか、それさえ疑問である。そういう問題の立て方もあって当然だと私は思う。

私自身もそういえばドイツ社会に融け込まず、ドイツ人との交際を嫌い、偏屈な留学生だった記憶があるが、それでも旅行は旺盛にしたし、社交とは別の意味でヨーロッパの現実に触れようと努めた。漱石のようにロンドンに二年もいながらオックスフォードに行かず、大学の聴講は三、四ヵ月で止めて、下宿の女たちや行きずりの市井の人士に若干触れただけで、後は本ばかり読んでいた、というのは、いかにも閉鎖的で、困った話である。

日本から来たこの種の内攻的で偏頗な留学生はいまヨーロッパ各都市にいて、現代では問題を引き起こす厄介な存在とみられているが、漱石も現在のロンドンでこういう暮し方をしていたなら、役立たずのノイローゼ患者の一人にみられるのが落ちであったろう。

たしか吉田健一も批判めいて言っていたと記憶するが、文学とは何か？　という大問題を英文学を通じて解決しようとした彼が、一、二年の予定で書物を片端から読んだというのは一体どういう意味なのだろうか。

「かくして一年余を経過したる後、余が読了せる書冊の数を点検するに、吾が未だ読了せざる書冊の数に比例して、其甚だ僅少なるに驚ろき、残る一年を挙げて、同じき意味に費やすの頗る迂闊なるを悟れり。」

しかしこれは一体どういうことだろう。数百万冊という図書館の本を全部読めるわけがないから、そんな計画を立てたとは思えない。一定の範囲の本を定めて、読書計画を立てたのだと思うが、読書は進むうちに計画も変わり、人に接し教えられて——まして外国にいる場合には——新たな情報に動かされていくのが正常である。漱石のこのような読書計画は、児戯に等しきものである。

思うに、おそらく漱石はロンドンに来て、勉強することの余りに多きに驚き、呆然自失したのではないかと思われる。読書に関する右の一文は、おそらくその象徴的表現ではあるまいか。ヨーロッパの学芸を学ぼうとする日本の留学生は、もし彼が誠実な人なら、今でも学ぶことの余りの多きに戸惑い、到着してほどなく自信を失うのが常であろう。私はいま具体例はあげないが、実際、一専門に自分を限定しても、夥しい量の資料に取り巻かれ、ヨーロッパの学者の今までの仕事を追跡するだけでも気の遠くなるほどの歳月を要するのが普通である。明治時代の英文学の水準からすれば、情報に通じている今の私たちの時代よりも、条件的にははるかに不利であったと考えるのが至当であると思う。

しかも漱石は一対象に目標を定めた特殊研究に身を挺したのではない。文学とは何か？　という根本問題に立ち向かったのである。しかも文学書以外によってこの問いに答えようとした。彼はいわば宗教問答に立ち向かうような情熱をもって、自分の存在証明を、この初歩的設問に賭した。彼の企て自体が私には実存的な危機に直面した人間の、存在を賭けた、合理を超えた一行為のようにみえる。他人の目からみれば著しく幼稚か、無知から出た暴挙のようにみえるのも当然である。

「余は下宿に立て籠りたり。一切の文学書を行李の底に収めたり。文学書を読んで文学の如何なるものなるかを知らんとするは血を以て血を洗ふが如き手段たるを信じたればなり。」

「余は余の提起せる問題が頗《すこぶ》る大にして且つ新しきが故に、何人も一二年の間に解釈し得べき性質のものにあらざるを信じたるを以て、余が使用する一切の時を挙げて、あらゆる方面の材料を蒐集するに力《つと》め、余が消費し得る凡ての費用を割いて参考書を購へり。」

「余は余の有する限りの精力を挙げて、購へる書を片端より読み、読みたる箇所に傍註を施こし、必要に逢ふ毎にノートを取れり。始めは茫乎として際限のなかりしものゝうち……」

吉田健一がこれをもっていかに愚行と評したにせよ、漱石の直面したのはいわば存在の危機であったと判断すれば、他人の目に道理も道筋も立っていない、盲蛇におじずの行動とみえることの方がむしろ自然である。いうまでもなく日本が西洋に立ち向かえるかどうかというようなナショナリズムめいた主題は、この限界点においては踏み越えられている。しかし存在の危機は、彼の異文明との接触を契機にして口を開いたのであって、日本人がイギリスに来てイギリス文学を学ぶことの矛盾、すなわち外国文学を学ぶのは何のため？　本人としての主体性はどこに？　という繰り返される彼の一連の問いと、この存在の危機とは不可分である。ロンドンに来なければ、おそらくこのような危機は、英書を片端から読破する——そうしたところで本の数にも、知見の広がりにも限界のあることは判り切っているのに——という形式をとることはなかったであろう。

よく彼は「自己本位」という言葉を口にする。帰国して十余年経た学習院での講演「私の個人主義」の中で、ロンドンでの『文学論』形成のために片端から読書した経験に触れて「自己本位」に言及しているのは、広く知られている。しかしこの講演で言われている「自己本位」の内容は、若干当り前すぎる。英文学を専攻しても英人振らないこと、本場の批評家の言うことと自分の考えが矛盾しても意に介せず自分本位を貫くこと、等々、たいした内容のことは語られていない。外国文学研究家の大半が本場の学界の風潮や研究傾向に引きずられているのは今なお依然として変わらぬわが国の大勢であるから、漱石の右に述べられた程度の決断でも、世の凡庸な学者たちにとっては実行が必ずしも容易ではない。しかし、今の日本の西洋研究は、秀れた業績に限っていえばかなり水準が高く、すでに相当程度に「自己本位」を貫いている。西洋人の研究成果の単なるコピーでは、今の日本の読書界では評価されない。漱石の時代よりは西洋に関する学界の知識水準は高くなり、読書界にもこの点での美食家がたくさん殖えて、模倣めいた仕事ではもう通用しないのである。したがって「私の個人主義」に述べられている程度の「自己本位」の説にはもう新味がなく、日本の学者の全員が実行しているとは言えないにしても、思想としてはすでにありふれた内容になっていて、漱石の文明論はこの点でも今やリアリティーを失っている、という風に考えてよいであろうか。

勿論「自己本位」を表面の字義通りに解すればそうだが、この語に托した漱石の精神的姿勢を考えれば、もっと深層に根差した解釈もできるだろう。すなわち、「自己本位」の四字は漱石にとってはいわば宗教的な悟達の瞬間を表す言葉にも似たものであったようだ。「私の個人主義」の中で「自白すれば私は其四字から新たに出立したのであります。」「其時私の不安は全く消えました。私は軽快な心をもつて陰鬱な倫敦を眺めたのです。」とあるように、ロンドンでの若き日の存在の危機と深く繋がっている。それゆえ十余年後の「私の個人主義」の表面上の字句に拘泥しても、さして意味はないと言っていい。いいかえれば、若年の漱石が自分に課した課題——イギリスにあってイギリス文学を通じて文学の何たるかを知ろうとした課題——そしてついに絶望的懐疑に陥り、文学以外の万巻の書によってこの難問を解こうとした愚行にも近い存在解明への問いが、彼の内部でいわばはっと悟りのように解かれた瞬間の呪文にも近い言葉、これが「自己本位」である。彼の体験と切り離して、「自己本位」を概念的に分解し、説明してみようとしても意味がない。漱石という偏屈な一青年のヨーロッパ体験の核心がこの四文字と結合しているのである。

扨《さて》、私がさきに述べたように、日本の西洋研究は今では部分的に相当に進んでいて、西洋の学界の水準を越えている研究さえ少なくはない。ある意味ではそういう志がなければ、日本ではもう研究を世に問うことの意味もないであろう。漱石の時代とは隔世の感があると言っても過言ではないのだ。にも拘らず、漱石がロンドンの客舎で煩悶した体験は、今なお日本の西洋研究家に強いられた宿命のいわば原型をなしていると言ってよいであろう。日本人の西洋研究とはいったい何なのだろうか？ それはいかなる目的を持っているのか？ 誰のためにあるのか？ 日本人としての主体性はどうやって得られるのか？ これらの一連の問いに最終的に答えることが出来ている人はいまだにいない。

日本人の西洋研究は勿論日本人のためにあるのである。日本語で書かれている以上、それは当然である。日本人の読者のためにあるのだし、日本人である自分自身のために書かれるのである。それがひいては日本文化のためになると信じてなされるのである。というようなことは無論判り切っている。しかしはたして本当に判り切ったことだろうか。第一、こうして今までになされて来た日本人の数多くの努力も研鑽も、日本の外へ自然な勢いで広がっていくということは決して起こっていないのだ。異様に孤独である。だから美食家のナルシシズムが発生し易い。不健全になり易い。

日本人は日本人のために西洋を研究しようとするのだという。けれども、本格的に研究するには相手に可能な限り接近し、自分を捨てることが一道程である。漱石が気違いのようになって万巻の書を漁ったというのは、いわばその情熱の原型である。けれども、そうすればするほど「自己本位」は遠のくだろう。われわれは対象を完全に知ろうとする。そのためには対象と一つになることが必要である。しかしそれは原理的に不可能である。ましてそこに終生住むこともかなわぬ遠い異国の文化と一つになろうとすることは、不可能であるだけでなく、自己喪失を招き、やがて狂気へと至る道に通じ兼ねない。われわれは結局、完全に到達するのではなく、不完全を完成させるという瞬間的な決意を引き受ける外ないであろう。

漱石の言う「自己本位」を私は勝手に右のように解釈しているのだが、日本と西洋との緊張関係の中でこの百年来繰り返されている精神上のドラマの一つである。例えばドイツ人がイギリス文学を学ぶときには、これほどの悲喜劇は起こらない。ドイツ語で書かれた研究はドイツ文化に属し、しかも自然な形でドイツの外へ広がっていく。日本人は相当に高度の西洋研究をせっせと日本語で書いて西洋世界にまったく知られていないという、漱石以来少しも変わっていない孤立した文化状況に耐えている。いいかえれば、これは日本が「周辺文化」（フィリプ・ベグビー）ないしは「衛星文明」（トインビー）に属するという、世界文明の構造上の問題に関係することで、個人の意志や努力を超えているいわば宿命である。

漱石がロンドンの客舎でぶつかったのはこの宿命との出会いに外ならなかった。鷗外と違って、イギリスにイギリス文学を学びに行ったという不利な立場が彼の憂悶を一層深くした。母国語に拘束されない現代の数学者や物理学者に右の悩みがほとんどないのにひきかえ、人文科学・社会科学は広い意味でなお漱石の若き日の煩悶の延長線上に置かれている。しかし個人の努力や意志を超えた文明の構造上の問題であるなら、これはじたばた慌てふためいても仕方がない問題だ。帰国後十余年経た漱石が、若き日の悲痛を克服して、「現代日本の開化」の中で宿命への静かな決意を語っているのは、思うにそのためである。日本の開化が「内発的」でもあるかのような顔をして得意でいるのは「宜《よろ》しくない。それは余程ハイカラです、……虚偽でもある。軽薄でもある。」と語るところに、私は漱石の、じたばたしてはいけない、日本人は日本人であればそれでよいのだ、という沈着な声を聞く思いがする。

　しかし漱石以来、いくたびも日本の文化ナショナリズムは論壇を蔽った。「ハイカラ」で「虚偽」で「軽薄」な手合いが日本文化万歳の合唱を唱えてきた。そして昭和五十年代の今もまた、やれ「日本文化の輸出」であるとか、「日本型集団主義の勝利」であるとか、「世界の日本化」であるとか、しまいについに「超先進国日本」などという血迷った議論さえ飛び出している始末である。いつの世にも自分の足許が見えない、剽軽《ひょうきん》なお調子屋にはこと欠かないお国柄である。

六

今日の文化ナショナリズムに関連して思い出されるのは、一九三〇年代の小林秀雄のエッセー群である。その中に日本と西洋をめぐる文化の問題が随所に顔を出している。当時は日本主義が盛んに鼓吹されていた時代で、また先立つ大正文化主義以来の西洋崇拝の流れもあって、その二軸が、文壇、論壇を賑わせていたからだろうと思う。

　ところで、小林氏の発言を追っていくと、右に指摘した宿命の正視という点で、漱石の文明論と姿勢において相似ている側面があるのに気がつき、興味深く思っている。例えば、「井の中の蛙」というエッセーの中で、日本の現代文化が世界的水準に達しているという一方の説と、そんなことはないという説とが入り乱れている有様を描写した後で――現代にもまったく同じパターンの対立がある――小林氏はどちらかに肩入れしてどうこうということを一切言わない。もっと微妙な問題がわれわれの文化の底にあると考えている。

「たとへば『N・R・F』に載つてゐる文学批評で感服するものには、滅多に出会ひはしない。あんなのが載つてゐるなら、俺なんか堂々と巻頭に載つて然るべきだなどと思ふ。処で実際翻訳されたらどうだらう。想像するだに身の毛もよだつ。」

なぜならば、

「僕の使用せざるを得ない『私小説』とか『行動主義』とかその他支離滅裂なる批評的言語が、翻訳されて一体どこの国に通用するか。」

つまりここには、一人の個人の才智や精神を超えた問題があり、その点にわれわれの生き方をひどく微妙にしている困難が潜んでいるのである。小林氏は誰でもその困難の場にじっと腰を据えて生きる以外に手はないと言う。「日本的なもの」とか「西洋的なもの」とかを引張り出して、時に応じてあれに依拠したりこれに依存したりするのは愚かだという意味である。

西洋対日本という対立思考を小林氏が持たなかったのではない。それどころか、洋の東西を問わぬ多種多様な天才たちに直面した氏の生涯は、ほかでもない、この主題が豊富な火花を散らした実験の舞台であったとさえ言えるだろう。ただ、いわゆる対立思考は問題の微妙さを逸す不毛な性格を持っているので、氏はそういう図式によって——例えば西洋脱出とか非西洋への意志とか——自分の意識がこわばるのを恐れて、あるいはゴッホ、あるいは実朝というように、限定された対象に向けそのつど自己を燃焼させるという方法を選んだ。つまり「日本的なもの」にせよ「西洋的なもの」にせよ、一目で展望できる歴史の青写真を嫌ったのである。

漱石もまた西洋対日本に相関わる若き日の精神上の危機を、生涯じっと見据えていた人である。彼は小林氏と同様に、西洋の立場に身を置く開化論者には無論ならなかったし、同様にまた、「日本的なもの」を過剰に意識することによってしか西洋を意識することもできない防衛的文化論者、つまり伝統日本の立場から「近代」をいつも自分の外に置いて眺める復古主義者にもならなかったのである。「近代」はすでに自分の内部に巣くっている。それをどうやって取り除くことが出来よう。西洋化された日本の文化の微妙さというものに目を据えるなら、「日本的なもの」とか「西洋的なもの」とかを概念化して考えることとは、自分が微妙さの外に立つことに外ならない。自分の内部に巣くっている問題から眼を逸すことである。両者はすでに不分明に混り合って、定かに区別のつかぬ混沌としたものとなっている。われわれは好むと好まざるとに拘らずその内部に置かれているのである。どちらか一方を到達の目標とすることも、自分には関係がないと排他的に眺めることも、自己不在の知性の遊戯に外ならない。

しかし、それならわれわれは両者の中間に浮游し、いつまでたっても日本にも西洋にも到達できず、曖昧な折衷的理解に終る外ないのだろうか。そういう危険があることを十分に踏まえたうえで、小林秀雄の場合には、次のような言葉が書き記されている。

「翻訳文化といふ軽蔑的な言葉が屢々人の口に上る。尤もな言ひ分であるが、尤もも過ぎれば嘘になる。近代の日本文化が翻訳文化であるといふ事と、僕等の喜びも悲しみもその中にしかあり得なかつたし、現在も未だないといふ事とは違ふのである。」(『ゴッホの手紙』)

「一昨年の五月、オランダで、ゴッホの百年祭があり、……私は、嘗て複製で、彼の絵を見た時の感動を新たにしたが、嘗て見たものは不完全な画面であつたが、それから創り上げた感動は、感動といふものの性格上、どうしやうもなく完全なものであつたと思つた。」(『近代絵画』)

これらの表現に皮肉や逆説を読んで面白がった人は多かった。尻を捲くった駄洒落の一つぐらいに思った人もいるかもしれない。しかし、西洋の芸術や思想によって養われながら、それを完全に所有することを拒まれた日本の現代文化の微妙さは、結局、不完全を自らの決断において完成させるというあやふやな行為へと人を誘っていく外はない。遠い異国文化の美や歴史について、確実な知は存在しない。人は不確実と知りつつ、それに接したときどきの切り口に火花を散らして、瞬間の生命を燃えあがらせていく外はないだろう。

小林氏の言うところの「感動」は、漱石とは違った世代と資質が示してみせた「自己本位」の形姿である。

七

「世界の歴史を通観すると、繁栄の中心は時代と共に移り変わっている。古代、エジプト等中東の地において文明の発祥を見、ついで繁栄はギリシア・ローマをへて欧州全域に広まり、さらに近代にいたってアメリカへと移った。そのアメリカが停滞の様相を示している今日、世界の繁栄は二十一世紀には日本をはじめとするアジアにめぐってくると思われる。従って、日本はいまから国の各方面にわたって、きたるべき繁栄の受皿づくりに取り組まねばならない。」

右は松下幸之助氏がいま評判の政経塾の案内のしおりに書いている挨拶文の一部である。世界のあらゆる地域に、自らの名を冠した製品を進出させている成功した実業家の言葉として、この自信に満ちた展望には、なんの不自然さもない。

太平洋沿いの儒教文化圏の二十一世紀における産業の興隆は、ここ久しく歴史学者や経済学者たちが関心を寄せている流行のテーマでもある。理論上さしたる明確な見通しがあるわけではない。欧米の停滞と当該地域の経済成長率の高さが現実に認められるので、現実が理論を支えている結果だともいえる。松下氏も、またこれらの学者たちも、立脚しているのは文明の交替説である。世界の文明は単線的に直進するのではなく、中心は時間とともに移動し、あらゆる文明には興隆もあれば衰退もある、という循環史観である。ヨーロッパで十九世紀の歴史主義が衰退してから、歴史の見方は多様になったが、その結果としてギリシア的な周期説が再生した。シュペングラーやトインビーなどの循環史観が現れたのもこのときである。キリスト教的直線的な時間意識が挫折した結果、時間は円環を描くものとして意識されるようにな った。その時間意識が、欧米人をつねに捉えて離さない「世界史」という観念に結びついた。世界史は新たに「文明史」の名で呼ばれ、歴史は多数の文明が次々と円環をなして興亡する循環の舞台と映った。勿論、仮説である。

平川祐弘氏もまた先述の論文でこの文明交替史観に依拠している。鷗外は文明の中心が移動することを知っていたが、進化論の影響下にあった漱石は、歴史の発展を単線的に考えていたため、そのような融通のある、柔軟な考え方に立てなかった。以上のように述べ、日本の未来の繁栄を前提において、文明の中心が交替する可能性を予知しなかった漱石を、この点においても批判している。

世界経済の中心がヨーロッパから太平洋沿いのアジアに移りつつあるという長期展望に立つなら、松下幸之助氏の描いている未来像は、経済繁栄という一点に限っていえば、あながち空想ではなく、十分に可能性のある現実のプログラムであろう。平川氏も例示されているように、ヨーロッパ文明と雖《いえど》も十五、六世紀までは、イスラム文明より劣っていたのである。だからヨーロッパ文明がいつかは没落し、代わりに日本を中心とするアジアが興隆することがあってもおかしくはない――明治以来こういうことは何度も夢想されて来ているのだが――という考え方も、勿論あるにはあるし、今の日本人はそういう歴史の見方に、おそらく誘惑され易いだろう。

よしんばそのような文明の逆転が何百年かの尺度で、未来の世界に起こり得るとしても、それは実業家や政論家の関心を惹くテーマではあるかもしれないが、文学の問題にはなり得ないことは、以上私が詳しく述べて来た通りで、もはや贅言を要さないと思う。なぜなら、文学は青写真や見取図に立って物を言うことではないからである。歴史を見るにせよ、社会を見るにせよ、文学者は展望の広さを誇る必要はないし、予見する能力を得意がる必要もないのである。むしろ認識の限界を自覚し、自分を一つの点に限定してはじめて見えてくる何かを信ずるという姿勢こそが、文学者の態度ではないかという気がする。見えないからこそ見えるという「見る」という行為のパラドックスにこそ、文学の営為があり、漱石の言う「自己本位」の確立の基本がある。文明交替史観というような大雑把な仮説は、文学の精神とは関係がないのであって、敢えてここに取り上げる必要もないのだが、平川氏もこれに立脚して漱石を批判しているし、この点について警戒すべき問題点を書いておかないと、今流行の文化ナショナリズムに毒されている読者を説得できないので、以下、要点だけを書き記して置く。

第一に、文明の中心がアジアに移動するといっても、今の日本の興隆を特徴づける科学技術がヨーロッパ産であり、少なくともヨーロッパの科学技術と同次元のものであって、日本は系統的にまったく異質の文明を築いているわけではないことを、言っておかなくてはならない。長い将来においてそれがどのように変質していくかは勿論分らない。しかし今のところは、ヨーロッパの没落は日本の運命とも直結して来るのである。

第二に、十九世紀ヨーロッパが地球上にもたらした自然科学と工業技術というものは、今までの文明興亡史のなかで例のない未曽有の新しさ、ならびに破壊性を持つもので、これによって栄えた文明が亡びた場合に、次に来る文明が存在するという保証はない。

第三に、ヨーロッパは科学と技術とのみを普及させたのではなく、宗教、哲学、芸術、学問等のあらゆる面で世界に普遍となる尺度を提供した。アジア、もしくは日本が、二十一世紀に経済繁栄の中心地になるとかりにしても、右のような普遍文化の中心地となる可能性はきわめて乏しい。日本文明を一つの独立文化圏と看做している文明論者でさえも、それだけのことを言う人はいない。常識的には「周辺文化」「衛星文明」としての日本の宿命は、長くつづくと見なければならない。

最後に、これが私の最も言いたい点だが、文明の交替史観は、先述の通り日本人の発明ではなく、キリスト教的時間観念の挫折の結果、いわばその裏返しとして出現したものである。したがって、これ自体が西洋的知性の産物に外ならない。

さらにいえば、日本人には古来、「世界史」という意識が欠けているのである。そういう観念を必要として来なかったのが日本人の生き方の一つの特性である。

漱石はそのような特性をバランスよく備えたまさに日本人だった。日本と西洋に相関わる危機の主題は、たしかに終生彼を離れなかったが、しかし最初から彼はその対立を乗り超えていたともいえるのである。「自己本位」とは、西洋を排し日本人としての立場に立つ、というようなことでは必ずしもない。どんな立場も彼は信じなかった。彼はそもそも立場に囚われず、しかも自ずと立場に立った。それが「自己本位」ということだったのではないか。

＊　「新潮」昭和五十六年五月号。『漱石の師マードック先生』（講談社学術文庫所収）。

＊＊　共同通信、昭和五十六—五十九年（本全集第9巻所収）。

（「文学界」一九八一年八月号）

複眼の欠如　西洋の見方・過去の見方——高橋英夫氏へ

一

昭和十五年に一度邦訳されたことのある『若きニーチェ』『孤独なるニーチェ』という、妹エリーザベト・フェルスター＝ニーチェの書いた伝記が、昨年新しい訳者グループの手で改訳、出版された。私は偶々「朝日新聞」から書評を頼まれたのでかなり丁寧に読んだ。かねて旧訳に目を通していた筈だし、原著も所持しているのだが、不思議なことに再読の結果、まるで初めて読んだのではないかと思われるような初歩的情報をさえ入手した。浩瀚な書物にはままこういう事があり勝ちなのかもしれない。

その一つにウィーンの若い物理地質学者でパーネト博士という人物が冬の日のニースにニーチェの仮寓を訪れた記録が挙げられる。パーネト博士の名前は普通のニーチェ評伝の中には出て来ない。彼はこの放浪の哲学者と交した談話を婚約者に手紙で報告したのち間もなく死去した。妹エリーザベトはその私的な手紙を、かつての婚約者の好意により抜粋引用しているのである。

時は私がこの文章を書いている今の時点より丁度百年前、一八八三—八四年の冬であった。パーネト博士は郵便局にニーチェが〈出没する〉噂を聞いて、しつこく問い合わせ、交際の機縁を得た。彼もまた彼の婚約者も、ともにニーチェのそれまでに公刊された全著作の崇拝者であった。南フランスの快い天候と明るい光は病気がちの哲学者に活力を与えた。『ツァラトゥストラ』第三部が完成の時刻《とき》を迎えていたのである。

パーネト博士は婚約者に、例えば次のように報告している。

「あの方は並はずれた親しみを見せ、最近の著作の読後に私が心配していたような誇大なパトスとか、予言者気取りというものの痕跡はいささかも持合わせていない。むしろ大変に率直で、自然な態度を見せたので、私たちは気候・住居その他についての平凡な対話を始めた。その後であの方は、少しの気取りも自負もなしに、あの方自身がつねづねご自分をある課題の担い手だと感じていて、悪い眼の許す限り自分のなかに在るものを完成したいのだと語った。考えてもごらんなさい。この人は半ば盲目で、全く孤独で生きていて、夜になると何もできないのだ」

貧寒とした不便な日々を送っていたこの哲学者は、ショーペンハウアーは道徳という点で未熟な段階にあるということや、『ファウスト』は認識のドラマではなく、人が知識欲の悲劇と看做しているのは奇妙な話だということや、権力と卓越した智恵とが共存する場合にしか良い制度は決して出来ないということ等、これまで彼の著作中にも述べられている話題を豊富に語ったようであるが、私が得た思い掛けない新鮮な情報というのは、これらの話題のうちにはない。一八八四年三月七日付のパーネト博士の手紙の中に、当時のニーチェの他人や社会に対処した断念の決意がはっきり述べられている。私が注目したのはこの部分である。

「昨日はニースでニーチェさんと一緒になった。在宅していて、大変具合が良さそうで、活気づいていた。私はあの方に対する世間の注目を集めさせるだけのために、ただあの『ツァラトゥストラ』第三部の公刊の機会に、何か書いてもいいかどうか訊ねてみた。それは結構だろう、とあの方は言ったのだが、あまり嬉しそうでもなかった。それで私は、きっとご本人にはひどく不愉快なことかもしれないと思って、書いていいかどうか判らなくなった。あの方の言うには、いまだかって愛読者とのかかわりを結んだこともなく、全く孤立して生きているし、《少数で秘められてはいるが選り抜きの仲間》を持っている、ということだった。あの方は自分の使命と、自分の世紀的な意味には十全の確信を抱いている。この信念において強くて、偉大で、一切の不幸と身体的な苦痛と貧困から超然としている。成功のためのあらゆる外的な手段に対するこれほどの軽蔑と、すべての党派と宣伝のたぐいからの自由は、まことに立派なものだ」

ニーチェの著作に親しんだ者には、必ずしも目新しい言葉ではないかもしれない。自己への強い確信と、世間から安易に理解されることを拒絶する静かな決意は、彼の主要モチーフですらある。しかも、自分の著作の好ましい反響を多少とも彼が予感したのは一八八六年後半で、『ツァラトゥストラ』の執筆された頃は、無反響がほぼ完璧の域に達していた時期だった。そういう折の第三者の客観的な言葉であるだけに、貴重な証言と私には思えるのである。

　ニースでの彼の住居は次のように描き出されている。

「あの方の小さな部屋は冷たくて居心地が悪く、確かに快適さのためではなく、安値のために選ばれたものに違いない。暖炉さえもなく、絨毯もなく、見かけも貧弱で、私が待っている間、室内は氷のように冷たかった。このことは私の心を重苦しくした。そこの家主夫人の話によれば、あの方は病気だそうだ。あれほど卓越した非凡な人物がこんなにもひどい暮しをしているとは！」

　パーネト博士はニーチェが決して「近づき難い人ではない」こと、容姿には「いささかも熱狂的な処や気取った処は見られない」ことを繰り返し強調している。境遇の貧しさは自費出版の目的のために経費を切詰めていたせいでもあるらしいが、生活費のために書く羽目に陥らずにすんだ運命——バーゼル市から僅少な年金を得ていた——に彼はひどく感謝していた、と妹エリーザベトは記述している。

　一八八四年五月に、ニーチェはパーネト博士が自分のために何か論じたいと親切に申し出ていたことを覚えていて、『ツァラトゥストラ』第三部の贈呈に添えて、次のように書いている。

「しかしお気付きだと思いますが、私の著作には時期が大切なのです——、現代がそれの課題として解かねばならぬ事柄と、私とは断じて取り違えられたくはありません。五十年後にはおそらく数人が（あるいは一人が——というのもそれには天才が必要なのです！）、私によってなされたことに眼を開くことでしょう。今のところ、私について公けに語ることは、困難であるばかりか、全然不可能なのです（《遠近法》の法則から見ても）。そんなことをすれば、真実から遥かうしろに取り残されるでしょう」

　当時のニーチェには誇大妄想の片鱗もまだなく、自己の果して来た仕事の重大さに対する正確な判断と、ヨーロッパ世界がそれを受入れるまでに熟していないことを現実の壁として認め、かつそれを尊重する冷静なリアリズムとがあるばかりだった。

　パーネトという稀有な人物がニースの独居を訪れて、この時期の孤独な哲人の素顔をデッサンして置いてくれた意義はきわめて大きい。独創的な思想は必ず生活上の犠牲を伴うという通則を、これほどドラマティックに提示した例は珍しいからである。自費出版しなければならないほどに社会的に公認されていない自分の位置をはっきり知ったうえで、尚かつ同時代の人間たちのいっさいを軽蔑し、世紀を超えた自己自身の価値に確信を持てるというのは、一体何という巨大な意志力であろう。

しかしニーチェは行きずりの物理地質学者の目にもはっきり映じていたこの生活態度の強靭さゆえに、後世のわれわれの研究に値するほど有意義な存在なのであろうか。彼が書き残した、不完全な断片をも含めたあの膨大な著作群がかりになくても、その道徳的行為の卓越さのゆえに、彼は今日なお深甚な影響を与えつづけているのであろうか。おそらくそんな風に考える人は誰もいない。彼はまず何よりも言葉を駆使した人間である。詩人であり、文筆家であり、あるときにはジャーナリストですらあった。ニーチェ自身は生涯、言葉の無力——言葉による真理伝達の不可能性——を訴えつづけた思想家だが、しかし彼の遺した業績は、ルター以来のドイツ語の達人とさえ言われたほどの秀でた文章の力によって綴られた、紛れもない一つの言語世界である。

彼の言葉はなるほど彼の生涯の行為を映し出してはいないのかもしれない。彼の著作はひょっとしたら彼の生活態度に及ばないのかもしれない。だが、後生のわれわれは言葉を介してしか、生身の彼が生きていた、生活態度をも含めた行為者としての彼の正体を知ることは出来ないのである。著作を介してしか、彼の存在の内奥に触れることは出来ない。生活態度が立派だとか、実行家として模範をなしたとかいうようなことは、学者や著作家の場合には、それだけを論《あげつら》うならさして意味がない。

私が以上述べたことはごくありふれた常識だが、本論の主題に深く関わっているので、念の為に最初に強調しておきたい。

二

話題はがらりと変わるが、私は最近ドイツの高等教育機関とりわけ大学の管理や運営のあり方について、勿論日本のそれに対する疑問があってのことだが、多少の調査を試みたことがある。私が西ドイツで今から三年ほど前、日本とは余りに異る、ある驚くべき慣習法の存在を知って、それ以来関心が心を去らなかったからである。事柄の輪郭を「文藝春秋」（昭和五十八年十月号「西ドイツの大学教授銓衡法を顧みて」本全集第7巻所収）で一度ざっと報告しておいたが、私がその事実を知って世間に公表するまで、西ドイツの教育制度を専攻している日本の教育学者ですら、相手が慣習法であるだけに、まったく知らないで済ませていたのだった。(注1) 日本の西欧研究は随分進んでいるように見えて、まだ盲点が無数にある。とりわけ、西欧人の生き方、生の形式ということになるとよく分っていない。西欧の大学で研究されている学問上のテーマは多分虱つぶしに探査されているのであろう。けれども、そのテーマを担って生きている大学の知識人の日々の暮し方は、具体的にはまるで知られていないのだ。それは例えばニーチェの「孤独」を日本では抒情的に扱ったり、抽象的に議論したりはするが、それが本当にどういうことであったかを社会考現学的に再構成して、感情移入してみるということを決してしないのとよく似ている。先の例を日本の社会に当て嵌めるなら、同人雑誌の自費出版をしながらわが思想の百年後に判明する世界史的意義を確信しているというような事例なのであって、日本では誇大妄想の漫画にしかなり得ないであろう。われわれの社会ではおよそ考えられないような構造を具えた出来事だと言っていいのである。

　大学の知識人や学生の日々の暮し方についても同じことが言える。明治以来、日本の大学はヨーロッパの大学、とりわけドイツの大学制度から学び、またドイツの教育思想から深い影響を受けて来たと言われる。フンボルトのいわゆる大学の理念がどうであるとか、シュプランガーの教育思想がどうであるとか、そういう上澄みの高級で美しい部分は少くとも概念的にはさんざん輸入されて来た。けれどもフンボルトの言う「大学の自由」の、暮しの中に具体化された実際内容がどういうことであるかは、少しも詳らかにされてはいない。例えば大学生は大学で何を学んでもいいが何も保証されないこと、講義は聴きっ放しで期末試験もなければ「卒業」もないこと、今でも西ドイツ社会で「自分はボン大学で学んだ」と言えば要するに何年間かボン大学の公開講義を勝手に聴講したというにすぎないこと、こういう恐るべき無制約な自由がじつは「大学の自由」の実態であることを、自分で言うのも妙だが、私が綜合的に叙述するまで、関心を払う人が恐らく他にいなかったように思えるのは、一体どう解したらよいのであろう。フンボルトの思想を問題にする前に、思想以前の、言葉になっていない現実の内容を問うことこそが初歩的にまず必要なのではあるまいか。フンボルトは「学校《シューレ》」と「大学《ウニヴェルジテート》」とを峻別した。十九歳以前の学校の「生徒《シューラー》」には厳格な訓練と修業を課すのみでほとんど自由を与えず、「大学生《シュトウデント》」には一転して、自分で自分を律して自分の課題を解決して行くべき無制限の自由を与えた。この「自由」を彼は「孤独」の裏合わせとして捉えている。際限のない自由の中に放置されることが、若い学生にとってどんなに不自由な、辛い課題であるかは、あらためて言うまでもあるまい。今でも西ドイツの大学は、教育の大衆化の嵐の中でさえ、真のエリートにのみ耐えられるこの「自由と孤独」の基本構造を死守しようとしている。日本で「大学の自由」といえば久しく政治的自由のことだと解されている暢気さというのも、概念を輸入し、その背後の生活を見ない、いわば知的怠惰の帰結である。

明治以来ヨーロッパから大学の制度や講座の中味は移入したが、大学教授の近代的なあり方には少しも反省が加えられなかったというのも、右の例とよく似ている。大学の理念とか教育思想を論ずる人はいても、学者の金銭や地位に関する形而下的部分には目を向けない。自分の足許を見ないで、上ばかり見ている。その結果、大学社会が日本では国際化の波から今や唯一取り残され、世間の批判の目の届きにくい閉ざされた「聖域」となって、多数の不祥事を相次いで惹き起こす不明な事態に立ち至っている。

日本の教育の混乱は時代の方向喪失のせいだけではない。ヨーロッパから学問の外観だけを学んで、その背後の人間を見なかった——あるいは人間の生き方は日本流儀で間に合うとした——明治以来の学問・教育の指導者たちの不覚のせいでもあると私は考えている。これは本論の後半に関係があるので、差し当り読者の注意を喚起しておくが、私が三年前に知って驚いた西ドイツの大学のある慣習法の存在に、明治以来気づく人がどうもいなかったらしい事実に、この不覚さは端的に象徴されているように思う。それは大学教授の人事採用に関わるきわめて注目すべき暗黙の取り決めである。

西ドイツで若い学者が大学のスタッフに迎えられるためには、「資格審査論文《ハビリタチオーン》」を通過するだけでは不十分で、実際に学生たちを前にして講義をしてみせる「試験《プローベ・フォア》講義《レーズング》」と、多数の専門家たちの前で自由な質問を集中的に浴びる「質疑応答試問《コロークヴィウム》」という、容易ならざる二つの試験を通過しなければならない取り決めは、十九世紀の前半にほぼ確立していた。が、私が驚いたのはじつはそのことではない。若い学者を大学がスタッフに任用するに際し、出身大学は任用を禁じられているという慣習法の存在がまず私の目を瞠らせたのだった。つまり助手や副手その他が講師以上の終身官——地位の安定した——に任用されるときに、「資格審査論文《ハビリタチオーン》」を受理してもらった大学とは別の大学へ就職しなければならないという取り決めの存在である。言いかえれば、老教授が自分の後任に、子分のように可愛がっている愛弟子を据えるという日本の大学の慣行は、ドイツでは固く禁じられているのである。次いで講師が助教授に、助教授が教授に——呼び名が日本とは異るけれど——というように職階を昇っていく場合にも、そのつど自ら他大学の公募に応じ、多数の候補者と競い合って、いちいち「試験《プローベ・フオア》講義《レーズング》」を公開の場で行うというような他流試合を繰り返していかなければならない。これが「同一学内招聘《ハウスベルーフングス》禁止法《フェアボート》」と呼ばれる慣習法で、成立の時期ははっきりしないが、十九世紀後半にはドイツ語圏の大学間にほぼ定着して、今日も厳格に守られていると聞いている。

一口で言えば、学問の場における競争原理の導入である。碌に業績のない無能の人間を年功序列で教授職に就ける危険を極力排除するのが一つの大きな目的であろう、大学名によって固定されない自由移動型の競争を公正に行うことで、学問の活性化を保とうとするきわめて合理的な処置ともいえる。人事の流動性を高めることは、学問の多種交配に役立つ。引退教授が後任に自分の似姿、すなわち自分の学問の模倣者を選ぶのでは学問の発展は望めない。後任にはむしろ自分の対極者《ゲーゲンザッツ》を選ぶという積極的な公正への意志——ドイツでも実際には必ずしも公正ではなかったので、取り決めを作ろうという禁止意識が生まれたのであろうが——を持たなくてはいけないという、少くともそういう自覚だけは自明のこととして存在するようである。日本のように狎《な》れ合いや甘えの中に埋没して、すべてが無自覚に行われるのとは大きな違いをなしている。十九世紀後半から二十世紀へかけて、ドイツの大学はきわめて多くの学問分野において、世界の最前線に立ったが、それと何らかの関係があるように私には思える。

ドイツの学問を積極的に移入した日本の大学が、明治からこの方、ドイツ人の間では暗黙の前提とされているためについに成文化されなかった、この「同一学内招聘《ハウスベルーフングス》禁止法《フェアボート》」の存在にまったく気づかず、学問は移入しても、学問を担った人間の生き方を直視しなかったことは、先にも述べた通り、日本の近代の学問の一種独特な狭隘さをこのうえなく象徴している一例といえよう。

私が『日本の教育 ドイツの教育』[注2]の最終章で初めて概要を紹介したところ、近代ドイツ大学史を専攻する別府昭郎氏が非常に興味を持って下さり、昨年（昭和五十八年）現地で積極的に調査を行い、新しい関連の諸事実を明かにした。その際、氏はこの慣習法が全ドイツ語圏においてすでに歴史的に確立されて久しい事実を確かめるとともに、他方、専門の諸文献にはいっさい記載されていないという不思議な経験をした。一八一六年と三八年のベルリン大学の定款には勿論載っていない。別府氏は教育・宗教・医療関係を統轄するプロイセン文部省の官報を、一八五九年から一九一〇年まで、ことごとく当ってみたという。どこにも書かれていなかった。今の処、大学史研究の必携書ともいえるフリードリヒ・パウルンゼンやマックス・レンツの大著の中にも、見当らないらしい。まったく不思議ですね、と氏は仰る。それでもこれが西ドイツの全大学で固く遵守されていることは紛れもない。考えてみるとわが国でも、法律には明文化されない暗黙の約束事が無数にあって、外国人には最も捉え難い世界を形づくっている。逆にいえば、この意識化されていない、言語化されていない部分にその国の人間の生き方の原型が潜んでいるに違いないともいえよう。つまり、公正を目指したこの慣習法がドイツの大学人にとって必要となったのは、彼らが現実においては公正でなく、ある時期に目に余る不徳義が横行するようになったからではないだろうか。ここから先は推理だが、黙約の背景には、西欧人に特有の、「悪」を前提とした契約的人間観が横たわっているのではないだろうかと、私たちは話し合った。大学教授の人事をめぐる暗部について赤裸々な言葉を残したマックス・ウェーバーの『職業としての学問』をつい思い出さずにはいられない。

十九世紀後半ににわかに規模の大きくなった大学はベルリン大学とミュンヘン大学の二つであった。統計的にみても、教授候補生ともいえる「私講師」の数がこの二大学において圧倒的に殖えて、今日の日本のオーバードクター問題のような昇進の可能性を鎖される若い学者の問題がクローズアップされたことが、記録に残っている。当然、教授との間の闇取引、狎れ合い、胡麻《ごま》擂《す》り等、芳しくない事態が発生したであろう。加えて、同時期には国家権力の干渉の度合が増大し、中世以来つづいた大学の自治に制約が加えられた。学者間の八百長を排して、個人の実力を尊重する方が国家の利益にも合うという要請もまた大学の外から加えられ、必然的に法意識が強くなる、という事態の変化が考えられないだろうか。プロイセンを中心とした統一ドイツ国家の成立以後に、混乱を防止し、学者のエゴイズムに歯止めをかけるために「同一学内招聘禁止法《ハウスベルーフングスフェアボート》」が必要と看做され、成立するに至ったのではないだろうか。勿論以上は私たちの推論で、詳細は別府氏の今後の解明に俟たなければならないが、いずれにしても、腐敗防止の対策と公正な競争心の開発のための対策とが結合して、学問の活性化達成というこのうえなく生産的な結果をもたらしたことは間違いないだろう。日本の今日の大学制度の悩みを解決するうえでも参考にしてよいのではなかろうか。

三

扨《さて》、私は本論では教育問題を展開しているのではない。ドイツでは教授職もすでに契約に基づく「職業」になっていた十九世紀の現実をまず確認し、そのうえで、哲学や思想の歴史を振り返ってみたら一体どういう視角の変化が起こるだろうか、という新しい問題を提起してみたいのである。大学教授の立場を維持できなかったニーチェの「孤独」も、右に見てきた大学社会史の構図の中に置いて、あらためて眺め直してみると、今までの感傷的一方の見方に変更を加えることが出来るかもしれない。十九世紀のヨーロッパでは、ことに後半になると、異才ある秀れた思想家で、大学の外に弾き出された人材はじつに数が多い。ニーチェの「孤独」は一般現象とは言えないにしても、唯一の例外なのではない。当時の思想風俗の一つとさえ言えるかもしれない。ただ、われわれ日本人は読書を通じて、きわめて平面的にヨーロッパの思想や文学を眺めてきたので、すべての対象を一様に並列化し、思想や文学の個々の特色ある位相を背後関係からひとつひとつ浮彫りにして、立体化して考察するということに慣れていない。私が本論で読者に再考を乞いたいのは、まさにこの点なのである。

哲学史のうえではきわめて有名な話なのであるが、フィヒテは一七九八年に無神論者として教会と国家とから非難され、やがてイエナ大学の教授職を追放された。私の勝手な空想を許していただくとすれば、彼がもしも十九世紀後半に生きたのだとしたら、その後ベルリン大学に返り咲くことなど出来ず、ニーチェと同じような孤立した危険思想家の生涯を送る運命に陥ったのかもしれない。今の時代からみると無神論などとは到底いえないフィヒテの言説の内容が、当時は神学の思弁の枠を僅か踏み外しているというだけで、教会と一体化していた政治権力の逆鱗に触れたのである。それでも、彼がなお活動の場を奪われなかったのは、彼の思想内容にもよるけれども、ドイツが近代国家としての統一的な体制づくりをまだ完成させていなかったためと考えるのが一応妥当であろう。

さらにまた、あの謹厳そのもののカントにしても、危うい処があった。彼は一七九四年に『単なる理性の限界内における宗教』を書いて、プロイセン国王から宗教に関して以後沈黙するように強いられた。ハイネはカントを「神の死亡通知」を突きつけた無神論の先駆者と看做している。また、危ういという点でいえば、ヘーゲルの方がさらに一段と進んでいる。「神の死」という言葉を最初に自ら口にしたのはヘーゲルであった。それはニーチェが使ったのとは違った意味ではある。ヘーゲルは無の無限性に立脚するものの、無の深淵のうちに絶対的ななにか、永遠的ななにかが自らを示すであろうというきわどい哲学的思弁で、辛うじて無神論を回避するのに成功しているといえる。要するに私の言いたいのは、カントからヘーゲルに至るドイツ観念論は、最初から内部にニヒリズムを蔵していたのであって、ただそれを赤裸々に露呈させずにキリスト教的社会秩序に複雑な思弁を用いて妥協し、既成体制とバランスをうまく保って、無難に切抜けたのである。だから彼らは大学教授の地位を失う危険も犯さずにすんだ。

十九世紀後半のドイツの思想史を考えるとき、私はいつもドストエフスキーの「地下室の人間」を思い出す。現代にリアリティのある哲学者の多くは大学の講壇を離れるか、もしくは放浪の異端児となって、文字通り「地底」にもぐった。ヘーゲルまでは、哲学者といえば理性的学問のもたらす論理上の帰結と、キリストの実在性との間の矛盾を、いわば哲学的知性のすべてを投入して解消することになんとか成功を収めていたのである。けれども、一八四〇—五〇年代に、ヨーロッパ市民社会を代弁したヘーゲルの壮大な思弁の体系の崩壊がようやく意識され始めて以降、もはやそれは不可能であった。真実の声は必然的に、危険な地下の声、アングラ的活動にならざるを得ない。

真の思想は安定した市民秩序を根底から揺さぶる様相をみせ始めた。またそういう思想でなければもはや信憑性を持ち得なかった。キルケゴールの『あれかこれか』は一八四三年、マルクス゠エンゲルスの『共産党宣言』は一八四八年であった。同じ頃、ドイツの大学社会史にとって忘れることの出来ない事件がベルリン大学に起こった。ヘーゲルの弟子で、最初ヘーゲル右派に属していたが、後に左派に転じた聖書学者ブルーノ・バウアーの「教授資格剝奪事件」がそれである。彼はヘーゲルの思想上の帰結を推し進めた結果、明らかな無神論者となり、友人マルクスの影響も加わって急進化し、キリストの神性および歴史的存在をすらも否定するに至った。このため、著作は刊行する度に発禁処分となり、彼自身はベルリン大学、次いでボン大学を追われて、不幸な境涯の中での孤独な著述家でありつづけた。

バウアーの若い時代の著作に『発見されたキリスト教』という奇書がある。一八四〇年に出版された直後、国家によって没収され、以後陽の目をみなかったが、一九二七年になってやっと学問上の必要から復刻された。その結果、ヘーゲルの初期の神学上の論文と一致する処も注目されたが、何といっても驚くべき点はニーチェの『アンチクリスト』との対応が非常に著しいことである。ヘーゲルに暗示された「神の死」の予感が、ニーチェにおいて深化、徹底されるわけだが、この二者を結びつける中間にいたのがブルーノ・バウアーであった。『ヘーゲルからニーチェへ』の著者K・レーヴィットは、バウアーの前述の奇書こそ、「十九世紀の進行における一つの地下道を表わす」と言っている。

バウアーとニーチェは一時期、同じ出版社から本を出し、同じ雑誌に寄稿する仲間であったことがある。バウアーが七十一、二歳、ニーチェが三十七、八歳の一八八一—二年当時で、エルンスト・シュマイツナーというのがその出版人の名義である。そこにはまたカール・オイゲン・デューリングがしばしば原稿を寄せていた。デューリングは哲学者で、国民経済学者でもあったが、一八七〇年代に社会主義的傾向が顕著になって、やはり大学を追放された。しかし彼はマルクス主義を批判し、当時の社会民主党内に反響を喚び起こした。エンゲルスがマルクスの協力を得て、有名な『反デューリング論』を公刊したのは一八七八年の出来事である。デューリングの反ユダヤ主義と偏狭苛烈な性格は、エンゲルスの批判と相前後して、彼を次第に孤立に追い込んでいった。

老バウアーはニーチェを大変に高く評価し、ニーチェの方も晩年、バウアーへの感謝を忘れなかった。他方デューリングについてニーチェは、多少の軽蔑と多少の共感をもって注意深い考察を書き残している。

エルンスト・シュマイツナーというまだ若い、本を出し始めたばかりの出版人は、どうやら危険を孕む一群の孤独な思想家たちを後押ししていた観がある。当時の読書界の空気はよく分らないが、独立独行の不羈の精神たちの放つ強烈な匂いが、シュマイツナーという聞き慣れない無名の本屋の名前と結びついて、ドイツの読書人たちの心に、まさしく「地下室の人間」の声として響いたであろう。

私はもうここではこれ以上、ドイツ思想史の概説は書かない。

私が言いたいのは、理想を求めて闘った独創的思想家たちは、大学の職を放擲するというような生活上の犠牲を払って、それぞれが人生の苦杯を嘗めていたということである。現実改変への意志なくして、理想はない。

他方、十九世紀後半におけるドイツの大学の体制はどうかといえば、前にも見た通り、独創的な思想や芸術には向かないけれど、緻密な実証的学問を推進する合理的組織づくりには成果を挙げていた。大学は特異な才能や異質分子を包容する力を次第に失っていったが、代りに、近代国家の要請に合致した機能的な学問達成に良い結果をもたらし始めていた。見方によれば無難な「市民的人間」だけで運営される大学の組織は、十九世紀前半の大学に比べれば、官僚化の傾向を強めたともいえる。しかしまた、「同一学内招聘禁止法《ハウスベルーフングスフェアボート》」のような相互監視のシステムが理想的に機能して、学者間の公正な競争心を刺戟し、ドイツの学問を世界の最前線に押し上げることにも有効に作用した。

その一例を言語の学問の範囲から拾うと、ドイツ古典文献学の完成者、ベルリン大学教授ヴィラモーヴィッツ＝メレンドルフを代表例として挙げておきたい。彼は若い頃からギリシア悲劇の本文校訂に取り掛り、手書きの写本の厳密な批判を通じて、生涯かけて、後世の何人にも及ばない重大な原典復元を達成した。今日のギリシア悲劇、ことにアイスキュロス七篇の悲劇はみな彼の校訂に負うている。さらに、羊皮紙や金石上の文字のみならず、記念碑的遺物であれ、陶土の破片であれ、古代の認識に役立つものなら何にでも関心と情熱を注ぐ巨大な包括力を有していた。発掘されたアリストテレスの『アテナイ人の国制』を論じ、自らは『ギリシアの国家と社会』や『ギリシア人の信仰』といった大著を遺した。彼は驚くべき記憶力と忍耐強い実証への努力に長じていたが、思想的には平凡で、じつに穏健な良識的信仰の持主であった。偉大な師モムゼンの女婿であり、ヴェルナー・イェーガー等の秀れた弟子を多数育てた。学界の中枢にあって、ビスマルクのドイツがナチズムのドイツに移っていく時代の、体制内の安全地帯において、時代を疑わず、学問の一方法を信仰して、広範囲の業績を樹立し、八十三歳で没した。

私は今、十九世紀のドイツの精神状況を私なりに叙述して、孤独で偉大な反逆の価値創造者たちと、合理的で組織的で堅牢かつ緻密な実証的学問の実践者たちと、この二者を問題にしているわけだが、そのどちらがいいとか悪いとかいう価値判断は差当り止めて置きたいと思う。当時のヨーロッパの精神界がこうした二重構造をなしていたという事実の指摘だけが今は重要である。私たちは外国人なのであるから、その両者を等価値的に、客観的に是認してかからなければならない。

　とはいえ客観的に是認するとは、無差別になることではない。両者を別個のものとして明確に区別しておくことはさらに必要である。ただ、わが国では久しく、単に読書を通じて外国でのこうした精神のドラマを眺めていたので、両者をつい一緒にした平面図絵のようにして扱う習慣がついてしまった。右に述べたドイツの二重構造の状況は、日本が開国し、西ヨーロッパの学問に焦点を合わせ始めたまさにその時期に当る。勿論読書だけでなく、現地の土を踏んだ留学生も多数輩出した。しかし「地下室の人間」の声は明治国家の体制作りに勤《いそ》しんでいた彼らの耳には、正当な声としては響かなかった。他方、体制内の学問がどれほど厳しい業績競争をくぐり抜け、近代化された組織の下で運営されているかに思い及んだものもいなかった。ドイツの国家体制が一方において深く病み、一方においてしたたかなまでに健康である二重性を一つの構造として把握する問題意識は、鷗外の念頭にもなかった。何しろ百年前のゲーテから当時の最新文学のリルケまでが一挙に彼の読書対象として押し寄せてくるほどに混沌としていたので、目撃している眼前のドイツを遠近法的に距離をもって立体化して眺める余裕を、鷗外はまったく持ち合わせていなかった。ハルトマンのような二流哲学者を金科玉条のように扱った錯覚のうちに、鷗外のこの面での限界がある。

　現代のわれわれは過去の人間を少し崇高化し過ぎる嫌いがある。遠い上代文学や、少くとも中世文学までならともかくも、明治からこっちの出来事には、今の時代から眺めると思いのほか数多くの喜劇が散在しているのである。当時として止むを得なかった先人の苦心や努力を嘲笑する積りは私にはないが、明治・大正の出来事には、もうそろそろ遠近法をもって、批評的に弁別して考察し直すことが必要であろう。

四

　高橋英夫氏が「新潮」（昭和五十八年十二月号）に評伝風エッセー『偉大なる暗闇』という四百枚の作品を発表している。これは漱石『三四郎』の広田先生のモデルと噂された旧制一高の名物教授、奇人哲学者岩元禎《いわもとてい》、及びその周辺の精神的理想主義者たちを描いた力作で、お読みになった方も多いと思う。岩元禎は終生独身で、ドイツ語と哲学概論を教えたが、一切の著述をせず、そもそも外部に自己表現する意志を持たず、古代ギリシア以来の西欧の万巻の書を読む「読書第一の人」であった。

高橋氏は彼を「ただ西洋の学問への沈潜に生きるほかは何もしなかった人間」と規定し、その生き方を戦後に死滅した「理想主義」の典型として、郷愁と憧憬をこめて描き出し、現代文明への批判の意図をそこに盛込んでいる。

氏によると、岩元禎にとって「外なる世界は俗塵の世にすぎず、それに対する極度の無関心」によってしか彼は外とは繫りようがない。彼は「圧倒的な西洋文明のさらに深奥部を究めようとして内面世界に向かい、書斎生活に閉じこもった」のである。それは西洋の学問芸術が「はるかにも遠い奥行」を持っていることを身に沁みて知り、そこに「暗闇」を感じ取ったからであって、彼自身もまた世間からは内部に「暗闇」を持った謎の哲人と思われ勝ちであった。その奇行奇癖は師ケーベルからさえ少し滑稽に思われ、薩摩武士の血統にも由来する予言者的風貌のゆえに、同僚のドイツ人教師ペツォールトは彼をツァラトゥストラという比喩で呼んで一目置いていたという。この場合ツァラトゥストラとは「ヨーロッパという峻峯の頂に攀じ登って四方を見はるかし……ほとんど天際のあたりにギリシア古典界という境域を遠望した哲人」というほどの意味だと、高橋氏は書き添えている。

岩元禎は教室では大変に厳格、というよりむしろ過酷で、古典崇拝の本物主義を学生に強いて、情容赦もなく落第させ、ただ秀才の美少年九鬼周造などにのみ甘く、好意を示したという怪しげな性的情念をみせる。自己の内面にのみ向かい、外に表現する力を持たなかったこの書籍敬重の伝説の主と彼を取巻く群像を、氏はホモ・アミクス（友情に生きる人間）として捉え、古代ギリシアの哲人の生き方にも似たものをそこに見る。同性愛にも近い師弟愛が伝承となり、友情がいわば精神であった過去の真摯な一時代への作者の郷愁はよく伝わって来て、読後、私はある強い感銘を覚えたことを否定できない。全篇に立籠めている作者の非常に真面目な感情と、読書を自己修養の柱とする人間への作者の全身的な共鳴が、一種の反時代的な意志表明となって響いて来る一面があって、胸を搏《う》ったことも認めないわけにはいかない。

けれども、読み終わって数日して、どうも私は落着かなかった。どこか腑に落ちない思いがしつづけた。岩元禎は果して理想主義者なのだろうか。彼は西洋の思想や文芸をさながら信仰の対象のようにして必死に生きて、結局、西洋をまるきり理解していなかった、あるいは西洋の知識人とはまったく逆に生きて仕舞った非常に倒錯した人物なのではないだろうか。私にはそんな疑問がしきりに浮かんでならなかった。西洋世界は読書だけでは摑めないし、よしんば留学しても見えない者には見えない。現実そのものはそこに住む人間にとっては自明の前提なので、思想や言葉には必ずしもなっていない。岩元禎にはおよそ書物の世界は仮象だという予感がまるでなかったように思う。現実との戦いの中から思想や言葉は生まれるのである。古代ギリシアの昔からその真理に変わりはない。現実改変への意志なくして、理想はない、と私は前に書いた。いくら真摯に、終生書斎に籠って東西の古書の中を渉猟したとしても、それは雲か霞を相手に、空想を友として、夢遊病者のように生きていたというにも等しいのであって、つまるところ一個の愚劣な虚無と言うほかはない。

私は先に生活態度が立派だとが、実行家として模範をなしたというようなことは、言葉の世界に関係する人間である限り――つまり宗教家ででもない限り――さして意味はないのだ、と書いたが、じつはここに問題の中心点があると思えるので、多少の注釈を必要とするように思う。成程、書物を著すことだけが決して哲学的行為なのではない。ソクラテスは本を書かなかった。アリストテレスの主要な思想は生前の講義を聴講した弟子のノート草案であった。昔の聖人や哲人たちは書物を著すことをむしろ下等な行為とさえ考え、立派な人間として生きかつ教える行為人であることを最も重要な価値であると看做した。言葉はあくまで手段にすぎない。著述による保存は、思索の第一目的ではない、確かにそれはその通りだ。そのように今でも口癖のように言い、碌な仕事もしないで嘯《うそぶ》いている哲学系の日本人を私は多数知っているが、もしわれわれが古代社会に生きているのなら、右の議論もある程度認めてもよいであろう。

しかし岩元禎が大学を卒業してから死去するまでは一八九四年―一九四一年であり、その古代ギリシアへの傾倒は主としてドイツ古典文献学を経由した世界の上に成り立っていた以上、十九世紀後半から二十世紀へかけてのドイツの思想界、及び大学の知識人の生き方と、彼の活動は切っても切離せない関係にあった筈だ。彼の主な活動期は明治の終わりから昭和の初期で、日本の帝国大学が開校してからさえ二十―四十数年に及び、日本の学問や教育がしっかりした近代的土台を築きあげるべき時に当っていた。だとしたら、旧制一高という近代教育組織のいわば中枢に、実証的文献学者ヴィラモーヴィッツ＝メレンドルフの意欲的追認者ではなく、「古代の哲人」が安閑として棲息し得たということは、いったいそれほど賞讃すべきことだろうか。それどころか、学者の近代化をなさずして学問の近代的体裁だけを取繕おうとした日本の高等教育機関に、制度のうえでなんらかの不備が存在したがゆえに、かような奇癖奇行の士が教授職に居据わることが可能になったのではあるまいか。

思うに岩元禎のような存在はドイツでは学校教師としては成り立つまい。すでに学者のエゴイズムや怠惰を相互に監視するための慣習法が成立し、業績なくして、地位を維持できないことは、学問世界に競争原理が導入された〝職業としての学問〟の自明の前提であった。日本がそのような近代化されたエゴイズムの調停機関として、学問の世界をも法の目をもって組織化しなかった警戒心の欠如のために、年功序列は悪弊となり、今どれほどの禍根を残しているか、著者は考えたことがあるのだろうか。本を読むだけで公的に自己表現をしない旧制高校教師一流の学者的気取りが、日本の人文系学問を今なおどれほど毒しているだろう。読者はおそらく信じまいが、ある外国文学の学会理事長をした人物が退官後たった一冊の書物を弟子の協力で出したはいいが、収録論文が足りなくて、中学時代の文章まで入れたという嗤えぬ話もある。あるいは、生涯に文法概説書を一冊書いただけで、学長になった人物もいる。この種のことは日本では今日なお日常茶飯事である。一八一六年発布のベルリン大学定款にさえ、年功序列で教授職を与えてはならないことが明記されている。日本の学界は国際性欠如の点で、自民党政治を笑えない。

私は日本の教育の混乱は時代の方向喪失のせいだけではない、明治以来の学問・教育の指導者たちの不覚のせいでもあると先に書いた。岩元禎ひとりに責任があるとは思わないが、ついに言語表現における真剣勝負をせず、学生に対してだけ安心して威張り散らしていたような人物を学者の鑑のように言う後代の一部知識人の責任は、小さくないと私は思っている。

それでも彼が内面に「暗闇」を蔵した真理への探究者であり、俗塵を去ってギリシア古典世界という境域を遠望した哲人で、かつツァラトゥストラであるとの、高橋氏の描出するイメージに、ある高雅な匂いを嗅ぎ、崇敬の念を決して捨てない人もいるに違いない。そう見たい人がいるならそれはそれでいい。だが、もし彼がツァラトゥストラであるなら、そこからはあの孤独で偉大な反逆の価値創造者の押し殺した、「地下室」からの声が聞こえて来なければおかしいであろう。己れの理想のために生活上の犠牲を払ったマルクスやニーチェやブルーノ・バウアーらの、公的生活のいっさいを捨てた革命家の片鱗がいったい岩元禎にあるだろうか。再度言うが、理想主義は現実との戦いの中からしか生まれない。南フランスの真冬にパーネト博士が見た、暖炉も絨緞もない寒々とした小部屋に住んでいたニーチェは、ギリシア古典世界に優雅に遊んでいたのではない。ビスマルクの支配するドイツの政治世界に注意の目を怠らなかった。聖書批判家のブルーノ・バウアーもローマ末期だけを研究していたのではない。『ビスマルク時代に関する事情案内』（一八八〇）は老バウアーの最後の書である。死の直前に、彼は「一八八一年の社会的政治的総決算」と題した三十ページ余の「時事評論」をさえ書いている。

日本の社会現実からいっさい自己を遮断した岩元禎は、ドイツの体制内学問が展開したような緻密堅牢な実証的業績を残したわけでもなければ、ドイツの放浪の詩人哲学者が実行してみせたような、教授職を放擲して、独立不羈の認識への道をまっしぐらに歩んだわけでもない。そのどちらでもなかった。どちらをもなし得ない中途半端なディレッタントとして、制度の頂点に乗っかって、「外なる世界は俗塵の世にすぎず」というほとんど理由のない倨傲な哲人振りに生涯甘えていたのだとしか、今の私にはみえないのである。ドイツの事例と比較すると、彼には余りにも厳しさが欠けている。勿論日本の学者は日本流であればよく、ドイツ人と同じである必要はないともいえよう。しかし彼は漢学者でも国学者でもない。「西洋文明のさらに深奥部を究めようとして内面世界に向かった」というのであるから、西洋の現実から余りにも懸け離れていること自体がすでに問題である。要するに彼は西洋を観念でのみ捉え、読書を通じて平面的にしか相手世界を見ない日本の知識階級の弱点のいわば代表例ではないか。高橋氏は彼の死を日本の「理想主義の死」と呼んでいるが、あれは大正時代の静的文化主義が偶々生んだ徒花《あだばな》で、高橋氏の主張とは違って、今の日本の学問は当時より否応なく現実にさらされているだけに、多少まともになっているのではないかとさえ私は観察している。

五

高橋氏の作品「偉大なる暗闇」の中に、旧制一高の若い同僚として竹山道雄氏が小説の登場人物のようにして現われる。竹山氏は静的な教養主義者ではなく、『昭和の精神史』の著者であり、ナチズム時代のドイツと、戦後の東ドイツからの逃亡者の現実について、早くから執拗に追究しつづけた社会的関心の強烈な思想家である。氏は大正文化主義への対極者《ゲーゲンザッツ》であり、アンチテーゼであるとさえ私は理解していた。他の教授たちと同じ次元で、平面化して並べて記述する方法に私は奇異なものを感じたが、竹山氏への年賀状に遠慮なくその旨、短く一言書き添えた処、氏から葉書で次のようなご返信を戴いた。興味深い証言を含んでいると思えるので、氏のお許しを得てここに引用する。

岩元先生から社会的関心を求めても、それは無理だと思います。私は雑誌「心」のせいで大正教養人に接しましたが、今の意味で社会的関心を持っていたのは、小泉信三、田中耕太郎のお二人だけでした。和辻先生は大学者だけあって知りすぎていたし、正直だものだから、つい妙な成行から「鎖国」の悲劇になりました。他の先生方、ことに文学者などは世の中をまったく知らず、武者小路実篤さんなどはまるで子供のようなことを言っていました。近頃は昔のえらい人を讃える文章が多いが、時勢が変わりつつあるのでしょうか。

竹山氏が岩元禎と同じ平面上にいないことは以上ではっきりしたと思うが、旧制一高教授同僚というだけで両者を同種の教養人として十把一絡《ひとから》げにする叙述の凹凸の無さ、観察の無差別主義は、この評論では随所に発見できる。「『文学論』序」に述べられた漱石のロンドンでの精神上の危機と、万巻の書に挑んだ岩元禎の読書欲とを、ヨーロッパ文化の底深さ、すなわちいわゆる「暗闇」を知った畏敬の念と判断して、同一視して論じている等が、もう一つの例である。成程漱石も留学中には手当り次第に英書を読破しようと決意したのは事実だ。しかしそこで起こったのは読書欲や知識欲なのではなく、むしろ存在の危機であった。日本人がイギリスに来てイギリス文学を学ぶことの矛盾、漢学を味わえるほどにもイギリス文学を味わえない事実を改めて全身で知って、彼は呆然自失したのである。二つの文明のどちらにもわが身の本来の置き場を設定し得ない自己分裂の経験は、彼の異文明との接触を契機にして口を開いたのであって、書斎にじっと坐っていて起こった出来事ではない。彼の当時の読書計画が道理を超えていて、文学とは何か？　という根本問題を文学書以外によって解こうというようないささか常軌を逸した行動に出たのも、まさにこのとき、彼が自己同一性の崩壊を体験している最中だったからに外ならない。

高橋氏はこのような漱石の行為人としての体験を、いわゆる読書人の体験と区別することをせず、漱石は単に西洋文化に畏敬の念を抱いて万巻の書に向かったのだと、岩元禎と同じ平面上で扱っている。氏の叙述におけるこの種の相対化された無差別主義は、結果的に、価値感覚の喪失を招いている。岩元禎が漱石の文学活動を認めず、「つまらんものを書きおってのう」と言ったという話を、氏は貴重な証言として扱っているが、岩元のこの発語は批評の言葉とはいえない。現代でも大学の教官室の雑談の中などに無責任にしょっちゅう出て来る言葉の一つである。著述をしない人間が著述をしている人間に対し古典や外国文学の権威を笠に着て評価を下すときによく使う常套句と、岩元禎の発言とが、果して違うのか違わないのか、叙述者の意識がその辺りで微妙に反応しながら叙述されていない点を私は疑問としているのである。

要するに私の疑問は、岩元禎が西洋文化に対しきわめて静的に、平面的に対処しているのと同じように、高橋氏がそういう岩元禎や彼を巡る過去の群像を、やはり静的に、平面的に扱っていることに向けられている。あの長文のエッセーの中に数限りない過去の有名知識人の名前が列挙されている。次々に出てくるので書き切れないし、覚え切れないほどだ。こんな風にすべてを均等化して眺めるのではなしに、個別のものの価値にアクセントをつけるということが大切だと私は思う。

過去に属するものなら何にでも尊敬の念を示しさえすれば、過去はその真の姿を顕わしてくれるのであろうか。過去は現代に生きる者の、現代の課題の中にしか、その朧げな姿を顕わしてはくれないのではなかろうか。過去とは現代人の目に映る一つの光景にほかならず、現代から問いを発する限りにおいてしか、存在し得ないものである。問いはすなわち現代をどう生きるかの問いであり、価値観と切っても切り離せない。

ここで無関係ではないので付記するが、高橋氏は昨年「文芸時評の現場」(「群像」四月号)というエッセーで、今日の時評では「評する」より「読む」ことが大事だと主張し、かなり物議を醸した。現代は「批評対象についてずばり良し悪しを言ってみたらいいという時代ではない。」「共通の了解基盤の欠けたこの(現代の)状態で、まず作品の良し悪しを言いながら批評することは、ほとんど客観性を得られない行為になってしまっている。方法と状況の拡散化といっていいほどの多様化の中で、最初に要求されるのはその作品が何を言おうとしているかを読む作業なのである」等々。

今の文芸時評の実情にかなり即応した、大人の批評家の現実的発言と見る人も少くないだろう。現代は批評家が自分の狭い嗜好で作品群を斬りまくる、というような昔流行った遣り方が、難しい時代であるのは確かである。できるだけ広い範囲の価値の共通性を手に入れるために、批評家は自分の主観性を棄てないまでも抑えなければならない、という限りにおいて、右の主張にも一理はあるのだが、わざわざこのような用心深い発言を敢えてする批評家の内面の問題はもう一つ残っていると私は見る。実際の時評で氏がもっぱら「読む」ばかりで「評する」ことを避け勝ちであった、そのことへの自己弁解と見えなくもないのだ。

時評家はいま新聞・雑誌で合わせて十二人担当しているそうである。時評ではどの作品を選び、どの位のスペースで書くかによっても「評する」という行為を行っている。わざわざ「評する」と「読む」とを八方配慮して区別しなくてもよいと私は思う。十二人の時評家が各自の責任を以てそのつど良し悪しを「評する」ことで、役割は十分に果せる。各自が十二分の一のことをすればよいのだ。何も自分ひとりが代表意見を書くのだなどと思わなければよい。時評家は部分であって、全体ではない。彼は自分のそのつどの責めを果せばよいのだ。評価するのは時評家ではなくて、読者であり、結局は時間である。

そう考えれば、作品について「ずばり良し悪しを言う」ことをそれほど恐がる必要はないのである。高橋氏の「評価」を避けるという心理は、現代に理想を掲げて生き、その理想のために現代の瞬間、瞬間において、そのつど責任を負うという理想主義者の態度とは逆行している。理想主義とは何よりもまず価値観を持つということである。すべてが無差別ではなく、価値の区別に明敏だということである。いいかえれば、「評する」という行為にそのつど責任を持ち得るということである。それが理想主義の出発点である。

もとより氏が岩元禎なる人物を選んだことが一つの価値観の提示だといえなくはない。本から本を作る氏の批評作品に日本の現実が稀薄なように、氏が描いたこの人物も現実から隔離された殺菌室の住人のような印象を与え、氏の共感の理由がそれだけに却ってよく分る。氏は対象がよく理解できるので、書物フェティシストともいうべきこの不思議な人物を選んだのではないかとさえ思う。そういう意味では、両者は相似形であり、描かれた対象は描いた人間の見事な反映像である。描いた人間は自己の分身であるこの殺菌室の住人を理想主義者と呼ぶけれども、現実から完全に遊離した仙人のような人間を理想主義者と呼ぶには私にはためらいがある。理想は現実の壁が固ければ固いほど、それだけ益々強く、深いものとなる。壁を知らない人間には、最初から理想は存在しない。奇異に思えるのは、かような人物の生存を可能にした当時の日本の社会的諸条件について、例えば彼の活動期に日本の資本主義がどのような段階に達したからとか、国際社会の中での日本の位置が知識人にどのような環境をもたらしたからとか、そういう理由づけがいっさい欠落していることである。現実《リアリティ》の欠落は、描かれた対象を空想的にする。

それでも、「ホモ・アミクス」という言葉を巡り「友情空間」について高雅に語られた第X章に、私は意義ある内容を認めている。読者はキリストとパウロや、松陰とその弟子たちに説き及んだこの章のメタフィジックな解明に目を開かれる思いがしたというであろう。しかし私は敢えて言うが、第X章の内容と岩元禎の像とを結ぶ論証がなされておらず、それを結んでいるのは作者の独断だけだということを指摘しておきたい。岩元禎と三谷隆正がキリストとパウロとの関係とどこか重なるように論述されているが、これにも勿論論証はない。こういう関連づけは私には危ういものと映る。

六

昨年ばかりではなく、もうここ何年とつづく傾向のように思うが、文芸誌で達成度の高かった小説作品には、作家が自分の過去の時代に遡って取材したものが多い。あるいは過去への追想によって成り立った作品が多い、といっても同じことである。一昨年の井伏鱒二『荻窪風土記』がその一例だが、昨年も佐多稲子『夏の栞』、八木義徳『遠い地平』、清岡卓行『大連小景集』、高井有一『この国の空』など、やはり特筆してよい一連の秀作がこの流れに沿っている。他にも短篇・中篇を合わせ、数多くの作品にこうした傾向が認められたように思う。

いったい現代は過去のいっさいの総決算期、回顧と反省の時代なのであろうか。それとも、現代人の生活にはもはや文学的リアリティがなく、昔の人の生活や自分の遠い記憶の中にのみ、確かな形が認められるということなのだろうか。高橋氏の『偉大なる暗闇』もまた、外連《けれん》みのない過去依存、過去崇拝の作品であることを思うと、小説だけでなく、批評の世界にも、現代に背を向け、過去にのみ足場を求める徴候が忍び寄っていることを示しているのかもしれない。

とはいえ、過去回顧型の作品が小説の分野では主要なもののすべてを占めているわけではない。周知の通り昨年話題となった大江健三郎『新しい人よ眼ざめよ』、古井由吉『槿《あさがお》』、中上健次『地の果て　至上の時』の三作は、期せずしてどれも現在の生を正面から扱おうとしている。現代文学としてのこの正当な姿勢のゆえに、三作の意図はそれぞれ高く評価されたのだと思う。意図が困難であるだけに作品評価の割れたケースもあったが、現実から目を逸らさない作家的態度を賞讃しない人はいなかったと思う。ただ作風はどれも古典的安定を捨て、きわめてアモルファスな、ときとして日本語を破壊し兼ねない実験的文体を貫いた。眼前の現代生活に取材しながら、三作は不定形で、混沌を孕んでいる。それにひきかえ、前述のあの遠い過去を素材にした回顧型作品は、それぞれ記憶という最も曖昧なメカニズムに依拠して書かれている以上、右の三作以上に靄につつまれた、歪んで、複雑な構造を示しても良さそうなものなのに、逆にどれもみな端正なたたずまいを見せている。どの作品にもみな秩序があり、落着きがあり、言葉と事物との間の乖離が認められない。

いったいこれはどういうことであろうか。これは一つのパラドックスであり、矛盾ではないだろうか。現実を扱った作品が非現実となり、現実を避けた作品の方が安定した現実感を持っている。現実に正面から向かった作品はリアリズムを放棄し、現実に背を向けた作品の方は〝私小説型〟作家によって多く書かれ、リアリズムに立脚している。これは一体何を意味しているのであろうか。

今の日本人は過ぎ去った遠い生活には型を認め、リアリズムで捉えられる秩序を予感するが、目の前の生活には定かな事物の輪郭をなにひとつ感受することが出来ないということを意味しているのではないだろうか。

しかしよく考えてみると、過ぎ去った生活には確かな型があり、秩序があるというのも、じつは必ずしも自明な話ではない。現在の捉え所のない生の無秩序――これもすでに一つの観念なのだが――の反対像を、願望から、過去の一時代に性急に投影してしまう錯誤も起こらないではないからである。つまり、過去の理想化である。本来の過去を再現しているのではなくて、しきりに現在の、明るいのか暗いのかさえ良く分らない茫洋とした生の不安の完全に解消した表象のみを過去に塗り込める、という心理的陥穽に陥っていないとも限らない。またその逆に、現在をとくに逃れるという意識もなく、そのまま肯定して無疑問に延長させた線上に過去を載せて、過去に現在の絵を重ね合わせて満足しているという場合もあるだろう。

そうしたいちいちの錯誤を問うていく作業こそ、批評の役割でなければならない。現在と過去との間は、つねに緊張を孕み、問いと答えが往復している運動状態でなければならない。それが現在から過去へ向かう批評意識が、健康に機能しているあり得べき姿である。もしも批評家がこの批評意識を眠らせ、作家以上に無意識に、錯誤を問うていく行為を忘れてしまったとしたら、それは批評作品とはいえないだろう。私が高橋英夫氏の批評方法に疑問を持ったのは、現在の端的な反対像を過去として描き出して、これを理想化し、自分自身がなぜそういう理想化を欲するかという、己れの心に批評の目を注ぐことを怠っているためである。その現われは、戦後社会に〝理想主義の死〟を宣言し、戦後の無教養、低俗、金銭万能、便利主義、卑小さ、女々しさ等々の一切の反対物として岩元禎を神聖化している点にある。しかし戦後にも理想主義はあったし、戦前にも愚劣はあったはずだ。前にも言ったと思うが、明治・大正からこっちはつい昨日の出来事で、無数のコメディに満ち、崇高化するには早過ぎる。要するにあの批評作品の批評意識の不徹底が気になったのだ。

作家諸氏の過去回顧小説の方に、私はむしろ幾多の工夫と、批評意識の動きを認めていることを、ここで付言して置かなければならない。八木義徳氏は短篇連作『遠い地平』で、各短篇の枕に必ず同期会や同人会など現在の出来事を出す。いったん現在にひっかかりを作らないと、過去へ入って行けないためである。大原富枝氏は『地上を旅する者』で三代にわたる女性像を描いたが、明治の老婆があくまで主役であるのに、現代に生きる孫娘を点描して、そこから老婆を眺める構成を取っている。作家諸氏は過去に真直につながることに後めたさを持っているようだ。それが批評意識の一つの現われといっていい。清岡卓行氏は『大連小景集』の前半で故郷再訪の熱い思いを吐露したが、後半では日露戦争で敗走するロシアの将軍を描いた。敗走記は私的な過去にだけ遡る感傷への後めたさではないか。少くともこれで作品は立体化し、遠い一点から全体を見渡している作者の超越的視点が生きてきた。

こんな風に、過去の扱いに作家諸氏は予想外に批評的に振舞っている。彼らが過去への対処の仕方に敏感であるのは、常々実作家の勘を育てているからに相違ない。

私は先に、現在と過去との間はつねに緊張を孕み、問いと答えが往復している運動状態でなければならない、と書いた。過去の完全な再現などということはあり得ず、厳密に考えれば人はつねに現在を描いているにすぎないからである。過去に事実の確かさ、定かな足場を求めて安心しようとする心根だけからは、小説でも批評でも、いい作品は生まれまい。これと同じように、日本と西欧いる運動状態でなければならないのではないか、というのが本論の主題の一つであった。

　私は冒頭でニーチェの秘話を述べ、その異様な「孤独」を日本的に抒情化しないために大学社会史の中に置き換えてみた。そして反逆的な「地下室の人間」の声に耳を傾けると共に、堅実な「体制内学問」の健全さをも評価した。日本人は両者を等価値的に扱うべきだが、それは両者を無差別に同じ平面に置くこととは決して一致しないと何度も強調した。私の言っていることはじつは矛盾すれすれの、ほぼ実行不可能に近いような内容の主張にも通じ兼ねないのだが。

　よく日本人の立場を失わずに外国を見よという。しかし外国から見るという視点がなければ、言いかえれば自分の立場が一度壊れなければ、外も見えないし、自分も見えない。それでいて日本人の立場がなければ、外国文化を理解することは出来ない、現在をくぐらずして過去を知ることが出来ないように。堂々巡りのこの問いの輪の中に自分が立ちつづけることが必要で、私が「複眼」と呼ぶのはそのことを措いて他にない。


注（1）　注（2）の事実が後日分ったが、それでもここの記述内容は変わらない。
（2）　拙著『日本の教育　ドイツの教育』（昭五十七・三・三十発行）より約三カ月前、大西健夫編『現代のドイツ』第六巻「大学と研究」（三修社　昭五十六・十二・十発行）のタイヒラー氏の記述中に、この慣習法についての簡略な説明のあることが後日分った。

（「新潮」一九八四年三月号）

複眼の意味——論争は公的に

一

本誌（「新潮」昭和五十九年三月号）の拙論「複眼の欠如―西洋の見方 過去の見方―」に対し高橋英夫氏が寄せられた「複眼の獲得―西尾幹二氏に―」（同五月号）を拝読した。全文私への異議申し立てであるが、一読しての第一印象は〈これは向いている方向が一寸違うな〉というものであった。私の文章を氏は御自身の評伝『偉大なる暗闇―岩元禎をめぐる人々―』（本誌昭和五十八年十二月号、単行本五十九年四月刊）に対する批判とのみ受取って、全体を読みこなしていないように見えた。つまり拙論を余りに性急に、余りに一面的に自作に対する批判のみを目的とした文章と誤認して、そこから異議申し立てを開始している。拙論には他にも何か言いたいことがあるのではと氏は薄々感じてはいるのだが、そんなものは理解したくない！ という防衛的拒否反応が最初にある。つねづね氏の文章には例のないほどの少し大人気ない感情的誹謗語が認められるのも、「西洋の見方 過去の見方」という拙論の副題が示している公的な問い掛けに答えない（あるいは答えたくない）ための動機から出たものと私には思えた。

勿論『偉大なる暗闇』への懐疑は拙論の中のメインの話題であり、もし高橋氏のこの労作に触発されなければ、「複眼の欠如」を私が書くことはなかったであろう。けれども私は書評を書いたのでも、作品論を書いたのでもない。同作品の主人公岩元禎、並びにそれを描出した当の作者である高橋氏の「西洋の見方 過去の見方」を疑問としたに過ぎない。「複眼」という私の用語もその枠を越えてはいないのである。

誤解のないように言っておくが、私は『偉大なる暗闇』について「読後、ある強い感銘を覚えた」ことを否定せず、「全篇に立籠めている作者の非常に真面目な感情と、読書を自己修養の柱とする人間への作者の全身的な共鳴が……胸を搏った」とはっきり書いている。今もその気持に変わりはない。もし私が岩元禎、というよりその肖像作者である高橋氏の「西洋の見方　過去の見方」をそっくりそのまま認めてしまえば、私もまたおそらく氏の暢びやかな叙述の内部に読者としての安住の場を見出すことが出来たであろう。桶谷秀昭氏の懇切な書評「理想主義の死の季節への警鐘」（本誌六月号）はそのような場から書かれたものと思われる。私は『偉大なる暗闇』に高橋氏なりの世界観の完結性が認められることを、最初から少しも否定してはいないのである。

ただ、拙論にも書いた通り、『偉大なる暗闇』を「読み終わって数日して、どうも私は落着かなかった。どこか腑に落ちない思いがしつづけた。岩元禎は果して理想主義者なのだろうか。彼は西洋の思想や文芸をさながら信仰の対象のようにして必死に生きて、結局、西洋をまるきり理解していなかった、あるいは西洋の知識人とはまったく逆に生きて仕舞った非常に倒錯した人物なのではないだろうか。」という疑惑に捉えられたのである。私の出発点はここにある。

私自身は岩元禎という人物を『偉大なる暗闇』に描かれた限りでしかじつは知らないのだが、その範囲で見る限り、ヨーロッパ文化を学ぶ姿勢においても、また教育者としても、私の理想に合わないだけでなく、私がむしろ克服しなければならないと久しく考えて来た種類の日本の知識人の一つの古いあり方ではないかと思えたのである。

そこで私は疑問を表明するに先立ち、この作品から一歩退いて、日本人の西洋研究のあり方という、古くて新しい問題を、今の時点であらためて問い直してみることにしたのだった。話題は当然岩元が関わった同時代のドイツとの対比にならざるを得なかった。つまり私は『偉大なる暗闇』の作品研究を目指したのではなく、私自身がこの作品とはまったく別の地点に立ち、そこを光源とし、そこから別の光を放射してみることがまず何を措いても大切だと考えたのである。そしてその光を『偉大なる暗闇』に当ててみた結果が、私が先に発表した「複眼の欠如」に外ならない。その中の問いの一つとして、われわれは西洋から日本を見ることで自分を壊し、また日本の立場を西洋に向けて行くことで逆に西洋を深く知るという、交替する精神の運動の輪の中に自分を置くことがこれからは大切だというテーマを述べ、そして「複眼」をそのような意味合いに定義づけているのだが、高橋氏がそういう私の主題を理解しようとする素直な気持を持たず、あくまで日本から西洋を静的に学ぶという姿勢の絶対性を譲らずに、益々自閉的に自分の殻の中に閉じ籠ってしまったのはじつに残念という外はない。

私は氏にもう一歩外へ踏み出した公的な論争をしてもらいたかった。今私たちは西洋文化にどのように立ち向かうべきか？　日本の教育はどうあるべきか？　そういうきわめて現代的な問いが、明治の学者、教育者の評伝を書くときの基本動機にも何処かに潜んでいなくてはならないと私は思うが、だとすれば、拙論の提起した現代のわれわれに相関わる問い掛けに公的に応答することが、真に自作の擁護に役立った筈である。

『偉大なる暗闇』は勿論高橋氏なりの「西洋の見方　過去の見方」に基づいて書かれている。というより「暗闇」という意味が西洋文化とそれに立向かう人間の奥深さを象徴しているのであるから、これは同評論のメインテーマですらある。私は今、別の光源からこの評伝に光を当ててみる意図があったのだと述べたが、格別私は迂遠な回り道をしたのではない。「西洋の見方　過去の見方」が結局は高橋氏の評論のメインテーマでもある以上、氏とは違った角度からこのテーマを新しく問うた私の「複眼の欠如」は、別の光源からとはいえ、否、まさにそれだからこそ、『偉大なる暗闇』の心臓部に一直線に矢を射ている結果となっているのではないか、と私は考える。

氏はそれが見えなかったか、見たくなかったかいずれかの理由で、この最重要の問いに何一つ答えていない。そしてただ瑣末な枝葉の反論に熱中しているが、そのため反論は本質論から甚だしく逸れ、公的な雑誌の読者には迷惑な罵倒語の羅列に――ことに前半において――終始しているのである。

二

高橋氏の反論「複眼の獲得」には幾つものポイントがある。その中の最も重要なポイントから取り上げると、氏が岩元禎を十分に「複眼」を以て描いていると主張している点が考慮されなければならない。主張の骨子は、西尾は岩元像に複眼が欠如していると言うけれども、それは西尾が「正確に読むのを怠ったから」で、岩元は

「郷愁と讃美」だけで捉えられてはいない。「彼に向けられた多くの眼によっておのずと批判も浮び出るように」した、と述べて、ケーベル、和辻哲郎、志賀直哉、その他の岩元批判を引用した事実を紹介し、これだけの用意をしたうえで、「郷愁と憧憬」をこめて描いたのであるから、十分に「複眼」は獲得されている、と主張されているのである。

おそらくここで言う「複眼」は「多種多様な観点から対象を見つめる眼」といったほどの意味であろう。そしてそれがこの語の普通の用法でもあり、高橋氏が作品の中でそういう意味合いの「複眼」を十分に働かせていることを私は少しも否定するものではない。ことに、過去の人物を描くのにその当時の証言を数多く集めて、人物の多面像を構成するのは氏の得意とする処である。私は氏のその限りでの主張には何一つ異論はない。

しかし「複眼の欠如」の中で、私が独自の意味付けを以て用いた「複眼」の意味は果してそういう内容であっただろうか。

私は論文の末尾を次のように結んでさえいるのである。

「私は先に、現在と過去との間はつねに緊張を孕み、問いと答えが往復している運動状態でなければならない、と書いた。過去の完全な再現などということはあり得ず、厳密に考えれば人はつねに現在を描いているにすぎないからである。過去に事実の確かさ、定かな足場を求めて安心しようとする心根だけからは、小説でも批評でも、いい作品は生まれまい。これと同じように、日本と西欧との間もまたつねに緊張を孕み、問いと答えが往復している運動状態でなければならないのではないか、というのが本論の主題の一つであった。（中略）

よく日本人の立場を失わずに外国を見よという。しかし外国から見るという視点がなければ、言いかえれば自分の立場が一度壊れなければ、外も見えないし、自分も見えない。それでいて日本人の立場がなければ、外国文化を理解することは出来ない、現在をくぐらずして過去を知ることが出来ないように。堂々巡りのこの問いの輪の中に自分が立ちつづけることが必要で、私が『複眼』と呼ぶのはそのことを措いて他にない」

要するに私の言う複眼とは、少くともあの論文に関する限り、われわれの「西洋の見方　過去の見方」を休みなく運動状態にして置く生気潑溂たる批評意識のことに外ならない。

一つの分り易い例を挙げよう。

現在の学校教育にはすべての生徒の能力を平等に開花させようとする、きわめて硬直した理想主義があることは周知の通りである。実際においてそれは不可能であるが、その建前主義が公教育を無気力化させ、裏側で臆面もないエリート主義をはびこらせている。こういう現代の教育のやりきれない実態を眺めていると、教育に関する理想主義というのは大体においてその時代、時代のモードに乗っかった怠惰な行為である場合が多いように思えてならないのである。旧制高校を支配したエリート主義は、現代の理想主義とは方向を異にしているので郷愁を掻き立て易いのであるが、一パーセント以下の進学率が生んだ、特殊な時代の特殊な環境下の産物に過ぎないともいえるだろう。限られた環境に特有の建前主義が、当時「理想」という仮面を被って存在していたに相違ない。現代の学校教育では平等主義が建前で、従ってそれを唱えるだけの教育家はひどく怠惰にみえるが、同じように旧制高校の時代には、乱暴に落第させる厳格主義の教師がかえって心理的に安易で、ただの建前に則った行為をしていただけなのかもしれない。

私の知る限り、明治以来日本人の教育意識はそんなに大きく変化はしていない。学校教育に対する過度の熱意といい、実利を期待している癖に精神主義の仮面を被りたがる性向といい、教育に対する日本人の観念には、戦前と戦後においてこうした点ではさして断絶がない。だから平等を唱えるだけの戦後の教育界の理想主義者たちに困った人間が多いのと同じように、エリート志向の戦前の理想主義者たちにも同じように無自覚なおとぼけが多かったのではないか。少くとも一度はそういう疑問を抱いてみること、それが「現在」と「過去」との間で問いと答えを往復させてみるという批評意識の、最も簡単な現われの一例である。勿論「過去」を理想にして「現在」を裁くという場合だってあってもよいだろう。ただ硬直した態度での過去崇拝に陥ってはならないのだ。流動的な批評によって知的にバランスを保つこと、それが私の言う「複眼」の意味である。

私は高橋氏に教育問題を論じて欲しいと言っているのではない。ただ岩元禎のような戦前の理想主義者の教育的情熱を論述する以上、同時代人の証言をいくら寄せ集めても「複眼」にはならず、現代に生きている高橋氏の現代の教育の危機に対する批評意識が過去へ向かって生き生きと反響していくこと、それを私は期待しているのである。さもなければ教育者を論じることは過ちの元である。

これにはもう一つ考えに入れなければならない背景がある。「複眼」とは現在と過去との間が緊張を孕んだ運動状態にあることだと私は前に述べたが、日本と西洋との間も同じ状態でなければならないのである。岩元禎やその弟子たちに象徴されるような、求道的な古典崇拝主義は、その原型がすでにドイツにあり、今日のドイツの知的社会では、すでに十分に批評に曝されて来ている。われわれはそれも視野の一隅に入れて、日本の過去の理想主義を再吟味する「複眼」をも具えていなくてはなるまい。

周知のことと思うが、栄華の巷を低く見て、少数派の教養を高く掲げた旧制高校のエリート主義は、十九世紀後半からナチス擡頭までの歴史に深く関わった「ジャーマン・マンダリン」と呼ばれたドイツの大学、高等学校の教養人士の精神構造と照応するものがあるのである。彼らは高度の精神的エリートを自認して、産業社会に背を向け、ドイツの近代化のための諸条件、例えば高等教育の普及などを峻拒した。彼らはギリシア古典に則った人文主義的教養の重要性のみを主張し、それを身につけているか否かで、人間を選別するような一面があった。

十九世紀の文化史家W・H・リールは『市民社会』という本の中で、自分の中高等学校《ギムナジウム》時代を回顧して次のように書いている。

「われわれは古典的教養を持った知識人とただの知識人とを何よりもまず区別した。そして教養の厳粛さを具えているのは前者だけだと考えた。われわれは未熟な少年でも、古典的教養を持っているというだけの理由で、商人、工場主、士官、技術者より精神的に高級なのだと自覚していた。彼らはラテン語の文章を間違った音節の長さで読み、ギリシア語をまるきり読むことが出来なかったからである。われわれは仮りに王侯貴族に出会っても、人文主義的大学教育を受けていない相手であれば、然るべき畏敬の念を抱くことはなかったであろう。幸いなことにわれわれはそれだけの貴顕の士と面識がなかったのである。（中略）大学教育を受けた者は一種のフリーメーソンを形づくっていて、一つの目に見えない結社を成していた。上着の袖に孔をあけて悠々と闊歩していた哀れな奴でも、ホラチウスの一節か幾つかのホメロスの詩句を原語で引用できれば、一廉《ひとかど》の紳士だと認知されたのである」

日本の旧制高校はドイツとは多少事情を異にし、明治以来の立身出世思想も混在しているし、近くはマルクス主義も影を落していたようだ。けれども洋の東西の古典を渉猟することを以て教養としたあの一時代の意識、読書によって俗世からの超脱を目指したあの内面生活への傾斜は、日独両文化の間に並行して起こった共通の現象ともいえるし、日本側のイミテーションという一面もあった。

興味深いのは、今の西ドイツではエリート否定という極端な平等志向が日本と同様に進行していることである。戦前までとは完全に逆である。逆転の波型までが日本と似ているのだが、R・ダーレンドルフの『ドイツの大学における労働者《アルバイター》の子弟』という一九六〇—七〇年代に評判になった本などを見ると、次のように数字を細かく問題にして改革を迫る意欲の徹底さに驚かされる。即ち西ドイツの人口の半分以上が労働者であるが——日本と違い給与の支払い方法その他で労働者の明確な定義は可能である——彼らを父に持つ子で大学に通っているのはまだ五・二パーセントだ。一八九三年には僅か〇・一パーセントであった。一九二八年にやっと二・二パーセントに上昇し、一九五三年の四・三パーセントを経て今日に及んでいるが、「万人のための教育《ビルドウング・フュア・アレ》」を目標とするためにはこの程度ではまだまだ不十分である。「機会《シャンセング》の平等《ライヒハイト》」の障害因は子供のときにエリートと労働者を選別してしまう古い学校制度にある。これを毀せ！　不必要なギリシア語教育を学校から追放せよ！　古典語よりも一層多くの理数科教育を与えよ！　再ナチ化を防ぐための公民教育を！

極端から極端へ揺れ動くドイツ人の精神の波動に憂慮の念を抱くのは私ばかりではないであろう。現代のこの過激な平等主義が非現実的であると同じように、ナチス以前の「ジャーマン・マンダリン」の人文主義的教養、ゲルマン化されたヘレニズムの理想も多分に怪し気な要素を内蔵していたという判断は、今日ではほぼ常識に属する。

岩元禎とその弟子たちの精神主義を、ドイツのこれら「教養俗物」と同一視してもらっては困る、と高橋氏は異を唱えるであろう。私も勿論完全に同一視してはいない。ただ日本側がドイツ側のイミテーションであった一面があることもまた否定し難い事実で、従って評伝作家は、少くともこの事実を意識していなくてはならないし、ドイツにおいて今日明らかにされつつあるあの時代の理想主義の長短両面の分析に対し、何らかの判断を示さなくてはならない筈である。西欧世界の新しい現実との対話が必要である所以で、私が「複眼」と言ったのはそのことも含む。

偶々最近の雑誌を見ていたら、野田宣雄氏が「宗教に復讐される大学知識人」（「諸君！」昭五十九年六月号）という題で、ドイツ型の大学に安住して来た日本の知識人の威信低下を論じている。その中で氏は「ドイツ的な教養宗教」という言葉を用いている。ドイツの大学はかつて教会に代って教養という名の代用宗教を与えて来た。ドイツ型の大学制度に守られて来た日本の知識階層の教養の時代も確実に去りつつあり、新興宗教に支持基盤を奪われつつあるという新しい観測が論述されている。野田氏はその際、ドイツの教養主義がエリートと一般大衆をあざやかに二分化したことの責罪を指摘し、それを擬似的に模倣しただけの日本のかつての教養主義の弱さに、今日の大学文化の敗退原因の一つを見ている。

野田氏の論の当否は今ここでの問題ではなく、現代は戦前の教養主義が新しい眼で反省され、批判されている時代だということを再び繰返し言っておきたいのである。『偉大なる暗闇』の作者が、ドイツと日本の両方に見られるこれに類する否定的意見に同調する必要は必ずしもないが、この種の否定的意見の存在について、同書の叙述の中でまったく気がついていないということは、余りといえば余りな時代錯誤《アナクロニズム》ではあるまいか。

私は高橋氏が僅かばかり現実から逸れているのなら何も言う気はなかった。正直言って、余りに現実から懸け離れているので一言呈したまでなのだ。こういう事で氏がいいと思っているのではいかにも困った話だという考えが、「複眼の欠如」を書かせたのだった。

氏は岩元禎を単純に讃美したのではなく、批判を含めたさまざまな証言を周到に配して、「コーミッシュ」な人物であったとの伝聞も添え、彼を立体的に浮かび上らせる工夫をしたのだから、「複眼」は獲得されていると主張しているわけだが、私の言う意味での「複眼」がいささかも獲得されていないということは、以上で誤解の余地なく明らかになったことと思う。

『偉大なる暗闇』で岩元禎はさながら学者の鑑であるかのように扱われているのに、「複眼の獲得」ではにわかに岩元は学者ではなく、高校の教師、「若者たちの育成指導だけに生き、一冊の本も書かなくても別に差支えは」ない存在であったと弁護されている。当論争で論者双方が分ち合える基本認識は、彼が大学教授であったか旧制高校の教授であったかによって左右される問題ではなく、彼が古典ギリシアを理想とする擬似ドイツ的教養風土の中にあって若者たちを魅了し彼らに影響を及ぼしたという端的な一つの事実であろう。私はその事実の持つ意義を高く評価しないだけで、事実そのものを否定してはいない。だから学者であったか、教育者であったかなどはどうでもいい論点である。高橋氏がこうした枝葉末節に贅語を弄しているので、当論文では誤解を封じるために岩元禎を敢えて「教育者」として扱い、それでも矢張り「複眼」が欠けていることに変わりはないことを考察した。

三

高橋氏の反論文はよく落着いて読むと、私の人物を品定めするような奇妙な表現まであって、随分失敬だなと思わないでもなかった。しかし、私は全面的に悪い印象を持ったわけではない。反論の仕方は稚拙だが、率直に自説を叙べようとする直向《ひたむ》きさには好感を抱いたからである。例えば、独断と偏見に満ちた岩元禎がかえって大勢の生徒から慕われた点について、「ここに教育の、ひいては人間関係の理屈では割り切れぬ不思議さがあり、そういう微妙で逆説的で矛盾を含んだ人間の領域への触手をもつかもたないかで、人間観が生きるか死ぬかするのではありませんか」とか、学者の責任論をめぐって、「私の見るところ、『社会的責任』以外の価値基準を、どれだけ人間性に深く根差したものたらしめうるか、そこに人間観と学問論の試金石があるように思います」等の言葉は、慥かにきちんとした正論であり、人の共感を喚ばずにはおかないであろう。私も相応に納得した言葉であった。

高橋氏の私への反論の文を読んだ読者で、私の「複眼の欠如」を読み落した方の多くは、恐らくこうした氏の一連の文章に魅せられたことであろう。社会的価値ではなくむしろ反価値を積極的に取り上げているのだ、という趣旨の右の各文章は、ここだけを単独に切り離して読めば、紛れもなく文学の正道を行くものと思われるに相違ないからである。

右に偶々引用した二つの文例が、「複眼」――私の言う意味ではなく普通の意味での――がよく実践された、問題の微妙さを伝える文章であることは、私自身も認めるに吝《やぶさか》ではない。

しかし、ここでよく考えて頂きたいのだが、これらが正論であるのは私の「複眼の欠如」との関聯を度外視して、単独で読まれた場合に限られるということである。前にも述べた通り、高橋氏は拙論を『偉大なる暗闇』批判のみを目的とした文章と受取って、「複眼」の意味も取り違え、私が拙論においてまず自分の「西洋の見方過去の見方」の一例を展開してみせたうえで、氏に質問を提起している事情を理解しなかった。そのため、拙論の構成が粗雑に見えて論旨が辿れない、とか、何を言っているか分らないなどと文句を付ける結果となり、私の方に顔を向けず、氏自身の旧態依然たる「西洋の見方過去の見方」の輪の内部で発語する程度の反論に終わってしまった。だから反論の文章の中に仲々読ませる「正論」が認められるとしても、拙論との関係はきわめて薄いのである。

　高橋氏は「社会的責任」を果しているか否かで知識人、学者のすべての行動を判定している西尾の論には疑問がある、責任論だけで人間性は掬《く》み尽《つく》せないと、「正論」と見える意見を吐いているが、じつは私は「社会的責任」を欠いた知識人や学者は駄目だ、などという簡単な議論は一度も展開していないのである。そういう言葉を使用してもいない。氏が勝手にそう読んだまでである。おそらく「社会的責任」云々の言葉が氏から出て来たのは、アメリカやドイツの大学のように業績原理が機能していない日本のアカデミズムの現状を私が憂慮したためと思うが、岩元禎のように「著述をしない哲学者」の哲学的必然性を、私はむしろ次のように強調してさえいるのである。

「成程、書物を著すことだけが決して哲学的行為なのではない。ソクラテスは本を書かなかった。アリストテレスの主要な思想は生前の講義を聴講した弟子のノート草案であった。昔の聖人や哲人たちは書物を著すことをむしろ下等な行為とさえ考え、立派な人間として生きかつ教える行為人であることを最も重要な価値であると看做した。言葉はあくまで手段にすぎない。著述による保存は、思索の第一目的ではない」

　著述をしないで読書にだけ徹し若い人に影響を及ぼした岩元禎のような哲学者のあり方を、右の私の言葉は、それ自体としては高く評価していると言える。ただ、私は引用につづいて、「もしわれわれが古代社会に生きているのなら、右の議論もある程度認めてもよいであろう。」との制限を設けている。私は岩元禎の生きた同時代のドイツの大学が「同一学内招聘禁止法《ハウスベルーフングスフェアボート》」を導入して近代的競争システムを確立し、緻密で合理的な実証的学風を完成し、学問の多くの分野で世界の最前線に立った事情を予め叙べて置いた。このときドイツも日本も古代社会ではない。日本の学問は西欧の近代的学問をどのように学んで行くべきか、当時わが国の知識階級はまず真先にそのことに意識を集中していたし、岩元にしても同様であったろう。

　だから私は次のように問いを重ねている。

「旧制一高という近代教育組織のいわば中枢に、実証的文献学者ヴィラモーヴィッツ＝メレンドルフの意欲的追認者ではなく、『古代の哲人』が安閑として棲息し得たということは、いったいそれほど賞讃すべきことだろうか」

戦前の日本の高等教育におけるこの一種の放漫政策が、今日の日本の学問、ことに人文系学問に災いを齎《もたら》しているという推察を私は論述した。これは個々の学者に対する単純な「社会的責任論」ではないし、まして高橋氏が私に毒づいている「学生でも誰かの口真似で言えそうな学界・大学批判」だろうか。こういう言葉の使用は論者の品性を下げるだけである。

拙論がニーチェを引合いに出したのは――「ニーチェに気の毒」だなどと高橋氏はまた毒づいているが――『偉大なる暗闇』の中で岩元禎がツァラトゥストラに譬えられていたからであった。また十九世紀以後のドイツの大学社会史を機軸に、私が反逆者と体制内学者の二重性を概説したのは、岩元が同時代の西欧の学問の体現者を目指していたと主張されていたためである。彼が西欧の最深部を究めようとした人物であるなら、西欧を単に頭で認識するだけでなく、行為の面でも体現している、あるいは体現すべく努力している人間でなくてはなるまい。とすれば、西欧の精神界の現実と照らして、岩元禎は西欧理解者といえるのか？　ツァラトゥストラといえるのか？　理想主義者といえるのか？　と私は試みに問うてみたのであった。同時代の西欧の現実とのズレを彼はどこまで意識していたか？　と問い直してみてもいい。高橋氏はこの私からの大切な問いに何一つ答えなかった。

勿論、西欧を研究するのに西欧人と同じような人間でなければならない、ということはない。秀れた日本人でなければまた秀れた西欧理解者ともなれないのは自明の理である。「薩摩武士」岩元禎が日本の武人としての倫理性を確立していたために、倫理学一般にもキリスト教にも関心を寄せなかったというのは重要な鍵に見える。しかし「和魂」が壊れなかった自己完結性が認識の迷妄を齎すこともあり得るのである。またそのために後世が「和魂」からも「洋魂」からもついに見放されてしまう下地が作られるというケースもないではない。岩元の活動期は幕末ではなく、二十世紀の最初の四十年である。いわば大戦前夜である。日本の武人としての自己同一性に最後まで破れ目が生じなかったのだとしたら、その方が不自然であり、不可解である。文明の変化の及ぼす作用はそんなに硬直した人間像を可能にするものではない。

以下私は細部にわたっていちいち反論の反論を行うのは、差し控えることにしたい。ただ若干の感想を付記すると、夏目漱石のロンドンにおける己れの生存を脅かされそうな危機と、岩元禎のヨーロッパの奥深さを知ろうとした読書人としての体験とを同じように扱った『偉大なる暗闇』への私の疑問点に、氏は三十行近くを用いて反駁しているが、私の目には、相変わらずまったく反論にはなっていない（読者は読み比べられよ）。これに比較すれば竹山道雄氏に関する部分はよく反論されていて、私も教えられる処があった。ひょっとしたら「複眼の獲得」の中でここが最もよく反論のなされている部分かもしれない。ただ竹山氏が「社会的関心の強烈な思想家」であることを高橋氏は自分も別の処できちんと書いているといくら言葉の上で言ってみても、私の「大正文化主義へのアンチテーゼとしての竹山道雄」像が十分に理解されているとは思えない。

四

次いで私は、「複眼の欠如」という批判文を書いた私の動機について、読者に真実を明かして置きたい。

高橋氏は私の批判文には「岩元禎に対するはげしい反撥の感情」があるといい、それは岩元の教えを受けた「昔の生徒の間にくすぶっていた反撥とどこか似た面」があり、彼の「毒気だか妖気だかが生動して」いて、今の西尾になお作用している。岩元という旧制一高の教師が西尾にとってなお「呪縛」である証拠だと言っているが、じつはこれは当っていない。私は高橋氏と違って、中学も高校も新制であり、東大教養学部に入学したときに岩元禎やその弟子たちの伝説さえ、もはやまったく耳にしなかった。『偉大なる暗闇』を「新潮」誌上で読むまで、この人物について、『三四郎』の広田先生のモデルらしいということを何処かで読んだ漠たる記憶がある以外に、ほとんど何一つ思い浮かぶことはなかった。私の感情は白紙だった。

竹山道雄氏のように、実際に岩元禎と親交のあった方は、高橋氏の記述と実像とを比較吟味することも可能であろう。また、相手が文学者であれば、たとえ面識がなくても、われわれは作品を通じて、その文学者の実像を心中に育んでいる。ところが岩元禎に関してはわれわれは手を施す術がない。というより、私は彼の実像を知りたいとは必ずしも思わないのだし、高橋氏と実像を争い合う必要をさえ認めていない。私が問題にしているのは、岩元禎その人ではなく、あくまで高橋氏が描き出した処の「岩元禎」である。

それにも拘わらず私の批判文の中に「反撥の感情」が認められると氏が言うのを、私はある程度承認している。そうなるとどう考えても岩元禎に対する感情ではない（この点は高橋氏の完全な読み間違いである）。じつはそれは高橋氏その人へ向けられた感情であるとさえ言ってもいいほどなのだ。勿論氏に対する私的感情ではなく、正確には、ある「驚き」を何とか表現しないではいられなかった私の秘せられた思いが表に滲み出たのである。

『偉大なる暗闇』には私自身の人生と仕事に関わりの深い項目が多い。すなわちドイツ語教師、ツァラトゥストラ、ヨーロッパへの知識人の態度、教育問題の四項目が認められる。これだけ私と同作品の主人公とで重なる項目があって、しかも私の理想とことごとく掛け違っていれば、私の血が騒ぐのは当然であろう。内心に押し殺した怒りから「複眼の欠如」を書いたことを、私は隠そうとは思わない。私は憎しみから物を書くことを自らに許さないが、怒りから物を書くことは貴重なことだと考えている。憎しみは女々しいが、怒りは志操に関わってくる。憎しみは他人にとって危険なだけだが、怒りはわが身にとっても危険である。それだけの覚悟がなければ、どうして同学の先輩、しかも私にこれまで終始好意的であった先輩に批判の矢を向けることが出来るであろう。『偉大なる暗闇』は右の四項目に関して、私の今までの人生と仕事を事実上否定しているにも等しかった。

私の「複眼の欠如」にもし一筋の感情が宿っているとすれば、西洋との関係でも、教育問題でも、昔日の観念では対処できなくなっているこの現代に、暢気に過去崇拝に安座して、現代と自己との関係を遮断している、まことに不思議な精神構造への「公憤」であると言っても過言ではないだろう。

五

秀れた一部のリアリストを除いて、従来、日本の知識階級の西欧文化、あるいは外国文化一般への姿勢には、ある種の距離感覚が欠けていたように思う。外国の詩人や思想家を自分の親しい知己のように思って一生を過す日本の研究家の不思議な生活について、研究家自身が自嘲する文章を読んだことがあるが、そういう自覚を持っている人はまだいいのである。持っていない人は、外国をきちんと対象化できないだけではなく、古代も中世も現代も区別がつかなくなって、歴史意識までも喪う。また、外国との区別はついても、この歴史意識の方がすっぽり欠けてしまったという例もあり、近頃の多くの日本人論がこれである。ところで戦前の教養主義の時代には、多分時代意識全体が、外国に対しても、過去に対しても、つまり空間的にも時間的にも、自己の位置把握を不透明にする錯覚で一色に染め抜かれていたのではないだろうか。岩元禎は譬えていえば、プラトンやエックハルトを対象化するのではなく、自らがプラトンやエックハルトそのものだという風に、本気で思い込んでしまうタイプだったのである。

一月の末に私は竹山道雄氏から再度関聯のお葉書を頂いたのだが、その中に興味深い次のような記述があった。「日本では、戦前のインテリが、自分たちはリルケかボードレールのように感じていると思ったり、ジードやシェストフのように考えていると思い込んだりして、『近代の克服』などを論じました。ロマン・ロランはソ連美化時代に、ツヴァイクはアウシュヴィッツの少し前に死にましたが、岩元先生はそれよりも前の人でした。倫理的立場は確立していたから、ソクラテスは気にせず、宇宙論の方からヨーロッパ世界に入って行ったのでしょう。」

竹山氏は岩元禎に深い敬慕の念を抱いているお一人である。謦咳《けいがい》に接していた人としては当然だが、「戦前のインテリ」におけるヨーロッパ世界との距離感覚の喪失を、戦前を知っている人からこれほどきちんと証言してもらったことは有難い。空間的にも時間的にもヨーロッパ世界を対象化できずに、距離がとれなくなった状態は、「暗闇」としてしか意識されないであろう。この象徴語にいかにもふさわしい状態に、日本の知性はしばしば陥り易い傾向を具えている。

先月「文学界」で連載を終えた佐伯彰一氏の『日米関係のなかの文学』（第一部）に、アメリカとの関聯ではあるが、大変に参考になる、示唆的な考察があった。佐伯氏は一九三〇年代から大戦中にかけての日本で、挙げるに足るアメリカ研究がほとんど書かれていない事実をまず指摘している。冷静な対敵認識が出来ていなかったわけだが、他方、ヘミングウェーが日本軍の南進の成功する時期を測っていた「したたかな戦略家」もどきの観察文を残している事実を紹介している。日米文学に内在するリアリズムの強度の差であるといっていい。日本側は距離感覚を完全に喪失して、「暗闇」に陥っていたのである。

日本の知性の弱点をこのように外から眺め、そのうえで日本文化の特性を把握し直そうとする相対化された視点がこの評論の特徴だが、論述のクライマックスの一つは、ベネディクトの『菊と刀』をめぐって表現されている。米側の対敵認識のために書かれたこの日本研究に匹敵できるだけのアメリカ研究が日本では書かれなかった先述の事実に加えて、戦後、敵国研究であったこの書の基本性格が日本では見逃され、日本人論として好意的に迎えられ、広く愛読されるという、日本の知性の相も変わらぬお人好し振りに、佐伯氏は鋭い眼を向けている。そして『菊と刀』を当時ただ一人批判していた和辻哲郎を取り上げ、今日的観点で評価しているのである。「外国から見るという視点がなければ、言いかえれば自分の立場が一度壊れなければ、外も見えないし、自分も見えない。」と、私が「複眼の欠如」の結語に書いたのは、日本人もまた自分の背中の見えるこの強靱なリアリズムをわがものとしなければならないという願いに発している。

外国文化を学ぶというのは、生動するものが生動するものと対面することである。外国文化を崇拝し、憧れや信仰の対象としてその前に拝跪してしまえば、結局自己認識をも不可能にする。日本人は戦後アメリカ文化の前に膝を屈したために、『菊と刀』に映った自分の歪曲された姿にさえ気が付かなかったわけだが、ヨーロッパ文化がよしんばアメリカ文化とは比較にならないほど奥深い「暗闇」を蔵しているにしても、この原理はやはり変わらないと思う。自分を主張することをせずに、ただ静的に受容する一方の学習形式は、対象との距離がとれないために、相手を凹凸のない平面図絵のように扱う結果となり、不毛な無差別主義に終わるのである。

私たちはそういう態度に安座してよい時期がとうに過ぎていることを思い知らされている。私たちは外国文化に問いを発するだけでなく、外国文化から問われるという局面をさえしばしば経験している。西欧の文学や思想の研究に関しても同様である。スイスの山奥の修道院やイタリアの海岸町の教会に研究上必要な写本があったとして、岩元禎の時代なら、日本人にとってそれは存在しないに等しい。存在しないことを前提として研究を進めてよい。しかし不幸なことに、この点で今の日本の研究家は西欧の研究家と同じ条件を強いられている。否応なく問われるとは一つはそのことである。それは今日の私たちの人文系学問を必ずしも豊かにせず、一時的に貧窮させる可能性をさえ孕んでいる。昔のように視野が限られた時代の方が、情熱は燃え易く、学芸の生産性は高かった。しかし、だから昔が良かった、とはなるまい。時間は不可逆である。昔の一見豊穣な学識にはその時代に特有の限界があった。好むと好まざるとに拘わらず、私たちは今安全な限定を失い、苦痛に満ちたある覚醒を強いられているのである。百年余しか経っていない西欧に関する学問は、じつは始まった許りである。本格的な流動はおそらく未来に属する。一時代前の閉ざされた、見掛けは大仰だが、盲目にも近い特殊な精神状況を、何も今さら理想化するには当らないのである。

付記　この論文に対する高橋氏の反論は「新潮」昭五十九・九　それに対する私の再反論はない。

（「新潮」一九八四年七月号）

（追記）いわゆる「複眼論争」の「新潮」掲載のデータは次の通りである。

高橋英夫「偉大なる暗闇」（一九八三年十二月号）

西尾幹二「複眼の欠如——西洋の見方　過去の見方——」（一九八四年三月号、これは『日本の教育　知恵と矛盾』〈中公叢書〉に収録）

高橋英夫「複眼の獲得——西尾幹二氏に——」（一九八四年五月号）

西尾幹二「複眼の意味——論争は公的に——」（一九八四年七月号、これも前掲書に収録）

高橋英夫「複眼を超えて」（一九八四年九月号）

河上徹太郎『西欧暮色』のもの足りなさ

河上徹太郎氏の『西欧暮色』のなかに、氏が初めてヨーロッパの土を踏んだときのことばがあって、それが印象に残っている。氏が印象のつよい経験をしたためではない。その反対で、ヨーロッパの実際が、氏にほとんど印象らしいものを与えなかったと書かれてあったためである。

私が初めてヨーロッパの土を踏んだのは、もうかれこれ二十年近く前になる。私はその時四十代の終りであった。何といってもヨーロッパは私を育ててくれた母だ。その本場へ行って私はそこにどんな自分を発見するだろうか？　私は、必ずしも胸を躍らせてといった気分ではないが、一種の期待、或いは単なる好奇心といった方がいいかも知れない気持の内に、彼の地に渡った。然し期待は裏切られた。つまり私は殆んど無感動だったのである。これは私の鈍根のせいか？　というよりも、五十近くなれば、感受性の骨が硬くなったというものであろう。外遊も、スポーツや芸事と同じく、十代或いはもっと出来るだけ早く、骨が軟かい間にしておくべきである。

これはしかし河上氏個人の年齢の問題なのだろうか？『西欧暮色』という書物を読むとそんな風にはとても思えない旺盛な関心と意慾がこのなかにはたしかにあって、むしろ氏の西欧への青年の頃からの強い関心、西洋文化に関する教養の蓄積といったものが、実際の現代ヨーロッパとは内容的にしだいに隔たりをもってきていることに原因があるのではないだろうか？　河上氏自身もやはり一方ではそう考えておられたらしく、さらに次のように言葉をつづけている。

然し今いったように、私が知的教養の上で今日あるものは、ヨーロッパによって蒔かれた種の上に生えているのである。それが本場で自己発見出来ないとすれば、この教養は偽物なのだろうか？ ある意味で確かにそうである。いや、もっと正確にいえば、ヨーロッパの種のものを、私がすっかり私流に改変してしまっているのである。丁度細胞が、異質的なものが体内に入って来ると、これをそっくり包んでその異質性を全く同化してしまうように。

考えようによればこれは河上氏一個の問題であるというより、この世代の知識人にほぼ共通する問題ではないかとも思える。この世代という風にも簡単に割り切れない日本人の西洋経験の一般の型とも考えられるが、ただ、これまでは、自分の内にある教養的西欧像が現実のヨーロッパにおいては遠い過去に属するなにかであることを日本人の側ではあまり意識しないですませていられたのである。河上氏の教養の核をなしてきたヴェルレーヌやヴァレリーの世界、かほどにごく近い過去の文学であってさえ、それらを包みなしていた古き良き西欧像は、たしかに現代のヨーロッパの精神界にそのまま一致するものではなく、しだいに消えかかっているものなのである。

河上氏は今から二十年近く前にヨーロッパの土を踏んで、すでに幻滅を味わった。今のヨーロッパに行けばもっとひどい幻滅を覚えるかもしれない。一般的な意味での〝くずれ〟、文化の秩序のようなものの解体は、世界的な規模でひろがっているからである。しかしまた、今のヨーロッパの土を踏めば、あるいは最初の訪問で覚えたような幻滅感が氏の心を襲うこともほとんどないかもしれない。二十年近い前には、西欧世界への氏の期待は、おそらく余りにも大きすぎた。日本の教養人のほとんどがそうであったように、大きすぎた期待、もしくは空想が、日本人の心に宿っていて、ひとりびとりの内部にあって生涯をともに生きた幻想としての西欧像というこのフィクションこそが、ほかでもない、「現実」というものなのであって、私たち日本人にそれ以外のどんな西欧経験も可能ではなかったのである。

私の戦前の頃のパリに関する印象は、はっきりいうと横光利一氏のそれのしき写しであった。こう白状すると何だかだらしない話だが、氏の感受性はそれほど当時の私に伝染力が強かった。（中略）私のパリは氏の『外遊日記』や『旅愁』に描かれたそれである。

ゲーテは四十近くなってローマに遊び、ついに私は生れた、と叫んだとジードが書いているとかいないとか、というような話を紹介したあとで、河上氏はさらに、

ところで私が今いいたいのは、パリに着いた時、私は義理にも「ついに生れた」という気持にはなれなかったことである。そこにはヴェルレーヌもヴァレリーもいない。私はついにその地で一観光客であった。ロンドンでもそうであった。これは私の歳のせいだけでなく、旅馴れぬせいであり、又土地自体がそういった受入れ態勢に変ったからである。その後二十年経ってその傾向はますます甚だしくなっているであろう。

河上氏は外遊中に、あるいはロンドンやパリなどに余りこだわりすぎたのかもしれない。イタリアやスペイン、ベルギーや南独の古都、東ヨーロッパなどを二十年も前に旅行していれば、なんの印象も残らなかった、などということはそもそも考えられない。が、いずれにしても、河上氏を襲った幻滅というものはたしかな事実であって、二十年経ってヨーロッパの実際はもっと幻滅的なものになっているであろう、と氏自身が予想しておられる。私は半ばそうだと思えるし、半ばはそうでないとも言えるように思える。いま私が書こうと思っている主題はそのことに関係があるのである。

つまり、二十年前にくらべ今のヨーロッパが解体と衰弱の度合を深めているという理由から、日本人の側のヨーロッパに対する幻滅感も大きなものにならざるを得ないだろう、と一応は言えるが、日本人の側に期待や神格化が減っていけば、幻滅感はむしろ起らないか、きわめて小さなものにとどまる、とも言える。二十年前に河上氏が味わった幻滅は、実際のヨーロッパに対するそれではなく、むしろ氏自身の過度の期待、といったものにおそらくかなり原因がある。期待ということばはあまり適切でないかもしれない。最初に氏の内側に文学的西欧像があって、実際にその地にいっても、最初に抱いていたその西欧像の大きな繭の皮殻を自ら破るには至らずに終った、というようなことであったかもしれない。それが河上氏における西欧文学の理解と教養の強さでもある。氏は自ら大きな繭に包まれて彼の地に渡り、外界から皮

を突き破るほどの刺戟はついに受けずに、再び、繭に包まれたまま帰国した。繭の名はいうまでもなく教養的・文学的西欧像である。そして、その繭の一本一本の糸をますます精巧に磨き上げることに以来いそしまれて、『有愁日記』や『西欧暮色』というほぼ完成品に近い名文を書き遺すことに成功したのである。

すべての外国理解、西欧経験といったものは元来がそういう内的なものにならざるを得ない宿命をもっていて、結果として繭が大きく、美しく仕上ればそれでよいのではないだろうか、ということは、たしかにその通りであるから、私はそうした河上氏におけるみごとな西欧像の完成図というものに感心こそすれ、それが実際の西欧と遊離しているかどうかなどとつまらぬことを言うつもりはまったくない。どちらの評論も私は雑誌に連載されていた頃から愛読していたが、河上氏がいろいろな対象と伸びやかに、自由に言葉を交していくそのままが、自然に評論になっていく、さながら熟れた果実が手に落ちていくような著者の文章の書き方を不思議にも思い、羨ましくも思ったものである。あんな書き方が自分にも出来ないものだろうかなどと空想したのも、私が書くためにいつも勉強し、語りかける相手をたえず意識している貧しい自分の呼吸に自分で息苦しくなっていたせいでもあろう。

しかし私自身のヨーロッパ経験に即していえば、イタリアの土を踏んだゲーテの体験と自分のそれとをひきくらべ、そういう尺度をもって、ヨーロッパが自分にとって、自分を生れ変わらせるほどの「体験」にならなかったことを特筆するような気持を最初からもってはいなかったのである。ヨーロッパに対しそもそも最初にそういう教養主義的な幻想も空想ももっていなかった。だから私には幻滅も起らなかった。そのために私は、将来においても、河上氏のように文学的西欧像という一つの大きな美しい繭をつむぎ出すことが出来ないのかもしれない。私には白樺派的な夢がない。それは単に私ばかりではあるまい、ヨーロッパがすでに大衆旅行の範囲内に入っている私たち以後の世代の者にはおそらく共通する実感であろう。「そこにはヴェルレーヌもヴァレリーもいない。私はついにその地で一観光客であった。」それはしかし最初から自明なことではないだろうか。私は現代ヨーロッパを旅して、そこにヴェルレーヌもヴァレリーも探しはしない。ヨーロッパは日本と同じように、ごく当り前の人間が生きている、現実の社会なのであって、悲しさも愚かさも含めて、私は文学や思想などとは関係のないこの土地の生々しく生動する姿に心を奪われたことが再三ならずあったことは告白しておかなければならない。そして西欧の文学や思想もまた、私がともに実地に生活した、文学や思想とは直接には関わりのないヨーロッパというものから生れたのであって、前者がなくても、後者は見聞を通じそのものとして理解できるが、後者がなくて前者が存在するわけもなく、後者の理解が及ばないことがどれほど前者の理解を空想化してきたかという実例はほとんど枚挙にいとまがないほどである。空想もまたひとつの確乎たる現実だと言うほかない、などという言を弄するほどの倒錯ということも言えるのである。勿論、厳密な意味でどんな経験もまた想像力を超えることはできない、ということももう一方の真実である。言葉は事実を把えることはできないが、事実はまた言葉の外にはない。このパラドックスはあらゆる種類の外国体験録に宿命的に内在する性格の問題でもあろう。

たしかにヨーロッパを実地に見聞したからといってヨーロッパを理解したことにはならないだろう。美的感動は複製画を通じても起りうるし、その土地の真の理解が、書物を通じてなされるということもあり得る。その逆に、外国に長く滞在しすぎたために本来の経験を見失うということもないわけではない。けれども、西洋の文学や思想や美術や音楽に関する感傷語がどれほど日本に氾濫しているかをまず前提として考えて置く必要もあろう。日本の一部のインテリは、西洋の思想や芸術に関し、実際の西洋人以上に美食家である。真に貪婪で旺盛な美食家であるならそれはそれでいい。しかし、場合によっては空想家であり、ときに虚栄家ですらある。つまり、文学的・教養的西欧像というものが先にあって、それが実際のヨーロッパを率直に見ることをどれほど歪めてきているであろうか。

私がいま一番言いたいことは非常に簡単なことである。一般に大正文化主義以来これまでの文学者の西欧論には、容易に現地の土を踏めないという事情もあって、自分の経験を感傷的に聖化する傾きがあり、西欧経験などというものはもともと無なのだということの自覚から出発していないケースが多いように思えるのである。森有正氏や加藤周一氏らから辻邦生氏あたりへ流れている、一種の文化主義的な西欧像というものがあって、なにも右の諸氏に限ったことではないが、一般に日本の読書人がもてはやす綺麗事としての西欧像には、生臭い西欧人の肉体のにおいというものが感じられないし、彼らに立混ってヨーロッパに生きる日本人の不恰好さや滑稽さなどに目が注がれていない。西欧経験ということだけで、そういうマイナス面が全部帳消しになるようなことだとすればずいぶん安直な話ではないだろうか。私にいわせれば、西欧経験などということばはどうでもよい、日本と西洋との文明論的関係などもどうでもよい、一人の人間がその土地で生きたことの実体のある言葉が記されているか否かがもっぱら問題なので、それ以外は全部余事にすぎない。つまり人間には経験ということがあるだけで、西欧経験などというものはどこにもないのである。そして、経験ということは、自分の経験なのであって、外国がいかによく見えたかというような話はおおむね眉唾にすぎず、外国にあって狼狽し不恰好にユーモラスであったりする日本人としての自分の不自由な姿が見えていないような経験など信ずるに足りないものがあるのである。

私の言っていることは奇妙にみえるかもしれないが、河上徹太郎氏の西欧幻滅論と案外に近いところにあるのである。河上氏は文学的西欧像という自分で作った繭に包まれてヨーロッパに渡って、経験で繭の皮は破れずに、包まれたまま帰国された、という風に私にはみえる、と前に書いた。そして、それを河上氏は自覚しておられる。氏は別の意味で西欧経験などというものが存在しないことを知っていたに違いない。

私もまた西欧経験など信じない、と書いた。だが、私はヨーロッパの土地にヴェルレーヌやヴァレリーの影を求めてさまようような感傷を初めから拒まれており、だから幻滅もなく、それでいて生動する彼の地の動きに自分なりに旺盛な興味をもった。少なくとも行く前の自分の一部がこわれた。私にも行く前に、貧弱でもともかく繭があったとすれば、その繭の皮は破れた。だが、私には経験という名の自己の統一性は信じられないのである。少なくとも西欧を経験したからそこに特定の意味が生じてくるというようなことをおよそ信じなくなっているのである。だから幻滅など起りようもない。私は絶望しているわけではないが、空想家ではないつもりだ。

私は西欧を知るということは自分にとってどういうことであり、これからの可能性においてもどういうことであり得るかということの原理について若干考えてみた積りである。教養主義的西欧像という繭に包まれたまま、ヨーロッパへ行って破れずに帰ってくるのも幻想肥大に終る危険がある。また実際の生臭く生動する現実のヨーロッパを、リアルに見ることもなく終ってしまうだろう。西欧に対する夢をみつづけて生きるのも美しくなくはないが、あとで裏切られるにきまっている。西欧に対する私たちの意識はアンビヴァレントである。竹山道雄氏や会田雄次氏のように、西欧の核質に「鬼」を見つめておくということも大切で、実際のヨーロッパには、ヴェルレーヌやヴァレリーだけが生きているわけではなく、サドもヒットラーもいた。リアリズムを欠いた理想像は空想でしかない。しかし、だからといって、竹山氏のようにキリスト教をいつもマイナスの符号で論ずるのもやはり一面的な気がするし、会田雄次氏のようにヨーロッパ人に鬼の性格ばかりみていると本当の「鬼」がいざというときに見えなくなることも考えられる。物事はバランスである。私は日本型の情緒的なヒューマニズムを信じないが、キリスト教が西欧の文化史の上から判断してもヒューマニズムとしての役割を果してきた事実をことごとく否定し去ることなど出来ないように思える。

リアリズムを欠いた教養主義的西欧像でヨーロッパへの夢をみつづけることも私にはできないし、その反対も私にはできない。そういう固定した西欧へのイメージはことごとく崩壊した。ことごとく日本人の側の幻想でしかなかった。それぞれの論者の小さな主観によって西欧という巨象がいろいろに写し出された。それだけのことにすぎないだろう。それなら、日本人の側の主観を捨てて、西欧そのものを深く、豊富に経験すればそれでなにかが得られるかというと、そういうことも私は信じていない、と前に書いた通りだ。経験を聖化するあらゆるタイプの西欧論を私は信じない。西欧経験ということばをそもそも信じていないのである。

結論をさいごに言おう。私は右に上げたどの立場もことごとく認めているのである。どれか一つを信じすぎないために、私は全部を信じていると言ってもむしろいいくらいなのである。

（『留学の思想』三修社一九七二年九月刊、「相対化したヨーロッパ像—河上徹太郎『西欧暮色』にふれて—」を改題）

横光利一『旅愁』再考

一

横光利一の『旅愁』は、近代日本人の精神の病理を初めて本格的に主題とした長篇小説である。

作者が作中に少なくとも五度は説明している「旅愁」という言葉の意味内容が、精神の病理に深く関わるからだけではない。作の後半で西洋の科学ないしキリスト教に対し、日本の道徳ないし古神道という対立概念を性急に持ち出す主人公・矢代耕一郎の追い詰められた心理が、作者によって相当に自覚的に、精神の崩壊から身を守ろうとする日本人一般の自己防衛の典型として把握されているからである。『旅愁』はまた恋愛小説でもあるが、矢代がカソリック教徒の千鶴子との結婚にじれったいほど躊躇しつづけるのも、彼女に体現されたヨーロッパの宗教を身辺に近づければ自滅するかもしれない自分自身への恐ろしさが心的抑圧となるからである、カソリックすなわち科学ないし普遍的論理――この連繫は『旅愁』に特有のものにすぎないが――との自己同一化の可能性が、久しく内心に惹き起こしている圧迫感の、外への現れの一つにほかならない。

こうした危機意識の切っ掛けをなしたのは、いうまでもなく作の前半を成す矢代のヨーロッパ体験である。『旅愁』は戦前の日本人のヨーロッパ旅行とそれに伴う心理や感情を小説化した代表的作品と言われてきたし、そう言われるにふさわしいディテールの瑞々しさ、正確さは流石《さすが》と思わせるものなのだが、しかし矢代をはじめ、この作品に登場する日本人たちは一体これでヨーロッパを体験したと言えるのだろうか。フランスにあって、フランス人が登場しない——アンリエットという横浜にいたことのある女性がちらっと出てくるのを唯一の例外として——きわめて閉鎖的な小説。せめて旅中の日本人が店員や駅員等との交渉を通じた限られた範囲であってもよいから、もう少しフランスに住む人間に関心を持ってくれればよいのだが、じつはそれさえもない表面的な観光小説。街並や寺院や風景を眺め、公園を散策し、船を共にしたにわか知り合いの日本人とだけ交際して、議論に明け暮れる在パリ日本人の生態報告小説。しかし海外に住む日本人の近頃話題の〝集団主義〟を当時のパリですでに実行していたともいえるこのような性向は、不思議なことに、登場人物の誰ひとりからも異常として感じとられていない。勿論作者も異常とは受けとっていない。そのいい例は、彼らがフランスにあってフランス人を「外人」という言葉で表現している場面が再三ならずあることである。自分たちの方が「外人」であることに彼らが気がついていないように描かれているのは、まことに奇異な感を与える。また千鶴子や真紀子の容貌やファッションや立姿の魅力などに触れられているのに対し、フランスの婦人たちにはまるで視線が向けられていない。ヨーロッパにしばらくいると日本女性が見窄《みすぼら》しく見えたり、なつかしくなったり、いろいろ動揺するものだが、そういう動揺がいっさい書かれていない性的閉鎖性を特徴とした、いわば限定つきの恋愛小説である。

つまり、この小説に登場する議論好きの日本人たちは、船で日本の港を出発する前に、ヨーロッパに関するとりどりの表象や観念の入り混じった一つの幻想の繭をすでに造り上げてしまっている。彼らはその繭に包まれたままマルセイユの港に入り、そしてついに繭の皮を決定的に破ることなく帰国しているのである。

もしも認識は行動によってはじめて可能になるものであり、行動を伴わない認識は所詮でき上った繭の中で美しい夢をまどろみつづけることでしかないとしたら、『旅愁』に示されたヨーロッパ体験は、なんら新しい発見をもたらさず、非行動者に特有のむなしい自己幻想の蜃気楼に過ぎないことになるであろう。

しかし、実際の作品は必ずしもそうした皮相な展開で終っているわけではない。むしろ、それどころか、外国体験がほとんど狂気や病いに境を接しているきわどい内的感情の変化が、精神科医の観察にも似た精密な眼で、いちいち細やかに追跡されているのである。パリの日本人がフランス人を寄せつけないで日本人ばかりで肌を暖め合うのは、心理的安定を求めてのことではあるが、しかし実際にこの外光嫌悪症が支払わねばならない代償は、旅の期間中の情緒不安定であり、帰国後にもなお尾を曳く、外国滞在が内心に刻みつけた深い傷である。矢代たちは繭のなかで美しい夢をまどろむ幸福からはほど遠い処で生きつづけなければならない。成程日本から持ち込んだ繭の皮は、大きく決定的に破れることはなかったのかもしれないが、ところどころで綻び、かすかな裂け目が出来ていたということであったのかもしれない。そして日本を発つ前に、彼らが紡いでいたヨーロッパないしは日本に関する幻想の糸の輪は複雑で、錯綜したものであっただけに、ほんのかすかな裂け目でも、帰国後の生活に劇甚な影響を与えずにはおかなかったのであろう。

私が『旅愁』を読了して最初に感じたことは、この小説が叙述しているヨーロッパ人の生活についての観察の貧弱さであり、それにひきくらべ、僅かなヨーロッパ滞在が惹き起こす帰国後の日本人の、心の奥に起こった変動の大きさである。作者は矢代をはじめ、日本人の心理の委曲を執拗に追究することにだけ熱意を燃やしているようにさえ見えた。私はこの両極のアンバランスが余りに大きいこと自体が問題的に思えた。近代日本人の精神の病理がこの小説の中心主題だと先に述べたのは、そのような意味においてである。そして、「旅愁」という言葉の使用例の中に、作者自身がはっきり病理を自覚していた証左が認められる。

二

「旅愁」とはまず日本を離れた遠い処、とりわけヨーロッパにあっては判断力も不確かな病人と変わらぬ心的状態に陥ることを指し、次いで帰朝しても「内地にあり得ぬ不具者」となって、もはや元の自分へは戻らない、故国への再適応不能現象を指す。この作品はそうした症例を豊富に提供している。と同時に、作者自身がこの方面のよく問い詰めた分析的な説明の言葉を残してもいる。

小説の終り近く、矢代や千鶴子が東野たちを横浜港に迎えに行った折、矢代が千鶴子に、「船がここの港のあの燈台のところまで入つて来たときに、突然海中へ飛び込んで、自殺した婦人があつた」という、悲劇的な帰国者の話をして聞かせる場面がある。そのとき矢代は、「およそ日本を出発の際持ち運んでいつた道具や習慣はみな毀れ、人の性格まで一変させてしまふ西洋の旅」に再び思いを馳せ、西洋の旅は「錯乱」であり、「自己喪失の病ひ」であり、「東洋人にとつては難かしい狂ひの連続といへばいへるものだ」と述懐している。そして

「存命のうちにその病ひを取り去ることが出来るかどうか」疑わしいと言っているように、日本に帰っても「茫漠としたある観念に絶えず憑かれた」旅の心がどこまでも追い掛けて来て止まないことを強調し、これをまさに「旅愁」と呼んでいるのである。

もう一つ例を挙げると、矢代は帰国直後に、遣唐使の時代を想像して次のように言っている。言葉に練達した留学生の方がそうでなかった留学生よりも、帰国して仕事をなすことができずに、「絶望のあまり終生を故郷の草の中に埋め、溜息と化して死んでいつた事実の多かつた」のも「旅愁の所業の一つ」かと思う、と。「西洋から帰る多くのものが、船中から神戸を見て、思はず悲しさに泣き出す」のは、矢代にははっきりと「醜態」と映じているが、「旅愁」というものの持つこの魔力に、彼なりに理解のある態度を示しているのである。彼自身は帰国後、逆に西洋を思い出させるものをいっさい身辺から退け、日本主義へのめり込んでいくのだが、今の私たちから見ると、そのような対抗意識自体が心の受けた傷の深さを物語っているように思う。

矢代はフランスにいるときから日本主義の殻にこもって、自分を毀すようなことはしなかった。彼は今の日本人からみると平凡な一観光客でしかない。その程度の旅行者にしてなおこれほどの物狂いの感情が渦巻いていることをひそかに問題にしているのが、この作品の眼目であり、この作品が近代日本人の精神の病理を下地に置いていることを裏書きしているのである。

その際作者は心理が肉体に及ぼす思わぬ作用に、行き届いた観察の目を注いでいる。

小説の冒頭における船上の描写であるが、船がマルセイユに着いて、乗客たちが一時下船して間もなく、矢代の片足が硬直して動かなくなる。彼が千鶴子の背を借りて船に戻るという、恋愛の発端となるよく知られた個所だが、寝台に横になって見馴れた天井を眺めていると不思議に足の硬直が癒ってくる。「日本の空気の漂つてゐるのは広い陸地に今はただこの船内だけだつたから、……急に神経が揉みほぐされたものであらう。」との説明が与えられている。それに先立って、地中海に這入ってからの船上の日本人乗客たちの緊張の高まりは、じつにみごとに描き出されていた。「明日はいよいよ敵陣へ乗り込む」とか、「何となく戦場に出て行く兵士の気持ちに似てゐる」等の、今の日本人にはおよそ考えられない過度の自意識が支配している。いいかえれば、外国に対する感覚上の無垢、もしくは身構えた傷つき易さが船客全員を襲っていた。矢代の足が動かなくなるのはその後での出来事である。もはや「日本の国内といつてはこの船だけである」との思い詰めた言葉も記されている。海外旅行に慣れた今の日本人には考えられないことと私は書いたが、外国に対する無垢な傷つき易さは今なお日本人の特徴の一つで、程度の問題にすぎないともいえよう。

もう一つの例は帰国後、友人の塩野、ひきつづいて千鶴子が原因不明の熱を出して、暫く寝込んでしまうという症例が報告されていることである。新帰朝者にほぼ例外なく訪れる「特別な不明病」として意識されている。矢代は自分もそれに見舞われるのはいつのことかと緊張しているが、帰国して、西洋の幻影の盛り上りから逃れるために、母の故郷の東北の田舎に逃避行をきめこんだことが一種のみそぎになって、病気にかからずにすんだのだと信じている。

日本と西洋の文明論上の問題が主要テーマであるとされてきたこの小説は、登場人物がみな知識人で、議論ばかりしているためにそういう方面一辺倒の小説と思われがちであるけれど、一見して考えられているほどに文明論にだけテーマを限定した作品ではない。以上に見た通り、作者はむしろ心と身体の間の相関関係に注意深い目を注いでいて、しかもそれを文明論のテーマの展開に噛み合わせているのが特徴である。

この点を作の中心部分に即してもう少し考えてみよう。

矢代はついに千鶴子の身体には触れなかった。チロルの山小屋で一夜を共にしたときも潔癖のままでいた。それは戦前の日本の良家の子女らしい振舞いだともいえるが、作者はそんなことを強調したくてこのような設定にしたのではないと思う。千鶴子はつつましく、率直で、物事に拘泥せず、終始情緒が安定している。帰国後の矢代の一見子供っぽい抵抗に対し、沈み勝ちでありながらも、傷つかずに耐える包容力のある女性である。いわば母なるもののイメージが感じられる。そのような彼女に対し矢代は最初から敗北していたにも等しく、知らぬうちに少しずつ彼女に包み込まれていく。ただ矢代本人はそうと気づかず、兄の妹を諭すような得意気な口調になったり、男としての「自信」について語ったりしているけれど、彼女に次第に引き摺られて行く。性的な自己抑制は、彼の理性の証しではなく、自己崩壊を食い止めようとする必死の努力の結果にすぎない。

この長篇小説のクライマックスは、私見では、帰国後、友人の塩野が例の不明病で入院している駿河台病院へ、矢代と千鶴子が見舞に行って落ち合う辺りから、矢代が「今の僕にはあなたが少からず邪魔になる」という趣旨の手紙を千鶴子に書いて、上越の山小屋へひとりで立て籠ってしまう前後までではないかと思う。矢代ははなはだ図式的ともいえる強迫観念に苦しめられている。千鶴子と結婚すれば、宗教上の相違から、ガラシヤ夫人に悩まされた細川忠興の二の舞を演じはせぬかと恐れている。さらに父方の先祖の城がカソリックの大友宗麟の砲撃によって滅ぼされた歴史上の事実が、今になって亡霊のように彼の意識を締めつけてくる。カソリックと大砲（すなわち科学）は、ここでは彼を脅かす存在として、ヨーロッパで知り合った千鶴子に、化身となって現れる処に二人の関係の不幸がある。駿河台の病院からの帰り路、二人はお茶の水の傍の喫茶店で話し合うが、そのとき矢代は突然上ずったように、あらぬことを喋り出して千鶴子をあきれさせるのである。すなわち日本のお社《やしろ》の中で昔から淫祠《いんし》（注・邪神を祭った社）と呼ばれていたものの本体は幾何学に似ている。それも球体の幾何学の非ユークリッドに似ていて、アインシュタインの相対性原理の根幹みたいなものに関係がある。自然科学も大昔の日本ではそこまで行っていたのだ、と演説口調で喋り出す。千鶴子は「あなた、ほんとにどうかなすつたんぢやありませんか?」と言って、矢代の正気を疑う風になる。

作者はこのとき矢代が一時的に錯乱に陥ったのだとは書いていない。しかしそう見えるような書き方になっている。そして、大切なのは、千鶴子と夕食をすませて別れて来たその日の夜に、矢代は「千鶴子が彼の横の別の夜具の中に寝てゐた」夢をみるのである。今まで見たこともない夢であった。「そのとき、充血して来た彼女の口中から清水が湧き出し、それは非常に美しく見るまに千鶴子の嬉嬉とした顔色はいつもと違つて全身小麦色になると、はち切れさうな筋肉の波が、力強い緊迫で温度を高めた。……千鶴子と結婚した自分の全感覚は否定できなかつた。」

作者がなぜ二人の間柄を、スイスの山中にあっても純潔のままにしておいたのかが、この場面に来てようやくにして分るのである。つまり矢代は千鶴子に健康な欲望を抱いていた。それは最初から、ヨーロッパにいたときからそうであった。しかし千鶴子と出会ったのはヨーロッパの旅においてであり、しかも彼女はカソリック信徒である。従って千鶴子の存在とヨーロッパの幻想とは、矢代の意識のなかでは分かち難く結びついていて、彼女と結婚することは、ヨーロッパ文化との同一化を自分に許すことであるため、宿怨の禁忌《タブー》となって、なにかと抑圧されてしまう。というわけで結婚はただ夢の中でのみ、解放された生き生きとしたイメージを獲得することとなる。

考えてみれば、矢代はパリにいるときから、分別臭い言葉で、二人が感情に溺れて軽率な結婚の約束に走らないようにしようと提言しては、千鶴子の顔を曇らせていた。そのとき、矢代の胸中に浮かんだのが「旅愁」という言葉であった。「旅愁に襲はれてゐる二人の弱い判断力に自分だけなりとも頼つてはならぬ」と彼は自戒し、「千鶴子より少なくとも理性的なところが自分にある」と己惚れているけれど、果してそう言えるであろうか。二人がパリで別れる最後の晩にも、矢代は外国暮しは「島流し」のようなもので、自分たち二人は「檻の中の友人」であるから、日本へ帰って自由な身になってから、間違っていなかったかどうかを今一度確かめても遅くはないだろうと非常に慎重な態度を示しているのであるが、それは要するにヨーロッパに自分が食い亡ぼされるのを怖れている恐怖心が、早くもこのときに発動していることを意味するにすぎないのではなかろうか。そのことをどう解するかの鍵をなすのが私には、お茶の水の喫茶店で矢代が一時的に陥った前述の錯乱であると思われる。

『旅愁』の後半には、西洋に対する日本文化の優位に関するさまざまな議論が展開されている。その点で戦後、作者は政治的な指弾を浴びた。矢代や東野の議論の中には、たしかに今ではあまり真面目に取るわけにはいかない言葉も散見されるが、この小説が昭和前期における日本人の精神の病理を鏡のように映し出した作品であると解釈すれば、見方はおそらく一変するであろう。

お茶の水の喫茶店で矢代は、自分が陥った、狂気にほとんど境を接し兼ねない境地について語り、そこから声を上げているのである。千鶴子と結婚することは決して救いにはならない。むしろ方向は逆である、とそのときの彼は思い詰めているようにみえる。彼を苦しめているのはヨーロッパである。あるいはヨーロッパから来た「近代」である。というより、「近代」によって、所在不明になった自分自身の拠点の探索である。なにしろ、「日本をめぐつてゐる海の水を見ると、どれもみな岸べに打ちつけて来てゐるキリスト教の波に見えるのです。」と後に久木男爵に語っているような彼である。「これに対する態度を定めるだけでも、相当の覚悟なしにはゐられないときになつて来てをります。そこへまた科学です。僕らは自分の国のことを外国のこととして、もうこれ以上は考へてゐるわけにはいきませんですからね。」このように自分が追い込まれていることを知っている彼は、対抗概念としての日本を、なんとか持ち出さないわけにはいかなかった。というより日本の美、道徳、文化に取り縋らざるを得ない。それがお茶の水の喫茶店での、アインシュタインの相対性原理にも比肩し得る神社の淫祠の話になったり、また後に千鶴子の兄に語る、古い祠《ほこら》の本体の幣帛《へいはく》が幾何学につながり、同時に日本人の祈りだというようないささか荒唐無稽で、本人もそれほど信じているわけでもない無責任な、座興めいた議論に発展していくのである。昭和十年代のある種の雰囲気をありありと伝えている事例である。

河上徹太郎氏はこの小説は近代の日本人が西欧近代の合理主義精神による教育を受けながら、自分のなかの本来の東洋精神の血液とどういう反撥や適応を示すかを実験してみようとした非常に野心的な思想小説であると書いている（『旅愁』解説＊）。それは慥かにその通りなのだが、河上氏の余りに正面《まとも》すぎる評価は、「思想小説」を精神のドラマというような意味でのみ用いているのであって、その背後をなしているこの作品の病理学的《パトローギッシュ》な構造——心と身体を一体と見ている——についてはまったく考察していない。

吉田健一氏は『旅愁』は荷風や藤村等がなし得なかった外国の風物の描写にはじめて成功した作品であると述べている。「杏の木も、河の流れも、そして又、小蒸汽の機関の音も、明らかにパリのもの」（「先駆者横光利一」＊＊）であると言っている。『旅愁』のそういう新しさは、たしかに指摘された通りと思うが、外界に最初から眼をつむって、外国にあって外国人と交わろうとしないこの作品の閉鎖性——私が先に指摘したような——については、吉田氏は気がついていないせいか、言及していない。「横光利一は藤村と同様に外国語を殆んど知らなかつたが、その知識の不足を彼の意識で補つた。」というようなことまでがどうして言えるのか、私には分らない。ここでも私が欠落と感じているものが看過され、代りに別の面がそこだけ全体の構造との関わりなしに称揚されているのである。

三

矢代はいかように抵抗しても、結局は千鶴子の愛の圏内に引き込まれていく。緩慢なテンポではあるが、そうなっていくのは、彼がじつは最初から彼女の愛の前に敗退しているせいではないだろうか。このことは矢代のヨーロッパとの関係においても類比できることかもしれない。彼はパリにいるときから日本にこだわった。日本を思う度に、伊勢神宮の鳥居が目に浮かぶという、きわめて観念的な日本への傾斜——伊勢神宮の件は少なくとも四度は出てくる——に身を捧げてしまうのも、考えてみるとそれだけ深く、彼がすでにヨーロッパに蚕食されている結果なのかもしれない。最初からヨーロッパに理屈もなにもなく敗退しているからこそ、日本にこだわり、対抗概念としての日本を相次いで持ち出さざるを得ないのであろう。という風に考えると、矢代耕一郎こそじつは大変なヨーロッパ主義者だということになる。『旅愁』が日本主義を矢代に、西洋主義を久慈に託して展開された対話劇風の思想小説であるという通説は、必ずしも成り立たず、重要な役割を演じるはずの久慈が途中から姿を消した理由が、ここで問われなければならない所以である。

篠田一士氏は「横光利一のために」の中で、『旅愁』の論客たちは国粋主義にもヨーロッパ主義にも「不抜の信念をもっていない」ことを指摘している。ヨーロッパとの断絶感は久慈のような西欧心酔派にも影を落しているのであって、「彼らの内部の奥底にはこの断絶感が隙間風のようにたえず吹きまくっている。」逆にいえば矢代の日本主義もまた、心の奥底に冷え冷えと横たわっている絶望感の外への反映にすぎないともいえよう。彼の口にする「日本刀の美」も「古神道」も「古い社の幣帛《へいはく》」も、確乎たる信念からは出ていない。私がむしろ病理学的考察の対象としなければならないと言ったのは、戯れでもあり本気でもあるその両面を持っている議論内容の気紛れな揺れのためである。

それにしても、この小説は少なくとも最初は、矢代と久慈の二人の人物像を作者からそれぞれ等距離の位置に描き出す、「日本のゼッテンブリーニやナフタ」(篠田一士氏)を目指したものであったと想定される十分な理由がある。私は今度再読して、冒頭からブウローニュの森の散策あたりまでは、両人物に均等に目の行き届いたみごとな客観小説になり得ているように思えた。この部分は何度読んでも、ヨーロッパの土をはじめて踏んだ日本人の初々しさが、ある緊張を伴って伝わってきて、気持よく、魅力的である。

当然のことだが、作者自身は矢代でもなければ久慈でもない。作者が登場人物を等しく批評的に位置づけなければならない客観小説の原則は、少なくともこの冒頭部分ではよく守られている。矢代の日本主義と久慈の西洋主義が、それぞれ型通りに、会話の内容に現れてくるのだが、作者はどちらか一方に味方してはいない。矢代が教会の内陣に見たキリストの十字架上の克明に刻まれた屍の彫像に「野蛮」を感じ、拒否反応を示すのは、今のわれわれにしても起こり得ることで納得がいく。他方、彼がヨーロッパに心を鎖し、パリへ来て一番困ったことは何かと問われて、「さうだね、誰一人も日本の真似をしてくれぬといふことだよ。」と言ったりするのは、偏屈者の印象以外のなにものも与えない。これにひきかえ、久慈は日本語を話さないで、できるだけフランス人と交渉を持とうとする――実際にどの程度だかは書かれていないが――果敢な行動家の一面を垣間見せている。そして、コンコルド広場の夜景を見て、「何んて凄い景色だらう。これから見れば、東京のあの醜態は何事だ。僕はもう舌を噛みたくなるばかりだ。」と叫ぶのは、率直な感動で、私の考えでは今日になお有効な言葉と思われる。けれども、作者は久慈の心酔振りに批評の目を向けることをも忘れていない。「あーあ、どうして僕はパリへ生れて来なかつたんだらう。」と久慈に言わせて、聡明な日本人にひそむ「馬鹿な心」を批判の対象として読者に知らせている。

このようにほどよくバランスを保って、両者に均等に批評の目を配分しつつスタートしたこの小説が、最後までバランスを崩さずに展開されていけば、疑いもなく「日本のゼッテンブリーニとナフタ」になったことは請け合えるであろう。なにしろ、解決のつかない大問題を扱っているのである。議論がときに相反し、ときに融合しながら、永遠に終ることなく弁証法的に高まっていく可能性を孕んだ輻湊《ふくそう》した主題に直面した小説である。どんな新しい発見が見出されたか、予測もつかない。ところが、周知の通り、『旅愁』は早々とこの弁証法的展開の可能性を放棄して、いつの間にか久慈を片隅に追いやり、滑稽な小人物としてポンチ絵化してしまう。そして帰国後は矢代が事実上の主人公となっている。かくて次第に作者と主人公の距離はちぢまり、矢代の言動が作者自身のそれと同じであるかのような誤解が世間に生じた責任の一半は、このように客観小説としてのバランスを崩した作者にあると言わなければならない。

なぜ二つの立場の平衡が毀れて片方に偏するような仕儀に立ち至ったかを考えてみると、日本主義といい、西洋主義といい、それぞれが文化のなんらかの実体を表わしている言葉ではなく、むしろ欠落を表わしている言葉――その訳は後で説明するが――にほかならないからである。いいかえれば、どちらもイデオロギーにすぎないのであって、小説の登場人物に仮託して展開していくことには、最初から無理のある思想形式である。地中海の明るい人文主義の化身であるゼテムブリーニと、北方ロマン主義の暗い死の哲学を体現しているナフタとの対立には、歴史的な相互関係が認められる。文化の実体が認められる。ラテン民族とゲルマン民族の相剋の歴史が影を落している。『魔の山』という議論小説が可能になった所以である。けれども、日本と西洋との関係は、西洋から日本へという影響の一方通行にほかならず、少なくとも『旅愁』の時代まではまったく他の可能性は考えられなかった。

日本ではいまだに安易に日本を中心に置いた文化主義を唱えたり、またその逆に、否日本はまだまだ西洋に及ばない式の西洋主義を唱えたり、あるいは両者の折衷の議論を展開したりして、今日なおこういう繰り返しが昔とはやや姿を変えて行われている。しかしながら、日本国内にあって、日本主義を唱えるも、西洋主義を唱えるも、所詮は欠落を相手にして論争し合っているようなものであり、有効な認識を開けないのだということが、本当にはまだよく理解されていないように思える。『旅愁』の陥った閉塞性もまさにこの事例に似ている。

もしも西洋における日本主義者が存在するのなら、久慈のような日本における西洋主義者もそれなりに対話の相手を持ち得て、実質的な議論を可能にしたであろう。そういう意味からいえば久慈は矢代を対話の相手に選ぶべきではない。パリに行った以上日本文化に心酔しているフランス人を探し出して議論を交すべきであったであろう。矢代も久慈や遊部といった西洋心酔派の日本人と論争するのではなく、ヨーロッパの知識世界にごまんといる教条主義的な西洋中心論者——最近は表向きこういう顔をしていないが、内実はいまだにヨーロッパの大半の知識人はこうである——を見つけ出して互いに、祖国の文化価値を主張し合って、論争すべきであったであろう。そのような論争が小説化されて初めて、『旅愁』は本格的にゼテムブリーニとナフタの物語に匹敵した、果てしない弁証法的な対話劇を構築した議論小説としての、開かれた有効性をかち得るであろう。

勿論、私が今述べたことはすべて白昼夢である。とうてい起こり得ないことは承知で言っているのだが、それが起こり得ないことである以上、日本主義といい、西洋主義といい、所詮むなしい自分の影との戯れであることをせめて作者に知っていてもらいたかった。作者がこの点に関していささかも後ろめたさを覚えていない事実が、『旅愁』の空間を一種独特の狭隘なものにしている。「横光利一はヨオロツパに現れた日本の最初の近代人だつた。」(吉田健一氏)などということがどうして言えるのか、私には分らない。『旅愁』はヨーロッパに置かれた日本人旅行者の自意識を追究した点で「近代的」であるかもしれないが、ヨーロッパとの対決を最初から避け、相手に対し背中を向けながら自分の内面に蜷局《とぐろ》を巻く自意識のうねりばかりを見ていた点で、昔からの日本人らしい性格、世界の中での自己客観視を欠いた自閉的性格を再生しているにすぎない。

せっかくヨーロッパ文学流の客観小説の構図でスタートしながら、作品が西洋主義者の久慈を活かし切ることが出来なかったのは、作者の右のような安易な対世界の姿勢に由来する。作者にのみ罪があるのではなく、日本社会の今までの国内型自己充足感に大半の責任があるのだが、ともかく、日本人同士で日本主義と西洋主義を論争し合うことの不毛に気がつかないで、作者が議論小説の形式を採用したときに、この作品がついに劇を生まないことは約束されていたといえる。後半で日本主義者の矢代と作者自身が次第に重なって、私小説的自我に限りなく近づいて行くのは、必然の帰結である。作品がついに未完に終らざるを得なかったのも、ある意味で当然といえばいえるのかもしれない。

四

矢代が理想化していた日本像の中には、きわめて観念的な——従って後に政治的にも誤解の因となった——イメージがちらほら存在することもまた、疑うべくもない。彼はパリにいるとき、久慈に向かって、世界の人間の忘れてしまった大切なものが日本にはまだたった一つある。それは言い難い精神だ。そう述べて、「大神に捧げまつらん馬曳きて峠に行けば月冴ゆるなり」の昭和の一首を詠んで聞かせるのである。

彼はまた別の日、田辺侯爵邸に招待された席で、西洋の科学に対し東洋の道徳という論題を一座の人の前に提供する。昭和十年代にいかにも起こり得たディスカッションなのであるが、その中で彼は、西洋が二十世紀にあるからといって、東洋もそうだとは限らない。西洋の論理で東洋が片づけられては、日本の美点は台無しになる。二十世紀の西洋人の考えることと同じように今の日本人が考えるのは誤りであり、危険でもある、と語っている。

もう一つの例を挙げておこう。

パリが左翼のデモで混乱し、騒乱状態に陥ったとき、矢代は街道に立っていたあるフランス人から、「日本は健康でいいね。」と言われ、その通りだと同感する。このとき彼はある強い思いに打たれるのである。日本は若い。そして健康だ。「季節ごとに燃え上つては、また後から後からと若芽を噴き出してやまぬ。もやしのやうな瑞瑞しさが日本だつた。……ただもつと欲しいのは自然科学だ、これさへあれば――これは欲しい。」と、切実に思うのである。

以上の三つの引例から、現代の日本人はどのような印象を受けるであろう。

今日伝えられる処では、科学技術の面で日本は今や世界の先端に立ち、パリやロンドンの主要往路に高々と日本の工業製品の広告が並ぶ時代になっている。彼地の新聞には、日本がすでに二十一世紀にあるからといって、ヨーロッパもその必要があるとは限らない、という平然たる落着き（あるいは沈滞）が支配的である。日本の能率主義でヨーロッパが片づけられては、ヨーロッパの美点は台無しになる。日本人の考えることと同じようにヨーロッパ人が考えるのは誤りであり、危険でもある、と。

そう彼らは目下しきりに自問自答している最中である。「ただもっと欲しいのは先端技術だ、これさへあれば――これは欲しい。」と、密かに本音を洩らしてもいる。『旅愁』の時代とはまさしくあべこべの現象が到来していることは、争えない事実である。他方、「大神に捧げまつらん……」の日本精神の鼓吹は、もはやアナクロニズムでしかない。こう考えてみると、東洋の道徳への矢代の献身は、結局当時の防衛的概念でしかなかったのかもしれない。それは今からみれば、西洋の影響に必死に対抗している非西洋諸国に起こりがちの精神革命のひとつとも言えるのではないだろうか。昭和十年代は、日本の近代史がたとえば今のイランを襲っているのと同じような開明主義・国際主義への激しいリアクションに見舞われた時代であった。『旅愁』の主題がその潮流と無関係だとはどうしても言えない。

当時日本の経済の力はまだ小さかった。小説の中にはパリ市の一年の予算額と日本の国家予算とはほぼ同じ規模だという記述がある。「一番物価の安い東京」という言葉も認められる。矢代や千鶴子はパリで沢山の日本製品を見掛けているが、それらは大衆レストランのコーヒー茶碗や食器、土産に買ったクレヨン、フランスの子供が手に持っていた豆自動車等である。矢代は自分の遊学を振り返って、帰国後しみじみと言う。父の代から一生に一度外遊したいと思い詰めて実現できずに死んだのを、子供の代に実践したのだ、と。

以上の通り『旅愁』を取り巻く現実は、一九八〇年代の日本にはもはやほとんど存在しない。現実は余りにも大きく変貌をとげた。西洋の科学に対抗する東洋の道徳、というような図式そのものがもうリアリティーを持たない。

けれども、西洋によって日本が「近代化」の火を点けられていったん活動的路線を走り出した以上、もう元へ戻ることはないのだ。日本は善かれ悪しかれ「近代化」によって深く浸蝕されたままである。あるいは汚染されたままである。『旅愁』がきわどい形で問題にしつづけた近代の精神と人間の心身との関係、病理学的《パトローギッシュ》な関係の探索は、おそらく今後も古びることはないであろう。それには『旅愁』を取り巻く日本の現実がいくら変わっても、少しも変わらないものを見つめている作家の眼の確かさを示す次の描写を取り上げれば足りる。

　矢代はベルリン・オリンピックの年、シベリア回りで帰国し、下関から東京行の列車に乗った。以下は帰朝直後の新鮮な眼がとらえた、列車内の情景である。

「関門海峡の両側の灯が、あたりに人の満ち溢れてゐる凄じさで海に迫つてゐた。眼にする物象が絶えず跳ね動いてゐるやうな活気に矢代は人からも押され気味になり、受け答へにも窮する遅鈍なものがいつの間にか自分になつてゐるのを感じた。それはひどく時代の遅れた自分であり、早急の間に合ひかねるその自分から錆が沁み出てゐるやうだつた……」

「上りの汽車に乗つてからも彼は満員の食堂車へ入つて見た。ナイフとフォークを使ふ人の手の早さが刀を使つてゐるやうで、狭い車内の傾いて飛ぶぐらぐらした中でも、揺れつつ肉を突き刺し巧みに口へ入れてゐた。総体が気忙しく立ち廻り、入り乱れてゐるにも拘らず、それぞれ何の間違ひもなく無事安泰に流れてゆくやうなその感じは、見てゐても胸の空《す》くほど凄じい勢ひだつた。それはもう西洋でもなければ東洋でもなかつた。まさしくこれこそ世界で類のない生の躍動そのもののやうな日本だと思つた。」

　何という正確な文章だろう。

　これは一九八〇年代の日本人を描写した文章だといっても、誰も疑う人はいないだろう。ヨーロッパよりも日本の方が物事が早い速度で動いている。日本を離れてしばらくすると時代遅れになるというこの感覚が、現代の商社マンによってではなく、昭和初期の一作家によっていち早く明確に捉えられていたということにも、私は大きな驚きを感じないわけにはいかない。

　外国にあって決して行動的ではなく、外国を体験することよりも、旅のさ中にある自意識の変化を仔細に観察することに熱心だった横光利一は、だからといって外部を見ていなかったのでは断じてない。むしろ、自意識に映し出されて来ない外部には無関心だったのである。逆にいえば、自意識の鏡に反射した限りでの現実には、右のように驚くほど精度の高い、高感度を示しつつ反応していたのだといってもよいであろう。

＊　＊＊　＊＊＊　以上いずれも『横光利一読本』（河出書房新社、昭和四十五年）所収。

（「文学界」一九八三年十月号）

無心への飛躍――ユング、小林秀雄、唐木順三、オイゲン・ヘリゲル、ニーチェ

一

スイスの精神医学者メダルト・ボスは、非常に繊細な感覚を持つ一人のインド人の哲学教授と識り合いになった。この教授はヨーロッパに留学して、西欧の心理学と心理療法を二年間学んで、故国に帰った。一方ボスは一九五六年と五八年、二度にわたって、インドに旅行した。西欧心理学の未解決の問題を解く鍵が、ヒンズーの聖者たちの精神的生き方のうちにあるのではないかと考えたからである。

ボスはヨーロッパへの留学生として大変に生き生きしていたインド人の哲学教授が、帰国後ひどく不幸になっていることを発見せざるを得なかった。かつてはインド人らしい沈着さと叡知とをもってどんな困難にも対処していたのに、日常の不運の数々、家族の病気や職業上の失望などがいちいち神経にさわり、彼の生活を落着かなくさせていた。ボスは訝《いぶか》しんだ。会うたびにその変化はひどくなって行った。繊細で上品なインド人であるその教授は、若い頃から、人生の苦悩の克服を最大の課題とするインド古来の宗教によって内心の平静を保つことには慣れて来たはずだが、彼の平静は西欧的知性という異物の侵入を受けて、突如、崩れたのである。

メダルト・ボスはインドにおいて次のような人々にも出会ったという。山岳地帯の隠れ屋や聖者の庵に身を寄せ、僧衣をつけて修行に励むヨーロッパ人やアメリカ人にである。だが、大変に奇異に思ったのは、彼らが年余を経ても相変わらず我執の強い欧米人のままであり、た

だ知識や形式においてインド的に身をふくらませているにすぎないことである。しかしこれとは反対に、数は少ないが、インドの思想を知ったために分裂病を誘発したヨーロッパ人もいて、医者はこの患者をインド研究に携わることからいっさい引き離し、西欧の心理療法の援けを借りてもう一度元の世界へつれ戻す外なかったという。フロイトやユングによって始められた精神分析に、新しい境地を開いたといわれるメダルト・ボスのインド紀行『東洋の叡知と西欧の心理療法』の一節に、以上のような事例が記されている。

私は右の例話を読んだとき、つねひごろ私たちが東西文明比較論であるとか、日本人の西欧体験であるとか、なにかにつけ東と西を気軽に対比して、分析したり定義づけたりして来た私たちの評論活動の多くが、いかに底の浅い、表面的な経験にすぎないものであるかを考えないではいられなかった。

東洋の精神活動に心を傾けていたユングにも、類似の体験があったようだ。ユング学者河合隼雄氏の論文から教えられたのだが、ユングは一九二〇年頃、中国文化に心身を奪われてしまったリヒアルト・ヴィルヘルムという一人の青年学者と識り合った。ヴィルヘルムは宣教師として中国に渡ったのだが、中国文化に魅せられ、文字の書き方や話の仕方から物腰挙動にいたるまで中国人とほとんど変わらないまでに、中国文化に同化してしまったというのである。中国の「易」に対するユングのかねてからの関心はヴィルヘルムによって補強され、その他の点でも著しい刺戟を与えられた。しかし中国研究者としてヨーロッパで再び生活を始めたヴィルヘルムの内部に、無意識のうちに葛藤が生じ始めていることを、ユングは黙っていても気がつかずにはいられなかった。その葛藤は一度背景に退いていたヨーロッパ的な考え方や感じ方が次第に再び前面に出て来て、中国における経験と衝突し始めたために起こった不調和な軋みである。ユングはやがてそれがヴィルヘルムの身体の健康状態に悪い影響を及ぼすのではないかと心配していたが、不吉な予感は適中し、彼は若くして世を去ってしまったのである。

私たちは他文明の内部に自ら入りこんで同化してしまうほどにならなければ、その他文明を真に理解したことにはならない、そんな風に気楽に言う人は日本にも少なくない。外国文化の単なるスポークスマンのような、通訳タイプの人間を量産するのが目的で言われる言葉であれば――日本にはじつに多い議論だが――どういうことはない主張かもしれない。しかし「理解」とはそんなに簡単なことだろうか。異質な文化に同化して、精神のバランスを手に入れるまでには何が起こり、いったんそれを手に入れた後では何がどう変わっているか、その恐ろしさをユングやメダルト・ボスはよく知っていたのに違いない。彼らはインドや中国の文化に深い理解を持ってはいたが、ヨーロッパ人としての自分の統一性を失ってまで他文明に同化することが、ときに生命を失わせるほどの危険を秘めていることを見抜いていた。よし生命にまで及ばないのが普通だとしても、少なくともそれは精神病の十分な原因にはなり得るのである。

　ヨーロッパに非常に長期間滞在した日本人が、帰国して祖国の生活風土に違和感を覚え、次第に不幸になるという例ならさして珍しくはないであろう。私の周辺にもそういう適応異常者はたしかにいる。しかし彼らが単なる社会的敗北者として片づけられて、この「違和感」が心の領域の本質的な問題として持続的に追究されたことがないのはどういうわけだろうか。鷗外以来、留学した文学者は非常に多かったはずだが、この種の神経症や分裂病を文明の深部において捉えた文学作品は、ほとんど存在しないと言っていい。最近は、外国を題材にした小説もごく普通になっている。しかし、それらは現代の日本人の感性や知性をそのまま延長した線上に、外国の生活や歴史を置いて見ているだけであろう。東の人間と西の人間の心が必ずしも容易には近寄り難い溝の深さは次第に忘れられ、それどころか、両者を融合した日本文化の世界的先駆性などという調子のいい論調が、まだぞろ論壇の一角に登場し兼ねない状況さえみられる。そこまで行かない場合でも、東西の生活や文化の単なる型を特徴として摑み出し、そのパターンを並べて対比し、知的に面白がっている比較文化論は今や花盛りである。近代日本の知性のあり方がどこかで踏み外れているのではないか。私は以前からそう疑問に思っていたし、日本人の自我がそれほど淡白で、受容的であるせいだろうか、とも考えてみていた。

　理由の一つは、日本の文明がインドや中国の文明ほど歴史的に深い根源性を孕んでいないためであることは、あらためて言うまでもないことかもしれない。急激にヨーロッパ文明を受け入れても、日本の個々人の心は分裂病や精神症に罹るようなバランスの破れを見せないで済むほど、歴史の拘束が弱いせいでもあろうか。逆に言えば、それだからこそ日本の西欧化・近代化はわずか百年で早急になし遂げられ、インドや中国は牛の足のように歩みがのろいのだが、しかし、またもう一つ裏返して言えば、日本のこの底の浅い変化、上着だけをぱっと着替えた即席の〝衣更え〟は、そろそろ安直さと手軽さのための復讐を受け始めているようにも思えてならないのである。

なるほど楽天的な現代の日本人は、個々人としては、あのインドの哲学教授のように均衡を失ったり、分裂病に罹ったりするような事態を招かずに済むのかもしれないが、しかしその代わりに、無意識のうちに、日本の社会全体が、東と西の谷間に置かれたがゆえの集団的精神症に冒されていると言えはしないだろうか。それはあくまで無意識であって、したがって今のところはまだ表立っては見えないのだが、日本文明がどこに属しているのか分らない漠たる不安、いったい日本のアイデンティティー――あまり好きな言葉ではないが――は何であるかという昨今の論議は、その意味で象徴的であるといえよう。東西文化のパターンを比較する類型文化論が流行ったりするのも、日本の文明が位置を見失ったことを示す、不安の表現であるかもしれない。

二

東洋の伝統思想に強い関心を抱く現代のヨーロッパの思想家に、哲学者が少なく、今見た通り、フロイディズムの流れに属する臨床心理学者や精神医学者が多いのは、なにかを象徴している、興味深い現象の一つといえる。

ここで東洋の伝統思想というのは、道教の瞑想法や、ヨガの修行法や、中国の易・日本の禅の観法といった心身の独特な鍛錬に基いて会得される神秘思想のことである。勿論、中世末期のドイツの神秘思想やフランスの静寂主義といった、教会の外にあった異端神学が東洋の行者の観法に一脈通じていることはかねて知られていたし、ジョーペンハウアーやニーチェといった、大学の外にあった非講壇哲学の場合も、たしかにある程度まではそう言える(ただしニーチェは顔を東洋にではなく、前八世紀のギリシアに向けていたが)。しかしドイツ神秘主義からニーチェまで断続的にあった異端哲学の動きが二十世紀の哲学の世界からはまったく消えて、代わりにユングやフロムやメダルト・ボスといった人々が東洋に目を向け、易経や禅やヨガにそれぞれ関心を示すに至ったのはなぜか、これはたしかに考察に値する問題の一つであろう。

身体《しんたい》の訓練を通じて精神を集中し、心身一如の境地に達しようとする東洋の伝統的な修行や修業に、フロイト以降の心理学者や精神医学者が関心を示し、当然関心を持つべきはずの哲学者が必ずしもそうでなかったのはなぜか(ヤスパースのような例外はあるが、彼は精神医学者でもあった）。これは久しく見え隠れしていたヨーロッパ精神の闇の部分が近代に入って次第に消えてなくなってしまったほど、ヨーロッパ世界が明るく、啓蒙化されてしまった結果かもしれない。だから闇を求めて人の目が東洋に向かったのは、文化史の必然の流れでもあろうが、しかしそういう言い方は余りにも大雑把すぎるともいえる。おそらく西欧の伝統的な学問の世界においては、心と身体を明確に分離するという習慣的思考がいまだに非常に根強いためであろう。キリスト教では霊の永遠性を信じ、霊と肉を峻別する。このキリスト教の影響はなお尾を曳き、学問の役割の区別や位置づけにまで作用を及ぼしているのが実情である。心の問題は身体という肉のうちに制約された人間性からは切り離された問題でなければならなかった。そういう前提が余りにも強かったため、心身一如の観点が哲学者の視野のうちに入らなかったのではないかと私は思う。

なぜ現代西欧の哲学者が東洋の心身観にさして関心を示さないか——成程ハイデッガーと禅を連関づける日本の研究家は少なくないが、しかしこれはハイデッガー自身が意識して求めた結果ではない——、この疑問にカント哲学との関連で答えようとした湯浅泰雄氏の説明の仕方は面白い。氏によると、現代なおヨーロッパの哲学界の主流は、哲学と科学の果すべき役割を厳密に区別したカントの理性批判の基本を引き継いでいるという。哲学はいっさいの経験科学の基礎であり、各科学の根拠づけの役割を担っている上位の学問だという考え方である。哲学は「学の学」であるから、科学と哲学の間には次元の区別がある。心理学は、例えば新カント派がこれを退けたことから分るように、経験科学の一つであり、哲学よりはるかに下位にあると判断される。心理学は所詮、身体に関わる経験的実証学問の域を超えるものではない。フッサールやハイデッガーに至るまで、カント以来の近代認識論のこの立場が受け継がれている、と氏は考えている。*

ヨーロッパ思想の歴史的伝統の下では、本来、形而上学と心理学とは分離しているのであるが、その分離が自覚的になったのは、たしかに十八世紀の批判哲学からであった。それに反し、東洋の思想伝統の下では、ヨーロッパ的な意味における形而上学《メタフィジク》はついに生まれなかった。アリストテレスが自然学《フィジカ》の上にある学（メタ・フィジカ）として形成した学問は、古代のキリスト教神学と結合し、自然と超越者、被造物と神、肉と霊を峻別する方向へ進んだ。近代の批判哲学がその区別をさらに引き継ぎ、形而上学による科学の基礎づけを試みて、結果的に、科学と哲学を切り離す立場を確立したわけだが、東洋思想の歴史的伝統の下ではそもそもこのような区別は存在しない。科学と哲学、心理学と形而上学はつねに一体不可分の関係に置かれて来た。東洋的な、身体と心を未分離のままに全体の相において把える問題意識は、すでに西洋の異端神学や非講壇哲学の中にも流れていたものだが、現代のヨーロッパでそれをはっきり自覚的にとりあげた思想の一つが精神分析、とりわけユングのそれであろう。彼の学問においては哲学と心理学の区別はなく、カント以来の近代の認識論とはまったく違った方向へ目が向けられていた。

　河合隼雄氏はユングが東洋思想に心を傾けていく状況を次のように叙述している。

> ユングは一九二〇年頃より「易」に興味を持ち、それを実際に試みていた。彼はある夏に、ボーリンゲンにある彼の別荘で、百年の樹齢を数える梨の木の下に坐り込み、筮竹の代りにチューリッヒ湖に生える葦を切りとったものを用いて、あれこれと易をおいてみて、何時間も坐り込んでいたという。易の結果はユングを驚かした。彼はそこに意味深い結果を見出したのである。易は意味深いものであったが、それは説明のつかない事実であった。ユングはそこに西洋の知性では説明不能な動かし難い事実が存在することを認めざるを得なかった。
>
> 　われわれ人間の意識の中心には自我が存在する。自我は――特に西洋人のそれは――……父性原理によって武装されている。自我は物事を分類し、因果的な連関をそれらの間に見出し、論理的に整合性をもった知識体系をつくりあげる。ユングはそのような自我存在の重要性を認めつつ、なお、それを超えた心の全体の中心として自己をその上位に捉えようとしたのである。自己のはたらきは自我によって簡単には把握し難い。東洋に存在する易学は、むしろ自我のはたらきよりも、自己のはたらきを把えるために発達したものと考えられるのではないか、とユングは思ったのである。東洋の目は自我よりも自己の方に向けられている。**

ヨーロッパ人は分類したり、分析したり、個別化したりする能力に長けている。それが科学を生み出し、近代を形成した。先に見た通り、カントによる科学と哲学の役割の区別は、因果法則に基く科学世界の拡大に対する、形而上学の側の自己防衛策であったといってもいい。それほどにもヨーロッパ人の、事象を細分化したり、事象相互の関係を連関づけて行く自我意識は強い。しかし中国人は、必ずしも因果的には説明のつかない偶然や、無意味や、取るに足りない散発の事実をも決して簡単に放棄しないで、不連続な相のままに、事象を全体として受容する能力に秀れていた、とユングは考えていたようである。

しかしこうした自我の脱却の仕方はなにも東洋人にだけ特有であったわけではないのである。先にも述べたように、教会や大学の枠からはみ出ていたドイツの非合理思想の系譜においても、「自我」を超えた「自己」に目が向けられ、意識とは関わりなしに行われる身体《しんたい》運動の中で、この「自己」が自在に働き出すことが期待されている。

例えば、ニーチェは『ツァラトゥストラかく語りき』の中で次のように言っている。

身体《しんたい》はひとつの大きな理性である。……わが兄弟よ。君が《精神》と呼んでいる君の小さな理性も、君の身体の道具なのである。君の大きな理性の小さな道具であり、玩具なのである。

《自我》と君は言い、この言葉を誇りにしている。しかし、もっと大きなものは——それを君は信じようとしないが——君の身体であり、身体がそなえている大きな理性である。この大きな理性は《自我》と言わないで、《自我》を実行している。……

感覚も精神も、道具であり、玩具なのだ。それらの背後にはさらに《自己》がある。この《自己》がまた感覚の眼を借りてたずねもするし、精神の耳を借りて聞いたりもしているのである。……《自己》は支配するのである、そして《自我》の支配者でもある。

わが兄弟よ。君の思想と感情の背後には、強力な命令者、知られざる賢者がひかえている。——それが《自己》というものだ。君の身体の中に、彼は住んでいる。君の身体が彼なのだ。

（第一部「身体の軽蔑者について」より）

人間の身体の運動は、大部分、意識とは無関係に行われている。人間の意識の自由になる領域は限られている。どんな小さな身体反応にも、人間の認識力には把えられない合目的性があって、われわれには決して意識されないにも拘らず、高い次元の理性が身体全体の機能をうまく司っていると見なければならない。精神も、感覚も、この高次の理性から見れば道具にすぎない。ここで言われている「大きな理性」ないし「《自己》」が個体としての人間の自我を超えた地点で、ほんとうに発動し、自在に回転し始めたときに、人間は自由無礙《じゆうむげ》な境地に達するであろうと考えられているのである。

東洋でも、ヨーロッパの非合理思想でも、心と身体を一体化して考える場合、いかにして「自我」に執着する意識を捨てて、無心に達するかが究極の課題であるが、ただそこに至るまでの方法や手続きがあまりにも異なるのである。そしてこの「自我」を抑える方法は、さまざまな自己統御の準備を経た後の全身的訓練の上に成り立っているので、いったん習練を積んだ後では、好みの衣服を着たり脱いだりするように、気儘に取り替えるわけにはいかないのだ。先の事例が示すように、西欧人がインドや中国に行っても容易に西欧人であることから脱却できない場合もあれば、脱却したために――あるいは再び西欧に戻ったために、内部混乱が生じ、精神の統一が毀される場合もあるほどなのである。

日本人だけがこうしたきわどい問題に無縁であるはずはない。無縁であるような顔をして楽天的でいられるのは、問題が見極められていないだけの話であろう。

三

教養とは元来、行為、もしくは身体的鍛錬を基本に置く言葉であった。古代ギリシアでは、教養とは、一種の実践的概念であった。単に読書、学習に限らず、それに基づく規律、節制、克己、忍耐をも指していた。

一体いつ頃から教養とは机に向かって書を繙《ひもと》き、知識を身につける受け身の享受と考えられるようになったのだろうか。

平凡社の大辞典によると、「教養」の二字は、もともとは漢語の古い用法のうちにはなかったようだ。学業を修め徳性を養う意味で古くから用いられて来た言葉は、修養、修業、修行等であった。そこには万巻の書のみならず、常住坐臥のうちに日々に怠りなき求道を要請する精神がこめられている。ことに「修行」は仏法を修行する意である。それに対し「教養」はどうやら culture や **Bildung** に対する翻訳語であるようにみえる。今日なおこの文字につき纏っているどことなく甘い、感傷的な雰囲気はそこから来るのであろう。「教養のある人」「教養講座」「教養学部」「教養文庫」「教養番組」……等々、今でも結構便利に使われている。

行為から切り離された単なる知識としての教養、読書としての教養の概念に、わが国で最も早く根本的な疑問をつきつけたのは、唐木順三氏であった。私は今でも『現代史への試み』を読んだときの最初の感銘を忘れられない。大正文化主義の教養の脆弱さが、この書においてほどみごとに解明され、批判された例は他にない。「儒教武士道の旧い型、形式、生活体系」が鷗外とともに消滅し、言いかえれば「文化」が消滅し、代わりに「文化主義」が登場した必然が鋭く分析され、「型」を失った大正文化主義の教養人の教養が、「型そのもの」ともいえるマルキシズムとファシズムを前に敗退して行く逆説的なプロセスが、説き明かされている。おそらく精神史的な歴史叙述の名に値するわが国で最初の試みといえよう。

明治初期には国家の指導者と知識階級とは事実上重なっていて、必ずしも分裂してはいなかった。その後国家権力が増大し、対外的な危機が一応去り、維新から約半世紀後に——ヨーロッパが第一次大戦で混乱したあの時期に——国家権力にいわば守られ保護されるような形で、大正教養主義が花開いたことは、周知の通りである。三木清や阿部次郎や倉田百三や和辻哲郎等の名前や仕事は、まだ私たちの世代にも決して遠い世界の出来事ではない。古今東西にわたる豊富な読書と、国家や社会を視野の中に入れようとしない内面的な個性の探究とが、彼ら教養派の誇るべき主傾向であった。遠い歴史や異国文化への書物を通しての知的理解と博識が、政治や経済に対する無関心とほぼ釣り合い、個人は世界にのみ、すなわち、人類にのみ対面し、中間項の民族や社会や国家を問題にもしない。第二次大戦後に勢いを得たいわゆる「文化人」も、大正教養主義時代のこの傾向を多分に引き継いでいたように思い出される。

それはともかく、唐木氏の教養主義批判の要点は、そもそも古今東西の文化を理解することが可能であると信じている教養人の立脚点は何であるか、いったい「理解」とはそのように簡単なことなのか、という問いに尽きるだろう。私もこれまで述べて来たように、東の文化が西の文化を理解する、あるいはその逆も勿論同様だが、その際、真の理解が行われるためには、自分のいわゆるアイデンティティーをも失いかねない、身を危険に曝すきわどい場面さえ覚悟していなくてはならないのである。教養が元来、行為だと言ったのはその意味であり、心と身体は一如であって、身体的理解から切り離された単なる知的理解は、唐木氏によれば様式や型を失った無形式、文化喪失に外ならないのである。そして、そのようにして得られた教養は、相手をまるで理解していなかったという結果を招来するだけでなく、忍び寄る神経症や分裂病に時代の文化全体がやがて破れ、自己の統一性を見失って、画一的な政治的統制の「型」に敗退することになるであろう、というのである。

いったい理解とは何か。理解とは理解し得ない自分にまず直面することではないか。ユングやメダルト・ボスは易経やヨガに関心を持ったが、中国文明やインド文明を理解した、などとはたして言っているだろうか。彼らは未知の文明を前に戦慄したのである。理解が困難であることへの予感、ときに不安に戦《おのの》いたのである。この畏れの感情を欠いて、古今東西のあらゆる文化を平等に、無差別に扱うのが、通例、日本では「教養」の名で呼ばれている。今でも依然としてそうである。あるいは日本の過去の歴史、あるいは外国の遠い文物をいかに多く消化し、しかるのちいかに巧みに吐き出して並べてみせるかが、現代でも、評論や研究活動の大半を占めている。たった一人でもいい、自分には過去の歴史など分らないのだ、分る必要はないのだと叫んで、絶句する者もいなければ、反対になんとか分ろうとして、自分の平静な生活をいつしか乱し、物狂いのようになる者もいないのである。

しかしこのような教養のあり方は、決して日本だけに特有の事情ではなかった。明治日本が開国してそこから新文明を取り入れた西欧の十九世紀は、通常、「歴史の世紀」と呼ばれるが、ブルクハルトはこれを勿論揶揄的にではあるが、「教養の世紀」と名づけた。十九世紀のいわゆる歴史主義的教養は、唐木氏の批判した日本の大正文化の教養派の教養とある意味ではパラレルである。当時すでに、客観的にあらゆる事象を対象化する科学の精神が、言葉や歴史の学問にまで作用を及ぼし、学問は生との関係を離れ、知識のための知識が量的に増大していた。知識の分量と正確さが学問の本領となり、どんな学問もそれを背負う学者の人格の反映であるという肝心な点はなおざりにされた。

十九世紀ヨーロッパの知識人もまた、行為を介する自己形成を教養とするのでは決してなく、社会から離れた傍観者、観客としての業にいそしみ、過去のあらゆる文化を相対化して眺める公平さを、価値と考えるようになった。ゲーテは古代ギリシアに範を求め、自らギリシア人のように生きたが、十九世紀にはそういう規範さえも見失われた。そして、シナの古代も、インドの古代も、エジプトの古代も、古代ギリシアと等価値であるとする相対主義が一般化した。他方、キリスト教の絶対性に対する信頼も揺らぎだし、宗教も規範たり得なくなった。しかも相対化や公平さは真理の名で尊ばれたのである。その揚句、空間的にも、時間的にも、ただ一方的に知識の拡大が企てられる結果となり、反省意識のみが増大し、人間は中心を失い、懐疑的非行動に閉ざされるようになった。「歴史の世紀」と呼ばれた、十九世紀西欧の教養人の置かれたこの特殊な精神状況を、日本は開国以来、盛んに輸入し、模範としたのである。ここに近代日本の教養の奇妙な錯誤があり、倒錯があった。

日本人は修養や修行という古い言葉にこめられていた行為人としての自分の過去の生き方を忘れ、消極概念としての西欧の「教養」を、さながら新しい時代の積極的な理想のシンボルであるかのように受け取ったのである。それも日本が大正時代に入り、資本主義国としての一定の安定期に達してはじめて可能になったのであって、知識人は当時ようやく擬似的な「教養の世紀」を迎える余裕が得られたのだった。私が理解する大正教養主義は、以上のように、十九世紀以来のヨーロッパの精神状況と不可分な関係にある。

さて、そういう風に考え、例えばいま、和辻哲郎全集を前にすると、私はある奇妙な感慨に襲われずにはいられない。大正教養主義の精神を、おそらく最も良質な部分において生きたこの博識の大家は、いったい何を信じていたのだろうか。和辻ほど知識と行為の相反に無自覚だった思想家は珍しい。彼は仏教も、儒教も、原始キリスト教も、ホメロスも、そしてニーチェも、ニーチェの論敵ヴィラモーヴィッツも、日本の美術も、イタリアの古寺も、なんでも理解し、整理し、配列する巨大な包括力を持っていた。彼は空間と時間の限界を越えてなにごとをも理解した。この点では十九世紀の西欧の歴史主義の大家に相似ている。

和辻哲郎はたしかになにごとをも理解した。しかしある肝心な一点を理解していなかったように思える。理解とは理解し得ない自分にまず直面することから始まる、というあの問いを、彼は予感してさえいなかったのではないか。教養とは知識ではなく、身体を通じて初めて得られる一種の実践概念だという自覚は、和辻の思想の中にはまったくなかった。

ギリシア人は知の基本に、身体《しんたい》の訓練を置いていたが、これははなはだ示唆的である。身体は自分の意志通りには決して動かないものである。意識の自由になる範囲も限られている。それどころか意識は行為上の失錯をもたらし、ときに身体から自由を奪う。身体は自分のものであって、自分のものではない。スポーツ選手なら誰でも知っていようが、どんなに意識して努力しても思うに任せぬ自分の身体が、ある日突然、自由になる。名人芸が可能になる。いわば自分の意識を超えた出来事である。認識も同様である。最初から歴史の全体を分りやすく展望している博識型の知性は、じつはなにも見ていないに等しい。見えない自分にぶつかって、ままならぬ自分の意識の統御に苦慮した揚句、はじめて自分が僅かでも見えてくるのであろう。決して最初に全体知があるのではない。自分を分ったものとしてではなく、分らない自分に直面することからしか出発する道はない。

大正教養主義時代の直後に、いわばそのアンチテーゼとして小林秀雄氏が登場したのは、この意味でも決して偶然ではなかった。知るとは何か？　が氏の終生の課題である。知り得ない自分というものに突き当っている人間の発する問いにのみ、歴史はわずかにその扉を開いてくれるにすぎなかろう。

教養は読書でも鑑賞でも享受でもなく、いわば行為であるという本義に、私たちは小林氏によってはじめて立ち還ることが出来たのである。

行為である以上、身体と同様に心もまた、自分のものであって、自分のものではない。人間は心を操ろうとしても、操るものもやはり心なのである。だから「どうしても『格物』といふ事、物が来り、至るといふ事が、心には必要だ」と、氏は徂徠に即して書いている。「心に直かに近付く道はない。心は常に物を手がかりとして働いてゐるといふ尋常な現実を尊重すれば足りるのである」（「物」）。小林氏ほど自己反省や自己観察に対し不信を表明した思索家もない。意識の働きが、行為に失錯をもたらすと同じように、反省し観察する意識の増大は、心にとってもときに危険を意味するのである。心と身体を氏は分離しない。心身を二分し心の世界を絶対化する西欧形而上学のあの整然たる構築物が、氏にとっておおむね無関係であった所以でもある。東洋の心身観に非常に接近したベルグソンに氏が傾倒したわけも分るような気がする。

意識のもたらす誤謬や錯誤から免れるために意識を殺すという道は、かつて東洋人の実践方法の一つであった。「自我」を抑えて、相手の存在を非因果的な不連続の相のままに、全体的に直観する方法である。それは「自我」と言わないで、「自我」を実行する処のもの、すなわちより上位の「自己」に直かに対面する処の、先に述べた自己意識の克服の方法と通ずる。

小林氏を論じるのがここでの課題ではないので、きわめて有名な一文を挙げるに留めるが、「私の人生観」で宮本武蔵の観法の逆説を語っている件《くだり》に、次のように書かれている。武蔵は「立会ひの際、相手方に目を付ける場合、観の目強く、見の目弱く見るべし。」と語っていたという。「見の目とは、彼に言はせれば常の目、普通の目の働き方である。敵の動きがあゝだとかかうだとか分析的に知的に合点する目であるが、もう一つ相手の存在を全体的に直覚する目がある。」易を見る中国人の目の中にユングが予感したのも、おそらくはこの全体的に直覚する目であったことは想像に難くない。小林氏はさらに次のようにも言っている。「常の目は見ようとするが、見ようとしない心にも目はあるのである。言はば心眼です。見ようとする意が目を曇らせる。」

見ようとしない、すなわち意識や意図から離れる、そこに氏は行為の極致を見た。いうまでもなく自由の極致であるが、氏は自由という言葉を用いない。概念で導かれる人生を氏は一貫して拒否してきた人である。

四

大正十三年から昭和四年まで東北帝国大学で哲学ならびに古典語を教えていたオイゲン・ヘリゲルは、『弓道における禅』***という特異な一書を残した。滞日中ヘリゲルは、弓道の名人阿波研造範士に師事して、弓術の奥義に達しようと六年にわたり辛抱強く稽古に励んだ。帰国後、弓を介した禅の神秘体験を、西洋人らしく緻密かつ論理的に、余計な叙景描写や心理描写をいっさい省いて解明、報告したのがこの書である。

外国語で書かれた日本文化論といえば、ラフカディオ・ハーンやブルーノ・タウトといった、文学的・芸術的な日本のイメージを強調した文化論が人口に膾炙している。しかし本書は文化論というよりも、日本の文化を身をもって具体的に体験した、一ヨーロッパ人の精神的記録という意味を持っている。ハーンやタウトの日本に対する理解の仕方には、日本人の生活や美に対する愛がこめられているし、それらを世界に知らせたいという気持もあったように思える。しかしオイゲン・ヘリゲルの場合には、愛というにはあまりに激しい、日本の文化の核髄を身体をもって知ろうとする情熱があったし、世界に日本を知らせるためではなく、自分自身の救済そのものが彼の直接の課題であった。ヘリゲルは新カント派、ことにハイデルベルク学派の系流につらなるドイツの哲学者だが、帰国してエルランゲン大学の教授になってから、弓道体験の記録をもとにこれを書いたので、時間的な距離もあってか、本質的要素にのみ叙述を限定し、哲学的に整理しつくした、無駄のない表現に終始している。帰国後も禅の体験者らしく、寡作な哲学者であった。ラスク全集の編纂の他には、『原質料と原形相』『形而上学的形相』の二著があるのみと聞く。第二次大戦後は、南ドイツのガルミッシュ・パルテンキルヒェに隠棲し、しきりに日本を偲んでいたというが、昭和三十年に亡くなった。孤独で清潔な生涯であったようである。

新カント派という、もともと合理論的な哲学一派に属する思索家が、禅という行為面での非合理体験に関心を示したことにも、勿論、東西対決に関わるつきせぬ興味が掻き立てられるが、ヘリゲルは青年期にエックハルトやヤーコプ・ベーメなどのドイツ神秘主義に傾倒していた。言語表現を超えたものへの、行為による飛躍は、早くから彼の問題意識の中にあったようだ。したがって、当然なことだが、彼の禅理解、少なくともその記述が、やはりなんといってもドイツ風であることを避けるわけにはいかない。とはいえ、ヘリゲルは一般の西欧思想の尺度をもって日本の禅を見ているのではない。そんな月並な話では勿論ない。彼は能う限り全身、異質文化に沈潜しようと欲した。ドイツ神秘主義は、その場合、理解の助けにこそなれ、それほどひどい妨げにはならないはずである。

私はこの一文の冒頭で、東の文化を知ろうとしてインドや中国に渡った欧米人が、相変わらず我執の強い欧米人のままであったり、あるいは逆に、自己のアイデンティティーを完全に喪って分裂病になったりする事例を瞥見した。心の世界は目に見えぬところで思いがけぬ偶然の危難に満ちているものである。ヘリゲルの心身に起こった変化が、今思えばやはり危険を孕んでいたのか、あるいは、彼の知力も精神力も抜群に大きかったのか、それは文字面だけからは判断のしようもないが、いずれにせよ、異質文化を理解する畏れと戦きを、六年にも及ぶ忍耐強い時間の中で静かに体験した、この記録は、ハーンやタウトの日本論に勝るとも劣らぬ有意義な一書となって私たちの手に残されている。

小銃とピストル射撃の経験を持つヘリゲルは、最初弓術をスポーツ的な技倆の一つと解していた。禅体験を得るために、日本の芸道か武道の一つを習得することが近道と教えられ、弓術を選んだわけだが、やがて日本武道の「術のない術の道」に達するためには、自分の持っている抵抗や障害を取り除いて行くことがどんなに困難であるかを悟らないわけには行かなかった。師範はヘリゲルが自分で困難に気がつくまで放置して、とくに手を取って教えようとはしなかった。彼は師範が造作なく弓を引き絞り射放す動作を目にし、とりあえず自分もやってみると、引くだけでほとんど全身の力を使わなければならず、すぐに呼吸が苦しくなった。まず正しい呼吸法、力を抜いて四肢を自由にする練習に何カ月もかかった。

一年たってやっと力を入れずに、しかも力強く、弓を引き絞ることが出来るようになった。彼自身も言っている通り、べつに驚くほどの成績ではない。それほどにも呼気と吸気の律動と、各動作の組合わせによって、全身の力を抜いたまま弓を引き絞るのは慣れない業であった。彼は技術的には正しい呼吸の仕方をすぐ覚えたが、腕や肩の筋肉の力を抜けば、思わず両足の筋肉組織が激しく硬化するのをどう阻止しようもなかった。そんな場合、師範の前で、力を抜こうと苦心しているのですと弁解すると、「まさしくそのことがいけないのです。あなたがそのために骨折ったり、いつもそのことを忘れないでいることが。」と、謎めいた言葉で窘《たしな》められた。

次いで矢を射る「放れ」の瞬間が問題となった。「放れ」とは弦にかかった拇指を包む三本の指が開かれて拇指を放すことをいう。三本の指を努力なしに、手に衝撃を残さずに放すのは至難の業であった。弓の弦が拇指を卒然として切断する風でなければならない。しかしヘリゲルは人の眼にも見える全身の動揺と衝撃なしで、矢を放すことは出来なかった。師範がやると、射放す行為はまったく簡単で、無頓着に見え、まるで唯遊んでいるように見えた。小銃射撃の経験から、ヘリゲルは、衝撃を免れた放れはただ命中の確実さのためにのみあるのだと考えていた。しかし東洋人が力強い業を無造作にやる美しさに非常に敏感であるのは、そうした目的意識とはまったく関わりがないことを、やがて彼は知らなければならなくなるのだった。

練習は明らかに一つの新しい段階を迎えた。ヘリゲルは師範の命令通りに良心的に稽古を積んだが、命令や指示を気にせずに、今までと同じに、成行き任せに射放していたときの方が、ずっとうまい射が出来たように思われた。師範を真似てやろうとすればするほど、彼はますます不安定になった。何週間も、何カ月も効果のない稽古がつづいた。師範は彼の繰り返される失敗を見て、少しも驚いた風はなかった。

あるとき一緒にお茶を飲む機会を得て、ヘリゲルは彼の心中を訴えた。

「私は言った。『射撃を台無しにしたくないなら、がくんと衝撃を与えるような手の開き方をしてはいけないのだ、ということはよく分ります。しかし、私はいくらそうやってみても、きまって逆になるのです。……』師範は答えて言った。『貴方は引き絞った弦を、さながら幼児が差し出された指を摑むようにして抑えなくてはいけません。幼児は差し出された指をしっかり握り緊めますので、あの小っぽけな拳《こぶし》の力には再三驚かされてしまうほどです。でも、幼児が指を放すときには、ほんの僅かな衝撃も起こりません。なぜだかお分りですか。幼児は考えないからです。――まるで今、自分はそこにある何か別の物を摑むために指を放すのだ、とでもいう風にして指を放します。というより、幼児は深く考えることもないし、なんの下心も持たずに、あっちのものからこっちのものへと転々としているだけです。その有様を言葉にすれば、幼児が物を相手に戯れている、とでも言うべきでしょうが、でもそれは、物が幼児を相手に戯れていると言っても同じことです。』『先生がこの比喩で暗示なさろうとしたことは、おそらく私にも分ります。』と、私は述べた。『ですが、私はまったく別の状況にあるのではないでしょうか。私が弓を引き絞ると、ただちに射放してしまわないと、引き絞ったままでいることにはもはや耐えられないと私が感じる瞬間がやって来ます。そのとき、にわかに何が起こるでしょうか。ただ単に息切れに襲われるというだけのことです。私はもはや待っていられなくなって、なるようになればいい、とばかりに、自ら射放さざるを得なくなってしまうのです。』師範は次のように答えた。『貴方はご自身にとって何処に難点があるか、じつに良く描写なさいました。貴方がなぜ放れを待つことが出来ないのか、またなぜ射放す前に息切れしてしまうのか、そのわけがお分りですか。正しい射が正しい瞬間に起こらないのは、貴方が貴方ご自身から離脱していないからです。貴方は充実を目指して引き絞っているのではなく、不首尾を待っているのです。そんな状態である限り、貴方はご自身とは何の関係もない出来事を自ら惹き起こしてしまうよりほかに仕方がないでしょう。そしてそんな出来事を惹き起こしている間、貴方の手は正しい仕方で――幼児の手のようには開かれません。熟した果物の皮がはじけるようには開かれません。』私は師範に、このような説明は私を一層混乱させた、と告白せざるを得なかった。『と申しますのは、結局』と私は再考を煩わすべく言った。『私が弓を引き絞り、射放すのは、的に中《あ》てるためです。そしてこの関連を私は見失うわけには行きません。幼児はこの関連をまだ知りませんが、私はもはやそれを取り除くことは出来ないのです。』すると師範は声を大にして次のように言った。『正しい技《わざ》には目的も、下心もありませんぞ！貴方があくまで確実に的に中《あ》てるために、矢の放れを習得しようという考えを頑《かたく》なに変えまいとすればするほど、ますます放れは成功せず、ますます中りも遠のくでしょう。貴方が余りに意志的な意志を持っていることが、貴方の妨げになっているのです。」

私たちは目的を過度に意識したときに、行為から自由が失われ、しくじりや錯誤を犯し勝ちである。スポーツで練習のときにうまくやれたのに、本番で失敗をしてしまう。分っていても駄目である。いざというとき、間違うまいと注意している自分に、自分で気がついている。気がついた瞬間、すでにもうへまを犯している。誰にでも経験のあることだろう。

このように人間の意識の働きからは無数の失錯が生じる。意志的な西洋人にはとくにその傾向が強い。ヨーロッパ文明は元来が意識中心の文明であって、意識を自家薬籠中のものにしていると盲信してきたため、意識が誤謬に関わる局面にはほとんど注意を払わないで来た。

「私はひとりでに行われる自己集中が、いつもまさに射放そうとする瞬間に消えて行くことを、どう防ぎようもなかった」と、ヘリゲルは書いている。自己意識が邪魔をするからである。うまく射放そうとするまさにその意志が、行為の妨げとなる。彼は成果を求めるべきではなく、求めるという目的意識から自分がまず離脱しなければならないことを悟る。そのためには、身体の力を抜くだけではなく、心や精神の力も抜くことを試みなければならない。起居、坐臥の際にできるだけ心身の力を抜き、呼吸に気持を集中する。ヘリゲルは無理な抵抗なしに、無作為に、感覚の門を閉じることが生活にいかなる変化をもたらすかを経験した。外からの刺戟は沈下して朦朧としたざわめきとなり、時が経つにつれて、相当に強い刺戟に対してすら無感覚となった。

それでも、弓矢を持てば、相変わらず意図的に射放すばかりで、どうしようもなかった。彼は明けても暮れても「放れ」に専念した。積もった雪が竹の笹から滑り落ちても、笹は動かない。「本当の射とはそんなものです。」と、師範は教える。「射は射手が射放そうと考えぬうちに自ずから落ちて来なければならないのです。」こうして三年目が過ぎ、四年目に入った。やがて彼にも費やした莫大な時間の浪費を後悔する気持がきざし始めた。同国人の嘲笑の言葉もこたえた。

あるとき、無心、無我になり切れないために失敗するのではなく、三本の指の圧力と位置の関係に失敗の原因があると、はたと気がついた。なんでもないことだった。やってみるとじつにうまく行く。これは小銃射撃の技術と非常によく似ていたので、一方ならず彼の気に入った。

彼は正しい道を歩んでいるに違いないことを確信した。このほとんどすべての放れが滑らかに、流暢に行った。この遣り方で、師範の前で放った第一射は抜群にうまく行った。しかし師範は無言のまま彼から弓矢を取り上げ、背を向け、座布団の上に坐った。翌日人を介して、今後教えることを断わると言って来た。自分を「瞞そうとした」と言うのである。

彼は詫びを入れ、練習を旧に復することを誓った。こうしてまたいつ果てるともない稽古の日がつづいた。次第に帰国の日限もせまって来たことを告げても、師範は、「時が熟するまでお待ちなさい」と言うだけだった。「私が」射ているという自己意識を捨てて、無心になり切るにはどうしたら良いか。そこで、ある日ヘリゲルは師範に尋ねた。

「『いったい射はそもそもどのようにして放すことが出来るのでしょうか、もしも〝私が〟それをするのでないならば？』『〝それ〟が射るのです。』と彼は答えた。『そのことは先生から今までですでに二、三回承りました。ですから質問の仕方を変えなければなりません。もしも〝私が〟もはやその場に居てはいけないというのでしたら、いったい私はどのようにして自分を忘れ、放れを待つことが出来るのでしょうか。』『〝それ〟が満を持しているのです。』『ではこの〝それ〟とは誰ですか？ 何ですか？』『もしも貴方がひとたびこのことをお分りになれば、貴方はもはや私を必要とはしないでしょう。』」

阿波師範が実際に〝それ〟という日本語を語ったのか、ヘリゲル自身が語られたなにかの日本語に三人称代名詞を適用したのか、本当のところは分らないが、〝それ〟に当たるドイツ語の三人称代名詞esは、自我を超え出たものを表現する非人称代名詞である。一番分りやすい例でいえば、Es regnet.（雨が降る）、Es hungert mich.（私は空腹になる）である。雨を降らせるのも、私を空腹にするのも、人間の意志ではない。なにか人間を超えたものの力である。「私」や「彼」や「彼女」といった人称代名詞を主語にするわけにはいかない。この点ドイツ語は大変に論理的である。Es schaudert mich.（私は身の毛がよだつ。戦慄を覚える）といった生理的表現に関しても、「私」を主語にはできない。私の意識や意志の自由にはならない感情だからである。私の自我を超えたなにかが、私が望んでも望まなくても、身の毛のよだつほどの恐ろしさや戦慄を与える、というほどの意味なのである。

前にも述べた通り、人間の身体運動には、われわれの意識の及ばない合目的性が支配していて、このうえなく高次の理性が、身体全体の機能をうまく司っていると考えなければならない。特殊な訓練によって、この高次の理性が自在に回転し、機能するように導くことが、支障なく創造活動を行う条件であろう。そしてこの高次の理性こそが、「自我」を支配し、「自我」を実行する処のもの、『ツァラトゥストラ』からの先の引用でいえば、「大きな理性」ないし「《自己》」であり、ユングでいえば自我より上位の概念である「自己」に当たる。オイゲン・ヘリゲルがさしあたりこの高次の理性を〝それ〟という非人称代名詞で呼んだと考えても、さして無理ではあるまい。ただしこの〝それ〟は超越的原理ではないし、天恵でも、神来でもない。人間なら誰でも特殊な訓練で〝それ〟を招き寄せることは出来るのである。とはいえ動物的な本能を研ぎすますという意味では決してない。人間が精神や感覚をもって生きる点では、日常のどんな場合とも変わらないのである。ただ精神も感覚も、意識に邪魔されずに、伸び伸びと、本来の機能を発揮できる、そういう状態である。

　ニーチェもまた自我の制約を越えた、無心になり切った状態を真の創造的状態と考え、やはり〝それ〟という非人称代名詞を用いている、次の場合がある。

「――ある考えがやって来るのは、《考え》の方でやって来たいと欲するときであって、《私（自我）》がそう欲するときではない。だから主語《私》が述語《考える》を制約しているなどと言うのは、事実の歪曲である。何かあるもの、それが考える（Es denkt.）のである。」

（『善悪の彼岸』一七）

　ニーチェは「それが考える」というこういう言い方だけでもすでに言い過ぎで、この場合の〝それ〟でさえもすでに何らかの思考過程の解釈を含んでいるのではないか、という疑問を一方では表明しながら、ともかく右のように述べているのである。

　オイゲン・ヘリゲルの滞日期間はやがて六年目を迎えた。その頃には彼はもう焦りも、迷いも感じなくなっていた。ある日のことである。一射すると、師範は丁寧にお辞儀をして、

「今しがた〝それ〟が射ました。」（„Soeben hat ‚es' geschossen."）

と叫んだ。

「私は貴方に向ってお辞儀をしたのではありません。というのは貴方はこの射にまったく責任がないからです。」

と師範はつけ加えた。

　この場面は黙って読んできた者にはやはり感動的である。

ここまで来ると東の文化と西の文化の相違であるとか一致であるとかいう問題は、実際、どうでもよいようにも思えてくる。

五

オイゲン・ヘリゲルの体験したことは、本来、言語表現の成り立たない世界、あるいはそれを超えた世界に属している。今この体験を言語を通じて考察するのは、所詮、推測の域を脱し得ないが、異質の文化の相互理解に関する国際政治的な文字の往来している今日の時代に、他者の理解にはいかに長い時間をかけた自己改変への努力が必要であるかを示唆する右の体験記述は、楽観的で手軽な議論への十分な警告ともなっている。外国文化へ顔が向いている近代の日本人が、いざ外国の精神を学ぼうとした際に、はたしてヘリゲルと同じような行為を伴った自己実験を試みて来たかどうか、そこに大正期以来の「教養」の問題がある。東と西の間の深い溝を越えるための心身の工夫はなに一つなされず、比較文化だの比較思想だのといった、傍観者的な東西比較論に打ち興じる無邪気さが、この、今日の「教養」につき纏うもう一つの問題である。

それに、私はヘリゲルの記録を読んで、現代の日本人がややもすると忘れかけている師弟の間の精神的交感が——彼はおよそ余計な小説的描写は混入させていないが——過去の日本においていかに深い人間関係を形づくっていたかを想像せずにはいられなかった。

実際にヘリゲルも、日本の芸道や武道の師弟関係の特異さに関心を寄せている。

例えば墨絵師は、弟子たちが前に坐っていても彼自らが墨をすり、弟子たちに任せない。生花の師匠は花の枝を束ねている麻紐を自分で解いて、丁寧に巻いて側に置き、稽古を始めるが、このどうでもいい準備作業をやはり経験ある弟子の手に委ねない。一見無意味なこのような準備時間中に訪れる「瞑想的な静寂のお蔭で、あの決定的な、力をすっかり抜いた状態」「心身の全力の集中」が得られるのだと、彼は解釈している。

最近、花、茶、書、能、舞踊、邦楽などいわゆる日本の伝統芸術の諸流派の「家元制度」について、社会学的な関心が高まっている。先日も私は新聞である学者の論を読んだ。その論によると、なんでも家元などというのは西洋音楽家が世界のどこかのコンクールで入賞して権威づけられるのと同じような、日本の芸能家が免許をかち得るためのシステムにすぎないのだそうである。ヨーロッパ系の音楽ならウィーンに、美術ならパリに家元があるというように、日本に限らず、文化をつくる世界にはどこにでもあるシステムだと論じている。ただ日本の芸能がヨーロッパ系の音楽や美術と異なるのは、前近代か近代かの違いであるにすぎない、と。

「だから日本の家元は、前近代の文化に関わらねば価値はない。ところが日本の芸の特質のひとつに、それらがすべてといっていいほど、型に分解できるという特性がある。実は、これが日本の文化の特質なのだが、そこでこの分類し整理された型を順次弟子に教える。その代償に何がしかを得る。

　ところが型を教えるとは、パターン認識である。……そこでパターン認識のレベルまでは、家元から教えられた弟子は、また自分の弟子に教えこむことが可能となる。ここに家元の下にお師匠さんが鼠算式にふえる原因がある。……

　このすべてを型に分類してしまうというあり方が、かつては武芸から大道芸、さては和算といったものにまで、必ず家元があり弟子があり、免許制度の生まれる所以だったのである。文化の創造は実は型の創造である。」

　いかにも日本の知識人の言いそうな、わけ知り顔で、大変に賢く説明しているこの種の解釈を、私はあまり好きになれない。現代社会における家元制度が金銭と名誉欲のとび交う堕落組織となっているのは事実であり、その原因が型の伝授の安易さにあるという指摘は、述べられている通りだと思うが、そのことと、日本人の師と弟子の間の本来の関係とは別問題であるだろう。また、ウィーンやパリに権威を求める現代の芸術家の心理と、日本の家元を権威化する心理とを重ね合わせるのは、要するに現代大衆社会の集団心理の問題であって、古来の家元制度が現代では形骸化して存在理由を失ったと書けば、それで済むことではなかろうか。

　オイゲン・ヘリゲルは今からわずか半世紀前に、日本の芸道や武道における師弟の関係をもっと理想化し、古来の精神に即して理解しようとしていた。すなわち、日本において弟子は師匠を良心的に模倣する以外に、なに一つ要望されない。師はたっぷり時間をかけて弟子の成熟を待ち、押しつけたり、教示したりせず、また弟子の創意工夫すらも期待しない。どちらにもじっと待っている忍耐心がある。

　茶道でも、書道でも、邦楽でも、礼法がその眼目である。弟子は礼法の中から、師が言葉で教えるよりもはるかに明瞭に、またはるかに多く、精神のこもった心構えを感受するのである。弟子は師のやる通りに模倣し、独創などに走らず、心身一如の状態が自然に身につくまで反復する。師は心を伝えるのであって、技術を伝えるのではない。以心伝心である。師は弟子に師自身の体験を潜り抜けさせる。弟子は師を通じて、自分がいっそう新しく拡大されたのを感じる。こうした師弟関係は、西欧におけるような契約関係ではない。個人と組織の関係でもない。ヘリゲルはまずそのことに驚いたのである。「そこにはただ精神だけが現在している。一種の目覚めた状態だけが現在している。この目覚めた状態は必ずしも〝自我自身〟を伝えるものではないので、それだけにますます無制限に、〝聞く眼をもって、そして見る耳をもって〟、あらゆる広さと深さとに浸透して行くのである。このようにして師匠は弟子をして自分自身の中を通り抜けさせる。また弟子の方には、師匠を通して何ものかが自分の視界に立ち現れて来るのを受け止める受容性が、いよいよ備わって来る。弟子はその何ものかについては、すでにこれまでにもたびたびにわたって耳にして来たのではあるが、しかし今はじめて、自分の経験の基盤において、その現実性が弟子の身にははっきりと具体的になり始めるのである。」

前近代の日本の芸能は型に分解できるので、すべてパターン認識となって伝授がたやすいのだ、というような、現代風のさかしらな解釈は、ここにはない。阿波研造範士から彼が弟子として受けた教えのすべてが集約されているのであって、右に語られているのは彼自身の体験以外のなにものでもない。

ヘリゲルが日本人と日本文化を理想的に見過ぎている点を疑問とすることも、あるいは私たちには必要かもしれない。しかし彼が異国の地で、頑なに自分の理想を生き切ったという、端的な一つの事実は動かせまい。そしてそれを受け止め得た名師範が日本に存在したことも、争えない。

私たちは理想を生きた人間を前にして気の利いた解釈を慎みたい。聖職者が女を囲い物欲に憑かれていた時代にも、殉教者はいたのである。多数者の平板な生き方を社会学的に類型化することによって、決して平板に生きていない一人の人間の価値観を曖昧にしてはならない。日本の芸道や武道の人間世界に、低俗な名誉心や堕落が横行したのは、なにも現代だけの現象ではあるまい。ヘリゲルの見た昭和の初期にも、似たような現象はあったに違いない。それと同様に、この現代にも、阿波範士と彼との間に結ばれたような師弟関係がないとは言い切れまい。そんなものは存在しないと嘯《うそぶ》く俗流心理学を私は信じないのである。

「家元制度」に関する社会学的関心は、むしろ今では、日本の社会の構造を解明するという新しい形式の知的分析に向けられている。「イエモト」と表記して、「家元」と区別する、この方面の専門学者もいる。そうしたある学者によると、家元制度を日本の社会の「原組織」の一つと見て、例えば宗教社会・講道館・画壇・書壇・文壇・楽壇・ドレメ・「ホトトギス」・大学研究室・新劇・前衛舞踊等々、現代社会のいたるところに「家元」擬似集団すなわち「イエモト」があることを見届けようとする、社会構造論上の研究が展開されている。近年では、このような方法論がはるかに多くの人の注意を喚起している。それは丁度、日本人の人間関係を〝タテ〟社会と呼んだり、〝甘え〟の構造と定義したりする流行の社会学的アプローチの一つと見なしてよい。やがて『〝イエモト〟社会の人間関係』というような本がベストセラーになるであろう。

以上のような社会学的解明には、日本人が自分の姿を他人の目で眺めている冷静さがあるので、参考になる一面があり、たしかに有益である。しかしいずれも一種の説明であり、定義であり、分類であって、価値を提唱している書ではない。そしてなによりも、西欧的知性によって日本人が自分の過去と現在を観察し、冷淡に解剖している点に特色がある。私たち現代人の知性の特徴をいわば代表しているともいえるので、これらの書がベストセラーになるのも当然といえよう。しかし、繰り返すようだが、社会学的分析の書は、分類し解剖する西欧的知性に毒される以前の、日本人の心の深部には決して、なに一つ触れては来ない。

私は再度言いたい。いったい理解とは何か。日本人が自分を本当に理解するとは何か。私たちは自己の統一性を見失うほどの苦悩も危機も感じないで、西欧的知性を身につけ、それを駆使している。じつに楽天的にである。しかしそのために、日本の社会は全体として、忍び寄るある種の不統一感、アイデンティティーの喪失、神経症等に犯されかけていると私は前に書いた。考えてみれば、面白い見出し語《キャッチワード》で自分自身の属する社会の構造を分解し、説明する流行の〝類型研究〟も、私の目には、なぜかこの種の神経症の一つであるように思えてならないのである。

本当に理解するとは、人間が自我意識を捨てて、無心に達するという究極の救いに関してまで、理解が及ぶということに外ならない。救いという点では東洋でも、ヨーロッパの非合理思想でも、目標に大きな違いはなかった。違いがあるのはあくまでも全身的訓練の方法や手続きに関してである。それだけに、単なる知的理解を[illegible]る生き方では、かえって社会的神経症を瀰漫させるだけであろう。私たちが東西の間の深い溝を超えるためには、なんとしても心と身体を切り離さないで、「自我」を超えていく独特な鍛錬と工夫が求められる所以である。

＊ 湯浅泰雄『身体』創文社、昭和五十二年、第一章三(2)参照。

＊＊ 河合隼雄「ユングにおける東洋と西洋」「第三文明」昭和五十三年八月号、一〇七—一〇八ページ。

＊＊＊ Zen in der Kunst des Bogenschießens. 1948; Nachdruck, Weilheim Obb. 1972（邦訳題名『弓と禅』）。

＊＊＊＊ 吉田光邦「新・家元論」（上）「朝日新聞」昭和五十三年五月十五日付夕刊。

（「新潮」一九七八年九月号）

VI

ドイツを観察し、ドイツから観察される

ロンドンで考えたこと

日本人としての「帰属」意識

もうずいぶん前になるが、友人が外国系巨大企業に就職したときに、私の心の中にはある小さな、説明のできない当惑が萌《きざ》した。どうしてだろうか？　という解けない謎のようなものが、胸中に取り憑いて、永い間離れなかった。サラリーマンが生涯かけた勤労努力が、日本の社会に還元されるのではなく、最終的にはことごとく外国に吸い上げられるシステムに、果して満ち足りた生き甲斐を感じることができるだろうか？　いくらいい給料をもらっても厭だなァと、他の友人たちと話し合ったものである。当時、日本はまだ貧しく、外国系企業では一般の日本企業の約一・五～二倍くらいの給与が支払われていた。日本が貧しかっただけに、いい給与に魅了されて、外国人に仕えるのは、同胞を裏切る背徳行為のようにさえ思えたのだった。こんな気持は、おそらく今の若い世代には理解してもらえないだろうし、滑稽にさえ思われるかもしれない。

今日ではそれどころか、「国際化」の必要が切実に唱えられているだけに、こうした私の古臭いナショナル・インタレストを打ち毀すことが急務とされているのである。どこで働こうと、勤労とは個人が労働時間を売って、収益を得、個人生活を支える基本とするものである。そして「国際化」は、この個人意識のある意味での徹底化を前提としている。国家のことなどどうでもいい。同胞のことなどどうでもいい。高い収入が保証され、私生活がエンジョイできるなら、一生を外国資本の利益のために捧げてもいい、そう思う人が増えていくことが「国際化」である。と同時に、同じような希望を抱く外国人が日本の国内にどんどん入ってくることを妨げないような意識が育つこともまた「国際化」である。

日本人が外国へ、旅行者意識を捨てて、大挙して永住覚悟で出向くようになると同時に、外国人が日本へ、やはり永住権を求めて多数入植して、日本の国家利益とは必ずしも一致しない経済活動に従事し、日本市民にもそれが次第に影響して、国民的一体感が、完全に毀れはしないまでも、相当に希薄化することである。

ヘレニズムの昔から国際主義、すなわち世界市民主義やコスモポリタニズムは、必ず国家意識の希薄化と個人主義＝利己主義の蔓延《まんえん》をもたらしてきた。近代史でいえば、華僑と呼ばれる中国商人などがそのいい例である。

ところで、私自身は企業に勤務した経験がなく、外国の文学や思想を研究する人間になった。若いころ、そのような私の目の前にも、外国のために外国を研究している（のではないかと邪推したくなる）先輩研究家がいくらもいて、この点でもまた私を疑問に陥れた。私はドイツ文学を専攻したが、ドイツ人のためにドイツを研究しようと思ったことは一度もない。私はドイツ文化極東出張所員ではない。何のために勉強するのか？　と問われて、まさかこの場合、国家のためだ、と思ったわけではないにせよ、日本語および日本文化に自分が帰属しているという安らぎがいわば前提となっている。そのうえで自分がドイツ研究をすることは、結果的に、日本語および日本文化にすべての成果が立ち返っていくことを自明の事柄と受け止めていることを意味していよう。私はドイツ語を勉強したが、ドイツ語で詩や評論を書いて、生計を立てることなど考えてもみなかった。ドイツに政治亡命することなど思いも寄らない。それが私のドイツ研究の限界かもしれないが、しかしまた、私が自分より大きな、自分自身を超えている日本語および日本文化の伝統を信じている帰属意識の現われでもあるであろう。

企業や役所に勤務しているサラリーマンの大半も、日本のために働いているなどという、ことごとしい国家意識は、私同様に持ってはいないだろう。毎日、目先の多忙に追われて生きているだけで（何のために働く？　と問われれば、家族のためにと答えるのが精一杯だろうが）、それでいて、日本が外国資本に利益を吸い上げられる悲惨な国ではなく、自分の労働が結果的に日本の繁栄の維持にどこかで寄与していると信じ、共同体への自分の帰属感をいわば疑っていない安心感に支えられているのではないだろうか。

「国際化」への心理的抵抗

その意味で、日本人は今のところどんな職業に従事していようと、日本という一つの大きな枠に収まっている。そして、それが外の風波を寄せつけない安全地帯のように見えるために、今、外国から非難や怨嗟《えんさ》の声を浴びせられているのだが、しかし、時代の要請として喧伝される「国際化」とは、私たちの生産活動だけでなく、文化活動の前提でもあるところのこの安定した基盤を揺さぶり、打ち毀し、変質させることをすら求めているといえよう。何百万という外国人労働者が都市という都市に蝟《い》集《しゅう》し、日本語を喋れない子供たちが小学校に溢れ、外国の食いつめ者がやくざと組んで、犯罪は増大し、テロの多発する無警察状態になる（ヨーロッパはすでにそうなりかけている）。他方、外国に学んだ日本人留学生は帰国をいやがり、学んだ成果を日本社会に還元しようとしない。

「国際化」とは美しい結果をもたらすものでは必ずしもない。もしも「国際化」が本格化すれば、あらゆる面でろくな事態にならないことは、あらかじめ覚悟しておかなくてはならない。

それでも、「国際化」を求める声は今や内外に急激に高まっている。なぜだろうか？　日本が外国資本に利益を吸い上げられる悲惨な国ではない安心感についてはった今書いたが、ところが近年では逆に、諸外国が日本資本に利益を吸い上げられる新しい局面に立ち至っている。そのような逆転現象が、国内を現在のような閉鎖的な状態のままにさせておくわけにいかない一原因となっているのかもしれない。私は経済の素人なりにそんなふうにも考えるが、しかしそれなら、国内にそれほどの厄介事を抱えるまでして、日本経済の無制限拡大を企てる必要がどこにあるのだろう、などとこれまた素人っぽい疑問を抱くのである。が、もとより、拡大なくしては現状維持すらなし得ない。これが近代の物質文明の残酷な必然の姿である。日本が何か目に見えないものの力にやみくもに追い立てられている動きそのものを、今、にわかに逆方向に向けて後戻りさせることなどできるものではない。いったん動きだした歴史の進行は、ある程度停止させることはできても、逆転させることなど不可能である。私がどんなに「国際化」を嫌悪しても、事態は少しずつ進むに違いない。

一昨年の秋、フランス、イギリス、ドイツを短期間歩いていた旅の途次、二十数年間、ヨーロッパに滞在しているある日本人科学者から、次のように言われた。「なぜ日本人は、貴方を含めてですが、日本をそんなに擁護するのですか？　なぜ日本にこだわる意識を捨てられないのですか？」日本人には珍しい完全なコスモポリタンである彼には、私がドイツ人のためにドイツ文化を学んでいるのではない内心の動機、日本語および日本文化という伝統への帰属意識があって初めて外国から学ぶことの意義が成り立つ事情が、どうしても呑み込めないようだった。しかし彼のこの問いは、世界の各地で、今、あらゆる日本人に向けて提出されている問いでもあるのである。私はこの問いにどう答えるべきかを、旅の道すがらもずっと考えつづけていた。

この問いに答えるためだけではなかったが、昨秋の短いヨーロッパ滞在中に、私は今まで私自身がしていない新しい試みを一つだけしてみた。ロンドン、ミュンヘン、フランクフルトなどで、海外進出の日本企業の数社を訪問してみたのである。泥まみれの「国際化」を現に実行しているのは、今のところはまだ国内の会社でもなければ、海外で学んだものを日本に持ち帰るだけの学者や知識人でもない。否応なしに最も本格的な「国際化」を、好むと好まざるとにかかわらず強いられてきているのは、最前線で外国と衝突している進出企業だけである。そこで起こる文化摩擦のドラマは、日本人にとってのいわば処女経験である。加えて、日本人には抵抗のある、少なくとも私のような旧弊な日本人には抵抗のある外国系資本への就職は、外国人ずれしたヨーロッパ人にとっては、さして抵抗のないことなのかどうか、そのへんの心理的微妙さも、できれば探訪してみたい、というのが企業訪問の私のそもそもの動機だった。

何のための「海外進出」か

昨年、やっと現地生産開始に踏み切ったニッサン自動車ロンドン事務所では、広報課長の安田鈔暁氏が私を迎えてくれた。ちょうどそのころは、サッチャー首相の臨席を得た賑やかな開所式も無事済ませ、いよいよ操業開始という活気に溢れた時期であった。

安田氏は、限られた時間内に、豊富な情報量を、瞬く間に伝える頭脳の冴えを発揮する人だった。一九八七年に二万四〇〇〇台、八八年に六万台、最終的には一〇万台をめざす英国ニッサンでは、やがて欧州大陸への輸出も計画しているという。しかしそのためには、英国内での部品調達率が六〇パーセントを超えなくてはならないという、例のローカルコンテント法の達成が条件である。

これが予想される障害の一つであることは、すでに新聞などを通じて私も知っていたが、安田氏は、日本側の厳しい要求を満たす用意が、英国の部品メーカーにもすでに十分に備わっているとの明るい見通しを語っていた。もちろん、最初は若干懸念を抱いていた。だが、彼らも部品のシェアが次第に狭まっている責任が、自分たち自身にあることに気がつきだしていた。本当に品質の良いものを供給しなければ、結果的に自分たちの首を締めるだけだということが分ってきて、日本側の挑戦にも応じてくれるようになった。英国部品メーカーにはもともと対応できる技術力がある。そこへ彼らの自覚を促す先鞭をジャガーがつけてくれていて、素地ができあがっていた。加えて、円高という新しい事態のために、日本から部品を輸入することはますます困難で、現地調達はそれだけ急務となり、ニッサン側にも覚悟ができて、実際には今までの通念とは違い、期待以上の品質が保証されている、と安田氏は自信たっぷりに語った。

日本企業の海外進出がこのように現地産業を刺戟的に活性化することは、当初から期待されていた目的の一つだが、しかし、あらゆる犠牲を払って海外へ進出する日本側の本来の目的がこれだというわけではないだろう。現地活性化は本来の目的を達成するための手段であり、あくまで条件整備の一環にすぎなかろう。とすれば、本来の目的は何か?

その前に私は、すでに英国進出で一歩先んじているロンドンのホンダで聞いた話を、安田氏にぶつけてみた。日本国内で生産された車と、英国で組み立てられた日本車との品質差に、イギリス人顧客が敏感だと聞いていますがどうでしょうか、と問うたのだが、安田氏はもとよりそういう状況があることを認めたうえで、一般にはまだ知られていない英国内の自動車販売事情について、次のような話をしてくれた。

「たしかにおっしゃるとおり、このブルーバードはどこから来たのか、遠い日本からか、英国内からか、などと顧客から聞かれますが、われわれはそうした状況を逆手にとって、むしろ前向きに考えたいのです。純粋な日本車はたしかにいいかもしれませんが、日本車ゆえに入っていけない領域があります。英国の車の年間販売台数は約一八五万台で、外国車がそのうちの半分のシェアを取り合っています。残りの半分に食い込めない理由は、現物支給という英国独得の給与支払い制度のお蔭です。労働党内閣の時代でしたが、給与の代りにカンパニーカーといって、地位に応じて会社から車が支給される制度が確立されて、それがずっと今でもつづいています。しかも、この国の車の約五〇パーセントを占めているのがカンパニーカーで、基本的に英国産の車にするという愛国主義的コンセンサスがあるため、これに輸入車は割り込めません。で、実際には、英国産車の最後の砦となったオースチン・ローヴァと米国の進出企業ブリティッシュ・フォードなどが残りの五〇パーセントを分け合っているわけですが、われわれのニッサン、つまりブリティッシュ・ニッサンがここに食い込もうというわけなのです。」

戦略は私にもよく分った。企業というものは凄まじいものだと私は思った。わずかの隙間にも食い入ろうとするのである。しかも、これを英国の立場から考えるとどうなるだろう。いったん自国産業が敗北すると、自国の市場は外国勢の草刈り場となることを意味する。外国勢にしたい放題にされて、手の出しようもない。それどころか、外国に入って来てもらうことを、自国の政策としてむしろ希望しなければならなくなるほどである。

私は、だから敗北したくはないものだ、などと当り前なことを言いたいのではなく、外国にそれほどまでして押し入っていく見返りに、日本および日本人はいったい何を得るのか？　あるいは、何を失うのか？　という問題を、今、われわれは真剣に考えなくてはならないときだろう、と思ったのである。

安田氏はさらに言葉をつづけた。

「もちろん、カンパニーカーに食い込むには、名実ともに英国民の利益になっていることが広く認知されなければなりません。認知は容易ではありません。雇用だけでなく、いろいろな面で、英国経済に寄与していることが知られ、評価されなくてはならないからです。しかも経済面だけでなく、もっと広い面で、英国民の一員であると認められることがいっそう必要なことでしょう。数量的な寄与だけでなく、われわれの態度の問題、会社全体としてはもとより、われわれ社員のひとりひとりが英国社会のコモンセンスにつねに合う行動をしている、等々の気配りが何よりも大切なのです。

その点で、われわれが一番注意を払っているのは、話題の日本的経営を上から押しつけるのじゃなくて、彼らの自発性にむしろ任せる方法を選んだことです。われわれは現地採用を幹部から始めました。イギリス人幹部を日本の本社に送り込み、日本のやり方を彼らの目でみてもらい、自由に考えさせて、英国にも取り入れられる点がもしもあるなら取り入れるようにといい、親会社だからこれをやれあれをやれとは一切いいませんでした。彼らが自発的に取り入れたいと思うものは、そうしたらいい。われわれの側から一定の方式を植えつけるという考え方はとりませんでした。例えば始業前の一斉体操などはメンタリティに合わないからやりたくないと言われたので、もちろんやっておりません。」

きわめて低姿勢な、遠慮深い対応である。発展途上国に進出した日本企業も、これと同じような慎重さに終始しているだろうか。英国に資本は進出したが、最初から優越文化に取り込まれ、同化されることを自ら求めている形である。文化的には日本は現実に何も進出したことにはならなかった、という結果だけが残るかもしれない。

日本的経営の特質をなすものは一体彼らに把握されているのだろうか、といった私の質問に対し――

「それはされています。彼らが日本の企業に入って一番強く感じるのは、上と下の間にコミュニケーションのあることだといいます。これが鍵だと異口同音にいいます。英国では現場と管理者側とのギャップが大きく、管理者は背広を着て、オフィスでペーパーワークをしているだけで、工場なんかに顔を出しません。オースチンで働くある工員から聞いたことですが、ボスとの対話はいつも一方的で、うんざりだよ、と言っていました。」

こういう話はほかでもよく耳にする。ただ、ホンダでは社長自らが教えてくれたのだが、日本人社長は、従業員を後ろに乗せて気さくに自身で車を運転することもあるけれども、従業員のほうは何となく気づまりで、落ち着かず、やはりボスにはボスらしくしていてほしいという気持が、彼らにも少しはあるようですよ、ということだった。しかし、安田氏によると、現地採用の際に、個室が欲しい、秘書が欲しいと言っていたイギリス人もいたようだが、そういう人は採用しなかったという。

「事務室もオープンスペースです。ここもご覧のように大部屋スタイルで、個室なんか置きません。」

言われてみれば、私どもの対座していた部屋もだだっ広い空間の数ヵ所に、机や椅子が置いてあるだけで、応接間ではなく、周りを男女の従業員が自由に動き回っていた。管理者側と従業員とのコミュニケーションには特別の注意が払われていて、花火大会やピクニックにも行ったし、開所式には家族を工場に招待したともいう。なかでも一番注目すべきは、労働組合対策である。当地はいずれもみな職能別組合であるから、一企業は通例二桁の数の組合と関わりをもつ。例えば、オースチンは十三の組合と関係している。しかし、ニッサンは一組合だけでやるという日本流儀を押し通すことを特別に許してもらったという。これはかなり大きな収穫だと私は思った。そして、このようにして、日本人の方式、やり方、ある種の日本文化の控え目な自己主張が曲りなりにも礎石を置いたのだ、とも思った。

私は工場を訪れることはできなかった。ロンドンから五百キロも離れたサンダーランドに開所された工場では、今、四百七十名の従業員が働いているが、うち日本人はわずかに三十名であるという。一九九〇年代には、労働者の規模は二千七百名に増員される予定だが、うまくいけば、日本人の数は三十名よりもさらに減るだろう、という安田氏の話を聞いているうちに、私は再び異様な気分に陥っていった。進出企業とは日本人にとって一体何なのか？　日本人の幸せにとって、日本人の労働倫理にとって一体何なのか？　私にはまたまた分らなくなってしまったのである。

しかし、私のこの疑問は、これからの日本にとって大きな問題であるにもせよ、必ずしも個々の進出企業の責任ではない。私は安田氏に厚く礼をいい、英国ニッサンの成功を祈って氏の許を辞去した。

日本型企業社会の「閉鎖性」

鉄道ストライキのたびに、早朝から都心へ向って黙々と線路を歩いて出勤する日本人の姿が、その昔よくテレビに放映されたものだった。近ごろでは鉄道ストライキが少ないせいか、都心の企業が同時休暇にしてしまうせいか、あまり見かけないが、あの光景を感動的だと言った友人がいる。私は感動的だ、とまでは思わないが、日本人の健気さ、律義さ、懸命さ、口の悪い人は貧しさ、と付け加えるだろうが、ともかく、これなくして今日の繁栄はなかった、今までの日本人の特質を集約したような光景ではある。欧米人から見れば「苦役」と映ずる徒歩出勤も、しかし当人たちにしてみれば、肉体的には辛いことであっても、精神的に不安を惹き起こされるようなことではない。

「やれ、やれ」といいながら、それほど辛そうにもしていない。窓際族その他、会社という共同体で居場所を脅かされることのほうがよほど辛いことであろう。

戦後、成功した日本の産業社会、これは単に企業だけではなく、日本人全体を巻き込んだ一種の画一的共同社会ということだが、一部の階級に富を集中させる古典的な資本家優先の社会ではなかったし、アメリカのように株主の利益ばかりを追う短期決済型の私企業社会でもなかった。もっと息の長い国家戦略を備えていた。しかも、搾取される階級をつくることが資本の論理にも結局は合わないことを、本能的に知っていた賢明な資本主義社会であった。社長と新入社員との賃金差の倍率の低さがよく話題にされてきたが、社員に利益を還元することで、社員の忠誠心を掌握する日本型システムは、世界から賞讃され、羨望されてもきたのである。しかも、同時にそれはまた、日本人だけで国内をがっちり固めた排他意識を前提ともしている。日本の大企業では、日本人以外は本社の重役にはなれないということを定款で謳っているところが大部分である。人事の閉鎖性は、意識するとしないとにかかわらず、上は経団連幹部から、下は一従業員に至るまで、ナショナル・インタレストを勤労努力の目標にしてきた、あるいはそれに精神的に支えられてきた、暗黙の表現であるとさえいえよう。

しかし、ロンドンで私が接した進出企業の姿は、なぜか、そうした日本型企業社会に対する私の既成の観念とは著しくそぐわないものであった。いま資本は円高の圧力に押されて、というより、資本そのものの純粋な拡張論理から、必然的に海外に進出せざるをえない。しかしそこに日本人の姿はない。鉄道ストライキの日に線路を歩いて行くあの日本の勤労者はいない。日本文化の影らしきものは若干移植されるかにみえる。しかも、それも現地の文化に抵抗を与えないように、慎重に配慮された範囲内においてである。日本人が自分の主張を殺し、ときに自分の正体を隠してまでも外国との一体化を図らなければ成功の覚束《おぼつか》ないこの「海外進出」は、果していかなる日本人のためになされているのか。日本人の幸せのために、その勤労倫理のためになされているのか。もとより、進出した相手国、この場合ならイギリス人の幸せになるというのなら、それはそれでもいいが(イギリスからあれほど歓迎されているのだからそう考えたくなるが)、しかし、このような事態によってイギリス人の誇りは果して満たされるのだろうか。彼らは仕方がなく歓迎しているのではなかろうか。もちろん、日本が進出しなければ他のどこかの国が、西ドイツが、あるいは韓国が同じことをやるだけであろう。また、日本が資本の論理の拡大を図らなければ、他のどこかの国に、韓国に、台湾に、シンガポールに、日本がやられるだけのことであろう。イギリスはそのようにして敗退してきた。日本もまたそのようにして敗退しないという保証はない。だから私は感傷的ペシミズムに陥るつもりはなく、半ば、産業論理の必然に従うほかはないとは思うが、ただその見返りとして、代償として、日本の国内に強いられる「国際化」、低賃金労働者の流入から大企業の人事の開放に至るまで、日本社会の根幹を揺がす事態を迎え入れなければならないのだとしたら、あまりに犠牲が大きすぎるのではないだろうか。
最近よく耳にする言葉——日本はこれだけ物を外に売り、これだけ巨額の債権国になったのだから、日本人は海外の組織でもっと主要ポストを得るべきだし、他方、国内の労働市場をもっと積極的に開放して、異質な価値観と競合する試練の場を広く国内のあらゆるところに拓くことが必要だ、といういかにも正論めいた議論を耳にするたびに、私はちょっと待ってほしい、と呼びかけたくなるのである。相当に知恵のある方でも、国際通といわれる立場の人だと、外国の圧力に気押されぎみで、今のように近隣から外国人労働者をいっさい入国させないで、日本だけが繁栄をつづけることは、もう道徳的にも許されないことだ、などと、まるで外国代表に科白《せりふ》を付けられたかのような言葉を口走るのである。そして、日本の資本が純粋に資本の論理のみから展開しているマネーゲームや、日本の勤労者を置き去りにした海外への資本進出に対しては、何ら根本的な疑問を抱かない。「国際化」は、判断を誤ると、日本の文化への取り返しのつかない打撃、病理学的変質をさえ招来しかねないのだ。ある程度の開放も、ある程度の進出も止むをえないが、限度を超えないためにも、日本は外でこれだけ稼いでいるのだから国内の文化的犠牲をも耐え忍べ、というふうな議論の立て方は慎むべきで、むしろ逆に、国内に及ぼす甚大な犠牲を避けるためにも、日本は外でもうこれ以上は稼がないようにしよう、という自己抑止の論理を展開すべき時なのではないだろうか。

大英帝国は「国際化」の模範例だが……

ロンドンで私が訪問したもう一つの自動車メーカーは、オースチン・ローヴァとの合弁を企てているホンダで、永井敏夫社長自らが、永松信幸ディレクターとご一緒に、私に親しくお会いくださった。

ここで誤解のないように申し添えて置きたいが、ニッサンにせよ、ホンダにせよ、私は個々の企業の海外進出にネガティヴな評価を下しているのではまったくない。また、そこで営々と努力している少数の日本人の、最前線における厳しい現実との闘いには敬意を抱きこそすれ、何ら批評がましい感情を抱いているものではない。ただ、日本の産業文明全体が曲り角に差しかかっているこのときにあたり、未来の日本人および日本文化に及ぼす影響の深刻さについて、注意を喚起しておきたいまでである。

永井社長は英国社会と現代の産業について、肝要な点を要領よくお話くださっただけで、広報マンのように数字をあげて詳しい自社説明をなさったわけではない。自社については円高で苦しい、と一言おっしゃっただけで、ほかには何も語らなかった。

永井氏はときどきイギリス人が怪物のように思えることがあるという。彼らが本気になってやりだしたら凄いのではないか、と密かに感じることもあるらしい。その萌しがないわけではないようだ。最近日本の前進的姿勢に学ぼうというわけで、土曜日や日曜日にも商店を開けよう、との運動が繰り広げられたという。これは労働党と教会の反対で潰されたが、英国社会が何かに気がついて動きだしている証拠ともいえる。日本社会がいま休暇を増やそうとしているのとはちょうど逆の方向に、徐々に、ゆっくりしたテンポで歩み始めたこの車輪が、もしも急激に回りだしたらどうなるか？　五千万の人間が一挙に目覚めたらどうなるか？　と、氏はふと白昼夢を思い描くが、しかし次の瞬間にはやっぱりそうはなりそうもない、だめだなァ、と現実に立ち返るのだそうである。

英国の停滞原因についてはあらゆることがすでに言われ尽されていて、今さら付け加えるべき何ごともない。一般によく指摘されていることだが、手に汗して働く職業を軽蔑する習俗、製造業蔑視の風潮——ドイツ人とは逆である——が、何といっても衰退の最大の原因だと思う。英国社会におけるスマートな生き方は、田舎に籠った金利生活者のそれ、地主貴族文化を継承した暮し方である。上流階級に属する職業には、ワインの仲買人とか、ディーラーとか、ブローカーとか、そうした商人は入っているが、製造業者とかエンジニアといった工業関係者は入れてもらえない。オックスブリッジ出身のエリートは、銀行等の金融業には最近やっと就職するようになったものの、生産会社への就職などは依然として思いも寄らない。これではたしかに発展へのきっかけなど摑めるはずがないのだ。封建時代から同一の社会がずっと継続していて、革命や敗戦による社会構造の大変動をついに経験しないで今日に至ったことにも、老廃化した行き詰りの原因があるだろう。

それに、イギリスという国は、人種間に反目や対立がある一種の合衆国である。スコットランド人、ウェールズ人、アイルランド人、イングランド人は、それぞれ異なる言語と習俗の中に暮している。英国民はこうして縦には民族差、横には階級差に仕切られていて、国民的一体感を容易に持つことができないでいる。この状態はよい意味での個人主義を培う地盤でもあるが、国の課題に国民が一体となって取り組む共同意識が決して育たない背景でもある。

永井氏はこんな話もしてくださった。

「オースチン・ローヴァは今ではたった一つ生き残った英国車です。けれども、イギリス人はこれがわれわれに残された最後の砦だ、などとまったく思わないんですね。誰に聞いても冷淡な答えしか返ってこない。あんな会社は潰れても仕方がない。自業自得だ、などと割り切っている。どうかホンダに買い取ってもらいたい、などという人さえいる。クールだし、じつにドライです。日本人には、どうしてそんなに単純に割り切れるのかが不思議なんですね。きっと労働者階級からすれば、俺の知ったこっちゃないということなんでしょう。上層の指導者のなかにはもちろんイギリスの未来を心配している人もいる。チャールズ皇太子も昔は日本に教えたが、今は学ぶ番だ、と日本の国会で演説して、こちらの新聞にも大きく出ました。けれども、国民は知らぬ顔です。笛吹けど踊らずですね。税制のせいでしょうが、中産階級がひどく衰微してしまい、上流と下層だけになってしまった。これも問題です。英国には二つの国がある、と昔からいわれてきたことが、今、一段と顕著になってきました。よくいえば個人主義が完成したのです。国全体のことなどはだれも考えない。私が若い英国人たちの前で、日本からの期待のメッセージをいくら言っても、彼らはじつに空しい反応をするばかりです。ニヤーと笑って、それで終りです。そうだ、貴方のおっしゃるとおりだ、と呼応してくる若さがないんですよ。」

かつて近代先進国の代表であり、七つの海を支配した大英帝国が、今なお「国際化」のいわば模範例であることはよく知られている。アメリカとはもう一つ別の、より古くからあるイギリスの基準が、いまだに全世界を支配している。英国人はあらゆる世界的機関で主要ポストを占め、至るところに文化コロニーをもつ。第一に英語が最大の国際語である。そして、その代償として、国内にあらゆる種類の宗教と人種とを迎え入れることに、従来きわめて寛大であった。この国におけるよい意味での個人主義は、異人種に対する寛容さを育て、世間から外れた人間を変人や奇人だからといって排斥しない風土を培ってきた。マルクスが亡命して、『資本論』を書くことができたのも、他者を許容するイギリス的寛容のお蔭であろう。

最近でも、ヒースロー空港に毎日のようにインドやパキスタンから難民が降り立つ。あまりの数に耐えかね、ついに法的に制限しようとする動きさえあったが、労働党の反対で不成立に終った。

日本のような人種的に閉ざされた国では考えられないような自由と度量とが、この国を支配している。おそらくその結果の一つといってよいが、イギリスの知識人には大国の襟度というか、地球全体を偏見なしで公平に眺める知性の中立性といった特徴が発達していて、ナショナルな先入観に閉ざされがちなドイツやフランスの知識人の与《あずか》り知らぬ長所をなしている。日本人に最も欠如している「国際性」の模範がイギリスであることは、以上の観点からみても異論のないところであろう。

しかし、冒頭にも述べたとおり、優れた「国際性」は、個人意識のある意味での徹底化を前提としている。国家のことなどどうでもいい。同国人のことなどどうでもいい。たとえ外国資本に一生を捧げても、自分さえよければそれでよいという意識——それが異常に肥大化して、一種の無関心主義がほぼ完成の域に達しているところにして初めて、素晴らしい「国際性」も成り立つといってよいだろう。イギリスの知性の不偏不党、異民族への寛大さ、歴史的記憶に基づく余裕ある大国意識——こういった長所の数々は、その裏にある陰画《ネガ》、共同体意識の衰弱と、階級間民族間の反目に裏打ちされた、互いが互いに背を向けた無関心主義の荒廃と、表裏一体の関係をなしているといえないだろうか。

「しかし、イギリス人はまだ本当に追い込まれているとは思いません」と、最後に永井氏は貴重な観察を付け加えてくださった。「収入は低くても、暮しは案外いいのです。食べ物の自給率一〇〇パーセントで、安い食べ物がいくらもあります。根源的な貧困をかかえる日本とは違って、社会資本がしっかりしている。高速道路は無料(有料道路なんてどこにもありません)、ご承知のように、博物館も、美術館も、全部無料です。メンタリティからいうと、こっちのほうがずっとリッチです。」

イギリスという国は、げに不思議な国である。日本に似て飢餓精神と国民意識とをともに具えたドイツのほうが、われわれにはずっと分りやすい。貧しいときには徹底的に貧しく、成金になればまた徹底的に成金になるドイツのほうが、ずっとわれわれの間尺に近い。この不可思議な構造をもつイギリスの「国際性」の尺度を以て日本がどの程度世界に開かれているか、等々を測定する判定法は、日英が歴史背景をこれほどにも異にする以上、相手の弱点を見ないで長所にだけ自分を無理に合わせようとする、日本一流のナンセンスな劣等感の現われというべきものであろう。

「超国籍企業」の矛盾

話は変るが、私は日本経済調査協議会が主宰している、国際文化摩擦を考えるある委員会（委員長　河野一之氏、主査　伊東俊太郎氏）のメンバーの一人で、月に一度、専門を異にするさまざまな方のお話を聴く機会を得ている。過日、そこで両角《もろずみ》良彦氏がご紹介くださった「超国籍企業」のテーマほど、私の旧式の頭を近ごろ強く揺さぶる刺戟的話題はなかった。

両角氏が会長をしている日本シュルンベルジェ（株）は、オランダに名目的本社をもち、パリ、ニューヨーク、東京にヘッド・オフィスを置く、従業員八万人の国際企業シュルンベルジェの一翼を担っている。事業内容は油田サービス、計測制御、セミコンダクター、コンピュータ支援システムの各部門に分かれている。まさにハイ・テクノロジーを駆使する内容だが、氏の説明によると、従来の「多国籍」企業とは異なり、国境を超えた企業という意味合いで、「超国籍」trans-national企業とでも呼ぶべき性格のものだというのである。多国籍企業の多くは、参加している各国の国益との摩擦をどうしても避け難い。そこで、それぞれの母国への従属性から離脱するために、「超国籍」という発想が生まれてきたという。株式は現在欧米の六ヵ国で上場され、役員はアメリカ人六名、フランス人六名、イギリス人二名、日本人一名で構成されている。政治的中立の維持には特に注意が払われ、今や営業は百ヵ国以上で展開中で、九割までを技術者で占める従業員の国籍は、七十五ヵ国にもまたがっているという。私は話を聞いていても、具体的なイメージはなかなか湧かなかったのだが、両角氏が要するに、「国際電話の鳴りっ放しですよ」とおっしゃったので、あっ、なるほど、そんなものなのか、とうかつにもやっと素人なりに合点がいったような気がしたものだった。

両角氏は次のようにも語った。

「アメリカに何十万台と自動車を売っている日本の会社が、幹部に日本人以外を入れない。これもおかしいのですが、問題はそれにとどまらない。日本の企業が今までのように日本の大学卒の新人採用にばかり拘泥していると、いつかやられてしまうのでは？　という気もするんですね。日本の企業は技術面はともかくとして、人事、資本、利益還元の面においては大変に閉ざされています。わが社シュルンベルジェは、その意味でこれからの日本の『国際化』のためによき先例になると信じています。企業の体質、人間の発想をいかに『国際化』し得るか、今やこれは焦眉の急でしょう。シュルンベルジェは優れた人材を日本に求めてきているのですが、日本にはなかなか自信をもって推薦できる『国際人』がいない。欧米で生まれた、欧米の学校出身者でないと役に立たない。これが非常に困った実情です。国連や世界銀行の事務局員にも、日本からはなかなか、なり手がないという話は有名ですが、ここにじつは未来を脅かすきわめて重大な問題が横たわっていると私は思うのです。」

　おっしゃるとおりで、心配の内容はよく分る。日本人は海外にいても、日本の国内にしか顔を向けていない。国内でコンセンサスが得られれば、それですべて満足で、結果が外国人に通用しないときにも、通例は危機感さえ抱かない。例えば、欧米の新聞に日本の経済に関する記事が出ない日とてないが、日本の経済学者の分析や判断をすすんで載せようとする欧米の新聞はどこにもない。それが世界の中の日本の現実である。問題は、日本の経済学者がこれに危機感を抱くということもなく、相変らず欧米産の経済学の学説依存を、矛盾とも感じないで平然と継続していることである。われわれの周りにはこういうおかしなことが無数にある。私は自己矛盾に気がつかないこの手の知性の怠惰を、従来、折に触れ何度も指摘してきたし、これからも指摘したいと思っている。

だから、私は両角氏の不安や苛立ちが私なりに分るつもりである。私が日本の「国際化」に危惧を抱くといっても、日本人が外国人と同じ土俵で、堂々と渡り合う挑戦の精神を失っていいと思っているわけではないし、それどころか、世界の舞台で、ときに自分の無力を噛みしめる辛い思いを味わったことのない日本人は、結局は国内型自己満足派に終り、世界の現実を見据える本当の意味でのリアリストになることはついにあり得ないだろうと考えている。そして、現実家《リアリスト》でもない人間が、理想《アイディア》家《リスト》であったためしはない。そういう意味で、シュルンベルジェのような超国籍企業が、日本人の従来の枠を破る新しいタイプの挑戦を試みることに、私は拍手を惜しまない。

　けれども、私はそれとは別にふと思うのだが、超国籍、というより事実上は「無国籍」の組織が、政治的カタストロフィーが襲ったようなときにも、七十五ヵ国からなる人間を結びつけていく精神的支柱でありつづけることがはたして可能か、という問題になると、私は甚だ懐疑的だという自分の気持を隠すわけにはいかない。

「超国籍」という理想は、一種の抽象的情熱である。人間の権力、闘争、政治に根を置いていない、単に便利に発した理想である。人間のどろどろした欲望や情念を切り捨てたうえに成り立つ、極度に計算された合理主義の産物である。そして、敢えて言いたいが、非合理なものを過度に捨てた合理主義は、ときにそれ自体が非合理なものの化身のように見えることがある。シュルンベルジェも看板とは別に、大国の国益から一体どれだけ完璧に独立し得ているか、もちろん私には推察しようもないことなので、一度、両角氏に訊いてみたいと思っている。

さらにここでいう「国際化」とは、結局は欧米の用意している秩序への日本の適応化ということに、どうしてもならざるをえまい。もちろんシュルンベルジェは太平洋の時代に備え、経営活性化の方策としてJapanizationを掲げているというから、「国際化」の概念のなかには「日本化」もまた含まれている点で、日本国内で取沙汰される通俗的「国際化」よりは一日の長がある。けれども、欧米人が着手した国際的組織の「日本化」努力は、通例、欧米諸国が自己の生存維持の必要から、秩序の再編成を試みようとする、いわばあがきの一種と思える。もちろん日本はこれを拒む理由はないが、さりとて、大歓迎するいわれもない。すべては向う様のご都合によるのである。われわれ日本人が、政治的にも経済的にも欧米の秩序に自分を適度に合わせていかなければ、今のところ国の存立を維持できないのであるから、もちろん、協力すること、参加すること、これは必要である。けれども、協力や参加は国内の秩序に大きな裂け目や変動を生じない範囲に留めるべきで、日本が欧米の要求する「国際化」の間尺では計れない無意識的に緊密な自己《コンフ》同一性《オーミティ》によって特色を発揮しているその前提を、ずたずたに引き裂かれるようなことだけは何としても回避されなくてはならない。

国際的組織の「日本化」とはある種の矛盾ではないだろうか。それが日本の「国際化」を前提としている以上、もし後者が完全に実行されれば、前者の魅力的な対象目的は消えてなくなってしまうからである。国連事務局や世界銀行に日本の一流の知性が殺到するほどに日本が「国際化」された暁には、日本の国内に何か危機的変動が生じ、住み難さが募っていることを予想させる。

各民族は各民族の流儀でしか生きられない

ロンドンでも私は日本の一層の開放、イギリスに見習った「国際化」の必要を、次のように切々と訴える人に出会った。富士電機（株）の主席駐在員の吉村稔氏である。

「日本がここまできたのは、自由貿易のせいでしょう。日本だけが外国人労働者をブロックしているのは公平じゃない。英国にはインドやパキスタンから、労働許可なんて関係なしにどんどん入ってきます。日本だけが自分をがっちりガードしていると、どこかで不満が爆発して、日本はアパルトヘイトだと非難され、南アのように見られかねないですよ。」

「われわれが外国語を喋り、外国人と上手に交際するのが『国際化』だ、という時代はもう終ったのです。むしろ逆に、多数の外国人を日本に住まわせ、彼らに日本語を喋らせ、日本のことを学ばせるのが本当の『国際化』じゃあないですか。そのためには、日本人が外国人に対して不感症にならないと、問題は解決しません。外国人をいちいち外国人として扱っていたら、例えばこの英国では、やっていけません。」

「私が英国に来て一番強く感じたことは、肌、人種、宗教の違う者が交じり合って暮していることへの抵抗のなさです。あるイギリス人はたまたまベトナムに勤務したのでベトナム人を養子にし、メキシコが次の任地になったら、今度はメキシコ人を二番目の養子にしました。日本は外から人を入れないで、外から物を持ち込んでは物を吐き出す――こればっかりやっている。」

氏の言葉には実感がこもっていた。身近で日本への反感や苛立ちを目にし、耳にしてきた人ならではの切実さが、言葉の一つ一つに宿っている。

もとより私も、日本の根幹を揺るがさない範囲において、よい効果を引き出せる仕方で、外国人との接触や競合の場を日本の国内にできるだけ多く広げていくことを希望している。中、高校の英語の先生や大学の人事、技術者、研究者、法律家の国際的開放等についても、思い切った措置をとるべきだと考えている。そうした改善点はたしかに無数にあると思うが、しかし、吉村氏がいうように、イギリス人と同じように日本人が外国人に対して不感症になれとか、無抵抗になれなどというのは、やや日本人への要求として重すぎるように思える。歴史の背景が日英では異なるからである。それに、前にも述べたように、英国における異邦人への寛大さ、ないし不感症に近い無関心主義は、イギリス人の良さでもあるが、共同体意識の衰弱の結果かもしれないのだ。イギリス一流の国際性は、この国民を蝕んでいる過度の個人主義と表裏の関係にある。われわれが前者だけ身につけ、後者をいっさい近づけないなどということはできない相談だ。長所を真似すれば、短所も招き寄せる結果となる。

要するに、私の言いたいことは、各民族は各民族の流儀でしか生きられないということである。イギリスが大英帝国の夢の後遺症として、インド人やパキスタン人を迎え入れざるをえないからといって、われわれが植民地主義の歴史的責任もないのに、東南アジアや南アジアの失業者を大量に受け入れなければ道義が成り立たないなどというのはおかしい。そういう問題に道義をもちだし、外国人に馴れた欧米諸国を模範として見習えとわれわれに要求するのは、おおむね欧米側の流儀の一方的押しつけだということを、われわれとしては心の片隅で、しっかり意識しておかなくてはならないであろう。日本人は日本人の流儀でしか生きられないのだ。外からの圧力で、無理をしてその流儀を毀すと、致命傷を負いこむことになりかねない。

日本が国内に犠牲を背負うことは、ここまで巨大化した日本経済の責任だ、と外国人も指摘するし、日本の識者でもそういう人は多い。しかし、それなら私は、最後にもう一度言っておきたい。

国内の文化に裂け目を入れるほどの地点にまで、なぜ誰も頼みもしないのに貿易黒字を積み上げてしまったのか。日本人勤労者の幸せや労働モラルを置き去りにして、なぜ資本だけの海外進出に走り、マネーゲームにうつつをぬかすのか。国内の民衆生活に災害をもち込むくらいなら、海外でもうこれ以上、稼がぬほうがいい。そういう声だって国内には無言のうちに存在する。もし、この隠れた声に企業家諸氏が静かに耳を傾ける心を失ったなら、日本は巨大債権国となる代りに、人心の荒廃と懶惰《らんだ》によって徐々に活力を失い、内部崩壊への行程を確実に歩み始めることになるであろう。

（「Ｖｏｉｃｅ」一九八七年三月号）

「国際化」とは米国への適応なのか

継承できぬ中曽根外交

「国際化」はこれまで単なる掛け声だったが、いよいよ実行の段階、従って選択を必要とし、ときに「国際化」を拒絶せねばならない選択肢もあり得る段階に入って来たように思う。つまり、ケースバイケースで、「鎖国」政策をもフリーハンドに保持しておかなくてはやっていけない時代になって来た、というほどの意味である。

　これまで日本に求められた「国際化」というのは、政治的軍事的に巨大な米国の基準に日本が自分を合わせることであり、米国に対して市場を開放し、米国の景気維持のために日本が内需を拡大し、等々がまた日本の利益につながることをわれわれが信じて来た時代であった。このような時代はいつまでつづき、いつ終るのだろうか。「国際化」の意味は、それ如何で大きく変わって来るのである。

　振り返れば池田・佐藤内閣の時代あたりまで、日米の力の格差は大きく、日本は米国を食いものにして徹底して利用するという外交で済んでいた。日本に責任がかかって来ても、逃げて、経済利益だけを追求すればよかった。中曽根外交はそうした日本の依存体質を脱却し、政治や軍事の面で米国から要請を受けて来た日本の自主性の回復に相当程度に実績を上げたと賞讃されていたが、果してそうだろうか。はっきりいつまでと明確な一線は引けないけれど、およそ中曽根時代の末期まで、日米の国益が対立する度合いは比較的まだ小さかった。だから米国の政策を厳しく批判し、注文をつけていくという意味での本当の「自主性」は、中曽根時代にはまだ日本人にそれほど大きく求められないで済んできた。中曽根氏がレーガン政権の政策を追認することを「国際化」の目標と見定めることが可能であった所以で、その限りでは安定していたが、池田・佐藤内閣時代に不動であったいわゆる戦後体制の、今なおつづく枠の中で安定性を保っていたにすぎない。それを踏み越えた新しい試練に耐えたものでは決してなかった。

中曽根氏がふらついていた日本の外交姿勢を正し、日本が西側自由陣営に属する立場をはっきり内外に示したことは、時代の要請にも適ったリアルな決断であったと思うが、サミットなどの場でコール首相やミッテラン大統領らが見せた迷いやためらい、米国への煮え切らない態度とはまるきり対照的に、氏がきっぱりしたパートナー振りを演じることが出来たのはなぜなのだろうか。米国にまだ超大国としての余裕があり、日本はその懐に抱きかかえられていればよいという安心感が、依然として日米外交の基本をなしていたからに外ならない。中曽根外交の安定性は、中曽根氏本人の志に反して、非自主的対米依存心理にどっぷり浸った戦後体制の継続形態であり、その最後の一幕であったといっても過言ではないだろう。

一九八七年の自民党の総裁選で、三人の候補者（宮沢喜一、竹下登、安倍晋太郎）が打ち出した「国際主義」の内容は、周知の通り、資産倍増とかふるさと論とか内需の拡大といった国内調整をもって外交とするという内政重視論において期せずして一致していて、レーガンやサッチャーやゴルバチョフや鄧小平が描いてみせるような世界経営の観点をまるきり欠いていた。言い換えれば、本物の「国際主義」とはほど遠いものであった。表向きの顔は「国際化志向」で、現実においては「鎖国心理」に安心して漬っている図柄である。国全体の航路標識を米国に預け、米国の基準と尺度に合わせることをもって「国際化」とした戦後外交＝中曽根路線を踏襲した結果ともいえる。

中曽根政治のブレーンの一人と言われた佐藤誠三郎氏が、「正論」（一九八七年十二月号）のインタビュー記事「国際化への日本の『覚悟』」の中で、日本はどんなに苦しくても、世界の多数派である欧米のシステムに自分を合わせるべきで、そのためには現在自分が慣れ親しんで心地良いと思っているものをある程度捨てるという辛い選択をも辞すべきではないと一貫して語り、「国際化」とは結局欧米の、ことに米国のやり方に日本が自分を適合させること以外になく、他に「日本には選択の余地はない」と断じているのも、はや過去となった中曽根外交の性格を暗示しているといえる。

インタビュアーが佐藤氏に反論し、明治以来欧米のシステムに合わせようと努力して来た日本人は昨今ある限界を感じ始めていて、とくに近頃の米国が無理難題を吹きかけるので「日本のなかに屈折した反米感情」が芽生えている、と指摘しても、佐藤氏には一体何が問題として示唆されているのか、全く理解できていない。インタビュアーが、かつて米国企業だってココム規定に違反し、研磨機をソ連に輸出しているのに、なぜ今回の東芝事件だけ米国民が感情的に騒ぐのかおかしい、と質問を呈したのに対し、佐藤氏は、

「他に違反したやつがいるから、俺を無罪にしろというのも、筋の通らない話です。そういう負け惜しみ的な議論は国際的に通用しません。」（傍点引用者）

と、自らがさながら国際人の立場に立って、非国際的な日本の一般人を叱りつける口調で断定しているが、氏の言う「国際的に通用しない」とは要するに、単に「米国世論に通用しない」ということにすぎないのではなかろうか。

米国が普遍で、日本は特殊なのだろうか。米国が法廷で、日本はつねに裁かれる哀れな民草《たみくさ》なのだろうか。インタビュアーは日本の社会党などに昔からある反米感情とは違った、まったく新しい米国への疑問や批判が日本の国内に新たに鬱々と芽生えていると証言しているが、日本人のこの批判的感情には必然性も、正当性もある。これは日米間の国益の相反が次第に表面化しかけている時代——従って中曽根外交の発想ではもうやって行けない時代——の到来を告げているからである。

「国際化」とは米国、あるいは欧米のシステムに日本の諸慣行を無理に合わせるという一本調子のものでは決してなく——日本がそういう風に自分を譲歩するということも無論あっていいが、単にそれだけではなく——ときに「鎖国」政策をも戦略として採用することが必要な時代に入った理由は、米国の理性がわれわれから見て疑わしくなって来た事情による。

日本に寄りかかる米国

日米間の危機の基本が、単なる文化の違いや情報不足や日本市場の閉鎖性にあるのではなくて、急激にさま変わりしている両国の力関係の変化に、日米両国民の認識がなかなか追いついて行けない点にあるのだという事情は、どうやら双方で、少しずつ分って来たように思う。

日本はいつまでも敗戦国の気楽さで、米国への依存心理に耽っている間に、巨大債権国となってしまったし、米国はいつまでも超大国の気分で、日本をはじめ同盟国に命令を出したがっているうちに、実際にその力のないことを思い知らされるに至った。政権を竹下氏に譲り渡し中曽根時代が終焉したその日に、ニューヨークの株が暴落したことは、きわめて象徴的な出来事であった。後世はこの二つの出来事の偶然の一致に、時代の大きな転回点があったことを読み取るようになるのではないだろうか。

力の変化から来る日米両国間の矛盾は、中曽根時代にすでにはっきり姿を顕わしていた。フィリピンと韓国に政情不安が相次いだが、中曽根内閣は発言を控えた。アジアの問題に日本はもっと責任ある態度を示すべきだという論調がたしか欧米の新聞にあったが、私はそうは思わなかった。敗戦国の宿命を守った日本政府の対応は正しかったと思う。しかも、もし日本がああいうときに、政治的影響力を発揮しようとしたなら、それを最も牽制したのは米国だったに違いない。日本の極東における覇権を何よりも恐れているのは、ほかでもない、米国自身だからである。そしてそういう米国が、日本に防衛力の増強を一貫して求めつづけ、政治的に責任ある指導国家として一本立ちすることを要求しつづけているのは、そもそも何という矛盾であろう。

米国にとって、日本は近隣アジアに経済援助はするけれども、政治的軍事的にはいっさい影響力を行使しない国、という現在の状況が最も望ましいはずなのである。だとしたら、米側から度々出される日本への国際的な責任要求論は、どう考えても眉唾である。米国の覇権を脅かさないで済む範囲において、米国の政治と軍事に都合のいい利益のために、米国民の負担を軽くせよ、と日本に身勝手な要求をしているにもほぼ等しいことになるからである。私はなにも故意に穿《うが》ち過ぎた見解を述べているのではない。そのような米国の要求が日本の国益とも一致する限りにおいて、われわれは要求の不合理性を気にしないで来たし、事実ほとんど気がつかないでさえいた。戦後ずっとそのことに疑問を持たないでも良かった。中曽根時代もまあ大体そのような安閑たる気分で大半を過ごすことが出来た。

ところがこの時代の末期に、一つの大きな変化が生じた。切っ掛けは、言うまでもなく、米経済の急激な凋落である。苦しくなった米国民は、背に腹はかえられず、われわれの理性には容易に納得のいかない無理な難題を日本に突きつけて来て、しかも、依頼や懇請の形式でではなく、相変わらず命令的態度で要求を貫こうとするため、日本側に痛憤やるかたない無力感が澱《おり》のように貯るという不健康な悪環境が発生しているように思える（佐藤氏に対するインタビュアーが日本の中に「屈折した反米感情」が芽生えていると指摘したのは、そのことを指すと思う）。

われわれは米国から一方的に、米国の基準で、無責任呼ばわりされて来たのである。すなわち米国の庇護に馴れた日本では、国際的な防衛システムと経済システムのコストを負担すべきだという責任の意識が育たず、いつまでも庇護される弱小国のずるさを演じつつ、いつしか経済大国、技術大国にのしあがった。それゆえ、米国はこれからの日本が応分に責任を負担する同盟国としての自主性を持つことを要求する、と。そう非難されつづけて来た日本は、何と驚くべきことに最近、次期支援戦闘機FSXの自主開発を、米国の圧力で断念させられたのである。これは論理の矛盾ではないだろうか。日本が政治や防衛の面でもっと自主的になれ、というのなら、米国製にだけ依存しない航空機の自主生産体制を、日本自らが築き上げなくてはならないのは当然の道理であるように、私のようなこの方面の素人にさえも感じられるのだが、どうであろうか。

いつまでも超大国の覇権を自己錯覚しながら、その実力を失った国はこわい。ヒステリーの様相を深めるように思えるからである。日本はGNP三パーセントの防衛税を米国に支払え、との法案が米議会に上程されたというニュースに接したとき、私の驚愕は他のいかなる場合にも増して大きかった。歴史上例のないこのような血迷った発想が、しかも一時の発想ではなく、その後も真剣に検討されていると聞いたとき、背筋にうそ寒いものが走った。ペルシャ湾の安全問題であれ何であれ、すべてを金で解決しようとして来た日本に、このような観点につけ入られる隙があることは、あらためて言うまでもない。けれども、自国の安全保障を究極的には金で買えないことは、ほとんど常識である。米国に防衛税を支払うくらいなら、その分で自主防衛力を増強した方がましだという発想が日本で大手を振るようになり（そう考えるようになるのは当然である）、日本が軍事大国化への道を歩むことを、果して米国は望んでいるのだろうか。あるいは、実際に、法外な防衛税を米国に献上して、日本は軍事小国の道を歩んだとした場合、悪代官に金を絞り取られた江戸時代の豪商のような文化的な屈辱と退廃との揚句の果ての国家の内部崩壊を招来しないであろうか。

私が悪夢を見過ぎていると人は言うかもしれない。しかしこれから米国は日本の資金を当てにし、日本に大幅にもたれかかって来ることは想像に難くない。米政府の政策を追認していただけの中曽根時代の発想では、もはや日本が日本として成り立っていかない現実が露呈しつつあるのである。

米国経済の凋落を機に、「国際化」とは米国の文化や制度への適応化だという安易な考えはもはや成り立たず、われわれは好むと好まざるとに拘わらず、本物の「国際主義」を強いられる時代を迎えつつあるのである。

目立ち始めた日米の国益相反

私は過日「読売新聞」に次のように書いた。

「『国際化』といえば、今までは日本が欧米の尺度に自分を合わせるということだった。それ以外の可能性はなかったし、現在でもそういう意味内容の『国際化』が日本人に求められている状況はまだ十分に残っている。けれども、これとはもう一つ別の『国際化』があるように思う。すなわち欧米人が『国際化』される必要がある、という新しい現実である。今まで日本人には見えにくかった欧米文化の閉鎖性――キリスト教文明中心の史観や価値観でしか世界を見ない彼らの頑迷さ――が、少しずつ私たちの目にもはっきり分るようになって来た。」

この最後の宗教的価値観の相違からくる難点は、本論では言及できないが、じつは右につづけて私は次のような具体例を挙げた。

「例えば、日本の市場開放と内需拡大を求めて二言目には単なる口約束ではなく実行を迫る米国は、それなら自らの財政赤字を、増税などで少しでも減らす努力を、それこそ口約束ではなく、一歩でも前進させているだろうか。」

文化的閉鎖性の例として最適なわけではないが、私のこの記事は、一九八七年七月十九日付である。実際に日本の黒字が減少しない限り、もう日本人の口約束は聞きたくもない、という米要人の威嚇的誹謗がさんざん紙上に躍っていた頃で、日本の要路の人から、この点での理路整然たる強い反論があって然るべき時期だったのである。

世界経済に対する先行き不安の根本原因が、米政府の経済政策、いわゆる双子の赤字の無責任な垂れ流しにあることは、今でこそ明瞭になってきている。過日西独政府は、米国から要請のあった金利の引き下げを拒否して、ベーカー米財務長官の反駁を誘い、それが切っ掛けになって株は暴落した。西独の政策決定は、インフレを最大に恐怖するこの国の伝統的意識から出ていると言われているが、私にはもう少し別の意図もあったように思う。財政の立て直しに対し「単なる口約束」をするだけで、やるべきことを果さずに他国に要求ばかりする米政府に対する西独の批判の意志表明であった、と私には読めるのである。株の暴落後、西独政府は米国の反応を確かめてから、米側に形式的に多少歩み寄ったと伝えられる。

本物の「国際主義」は、この西独政府の態度のように、ときに主張しときに譲歩する自由無碍《じゆうむげ》な行動、当意即妙な対応にあると私は考える。われわれが牛肉とオレンジの輸入を自由化しても金額的には微々たるものだと主張するのに、この二品目は日本の市場閉鎖の象徴例だからと、これまでたえず攻撃されて来た。それならなぜ日本政府は、捕鯨禁止問題は金額的には微々たるものだが、日本と欧米の食文化の相違に関わる象徴例だからと、自らの文化意志の正当さをどこまでも貫こうとしなかったのか。それどころか中曽根政府は、案外に大切な、小問題ながら文化の根本に触れるこの案件で、無限後退した。政治家は英語を喋り俳句をひねるより、クジラを守るというような政治行動で、文化の大切さを身をもって示すべきものなのである。

本物の「国際主義」は、譲ることには余裕を以て譲り、納得できないことにはたとえ小問題とはいえ、全存在をあげて拒否する強さを具えていなくてはならないのである。それが可能であるためには、一国の根本方針を外国に委ねたり、一国の精神の基本を他文明に預けたりすることを以て「国際化」という国家目標にするような無差別主義では、おそらく駄目である。外国からどんな無理難題を言われても——そして最終的には譲歩し妥協するとしても——国内のわれわれが平静さを失わないためには、われわれが自分の判断の基準に自信を持っていることが必要である。自信をもった上で相手に譲るのと、何もかも諦めた上で、敗北感を抱きながら相手に譲るのとでは、大いに違いがある。後者の場合には、必ず危険なリアクションを招く。

ところが最近、どういうわけか、判断にこの上ない慎重さを要する案件であるのに、「国際化」という美名で、きわめて容易に、米国やパリや一部の諸国諸都市と同一条件下に日本を置くことが日本の使命であり、課題であるとする一つの主張が、一段と力を得て来ている。外国人単純労働者受け入れの問題である。外国の実情を本当には知らない人々の、従って、日本を特殊に孤立した国だと定義づける欧米側の判断の基準に左右されている日本人の、今最も陥り易い思考の落とし穴をここに取り上げ、日本人が自分の判断の基準に自信を失うことがいかに危険な症例を呈するかを、考えてみることにする。

外国人労働者問題に無邪気でいいのか

一九八七年十一月二日付各紙は、東南アジアから観光ビザで出稼ぎに出る〝じゃぱゆきさん〟が女性だけに限らず、土木工事などに従事する男性が激増、今年上半期の勢いを見ると、不法就労者は昭和五十七年当時の約六倍にも達するという。経済界の一部では、安価な労働力を期待して、出入国管理法を緩めて欲しいとの要望を述べる人がにわかに殖えているとも伝え聞く。それに呼応する言論界の声が、またしても人道主義的「国際化」論であることが、日本及び日本人の甘さである。

新聞等に出る彼らの言い分の大略はこうである。日本だけが孤立した繁栄をつづけることはもはや許されない。外国の失業者の救済にもっと手を貸すのが経済大国としての義務であり、日本が近隣アジアから敬愛され、評判を高めるために必要な手続きである。西独をはじめ欧米先進国はみなそうした義務を引き受けて来た。多言語多民族に悩む諸外国から見ると、教育も高く文化的にもまとまっている日本社会の好条件は許し難く思えるに違いない。ことに米国民は、「人種と言葉の国際化」を日本にも背負ってもらい、その同一条件の上で競争するのでなければフェアーとは言えない、と考えているに違いない。日本へのそういう不満や苛立ちをあらかじめ察して先手を打つことが、国際国家日本のとるべき政策である。加えて、今のままの人的鎖国政策では、日本は近隣アジアの諸民族に対していわれなき偏見、差別感を助長していると非難されても、弁解の余地はない、と。――

これだけ取り上げれば堂々たる正論に見え、現在言論界の表面に出てくる代表意見だが、子孫に影響を遺す恐れのある微妙で、重大な問題にしては、あまりに著しく世界の現実から遊離した（従って私にいわせれば「国際化」されていない）単純きわまりない空論に見える。

私の調べた限りでは、現在はどの国も外国人の単純労働者を受け入れる政策をとってはいない。確かに一九五〇～六〇年代の資本主義経済の空前の繁盛期に、深刻な労働力不足に見舞われた西欧先進工業国では、ダーティワークを含む単純労働力を外国人に求めた。ロンドンの地下鉄やバスの従業員はあの頃を境に急激に変わったし、西独の「奇蹟の経済復興」はユーゴや南伊やスペインの肉体労働者に支えられて、なし遂げられたのである。先進諸国がこのように近隣の外国人や旧植民地人を迎えたのは、外国の失業者を救済するためでも、貧しい国から敬愛され、自国の評判を高めたいと思ったからでもない。極端な人手不足に見舞われ、大急ぎで安直な道を選んだまでである。その結果、短期移民は予想に反し永住移民に変わり、西独の小学校ではドイツ語を喋れない子供が巷に溢れ、帰国させようにも本国政府との外交トラブルを絶えず招き、いつしか西独は外国人に下層労働を任せた人種的階層国家となって、この不慣れな経験のためにゲルマン文化の根底が脅かされているとまで騒がれている。

翻って日本はどうかといえば、六〇年代後半の高度成長期に同じように人手不足に陥ったが、本能的に西欧とは別の道を歩んだ。すなわち機械化（ロボット）の導入と、単純労働とそうでない労働との賃金格差を縮める政策で、難局を乗り切った。西欧諸国が現在、自らの失政の後始末に大変に苦慮していることを思えば、日本には先見の明があったといえる。日本が島国で、英仏のような大規模な植民地支配の経験を持たなかった事情にもよるが、ある合理的判断の結果であったと言えなくもない。そのことに何で今頃日本人が後めたさや劣等感を抱く必要があるのだろう。

それでももちろん、日本は経済大国の立場もあり、国際協力を思い切ってする必要にも迫られているので、学者、技術者、法律家、企業の幹部といった人材を外国から今以上に自由に入国、就労させる制度は、もっと積極的に推進されて然るべきと思う。しかし、他国の失業問題の救済のために外国人の失業者を受け入れた国など歴史上どこにも存在しないのであるから、他国の雇用の創出等の協力にはもっと他の方法を選ぶなど慎重であるべきであって、そのような問題に人類愛を持ち出したり、いきなり日本人の民族的偏見や差別観を論じたりするのは、日本の知識階級の最も想像力を欠いた観念的性格を物語っている。日本の国内に外国人単純労働力を迎え入れることと、彼らを外国に置いたままで経済援助の方法にいっそうの工夫を凝らすことと、一体どちらが人道的な効果を発揮するであろうか。

周知の通りパリは人種による階級構造の都会である（パリの外国人労働者は人口の一四パーセント、パリ以外のフランスは七パーセント、因みに西独も約七パーセント）。すなわちパリの底辺を中近東、黒人、アルジェリア、モロッコ、チュニジア人等が支え、第二の層にポルトガル、スペイン、イタリア人たちがいて、上部構造がフランス人である。中国人やヴェトナム人はこの構造から逸れているようだ。文芸評論家饗庭《あえば》孝男《たかお》氏は、近作の評論「パリの一隅から」（「新潮」一九八七年十一月号）で、この都市の「堅固な階級構造」を生き生きと描出している。氏はフランスのブルジョワ階級が所有し、スペイン人が管理するアパルトマンに住んだ。日々出されるゴミの回収に来る作業員は黒人やアルジェリア人である。家の所有主は契約書類に名を出すだけで、饗庭氏はついに家主のフランス人の顔さえ見たことがない。この町では搾取する人種と搾取される人種とがもう何百年と、何の疑いもなく区別されている。人々は人種による「差別」には慣れっこになっていて、もう誰も驚かない。後から来る外国人は、既成事実を認め、承知の上でこの構造のどこかに納まる。だから町全体は安定しているし、フランス人の支配は動かない。

　私見では、米国もまた同様な人種階層国家だと思う。米国とパリは地球上の二大特殊例外といってよいだろう。しかも、米国は移民の集合国家で、地球上の他のいかなる地域にも、米国のような極端に特殊な国家は存在しないのだ。日本のようなごくありふれた普通の国が、パリとか、米国といった「例外」を模範とするわけにはいかず、またそれの真似ができないことに後めたさを覚える必要もないのである。

　日本がかりに独仏と同じ七パーセントの外国人、すなわち約八百万人をＡＳＥＡＮ諸国から受け入れた場合、東京に住む日本人はパリのフランス人のように、搾取する階級として彼らの上に平然と君臨する覚悟があるのだろうか。人種による「差別」を眉ひとつ動かさず、冷静沈着に実行できるのだろうか。それが出来ると自信をもって言える人だけが、外国人労働者の受け入れを、西欧先進国に倣う「義務」だとして主張するがよい。そしてアジアの民への日本人の偏見と差別感を、人道主義の名において非難するがよい。私は日本人がパリ市民のように、多数の外国人労働者を礼儀正しく冷酷に扱えるほどの理性の持主だとは到底思えないので、あらゆる綺麗事には賛成できないのである。西独がとくに外国人対策に苦しんでいるのは、パリ市民ほど「差別」に慣れていない体質にある。（注）日本の場合は西独以上に破滅的な災厄を子孫に遺す結果になるであろう。

　「国際化」が単なる掛け声で済んでいた間は、口先で綺麗事を語ることが出来たし、また、そういう人はじつは「鎖国心理」にどっぷり浸っているからこそ「国際化」「国際人」「国際主義」といい気になって空しいスローガンを振り回すことが可能だったのである。「国際化」がいよいよ実行の段階に入れば、「鎖国」政策をも戦略として堅持する自由を保持しなくては、日本が日本として成り立って行かない局面を迎えよう。労働者受け入れ問題は、ほんのその一例である。資源もなく、国際情報網の中心にも位置しない、先進国中の「少数民族」であるわが日本に、民族的統一と教育水準の高さ以外に一体どんな武器があるというのか。われわれはいつかは下降する運命をも予想される日本の将来を、戦略的に先読みして歩まなくてはならない。

今後日米の力関係は今以上に変化し、日本人の心胆を寒からしめる要求が米国から無遠慮に突きつけられる可能性はますます増大しよう。「国際化」とは米国への適応化だという中曽根外交の時代は終った。局面次第では将来、きわめて特殊な国である米国の「国際化」をすらもわれわれが要求するという、思い切った発想の転換が必要になる、先例のない、困難で、新鮮な課題に直面する場合もあるように思える。

注　私がこの一文を書いた後、フランスでは移民排斥を掲げて、ルペン国民戦線という右翼政党が大統領選挙で得票率を伸ばし、話題になった。南フランスを中心に起こった反移民感情の現われで、冷静なパリ市民にはさして影響がないとは思うが、フランスも西独と同じ問題を抱えていることを、図らずも世間に知らせる事件であった。パリの国際性は板についているという右の観察に変わりはないが、フランス人も一般的には外国人労働者の存在に苦慮している証拠である。

（「正論」一九八八年一月号）

「人の自由化」は悲劇的錯誤

西ドイツが「自由化」した政治的理由

日本で使われている大学一年生のドイツ語のあるテキストに、次のような一文が採用されている。

「ミュンヘンの小学校の一年生の二〇パーセントが、一九八〇年度には、外国人の子供であった。もとより、これは不思議とするに当たらない。その頃西独で働いていた外国人労働者の数は三百五十万人だからである（彼らの家族を入れると、外国人居住者はその何倍にもなる）。ドイツ人の子供と同様に、外国人の子供もまた、六歳になれば当然小学校に入らなくてはならない。しかし、ドイツ語を十分に話せるのは彼らのうちのごく少数で、たいていの子供は学校の授業にほとんど付いて行けないか、やっと何とか付いて行ける、といった程度であることが問題である。文教当局はこれらの子供たちのために、それぞれの国の言葉、彼らの母国語のクラスを設置せざるを得なかった。生徒たちはそこで、自分の母国語の授業を受けられるし、自分の祖国の文化と歴史も勉強できるのである。これは彼らにいいように見えて、多くの両親たちには厄介な問題、二つの可能性のどちらに決めたらよいかという問題が発生した。例えば次のケースをみれば、ことの決定の難しさが分る。

アシュメト君の両親はトルコから来て、西独で八年働いている。アシュメト君はドイツで大きくなったので、ドイツ語を上手に話すし、おまけにトルコ語もマスターしている。同君の父親は最初は臨時傭いだったが、大変に勤勉に働いたので出世して、高級レストランのボーイ長になった。数年後に自分の店を持ちたいと思っている。自分の店はトルコで開くか、ドイツで開くか、もちろんまだ決まっていない。従ってアシュメト君の未来もまた不確定になるというわけだ。両親は彼をトルコ語の教室に入れるべきか、ドイツの子供と同じ教室に入れるべきか、大いに迷っている。」

これは随分穏やかな内容の文章である。私はドイツ語教師なので、何かとこの類いの文章を目にするのだが、成功したトルコ人家族と善意ある当局の国際協力を宣伝しているような文章にさえ見える。うまく行ったケースでも、この程度の問題はある、という教訓になるかもしれない。平均的ケースのえてして悲惨なこと、もとよりこの比ではない。

私が読者に知ってもらいたいと思ったのは、冒頭に出てくる数字である。在日朝鮮人は約六十万。彼らの大半は日本語に不自由しないし、民度も高い。その彼らの占める人口比は〇・五パーセント程度であろう。これに対し、西独における外国人労働者およびその家族は、年次によって違うが、四百万~五百万、人口比にして七~八パーセントにもなろうか。都市部ではいうまでもなくもっとずっと高くなる。在日朝鮮人との単純比較は到底なし得ないほどの問題を蔵している。

二年ほど前に西独の新聞で読んだが、バーデンヴュルテンベルク州では、外国人の子供が三割を超えた小学校に限って特別クラスの設置を許可したところ、ある地域の小学校において、十の教室のうち九までがトルコ人の特別クラスになったという。これは極端な例としても、各地で似たような事例が相次いで発生している。それでも新聞は、外国人保護の論説を掲げ、もし今、外国人労働者の子供のための教育予算を惜しむなら、十年後に警察予算を倍増しなくてはならないであろう、と警告していた。

英仏のような大規模な植民地経営の経験のないドイツが——経験がないがゆえに西独人は英仏人のように問題を冷淡に、無感動に処理できない——、戦後、外国人の大量受け入れに踏み切った背景には、もちろん同情すべき理由もあった。ナチスの人種差別政策への強い反省が絶対的規範となった戦後のこの国では、人種問題とか民族差別の事例とかに対しては、神経がぴりぴりしている。これを言葉で冒すだけでも公務員なら首が飛ぶ。何しろ西ドイツ基本法、すなわちこの国の憲法が外国人亡命者の無制限移住の自由を認めているので、法的に難民を拒否できないのである。ナチスの民族政策に対する反動としての戦後国家の過度の理想主義が、まさに裏目に出た結果と言っていい。もとより外国人労働力は安価につくという、経済界の打算も働いていたに違いないが、西独の場合にはただそれだけではなかったのである。

私の知人で、二言目には進歩的文化人風の綺麗事を言うフランクフルト大学のW教授は、大量のトルコ人難民との共存共栄こそ、ドイツ人が過去を克服し、新しい国民に生まれ変われる可能性を示す希望の目標であり、このような目標を与えられたことはドイツ人にとっての絶好のチャンスだ、などと語るのであるが、この話を別の市井のドイツ人に聞かせると、大学教授が「保身」のために言っているまでのことですよ、と憮然とした表情になる。彼らは一様に黙り勝ちで、ジャーナリズムの表側の言論に対して無力感を抱いているように見受ける。一般の民衆はある意味で正直で、便所の落書きや石壁のあちこちに「外国人出て行け!」「トルコ人に死を!」などと大書されているが、この過激さと、表側の言論とがどうもうまくバランスが取れず、外から見て事柄全体が病的に歪んでいるように私はつねづね感じているが、今ひとつ詳しい内情は摑めないでいた。

トルコに〝変身〟した青年の精神構造

鬘《かつら》や色付きのコンタクトレンズでトルコ人に変身して、移民労働者の生活を実地体験し、西独社会の偏見と差別と残酷とを内側から告発するルポルタージュを書いたギュンター・ヴァルラフの『最底辺《ガンツ・ウンテン》——トルコ人に変身して見た祖国西ドイツ——』が、一九八六~八七年に本国でベストセラーになり、日本でも岩波書店から、八七年五月に翻訳、出版された。著者はアリという名のトルコ人に化け、農場、建設現場、工場の下層労働、等を転々と渡り歩いた。新薬開発の人間モルモットにもなったらしい。

アリの身に次々と振りかかる災難や差別扱いをこれでもかこれでもかと畳み掛ける同書の叙述には、暴露ジャーナリズムに特有の単調さがあり、さほど面白い読み物ではないが、毎日外国人に腹立たしさと便利さとちょっぴり良心の苛責とを感じている西独国民には、内側から自分の心を覗かれ、無関心ではいられない本であろう。

アリはトルコ人に化けた途端、どの店へ行ってもビール一杯飲ませてもらえなかった。ウェイトレスが無視する。カウンターまで行っても、注文を聞いてくれない。

しつこく頼むと、「さっさと出て行きゃがれ」と追い出される。何かの集会で二人分の席のあいているのを見つけて坐った。後からひどく込んで来ても、隣は空席の儘だった。「あいつはニンニクの臭いがするぞ」「オマエ、トルコか」などと声がする。労働者の沢山いる場所で何か物が失くなったり、故障したりすると、たちまち彼に嫌疑がかかった。

女手ばかりで農場を切り盛りしている家に傭われた。この家には空室があるのに、家の中で寝泊まりは許されず、納屋のような所に押し籠められ、トイレの使用も禁じられて、バケツを用いた。彼がいることは隣近所に対し秘密だった。村道に出ることもご法度で、商店にも居酒屋にも姿を現してはならなかった。「トルコ農場」などと陰口を叩かれないための用心である。

西独で六番目に大きい建設会社に闇労働で傭われた。労働者を送り込む斡旋業者は、明らかに彼の賃金の上前をはね、搾取していた。現場への往復に五時間かかっても、それは賃金面に計算されなかった。労働者用便所が詰まって、小便は踝《くるぶし》ぐらいの高さまで溜った。アリはその掃除を命じられた。床ブラシや雑巾を用いても、下水管そのものが詰まっているのでどうしようもなかった。

高級マンションの工事現場だったので、デラックスな浴室やトイレの配管をする職人が多数来ていた。アリは彼ら配管工の助力を得たいと主任に申し出た。主任は「質問なんかするなっ」と一喝するだけで、命ぜられた仕事をあくまで実行するように要求するのだった。

「ドイツの居酒屋に一軒として〈外国人お断り〉などと貼り紙さえしていない。私（アリ）が飲みに入っていっても、たいてい無視されてしまう」「ありきたりな外国人憎悪には、ニュースヴァリューさえ全然ない」

アリはキリスト教の洗礼を受けようと、主任司祭館を訪れるが、高い位にある老神父から、「ここでは何も貰えないよ。民生局へ行きな」と追い返されてしまう。アスベスト加工のような、健康に有害な作業現場で働いているのは、主にトルコ人であることも、彼は突き止める、……等々、『最底辺』という本は、この手の逸話や実例を、起伏もなく蜒々《えんえん》と語って行くばかりである。西独国民には少なからずショックを与える内容かもしれぬが、われわれに精神的に深い驚きを与える本とは到底言えない。私は三分の一ほど読んだだけで、正直うんざりして投げ出してしまった。いかに真実が語られていようとも、正義と不正との観点が余りに一面的なこういう本に退屈するなというのは、どだい無理な話である。

ここに挙げられた実例の多くは、およそ予測がつくことばかりで、日本でも過去にあったし、似たようなことは今でも現にあるだろう。ただ、違うのは、外国人労働者の流入を法で規制している日本と、これを今ではすでに既存の機構として表向き是認せざるを得ない西独とでは、市民意識の上で大変に大きな質的差異が生じていることである。今の日本ではまだ例外現象だが、数百万人を受け入れた西独では、外国人労働者は市民社会と不調和のままにその中に組み込まれ、構造化している。そのために、市民社会の側に寝た子を起こすかのように、悪徳や残虐の芽があちこちで出て来て、今度はそれに対する批判や正義の抵抗が当然働きだすから、初めからなければなしで済んでいた子供っぽい正義心や安っぽいヒューマニズムやこれ見よがしの暴露心理に、これまた眠れる子を起こすかのごとく、不必要に火を点ける結果となるのである。変装までして外国人になりすまし、自分の身体を痛めつけることまでやって、自分の同胞の悪徳を裏側から暴き立てるなどは（しかもそれをジャーナリズムが社会正義の名で褒め讃えるなどは）、どう考えても倒錯した自虐心理である。一国の社会心理がすでに正常な平衡バランスを失ったところでしか、こういう本は書かれない。そして、戦後の西独社会は、ある意味ではそういう社会なのである。

ナチズムに過激に走った社会は、今度は振り子が逆に振れると、反対方向へ向かって自暴自棄的に走って行く。完全な平等と、完全な人類愛というありもしない幻想に向かって。西独社会は保守的市民階層に至るまで、この幻想に取り憑かれている一面があって、文学や映画や大学知識人の精神状況は、それをよく反映している。

英仏に比べ階級対立をはるかに良く克服し、幅の広い中産階級を築き上げたといわれる戦後の西独社会が、火中の栗を拾うかのごとくに、外国人労働者という新しい「下層階級」を抱え込んだ。そして、いったんは消えたかに見えた左翼ジャーナリズムの火勢を燃え立たせた。完全な平等、完全な人類愛という幻想を求める過激派的心情に、まさに恰好の材料と舞台を提供したわけだ。『最底辺』などという本は、こうした背景がなければおよそ出て来ないような奇妙な精神構造を示している。

英仏に比べて不利な西独の環境

同書は紛れもなく西独の現在の精神状況の所産である。と同時に、日本に似て外国人流入に歴史的に不慣れであって、ある政治的激変を経てやむなく異民族を内に抱え込まざるを得なかったという歴史を経験していない国民の、無垢な感情の表現でもある。

周知の通り英仏は、ともに国境を拡大した国である。英国はシンガポールや豪州やカナダにまで支配権を確立した。フランスはインドシナ半島に進出し、アフリカの多くをわが手に収めた。そして米国は、もともとが移民国家で、特殊な成り立ちを持つ。いずれも地理上の版図拡大の結果として、異民族を内部に抱え込まざるを得なかった歴史を持つ。従って国民意識の中で、それはある意味で運命的に甘受されている。英仏は過去にそれによって大きな利潤をさえ得て来た。英国資本主義の成立が、植民地経営や奴隷売買による利潤の蓄積に負うていることは、常識である。同じ現代の工業先進国といっても、異民族問題に関しては、西独と日本ははなはだ無垢で、他の先進諸国と歴史的背景を異とする。ドイツ人も日本人も他と比べれば比較的に純血民族であり、膨大数の異民族を国境の内側に抱えることを政治上の激変の帰結として、運命として、甘受する経験を持っていない。従って日独両国民は、米国や英国やフランスが勝手に先に作り上げて来たこの点での国際ルールや義務・要請に、従順に従わなくてはならない謂れはないし、また、そうやろうとしてもどうせうまくは出来ないのである。なぜなら西独が外国人労働者を大量に受け入れ始めたのは戦後で、ドイツが事実上国境を縮小して以後だからである。異民族に対する政治的征服の野望を放棄して以後のことだからである。言い換えれば、受け入れた外国人を自国民と同じように好遇しなくてはならない平等権の強い時代になって受け入れ事業を開始しなくてはならなかったという、英仏に比べてずっと面倒な心理状況を前提としている。自国民の失業率が上がっても、外国人を集団帰国させることは許されない(西独政府はこの点で各国政府と絶えずトラブルを起こしている)。帰国する外国人には多額の慰労金を付けて帰さなくてはならない。加えて、次のような問題さえある。

ドイツ語を話せないトルコ人の子供たちのための特別クラスの話は前に書いたが、十年も経つと、今度はトルコ語を話せないトルコ人の子供たちがドイツ各地に目立つようになった。そして、彼らの両親を帰国させるとなると、彼らがトルコ語を話せないことまでが、西独政府の責任だということになる。現代は弱者の強い時代である。そこで、西独政府はトルコに学校を作って、トルコ語を話せない子供たちのために、ドイツ人のトルコ語教師を急造して、派遣し、現地でトルコ語教育に当たらせているという。どれもみな西独が疲れるまでやらされている事柄である。

いうまでもなく私は日本の将来を念頭に置いて、今、西独の状況について語っているのだ。もし日本政府が数パーセントに及ぶほどの外国人労働者を受け入れることに合意したなら、日本はあらゆる条件からして西独に最も近い様相を呈するであろう。歴史背景を異とする英仏両国や米国のように、人種差別に平然と、無感動に対処していく冷たい知恵を発揮することは出来ないだろう。『最底辺』というような本が書かれること自体が、ドイツ人の政治的未熟さを物語っている。

私は前節「『国際化』とは米国への適応なのか」の中で、外国人労働者が人口の一四パーセントにも及ぶパリ市の例を挙げた。私の友人が、ヴェトナム人の不動産屋が斡旋し、スペイン人が管理し、フランス人が所有するあるアパルトマンに住んだ話を紹介した。日々出されるゴミの回収に来る作業員は、黒人かアルジェリア人である。そして家主のフランス人は契約書類に名を出すだけで借り手に顔さえ見せない。これがパリである！ 搾取する人種と搾取される人種がはっきりと区別されている人種的階層都市の見事な秩序《オルドル》（フランス人の好きな！）が形成されているわけである。

私はこの点に触れて次のように書いたはずだ。

「私は日本人がパリ市民のように、多数の外国人労働者を礼儀正しく冷酷に扱えるほどの理性の持主だとは到底思えないので、あらゆる綺麗事には賛成できないのである。西独がとくに外国人対策に苦しんでいるのは、パリ市民ほど『差別』に慣れていない体質にある。日本の場合は西独以上に破滅的な災厄を子孫に遺す結果になるであろう。」

しかし、私が冒頭に掲げたアシュメト君一家の話は、西独当局がトルコ人移民に見せる「礼儀正しく冷酷な」取り扱いの当局者自身さえ気が付いていないある厭わしい心理の一表現であると見えなくもない。アシュメト君のお父さんは最も成功した部類で、やっと給仕頭になれたのである。当分それ以上の者になれる見込みはないし、西独側にさせる積もりもないという前提で、西独政府の善意ある国際協力が語られている。しかしアシュメト君一家は例外的成功者で、大半の外国人労働者は『最底辺』で語られているような最悪の条件下にあるのだとしたら、この一家の教育上の微笑ましきささやかな悩みが状況全体の中で占める位置は、はなはだグロテスクだということにもなって来よう。

日本人は被害者ではなく加害者になる

以上を勘案すると、もし日本が外国人移民に安易に、かつ大量に門戸を開くなら、未曽有の心理的・生理的混乱と、人種的階層分化という文明上初体験の危機を招来することになるであろう。その痛手の深さは恐らく西独の比ではあるまい。

いわゆる「国際化」のためには、日本人には他にやるべきことが無数にあるのに、また「人の自由化」のためだけでも、大学の人事、企業の幹部の開放等、同じ痛手を受けるにしても、より生産的な方向に働く可能性のある分野の自由化を優先させるべきなのに、なぜかいち早く、単純労働力の市場開放の声も聞こえ始めているのはどういうわけだろう。一つにはアジア諸国への人道主義的配慮、一つには欧米先進国への体面ないし気兼ね、そしておそらく最も有力なもう一つの理由は、産業界が安価な労働力を欲しているという、経済的要請によるものであろう。隠されたこの三番目の理由――建設労働者不足で、賃金の大幅アップに喘いでいる建設業界では、ASEANからの労働力輸入の経済的動機を隠そうともしないが――を、一番目と二番目の理由が「国際化」という美名でカムフラージュしている。それが全体の構図であるように見受けられる。

よく考えていただきたい。日本の国内に「下層社会」を作ることが人道主義になるのであろうか。途上国の失業者を救うためであれば、工業化による雇用の創出といった別の援助手段を考えるべきではないか。英国に流入したインド人やパキスタン人やジャマイカの黒人たちは、白人の下層階級の下にさらにカスト化して、近年一段と絶望的な状況を呈しているといわれる（「ニューズウィーク」日本版一九八八年一月十四日号）。英国が旧植民地人の移住を認めて来たのは、ある時期の労働力不足と、同じ女王を戴く旧植民地との腐れ縁によるのであって、決して人道主義によるのではない。次に日本が欧米先進国への気兼ね、ないし、欧米と同じでありたいという国際的体面から、「人の自由化」を推進しなくてはならないと漠然と思い込んでいるとみなされる点だが、もし本当だとしたら、じつにこれほどばかばかしい劣等感の表現はないであろう。欧米の基準はそのまま国際基準ではないはずである。ことに特殊な移民国家である米国を基準に「人の自由化」に着手するなど、論外である。

おそらく大抵の人は程度問題であると判断し、制限付きで少数の労働者を迎え入れるだけなら、現に行われているし、さほど問題はなかろう、と楽観しているのではないだろうか。その「少数」が五万なのか、十万なのか、あるいは百万なのか、私には分らない。しかしいったん原則を毀したら、数で制限する根拠を見出すのは大変に難しいであろう。なぜなら、何万人までと制限するいかなる正当で合法的な根拠も見出し難いからである。また、たとえ少数でも、移入を認めるのは牛馬でもなければ、機械でもなく、生身の人間である。例えば家族を呼んで一緒に暮らしたいという人間としての正当な願望に、「制限」を加えることなど出来るものではないだろう。それに、せいぜい十万単位の流入が見込まれる程度だと高を括《くく》っている人がいるとしたら、それは甘い。あっという間に一千万人、二千万人の単位の人間が移動し得る十億の民を抱えた巨大国がわれわれのそばに控えているのである。

しかし新聞で見る限り、各省庁は、将来混血や大量帰化もあり得る生身の人間の問題としてこれを考えているようには見えない。労働省は日本人の雇用確保を心配しているだけだし、厚生省は福祉予算が外国人に食われることを恐れているだけだし、外務省は欧米からの圧力を気にしているだけである。そしてそこに、安い労働力が欲しいという経済界の本音が見え隠れしている。移入をいったん法的に認めれば――今は認めないことが抑止力になっている――西独で起こったと同じような、生身の人間同士の凄惨なドラマが始まるのだという観点が、ものの見事に欠落している。

「人の自由化」の問題は、農産物市場の自由化、金融の自由化、建設工場入札の自由化といった問題とは異なった側面を持つ人間の生きざまの問題、人間の善悪美醜、すなわち文化や道徳の根底に関わる問題である。従って日本興業銀行副頭取の黒沢洋氏が「朝日新聞」（一九八七年十月十一日）に発言した次のような一文は、日本の経済人の人間や社会を見る目の水準を示す一例として、まことに興味深い。黒沢氏は約五年間フランクフルトの首席駐在員を務めたというから、財界ではおそらく一、二を争う西独事情通であろう。その氏にしてのこのような発言内容は、真に驚くべきことといってよい。

「アジアとの水平分業をするには、もう少しアジアの人たちから敬愛されなくてはいけません。それには人の移動を自由化する必要があります。日本には八十万人の外国人が住んでいますが、このうち七十万人は日本語を母国語とする外国人です。仕事などで日本に滞在している外国人はわずかです。こんな人的鎖国主義は良くありません。外国人の労働者がふえると、西独のように取り扱いに頭を痛めるという人がいます。私は冗談じゃないよ、といってます。西独はトルコなどから二百五十万人（ママ）の労働者を受け入れたあとからいろいろな問題が出ているので、入れない前から問題があるというのはおかしな話です。」

「日本はいまや金持ち国です。金持ちは金持ちらしくふるまわなくてはいけません。むかし店子《たなこ》が金を払えない時には、大家さんは店子を裏口からいれて、草取りをさせ、なにがしかのカネをやって助けてやったものです。フィリピンでは日本のお手伝いさんの給料で三家族養えるんですからどんどん日本に受け入れればいいんです。」

ほとんど信じ難いような内容の発言である。今お手伝いさんの給料がいくらか私は知らないが、フィリピン人を黒沢氏の言う通りにどんどん迎え入れれば、たちまち給料のダンピングが始まるであろう。「三家族が養える」程度の額から、「二家族が養える」程度の額にすぐに落ち、さらにその半分になっても、人の波は怒濤のごとくに押し寄せて来るであろう。安い値段で人を使役できる味をしめた日本の民衆に、眠れる子を起こすがごとく、不正と悪徳と残酷の味を覚えさせる結果となっても、それは決して民衆の罪ではない。黒沢氏のような知的想像力を欠いた指導者の責任である。

いま現に「じゃぱゆきさん」の名で知られる女性たちがどういう目に遭っているか、われわれは薄々気づいている。しかし、現在はまだ一部不法就労者の、限られた世界の出来事に留っている。西独とトルコの間の経済格差よりも、日本とフィリピンの間の、あるいは日本とバングラデシュの間の経済格差の方がはるかに大きいだろう。アジア諸国に対する日本経済の圧力は、今の段階では国単位で受け止められているから、日本人の個人的抑圧や不正は、まだそれほど強くは露呈していない。しかし今のところは限られた世界に留まる抑圧や不正が、やがて日本の市民社会の至るところで民衆的規模で展開されるようになったらどうなるであろう。おそらく世界中から、道徳的非難を浴びるような種類の出来事が、相次いで起こるであろう。

戦場に行かなければ、柔和な良き父、良き夫である男たちが、戦場で人間性を麻痺させる事例は、われわれの近い歴史的経験の一部にあったといわれてきた。アジア地域で日本経済の力が突出している時代の「人の自由化」は、日本人に思いも掛けなかった人格荒廃を誘い出す切っ掛けを与えることになるかもしれない。そしてあらずもがなの安っぽいヒューマニズムと単純な正義心にも火を点け、『最底辺』のような本が日本でも書かれることになるかもしれない。

それに、西独の例ではっきりしているのだが、人の厭がる労働を一度外国人が引き受けると、後で誰もはやそれをやろうとする者がいなくなってしまうのである。つまり「下層階級」を必要とする社会に変質してしまうのだ。これが西独のケースである。日本は極端な人手不足に陥った高度成長期に、単純労働とそうでない労働との賃金格差を縮める政策によって、労働力を確保し、「下層階級」を作らないで切り抜けるという見事な知恵を発揮した。今、賃金アップに悩む建設業界その他においても、一番安易な外国人依存の道を回避した先人の知恵を継承する方向で、問題を解決してもらいたいと私は希望する。

黒沢氏は外国人を受け入れてから西独では問題が出ているのに、日本では受け入れる前から問題があるというのはおかしい話だと語っているが、これまた信じ難い、奇っ怪な論法ではあるまいか。いったん入れてしまったら、短期移民は定住移民になるのが常で、もはや二度と元へは戻らない、取り返しのつかない事態を招く、そういう性格の問題なのではないのだろうか（現に西独の場合はそうである）。

何しろ入って来るのは農産物や機械ではなく、生身の人間である。未来への希望とエゴイズムと宗教心と習俗とを抱えて生きている人間だということを忘れてもらっては困る。

人口激減と外国人への依存心理

西独の最大の難事は、人口が急速に減少している危機と、外国人問題とが近年とくに強く絡み合って現れていることである。これは日本ではまだ起こっていない、大変に気の毒な事態である。

西独の出生率の低下は七〇年代の中頃から急速に目立ち、さまざまな事情から、回復の見込みはまったく立っていない。西独経済に深刻な打撃を与えることが予測されるだけでなく、警察体制や防衛力にまで影響が及ぶと言われている。二十一世紀になると、ドイツ人の不足を外国人で補うことで最悪の事態を避けようという動きが急速に出て来るだろう。信じられないことだが、警察や軍隊の一部をすら外国人で補うという窮地に追い込まれよう。人口問題専門家はそう語っている。そのときには、今まで歓迎されなかった外国人労働者に対する西欧人の意識は変わって来よう。否、今現に、西欧人は自分たちのパワーの及ばない領域が次第に増えつつあることに気づいていて、外国人労働者がいなければ、国家も都市も機能しないという現実に否応なしに直面しかけている。

外国人労働者が南伊、スペイン、ギリシャ、ユーゴ等から西独に最初に入ったのは一九六六年である。人口比三パーセント程度で、当時は好景気であったため、問題視されなかった。七〇年代の半ば頃から失業が深刻化し、外国人排斥感情が強まった。しかし逆に、数は増加の一途を辿り、八〇年代には七、八パーセントに及んでいる。外国人は平均年齢も低く、子の数も多く、ドイツ人の活力の減少と反比例している。ために、マックスプランク国際社会法研究所長ザッハー教授は、西独国民が現在の生活水準を維持していくためには、今後も外国人への依存度を高めるほかなく、西暦二〇〇〇年には一二パーセントの外国人労働者を国内に住まわせることが、国民的必要事とみなされるであろう、と語っている。

西独は何とも寒々とした事態の到来に耐えるしかなくなっているようだ。外国人問題がこの国では国民生活の内部に組み込まれ、構造化していると言われるのはその点である。人口の減少は外国人の増加と時期的にはほぼ並行しているので、何らかの因果関係があるかもしれない。かりに因果関係が立証されなくとも、外国人に依存すればするほど自国民が無気力になり、生命力を弱めていくという構図が、ともあれ不気味な形で成り立っている。

一九七八年に、医学や神学の有名な教授七人が相集い、「ハイデルベルク宣言」という名の檄をとばして、危機感を表明したことがある。このまま手をこまぬいていては、二十一世紀初頭には、人口は半減し、ドイツ民族は自滅してしまう。純再生率が二・一以上でないと（一人の女性が二人以上の子を生まないと、の意）、社会の再生産はできないが、西独の数値は一・三である。しかもその中には出生率の高い外国人の数も含めて計算しているのであるから、事態は深刻である、といった意味の分析をして、外国人の数を制限し、ドイツ人がもっと子を産んで純粋なドイツ文化を守るよう、全ドイツ国民に強く訴えた。

出るべくして出た本然の声という気がするが、かなりの反発に出会い、評判はよろしくなかったように覚えている。あらゆる民族愛の感情をタブーとする戦後ドイツの硬直した空気は、一寸やそっとでは治りそうもない。どの点から見ても、西独の抱える問題は輻輳していて、次第に進退窮りかねない状況に近づきつつあるように見える。

石川好氏への共感と批判

日本も多少人口の減少傾向を示しているが、まだ、外国人のパワーに依存しなければ国を維持できないというほどの衰弱した状況にはなく、十分の生命力を保っている。しかし、もし安易に西独の道を歩めば、日本の国内にも外国人への依存が強まり、自国民がその分だけわがままになり、生命力を弱めていくという傾向を招来するかもしれない。

私は大量の外国人を入れた西独の悩みをずっと見聞して来たので、日本がああなってはまずいという気持ちがどうしても強く働き、西独の失敗に学べ、という呼び掛けを書かずにはいられないのである。この点では日本は人種の坩堝《るつぼ》である米国によりも、西独に条件的に似ているので、あながち無理な類推とは言えまい。日本が大量の外国人を入れれば米国のようにはならず、西独のようになると推定するのが、むしろ自然だろう。ところが、米国に暮らしたことのある米国通の人は、多民族国家の良い面、活力のある面ばかりを見て来たせいか、日本に複雑な人種問題を持ち込むことにさほどの不安も、警戒心も抱かない人が多い。移民の国米国を基準に、日本の不足をあれこれ非難するのは、どだい無理な要求なのに、米国を師とする意識が戦後強いせいか、米国流のやり方を、前提条件の相違を無視して、日本にそのまま当てはめようとする人は、意外に少なくないのである。「正論」(一九八八年一月号)の拙論(本巻では前節「『国際化』は米国への適応なのか」)を、大変に大きく好意的に取り上げてくれ、その上で、反論を展開した石川好氏の「人間不在の開国論」(「Ｖｏｉｃｅ」一九八八年二月号)を、今私は念頭に置いている。最後にこの好論文への私見を述べて、私の考え方をいっそう明確に深めておきたいと思う。

石川氏は私を「神経質な鎖国派」と決めつけ、もう一方に、私が批判しているような、問題の深刻さに気づいていない人々を「呑気な開国派」と呼んで、私を切った返す力で「開国派」をも成敗するという元気のいい立論を展開している。しかし、どちらかといえば氏の非難は私によりも、「開国派」の甘い考え方に向けられている。近頃の国際化論ブームに釣られて、外国人労働者を「日本の社会や組織に不足している部品を外国から輸入してくるような」安易さで考える人々が近頃増えていることを、石川氏は疑問とし、そういう「呑気な開国派」を「人間不在」と全面否定する。外国から入って来るのは犯罪も犯せば性欲も持っている人間、氏の言葉を使えば、「何をしでかすか分からない人間という生き物」なのであって、その点では大混乱を予想し警告している西尾の方がよほど外国を知っていて、「開国派」よりもずっと国際化された精神の持ち主だ、と大いに私を持ち上げている。ただし、氏が西尾に賛成するのはそこまでで、「開国派」の無知や余りの楽天性や似非《えせ》ヒューマニズムへの西尾の批判にも共感するが、自分の考えはそこから先が西尾と決定的に違うのだという。すなわち――

多数の外国人労働者が入って来たら、西尾の言うように危機的混乱が生じようが、だから入れるなというのではなく、だからこそ外国人が入ることを認めよ、と自分は言いたいのである。日本人は今までもいつも「口先や観念だけが火傷をしただけで、本当の火傷をしたことがないのではないか」「われわれ人間には、本当に、この自分の体と生活が、やられることによってしか、理解できないことがある」のである。日本人が甘ったるい「外国病」や「国際化ノイローゼ」から解放されるためにも、外国人を一度入れてみろ、そして西尾の言う「破滅的な災厄を子孫に遺す」ほどの事態を一度経験してみよ、それによって初めて日本人は外国に対し生ぬるい考えを持たない、本格的に国際化された、まともな民族に鍛え直されるであろう、と石川氏は言うのである。

私に論争を挑んで来た反対論者が、じつは人間認識において私に最も近く、従って私としては、そうです、その通りである、とつい口先まで言葉が出かかるような経験は、私には初めてである。石川氏が日本の外の世界の実相を知っている数少ない一人であることがこれで分ったし、私の論を捩《ね》じ負けず、真意を掬《く》んでくれたことにも深く感謝する。

しかし、氏の考え方にはある肝心要な一点において、私見では、踏み外しがあると判断される。氏の考え方はロマンチックすぎる。文学的でありすぎる。が、踏み外しとはそのことではない。わが民を強く逞しくするためにわが民に流血の試練を与えよ、というのが氏の考え方の基本だが、よく考えていただきたい、これは神のみが口に出来る言葉であり、また神以外の何びとも口にしてはならない言葉だともいえよう。

人間が人間のためにする努力目標は、人知を尽くしてあらゆる災厄を防ぐことであり、また、よしんば災難を引き受ける場合でも、何らかの積極的な希望を目指して引き受けるのである。結果的に、災厄を防げないこともあろう。希望を果たせないこともあろう。それはそれで仕方がない。求めて得られなかった希望に対しては、人は納得する。災難と不幸だけが残ったとしても、人はこれを宿命として甘受し、ここで初めて、自分に対する試練が生じたと理解する。

試練は人間が授けるものではない。運命が授けるものである。ということは、試練の内容は、人為的ではあり得ないのである。人間の計画の外にある。人間の知恵や思惑を越えている。それでなければ、試練とは言えない。人間が人間を試すことは出来ないのだ。試練という思想は、指導者にとってはいかに魅力的であろうとも、政策論にはなり得ないし、また、してはならないものなのである。

石川氏はこの点において、ある錯誤を犯している。具体的にいえば、一つの民族が何らかの政治的激変の結果、他の民族を包摂するとか、あるいは他の民族に征服されるとかして、国境の内部に大量の異民族を抱える、あるいは国境の外部に大量の自国民族を配置せざるを得なくなる、というようなケースにして初めて、外国人の流入や自国民の流出を民族的運命として、試練として、引き受ける覚悟が固まって来るのではないだろうか。われわれが在日朝鮮人問題を、日本の歴史のなした錯誤の帰結として、永く忍苦しなくてはならないと考えている理由もここにある。

石川氏が日本の国民に与えたら良いと考える試練の内容は、一人の思想家である氏の主観に規定されている。それがいかように正しい洞察であろうとも、氏は自分が国民に試練を課すと考えていいほど傲慢であってはいけないのである。また、そのような主観的・人為的な内容の試練であれば、それは国民に試練として受け止められる可能性も生じないであろう。運命の感覚を欠いているからである。人間が選んだ運命は、運命とはいえない。

私が本論で西独のケースを、英仏や米国のケースと区別して論述して来た理由の一つもこの点にある。西独の場合だけが、非常に人為的・人工的な政策の結果であるように見えてならない。英仏も、米国も、近代史をリードした国力拡張期に、自然な形で、異民族を包摂せざるを得ない運命的な過程を辿って来た。西独は不幸なことに、戦前はナチスの膨張政策で異民族を征服しようとし、戦後はその裏返しとして、異民族を内に引き入れて、苦悩している。しかも一九六〇年代に始まった外国人労働者受け入れは、明らかに、運命とは受け取られておらず、政策として理解されている。歴史が人間に与えた試練としてではなく、やらなければやらないで済んだ人間による選択の結果として判断されている。しかも、西独国民にはそれが「失敗」であったとして意識されていることが、不幸を決定的に倍加させている。

人間が試練の内容を決定し、これを国民に課すことがどんなに不自然なことであり、思いがけぬ逆効果をもたらす可能性をも蔵しているかということが、以上で石川氏にもお分り頂けたと思う。「ファミリーレストランや、六本木のカフェバーに出向いてワインを飲み、そして三宅一生や何やらがデザインした服を着込んだだけなのに《趣味人間の出現》とおだてられ、その気になった、山崎（正和）氏の言葉でいえば、柔らかい個人主義の持主たる今日の欲ボケ風船玉の日本人」に、私自身もまた、「性欲と腹の減った胃袋と人を踏んづけても生きたい野心をもった十万」の外国人をぶつけて、冷水を浴びせ、目を覚まさせたいというロマンチックな夢を抱いている。日本文化にダイナミズムを与えるためにも、石川氏の提案するこうした荒療治が必要であることは、私にも分らぬではない。

だが、そのためには、一体どれだけの数の外国人を迎え入れたら良いのであろうか。石川氏は「十万」と書いているが、とてもそんな数ではお話にならない。百万以下の数なら、日本社会は彼らを仕切りで囲って、その上で同化し、日本人の生き方にも、日本文化の側にも、氏が期待するような質的変化を与える効果を発揮するまでには至らないだろう。各地でたいして意味のないトラブルや小さな混乱を引き起こすのが落ちで、文化のダイナミズムに寄与するほどの生産的な役割を果たすことはないであろう。西独のように七パーセント、日本の人口では約八百万の外国人が入って来れば、おそらく何かが変わるかもしれない。けれども、日本社会に創造的活性化をもたらすとは必ずしも言えず、西独が辿った軌跡、出生率の高い新しい「下層階級」に自国民が依存し、自らの生命力を弱めていくことが分っていても、状況をもはや変えることが出来ないという、進退窮った隘路に追い込まれることになるかもしれない。否、そうなる可能性の方がずっと大きいと、私は踏んでいる。

私はロマンチストではない。しかし、空想と理想とは別だということを言いつづけて来た人間であって、理想を失っているつもりもない。現実のあらゆる条件を計算し、想定されるすべての可能性を予測して、その上で決断するのが政索決定ということである。過《あやま》たぬためには、歴史を知り、外国を知り、それを通じて己を知った知的想像力を必要とする。私は「神経質な鎖国派」なのでは決してない。開国するなら、本気で、それだけの手続きを踏め、と言っているまでである。真の理想は、真の現実家のもとにしか訪れない。軽い見通しや、考えの足りなさや、中途半端な期待は、すべて現実に対する思い上がりであり、怖いもの知らずに過ぎないのだ。そのような空想家はつねに現実に裏切られ、気が付いたときには、かねて予想していた航路を大幅に踏み外し、こんなはずではなかったと、已れの先見の甘さを嘆く結果に終わるであろう。

（「正論」一九八八年三月号）

「西ドイツ見習え論」のウソ

日本人が何かというと外国をモデルに日本を批判し、日本の悪口を言う習慣が、敗戦後はずっと続いた。スイスが理想化され、ソ連が礼讃され、インドの中立主義や英国の民主主義がお手本だと言われた。なかには米国の富、ソ連の平等、英国の議会制度、スイスの中立主義の四つを目標にするのがわが党の方針、と語った野党党首がいて、一部に失笑する向きもあったが、国民の大半がこれに乗せられたのだから、今にしてみれば驚きという外はない。各々の国の暗部を見ないで、「いいとこどり」をして、それを理想化できるのは、各国の内情に関するよほどの無知と、自分の国に対するよほどの劣等感の現われでもあろう。しかも、これがそう遠くない昔、十数年ほど前の話なのだから、なお驚く。

日本人はあれからこの点では急速に目が覚めて来たように思う。ハリウッド映画にうまく誘惑されて来たわれわれは、グレース・ケリー主演の『上流社会』あたりで米国民の生活水準を何となく、漠然と代表させていた。人種対立や黒人の貧窮を描いた米映画の日本での上映が、占領政策によって禁止されていたことは、最近やっと明るみに出たが、戦勝国の暗部を敢えて見ようとしなかった敗戦国民の根深い劣等意識の方に、むしろ歪んだ米国像形成の主たる原因があったのではないだろうか。

古代社会以来、征服された民族は、征服者の神をわが神とすることによって生き延びようとする本能を具えていたといわれる。敗戦国日本の民は米国民主主義だけを「神」としたのではない。ソ連も、英国も、戦勝国である。ソ連の「平等」の仮面の背後に、特権階級の存在と人権抑圧の実態が隠されていたことは、日本人には永い間知らされなかったし、理想化された英国の「議会制度」が、硬直した階級対立の産物であることも、日本人の視野に入るまでには時間がかかった。今では誰もが常識としている事柄が、久しい期間、日本人の知識にはなかった。考えてみれば、奇妙な話である。スイスの美化された中立政策も、敗戦国民の願望が描いた幻想に過ぎなかった。やがて硬い氷が解けて来るように、日本人の認識の中に、スイスは国民皆兵の重武装国家で、兵器の代表的輸出国であるという情報が次第に行き渡るようになった。

日本人の世界認識は、こうして徐々に正常に戻って来た。経済による自信回復と並行して、この軌道修正がなされた。私はいい傾向だと思っている。何かというと日本人が日本の悪口を言って安心する習慣自体が、最近の十年でやっと下火になった。それと同時に、近頃では、逆に日本人は外国を見下すようになり、夜郎自大になったといわれる。日本人は「傲慢」になった、との声が国の内外で聞かれる昨今である。果して欧米人の歴史的「傲慢」に比べても見劣りしないほどに日本人が「傲慢」になり得ているかどうかは、まずもって疑問なのだが、東南アジアで威張り散らす日本人とか、ヨーロッパで学ぶものはもう何もないと嘯《うそぶ》く日本人、等々はまったく論外であり、「傲慢」というより、こういう連中はむしろ「愚か」というにふさわしいだろう。

もしも日本人傲慢説が、敗戦後から三十年ほど日本社会を蔽った、今述べた外国崇拝と自己劣等視の空気とひき比べてみて、日本人が最近やっと自信を回復し、外国の弱点や暗部をも堂々と指摘できるほどに姿勢を正し得た状態を指して言われているのなら、これは「傲慢」というにはまったく当らない。こんな風に単なる自信の回復状態を日本人自らが「傲慢」と名づけて自己反省するほどにお人好しであることが、むしろ日本人が少しも「傲慢」でないことの証拠だといえないだろうか。

相も変わらぬ敗戦呆けの亡霊

世界の他の国民は、欧米人だけでなく、中国人であろうと、インド人であろうと、みなもっと悠然と、自分を肯定して生きているのであって、「傲慢」と言われたくらいで、おたおたしたりはしない。日本人がどんなにお人好しで、自分の拠って立つ基盤を絶えずぐらぐらさせているかは、近頃自信を回復したように見えて、いまだに敗戦後三十年間のあの病的自閉状態を引きずっているかに見える、次の例を見れば分る。すなわち、日本はここへ来てまた先行き不透明で、生産拡大、貿易推進で来た歩みが挫折し、国際的な難局にもぶつかりそうな雲行きになるや、再び日本を声高に批判し、外国に理想やモデルを探そうとする空気が、あちこちにちらほら見られるのである。その代表例が、西独を模範とする新たな動きである。同じ敗戦国である西独と日本の二つの戦後史を比較し、戦後の西独は正しく日本は何処かで道を間違えた、といった、最近よく目立つ自己反省の試みである。

西独の戦後史にももちろん日本になかった努力の跡や知恵の働かせ方があったことを認めるのに吝《やぶさ》かではないが、あらゆる国の長所は、必ず弱点に通じている。美化された理想は、必ず暗部を蔵している。弱点や暗部を見ようとしないで、只管《ひたすら》外国の「いいとこ」ばかりを見て、日本はだから駄目だ式の、相も変わらぬ他者依存の、それを以て誠実や謙虚と思い違えている敗戦呆けの亡霊を再びここに見る思いがして、いまだにこんな対外認識の姿勢で良いのだろうかと、私は疑問を抱いている。

一九八二年〜八五年頃、新聞の経済記事には「西ドイツ病」という言葉がよく躍った。当時西独経済には元気がなく、テレフンケンが倒産し、シーメンスの危機が囁かれる等の暗い状況を、「英国病」に倣《なら》ってこう呼んだのだと思う。あの時の対独評価の下げ方も少し早く、安直だったが、その後経済指標が若干上ると、今度は日本から見て、何でもかんでも西独は良く見え、昨年を通じ、西独を見習え式の議論がいわばブームをなしている。

「日経ビジネス」の現地取材「西ドイツの知恵——日本とはここが違う」(一九八七年七月二十日号)は堅実なレポートだったが、やはり過度の西独理想論で、この国の半分の影を見ようとしていない。NHK総合テレビの特集「なぜ日本だけが孤立するのか／日本・西ドイツ二つの戦後」(同年八月十四日夜放送。その後『日本・西ドイツ』の題で日本放送出版協会より刊行)も、一方的な西独成功論であり、「諸君！」の座談会「なぜドイツは叩かれないのか」(十月号)も同様であった。

以上の企画では、最初に西独をモデルにして日本の失敗や欠点を強調しようという意図が先行しているので、すべてがその偏光レンズを通して描き出され、西独の成功要因や長所はじつはそのまま裏側から見ればある危険を蔵した弱さや短所にもなり得るという観点が、すっぽり抜け落ちているのである。つまり、複眼でものを見る態度が欠けている。ことに座談会における「南ドイツ新聞」のG・ヒールシャー氏の、何から何まで西独が日本より思慮深く、賢明で、スマートだといわんばかりの発言には、いくら愛国心の発露とはいえ、度が過ぎていて、不快だった。敗戦後の日本人なら、御説御尤もと感心して引き下がる外なかったろうが、西独社会の奥底に潜む荒廃と沈滞を冷静に見ている最近の日本人には、ああいう一方的な話はおそらく腑に落ちまい。

といっても、問題は何も外国人の発言内容にあるのではない。何か困ったことが起こると外国を持ち上げてしおらしく自己反省してみせる日本人の相も変わらぬ不可思議な自虐心理にある。以上三つの記事や放送の他にも、外国人や外国資本にオープンな西独社会を日本の「国際化」のモデルにしようという意見をあちこちで見聞きするが、それらを通じ指摘されている西独の日本にない長所や賢明な政策を、私はそれ自体として否定しているのでも、評価しないというのでもない。そうではなく、前提や環境を異とする外国の成功例を、背後の影を見ないで、急いで自分の自信喪失の埋め合わせに用いようと、相変わらずの他者依存習性で何となく納得した気持になろうとする日本人の自己欺瞞を、私は問題にしているのである。

二、三年前に「西ドイツ病」と言って揶揄したかと思うと、あっという間に逆のヴェクトルに動きだすマスコミの頼りなさ、いい加減さも問題である。猫の目のようにくるくると、外国の価値を上げたり下げたりするのは自分の自信の無さ、自分に対する不安に発しているに過ぎないのに、それをもって自信を回復する切っ掛けにしたり、欠点を反省する縁《よすが》にしたりするのであるから、日本人は外国を見ているのでは決してなく、自分の影と戯れているだけだと言われても仕方がないであろう。

ブームの火点け役は誰か

ここへ来て西独の経済社会が称賛されているのは、最近の米国の感情的ともいえる「日本叩き」が関係している。日本はこんなにやられているのに、なぜ「西独叩き」は起こらないのだろうか。日本は孤立感に苛《さいな》まれているのに、西独は孤立しているどころか、ECの内外の諸国となぜうまく協調してやっていけるのだろうか。この違いは何処から来るのだろうか、といった日本側に湧き起こった一連の疑問に発しているように思える。NHKの特集の狙いも、「諸君!」の座談会の動機も、みな疑いもなくこの点にあった。

わが国は米国から何かと無理難題を強いられて、対米貿易が四割に及ぶ過度の米国依存体質を変えなくてはならないと、心ある人々がつくづく反省し始めている時期に、今丁度さしかかっている。そのような折も折、西独がECを中心に貿易相手国をできるだけ拡散し、貿易の品目や数量も分散につとめ、対米貿易は一割程度に抑えて来た事実に、改めて注意の目が向けられたわけだ。米国からの「西独叩き」が起こらない所以は、こうして長期にわたって努力を重ねて来た、外国に開かれた西独政府の協調的政策にあった、というわけである。

シュミット前西独首相もそんな意見を日本で開陳したことがあったので、このところの〝西独に見習え論〟ブームの火点け役は、あるいは前首相であったかもしれない。

シュミット氏によると、西独は戦後近隣諸国との関係修復を一番の外交目標とし、戦争犯罪を深く謝罪すると共に、国内市場を最初から思い切ってオープンにして、対米一辺倒にならないで済む欧州中心の経済環境を作り上げて来た。それに対し日本は米国を大事にし過ぎる余り、アジア各国を後回しにした。シュミット氏は米国以外に友邦国を持たない日本の危うさを指摘し、アジア外交の重要性をあらためて強調していた（U. S. News & World Report, Jan. 11, 1988）。

友人としてのシュミット氏の忠告は有難いし、これからの日本にアジア外交の重要性が一段と増すことはその通りと思う。しかし、日本が近隣外交よりも米国を重視してきた過去の歩みには、それなりに歴史的理由、地勢上の必然性があったし、「西独叩き」が起こらないことがそのまま西独の強さ・賢さの証明である、というようなことはおそらく言えまい（後でこの点は詳述する）。ましてや、「日本・西ドイツ二つの戦後——どこで道は分かれたのか」（NHK出版メディアミックス誌「ウィークス」一九八七年十一月号）というような、またしても日本の戦後史を断罪し、例によってしおらしげに自己反省してみせるテーマの設定の仕方は、どこかおかしいのではあるまいか。

日本と比較して西独が称賛されるもう一つの理由は、住宅や道路が示す充実した社会基盤、週休二日制、連続数週間のヴァカンスなどに現れている恵まれた労働条件、賃金よりもプライヴェートな生活時間の大きさで生活水準を測るような〝ゆとり〟、マルクが高くなると輸入品がすぐ安くなる合理的に開放された市場システム、等々である。

円高還元がすみやかでない日本の流通機構に対しては、私自身も度々腹に据えかねる思いをしていて、西独社会をこの点に限って羨ましく思うことも決して稀ではない。例えば洋書の輸入業界は、私などには唯一の身近かな流通業界だが、今でもここでは大体一ドル二百十円前後で取り引きされていて、この呆れた横暴に洋書を多く買う大学の教師連中がよくおとなしくしているものと不思議に思う。私自身は腹が立つので外国の書店から直かに「個人輸入」しているが、大学の公費で買う場合には日本の代理店を通さなくてはならない決まりなので、この手を使えない。西独社会ならおそらく決して看過《みす》ごされない、余りのばかばかしさである。日本の商社会にはわれわれですら分らないこの手の不分明が他にも無数にあるようで（例えば伝えられる牛肉市場などその一つだろうが）、欧米人を唖然とさせるのは無理もないのである。日本社会の「国際化」を急務とする声が一段と高まるのも、問題を複眼で見ずに、単にこの一点に限って考えれば、当然の要請といえるであろう。

　日本が世界第一の対外純資産国になっても、また国民一人当たりのドル換算ＧＮＰで世界一に躍り出ても、われわれの日常生活に豊かさの実感が乏しい、とは最近よく言われる流行のものの見方である。豊かさの実感というような心理的満足度が、文化の異なる国同士で果して比較計量できるのかどうか、という疑問もないではないが、道路、住宅、下水道などの公的社会資本が不十分であることが、ことに西独等と比較して意識され、国民的不満の一番大きな原因をなしていることは確かなように思われる。労働者の関心が西独では賃金よりも労働時間の短縮に向けられ、〝豊かさ〟の基準が成熟社会によりふさわしい形式に変わって来ていることも、これからの日本の参考目標になると考えられている。ＮＨＫの先述の番組でも、仕事あけをのんびり長閑《のどか》に楽しむ西独の労働者夫婦を出して、まるで働くために生きているような日本人の生活を批判させていた。多くの余暇を得たからといって生活内容が豊かになるとは限らない。西独人の生活が、果して日本人のそれより充実しているか、それともかえって刹那的享楽的に流れていはしないか、あるいはいじましい箱庭的マイホームの消極生活に終っていないか——西独の一般人の生活を多少とも知る者には、ＮＨＫの型通りの〝時間にゆとりのある方が豊か〟という前提には疑問を抱かずにはいられないが、それにしても、今よりももう少し時間的に余裕のある生活を日本人自身が憧れ始めているのも、紛れもない事実であろう。

　しかし、私が言いたいのはじつはここから先である。私たちはどうも惰性で、比較できないものを比較するという論理上の過ちを犯していないだろうか。それぞれの国の個別性、それぞれの文明圏の必然性を無視して、さながら二次元を三次元に重ねるように、位相の異なるものを強引に数字合わせする類の無理を果して犯していないか。

比較し得ない両文明の時間意識

　私はかつて北ドイツの田舎村を歩いていたとき村人に呼び止められ、一九三〇年頃神戸にいたその人の父親の手文庫に収められていた明治末年の日本人の手紙の束を見せられ、内容を少し説明してくれないか、と言われたことがある。巻紙に草書体の達筆で書かれた古風な候文を、私は半分も解読できなくて、恥をかいた。四分の三世紀経つか経たぬかのうちに、書簡の形式も、言葉も、文字も、否、用紙や筆記用具までもがすっかり変わってしまうほど物事の動きが速い日本の実情を説明することは、大変に困難であった。明治末年、すなわち一九一〇年頃の文字や文体がすでに読みにくいというような事態は、ヨーロッパではおそらく起こらない。日本とヨーロッパとでは人間生活の底を流れている時間の速度が違うのである。

　日本では貴重な学術書はすぐ買っておかないと来年には絶版になる恐れがあるが、ヨーロッパではそういうことはない。日本では月末の二十五日頃までに書いた評論原稿が、翌月の七日には月刊雑誌に印刷され、すでに店頭に出ている。しかしヨーロッパでは、評論原稿の依頼は半年か一年ほど前に行われ、原稿を入れてから印刷されるまでに少なくとも著者の校正を含めて三ヵ月はかかるという。日本で本格的な演劇活動をする人たちは、テレビや映画で稼いで、あい間に練習をするので、練習時間をあまりとれず、交互に代役を立てて間に合わせたりするが、ヨーロッパでは一つの出し物のためにスタッフは少なくとも半年ほど他の仕事を休んで練習期間を置く。そのために芝居やオペラへの政府の財政援助は欠かせない。

　日本で起こっていることは、明治以来、変化の大きさと速度の異常さによって特徴づけられる。それゆえ文化は「空虚の念」（漱石）に晒され、いつまで経っても「普請中」（鷗外）の趣きを脱しないが、しかしそれだけに何事につけ物事の進展する速度は早く、従ってヨーロッパに「追い付ける」部分はもうすでに追い付き、場合によっては「追い越してしまった」部分も少なくないわけだが、しかし、どうしても「追い付く」ことの出来ないものが残っている。すなわち、彼我の異質を決定づけている当のもの、ヨーロッパ人の生活の背後に流れているわれわれとは異質な時間そのものに追いつくことはいかにしても不可能なのである。言いかえれば、彼らの生活時間とわれわれの生活時間とは速度が違うので、生活内容を時間量で比較することは不可能であるばかりか、ナンセンスであるといっていい。

西独における週休二日制、連続数週間のヴァカンス、賃金よりもプライヴェートな時間の長さで生活水準を測るゆとりある感覚は、大いに羨むべきこととして論じられ勝ちだが、今述べたように、比較できないものを比較して、不毛な劣等感に捉えられてしまうのが日本人の悪い癖である。われわれはヒマラヤの山奥に行けば、そこの住民の二十四時間はある面でわれわれの数分間に及ばず、見方を変えて、別の面から見れば、われわれの生涯かけて味わえぬ充足感がそこで達成されていることを悟らずにはいられないだろう。西ヨーロッパと日本との関係にかほどの大きなズレは存在しないが、原理的にみれば、同じ比較不能な質的断絶が存在していて、その点を良く洞察しておかないと、われわれの判断に狂いが生じかねない。〝日本人は欧米人と比べて働き過ぎ〟というような判定を、とかく経済企画庁あたりが簡単に数字化してみせるが、われわれが、たとえ週休二日制、数週間のヴァカンスを制度的に確立する日を迎えても、おそらく日本人の時間意識は変わらず、ヨーロッパの市民社会の底を流れているのと同じ内的な時間の持続性にわれわれが触れることは出来ないのである。それは近代の速度の差だからいかんともなし難い。文化的保守主義者の多くは、〝ヨーロッパの落ち着き〟を理想化して、だから日本は駄目だとすぐ言うが、それならついでにヒマラヤの山奥をも理想化して下さい、と私はいつも言うことにしている。原理上日本に持って来ることの出来ないものを理想化して、永遠に自分を劣等視しつづけるのは、ある意味で精神の怠惰である。

ヨーロッパでは建物が石で出来ていることも、重要な要素の一つである。いまだに中世の城郭の一部で市民生活が営まれているような例さえある。過去が現在の生活の中に連続して流れ込み、融け合い、混じり合っているこのこともまた、日本とは異なった時間の内的持続性を保証している。日本における道路、住宅、下水道などの公的社会資本の未整備への不満は、今や誰もが口にするほど一般的で、数字的にももちろん日本のそれが十分とは言えないが、伊勢神宮が象徴している木造建物の二十年ごとの建て替えの代表例が示す日本文化の変化と交替の感覚は、われわれの居住生活、都市生活の基本をも決めていて、ヨーロッパとは完全に比較不可能である。日本ではマンションでさえ二十年か三十年での建て替えを前提とした木造建物の感覚で造られていると思うことがよくある。〝ヨーロッパの落着き〟を生み出している公的社会資本の基礎の歴史的堅牢さは、日本からみるといかにも重々しく、厚みを感じさせるが、少し長期に滞在した敏感な日本人であればそこにある不足感、欠乏感をありありと感じた瞬間のあることを覚えているだろう。すなわち、古いものを取り毀し、新しい材料で伝統を生かし直す、という日本人の本然的欲求がヨーロッパでは満たされず、窒息させられてしまうのではないかという不安である。

富に絶対比較はない

以上で、比較できないものを比較し、あれこれ不足をかこち、自分の姿を歪めて理解することの愚かさについて述べたつもりである。

この点で俵孝太郎氏が「現代」(一九八八年三月号)で指摘していることは興味深い。円高のおかげで日本人の経済生活は世界一になったはずだが、生活水準はなお欧米に大きく劣っている、という「流行概念」に対し、氏は苦言を呈し、次のように語っている。金は持っているが人柄が悪いとか、人徳はあるが病身だとか、頭はいいが背は低いとか、人間には長短いろいろの面があるのが自然で、従って絶対比較などは出来ないことは誰でも分っている。人間であれば意味のないと分っているこの手の比較を、一国の暮し振りに関してだと人はどうしてやりたがるのか。人間ひとりびとりには長短いろいろあるが、友人としたい人と敬遠したい人との区別は、個人の好みに応じ自然に判明して来よう。暮し振りや生活水準に関しても、同様な総合的判断――個人によって異なる――がなされるべきで、部分を捉えて、国全体が劣っているとか秀れているとかいう絶対的な尺度を持ち出しても仕方がないのではないか、と。私の言おうとするのと同じことを、別の角度から指摘した卓見といえよう。

実際、富の実感は心理的であって、絶対比較は出来ない。二台目のテレビは日本人に富の感覚を与えないが、世界的に見れば大変な贅沢である。2DKの住空間は、米国の基準からすれば絶望的に狭いが、日本の大都市生活者にそれほど悲惨な絶望感を与えているわけではない。この微妙な心理的前提を無視して、数字に基づく単純比較をするのが、日本の役所やジャーナリズムの一般的な悪い習慣というべきである。

私は以上、比較できないし比較しても意味のない事柄について述べたので、今度は比較可能と考えられる問題点について考察する。

ＮＨＫ特集は、西独の経済復興が「社会的市場経済」と呼ばれる、統制を排した自由主義経済運営の徹底化によって始められたことを強調した。早くからＥＣ内外の諸国に市場をオープンにし、国際的共存共栄の中での西独経済という位置づけをしたので、西独企業は十分な競争力を身につけ、輸出も伸びたが、それにつれて輸入も拡大した。輸出に当たっては、輸入国から部品を買い付けるなどの相互利益の方針も忘れなかった。こうして輸出・輸入はバランス良く拡大し、不均衡は余り大きくならない構造になっている。輸出が巨大化しても、相手国からさして非難されないで済むわけである。ＮＨＫ特集の日本への提言は、完全な自由化、市場開放の徹底、輸出先国の分散、貿易バランスへの配慮、そして輸出の大半をマルク建てでやっている西独の賢明さに学んで円建て取り引きを増やし、為替変動のリスクを押さえること、等々であった。

「諸君！」の座談会も、話題はこの線に沿って進められている。西独の歴代内閣は、外国との自由競争に耐えられないような企業は、合理化が遅れているのだから潰れても仕様がない、という大胆な政策を、早くからとりつづけてきたという。カメラ産業の崩壊はその象徴例である、よしんば業界が日本からの輸入制限を求めても、西独経済省は門前払いを食わせるのみであったようだ。元大使の曽野明氏によると、ゾーリンゲンの洋食器が新潟県燕市の輸出で参りかけたとき、同情した日本側は業界同士の話し合いで輸出の自主規制をしようとしたところ、西独政府が独禁法に触れるといって、干渉して来た。できるだけ物価を下げようという政府の政策の妨害に当るからだというのである。座談会は「市場開放」の徹底ぶりの一例として称賛しているが、いったん決めた原理《グルント》原則《ザッツ》は梃子でも枉《ま》げない、というドイツ的頑固さ（硬直さ？）の一例と見えなくもない（外的環境が変わると、柔軟さを欠いた弱点にもなり得るのである）。

ＥＣ圏内に小ぢんまり収まる西独

ドイツ語に「国際化」という言葉は元来ない。最近日本で「国際化」が叫ばれていることが国際的ニュースになっているので、引用符づきで“Die Internationalisierung”を日本関連記事の中でのみ使用しているが、西独が戦後いち早く実行したこの国内開放は、日本人が今しきりに必要を唱えている「国際化」に近い内容のことであろう。もちろん「自由化」といっても良く、日本は二十年も経ってから米国のプレッシャーを受けて、西独型

「国際化＝自由化」を目指し、やっと渋々重い腰を上げている。その緩慢さが「日本叩き」の主原因だと、座談会でヒールシャー氏が得意気に語っているのも、あながち当ってないわけではない。

西独の「国際化」を日本のモデルにせよ、が日本の経済界のいわば合言葉となった背景は以上の通りだが、しかし、あまりにも無理に急ぎ過ぎた西独の国内開放は、文化、社会、政治の面で取り返しのつかないダメージをこの国に与えている。また、「国際化」といっても所詮はEC共同体の枠の中に小ぢんまりお行儀良く収まる性格のものであって、貿易関係だけを考えても、地球全体を通商相手にしている世界貿易国家日本の足もとにも及ばないのである。確かに西独のGNPに対する輸出割合は三〇パーセント弱で、日本の二倍以上にもなり、日本より貿易依存度は高い。また、対米貿易は一割程度で、日本のように米国に傾き過ぎてはいない。そこが褒められる所以だが、しかしじつは数字の魔術、あるいは錯覚がここにあるのである。貿易相手国を分散させれば、なるほど米国からの「西独叩き」は起こるまいが、しかし西独の通商の約七割はじつは欧州の域内貿易に過ぎないのである。人はなぜこの簡単な事実を見落とすのであろう。

欧州がなるほど馬鹿にならない強力な市場で、農産物を除いて、西独がここをほぼ掌握したことはやはり見事な底力といえるが、しかし、欧州の人口は今や減少傾向で、市場は長期的には狭小化の方向にあるのである。現在、世界で二十位までの人口保有国の中には欧州から四ヵ国（英、仏、伊、西独）が入っているが、二〇二〇年には一ヵ国も残らないと算定されている。また、今世紀の初頭に世界の二十大都市の中に欧州の都市は十あった。現在は二つだけ（ロンドン、パリ）で、二十一世紀になると――すぐ間近である！――一つもなくなってしまうと推定されているのだ。かつてローマ文明の崩壊が人口の減少から始まったと言われるが、今や恐るべき事態が西ヨーロッパ文明を襲いつつあるのである。

対米貿易が三、四割にも及ぶ日本の米国過度依存は危険だ、と近年わが国論壇では大騒ぎになっている。それはそれなりに正論だが、だからといって西独に先見の明があり、見事だ、ということにはなるまい。偶然結果がそうなっただけなのである。「諸君！」座談会で、「西独叩き」が起こらないことを、ヒールシャー氏はドイツ人の賢明さの証拠のように語っているが、欧州域内貿易が六、七割にも及ぶ西独の閉鎖性の方が、日本よりずっと大きな危険を宿しているという見方も成り立つのではないか。

今、欧州は経済圏として急速に一つに纏まろうとしている。それほどに守勢に立たされているのである。制限付きでなら、欧州を一つの国家に譬えることも出来ないわけではないほどだが、もしそういう風に見たら、欧州を超えることの出来ない西独は、「国際貿易国家」とさえ言えないのである。米国が「西独叩き」をしないのは、西独の知恵というだけでなく、西独の技術力や経済力が日本のそれよりも米国にとって将来的に脅威ではない、という単純な事実に発しているのではあるまいか。日本が世界地図の中で孤立しているのは、シュミット氏の言う通り確かに危険だが、しかし危険に耐えている日本の方が、遥かに大規模に世界全体を相手にしているのである。それだけに日本は、かつて例のない「国際化＝自由化」要求の試練に立たされているわけだが、背後事情が違うのだから、西独の経験はそのままわれわれの模範には決してならない。日本の孤立は急には解消しない歴史上・地勢上の理由を背負っている。日本はもはやどこかの国をモデルに仰ぐことなく、独自の「国際化＝自由化」の路線（従って欧米の形式に似せるのではない！）を切り拓いていかなくてはならない、と私がこれまで他の所でも繰り返し強調している所以はここにある。

ドイツ人の過去の懺悔は〝生きる必要〟のため

シュミット氏が言う通り、西独は戦後確かに近隣諸国と仲良くするために血の出る努力をした。自国の過去を犯罪として葬り、民族の誇りも自尊もかなぐり捨てた。それがどんなに凄まじいまでにドイツ国民の心を圧迫し、荒廃させて来たことか。戦後のドイツ人の文学、哲学、歴史その他すべての精神活動があの呪われたヒットラーの時代の克服、「過去の克服」というテーマに、呪縛されたかのごとくに絶え間なく立ち還り、いまだに同じ立ち還りの運動を繰り返している事実を見ても、ドイツ人の心が受けた傷の深さ、大きさは、遠い国から見ているわれわれの想像を遥かに超えるものがある。

日本では総理大臣が「戦後政治の総決算」を語り、論壇が「東京裁判批判」を正式にテーマとして取り上げる。西独ではおよそ考えることが出来ない。「戦後政治」の悪い面を精算して戦前の政治の良い面を回復するとか、「ニュルンベルク裁判」に少しでも疑問を挿し挟むとか、およそそのようなことは西独では口にすることすら許されない。日本人が過去の行動に対し無反省で、ドイツ人が政治的に誠実だからなのでは必ずしもない。日本人は戦争をすぐ忘れる国民だが、ドイツ人は自分の罪をどこまでも追及する国民だからでも必ずしもない。そういう面も少しはあるかもしれないが、それがこれほどの差を生み出している最大の原因では決してない。この点は本稿の中心主題ではないので詳論は避けるが、同じ第二次大戦という名でも、日本とドイツとでは戦った戦争の性格と動機と、そしてまたその帰結とが、多少異なるのだと私は考えている（拙論「〝日本の友〟シュミット前西独首相に反問する」「中央公論」一九八八年七月号、全集本巻Ⅴ所収参照）。

日本人は中国や朝鮮やその他のアジア諸国に、悪いことをした、済まないことをしたという罪責感を抱いている。けれども米英仏ソ、それにオランダといった欧米列強に対し、同じような罪の意識を抱いている日本人は、余程特殊な体験者以外には、まず考えられないのではないだろうか。しかも戦争の主たる相手は欧米列強であった。日本はアジア諸国に対しては加害者だった一面がないではないが、ソ連を含む連合軍に対しては被害者意識すら抱いている。こんな奇妙な「戦争犯罪国」はないのである。私の言っていることは道義的、あるいは政治的にそれでいいかどうかということではなく、善かれ悪しかれそれが動かぬ心理的現実だということに外ならない。

現代史を研究しているある西独の学者が、私に、「日本とドイツとでは確かに戦争に対する意識が違いますね。日本にとって今度の戦争と敗戦は、われわれにとっての第一次世界大戦のようなものではないでしょうか」と語ったのを、印象深く覚えている。

しかし、戦後のドイツ人にとっては、日本とは局面がまったく異なっていた。彼らの前には、自国を取り巻く中立国をはじめ、あらゆる交戦国群に例外なく罪責感を抱かずには済まない状況が最初から存在していた。座談会でヒールシャー氏が曰く、一九五三年に米ミネソタ州に滞在中、米人に隔意はなかったが、同僚のフランス、オランダ、スイスの人達から冷たい眼で見られ、欧州各国との関係修復こそ戦後ドイツの出発点だとつくづく痛感したとのことである。まことにさもありなんと思う。一九六五年、私はアムステルダムの広場でドイツ語を用いたところ、「日本人よ、ドイツ語を喋るな！」と、オランダ市民からドイツ語で叱られた記憶がある。アンネ・フランクの家からそう遠くない広場でだった。

ナチスによるユダヤ人大量殺戮は、戦後のドイツのすべてを決め、すべてを変え、すべてを歪めた。戦後のドイツ人のあらゆる常識、あらゆる勇気、あらゆる平常心を奪った。ドイツ人はただ只管《ひたすら》謝罪し、頭《こうべ》を垂れ、懺悔しつづけなければならない。本心はどうであれ、そうしなければ生存を維持できない。周辺諸国は、どこか許せない気持を今でも威嚇戦術としてちらつかせる。ドイツ人が政治的外交的に下手《したて》に出、過去を反省する意志を告白しつづける限り、まあのくらい謝っているのだから、二度と犯意は起こすまいと称し、それによって、西独はやっと欧州内部での安定した地位を得ることが出来る。この状況は今なお少しも変わっていない。

一九八五年、敗戦四十周年に際したヴァイツゼッカー大統領の格調高い演説は評判を呼んだ。「過去の克服」という合言葉をドイツ人が隠れ蓑とする心理的惰性は、ハンナ・アレントその他から終始批判されていたが、大統領は次のように語っている。

「問題は過去を克服することではありません。そんなことはまったく出来ない相談です。過去は後から変更を加えるわけには行きませんし、無かったことにしてしまうわけにも行かないのです。けれども、過去に対し眼を閉ざしてしまう者は、結局、現在に対しても盲目になるでしょう。非人間的蛮行を思い出そうとしない者は、新しい伝染病の危険に再び感染し易い人間となるでありましょう。」

大統領はドイツ人、ことに若いドイツ人に、他人に対する敵意と憎悪、ユダヤ人に対する、トルコ人に対する、進歩派に対する、保守派に対する、黒人に対する、白人に対するあらゆる敵意と憎悪に駆り立てられぬように強く訴え、大演説を結んでいる。

アジアの一部の地域で日本人が犯した「非人間的蛮行」に限って考えれば、大統領の右の言葉は、われわれ日本人にもそのまま当てはまる警告であるといえよう。けれども、世界全体に向かって、またアジアの広い多くの地域に向かって〝悪いのはすべて日本人〟と、ここまで徹底的に自己否定してしまう気にわれわれはなれないし、またその必要はあるまい（この点での私見は別の機会に詳説する）。西独で起こったことのひとつには、ルターにまで遡る民族文化の断罪があった。ゲーテ崇拝の異常な熱気にナチズムの根を見る説まであった。ヴァイツゼッカー大統領の三年前の演説にドイツ人の持続的誠実を見て、感動したという人もいたが、私は〝どこまで続く泥濘《ぬかるみ》ぞ〟と、気の毒にもなり、陰鬱にもなった。と同時に、大統領はあくまで政治的な表の顔であり、裏側の国民感情がこんな綺麗事で収まっていない事情を私は百も見聞しているので、同演説に一番強く感じたのは、ドイツ人が欧州内部に立場を得て、何としてでも生き抜こうとしているその生へのあくなき強い意志である。

国境をせめぎ合っている欧州中央部で、自分の罪を認め、許しを乞い、周辺の批判をかわすのは、ドイツ民族が生き抜いて行くための知恵であり、強いられた課題であり、手段でさえあったであろう。日本を取り巻く環境や、歴史条件は異なっていたので、日本は西独よりもずっと生ぬるい生き方を許されてきた（むしろ日本経済が巨大化した今、寛大な環境は期待できなくなって来た）。西独大統領の誠実や徳義は仮面で、民族の〝生きる必要〟が背後の真の動機であった、などと私は単純に言おうとしているのではない。人間の誠意も善も道徳も、〝生きる必要〟と十分に両立するということを私は言っておきたいだけだ。後者が強烈であることが、前者の高まりを阻む条件にはならないばかりか、むしろ促進する条件とさえなる、と私は信じている。

「国際化＝自由化」に立ち遅れた日本の幸運

日本と違って、戦争直後の西独は、購買力を持つ先進国に囲まれていた。この地の利を得て、たちまち不死鳥のように甦えるが、自分自身の歴史の否定、民族文化の断罪が、驚異的な経済復興のいわば起点、その代償でさえあったという不幸な逆説を、どうか忘れないで頂きたい。この国は自己否定を発展の足場としたのだ。従って市場を完全に国際的自由競争に晒したのも、この国の勇気でも心意気のなせる業でもない。生きるためにそうせざるを得なかったまでである。市場も、金融も、労働界も早くから自由化した。防衛も集団体制に服従するというシステムにあえて甘んじ、いまだに国軍の自主体制をかち得ていない。西独の兵力はＮＡＴＯに従属している。

六〇年代になると、外国人労働者を受け入れ始め、常時四、五百万人、人口比七、八パーセントの外国人と共存する道を模索し始めた。安価な労働力が最初の動機だったが、ナチスの異民族迫害を罪悪と感じた西独に特有の心理状態が、問題を複雑にしている。外国人排斥感情が一方で強まれば、他方でそれを克服し、異民族を同化しようとするヒューマニズムが強まって来る。外国人問題はドイツ民族の生命力を脅かしてさえいるのに（本稿直前の「『人の自由化』は悲劇的錯誤」を参照）、大統領の演説にもあるような、異民族への愛と理解を最高の道徳とする戦後ドイツ民族のモットーに忠実であろうとする限り、西独は自己矛盾の轍《わだち》にはまり、民族的統合を毀し兼ねない危険の淵に敢えて歩み寄らざるを得ないのである。

以上の通り、日本人がいま称賛を惜しまない西独の「国際化＝自由化」の実態は、統合体としてのドイツ民族の解体の危機と境を接しているといっていい。ドイツ人は決して表立っては言わないが、このような取り返しのつかないほどの大きな犠牲を払ってまで、あらゆる点で「国内開放」を推進しようとするのは、彼らの生きんがための切実なる必要がそうさせているのである。欧州の中央部にあって、過去を克服した自己改造の姿を絶えず周辺諸国に見てもらって、警戒心を解かせ、産業と経済の力の拡大にこれを戦略的に役立てている。戦後ドイツの作家、詩人、思想家が「過去の克服」のテーマに、正直いって呆れるほど単調に、しつこく、繰り返し立ち戻る理由が、私には永い間呑み込めなかった。政治的には察しがついたが、深層心理的には良く分らなかった。それがしかし今、私には、ようやく少し分って来た。そうすることがドイツ民族の生存の必要条件だったのではないか。

これに比べ、敗戦日本が置かれた環境はまったく違う。西独が周辺諸国に謝罪し、懺悔しつつ復興の緒に着いた頃、中国に革命が起こり、朝鮮では戦争が始まった。そして日本を取り巻く他のアジア諸国は購買力をまだ具えていなかった。日本が生存を維持し、さらに国力を回復して行くために、米国への依存度を高めるしかなかったのは、アジアの状況からしていわばやむを得ぬ宿命であった。日独二つの戦後史を比較し、日本はどこかで道を間違えたなどと気軽なことがどうして言えるのだろう。前提となる条件も、環境も異なっていたのである。

日本は今遅ればせながら、ある種の「国際化＝自由化」をある程度実行しなければならない敷居口に立たされている。だから西独方式はモデルになる、と人は言うが、私はそうは思わない。日本は大変幸運なことに、国力を回復するまでに民族の統合を失わずに済んだ。対米依存度の高さは残ったが、自分を解体させるような危険な国内開放を敢えてせず、「国際化＝自由化」において立ち遅れたことは、ある意味で幸運であった。

一例を挙げよう。西独はまずオランダやフランスと、次いでポーランドとも、歴史の教科書の内容を相談したといわれる。ヒールシャー氏は日本の近年の教科書問題を非難し、西独の模範生ぶりを自賛しているが、戦後ドイツの不幸な矛盾はまさにここに極まっているのである。

私は原則のみを言っておく。あらゆる民族を納得させる歴史はない。ことに現代史においてはない。戦争当事国の間で、完全に同一の歴史記述を行うことは不可能である。もし同一内容を実現したとすれば、どちらかが自分に対して大きな嘘をついているのである。

これ以上私は詳しくは書かない。私は原理原則について述べているのみである。この件はいずれ稿を改める。

民族的統合が毀れてゆくドイツ

フランクフルト市立劇場で先年、ファスビンダーの『がらくた、都市、そして死』という芝居が上演された。内容はナチスの迫害とは関係がなく、政治的テーマでもない。戦後の西独社会に、土地投機などをするあこぎなユダヤ人がいる話であるが、劇場にユダヤ人やシンパのドイツ人が押し掛けて来て、舞台にあがり、狼藉を働き、芝居は粉砕された。これに対し、ジャーナリズムも批評家も、寂《せき》として声なく、隠忍自重した。ドイツ人の心に憤懣やるかたない思いが鬱積するのは、いかんとも避け難い。

この件で憤懣を抱く人も、もちろん、ドイツ人の過去を良しとしているわけではない。しかし、だからといって、戦後のユダヤ人のやっていることまでが全部正しいと言わなくてはならないのは、何とも納得できない、という思いが募るのは、止むを得まい。イスラエルの対アラブ政策にも疑問と不満を抱くドイツ人は多いが、西独政府は何も言わない。ただ莫大な賠償や支援の資金をイスラエルに支払いつづけるばかりである。こういう全体の状況に一般のドイツ市民は内心憤っているのだが、陰でこそこそ言うだけで、それだけに不健全な無力感が襲いかかって来る。

右のような状況からは、思うに、精神的な創造性が生まれ出て来ることは期待できない。日本の孤立化と対米依存の危険を指摘したシュミット氏の『U. S. News & World Report』紙上の発言の中にも、次の世紀までドイツ民族は、あのヒットラーとアウシュヴィッツの故におそらく何も出来ないだろうというような意味のことを語っている。ドイツ人の自己否定が精神の深部に及んでいて、経済、文化、防衛、労働等のあらゆる分野の自由化＝国際的開放が、この自己否定の論理の延長線上にあるという事情は、今までに縷々述べて来た通りである。

ところが、ここにじつは興味深い、もう一つの問題が存在する。西独の大学に勤務して長いある日本の科学者が、国際学会で活躍しているせいもあってか、過日私に次のようにしみじみと語った。

「どうして日本人は、貴方も含めてなのですが、日本という単位にそう拘泥するのでしょうか。ご覧の通り、ドイツ人は今各方面で、ドイツ人であることを超えようとしているのです。日本人も日本という枠を乗り超えていかないと、世界のこの趨勢に立ち遅れてしまうのではないでしょうか。」

今日本の国内で盛んに言われている「国際化」論議にもよく似たこの考え方に対し、私は次のように答えた。「おっしゃる通り、日本人は私も含めて、日本という枠の中でしか物事を考えられない、と非難されても致し方ない面がございます。そして、ヨーロッパ人の中でもとくにドイツ人が、ドイツの知識人が、民族の枠を超え、偏見や制限を打破しようと努力していますね。それは初め贖罪意識から出、今はヨーロッパの政治的経済的統合の必要から出ているようですが、確かに日本人から見ると奇異に思えるほど、民族的捉われのない行動をするドイツ人が増えているように思います。しかし、ここでよく考えて下さい。ドイツ人はなるほど、ドイツを超えようとしているかもしれませんが、果してヨーロッパを超えようとしているでしょうか。それどころか、近年はむしろ頑固なくらいに、ヨーロッパ人であることを誇りに思い、ヨーロッパ人としての立場を守ろうとしているドイツ人が多いように思います。守勢に立たされているヨーロッパの力の中核たらんとしているからでしょうか。逆にいえば、ヨーロッパという外枠があるからこそ、戦後のドイツ人は安心して、国内を開放し、ドイツの民族文化を否定し、いわゆる〈国際化＝自由化〉を敢行することが出来たのではないでしょうか。けれども、ここで貴方の祖国・日本のことを考えてみて下さい。日本にそんな外枠はあるでしょうか。自分を捨てて、民族的統合を相当程度に毀して、それでも安心だという、外から自分を大きく守り支えてくれている超民族的な文明圏が、そもそも日本に与えられているでしょうか。日本人が物事を考えるときに、日本という単位に拘泥《こだわ》るしかなく、また、日本以外のことを考えるときには、いきなり〈世界一般〉を意識してしまう外ないのは、ある意味で宿命的なことではないでしょうか。貴方のように、ドイツ対日本という比較ではなく、もしどうしても比較をなさりたいのなら、ヨーロッパ対日本という対概念で考えて下さるようお願いします。」

日本は日本を越える外枠を持たない国なのだ。東アジア文明圏はヨーロッパほどに緊密な文化統一体ではない。日本や中国や朝鮮が近代以前のヨーロッパ各民族のように、境を接して混り合い、あるいは大移動するなどの離合集散の歴史を展開したことはない。ラテン民族とゲルマン民族の間にあったような牽引と反発の相互関係が、中国大陸と日本の間に成立したわけでもない。もちろん、これからの日本が孤立の危険を避けるために仲間作りをしなければならないのは言うまでもなく、「環太平洋経済圏」は確かに一つのヒントだが、目下急速に進んでいる「欧州統合体」の有機的結びつきとは格段の差がある。ヨーロッパの場合、各国が統合に向かうのは、単なる未来主義ではない。〝聖書とラテン語〟という共通の絆を過去に持っているので、伝統への復帰という意味合いに強く支えられているのである。

近代以前のあの地域にはもともと国境などなかった。森林は海のごときものであり、都市は島のごときものであった。近代国家という、国境を画した単一体の方がむしろフィクションに過ぎない。今ドイツ人がドイツ人であることに拘泥《こだわ》らずに、恰《あたか》もニーチェの〝良きヨーロッパ人〟の概念を目指して自己を克服していくかのごとく、安んじて民族共同体の紐帯を緩め、異民族に自己を晒すことが出来るのは、日本と違って、遠い祖先の記憶に守られ、支えられているからである。歴史的に自分を超えた共同体を知らない日本が、西独方式を目下そのまま無反省に自国のあり方の参考に供するわけにはいかない理由は、この点からも明らかであろう。

新聞でも伝えられる通り、欧州の統合は、歴史の記憶にだけ取り縋《すが》る唯の夢ではなく、このところ現実に、目前のプログラムとなって来た。日米の経済に対抗するために、また、米ソ緊張緩和の気配から自主防衛体制を新しく確立するために、欧州各国が利害をぶつけ合っている時代ではもはやない。代表的な指導者はヨーロッパ統合のための大改革の必要を唱えつづけて来た。日米の経済力と肩を並べるためには、消費人口三億二千万という先進社会の中で最大規模を誇る共同市場を構築する以外にないことは、かねてから策定されていた。そして、各国は農業の利害調節に苦しみながらも、昨年ともかく実現への具体的第一歩を決断した。すなわちEC十二ヵ国は、一九九二年末までに、域内の貿易及び人的移動に関する障壁の撤廃を実行することを約束した「単一欧州議定書」をついに批准したのである。もう後へは退けない大改革の開始である。

ECの歴史において、おおむね利己的に振舞ってきたのはフランスで、いつも犠牲を払い、工業力を持つ国の度量を示してきたのは西独であった。戦勝国と敗戦国との政治的力の差もここに影を落としている。戦後西独が一貫して取った国内開放の政策が、民族としてのドイツ人の自己否定の犠牲、生命力と引き換えの危険を伴っていた事情は、以上の私の記述に示した通りだが、しかし見方を変えれば、この西独政府の政策は、ECの今日の統合が示す根本方針を先取りした先見的政策であったともいえる。西独が戦後〝生きる必要〟から実行した自国の完全開放、周辺諸国に同化するためのある種の自己放棄は、今日、欧州各国がそれぞれ痛み分けをし合いながら強いられている現実の、非常に早い時期での先駆的選択であったともいえよう。

EC委員会からEC閣僚理事会に寄せられた声明文に、次の言葉がある。

「人々の移動はその最も広い意味においてますます自由に認められるべきで、EC共同市場の概念を超え、ヨーロッパ市民という考え方が切り拓かれねばならない。」

急速に人口が下降している欧州の衰退を防ぎ、起死回生の立ち直りを図りたいという切実な動機が、ここには籠められている。

以上の全体状況を見ると、ドイツ民族はヨーロッパ再生のためにいち早く自分を犠牲の祭壇に捧げたのだという言い方も出来るのではないだろうか。否、これは自分を放棄するという形式を借りたゲルマン人の、逆説的な自己主張の表現と言えなくもない。私は今まで、西独の悲劇的不幸にだけ焦点を当てて来たが、西独は満身創痍になりながら、現在ECの力の中心であり、新たに統合される欧州経済の動かぬ中核である。ゲルマン民族の生命力はそうそう簡単に涸れ果ててしまうとは思えない。しぶとく生存するために、自分の過去のあり方を捨てた、逆説的生命力の持続の仕方といえるのではないだろうか。

そう言えるかどうかを見究めるにはさらに百年の時間の経過を必要としよう。ドイツ民族を中核に、今ヨーロッパでは途方もない実験が進行しているのかもしれないのだ。しかし実験である以上、危険もあり、また既知の尺度では測れない新形式の出現を企図してもいる。危険は、民族国家ドイツの消滅である。新形式はドイツ人が多く住む「地域」が残存するのみで、ルター、ゲーテ、ニーチェが代表した栄光のドイツ精神文化とはまったく無関係な異種の文化の出現である。

最近の西独を見ていると、なぜかそんな白昼夢が目前に漂う。古い型のドイツ文学者でしかない私には、むしろ悪夢である。善かれ悪しかれ、民族の個体を捨ててヨーロッパ文明全体の生命を回復させようというこの方式を見習わねばならぬ切実な必要も、歴史的地勢的背景も、日本にはない。

ドイツ人がいなくなってゆく!?

この四、五年で、西独の「日本学《ヤパノロギー》」専攻者の数は十倍にもなった。各誌の「日本特集号」に例の多かったえげつない「日本叩き」の暴露写真等は、一九八四年頃を境に、影をひそめた。西独経済が回復したせいでもあろうか。八三年の日本における「ドイツ博」以後、対日意識は好転した。日本を単に未知で不可解なアジアの国として大雑把に扱うのではなく、情報も研究も進んだので、テーマごとに絞って、客観的かつ公平に扱うのが、雑誌やテレビの日本への対応の仕方となって来た。

暗黒の月曜日以来、西独のテレビのニュースは、マルク対ドルの比率を提示した後で、必ず、円対ドルの比率も報道するようになった。日本のテレビや新聞がマルクの対ドル交換比率にさほど大きな関心を示さないことを考えると、ドイツ人の日本経済に対する関心、ないしは懸念は、相当程度に高まっていることが想像される。

日本でも〝西独に見習え〟論の流行が目下あるわけだが、これは官庁エコノミストや企業知識人の気紛れなモデル探しに過ぎず、一時の話題に終ろう。そういう現象論ではなく、社会の奥底で、今、ドイツ文化に対する日本人の関心に新しい変化が起こっている。一口にいえば、関心の低下である。ドイツの対日関心の高まりとは逆の流れが生じている。若い人は敏感で、現代ドイツの民族文化に熱気や活気が感じられないという。過去の栄光ある〝ゲーテ時代〟や〝ワイマル文化〟を学べといわれても、なかなかその気になれないらしい。ドイツ語学習人口は急カーブで下降しつづけている。一つの象徴例だが、東大教養学部から本郷の文学部ドイツ文学科へ進学する学生が、昨年ついに一人もいなくなった。トーマス・マンやカフカへの熱に沸いたかつてのドイツ文学科の世界を知る者には信じられない事態で、関係者は寄ると触ると不安げに、本国ドイツの精神的衰弱を嘆いている。

ドイツ人が文化的に本当に未来のない斜陽民族なのか、それとも国境と人種の壁を打ち破る新しい時代への実験期にあるのか、これは今のところ何とも言えない。ただ、十八、九世紀に高潮期に達したドイツ文化の波が一九三〇年代でぷっつり途切れ、その後は既知の尺度で判断する限り、見る影もなくみすぼらしい状況を、戦後においても、今日においても、ずっと継続していることは争えない事実である。文学に、哲学に、音楽に、新しい運動の波は起こらない。わずかな創造の芽さえ見出し難い。「過去の克服」というあの単調なテーマを、手を代え、品を代え言いつづけて、それに疲れた後、ぽっかり何もないブラック・ホールに吸い込まれてしまったかのような趣きさえある。所詮農業国だとドイツ人が侮っている隣国フランスで、絶えず新しい思想運動が興隆しているのと対照的である。

一番の問題は人口の急速な下降にある。欧州はどこの国も軒並みに人口低下に悩んでいるが、西独の状況は最悪である。純再生率が二・一でないと（平均一人の女性が二・一人の子を生まないと、の意）、社会の再生産は望めないが、西独のこの数値は一・三をすでに割っている。現在五千六百万人の西独人口は、二〇三〇年には四分の一も減って、四千二百万そこそこになると推定されている。そうなると、一人の成人が一人の老人を養わなければならない勘定となり、税金を今より八〇パーセント高くしなければ、政府は老人に年金を支給できない。今でさえ福祉国家西独の税金は、日本よりも格段に高いのだが、それが八割も増えれば、労働意欲は急速に低下しよう。そこで、若い労働者の不足を、今以上に外国人で補わなくてはならないという新しい危機（期待、というドイツ人もいるが）が到来する。人口問題専門家は早くも二十一世紀初頭に、現在約七パーセントの外国人労働者を一二パーセントにまで高めなければ、西独の市民社会は現在の経済生活を維持できない、と語っている。そのときには西独の警察、軍隊も、人員不足を外国人で間に合わせるという、日本人からみるととんでもない（素晴らしい、というドイツ人もいる）事態がやって来るのである。流入して来る移民労働者は年齢も若く、出産率も高いので、西独における純ドイツ人の人口比は、時代と共にさらに急速な角度で下降して行くことが予想されている。文学、芸術、哲学におけるドイツ精神文化の見る影もない凋落ぶりは、この人口減少にみられる生命力の衰退と、無関係だといえるだろうか。

シュミット前首相が、ドイツ人はヒットラーとアウシュヴィッツのお蔭で来世紀までは何も出来ないだろう、と語った話を先に紹介したが、来世紀までドイツという国家が存続しているかどうかが怪しいのだ、とこれはもちろん冗談だが、そういう声さえ一部にはあるのである。なぜなら、いったん下層労働を外国人に託してしまったので、ドイツ市民は二度と手を汚さない。外国人労働者という「下層階級」を必要とする社会に変質してしまったからである。ドイツ人の人口減少は、外国人の大量移入とほぼ時期を同じく進行しているので、ドイツ人の生命力が外国人に食われていく形態で、経済生活の高水準が守られるという構図が成り立っている。これが「国内開放」と「人の移動の自由」の西独型文明実験であるとしたら、ドイツ民族文化の魅力ある伝統を全面的に犠牲にして行われているのであって、もはやこの民族に精神的に期待すべきことは何もないと断定せざるを得なくなる。やがて半世紀もすると、欧州中部という「地域」にドイツ人らしき種族が混血して多数住んでいるが、彼らは研究に値せず、文献しか残っていない十八、九世紀の「古きドイツ」を、古代ギリシアのように現代から切り離して研究すればよい、ということになりはしないか。

経済だけで物を見る愚

堺屋太一氏が次のような、まさしく典型的な〝西独に見習え〟論を書いているが、読者はどうお考えになるであろう。

「八〇年代の今も、西ドイツは年間二〇〇億ドル以上の貿易黒字を出しているが、その相当部分が貿易外収支の赤字、主として国民の海外旅行と外国人労働者の送金によって周辺に還元されている。この国の黒字問題がさほど重大でなくなったのはその結果だ。西ドイツの前首相シュミット氏が〈日本と違って西ドイツは世界に多くの友邦を持っている〉と自慢したのは、こうした苦しい努力の成果への自信によるものであろう。」(『現代を見る歴史』)

氏のような経済知識人は、総合的視野で物事を見ずに、経済という一つの眼鏡でしか見ようとしないので、とかく物事の長所がそのまま裏から見ると弱点につながっているという文明の全体構造を視野に収めて考察していない。大体黒字問題などは小事に過ぎないのだ。日本が友邦を作る必要は確かに今後の課題だが、今まで孤立していたお蔭で民族統一体を保存し得た日本の幸運ということも言えるのである。

シュミット氏の発言には、言外に、日本に対する口惜しさがにじんでいて、私自身は素直には読めない。西独人から日本が批判されると、感心してすぐに〝西独に見習え〟論者になるほど素朴で、単純で良いのだろうか。むしろ批判のボールを投げられたら、ただちに打って返し、西独の弱点をシュミット氏に申し上げるくらいの昂然たる気概が、これからの日本の知識人には必要だとつくづく思う。それが「国際化」ということではなかったか。

話は変わるが、どういうわけかある外国を研究したり、そこに長期滞在したりした日本人は、日本をその外国に似せようとしたがる。米国にいた人は日本を米国化しようとする。あるいは、米国の一方的基準で日本の不足をあれこれ言う。今「欧州統合」の到来も近いヨーロッパに学ぶ日本人は、国境と人種の境を外そうとしている実験の大波を目撃していることであろう。そしてそのやり方や理想を、そのまま日本に持って来ようとする人が、必ずいるに違いない。

しかし、外国を知るとは日本を知ることでもある。外国を外国の必然性において、日本を日本の必然性において理解し、その上で初めて外国から「学ぶ」ということが起こり得てくるのだ。それは学び得ないものは学び得ないとして捨てることであり、比較し得ないものは比較し得ないとして、比較し得るものから切り離すことでもある。無差別に何でも自分の知っている外国の基準で日本を批判したり、外国の方式を日本に無媒介に導入したりするのは、知性の水準の最も低い人間のやることだということを、よく弁《わきま》えておいて頂きたい。

ドイツ人が今次大戦の罪を強く感じ、周辺諸国に頭《こうべ》を垂れて和解と理解を求めた努力は、〝生きる必要〟でもあった、と私は書いたが、この同じ意味で言うなら、今日本人が「国際化＝自由化」を自らに執拗に問いかけていることもまた、日本人の〝生きる必要〟に発していると言えなくはない。私は「国際化＝自由化」の意義を否定しているものではまったくない。ただ、本論で私が言いたかったことは、外国にそのモデルを探す自らの弱さを捨てよ、ということに外ならない。外国の方式を理想化して「国際化＝自由化」を実行したら、環境も条件も違うのだからとんでもない事態になるという一例を、西独のケースで検証してみたかったに過ぎない。

最近ドイツ語で日本を評する言葉に、**Japan hängt sein Fähnchen in den Wind.**（日本は風向きに合わせて旗を掲げる）という諺めいた言い回しがある。どこか有力国が出てくると必ずそこに自分を合わせて行く、という意味で、もちろん、揶揄語である。冒頭の**Japan**という主語を**Er**（彼は）に変えれば、通例、「彼は上役にいつもぺこぺこする」という軽蔑の言葉として使われる。状況に応じ、巧みに強力な外国にぺこぺこして擦り寄って行く日本人の卑屈さを指すと共に、外国を模範と仰ぎながら、それは単に気休めで、他方では自分の内部をなかなか変えようとしない腰の重さを非難する意図をも、秘めているように読み取れることが多い。

こんな風に言われるとは情ない話である。と同時に、よく見抜かれているとも思う。今まで米国に合わせて旗を振っていたが、近年風向きが変わってきたのでどうしようかと、またぞろ右顧左眄《うこさべん》する日本人を見ると、私自身でさえ、もういい加減にしろ、なぜ堂々と自分の過去のみを信じて歩みつづけようとしないのか、と言わずにはいられない。

自分を信じない者に、どうして他人を知り、外国を理想とする資格があろう。外国を信じない限り、外国は模範にはならず、自分を信じない者は、外国を信じることも出来ないのである。

（「諸君！」一九八八年四月号）

追記　「西ドイツの『国際化』は日本のモデルになるのか」（「毎日新聞」一九八八年一月三十日夕刊）は本稿と同趣旨を簡略に述べたものなので、収録を割愛した。

「国際化」は欧米人への適応ではない

「国際化」は国内向きの空しい合言葉

私の知人のさる実業家が、私に次のように語ったことがある。

「アメリカに何十万台と自動車を売っている日本の会社が、幹部に日本人以外を入れない。これもおかしいのですが、問題はそれにとどまりません。日本の企業がいままでのように日本の大学卒の新人採用にばかり拘泥していると、発想の固定化を招いて、やがて諸外国にやられてしまうのではないか、という気もするんですね。日本の企業は技術面はともかくとして、人事、資本、利益還元の面においては大変に閉ざされています。企業の体質、人間の発想をいかに〈国際化〉し得るか、いまやこれは焦眉の急ではないでしょうか」

さらにまた、次のような苦労話もした。

「外国の関連企業が、優れた人材が日本にいないかと照会してくることがあるんですが、日本にはなかなか自信をもって推薦できる〈国際人〉がいないのです。欧米で生まれた、欧米の学校出身者でないと役に立たないんですね。これが非常に困った実情です。国連や世界銀行の事務局員にも、日本からはなかなかなり手がないという話は有名ですが、ここにじつは、日本の未来を脅かす重大な問題が横たわっているのではないか、と私は思うのです」

この方はある経済官庁のトップの地位について、その後某多国籍企業の日本支社長になられた方で、ご自身の体験から出ているだけに、説得力のあることばである。

教育における「国際化」とは、結局、国際社会に役立つ人づくりということに要約されると私は思うので、このような実業界からの強い要望を、教育界もよく受け止めて取りかかることが必要であることは、改めていうまでもない。

確かに、この実業家の心配の内容は私にもよく分かる。日本人は海外にいても国内にしか顔を向けていない、とはよく言われることだが、平均してやはりそう言えるように思う。国内でコンセンサスが得られれば、それで大体は満足で、結果が外国人に通用してもしなくても、あまり気にしない。外国人を説得しないでいることに、通例はあまり危機感さえ抱かないのである。

いかなる専門分野であろうとも、若いときに外国経験があって、一度は世界の舞台で、外国人と渡り合い、ときに自分の無力を噛みしめるつらい思いを味わったことがある人とない人では、その後の人生の歩み方、物事のとらえ方、考え方に、随分と相違があるのではないかと私は考える。そういう経験のある人は、外国人を納得させることの大切さを知るとともに、その難しさも弁《わきま》えているからである。だから外国人と同じ土俵で、堂々と渡り合う挑戦の精神をかたときも忘れない一方、その難しさを知っているだけに、「国際化」などということばを安易に使うのを嫌うのである。それに対し、後者、すなわち国内型自己満足派は、本当は外の世界など何も見えていないし、苦労もしていないのに、「国際化」という美しいことばを振り回すのが好きである。教育関係の人間が口にする「国際化」は大体が後者なので、ただきれいごとを言っているだけに見え、多くの場合私をうんざりさせる。臨教審の答申に強調されている「国際化」の内容なども、結局は国内向きの空しい合言葉にすぎないように見えるのはそのせいかと思う。

「国際化＝自由化」が遅れたがゆえの日本の幸福

私は知人の実業家のことばを冒頭に引用したが、私は彼に全面的に賛成だと言っているのではない。大概の「国際化」論者は、そうだ、彼の言うとおりだ、国連や世界銀行の事務局に日本人のトップ・エリートがどんどん進出できるような人づくりを考えるのが教育の「国際化」というものだ、というふうに、額面どおりに受け取るであろう。それだから、単純な「国際化」論者の言う議論は薄っぺらで、内容が浅く、物事の半面が見えていないと言われるのである。私は外国で挑戦の精神を発揮する青年が増えることを期待はするが、あの実業家もまた物事の半面しか見えていないと判断している。

私は彼にそのとき、次のように答えた。

「仰ることは分りますが、もしも国連の事務局や世界銀行に日本人のトップ・エリートが競って就職するような時代が来たとしたら、日本の国内は必ずしもいまのように安全で、平和だということがいえない時代になっているのではないでしょうか。日本の国内に何か危機的変動が生じ、住み難さが募っている。だからエリートたちは、国内に住むのを嫌がって外へ出ていく。そういう場合だって考えられます。


いまNIESと呼ばれる東アジアの経済圏の隆盛が話題ですが、NIESのほうが日本より、ある意味で〈国際化〉は進んでいるといえます。NIES諸国から海外、特に米国に留学した科学者や技術者がどうしても国へ戻りたがらない。それに比し、日本人には帰巣本能が強い——それはなぜなのかとたびたび聞かれます。もし日本の企業があなたの仰るように本店の幹部、すなわち重役陣にまで外国人を登用し、資本も自由化して、ときに外資系に乗っ取られる企業も相次いだといたしますと、確かに日本の〈国際化〉は進みますし、新しい多様な着想やアイデアを生むうえでも有利かもしれませんが、しかし、今度は逆に、日本の国内は統合性が緩み、〈和〉の文化の長所が失われ、結果的に日本全体が大きな無目標の混沌の中に身を置くことになるのではないでしょうか」

国際化＝自由化が時代の流行語となり、あらゆるところでやかましく叫ばれるようになって以来、私は秘かに、小声で、国際化＝自由化が遅れたがゆえの日本の幸福ということを自分に言い聞かせてきた。若いときに外国経験があって、外国との本当の戦いを身にしみて、実感した覚えのある人のほうが、かえって私の言うこの「幸福」の意味が分るのではないか。

外国をよく知る者は、外国の良さも分るとともに、そのばからしさ、くだらなさ、凡俗さもよく見抜いている。そういう人は「国際化」が文字どおりに実行された暁に、概して好ましくないことばかり起こっている現状をリアルに、正直に見つめているであろう。

「国際化」は、個人意識のある意味での徹底化を前提としている。自分は自分のためにだけ存在する。国家のことなどどうでもいい。同胞のことなどどうでもいい。そう思う人が増えていくことが「国際化」である。同時に、同じような意識を抱く外国人が日本の国内にどんどん入ってくるのを妨げないような感情が育つこともまた、

「国際化」である。

日本人が外国へ、旅行者意識を捨てて、大挙して永住覚悟で出向くようになると同時に、外国人が日本へ、多数入植し、日本の国家利益と必ずしも一致しない経済活動に従事し、日本の市民にもそれが次第に影響して、国民的一体感が、完全に壊れはしないまでも、相当に希薄化することである。ヘレニズムの昔から国際主義、すなわち世界市民主義やコスモポリタニズムは、必ず国家意識のこの希薄化と個人主義＝利己主義の蔓延《まんえん》をもたらしてきた。近代史でいえば、華僑と呼ばれる中国商人などがそのいい例である。

いったいわれわれは何のために生き、何のために働いているのか？　そういう根本的な問いを立てられたとき、私たち日本人は果たしてどう答えるであろうか。「日本のために働いている」などということごとしい国家意識をもって答えとする人は、いまの日本にはおそらくいまい。何のために？　と問われれば、家族のためにと答えるのが精いっぱいだろう。それでいて、日本が外国資本に利益を吸い上げられる悲惨な国でないことに安心し、誇りをもってもいる。自分は差し当たり何のために働いているかまでは深く問い詰めてはいないが、自分の労働が日本の繁栄の維持に結果的にどこかで寄与していると信じ、共同体への自分の帰属感を、いわば自明の前提であるとして、疑ってはいない。おおよそ、それが平均的日本人の平均した生き方であろう。

国民の統一感と私が先に言ったのはこのことを指しているが、「国際化」とはほかでもない、この安定した基盤を揺さぶり、打ち壊し、変質させることをまず何よりも結果として引き起こすであろう。例えば、何百万という外国人労働者が都市という都市に蝟集《いしゅう》し、日本語をしゃべれない子どもたちが小学校にあふれ、外国の食いつめ者がやくざと組んで、犯罪は増大し、テロの多発する無警察状態になる。他方、日本人はみんなてんでに自分のことばかり考え、企業の中の協調精神は失われ、外国に学んだ日本人留学生は帰国を嫌がり、学んだ成果を日本社会に還元しようとしない。……

私は少し誇張図を描き過ぎていると言われるかもしれないが、アジアやヨーロッパの例などを念頭において、ごく大ざっぱに予測してみても、「国際化」とは美しい結果をもたらすものでは必ずしもないのだ。もしも「国際化」が本格化すれば、あらゆる面でろくな事態にならないことは、脅かすようだが、あらかじめ覚悟していなくてはなるまい。

「開国」と「国際化」の違い

過日ある学者が、「国際化」と「開国」とは異なるという新鮮な視点をスピーチの中で語っていた。「開国」政策は日本の歴史の中でいく度も採用され——例えば律令の制定も、宋との貿易も、明治維新も——経験済みだが、「国際化」政策というのは歴史上例がない。これは苦痛と災いを伴ういわば試練の政策であって、「開国」政策と違って、国内に激震が襲い、亀裂が走り、ときに取り返しのつかない事態を招く可能性をさえはらんでいる。外国から良いもの、美しいものを学んだり、便利な制度を取り入れたりするいわゆる〝いいとこ取り〟が「開国」で、これはいままで経験済みなので、人々は一般にこの程度のことを「国際化」の名で呼び、いまなお現代の新しい危機に気がついていない。……およそそのような意味のスピーチであったのを、私は印象深く覚えている。

教育の「国際化」が問題になるとき、人々はえてして「開国」程度の範囲内のことを「国際化」という大袈裟《げさ》なことばで呼び、まるで何かいいことでも起こるかのように、浮き浮きと騒ぎ過ぎてはいないだろうか。

まずこの点をしっかり肝に銘じておきたいと思う。

教育の世界で、通例、「国際化」社会の到来に備えての用意として取り上げられる事項といえば、私がいま述べてきた内容とはあまりに隔たりのある、長閑《のどか》なニュアンスと間伸びした感覚を感じさせる一連の新政策が挙げられる。臨教審が大騒ぎしてやっと答申に盛り込んだ例の「九月入学」。ほかに「帰国子女対策」や「外国人留学生の充実した迎え入れ政策」等々。「話せる英語教育」はもう三十年来のテーマだし、高校生の「世界史必修」も、国際化時代に対処しての新機軸だと聞く。それらはどれも大まじめに、日本の外の世界に子どもたちの目を向けさせよう、また外から来る子どもたちに住みよい窓を開けてやろう、という善心に満ちていて、どれも間違った政策とは必ずしもいえないであろう。確かにこれからは、外国人の子どもが日本の学校に入ってきても戸惑わないシステムが、どの公立小中学校でも準備されていなくてはならないだろうし、公立大学に留学生専用の窓口をつくって、チューターや相談員を常駐させておくということも必要になってきている。いままでこの種の準備が遅れていたのは、日本人の昔からの外国人に対する不慣れ、不用意、島国人に特有の迂闊《うかつ》さにほかならないが、「国際化」を急務とする声を今日わが国の各方面で熱っぽく唱えさせるに至った背景の現実がまさしくこれ、温室国家であったがゆえの外国の要請に対するあらゆる準備不足である。

しかし、以上見てきたような一連の政策は、いずれもみな、いまだ「国際化」の段階を指しているとはいえず、せいぜい「開国」政策が目指されているにすぎないのだ、ということが、私がいまここで真っ先に言いたいことなのである。

一、二の例を挙げてみよう。

昔は街角で外国人に話しかけられると、ぱっと逃げてしまう人が多かった。いまでは、女子中学生でも、含羞《はに》かまずに英語で応対している姿を見る。だから日本人が「国際化」してきた、などということは言えない、というのが私のテーマなのだ。日本の街角が昔より多少「開国」されてきた、といえる程度のことにすぎないのである。

昔は学者や官僚の外国訪問団がパーティーなどでうまく交際できず、英語やフランス語でにこやかに、社交上手に挨拶できる人がひとりでもいると、彼が「国際人」の代表と言われた。ことばは出来ないより出来るに越したことはないが、挨拶が上手に出来るか出来ないかといったこの程度のことは、現代ではもはや問題にもなるまい。それはしょせん「開国」の程度なのだ。たとえ外国語がしゃべれなくてもいい。通訳がいるのだから、内容のある話が出来ること、相手に敬意を抱かせ、畏怖される人物であること――ものをいうのは、結局は人間であって、ことばの知識ではない。そういう当たり前のことが、いまようやく最先端の現場に立つ多くの人に認識されるようになってきた。それにつれ「国際人」の条件は変わった。いまだに「話せる英語教育」などというテーマをしきりに「国際化」の条件と考えている教育界の認識のほうが、よほど遅れている。同じ理由で「世界史必修」よりも「日本史必修」のほうが、「国際人」を育てていく条件によりふさわしいかもしれない。自国の歴史に対する愛や理解がなくて何の国際人であろう。

要するに外国に自分を合わせること、この場合の外国は主として欧米だが、欧米の基準への適応を「国際化」の名で呼ぶこと自体がすでに疑わしいのである。世界には多数の閉ざされた尺度がある。イスラムの尺度、中国の尺度、インドの尺度、ロシアの尺度。彼らは欧米の尺度に自分を合わせようなどとまったく考えていない。だとしたら日本もまた日本の尺度を主張すればよく、それがまさに「国際化」ということにほかなるまい。欧米の尺度は必ずしも普遍でなく――十九世紀の英国、二十世紀の米国は自らの尺度を世界の尺度と同一視し、日本はそれに盲従したが――もうその時代は終わったのである。

もうひとつの例を挙げてみよう。

日本人は「誠実」をモラルとし、米国人は「フェア」を尊ぶ。日本人の「誠実」概念は、曖昧で、米国人に理解されない。われわれの「誠実」は彼らから見ると「アンフェア」になることがあるという。だから、商取引や外交交渉の場で、誤解を避けるために、われわれは「誠実」を主張せず、むしろこれを隠して、彼らの「フェア」の基準に合わせるようにしよう……そのように説いて歩いている米国経験者に出会った。

いままでは確かに彼の言うとおりでよかったのかもしれない。「国際化」とは例えば米国への単なる適応だったからだ。レーガン政策に適応した中曽根時代までは確かにそうだった。けれども、いまはそれではもう追いつかない。日本人の「誠実」概念を、徹底して説明し――ことばで説明するのは大変に難しいが――彼らに同調させるしかない。少なくとも日本で商取引や外交交渉をする場合には、〝郷に入らば郷に従え〟である。その厄介な状況を米国人に何とか納得させるようなしぶとい自己主張の精神――それがいま待たれている「国際化」の精神であろう。そういうことを外国に出ていよいよの場面でなし得るような人間に育て上げること――これが教育における「国際化」の最大の目的ではないだろうか。

日本に苛立つ国々を前にして

「国際化」は「開国」と違って、安易に考えることのできない厳しさを背負っていることは前にも述べた。外国人が入ってきて国土が荒らされるというようなことだけではない。人と人との関わり方が新しい段階に入っていく。日本人と外国人の接点が、考えてもみなかった試練にさらされる。いままで日本人は、外国、ことに欧米の思想、技術、文化、風俗に近づくことをもって「国際化」と呼んできた。いまでもまだ惰性でそう思っている人がいるとしたら、それは甘い。日本人の思想、技術、文化、風俗が上等になって、欧米を追い越したからではない。欧米のそれらはいまでも十分に優れていて、われわれが学ぶに足るだけの魅力をなお備えている。私はそのことを決して否定はしない。ただ、欧米はすでに余裕を失っていて、日本が欧米の基準に合わせることだけで問題を解決することを、欧米側がすでに望んでいない。もし日本が惰性で彼らに合わせることだけを「国際化」と看做《みな》して、安閑と黙従していったなら、余力を失っている欧米世界は、日本に果てしない要求を突きつけ、やがて日本の生命線を突き破って、奥座敷に土足で踏み込まないでは治まらない野蛮な振舞に立ち至るであろう。すでにそうなりかけている徴候があちこちにちらちら見られる。もしそうなったら、大戦前夜のように、日本もまた逆上し、異常心理に陥ることであろう。

日本人が今日本をことばで主張していかなければならない――それがいまの私たちにとっての真の意味での「国際化」なのだが――のは、そのような危険を未然に防ぐためである。ことばで必要な主張をその都度きちんとしていくこと、日本人にはこれは最も苦手なのだが、国際社会の中でそれがいまいちばん重要なわれわれの課題である。なぜなら、日本の工業製品は圧倒的な力で世界の市場に出回っているのに、日本人のことば、文章、表現が世界の人々の目に触れ、耳に響くことがほとんどないのが現実だからである。例えば、前にも書いたことだが、日本の経済に関する記事が世界の新聞に出ていない日はいまやおそらく一日もない。しかし日本の経済学者の見解を進んで掲載する世界の新聞は、これまた絶無に近い。この異様なアンバランスに日本人が不安を抱かないのはおかしい。何がしかの不安を感じ、積極的にこの淀んだ状況を変えようという勇気あるパイオニアの精神の持ち主こそが、いま待たれているのであり、そのような精神の育成を措いて、教育における「国際化」などという目標は、およそ存在しないと知るべきであろう。

（「道徳と特別活動」一九八八年十二月号）

ウラもオモテもない社会、ドイツよ

いかにもドイツ的な光景

ボンに暮らしている日本人主婦から、次のような話を伺ったことがある。

現地のギムナジウム（中高等学校）に十三歳のお子さんを通わせて、半年ほど経ったある日、初めての父兄会に顔を出した。そしてそこで、日本ではおよそ考えられないような出来事に出会ったという。すなわち、算数の問題を仮綴じした、一冊三マルク（二七〇円）のワークブックを使用したい、と先生が父兄に申し出た。父兄たちは延々三時間も討議し、投票の結果、否決してしまったというのである。

これを聞いて私は、いかにもドイツ人らしい出来事だと思った。議論好きで、融通性がなく、まあまあほどほどにとか、せっかく先生が言って下さったことだから先生の顔を立てて、とかいう発想が彼らにはまったくない。頑迷で、愚直で、お構いなしである。

思うに、三マルクを負担できない家庭は一軒もない。わが子の学力の増進を望まぬ親もまずあるまい。しかし、父兄たちの言い分は次の通りであった。

西ドイツでは、教育費は全額国庫負担で、これは戦後のドイツ人社会が獲得した最も誇りとする成果の一つである。したがって、たとえ金額は僅かでも、この原則を枉《ま》げることは断じて許されない。これが父兄たちの反対意見の大半を占めていたという。

加えて、算数のワークブックは教科書以外の課題であり、競争スタイルの訓練を子供たちに課すことになる。

そんな余計な負担を子供に強いる教育を、学校に期待した覚えは一度もない。それほどあくせく勉強させようというのなら、子供をこの学校に通わせるのは考え直す、とまで言い出す父兄がいたというのだ。

日本の父兄の、少しでも受験勉強に役立つ授業をする先生を良い先生と看做《みな》す風潮からすると、およそ考えられない議論である。近頃の西ドイツ社会には、成熟社会に特有の、努力とか競争とかを嫌う風潮が一段と強まっているといわれる。若い世代においてことにそうである。これ以上の経済成長は要らない。技術開発はもうたくさんだ。ゆったりした個人生活が一番大切である。私生活の自由なゆとりを守るためとあらば、結果として日本との生産競争に敗れたっていいじゃないか（と「日本」が必ず引き合いに出されるのも近頃のパターンだが）……こういう考え方が、八〇年代を通じ西ドイツ社会に広がっていった。加えて、一度原則を立てたらその原則にあくまでこだわる、良くいえば理筋の通った、悪くいえばただの石頭のドイツ人気質が、おやと思わせる行動を彼らにとらせ、われわれの目をみはらせるのである。そういう事例は他にいくらもある。

物事をほどほどに処理しないで、自分の納得のいくまで議論をつくすエネルギーは、考えようによればこの民族の美質である。けれどもまた、多少滑稽に見える一面もないではない。その日も、父兄会が終わって、ビヤホールに集まった何人かのお父さん、お母さんたちは、同じテーマの論争を夜更けまで続けていたというのである。これまたいかにもドイツ的な光景ではないか。

自国の歴史の否定

その昔、西欧世界が何でも優れていて、日本は駄目だと思われていた時代には、ドイツ人のこうしたかたくなまでの自己主張の強さ、「原則」を貫く態度は、大変に魅力的に思え、われわれ日本人の到底及ばぬ模範だとさえ看做されていた。それにひき比べ、わが日本民族の何にでも簡単に妥協してしまう弱腰の態度、他人の顔色を窺って、物事の解決をいい加減なところでほどほどに諦めてしまう性格に、私たちはほとんど絶望していたといっても過言ではない。

もちろん、今だってこの二つの態度の違いが、長所と弱点の対比をなしていないわけではない。日本民族が、このまま無原則でありつづけては国際社会ではもうやっていけない、西欧的な我の強さをわれわれも身につけなくてはならない、としきりに論陣を張る向きもある。それはそれで正論だが、しかし他方では、民族の性格がそう簡単に変えられるものではないことについて、すなわち文化の「異質性」という宿命について、われわれの時代の人間は一定の冷静な認識を持つようになってきている。

そういう目で見ると、「原則」を貫くドイツ人の自我の強さという長所は、今では必ずしも長所だけには見えない。

例えば、パーティとか招待とかが大変に好きな彼らは、何かというと呼んだり呼ばれたりして社交を楽しんでいるが、こういう方面でもけじめがはっきりしすぎるほどはっきりしている。ドイツの大学教授などは、友達を呼ぶ曜日をきちんと決めていて、しかも午後を三段階に分けて使う。二時、四時、六時、あるいは三時、五時、七時と区別して三種のお客さんを招く。私は五時に呼ばれて、当然夕食が出るものと、日本流に居座っていると、お茶とお菓子が出ただけで、二時間もすると、次に夜の来客があるからといって帰されてしまい、驚いたことがある。これでは何が楽しいのか分からない。

ときには私も夜の客として招かれたこともあるが、彼らは部屋を暗くしてワインを抜き、ソーセージとクラッカーを前に、何時間もただお喋りをするだけが目的で集まる。日本の家庭のように御馳走を出してお客さんを歓待するという発想が、ドイツの家庭あたりではまことに乏しい。なるほどこれならば招待するのに金もかからないし、苦労も要らない。

招待される方も気が楽である。われわれの付き合い方もまた、それを心得て、手土産などを大袈裟に考える必要はない。日本流に子供の喜ぶものを持っていくといった気配りをしても、何の意味もないと知るべきである。なぜなら、子供にお土産を持っていっても、ドイツの親は感謝しない。もらったのは子供であって、自分ではない、と親と子供とをきちんと区別する割り切った考え方が支配しているからである。

個人主義が確立されているせいだ、といえば聞こえはいいが、私にいわせればドイツの社会は含みのない社会、陰翳にも情感にも乏しい社会、いいかえればウラもオモテもない社会だといっていい。

日本のように、建前と本音が割れている社会には不明朗な面が多く、いわゆる「談合」体質を生む、などと近頃アメリカから非難を浴びせられているが、それだけに、日本の社会は含蓄に富み、言外の表現を豊かに内蔵させているのだと見ることも出来る。

「ドイツの社会にはウラもオモテもない」と今いったが、

いいかえれば、この国は建前ばかりで、こんな硬直した建前を本気で信じているのかな、とこちらが呆れてしまう場面に出会うことも少なくない社会なのだ。例えば、ナチス時代に対する贖罪は戦後ドイツの国是だが、たいがいのドイツ人は自国の歴史をまるで外国人のように冷淡に否定して、涼しい顔をしている。ひょっとしてそういう自己否定がかえってウソになるのではないか、という疑いを少しでも抱いているドイツ人には出会ったためしがない。

つい先日も、六十歳の人気のあるテレビキャスターが、少年時代にナチスの新聞に詩を書いていたことがばれて、大騒ぎとなり、ことに若い層に非難されて、番組を下ろされるという事件が起こった。十代の少年時代に軍国少年であったことを批判されたら、今の六十代の日本人の誰が免罪されるであろうか。こんな罪まであばき立てれば、ある年齢以上のドイツの小市民はほとんど例外なく有罪であろう。

ところが、自分の過去は棚に上げて、責任者を摘発しては、自分を正義の徒と思いこんでいる。社会のどこかに「悪者」がいた、という魔女狩り的センスである。そのような正義派ぶりに自己疑問を示す一言も、ドイツのジャーナリズムには現われない。

私は最初、彼らは承知で建前だけを語っているのだと考えていた。本音は別のところにあるのだと思っていた。しかし近頃はこの判断を改めるようになった。ドイツ人は本気で建前だけを信じているのである。それが建前だという意識もないようだ。私はそう考えるようになった。ドイツはウラもオモテもない、即物的な社会なのだと気がついたからである。

将来はまったく不明だ

西ドイツでは、出生率が急激に低下している。結婚しない人が増え、結婚しても子供を作らない夫婦が多くなったからだ。日本もある程度まではそうだが、ドイツ人の場合、男女同権の「原則」を貫こうとするあまりそうなった、という傾向が著しいのだから、事は尋常ではないのである。西ドイツ婦人は子供よりも仕事を絶対的に優先する。かくて夫にも育児休暇が認められ、会社に赤ん坊を連れて出勤する男たちが、いまや珍しくなくなった。子育ても男女平等でなくてはならないからである。

あるとき、ベルリン自由大学のある研究室に学生が殺到し、人数制限をしなければならないという羽目に立ち至った。入学試験をしないドイツの場合、ギムナジウムの卒業成績が選抜の手段に使われる。ところが、ここでも男女平等の原則が守られるべきだと主張され、男と女を同数で受け入れる方針が決まった。そのため、成績の優れていた男子学生が制限され、犠牲になった。同大学の日本人講師から直に聞いた話である。「男女同数という考えは、こういうケースでは馬鹿げています。右利きと左利きを同数取れ、ということと同じですからね」と彼は憤然として言っていた。

社民党政権十三年間にこうした傾向は特に病的に肥大化した。とりわけ悪名を轟かせたものに、女性にとって一方的に有利な「離婚法」がある。男性は相手にしかるべき落ち度がない限り、離婚できない。ところが女性は自分の意志で、好き勝手にいつでも離婚できる。大体そういう方向の法律である。女性は社会的にいぜんとして弱い立場なので、これくらい差をつけなければ実質的に平等は守られない、という理由からなされたことだが、馬鹿馬鹿しい出来事が相次いで起こって、ドイツ中を騒然とさせた。例えば、夫婦がやっと家を作って、夫は銀行ローンを払い始めた。そこで妻が三下り半をつきつけて、夫は離縁される。夫はやむなく家を出て、小さなアパートで暮し始める。妻はいつの間にか新しい男を家に入れ、一方夫は家のローンを払いつづけなければならない。実際にこんな笑えぬ悲喜劇があちこちで起こり、新聞の投書欄をにぎわせた。

その後保守党が政権を取って、「離婚法」は修正されたと聞くが、この悪法は社民党の命取りになったともいわれるし、この悪法のおかげで、若い男性が結婚を厭がるようになり、出生率の低下と性的放縦が一般化したのだ、という説をなす人もいるが、果たしてそこまでいえるかどうかはもちろん分からない。

ただドイツ社会は、建前や原則がいったん決まると、疑いを知らずにその方向へ走り出し、歯止めがきかない性格を持っていることは、今までの例からも十分に明らかであろう。

「ベルリンの壁」が開いてから、日本のジャーナリズムは大ドイツ出現の風説に浮き足立っている。果たして西ドイツ経済が崩壊した東ドイツ経済を抱えてやっていけるのかどうか。合併される東ドイツ地域はしょせん農業地帯で、生産性が低い。

ドイツ統一にはまだまだ未知数が多く、成功すると決まったものではないのだが、気の早いジャーナリズムだけが大国ドイツへの期待と不安をいち早く語っている。そしてその際、大ドイツにとって恐らく決定的に不利な一つの要素を見落としている。それは今述べた、原則や建前に縛られ、思考の柔軟さや自由気儘な発想の転換が出来ないドイツ社会の性格である。

例えば、エレクトロニクスの分野で、データを入れるウィンチェスター型ディスクを日本企業は盛んに開発している。米国企業もやっている。しかし、こういう分野にドイツの出る幕はない。シーメンスもニクスドルフも必死に開発を進めているが、成功しない。また、例えば、タイプとコンピュータをつなぐプリンターの分野も日本が圧倒的に強い。日本ではあらゆる企業が次々に手を出す。ミシンメーカーまで参加する。ものすごいヴァイタリティと柔軟さである。日本の企業は自分の既成の分野を越え、とらわれないで他の分野に挑戦する。ドイツにはこれがない。

ドイツの企業は保守的である。一つには、ヨーロッパ流の個人主義の風土では、仕事のテリトリーが決まり過ぎていて、他の業種にまでじゃんじゃん手を出すなど考えられないことで、これはイギリスにもフランスにも共通する問題だと思う。ところが、ドイツの場合には、ドイツ的原則主義がさらに加わる。それは愚直で、頑迷な意志によって驚くべきエネルギーとダイナミズムを発揮する可能性を秘めてもいるが、融通性がなく、二十一世紀の動向に果たして合致するかどうかは分からないことなのだ。それゆえ案外に脆い面があるかもしれない。もう少し時間がたってみない限り、ドイツの将来が順風満帆か否かはまったく誰にも何とも言えないはずである。

（中央公論社刊「Ｗｉｌｌ」一九九〇年八月号）

日本におけるドイツ語教育の衰亡

もはや実用的価値がない

最近ドイツ語に対する大学生の関心と需要が著しく低下したと聞くし、私自身もそう実感している。ことに私の勤務するような理工系単科大学の場合には、将来の生活でドイツ語が必要とされる実用性はきわめて低いと学生たちが信じ始めているために、旗色はきわめて悪い。今春「学園だより」(電気通信大学学生部発行) が外国語特集を組んで、第二外国語擁護の弁を私に求めてきたので、私は学生に向け次のように訴えた。以下引用は触りの部分である。

「近頃の学生諸君のなかには、自分は英語さえ満足にできないのだから他の外国語は余計だとか、英語さえちゃんとできれば他の外国語を使わないでも国際的に通用するとか、外からいろいろな間違った意見を耳にして、第二外国語の習得にあまり熱心でない人が殖えているように見受ける。本学の専門課程の先生方のなかにも、また諸君の先輩たちのなかにも、ひょっとするとこのように公言する人がいるのかもしれない。しかしそれは考え違いであり、困ったものの見方のうえに成り立っている。

日本の今の教育制度はアメリカのそれを模倣しているのだが、ご承知のとおり、必ずしもうまく機能していない。というのも制度はアメリカ式だが、学問の内容と方法はヨーロッパ型だからである。ことに文科系の学問がそうだが、本学のような技術系の大学でも、専門の先生方がみなアメリカに顔を向けているわけではない。ドイツやフランスやその他の西欧諸国と切り離せない関係を結んでいる方々が少くない。本学が専門とするエレクトロニクスの分野で、なるほどヨーロッパは日本とアメリカに水を開けられたかもしれないが、だからと言って、今日のわれわれの科学技術文明の発祥地がヨーロッパであることは、依然として忘れられてはならない。日本とアメリカはヨーロッパから学んで、現在、先端技術で競いあう立場に達したのだ。だからヨーロッパ人の考え方や生き方は、科学技術の大本に立ち返るときには、今なお最も重要な参考資料である。われわれはヨーロッパ諸国の言語を学ばずしては、この重要な参考相手を自分のために生かすことは不可能であろう。

さらに言えば、一つの新しい外国語を知ることは、自分で気が付かぬうちに自然に一つの新しい考え方や生き方を体得することにほかならない。いつのまにか別の世界を経験してしまうのである。言葉とはそういう不思議な効果を持っている。英語が最も使用度の高い重要な外国語であることは言うまでもないが、英語だけでは外の世界を眺める日本人の目は、どうしても限られた、一面的なものになってしまう。複数の外国語を知ることは、昔から外国に広く自分を開放することで自国文化の活力を保ってきた日本人にとっては、ことに日本の大学生にとっては、義務であり、また特権でもある。とりわけ、今日の日本のようにアメリカの巨大な影響下にあるときには、進んでアメリカ人以外の外国人のものの考え方や感じ方に接することが必要でさえあるだろう。アメリカ人のあり方なら、テレビを見ていても、ある程度まで理解できるほどに、今の日本人は太平洋の東へ眼を向け過ぎている。そういうありふれた日本人の普通の生き方に満足しないということこそが、大学に学ぶ知識人たる諸君の課題でなければならない。(以下略)」

私は以上が学生を説得するうえで効果的で、十分に意を尽した内容の一文だと信じて、引用したのではない。むしろその逆で、いま読み返してみるといかにも防衛的であり、また守勢的である。つまり弁解めいている。我ながらなぜもっと胸を張ってドイツ語やフランス語の意義や価値を堂々と主張しなかったかと悔まれないでもない。けれども、これを書いたときの自分の気持を反芻してみると、エレクトロニクス方面に進む学生にとって第二外国語が必要不可欠だと自信をもって言う論拠がきわめて薄弱であることを、私自身が意識していた。もはや実用的価値がない、とは私自身の見解でもある。それなら第二外国語の持つ「一般教養」としての側面をもっと主張すればよいとも言えるが、今の青年、ことに理科系の青年に、「諸君、若い頃に一度原語でゲーテを読むのも悪くはないでしょう」などと言って説得力があるとはいかにも考えがたい。そこで、「ヨーロッパは科学技術発生の地だ」とか「アメリカにだけ顔を向けるな」とか、ドイツ語やフランス語の第二義的価値を辛うじて主張する受け身の内容に終わってしまったのである。

創造力の基本は言語にある

いわゆる先端技術で日本がヨーロッパを見縊《みくび》りだし、アメリカだけを唯一の競争相手とし始めて以来、第二外国語への学生の熱意は一段と下降の傾向を早めているように思える。どこの国でも自己満足の度合が強くなると、閉鎖的になり、外への関心を失う。近頃のイギリスの知識人はコナン・ドイルを知っていてもスタンダールを知らない。だからイギリスは駄目だという議論を読んだことがあるが、日本もだんだんこれに似てきている。加えて物質過剰社会に特有の青年の無気力がある。私は夏休みにドイツ語を特別に勉強したいと申し出た例外的学生のために、昔自分が愛用した三修社の対訳本シリーズを照会したところ、一、二種類の残部を除いてシリーズそのものが絶版となっているのを知って、ショックを受けた。もうああいうもので地道に自習する学生がいない証拠である。

先端技術を専門にしている私の所属大学にこうした諸問題はいわば集約して現われているように思え、以上私の追いこまれた経験を象徴例として紹介してみたのだが、じつはこれには後日談がある。昨年、ＩＢＭがシステムプログラマーの新入社員を採用したとき、適性さえあれば理工系・文科系の区別はしないという方針を打ち出したという。プログラミング自体が日本語で可能となり、日本語の作文力が仕事の基本となって、かつて理工系にかぎられた技術が文科系にも明け渡された。というより、日本語の構造をしっかり把握している文科系の知性が尊重されたのである。私の大学の一般教養懇談会の席でこの話が披露され、理工系大学における言語教育の重要性があらためて問題となった。約十年前、入学試験の成績と卒業成績の相関関係を調べる追跡調査が私の大学内で行われたことがある。電子工学とか情報数理工学といった学問を学ぶ学生にとって、入試の成績が卒業時の成績と正確に照応したのは、何と驚くべきことに国語であった。入学試験では国語だけやっていればよいのではないかという冗談が囁かれたほどである。理数系の知性にとっても、創造の力の基本は言語にある、ということがどうやら言えそうである。それがただちにドイツ語教育の重要性に結びつくわけではないが、この事実をひとまず確認しておきたい。

人文科学や社会科学におけるドイツ語やフランス語の重要性は、自然科学におけるほど疑問視されてはいないと私は思う。ただそれも、現在のドイツやフランスにおける学問や芸術の生産性が高いためではなく、二十世紀初頭までのヨーロッパ文化の巨大な遺産のせいである。近代の学問の座標軸を決めたのがヨーロッパ文化であったという歴史的事情によるのであって、人文・社会科学の全分野の現在最高の到達段階にドイツ語やフランス語を介して接触できる、という理由によるのではもはやない。ことにドイツ語の場合、戦前までとは事情は一変した。ドイツの大学が多くの領域で世界の学問の最前線に立ったのは、ちょうど日本が開国して、帝国大学を創設してから約半世紀で、当時は新大陸のアメリカからも頼りにされていた。ドイツ語は日本だけでなく、世界中から「学問語」として重宝がられたのである。日本の旧制高校がドイツ語教育に重点を置いたのはけだし当然であった。しかし今のドイツの大学はそれだけの力をもはや持たない。医学部でさえ、ドイツ人学者が英語で論文を発表しているような時代である。

第二外国語の運命

人文・社会科学においても、自然科学ほどではないにしても、「学問語」としてのドイツ語の実用価値が下落していることはいかんせん否定しがたい。それなら大学生にドイツ語を学ばせることに「一般教養」としての価値があるかというと、二十世紀初頭までのドイツの文学や思想を追体験させる目的でならともかく、現在の東西ドイツの生産物を——ドイツ研究の専門家になる人は別として——広範囲の一般学生に共有財産として学ばせることに果して意義があるかどうかは、私には疑問である。もちろん、トーマス・マンもマックス・ウェーバーもディルタイもハイデッガーもまだまだ学生たちにとっては重要な存在であるべきはずだが、現在東西ドイツで書かれ話されているドイツ語の現実からしだいに遠いものになり、価値の力点が置かれていくという状況は、今後ますます尖鋭化していくであろう。そしてその分だけ、ドイツ語は限られた専門家に重要な言語でありつづける反面、「一般教養」のドイツ語は「古典語」のような意味合いを帯びてくるであろう。ドイツの中高等学校《ギムナジウム》でラテン語やギリシア語が持っているのと似たような位置を占めるようになるであろう。否、明治からこの方のドイツ語教育の置かれた位置がすでにそうだったのかもしれない。ドイツ語は善かれ悪しかれ「古典語」扱いだった。生きた現場から切り離されて、やれゲーテだ、やれヴィンデルバントだというふうに教養主義的に西欧を崇拝するときの象徴にほかならなかった。そして戦後、ドイツの現場の土を踏む人も殖え、ドイツ語は死んだ言語ではなく、書かれ話されている言語だという自明の事実がようやく広く意識され始めたまさにそのときに、ヨーロッパの政治的・文化的後退が現実となり、日本人のヨーロッパからアメリカへの学習対象の方向転換という新しい事態が発生するに至ったのである。自然科学を先頭に、ドイツ語の実用価値の低下に伴い、ドイツ語教育は存在理由そのものを問われつづけつつ今日に至っている。結局、「古典語」教育と同じような意味合いを今後どれだけ守りつづけることが出来るか否かに、ドイツ語教育の命運がかかっていると言っても過言ではないだろう。

　私はかつて今の大学で会話などの実用語教育をしてもあまり意味がないこと、第二外国語にもし意味があるとすれば、それが「言語教育」であるという一点に求められるべきであることを主唱したことがある。(注1) 日本の大学では外国語教育以外に「言語教育」が行われていないという事実は、もっと注目されてよい。

　小堀桂一郎氏がやはり同じような見解を述べている。(注2) 氏もやはりドイツ語教育の実用価値と教養価値の両面は今日の世界においてはなはだ疑わしくなったというリアリズムに立脚し、残るたった一つの存在理由は、ドイツ語が「言語教育」としての役割を果しているという一点だと、明確に立論している。私もまったく同感である。

　ドイツ語やフランス語は日本の大学で事実上「古典語教育」の役割を果しつつ、国語の欠を補ってきたし、今もなおそうである。それはドイツの中高等学校《ギムナジウム》でのギリシア語やラテン語の役割ともよく似ていた。現在西ドイツで自然科学の科目を殖やすために、ギリシア語やラテン語が押しのけられ、邪魔者扱いされている点でも、戦後の日本における第二外国語の運命とよく似ている。一九七〇年代の西ドイツの教育改革論議のなかで、ラテン語は科学技術の発達を妨げるか否かが争点の一つだった。ギリシア語教育はかつてドイツ人をエリートと大衆に二分し、階層分化を惹起したという政治的反省もあって、戦後かなり後退していたが、ラテン語はそうでもなかった。例えば西ベルリンには約六十の中高等学校《ギムナジウム》があり、両古典語をアビトゥーア（卒業試験）の専攻科目に入れているのは、今ではわずか四校にすぎない。他の五十六校ではラテン語の授業だけは辛うじて存続しているが、ギリシア語教育は事実上ほとんど全滅に近い。

言語教育を減らし、理数系の時間数を殖やすのが西ドイツの近頃の大勢だが、科学技術の立遅れに対する反省がさらにこの傾向に拍車を加えているようにみえる。

しかし、ここで話は元に戻るが、日本でも戦後、複雑な漢字は科学技術を遅らせるとの俗論が一世を風靡したことがある。その結果、国語国字の改竄が行われたわけだが、言語の複雑さが科学技術を遅らせるどころかむしろその推進役をも果すという新しい認識が、近年の先端技術において実証されつつあるのである。例えば石井《いしい》威《たけ》望《もち》氏は、漢字がコンピュータにとってハンディであった時代は終わり、今ではむしろ有利な条件をなしていると説く(注3)。この方面の詳細な事情は私には分らないが、エレクトロニクスやコンピュータを専門とする私の大学で、学生はともかく、教官の間で、言語教育がいかに重要であるかを力説する声が近年高まっているという先述の話は、一考に値しよう。一般に理科系の教師が、文化的知性に郷愁と理窟抜きの敬意を抱きがちだという事実を差し引いても、この声にはドイツ語教育にとってもなかなか重要な含みが宿っているように思える。なぜなら、今日ドイツ語教育の存在理由は、よくよく突詰めて考えてみると、すでに述べたとおり、それが「言語教育」であるということ以外にはない。そして言語教育は科学技術にとってさえ決して鬼っ子ではないことが判ったのである。まして人文・社会科学における言語教育の重要な意義は、あらためて言うまでもない。

日本の大学でドイツ語教育が存続されるべき理由づけはまさにこの点にある、と私は考える。ラテン語が科学技術の妨げになるか否か、などと議論している西ドイツは、昭和二十年代の日本をいま経験しつつあるのではないだろうか。西ドイツの現実の動きを見ていると、私は他の点でもそう思うことがしばしばである。

日本におけるドイツ語教育がいま存亡の淵にあることは紛れもない。制度改革の大波が来れば、縮小もしくは改廃される可能性さえないではない。ドイツ語教育界内部が自己の意義づけを新たにし、内部から活力を回復することが求められている所以である。

注(1) 西尾幹二「実用外国語を教えざるの弁」(「英語青年」No.5、一九七二年)

(2) 小堀桂一郎「外国語の学びについて」(「東京大学教養学部附属言語文化センター紀要」第3号、一九八二年)

(3) 石井威望『秋葉原からの発想』(サンケイ出版)一九八四年、三十四―三十七ページ。

（日本独文学会『ドイツ語教育部会会報』26
昭五十九・秋、「技術時代におけるドイツ
語教育」を改題）

追記　注（1）の「実用外国語を教えざるの弁」は本全集
第3巻IIIに収められている。

「労働開国」はどう検討しても不可能だ

違反者は鞭打ち刑に

現実に影響の大きい問題を考えるときには、つねに具体的で、そして実際的な思考をしなくてはいけない、と私はかねて自戒していたし、そう主張しても来た。私は一般に観念的で、感傷的な議論を好まない。

シンガポールにはフィリピンを中心に外国人のメイドさんが多数働いているが、彼女らの入国の条件には、結婚してはいけない、妊娠してはいけないという一条が入っている。いうまでもなく彼女らの長期残留を阻止するためである。大概の国では、結婚すれば長期滞在が認められる。帰化も許される。そのために、移民願望者は偽装結婚までする。米国では珍しくないそうだが、最近日本でも偽装の事例は相当数報告されているそうだ。ただし個人の秘密に属することだから、実数は摑めないし、よほど目立つケースでなければ、摘発もできない。シンガポール政府はそのように問題が内密化することを恐れて、断固たる措置に出たのであろう。

しかし、私たちにとって想像を絶するのはその先である。彼女らは六ヵ月ごとに検査を受け、妊娠していない証明を、シンガポール政府に提出するよう義務づけられている。もし妊娠が認められたら、直《ただち》に強制退去させられる（「朝日新聞」平成元・四・二〇）。これはまことに過激な制度である。日本政府は今後いかなる苦しい場面にも、このような制度を導入してはいけないし、もし導入すればわが国の国際的影響力の大きさからいっても、日本のが国のアジア外交に由々しい汚点を残すことになろう。

シンガポールは十九世紀初頭に人口わずか百五十人の小漁村にすぎなかった。淡路島程度の島に、その後中国系を主とする移民が入って、現在人口二百六十万余に及ぶ。農村地帯を背後に持たずして急激に発展しているためか、外国人労働者を雇傭しなければ、この国の経済生活そのものが成り立たないのかもしれない。十万とも十五万ともいわれる外国からの出稼ぎ労働者数を、自国の都合で気儘に増減させるこの国の外国人政策は、さまざまな地理的経済的理由から、非人間的にならざるを得ないのであろう。妊娠すれば強制退去というような、普通の国とは逆さまな政策を日本人は考えつきもしないが、それぐらい思い切ったことをやって、やっと外国人の出入国管理に成功している国があるということは、やはり知っておいた方がいい。日本はとても真似できないし、真似すべきでもないが、日本人は地球上に起こっているこういうことの厳しさを知っておく必要はつねにある。

シンガポール政府は去る四月、出入国管理法を改正した。そしてそこで、違反者に鞭打ち刑を課すことにし、それに先立ち約一万人といわれるタイ人労働者に、わずか三週間ほどの期限で国外退去を命じた。驚いたタイ側は特別列車を仕立て、それで間に合わずに海軍艦船をシンガポール港に派遣して、タイ人を帰国させた。前途を悲観して、軍艦から海中に身を投じた青年もいた。それでも約四千人が残留した。その後両国政府の話し合いの結果、残留者にも、いったん送還した帰国者にも、シンガポールでの再就労が認められはしたものの、彼らはいつまた追放されるか分らない。ここでは、外国人労働者は不景気になればすぐ切り捨ての対象にしていい「景気の緩衝装置」(リー・シェンロン通産相)にすぎないからである。

加えて、最大の問題は外国人が鞭打ちを含む実刑の対象とされていることである。この国の鞭打ちは、大の男が一回打たれただけで気絶する、といわれるほどきついものだそうだ。四月から、十人の外国人不法就労者に鞭打ちの刑が言い渡された。うち九人は大統領の恩赦を得たが、タイ人ひとりに三回の鞭打ちと禁固三ヵ月の判決が出たままなので、残酷な刑罰に対するタイ国民の反撥と怒りが湧き起こり、両政府間の外交問題に発展しているそうである(「朝日新聞」平成元・七・一五)。

いったん外国から労働者を受け入れた場合には、彼らの人権を認め、賃金、労働条件、職業訓練、失業対策、年金、福祉厚生、子弟の教育等において同国人と同じように扱わなくてはいけないということ、また、彼らを一時的に利用し要らなくなったら放り出すというシンガポールのような利己的な政策をとってはならないということ――これはこの問題に対する先進国側のほぼ共通した了解事項である。先進国側が自分の市民生活を荒廃させないためにも、外国人を自国内に同化させるこの「統合」政策が、永い目でみるとどうしても必要だということが、今日広く理解されて来ている。入国者の全員ではないが、半数以上はどうしても永住化する。諸外国の例をみても、それは避けられない。

今日本が外国人労働者問題で大変にためらっているのは、この「統合」政策に踏み切れるか否かに迷っているからである。「統合」政策とは、分り易くいえば、日本を「移民」国家にするということである。そしてこの点では国民的合意がまだ得られていない。一部の業界が人手不足を解消して潤ったとしても、国民全部が税金でまかなう外国人労働者及びその家族のためのコスト、すなわち教育、住宅、医療、失業保険、年金、治安に要する財政負担は莫大なものになるだろう。まだ試算した人はいないが、外国人定住者を異質な仲間として尊重し、彼らの宗教や文化を保証したうえで、さらに自国国民と同等の権利を彼らに与える、という西独などが努力している（というより仕方なく苦労している）「統合」政策を実行するには、予想もつかない高コストを国民は覚悟しなくてはならない。西独やフランス並の人口比七～八％の流入者を日本の人口に当てはめれば、約一千万人の流入は容易にあり得ることであり、それに要するコストは国民の今日の医療費負担をさえはるかに超えるかもしれない。

今日「ヒトの開国」を唱えているわが国経済の関係者は、そこまで深くは決して考えていないに違いない。目先の利益だけを考えている。彼らは外国人を季節労働者として一時的に利用する短期ローテーション・システムで、受け入れ国と送り出し国の両方がしばらく潤えばそれでよい、という安易な考え方に立っている。

勿論、それも遣り方いかんでは合理的な考え方の一つでないとはいえない。が、それは日本がシンガポールになるということを意味する。日本が影響力の小さい都市国家と同じ遣り方をして世界から許されるかどうかは、考えるまでもないし、多くの日本人も自らにそれを許さないだろう。

spröde な国

シンガポールと並んで、労働者の出入国管理を見事に成功させている模範的な国がもう一つある。それはスイスである。

西独、フランス、オランダ等が石油ショック以後、外国人労働者の正式導入を中止しているのに、西欧にあってスイスのみがこれを続行している点が注目を集めて来た。スイスはわずか六百四十万人の人口小国である。これで高度の経済水準を維持するために、昔から何の躊躇もなく、ほとんど習慣的に外国人を利用してきた。現在は全労働力の三〇％（人口比一四～一五％）を外国人に依存している。出入国の管理は各州ごとに任されていて、毎年三月から十二月までの九ヵ月間に限って、季節労働者が招かれている。州政府と経営者と労働組合の三者から成る協議機関が、彼らをきちんと合理的に各企業へ配分し、いざこざもなく、しかも期限がくると、また再び、きちんと合理的に彼らを帰国させるという。どうしてこうもうまくいくのかと、調査に行った日本人はみな驚嘆して帰ってくる。

日本の経済界の一部のひとびとは、わが国を「移民」国家にするのはためらわれるけれども、期限を切った季節労働者ならその恐れはないと期待し、「スイス方式」をモデルに、人手不足の解消を図ろうとしていると聞く。便利にものを考えたがる現代人がいかにも思いつきそうなアイデアである。

いわゆる「国際化」論者の知性の甘さは、世界の他の文明国と自国とが置かれている歴史的地理的条件の違いを考えないで、他国がやっているかっこのいい政策を、そこにはそれなりのウラがあることに気がつかず、すぐ真似したがる点に現われる。

スイス政府は季節労働者をスペイン、ポルトガル、イタリア、ユーゴスラヴィアの四ヵ国からのみ受け入れ、宗教や風習の著しく違う非西欧文化圏から受け入れることは、用心深く避けている。しかも、スイス国内の何処にでも自由に住まわせるのではなく、外国人専用の宿舎を当てがい、妻帯者の単身赴任が就労の条件とされている。ここが肝心である、独身の男性はスイス娘と結婚して定住化し易い。そこで妻帯者であることが入国の条件となるが、ただし、妻子を連れて来てもらっては困る。四年間まじめに単身赴任に耐えた者にだけ、五年目に、妻子の入国が認められるが、まず当分は一年の四分の三を家族離散でもいいという方にだけ労働させてあげましょう、という相当に露骨な条件である。

自国に必要なときに必要な人数しか外国人労働者を入国させない、というスイス独特の制度を維持するために、州政府は警察と密接な連絡を保ちつつ、月に約百件の不法就労を摘発し、違反者には二年間の入国禁止、雇傭主には最高約五十万円の罰金が課せられることとなっている。

鞭打ち刑はないにしても、スイス政府のやっていることとシンガポール政府のやっていることとの間には、本質的な差異はない。

過日NHKが「スイス方式」の実情をインサイド・レポートとして放映したが、その中で雇傭局外国人労働者担当ミッシェル・ティボー部長が次のように語っていたのが印象的であった。

「企業が必要なときに必要なだけ労働力を与えるのがわれわれの最大の目的です。経済が上向けば外国人労働者を多く入れ、失業が増えれば国境を閉めます。すでに働いている外国人にも出て行ってもらうことがあります」

シンガポールのリー・シェンロン通産相の、外国人労働者は「景気の緩衝装置」という考えとほとんど瓜二つである。

西欧のど真中の人文主義の国、ルソーやペスタロッチの故国で、なぜこのように外国人を道具視する酷薄な政策を実行することが許されるのであろうか。また、他の西欧諸国のように不法残留者の滞貨にそれほど悩まず（相当に増えているとも聞くが）、国民が政府の思惑どおりに動いて、仕事を終えた外国人の送還にこぞって協力するのはなぜなのだろうか。

オランダでは外国人労働者の新規の導入は中止しているが、彼らに地方議会に限って（被）選挙権を与えるなどして、「統合」政策を進めている。西独やフランスも、帰国推進政策が失敗してから、もっぱら自国民に同化させる「統合」政策に切り換え、それがなかなかうまく行かなくて苦慮しているのが実情のようだ。技術と言葉をいったん覚えた安い労働力を手放したがらない西欧の企業側にも問題がある。外国人と自国人、労働力の供給側と需要側の両方の思惑が重なって、不法残留者が増えつづけるという構図になっている。

これに対し「スイス方式」が他の西欧諸国と違って割り切った合理主義で成功しているのは、多分にスイスという国の特異さ、国家としての不完全な性格形態に関係がある。周知の通り中立国スイスは国連に入っていない。ほとんどの国と国際条約を結んでいない。例えば、難民条約は近年離散家族の解消を唱えているが、スイスはそれに縛られないですむ。昔から亡命者の預金、海外逃避資金をさんざん利用し、中立を売り物に外国人をいわば食い物にして来たこの国に、よもやぬかりのあろう筈はない。国内の隅々まで外国人の監視体制が完備していて、超警察国家といわれるほどに、この国は伝統的に、無用な外国人の流入に対し守りが固いのである。

ドイツ語に spröde といって、冷ややかで、気取っていて、取り澄ました感じを表わす形容詞があるが、スイス人の国民性を表現するのにこの語が使われているのを見たことがある。十九世紀の文化史を論じたあるドイツの本に「スイス――この排他的な、亡命外国人と商人のための spröde な国」という言い方がなされていた。亡命外国人に門戸を開くという開放性と、排他的で spröde であるという性格は矛盾しているように一見思えるが、スイスを知る人は、この二面性にスイスの正体を見て肯くであろう。

風光明媚で、観光客には愛想がいいが、必要のない外国人には冷ややかで、厳しい。それは欧州中央にあって警戒心と防衛本能を研ぎすまして生きて来たこの国民の生きるための知恵の現われである。生きていくためにはなりふり構わぬ面がどの国にもあるが、外国人政策にこれが一番よく反映する。スイスは「大国の襟度」などからはほど遠い。悪くいえば、国家としてまともではない。国際条約に入らないで済ませる中立国の利点（もしくは欠点）をとことん利用し、「専用宿舎での妻帯者の単身赴任」といった、外国人を道具視するあこぎな制度を平然と、図太く実行する。スイス人は小さな村々に配属された外国人労働者を丁重に扱うが、期限が切れると、村ぐるみで彼らの帰国を徹底的に推進するといわれる。村落の隅々にまで国防意識が行き渡っている証拠である。それがスイスの自治である。不法残留者の滞貨に悩むことも少ないわけだ。

スイスは工業先進国であっても、世界に対する責務を考えないで済む小国である。しかも、中立国という政治的に一人前ではない、例外国家である。いわゆる「スイス方式」は、この特殊な政治に結びついた例外的方式であって、人権侵害や人種差別を許されない国連加盟国のわが日本、しかも国防意識が弱く、現在ご覧の通り急激に増加する不法残留者に手を焼いても、有効な対策ひとつ打てないでいるわが日本の学ぶべきモデルとは到底なし得ないことを、ここで知っておくべきであろう。そして同時に、外国人を短期利用するローテーション・システムの成功国は、シンガポールといい、スイスといい、かなり非人間的な条件の出国管理を最優先課題とするしたたかさを備えていることをも、よく弁えておくべきであろう。

なし崩しに無法の現実が

スイスは西欧四ヵ国に限って、政府間協定を結んで、秩序正しく外国人労働者を入れているわけだが、この四ヵ国は相対的に生活水準が高く、スイスとの落差も小さいので、強制帰国者をも必ずしも絶望させない。九二年のEC統合後、彼らが「外国人」といえるかどうかさえ、怪しい。それに対し、日本の場合、かりに十万人の正式導入を決定したとしても、生活水準の落差の小さいNIES四ヵ国からに限る、などと予め選定することは出来ない。落差の著しい国々からも次々と要請されるに違いない。世界百四十ヵ国の友好国のどの国の人間は入れ、どの国の人間は入れない、などということは言えない。これが恐らく最初の、最大の困難である。圧力に押され、十万の枠はたちまち破られるだろう。

次いで、限られた「金の卵」をどの企業に、何人割り当てるかが問題となる。西独は当初（六〇年代）この問題を、企業の自由意志に任せた。これが大失敗の主原因である。西独では、入国管理は労働省の各地区の職業安定所が企業と結んで行い、出国管理は内務省の警察が担当した。このように管轄が二つに割れたことが、今にしてみると最大の誤りだったらしい。人の出が悪ければ、入り口を制限するはずなのに、別々の所が担当したからどんどん溜った。しかも入り口の数字を動かしたのは企業だった。企業は、どんなに抑制力のある企業でも、経済原則に屈する。好景気で労働力不足の折に、安価な労働者への需要には歯止めがきかない。

それに、最初は国民の側に警戒心もなかった。当然である。西独の場合も――この点は今や迂闊に忘れられているが――じつは二、三年で帰国させる短期ローテーション・システムで始められたのである。それがシンガポールやスイスのようにうまく行かなかったのは、ナチス民族政策への強い反省から出た異国民への寛容、連邦基本法の難民許容条項、大国としての責任感情などいろいろあるが、最大の理由は、欲しいだけ安い労働力を競って利用した企業エゴイズムに入国管理を任せたことである。そして出国管理が別の役所であるためうまく随伴しなかったことである。

女性の妊娠は許さないとか、男性は単身の妻帯者でなければいけないとか、そこまで人権無視の法律条項を打ち出せない日本の場合、たとえ短期ローテーションの導入計画で開始しても、結果は企業圧力に破れた西独のパターンと似た軌跡を辿るであろうことは、日本にのみ特有の次の二つの理由も加わって、十分に想定し得ると私には考えられる。

その一つは、日本の政治のモラルの低さである。二つ目は、たとえ日本の国内がしっかりしていても、周辺諸国の大半に戸籍制度がない（か、あるいは不完全である）ことが暗示しているように、日本の出入国管理が西欧諸国に比べ絶望的に困難だということである。

正式に就労を許可した場合、外国人労働者をどの企業に、何人割り当てるか、数が限られている以上協議機関が設けられるであろうが、日本の場合予測されるのは、「汚職」である。かつて統制経済の時代に、統制品目に応じそれぞれ不正が発生した。バナナ汚職、砂糖汚職、等々。労働力も政治家の統制対象となるのであれば、先例どおり外国人労働者汚職事件が発生し、「人身売買汚職」の名で国際ニュースとなり、日本の威信を傷つけよう。

よし汚職が発生しなくても、協議に政治家が参加すれば、あらゆる大企業の顔を一様に立てなくてはならないので、経済的圧力に押され、最初に決めた員数枠は破られ、無制限に拡大して行くであろう。

以上は勿論、日本人自身がしっかりしていれば回避できる事柄である。

問題は、日本人の努力を越えた、周辺諸国の現実である。

ここ一年ほどの間に、日本の大都会の建設現場、サービス現場に明らかに不法就労者と分る外国人の姿が急速に殖えつづけ、彼ら同士の殺人も多発し、入管法がほとんど機能していないのではないかと、疑問を覚えている日本人は少なくないのではないかと思う。日本は法治国なのに、なし崩しに無法な既成事実が作られつつあることに、密かに怒りを覚えている人を、私は何人も知っている。きちんと正式導入を図るなら、それはそれでいい。正式に何も決めないうちに、無法の現実が拡大していくことは、国家不信の原因にもなる。

私が述べようとした日本にのみ特有の二つの理由の二番目は、この、すべてが曖昧なままに既成事実だけ拡大していく現下の状況に関わりがある。法務省入国管理局によると、不法残留者数は昭和六十三年十月が約七万七千、平成元年五月が約十一万で、全員が就労者とは限らないが、半年で三万三千人増加している。いったいこのような急上昇がなぜ放置されているのか。

私は自分でも疑問に思っていた案件なので、三つの関係省庁、十二名の担当官に直にお目にかかって探訪調査したところ、日本の国外と国内、周辺諸国と国民意識の両面に、はっきりした原因があることを突き止めた。

「黙っていれば釈放される」

日本の周辺諸国にはそもそも戸籍制度のない国（パキスタン、フィリピン等）が多い。戸籍制度がしっかりしているのは、日本以外では台湾くらいで、他の国々の場合、あっても実際にきちんと運営されていないケースが多い。従って容易に他人名義の旅券を手に入れ、渡航することが出来るのである。

となれば旅券偽造も容易である。労働者斡旋のブローカーを逮捕すると、アジトに偽造パスポートの山が見つかるという。どれも顔写真を巧妙に貼り替え、台帳そのものは本物だという。他人の旅券がいくらでも手に入るから、他人の台帳に自分の写真を貼って、他人になり澄まして入国してくるが、それもこれも、アジアの大概の国では旅券発給事務がオートメーション化されていないので、一人で何通もの旅券の発給を受けることが可能であるからに外ならない。すでに日本で問題を起こして強制退去させられている者も、本来なら一年間は再入国できないのだが、他人の旅券で、名だけ他人になり替わって初入国のような顔をして入って来る。わずか二、三年足らずの間に八回も他人名義のパスポートを使用して入国したフィリピン女性の例もあるという。発見されるとそのつど、前のパスポートは嘘でしたと自白する（前のが正しいというと今のが偽造になるからこれは当然である）。

偽造旅券でわが国に入国を図った違反ケースは年々増えている。入国管理局が摘発し得ただけで、昭和六十年にはわずか十八件であったこの種の違法事件が、三年後には四百二十三件へと急激な増加をみせている。タイやフィリピンには偽造旅券の密売組織がある。密売が繁昌しているということは、摘発された右の件数はほんの氷山の一角にすぎないことを意味しよう。日本の入国管理局がいくら高度の技術を駆使して発見に努めても、相手国政府が同一人物に旅券を数通も濫発しているようないい加減さを改めない限り、不法侵入者を厳密に阻止することなど出来ない相談というべきである。

われわれ日本人は、日本の外の世界の具体的な諸事実についてじつに無知である。日本と同じような法体系の近代国家群が日本を取り巻いているという前提でつい話を進めてしまう迂闊さがたえずある。ことに「国際化」を美しい言葉で唱えるような人に限って、外国に対する甘い期待から、自分と外の世界を一つながりに連続して考えたがる。

私たち日本人は旅券の有効期限が切れて再発行を求めるときには、古い旅券に無効印を押され、孔をあけられ、新しいのをこれと引き換えにもらう。すべての旅券はコンピュータシステムに入っているから、もちろん二重取りは出来ない。地上に私の旅券は唯一つしか存在しない。それゆえに外国生活でＩＤカードとしての絶大な威力を発揮するのである。また紛失したときに重大事件となるのである。しかしアジアの発展途上国の場合にこの常識は通じない。国家が国民各人の人格的唯一性を保証する責任を最初から放棄しているからである。こういう国々を相手に、労働者の受け入れを、正規にきちんと法制化することが出来るのであろうか。

アジアの発展途上国に比べて、わが国の刑罰が一般に軽いこともまた問題を複雑にしている。パキスタン人やバングラデシュ人の間では、「日本で捕まっても、手首を切り落とされる心配はない。二十日間（勾留期間）黙っていれば釈放される。たとえ強制退去させられても、また他人名義の旅券を使えば、何回でも日本に戻ってこられる」などと平然と語り継がれているのだそうである。

事実、日本には「微罪釈放」という制度があるし、またそれとは違った理由で、もっと実際的な理由から、外国人犯罪に対しては不起訴処分にするケースが少なくないという重大な情報に、私は接している。

外国人相互間の刑事事件、就労斡旋をめぐるグループ同士や手配師と労働者の軋轢などに起因する犯罪が増加しているが、被害者や参考人（目撃者等）が不法滞在者である場合、彼らをこれ以上長期に日本に引き留め、公判に証人出廷してもらうといったことが、事実上非常に難しい。起訴することまでは出来ても、一般に公判を維持することが、外国人を相手にした場合には大変に困難であると聞く。日本では「精密司法」といって、起訴段階ですでに有罪が確実視される場合しか起訴しない、という厳密な考え方があることとも関係しているかもしれない。いずれにせよ、殺人等の兇悪犯罪か、日本人が被害者となった事件以外は、犯人は逮捕されても必ずしも起訴されず、入国管理局に引き渡されて、国外追放になる例が少なくないらしい（平成元年三月、板橋区で起こったパキスタン人同士の乱闘による刺殺事件に対して、殺人で起訴されたのは僅か一人だった。二十数人が同国人を襲って一人を殺し、一人に大怪我を負わせたが、六人起訴され、五人はとぼけて殺意を否認するなどして、凶器準備集合罪で起訴されたに留る）。

検察庁におけるこの種の外国人犯罪の捜査・処理体制

は、経験不足もあって弱い、とはかねて聞いていた。処分が弱ければ、警察で多くの捜査員を投入して検挙しても、犯罪抑止の効果が低く、それどころか、かえって捜査機関を甘く見させる傾向を招くこととなる。いったん国外に退去させられた犯罪者たちが、他人名義の旅券で容易に再び日本に戻って来られるのだとしたら、彼らは犯罪を繰り返しても罪を問われないし、そのことで日本の官憲を見縊り、当局を甘く見るようになるであろう。事実そのような傾向が出始めている証拠が、ヨーロッパにあまり起こっていない、アジアの同国人同士の刃傷沙汰の頻発である。

巧妙なる手抜き

捜査と司法の手続き上最大の隘路は、言語であるといわれる。アジア人被疑者の多くは日本語はもとより、英語もあまり話さない。否、話せても、取調べの段階では、故意に自国語しか話さない。勿論、通訳がいればもっと物事は合理的に運ぶだろう。しかしタイ語やウルドゥー語などを理解し、話せる通訳が、日本に一体何人いるだろう。かりにいたとしても、夜間などに通訳は呼べないし、嘱託通訳の場合、今ひとつ意が通じなくて、用をなさない。いかにもありそうな話で、私は現場の係官に同情した。

明治以来「脱亜入欧」でやって来たわが国の怠惰が今しっぺ返しを受けているのだ、と痛烈に批判する人の声が聞こえてくるような気もする。日本人は今こそ心を入れ換えて欧米からアジアへ顔を振り向けるべきときが来たのだ、と。そういう大げさな道徳論はマスコミ受けするので、さんざん聞かされて来たようにも思うが、事柄をいつも実際的に考える私は、一寸待ってくれ、と首を傾げる。まずその道徳論が正しいとしても、急場に間に合わないし、第二にその道徳論が本当に正しいかどうかにも、疑問がある。

ある民族が他の民族の言語を学ぶのは、自分にとり規範となる文化を相手の民族に発見した場合に限られる。日本はそのようにして漢文、サンスクリット語を学び、英、独、仏語を学んで来た。学ぶべき外国語の幅をもう少し拡げるべきだという考え方は分るが、地球上の数え切れないほどに多様な国々や地方の特殊な言語や方言の専門家をわが国が続々と養成し、いつどんな国の不法入国者があっても、直に対応できる態勢を整えておけ、と要求するのは、あまり実際的でないし、ばかげた、子供っぽい要求といえよう。第一、外国人労働者の安全と幸福のために、わが身を投げ出してその国の言語の習得に生涯を捧げる日本人を次々と発見することがどうやって可能なのか、私は威勢のいい道徳論を口にする人にお尋ねしたいくらいである。一つの未知の外国語の習得には人材が必要だし、コストもかかる。第一、情熱が要求される。わが国民にあまり無理な要求をしてはいけない。出稼ぎ労働者のための通訳の準備がなされていなかったからといって、わが国民に道徳的責任はない。

以上を要約すると、日本の周辺諸国は西欧のそれらよりも、近代化の程度においてはるかに立ち遅れていて、日本は自分の近代的尺度のまったく通用しない暗闇を相手に、むなしい徒手空拳の戦いを演じなくてはならないのであって、この問題に関して、西欧よりはるかにコントロールし難い相手に直面し、はるかに多くのリスクを抱えていると言わざるを得ないのである。

ところが、日本の国民の側にその自覚はまるでない。驚くべき不可測性、不可視性が日本を取り巻いている。それなのに、国内には何の準備も、用意もない。

ここまでくると、なぜ不法就労者数が法治国を嘲笑うかのごとく無統御に増加しつづけているかという、あの私の先の問いに対し、すでに答えが出ているといえよう。私は日本の国外、周辺諸国に原因の一つがあると述べた。それはすでに縷々説明した。もう一つの原因は国内・国民意識にあるとも述べたが、いうまでもなく警察も、司法当局も、外国に対し無警戒まる出しのこの暢気な国民意識の一部であり、同類なのであって、われわれと本質的な差異はない。

驚くべきことには、日本の警察の内部には、不法就労自体を取り締まる部局が存在しないのだ。入管法違反の取り締まりを主管事務とする担当部局がないのである。一応形式的には外事一課ということになっているが、これはスパイの方が主で、手が廻らない。私は直接この点の説明を聞いて、成程、見て見ぬふりする日本らしい巧妙な手抜きだと思った。勿論現場のお巡りさんには熱心な人がいて、資格外活動や滞在期限違反をしている外国人の身柄を署まで連れてくることがある。しかし、前にも述べた通り、もう少し重い罪だって不起訴処分にする日本では、不法残留程度で起訴されることなどまったくあり得ない（ましてや、鞭打ちにおいてをや！）。結局どうするかといえば、警察は何もしないで、入国管理局に彼を連れて行くだけである。そこの収容施設は一杯なので、身柄を拘留できない。入管局は「いついつ再出頭しなさい」と言うだけで、当の外国人がいうことを聞かないで雲隠れすれば、それまでである。警察の方も、ばかばかしくなって、次第に手を出さなくなる。かくて、以前には顔を隠していた彼らが今では悪びれずにテレビに出演するようになり、なかには衆をなし街頭デモをするまでになっている（ただし例外はある。平成元年五月、板橋警察署は入国管理局と共同作戦を展開し、あるアパートを手入れし、九十六人を収容した）。

入管当局は不熱心なのではない。国外退去予定者の施設の収容能力がてんで足りないのである。その数は全国で百四十七室六百九十人である。東京入管局の収容能力は、わずかに十六室七十七人である。これでは不法残留者十一万という数字に対し、手の打ちようがないではないか。

つまり、国民の側に防衛意識がまるきりないということがこの問題のそもそもの発端である。だから予算を決める大蔵省にまず何が最重要かがまったく分っていない。平成元年度予算で、外国人労働者問題に対する治安関係の定員増は、警察庁にわずか一名で、都道府県警の現場には、ひとりの警官の増員もない。それどころか、驚くべきことに、入国管理局に増員がほとんどなく、不法外国人流入に目を光らせるべきこの役所が、人的破産状態に陥っているのである。昭和五十四年の違反者の調査数に対し、昭和六十三年のそれはなんと七百倍にも及んでいるが、入管局の総定員千七百五十名は横ばいで、今日に至るも変わっていない。よほど精励勤勉にやっても、見落し、黙認、手抜かり、失策は避け難いであろう。

所得格差が著しい国同士の間では労働力の移動は不可避であるとか、モノ・カネの自由化の次には必然的にヒトの自由化が来るとか、まるで既定の事実のように言い立て、その証拠として持ち出されるのが、つねに、建設現場やサービス産業で現に働いている外国人の急増の実態だった。見てみよ、現実がすべてを物語っている、というのである。愚かな人権擁護派は、これに勇気づけられ、〝虐げられし人々〟や〝ああ無情〟をそこに見出し、一斉に騒ぎ立てる。しかし、私はどうも変だと思って来た。現場に外国人が増えているのは、必然でも何でもないのではないか、と疑っていた。案の定、日本側の管理システムに不備があるからにすぎないのである。原因はきわめて単純なのである。

その背後にある本当の原因は勿論単純ではない。国境が侵犯される危機に対する、すなわち安全保障に対する国民的関心の低さが基本にあるからである。依然として「海」が守ってくれていることへの甘えがつづいているからかもしれない。

もし日本の不用意な国内法規と暢気な管理体制でスイ

スのように国境せめぎ合う諸関係の唯中に置かれていたら、とうの昔に、日本はこの軍事によらざる国境侵犯者の大群に、さながらいなごに襲われる緑の草原のように食い散らされ、丸裸にされるまで存分に食い荒らされてしまったであろう。

「労働力不足」の虚構

ギリシアでは国民すべてが指紋押捺した身分証明書を常時携行することが義務づけられている。オランダでは、誰何《すいか》されたとき己れの身分を特定できなかった者は、警察に留置されても文句は言えない。ある日本人がパスポートを所持しないときに質問を受け、二週間留置されたことさえあるそうだ。西独では十六歳以上の全国民が身分証明書の発給を受け、所管官庁の求めに応じて提示する義務があるが、常時携帯は義務づけられていない。フランスでは身分証明書は年齢に関わりなくそれを望むすべての国民に発行されるが、任意であって、義務ではない。英国にこのような制度はない。

日本に身分証明書制度を導入することは国民的に非常に大きな抵抗があるだろう。外国人犯罪が多発する欧州では、この制度は自国民保護のために設けられたのであって、自国民を縛るためではない。例えばパリでは警視総監が発行人になって、それを希望するフランス国民のためにだけ身分証明書を出しているのがいい証拠である。しかし、今までこの種の自己保護を緊急に必要としなかった日本で、国民的な身分証明書制度といっても誰もピンと来ないし、国民の自由を制限する悪法と看做され、マスコミから叩かれ、不評を買うだろう。

国民ひとりびとりが自分のアイデンティティというものの証明の必要に迫られることがほとんどなかったからである。西独の身分証明書の記載項目には目の色がある。人種の入り混った混血地帯ならではのことである。日本人はそれほどにもお互いを赦し合った、いわば古代的に素朴で、長閑《のどか》な合意社会を生きて来たのだ。こののんびりした感覚はにわかにはなくならないし、むしろなくしたくない。

国内の国民意識がかように太平楽の漫漫的《マンマンデー》であるのに反し、国外の周辺諸国の滞在余剰労働力はつねに圧倒的で、億単位である。アジアの人口二十五億、うち半数近い中国では資本主義経済の導入を切っ掛けに、人民公社が解体し、農業の機械化が進むとともに、人が余り始め、巨大な「待業」（失業）者の群れが流民と化し、その数八千万とも、一億ともいわれる。中国政府は日本を標的に「労務輸出」という言葉をさえ使い始めた。

日本の国内に備えなく、国外に虎視眈眈と日本を狙う侵犯者の群れが取り巻いている。

もしかりに、日本政府が外国人労働者の正式導入に踏み切ったとしても、億単位の側からすればごくごく一部、ほとんど焼け石に水である。正式に導入すれば不法就労者はいなくなる、との説をなす人がいるが、億単位の圧力の正体を知らない人の妄言である。いったん日本が単純労働者を受け入れたとの情報が世界にひろがれば、期待はいや増し、それが呼び水となって、手段を選ばぬ不法入国者の新たな大波に襲われよう。現在の法的禁止、日本の硬い姿勢が、抑止力になっていることは争えない。

国内に用意なく、国外の風雲急を告げている、この時に当り、シンガポールとスイスだけが成功したあの方式、小国だけに許される〝火事場泥棒的〟方式を、日本は道義的にどうしても踏襲できないのである以上、もしそうだとしたら、期限を限った短期ローテーション・システムで季節労働者を迎え入れ、合理的に人手不足を解消したいという要望が日本の経済界にどんなに強くても、これは決して成功しないし、やるべきではないだろう。国内に監視システムがなく、刑罰が軽く、偽造旅券で出入国がいとも簡単なこの寛大な（だらしない）国に、シンガポールやスイスの方式を期待することはいかにも無理である。

であるとしたなら、残された道はただ二つのみ。今日のように厳禁の姿勢を貫くか、さもなくば、どうしても外国人の単純労働力を迎え入れようというのなら、今ここで、日本が外国人を自国民に統合させるあの「移民」国家の道、日本が米国、ブラジル、カナダなどにも似た人種階層国家の道を選ぶことをはっきりと自覚する以外にないであろう。

国民がもし今、高度の政治判断から、その点に合意するなら、私もそれに合意し、ことさらの異は唱えない。私は外国人労働者の導入そのことに反対しているのではなく、国民の無知・無自覚に警告を発しているにすぎないからである。日本はスイスのように四ヵ国に限定できないから、宗教と人種と言語の異る何十という民族を迎えることになろう。そうなれば外国人が人種ごとに上下の階層に分れ、日本人の下に、複数のカストが形成されることになろう。そしてすでに述べた、莫大な経済的政治的コストを日本人は耐え忍ばなくてはならない。もし討議の末、それで良いというのなら、日本人はこの道を勇気をもって進もうではないか。

今われわれは判断の岐路に立たされているのである。

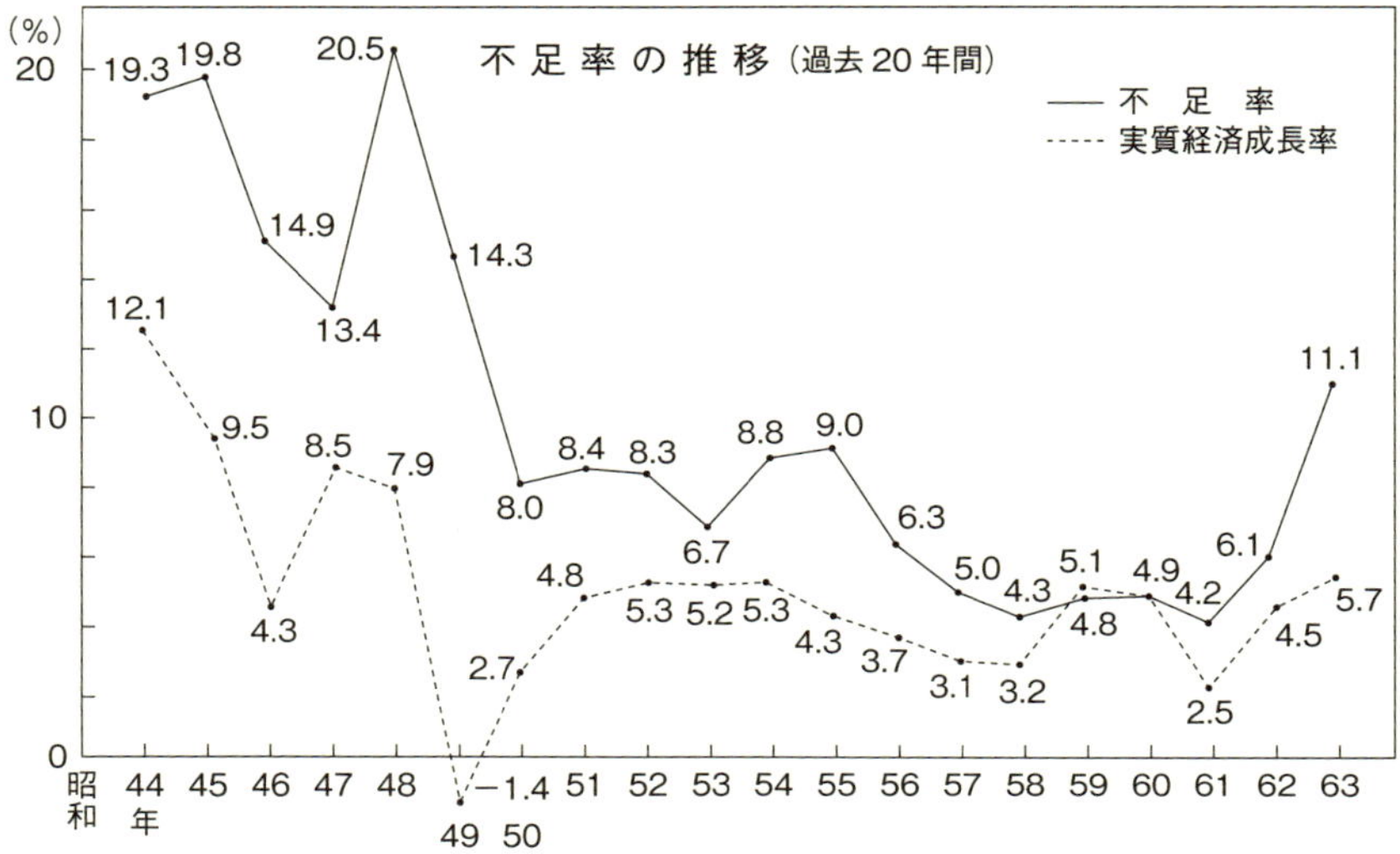

私個人の判断では、今のところ、日本を「移民」国家にどうしてもしなくてはならない積極的理由を見出すことは依然として難しい。また、私をこの点で真に納得させる理由を論証してみせた人はいまだに現われていないし、そういう理論を読んだこともない。今までさんざん議論し合って来た各種文化論の類はもう願い下げにしてもらいたい。やれ日本人は同質社会をこわして異質な他者を知る真に国際化した社会になるべきだとか、やれモノとカネを自由化してヒトの導入を拒む純血主義は日本を世界の中で孤立させるとか、やれ日本は大国である以上貧しい国々のために役立つどんな援助の形式をもためらうべきではないとか、さんざん聞かされた議論は、どれもみな理想に溢れご立派だが、大量の肉体労働者の流入がこれらの理想を達成する唯一的確な手段であるとはどうしても思えない。それどころか理想に近づく前に、副作用が生じ、逆効果に終ることは、火を見るよりも明らかである。

　文化論については、ここではこれ以上言及しない。文化論が現実を動かしたためしはない。実際、単純労働力の開放を求め、日本にほんの少し門戸を開かせようといま圧力を掛けているのは、文化論の効果ではなく、経済上の要請に外ならない。すなわち労働力不足、これである。

現代は経済上の要請が、つねひごろは慎重で賢明な人々の頭をさえ狂わせる恐しい時代である。労働力不足だけが、門戸開放に具体的に圧力を掛けている最大の動因である。

しかし、私は今の日本の労働力不足が果してどこまで深刻かに、じつは疑問を持っている。紙数の都合でここでは詳しい反問は書けないので、平成元年七月二日付労働省公表の、過去二十年の不足率の推移表（別掲表）によって私の反問に替えることにする。

ご覧の通り、労働力不足は昭和四十八年頃の方がずっと深刻だった。このときにも外国人労働者を迎え入れようという声が上ったが、日本人労働者の賃金の上昇、労働条件の改善、オートメーションの工夫によって、日本社会は賢明にも危機を乗り切っている。現在程度の不足率で労働力不足をしきりに言い立てるのは、世の「国際化」ムードを利用し企業内努力を回避しようとする怠惰な動きにさえ、私には見える。

選択肢は三つ

日本は正式に何もまだ決めていないので、幸いなことに、選択はいまのところ完全にフリーハンドである。現状放置がまずいということであれば、選択肢は次の三つしかない。

A短期ローテーションによる出稼ぎ労働者コントロール型＝シンガポール・スイス方式。B永住はやむをえないとする定住移民的労働者の国内「統合」型＝西独・フランス・オランダ方式。C国内法規と管理体制を整えて周辺から押し寄せる不可測事態に備える鎖国防衛型。なお、BはAの結果であって、たとえAの意図で始めても、特殊な小国でない限りBに移行せざるを得ず、従って究極的にはBとCの二選択肢しかないことは、以上の私の叙述で明らかになったと思う。

平成元年一月二十日、関西経済同友会が重要な提言をした。外国人労働者を一元的に管理する「派遣センター」を作り、ここに就職することを在留資格として認め、いったん全員をここに就職させてから各職場に派遣するという構想である。雇傭契約期間が終了すれば帰国させることでローテーション化を図り、定住を防ぐ。期間を短期にして単身での来日を可能にする。センターが企業と外国人の間に入り人権侵害を防止する、等々。

五月十九日付日本経済新聞（夕刊）は、一面トップに、外務省が現行法制の枠内で研修ビザ制度を拡充し、外国人が実地研修を受けながら企業から報酬を得ることを認め、事実上労働力として彼らを受け入れる、という方針を固めたとの報道を行った。それによると滞在期間は二年までとし、単身での来日を原則とする。官民合同の窓口機関を設けて、きちんと研修させているか、滞在期限が来たら本国に帰らせているかなどに目を光らせる。これにより歯止めない流入を防ぎ、併せて、国の内外の要望に応える、としている。外務省が突如このような提言をした背景には、経済同友会からの要請があったといわれる。同会の有力幹部が、宇野外相（当時）に、研修に名を借りて外国人を入れてもらえないかと非公式に打診した結果がこのような計画に結実した、という重要情報に私は接している。

いずれも「シンガポール・スイス方式」の変形である。単身での就労を原則としているなども、問題がどこにあるかを察知している証拠である。これもそのうち時間が経てば、「結婚してはいけない、妊娠してはいけない」の例の非人間的条項に移るか、さもなくばその逆に、単身の原則が形骸化して、妻子同伴は人権上当然、日本人と結婚すれば長期滞在許可も当然となるか、いずれかであろう。日本社会は後者を選ぶだろうと私は信じている。そうなるのが日本社会の良さであり、救いでもある。としたら、そもそも最初に、外国人労働者が人間であることを忘れて、さながら取り替えのきく機械の部品のように考えている経済界の便利主義的な対応策に間違いがある。

また、外務省はこれにより国際国家日本の責務を果し、海外からの批判に応えると言っているが、アジア諸国から歓迎されるのは恐らく最初のうちだけであろう。不況が来て、日本の都合で雇傭を減らせば猛反発も予想される。まず国別の割り当てでもめ、技術移転が不十分だとまた非難を浴びる。日本がどんなに努力しても、日本経済の都合だと思われるだけで、管理の仕方いかんでは、日本企業はアジアからの奴隷に支えられているとして人道上の攻撃を受けよう。永年外国と付き合っている外務省が、海外から今より以上に手厳しい批判を浴びることになりそうなこうした事態を予想してさえいないのだとしたら、何という想像力の欠如、外国事情に対する何という無知であろう。

昭和六十三年十二月に二十一世紀経済基盤開発国民会議（事務局・日本興業銀行）が、平成元年三月に参議院常任委員会調査室が、それぞれ研究調査の結果を報告し、単純労働者の秩序ある導入を検討すべき時期に来ていると提言しているが、具体的方策は打ち出していない。それに対し、きわめて具体的な一歩を踏み出しているのは、労働省の「外国人基礎技能研修受入事業実施要領（案）」（平成元・三）で、またしても研修生に名を借りた不法就労のすすめにすれすれ近いので、今までガードの固かった労働省までが経済界の圧力に押され、へなへなと腰くだけになっているように見受け、「ブルータス、お前もか！」と叫ばずにはいられない。

「要領（案）」によると、外国人研修生に手当てを出す制度が計画されている。基礎研修に当る最初の九ヵ月は、どういう計算からか一ヵ月七万七千百円の支給となっていて、研修手当てらしい額だか、次の一ヵ年の実務研修の期間には「別途定めるところにより企業が負担する」と表現がぼかされている。賃金が予定されているのだと思う。ただし期間を「一年迄」と控え目にしているところが面白い。受け入れ賛成派と反対派の両方に気がねし、半身に構えたポーズと見受ける。

「派遣センター」にせよ、「実務研修」にせよ、先述のAタイプに当て嵌まるが、このタイプの場合、外国人のコントロールをうまくするには専用宿舎を与えるなどして、自国の社会から彼らを切り離して生活させることが行われがちである。そうなると自国の社会内に異質で、交流のない別の小社会が幾つも発生する結果となって、大変に具合が悪い。しかも小社会の数が増えれば、一度摩擦が表面化したときに、収拾がつかなくなる。再度いうが、入国して来るのは機械の部品ではなくて、人間なのだ。官民合同のセンターとか窓口機関とかを創設してうまく管理すればよいというけれども、一般に権力の存在しないところでは管理はうまく行かない。そして、この種のことで誰かに権力を与えると、必ず利権と化す。起こる出来事が今から目に見えるようである。

Aタイプは日本のように警察力も弱くて、国民の暮しが長閑で、人口も組織も比較的大きく、世論が国際社会からの批判の声に弱い国には向かない。外国の青年を特定の家に閉じこめて、自分たちの経済活動に利用していることは、やがて国民の苦痛になるだろう。彼らを日本の社会内に人間として迎えようという気運にすぐなるだろう。雇傭主の側も、仕事に馴れたところで帰国されるのは困るし、人柄をのみこんだので安心だから長く居て欲しいと思う場合も多々出て来よう。人間的交流が成立すれば、短期ローテーションは双方にとり支障となる。

こうしてAタイプは必然的にしばらくの時間を経てBタイプに移って行くのが諸外国の例である。

物事は何であれ、最初の意図通りに運用されないものだが、外国人政策ほどそうなりがちなものはない。

スイス方式でも西独方式でもなく

日本はシンガポールでも、スイスでもない。経済界の各方面から提案されたA型の短期ローテーション制度が日本では成り立たない所以を私は以上縷々述べたが、平成元年六月に経済企画庁がまとめた報告書「外国人労働者と経済社会の進路」も、A型の成立し得ない理由を詳しく論及し、なかなかに説得力がある。そしてA型がもはや駄目なら、西独・フランス・オランダ方式と私が名づけた、定住移民の国内「統合」を目指すB型を、「インテグレーション型」という言葉で呼んで、世界と共に生きる日本がこれから目指すべき、基本的に最も適切な進路と看做している。

「インテグレーション」とは訳せば勿論「統合」だが、「共生」の意味にむしろ近く、外国人を社会的に差別したり、隔離したりするのではなく、コミュニティの一員として受け入れることであり、ただし、それは「日本人化」を強制することではない、と同報告書は定義している。その際西独の経験を大いに参考にし、最初の段階から、西独人が当初なし得なかった質の高い、理想的な受け入れ方式を目指していくべきだ、というのである。

「質の高い受け入れを行うためには、種々のコストを負担し、外国人と付き合いながら実際の経験を積み、社会の多くのシステムを変更すること等が多面にわたって必要であり……」（八四ページ）と、大変に高い理想を謳い上げているが、途中で、Aの短期ローテーション型も併用しなければ日本の場合はうまく行かないだろうなど、何だか訳のわからないことを言い出して、文脈は混乱、意味不明に陥っている。

私はこれを読みながら、双六の目は再び振り出しに戻って、われわれはなぜか空しく堂々巡りをしているような、知性の遊びを戯れているような、いたく奇妙な思いを味わった。

本件のような現実に影響の大きい問題を扱うときには、具体的で実際的な思考をしなければいけない、と私は冒頭に書いた。理想を語る前に、人間はとかく理想とはまったく反対の行動を示す惨めで愚劣な存在だということをしたたかに知り、そこを起点に問題を考えていかなくてはならないのだ、というほどの意味である。

今さら西独の惨状を再説する積りはないが——NHKが放映した『最底辺《ガンツウンテン》』のドキュメントフィルム、西独政府が人心不安定化を恐れて国内放映を禁じた、あの、ナチスの再来かと思わせる仮借なき酷薄シーンを想起して頂きたい――われわれは西独が犯したこれらの失敗をわが身に起こしたくないために、大量の外国人労働者の定住移民化を避けたい、と切望したのだった。そして、それでもどうしても彼らを入れなくてはならないのなら、制限付きで季節労働者として一時的に就労させる方法はないものかと思案し、A型の可能性をあれこれ吟味して来たわけなのだ。つまり、B型を選択する必然性は最初からない。日本を「移民」国家にする必要がそもそも原理的にない。西独やフランスやオランダだって、好んで「インテグレーション」とやらの美しい共生形態を求めているのではない。もしそれが彼らの好みなら、今、外国人労働者に門戸を閉ざしているはずがないではないか。かつて利己的動機から入れてしまって、さんざん外国人を利用し、帰国させようとしてもうまく行かないから、仕方がなく「インテグレーション」などと綺麗ごとを言っているだけなのである。彼らの落ち込んだ蟻地獄はよくよく分っている。われわれ日本人は二の舞を演じたくない。ドイツの友人たちは皆、日本がこの点で西独の真似をしないようにと忠告さえしてくれる。ということはつまり、B型を選択する理由が日本人には最初からなく、止むを得ずA型の可能性を探ってみたのだ。その結果、本論で詳しく検討した通り、A型は一種の近代奴隷を作ることであり、それを避けようとすればB型に変えていくしかない――すなわち西独、フランス、オランダが辿った道――と分った以上、もう何でこれ以上ためらう必要があるのであろう。日本人はA型もB型もともに止めるにしくはないのだ。事柄ははっきりしている。

西独の二の舞を演じたくないので、スイスの遣り方を検討してみた。スイス方式が駄目だと分れば、いまさら西独方式に再び立ち戻るといういわれはない。両方を止めるということ以外にない。

鎖国防衛型のすすめ

経済企画庁の報告書（委員会座長・島田晴雄慶大教授）の文責者が誰であるのか分らないが、この文書の文体には、日本の知識人の一番悪い面が出ている。非常に慎重で、用心深く、ありとあらゆるデータを示し、自分たちの意図に添わない反対側の意見も取り上げ、寛大な理解者を演じ、それでいて最後には、自分たちが最初に決めておいた結論にすべてを誘導するのである。この場合には、外国人単純労働者を入れるか入れないかのどちらが日本民族にとり幸福かを徹底して吟味するのではなく――徹底して吟味するなら、哲学、宗教、歴史、文学、民俗学のありとあらゆる知性を動員しなければならないほどの問題なのだが——一応吟味しているような振りをし、そのじつ「労働開国」を一番正しい選択として最初に決定していて、すべての結論をそこに導いて行くのである。

その証拠に、私がC型と呼んだ最後の可能性、すなわち周辺諸国からの人的津波を警戒し、防衛する「閉鎖型」を同書は取り上げていて、あり得る方向の一つとして一応は評価しているのだが、C型に徹すると「コストが大きい」とか「身分証明書の携帯の義務付け」が起こるなどと、完全に逆の、見当外れの判断を示しているのである。この点に、同書が自分たちとは逆の立場を本当には分っていないし、考えてもいないことが現われている。外国人を隔離もせず、彼らを日本人化もせず、彼らの信仰や言語教育を尊重し、なおかつ彼らに日本人と同じものをすべて与えていく「インテグレーション政策」がはるかに高いコストを要し、また、治安の面で日本人を保護するために身分証明書制度などを考案しなければならなくなってくるのではなかったか。どうして逆さまに考えるのだろうか。何も分っていない証拠ではないか。

大体、「統合」(インテグレーション)とは外国人を同国人と同じように愛し、同時に、あくまで彼らの異邦人としての立場や文化を尊重するという二重性をわれわれに要求することなのである。イエス・キリストでもなければ、そんな芸当は簡単にはできない。世界中のどこにもそんな見事な理想は実現していない。西独人もそうしたいと願っているだけで、現実は別である。日本国民にそんなきわどい無理を敢えて負わせる政策が政治的にも正しいとは思えない。

幸い日本は何もまだ正式に決めていないので、選択は完全に自由である。われわれはA、B、Cの三つの可能性のどれに対しても公平な選択の余地がある。

世界の多くの国は、すでに選択を終えてしまって、B以外の可能性は閉ざされているのである。そこのところをどうか錯覚しないで頂きたい。われわれは何もすき好んで先人がはまった陥穽に自分から飛び込んで行くことはないのだ。それは理性的でもないし、倫理的でもない。

米国で永年働いている友人からこんな葉書をもらった。「〈人の自由化〉での貴兄の言論拝見。基本的に同意見です。アメリカの黒人問題を観察すると、黒人奴隷取引という行為が単に非人道的であるのみならず、〝種の継続〟というかたちでいつまでも尾を引く問題であり、人権や公民権という建前だけでは到底解決できない根深い問題を背負い込んでいることがよく分ります。T・K

生」

米国はこの問題に関しては二百年も前にすでに「選択」を終え、今さら別の可能性に立ち戻ることは出来ないのである。西独、フランス、オランダも、他の道のないことを知り始めて来た。日本人もまた、在日韓国・朝鮮人とは永久に「インテグレーション」の道を歩まねばならないことを承知し始めているはずである。

しかし、われわれは今新たな選択の可能性の前に立たされているのである。そこを勘違いしないで頂きたい。われわれはまだ白紙なのである。何も決めていないのである。

本論で見た通り、われわれはわれわれの今までの尺度では容易に測れない国々に取り巻かれている。アジアは一つではない。アジアの三大宗教、ヒンズー、イスラム、小乗仏教はついに日本に上陸しなかった。日本はアジアの多くの国々から見れば、宗教的伝統を異にした、言語系統もまるで違う「辺境」の地なのである。

経済企画庁は、日本が著しく異る言語、異る宗教、異る歴史を持つ多様な民族を迎え入れる「移民」国家になるべきだと、いかなる権利があって、われわれに要求し得るのであろうか。

今日も新聞に、東京都民銀行のアンケート調査の結果が報じられている。首都圏の経営者に外国人雇傭についてて尋ねたもので、単純労働についても雇傭を認めるべきだとする経営者が八割近かったと報じている（「朝日新聞」平元・七・二一）。

だが、私は不思議でならないのだが、この種の問題に関して、経済人に本当の意味で発言する資格があるのだろうか。西独の場合、経済人に任せたことが失敗因だったとは前にも述べた通りである。

これは経済の問題では必ずしもないのだ。はっきりいって文化防衛の問題である。その場合の「文化」とは、日本人の手作りの精神、物を手でこつこつと作る精神といってもいい。日本人の技術の基本といってもいい。外国からの労働力はそれを破壊し、いざというときの再生の力を日本から奪う。

私にとって三つの可能性のうちの選択肢は、もういうまでもなく唯一しかない。鎖国防衛型、これである。これ以外に考えられない。日本人に文化防衛、生活防衛の意識が余りにも欠けていることが、私にはむしろ不安であり、奇異である。

〃種の継続〃というかたちでいつまでも尾を引く問題に対して、私たちはわが子孫のために、わが文化のために、わが歴史のために、すなわち私たちの今の目の前の合理生活よりも大きなもののために、いくら慎重にしてもし過ぎることはないであろう。私たちはそのためにひとりびとりが勇気を持たなくてはならないのだ。ムード的に最初に決められた結論に応じてアンケートを出したり調査報告書を書いたりする風潮にはっきりと否を言い、われわれはまだ何も決めていない、選択はこれからなのだ、ということをしっかりと弁えておく勇気を。

（「中央公論」一九八九年九月号）

外国人労働者問題における西ドイツの事情

一

今日の西ヨーロッパ諸国の中で、最も外国人に対し政治的、社会的な門戸開放を行ってきているのは、オランダである。いかにも市民革命を早い時期に達成し、世界の海に乗り出した海洋国家らしい動きだ。

オランダは国内の少数者保護の政策をきわめて強く推進し、一九八三年に地方議会に限ってだが五年以上在住する外国人に（被）選挙権を与えた。一九八六年に労働党から出た四十五人の外国人が初めて地方議会議員に選出されている。

西ドイツもまた、できる限り外国人に寛容な政策を示そうと戦後一貫して努力してきた国柄なので、この（被）選挙権賦与の政策についても鋭意研究中だが、憲法との兼ね合いもあってすんなり決まりそうにない。

しかし、最も開放的な移民先進国オランダでさえ、現在では、今までに入国した外国人の家族以外は定住を許していない。それでも三万人ずつ毎年増えるので頭をかかえているのが実情である。

西ヨーロッパ諸国においては、今はスイスを除いてどの国も新たな外国からの労働者受け入れ政策を行っていない。とくにEC域外からの労働者の流入には各国とも厳しい防衛措置を講じているが、それでも、EC域外からの流入者ないし残留者の数が少しも減少していない。そこで、すでに入って来て定住している、肌の色の違う異教徒の労働者との共存共栄を覚悟しなくてはならない時期に立ち至っている。彼らを社会的に差別したり、隔離したりするのではなく、コミュニティの一員として受け入れ、ただしそれは自国への同化を強制することではなく、あくまで自分たちとは異る彼らの文化的相違を尊重し、その上で自分たちとまったく同じ市民的権利を彼らに与えるという「統合」(インテグレーション)政策を、これからの模索すべき方向ないし理想の目標として掲げ始めている。

だが、言うは易いが、これはじつに困難なことである。どこの国でもそうだが(勿論日本でもそうなるだろうが)、いったん外国から労働者を受け入れた場合には、一時的な季節労働者として、期限付で働かせて仕事が終ったら帰国させる、というようなローテーション政策は現実には不可能である。入国者の全員ではないが、半数以上はどうしても永住化する。となれば、彼らの人権を認め、労働権を保障し、しかも賃金、労働条件、職業訓練、失業対策、年金、福利厚生、子弟の教育等において同国人と同じように扱い、それでいて彼らの宗教や風俗や文化伝統をも尊重するという「統合」方式を、そろそろ各国ともやむなく覚悟し始めている段階である。

言うまでもないが、これには途方もない財政支出を要し、一部業界が外国人で労働力不足を賄うといった利益とは到底秤にかけられない。

オランダなどは最も誠実にこれを実行しようとしている方だが、それでも外国人の失業率が圧倒的に高いなど、差別は歴然としているし、高コストに国民がどこまで耐えられるかも疑問である。フランスは林瑞枝氏の『フランスの異邦人』等によると、「統合」方式をやはり目指すべき方向としているものの、アルジェリア、チュニジア、モロッコのいわゆるマグレブ三国からの労働移民に対する差別感情が強く、彼らに対する流血加虐事件が絶えないようだ。フランスはオランダ、イギリスと共に、昔から外国人に対し開かれた公正な国として知られてきた国である。労働者も、商人も、亡命者も進んで迎え入れてきた。十九世紀末でさえ、フランスの外国人人口は全人口の三%にも及んでいるほどだった(現在は七%弱)。また、フランスは革命時代に政治的に迫害を受けた外国人を進んで迎える〝庇護の地〟であることを憲法に明文化し、伝統にかけてこれを証明してさえきた。そのような国ですら、肌の色の違う異教徒の労働者を決して仲間に入れようとしない冷い拒否反応が支配的であって、フランスを〝言っていることとやっていることの違う〟怖るべき人種差別の国に仕立てている。

現在ヨーロッパ諸国は、どこの国も人口の四〜一五%に及ぶ外国人移民を抱えている。一九八六年の統計によると、ベルギー九・一％、フランス六・八％、西ドイツ七・四％、オランダ三・九％、スウェーデン四・六％、スイス一四・七％である。そして、これらの数字は、どこの国も一九六〇年代の資本主義の新しい発展期に、著しい労働力不足が生じてこれを緩和するという、あくまで自国の利己的動機から、いっせいに外国人労働者を迎え入れた結果だが、どこの国も、六〇年代の終りから七〇年の初めにかけて、やはりいっせいに規制を開始し、年々規制を強めてきた。ことに石油ショック以後、新規の迎え入れを完全に停止した国がほとんどである。

以上の諸事実を背景に、オランダ、イギリス、フランスといった先進諸国、ことにフランスとの対比において、現在の西ドイツの悲運と矛盾について、以下若干の考察を試みる。

二

オランダ、イギリス、フランスに比べ、ドイツは海外雄飛の経験も、植民地経営の体験もはるかに少なかった。そのため、どちらかというと日本にある程度近い、ということが言われてきたのも、理由のないことではないかもしれない。けれども、そのドイツでさえも、労働者導入の歴史は戦前においてすでにかなりの実績がある。十九世紀にはポーランドからの農業労働力に大幅に依存しているし、鉄道建設にオランダ、ベルギーから労働者、職人を大量に入れた例もある。一九六三年以後の出来事が処女経験であったわけではない。

ドイツは労働者不足を、伝統的に東欧から補っていた。第二次大戦後においても、現在東欧やソ連領となっている旧ドイツ領から、避難民、追放者、捕虜などの帰還者が何千万人もの数で流れ込んで、西ドイツの「奇蹟の経済復興」を支えたが、この流れをぴたりと止め、西ドイツに極端な労働力不足を引き起こしたのは、一九六一年の「ベルリンの壁」であった。西ドイツが一九六三年以後に、南イタリア、スペイン、ギリシア、ユーゴスラビア等々から正式に外国人労働者を導入せざるを得なくなったのは、「ベルリンの壁」による東からのドイツ系住民の帰国阻止が、いちばん大きな原因であったと考えられる。

最初西ドイツ政府は、労使協議の末、やむを得ず外国人労働者を入れるには入れるが、一定の期限付きでのローテーションを原則とし、永住を認めない。単身者にのみ入国を許し、住宅や教育でコストのかかる妻子同伴は認めない。期限が来たら帰国させれば、送り出し国に技術移転もできる、などと最近わが国の経済界の一部でもしきりに楽天的に言われている案とまったく同じ案で正式導入を図ることに踏み切ったのだった。

この当初の思惑は数年たたずして幻想に終わった。期限付きローテーション制度は破産し、不本意なままに外国人労働者がどんどん国内にたまったことは周知のとおりである。

なぜ当初の目論見どおりにいかなかったかの真因については、最近出入国管理の仕方に問題があったことが明るみに出てきた。西ドイツでは、入国管理は労働省の各地区の職業安定所が企業と組んで行ない、出国管理は内務省の警察が担当した。このように管轄が二つに割れたことが、今にしてみると最大の誤りだったらしい。人の出が悪ければ、入口を制限するはずなのに、別々の所が担当したからどんどんたまった。しかも入口の数字を動かしたのは企業だった。企業は、どんなに抑制力のある企業でも、経済原則に屈する。好景気で労働力不足の折りに、安価な労働者への需要には歯止めがきかない。

しかし、そうした行政的手違いとは別に、より根本的な原因、ドイツ民族にとっての宿運ともいうべきもう一つの原因があった。すなわちナチ時代の民族政策に対する深い反省から出た、戦後のドイツ人の、異民族に対しできるだけ寛容であろうとする政治的道義的態度である。具体的にいえばその精神を反映して西ドイツ基本法、すなわちこの国の憲法が、外国人亡命者の無制限移住の自由を認めているので、法的に難民を拒否できないという事情があげられる。勿論いわゆる政治亡命者でない限り、国際難民条約の取り決めに従って受け入れを拒否してよいのであろうが、西ドイツは少くとも一九七三年ごろまでは、異民族に対し可能な限り寛大であろうと努めた。

市民革命をいち早く実行したオランダ、イギリス、フランスなどの先進国が掲げる「自由」の原則、少数派の人権保護、異民族差別の撤廃といった理想に、大変に遅ればせながら戦後ドイツも反省的にこれを追認したわけだが、遺憾ながら時代がすでにあまりに遅すぎた。先進諸国はアジア、アフリカの植民地経営という大変に非人間的行動を一方で実行しながら、西欧人に範囲を限っての自由や人権や平等の意識を、近代理念として研ぎすましていたのだった。逆にいえば人権無視などざらに行なわれていた十七—十九世紀に覇権を得て、外国人に対しときに自由を与える庇護者のように、ときに奴隷に対する主人のように気儘《きまま》に振る舞った国の人々に比べ、現在の西ドイツ人はたえず人種差別と人権無視を犯しはしないかとの外国からの批判の目にさらされ、しかもナチ時代の罪過を背負っているので、身動きならぬはなはだ不利な条件下を今でも生きているといってよいのである。

それでも西ドイツ人は大変に努力していると私は思う。少なくとも表向き、異民族と自分との相違を認め、かつ彼らに自分と同等の権利を与えるという「統合」政策を、今日この国は己れを律するいわば国是として貫徹しようと、本当に涙ぐましい努力をしている。

三

外国人労働者の流入で悩める国として、わが国では西ドイツが代表例のように見られがちであるが、私はどうもそれが変だと思っている。フランスのほうがずっと状況はひどい。フランスでは宿舎を襲って火をつけて何十人ものモロッコの労働者が死亡したとか、「ネズミ狩り」と称して銃でアルジェリア人を街角で無差別に狙撃したとか、そういった途轍もない事件がかなりひんぱんに起こっているらしい。西ドイツでトルコ人が疎外されているといっても、いくらなんでもそんな事件は起こっていない。

外国人に対する人種差別や人権侵害を絶対にしてはならない、という公的な顔と、怨みや憎悪を押し殺している大衆の複雑な感情とが、表と裏をなし、著しくかけ離れた「偽善の構造」を形づくっている点では、両国はたしかに共通している。

けれども、誰でもパリの街に行けば分るように、フランスではそんなことをいちいち気にしないし、あたかも人種差別など存在しないかのごとき顔をして平然と暮している。フランス人は偽善に慣れっこになっている。パリは底辺を黒人やマグレブの労働者が支え、中間にイタリア人やスペイン人やポルトガル人がいて、上部にフランスのブルジョア階級を頂いたみごとな人種階層都市である。パリの外国人は人口比一四％にものぼるが、ここでは搾取する人種と搾取される人種とがもう昔からはっきりしていて、差別などに誰もいちいち驚かない。パリ市民は外国人を礼儀正しく冷酷に扱うすべを心得ている。新しく入ってくる外国人はそれを承知で、秩序のどこかに自らを位置づけるので、全体の秩序はびくともしない。

西ドイツは公的な外国人「統合」政策においては、オンブズマン制度を採用したり、ドイツ語教育や職業訓練の拡充などに巨費を投じたりして、この点ではフランスよりもよくやっているのに、何かというとフランスよりも非難の対象になり易いのはなぜなのだろうか。

これは文化比較の興味深い問題の一つである。

原因の一つはナチ後遺症に悩む敗戦国ということだが、それだけでは決してない。物事が極端に対立し、二つの極に分裂したまま容易につながらないこの国民の観念的性格にも関係があるように思える。

ある大学教授は、大量のトルコ系移民との共存共栄こそ、ドイツ人が戦時中の忌わしい過去を克服し、新しい国民に生まれ変われる可能性を示す希望の目標であり、このような目標を与えられたことはドイツ人にとっての絶好のチャンスであって、神に感謝しなくてはならない、などと語った。この話を別の市井のドイツ人に聞かせると、よく言うよ、といった憮然たる表情で、「大学教授が保身のために言っているまでのことですよ」というような反発を示した。一般民衆は一様に黙りがちで、ジャーナリズムの表側の言論に対して無力感を抱いているように見受けられた。彼らはある意味で大変に正直で、便所の落書きや石壁のあちこちに「外国人出て行け！」「トルコ人に死を！」などと大書されているが、この過激さと、表側の言論がどうもうまくバランスがとれない。それでいてドイツの別の知識人に話を聞くと、人口は減少し、高齢化が進む一方、若年労働力は不足ぎみで、外国人がいなくては成り立たない産業も増えていて、彼らは今や西ドイツ経済にとっては不可欠な存在となっている。いやだとか嫌いだとかいう感情論を超えて、すでに入国している外国人とうまくやっていく共生の道を図っていくのがいちばん賢明なやり方だと、大抵のドイツ人は悟っているはずですよ、と言うのだった。

最初のあまりに道徳的な意見を言う教授は別として、最後の知識人の意見が、大雑把に言ってこの問題に対するドイツ人の一般的見解ではないかと私も思う。けれども、それがすべてだとそう簡単に言えないのは、一九八九年における外国人排斥の右翼政党の出現である。フランスでもルペン国民戦線という右翼政党が、一九八八年の大統領選挙で得票率を伸ばし、南フランスを中心とする反移民感情の根深さを示したが、歴史の記憶から、共和党と名づけられたドイツ極右の台頭のほうが不気味がられている。

四

西ドイツで違和感が最も少なく迎えられたのは、EC圏や東欧からの労働者で、彼らに対する偏見や抵抗が一時的であったのもフランスと同様であった。しかし、七〇年代に入って、イスラム教徒のトルコ人がにわかに増えてきた。このとき以来、反移民感情もまた同時に高まるのである。西ドイツ政府は非常に早い時期、一九六一年にトルコ政府と労働者の募集協定を結んでいたが、一九七三年の第一次石油危機で、EC域外からの労働者の募集を停止すると宣言した。主としてトルコ人の流入阻止を狙った立法であったが、妙なことに、このとき以後、EC圏や東欧からの数ははっきりと減少しているが、逆にトルコ人労働者はほとんど横ばいで、他の国の減少ぶりと対照的である（別掲の表参照）。表はまた、外国人全体の「雇用者」の数が年とともに確実に減っているのに、「居住者」の数が逆に増えつづけて今日に至っていることを示している。これはトルコ人などの家族の呼び寄せや二世の出産率の高さ（ドイツ人の約二倍近い）を示すものと解釈できる。

一九八〇年～八三年ごろ、西ドイツ経済は低迷し「暗黒の時代」と名づけられたほどで、企業の倒産が相次いだ。失業率も急に高まり、外国人は今まで以上にお荷物になった。そこで、西ドイツ政府は彼らの帰国促進案をすすめることにし、八三年と八六年に帰国補助政策を立法化した。すなわちEC圏以外の外国人に、一人当たり一〇、五〇〇マルク、子供一人当たり一、五〇〇マルク（それぞれ一九八一年平均レートで約百十万円、約十六万円）を支給し、ほかに年金の掛金の一括払いや帰国後の住宅取得のための融資金六万マルク（約六百三十万円）を提供して、帰国希望者を募った。年金の補助だけで総額三〇〇〇億マルク（三兆一千五百億円）かかると見積もられていた。このほかに、西ドイツで成長したためドイツ語は話せるけれどトルコ語を話せないトルコ人の子供のために、約二百人のドイツ人教師をトルコその他に派遣して、彼らの母国語（トルコ語その他）の教育に当たらせるためにも、西ドイツ政府は特別の予算を組まなければならなかった。こうして、ありとあらゆる犠牲的出血で彼らの帰国をすすめたが、表が示すとおり、それほど大きな効果は上がっていない。帰国させたほぼ同じ数だけ、トルコから不法入国があったからである。かくて、数字に大きな変動はなく、西ドイツはお金を使っただけ馬鹿をみたのだった。しかも、並大抵の金額ではないので、とても継続できず、帰国促進のための二つの法律は、財政上の理由から、それぞれがわずか二年ずつの時限立法に終わっている。

こうして、いわば万策尽きて、西ドイツでは、トルコ人労働者とその家族をドイツ人社会の中に取り込む政策に方針を切り換えた。彼らの文化を十分に尊重しながら、彼らを社会的に同化し、彼らに地位と立場を与えて生活の安定を図るという最も難しい「統合」（インテグレーション）の政策に切り換えたのである。その理想が現実には絵に描いた餅で、必ずしもうまくいっていないことは、さんざん報道されているとおりである。

五

ドイツ人はこれほどまでに努力しているのに、何かと批判されやすいのは、一つには諸外国にナチス時代の記憶があるからだとは、誰にでもすぐ分かるが、もう一つの理由は、先にも見たように、ドイツ人のある種の気まじめさ、観念的な正義心が裏目に出ているためではないかと、私自身は密かに理解している。

フランス人のあの礼儀正しい冷酷さ、ソフィスティケートされた表と裏の使い分け、要するに怜悧な図太さが、ドイツの指導者や知識階級には昔から欠けているが、実際に外国人と接する下級の役人や小企業の傭い主などの生来の尊大さや粗野も、多くの誤解を生む原因になっていると思われる。

例えば、鬘《かつら》や色付きのコンタクトレンズでトルコ人に変身して、移民労働者の生活を実地体験したギュンター・ヴァルラフという人の有名な告発ルポルタージュ『最底辺《ガンツウンテン》』（岩波書店）という本がある。これはテレビ・ドキメントにもなった。西ドイツ産業社会の底辺の残酷さを、ドイツ人自身が内側から告発した記録である。これはこれで貴重な証言であり、有意義な仕事ではあったが、左翼政党の強いフランス社会の中に、自らアルジェリア人に変装して、フランス産業社会の「最底辺」を告発するようなジャーナリストは出てこない。このことを考えてみると、いかにも直情径行な、やるときには徹底してやるドイツ人が思いつきそうな告発ルポルタージュの形式であったといえる。ソフィスティケートされたパリ上流社会の「偽善の構造」とは、まさしく正反対に位置している。

西ドイツ人が外国人労働者問題で制度的にも、財政的にも、そして敢えて言うが思想的にも、大変に努力しているにもかかわらず、なぜか最大の問題を抱えているように見られがちなのは、ドイツ人の体質、国民的性格に起因しているように思えてならない。

ここで、ついでにいえば、日本が同じ問題を抱えたときには日本人の体質、国民的性格がもろに露呈してくるだろう。そして世界から誤解され、弁護してくれる理解者は世界のどこにもなく、ドイツ人の十分の一、フランス人の百分の一の〝人種に対する罪〟が、政治的に拡大されて喧伝され、日本に憎しみを持つ世界のジャーナリズムの恰好の餌食となり、それをまた愚かな日本のマスコミが受けて立ってばか騒ぎし、日本人は自己汚辱感に打ち震えて、自分を道徳的に一人前でない劣等民族のように思いなすであろう。今から起こる出来事が目に見えるような気がする。

フランス人がマグレブの移民労働者に現に加えている加害の百分の一か千分の一程度のことを犯しても、日本は世界政治の中で占めている低い位置からして絶対に許されないのだというリアリズムを、しっかり見据えておいてから物事に手を着けてもらいたい。

全日本海員組合が日本籍船に外国人船員を乗せることを決めたと、平成元年八月五日の各紙は伝えている。外国人が日本の国内に定住化しない船乗りの場合、私は門戸開放にむしろ賛成である。なにかで読んだが、日本船は米国船よりもフィリピンの乗組員に敬愛されているそうである。すでに日本船に外国人乗組員が乗船しているためと思われるが、フィリピンの船員が病気になって寄港先で下船すると、米国船は馘首してしまうので、フィリピン人は病気を告げず、重病になって死亡した例があるということである。ところが日本船では病人は寄港地で病院に入れ、責任をもって治療し、再入港して彼を迎えるというので、人情小噺ではないが、働き手に安心感を与え、喜ばれているという。

真偽のほどは分からないが、こういう話を読むと、ホッとするし、今後も是非あらゆる場面で日本企業はこうあってほしいと思う。そして事実、日本人は体質的に、元来が温良で、寛容なので、フランスや西ドイツで起こった同じことが日本では起らないという人もいる。

ただし、不心得者がひとりいて、非人間的な事件を起こすと、日本人全部が非人間的であるかのような風聞が世界中にひろがり、日本のマスコミまでがそれにのって、世界史にそのように記述されていくのが、今日の、日本の置かれた政治的位置からくる現実の姿である。「南京虐殺」の名で起こった出来事の真相は今なお不明だが、世界の世論ではナチスの強制収容所と同一次元で扱われている。一事が万事だと理解すべきである。

私がフランス、ドイツ、日本という順序で論述した政治力の序列、というより近代文明の歴史の序列に、外国人労働者問題が微妙に深く関係しているのである。この序列を覆し、訂正するためにこそ日本の政治力は世界に向け最大限の努力を傾注すべきなのだが、わが国の政治家でそこまで考えている人はいない。

日本人は温良で、寛大だから、悲劇は起こらないという人もいるが、温良で、寛大だからこそ社会的パニック

表　西ドイツにおける各国別外国人居住者数、雇用者数と失業率の推移

（単位：千人）　（単位：％）

年	居住者	雇用者	イタリア	ユーゴ	トルコ	その他	失業率	
							外国人	全体
1968	1,924.2	1,090.0	—	—	—	—	0.6	1.5
1969	2,381.1	1,501.4	—	—	—	—	0.2	0.9
1970	2,976.5	1,949.0	—	—	—	—	0.3	0.7
1971	3,488.7	2,240.8	—	—	—	—	0.6	0.6
1972	3,526.6	2,352.4	—	—	—	—	0.7	1.1
1973	3,966.2	2,595.0	—	—	—	—	0.8	1.2
1974	4,127.4	2,286.6	—	—	—	—	2.9	2.6
1975	4,089.6	2,038.8	—	—	—	—	6.8	4.7
1976	3,948.3	1,920.9	279.1	387.2	521.0	733.5	5.1	4.6
1977	3,948.3	1,869.5	283.3	373.7	508.6	703.9	4.9	4.5
1978	3,981.1	1,884.1	290.5	366.7	511.2	695.7	5.3	4.3
1979	4,143.8	1,947.5	304.3	363.6	542.1	737.5	4.7	3.8
1980	4,453.3	2,015.8	308.4	348.9	588.0	770.4	5.0	3.8
1981	4,629.7	1,917.2	285.4	336.2	584.0	711.8	8.2	5.5
1982	4,668.9	1,785.5	252.7	317.1	583.0	652.7	11.9	7.5
1983	4,534.9	1,709.1	234.8	306.3	542.3	625.4	14.7	9.1
1984	4,363.6	1,808.1	214.3	297.8	497.7	598.3	14.0	9.1
1985	4,365.9	1,586.6	198.4	295.4	503.4	589.3	13.9	9.3
1986	4,482.6	1,600.2	189.8	296.6	519.3	594.5	13.7	9.0
1987	4,581.3	1,610.8	181.4	295.4	629.5	604.6	14.3	8.9

資料：西ドイツ労働社会省調べ

に伝染しやすく、政治的統率力が弱く、全体を見きわめる統治者の判断力を欠いているともいえる。

日本がフランス、西ドイツ並みに外国人労働者を受け入れるとすると、在日韓国・朝鮮人の約十倍の、雑多な外国人が入ってくることになって、日本人にはまったく未経験である。日本人が温良で、寛大な性格であるからこそ——一人、二人の船員を相手にするときはいいが——西欧世界よりももっとひどい、もっと残酷で、もっと無知、無自覚な出来事が起こるような気も一方でしないでもない。

（「法の支配」一九九〇年一月号）

穀物自給率の全体を高めよ

穀物全体の自給率の低さが問題

私は農村の出身者ではないし、農業について格別の知識をもつ者ではないが、「コメの自由化」を国際国家日本の責務のように語る人に、つねづね抱いている二つの疑問を述べる。日本の農業は過剰保護のため、農産物の価格が高く、貿易に大幅に依存する日本では、コメの国内生産だけを守っても安全は維持できないので、食糧安全保障というような考えは成り立たない。こういう意見を読むたびに、素人なりに半分正しく思えても、半分釈然としない。

穀物は水分の含有量が低く、保存食として最適な高カロリー食品で、日本以外のあらゆる工業先進国は、穀物全体の自給率維持に特別の注意を払っている。カナダ二二三%、米国一八一%、フランス一八一%は、いずれも農業大国だから当然としても、英国一一三%、旧西独でさえ九六%を維持している。ＥＣは全体で一九七五年から八五年までの十年間に、八八%から一一六%まで自給率を高めるという賢明な努力を注いでいる。それに対し日本の穀物全体の自給率は、わずか三〇%でしかない。

多くの日本人はこの事実を知っているのだろうか。しかもこの三〇%はコメの完全自給を死守してかろうじて得られた数字で、参考までに、日本の小麦の自給率は一七%、大豆六%、トウモロコシ一%にすぎない。コメ以外はすべて外国、とくに米国からの輸入に完全に制圧された、みじめな「貿易赤字国」である。食品カロリーの自給率で計算すると、西独九三%、日本は四九%で少し持ち直すが、それでも人口二千万以上の先進国で日本より低い国はどこにもない。われわれは国際的にとび離れて食糧安全度の低い、ぎりぎりの危険ラインで生きているのである。しかも輸送のすべてを海上に頼るという不安もある。

「コメの自由化」をどうするかが問題の本質なのではない。コメ以外の全穀物の国内生産が、ほとんど壊滅しているということに一番の問題があるのだ。たとえ補助金をつけてでも、小麦、大豆等の自給率を上昇させていくことは、国民的な緊急課題ではないか。部分的な「コメの自由化」問題などは、これに比べれば、はるかに重要度が低いといえよう。

さらに頼みの米国農業の将来は必ずしも安泰ではない。大型企業化したため保護林をすべて伐採して、風雨に荒らされ、大量の表土が流出しているという。一インチの表土の形成に千年を要するというのに、米国農業は土地を粗末に扱い、荒廃に向かっている。加えて地下水が枯渇し始めて、農業を放棄する地域も出て来ている。

自分の国民が食べる基本食は自分でまかなう、がどの国でも農業の本来のあり方である。自国が食糧に困ったときに他国に売るわけがない。今後、政治・外交・軍事の全手段で日本を押さえこみにかかる可能性のある米国は、日本にとって十分に脅威であって、米国に対する食糧依存度の高さは、政治的にも危険をはらんでいる。

米国は農産物の不公正貿易国である

第二に言いたいのは、日本の農業は過保護で、欧米の農業以上に自由化されていない、という日本のマスコミの思い込みは正しいか否かである。日本政府は国際的に通用しないわがままな政策を頑固に言い張っている、というイメージを日本のマスコミは国の内外でまき散らしているが、それは正しいかどうか。欧米の農業保護政策を知らない、ただの無知にすぎないのではないか。

すでに自給率の低さが示す通り、日本は世界最大の農産物純輸入国である。これ以上できない所まで市場開放してしまっている。米国、ECともに頑固に農産物自由化を進めない中で、日本はコメを除く主要産物をほぼ全面的に明け渡した。それでなお「コメの自由化」を強要されるのは、農業の開放度の問題ではなく、政治的失敗にすぎない。

農業は工業と違うので、どの国も自国の農業を保護している。しかし農民は保護されると必ず過剰生産に走り、政府は財政負担が大きくなるので減反を強制するか、補助金をつけて海外にダンピングして売却する。そういう悪循環を繰り返すものだが、歴史上その最も悪い例が、じつは今の米国なのである。米国は多額の輸出補助金付きで国際市場をゆがめる農産物の不公正貿易を続けて来たことで批判されている代表国である。ソ連がかつて輸出補助金付きの米国の安い小麦を買い、それを発展途上国援助に使うということさえしたほどなのだ。

米国は食肉輸入法やガットのウェーバー条項で、自由化など市場開放の努力をほとんど行って来なかった国だが、とりわけコメで問題になるのは、この農業保護費である。各農産物価格の中の補助金の比率は、平均三五％だが、コメに関しては七〇％に近いのである。米国のコメが安いというが、それは大ウソである。

日米構造協議でもそうだが、米国は日本に自分の失敗の尻ぬぐいをさせようとしているかにみえる。米国に過剰米が生じ、生産調整をしなくてはならない。日本の農民がその肩代わりをして、生産調整をする。そんなばかな話があるだろうか。欧州の国なら、米国のこんな要求を一蹴《いっしゅう》し、相手にもしないであろう。

（「産経新聞」一九九〇年八月二十七日、「コメの自由化論者へ一言」を改題）

VII 戦略的「鎖国」論

第一節　「開国」政策の中の「鎖国」

超大国が力の後退を認めることの難しさ

最近、欧米ことに米国から日本に向けられる批判は、少し度が過ぎているのではないかという疑念が、日本人の内部で日増しに大きくなっているように思える。米国人からすれば、日本人のやることは何かにつけてアンフェア（不公正）で、我慢し難いというわけであろうが、日本経済が好調であること自体をアンフェアと言っているように聞こえる場合も少くなく、われわれとしてはときおり絶望的な気分に陥らざるを得ないのである。米国は今後ますます無理なことを言い出すのではないか、そしてひょっとするとわれわれ日本人が大きく平静を失うことも起こるのではないかという不安は、今やかなり一般的である。

日米の関係が安定し、相互に協調的であることが日本にとっていかに重要であるかは、大多数の日本人の共通認識だが、心ある米国人もまた同様に認識していると考えてよい。米国防総省の元次官補代理エレン・フロストは、一九八七年、外交関係のある研究報告の中で次のように書いている。「今世紀中、さらには二十一世紀にも、米国と日本の〃離婚〃は経済的に見て不可能であり、軍事的には非現実的であり、政治的にも考えられない」と述べ、両国が「われわれ対彼ら」という態度を改め、「われわれと彼ら」という態度をとるようになることがこれからいかに大切であるかを訴えている。「もしもそうしなければ、両国間の同盟関係は解体して、経済的に恐るべき結果を生み出し、両国とも悲観的な島国根性と防衛的なナショナリズムに陥り、ソ連のつけ入るところとなるであろう」と。

たしかにその通りだと思う。日本の力が相対的に小さかった戦後四十年間は、ほとんどこういう心配をしないですんで来た。なるほどその間日米関係は「われわれと彼ら」という対等で平等な関係では決してなかったが、その代りに、「われわれ対彼ら」という対抗的、ないし対立的な関係でもまた明らかになかったからである。近年の日米関係の危機の基本は、単なる文化の違いや情報不足にあるのではない。急激にさま変わりしている両国の力関係の変化に、両国民の認識がなかなかに追いついて行けないことに、どうやら基本があるらしい。その際、今まで弱かった側が自分の力の増大にすぐに気がつかず、強者としての責任を果そうとしないという非難はよくなされるのであるが、しかし、このケースよりもおそらく、今まで強かった側が自分の力の減少と後退をあらゆる局面で率直かつ公正に認めることの方が、格段に難しいことだといってよいであろう。人間は自分の敗北を恨みの感情なしで認めることが出来るほど高潔な存在ではない。それは個人でも、国家でも同様である。「われわれと彼ら」という対等にして平等な、公正かつ協和的な関係を結ぶことにとかく抵抗を感じるのは、日本よりもむしろ米国の側にはるかに大きいことは、われわれが同情を以て観察しなくてはならない点だと思う。米国人は、自分というものをフェアであると信じ、日本と対等に応対しているつもりでいるが、かつて強者であった習性と自分の基準で他国を裁定する先入見から容易に脱却し得ていない。ここに、これからもなお起こり得る日米関係の危機の一番の問題がある。元次官補代理が憂慮している「われわれと彼ら」という対等な関係の確立が困難である理由の大半は、おおむね米国にあり、日本人は依然として忍耐するしか手はないのかもしれない。

生活習慣は日米等価だというわれわれの主張

以上の事情をいわば立証しているにも等しい出来事に、私は先頃出会った。一九八七年五月、サンケイ新聞社が「十一時間日米討論」という大激論を主催し、「ニューヨークタイムズ」（六月二十三日〜七月二十四日・十回分載）にこれを全ページ広告で掲載した。討論出席者は、日本側が曽野綾子、唐津一の両氏、米側がいずれも日本通の二人の米国人、ジャーナリストのハルバースタム氏とハーバード大学のライシュ氏である。われわれは後に、内容豊富な長時間討論の全貌を、日本の雑誌（「正論」一九八七年九月号）で詳しく読むことが出来た。その中で私は、曽野綾子氏の発言に日米対等の姿勢を貫こうとする率直かつ大胆な意志を見出し、大変に印象的であった。曽野氏は特別に風変わりな見解を述べたのではなく、われわれにとってごく当り前な良識的見解を、例えば次のような事例で表明したに過ぎない。

アラブの国々では一日五回のお祈りをする。日本人ビジネスマンは困惑しながらも、それを尊重し、商売をして来ている。米国に参入したときも、一貫して英語を用い、米国のビジネス慣習に従い、商売をして来た。もし米国が日本の市場に参入したいのなら、日本の商習慣を変えよというのはとんでもない傲慢である。商習慣、労働慣行等は文化であり、変えようとして簡単に変えられるものではない。「今ある形のなかでアメリカは日本へ参入するのでなければ、現実は動いて行かないのではないでしょうか」等々と氏は主張したのである。

曽野氏は「日本が優越している」と言っているのではない。氏の要点は「生活文化の相互の尊重」ということにすぎない。日本が米国の流儀に合わせて貿易取引を行って来たのとどうか同じことを、米国も厭がらずにやって下さい、と申し述べているにすぎない。このことに関連してふと思うのだが、明治時代に日本人は、欧米に対し文化の相互尊重というこの程度の主張すらなし得なかった。有名な「鷗外ナウマン論争」というのを想起して頂きたい。青年鷗外はさながらナショナリストのごとく、ミュンヘンの新聞紙上で、日本に関するナウマンの歪んだ観念に対し論争を挑んだ。その中で一つ覚えているのは、日本人には歯を黒くする悪習があるとナウマンに書かれたのに彼は腹を立て、何か言い返したかったのであるが、結局、日本人の「悪趣味」を認めてしまう外なかった。お歯黒の原因は「日本人がかつて例えば古代ギリシア人のごとく高度の美感を養成し得た民族と接触したことがないからだ」などという、およそ見当外れな、ばかげた反論を、鷗外ほどの人でさえついロにしてしまうほか手がなかったのである。

日本人は明治以来ずっとこういう調子だった。欧米人に高飛車に何か言われると、まるで呪縛されたかのように、それを正しいと認めてしまう。そしてどんどん追い込まれ、いよいよぎりぎりの土壇場に来て、頭に血がのぼって、狂ったような行動に出てしまうのである。最初に言葉で理づめに反論するということをしておかない。しかし、これからの時代にはもはやそうあってはいけない。明治時代に鷗外に出来なかった文化の相対化、生活習慣の等価という主張——今日なお大多数の、欧米通の知識人、政治家、外交官がきちんと欧米に向かって物を言うことが出来ないでいる原因は、相手の文化を崇敬し、相手の言葉に納得し、自分を否定してしまうこの点にあるのだが——を、曽野綾子氏は二人の米国人を前にして、きわめて控え目な言葉ではあるが、率直かつ見事に実行して見せたのである。そしてそれは、今の大多数の日本人からみて特異な見解の表明ではなく、常識的な内容の域を出ない、ごく当り前な日本側の自己主張にすぎないことは先に見た通りだ。ところが、何と驚くべきことに、この当り前なことが米国人の参加者にまったく理解されない。ハルバースタム氏は、日産自動車の成功物語を書いた人で、米国の産業界に厳しい目を注ぐ公正な人だが、その人にして、曽野発言を大いに不満とし、「日本人がそういうことを言い出すと米国の保護主義の一層の台頭を招く」とか、「日本がよりいっそう国際的な経済に参入したいのなら、自分たちの文化をユニークだとか特殊だとか言うべきではない」などといった意見を、堂々と述べ立て、いささかも動じない始末である。

私が絶望的な気分に陥るときがある、と先に言ったのは、このようなときを指している。曽野氏は日本がユニークだとか特殊だとか言っているのではない。等価だと言っているにすぎない。地球上の文化は相対化されたもので、どこかの国の文化が絶対的な基準となってはならないと言っているだけである。しかし、米国人がいま、「日本人は自分たちの文化を特殊だとかユニークだとか言うべきではない」と言うとき、それは日本が特殊で米国は普遍だという考えを前提とした上で、日本は自分の特殊な商習慣を是認するのではなく、これを普遍的な米国流に変えて行かなくてはいけない、と言っていることになるわけである。「われわれと彼ら」というあの対等で、平等な相互関係を、日本側が切なく求めているのに、それはすげなく米国側から退けられている結果になっている。米国人は日米の文化に優劣はなく、風俗習慣は相互に尊重し合うべき等価なものだ、ということが、おそらく言われれば頭では分っているのだろうが、利害のぶつかるぎりぎりの局面ではどうしても分らない。そして、「われわれ対彼ら」という、自分を優位に置く立場を無意識に選んで、これをフェアであると信じて疑わない習性を持つようだ。私は十一時間にも及ぶ大変長い論争を読んでいて、つねづね抱くそういう米国観を再確認する思いがした。その長時間討論は、あちこち話が飛んでいて、よく読まないと討論者の真意が言葉の中に埋没して掴み切れないような内容の展開だが、いよいよ最後に、曽野氏が、おそらく腹を立てたのであろうが、「アメリカは常に他の国よりも先にいるべき国だなんていうこと、一体誰が決めたのでしょうか。神が決めたのでしょうか」という思い切った発言をなさっているのが、強く印象に残っている。

日米関係の安定が今後ともいかに重要であるかをわれわれは知っている。そのわれわれが今一番恐れているのは、不安定をもたらす原因が日本側の力の増大ではなく、他国の力の増大を遺恨の情なしで認めることがどうしても出来ない、超大国の屈折した心理状態だということである。日本側は百数十年もの間忍耐して来た。だからまだ忍耐する力は急には尽きないだろう。けれどもそれが尽きないうちに、米国、あるいは欧州諸国が認識を改めるという保証はなく、日本側に逆に遺恨の情が蓄積されていくということも起こらないではない。

欧米の基準に自分を合わせる時代は終った

かつて欧米に強がりを言う日本人の反抗心は、ソープ・ナショナリズムといって日本人自身によって蔑《さげす》まれた。しかし、そういう自己反省をしていられた時代はまだ気楽だったのである。なぜなら欧米の優位を認め、日本はその基準に安んじて自分を合わせて行けば済んだからである。欧米の圧倒する優位という現実の中で、その現実を認めないで強がりを言うのがソープ・ナショナリズムであった。しかし、どうやら現実は急速にさま変わりしている。日本が欧米の基準に自分を合わせて行くだけで問題を解決することを、欧米側がすでに望んでいないし、もし依然として日本がそのように惰性的行動を続ければ、余裕を失った欧米の要求は、日本与《くみ》し易しと見て、日本の生命線を突き破って奥座敷に土足で踏み込まないでは収まらない野蛮な振舞いに立ち至るであろう。そうなれば日本もまた逆上することは火を見るよりも瞭《あき》らかで、従って、そうならないうちに未然に防止策を講じる必要があり、そのためにも日本は、欧米の提出する尺度を自己の行動の基準とするのではなく、「われわれと彼ら」という文化の対等な相互関係をしっかり肝に据えた、日本人自身による世界経営の構想を確立する必要があるのである。米国には米国なりの世界経営の戦略があり、日本は今までその内部に抱き込まれて安定を得ていたわけだが、いつまでも依存形式に安んじて安全だと思うのは今や間違いである。むしろ今の状態を続ければ、日本は形《なり》振り構わなくなった米国の要求に内核を侵され、蚕食され、取り返しのつかぬ事態となろう。

今では流行の観のある「国際化」論議や「開国」のすすめ論のどれもこれもが、ほとんどすべて米国や欧州の生活形式や行動様式に日本が自分を適応させるということ以上の意味を有していない。米国や欧州の生活文化が今でも十分に秀れていて、魅力的であることは言うまでもないが、だからといって欧米の基準に合わせて自分の生き方を無限に後退させていくことが惹き起こすであろう日本の国家としての内部崩壊の危機を、私はいま問題にしているのである。私は日本人自身が現在ほど世界経営の戦略を自らの意志で確立する必要に迫られているときはないように思う。私が「戦略的〝鎖国〟論」と敢えて呼ぶ行動様式は、日本人が外国の要求で国を開くのではなく、自分の必要から選択的に国を開く――従ってときに国を鎖すことも敢えて辞さない――きわめて積極的・攻勢的な方式を指すのであって、受け身の自閉的行動ではない。閉鎖することもまた、自己の文化のアイデンティティ維持のためにときに必要な能動的政策であり得る。要するに外国の要求を拒絶する場合にも、われわれはもっと自信をもってやろうではないか、という提案でもある。そのために、文化と政治経済の関わり方をもう一度しっかり検討し直そうというのが私の論旨の一つでもあって、これが単なる守勢的な意味でのソープ・ナショナリズムでないことは、ことあらためて言うまでもあるまい。

第二節　コメ、クジラ、自動車、文化

日本人の「文化優位」に苛立つ米国人

ミシガン大学のロバート・E・コール教授は、「経済と文化からみた日米関係」（Economic Outlook 1987, summer）という注目すべき論文の中で、比較的誠実な米国人にしてなお陥り易いいわば典型的な日本批判を、大略次のように展開している。すなわち——

自分の行動を説明するのに文化の重要性を持ち出すのは、どちらかといえば日本人の方が多い。日本人はしばしば自分たちの事情を文化的な特殊性で説明しようとしがちである。事実、日本人は、何かというと文化の違いを盾に欧米の物品の輸入を拒もうとする。例えば、「稲作は日本の伝統の一部なのだから、われわれは米国のコメを輸入することは出来ない」などと主張したりする。日本の社会の性質を「特殊」と規定する日本人論が、日本では広く行われ、受け入れられているが、この事実こそ上記のような考え方が根強いことを示している。日本人論はその論理的極限にまで行きつくと、ナショナリズムの基礎となる歴史の創作にまで及びかねないものなのである。

日本人が文化を説明の材料として強調し過ぎる傾向があるとすれば、米国人は反対にこれを軽視し過ぎたといえるだろう。米国人は社会の進歩と発展を重視し、これまでこの点を基礎に国家を説明して来たので、文化や伝統は、むしろ国家の成功にとって障害になるとさえ考えられてきた。だからわれわれ米国人は、ときとして日本だけが文化を持つ国だと考えて行動するようなところがある。しかしこれは明らかにおかしい。日本人は十九世紀欧州の文化面を理解するのに大いに秀れているが、米国の文化を理解するのは苦手のようである。それどころか米国には文化がない、と思っている日本人さえいる。

——

コール教授は以上のように、文化という言葉をめぐる日米の意識の差を問題にした後で、コメの自由化について次のように書いている。

「日本人が、稲作は自分たちの文化の一部であるという理由で、外国産のコメの輸入制限を弁護しているという話を聞いて、ミシガン州選出のレヴィン上院議員は、《それなら自動車はわれわれの文化の一部だ》と語ったと伝えられている。多くの日本人はこのような比較を受けつけないと思う。彼らはおそらく次のように言うだろ

う。《たった七十年の歴史を、日本の稲作二千年の歴史と比較することは出来ない。なにしろ日本では、ご飯という言葉が食事全体を意味する言葉になっているのだから》と。しかしながら、ミシガン州の自動車労働者の生活を調べてみると、彼らは確かに、自分たちの職業によって形成された豊かな伝統文化と独特な世界観とを持っていることが分る。」

コール教授はそう語って、ここでいう文化とは自動車労働者の生活文化を意味するだけでなく、大衆に自動車のある生活を与えた米国自動車産業の発展が、米国に一つの大きな文化をもたらした状況全体を意味している、と強調する。

「もしアメリカ政府が一九七〇年代に、《アメリカ人は大型車に生まれながらの文化的愛着を持っているので、アメリカ文化を守るために、小型車には高い関税をかけることにする》と発表していたら、日本人はどんな思いをしたであろうか。」

コメの問題も帰着するところこの点にある。貿易問題で文化という言葉が引き合いに出されると、往々にして市場開放を避けるための煙幕としてこれが用いられるという弊害がある。日本人は自国産のコメの味が違うということを主張したがるけれども（牛肉についてもよく味が持ち出される）、もしも味についての日本人の議論が煙幕でないとすれば、一番簡単な答は、消費者に自由に選ばせ、味は良いが値段の高い日本のコメが選ばれるかどうかを試してみることであろう。味の違いという点に文化的要素が本当にあるとするなら、そして特殊な文化の力がそれほど決定的であるとするなら、放って置いても文化は効果的に輸入を制限するであろう。しかし、想像するに、そういうことはおそらく起こるまい。日本人の言う文化は要するに口実であって、国内の選挙民の保護に熱心な政府官僚によって、煙幕として使われているのが現状だからである。

教授は以上のように、断定している。

ここでは論文の中の関連個所のみを引き出し、できるだけ論者の意を枉《ま》げないように詳しく再現してみたが、日本の読者は自分が平生に感じたり考えたりしていることとの距《へだた》りの大きさを認め、ある種の驚きをさえ覚えているだろう。そして、「文化の特殊性」に依拠したがる日本人は確かに多いので、そういう論法は通用しないことをあらためて知り、同時にまた、日本人の「文化優位」に苛立つ米国人が、日本人とは逆の方向から日米の対等で、平等で、公正な相互関係を心の底で求めていることを知り、彼らにもこの点での欲求不満があるのだということに気がつくであろう。米国人が嵩にかかって、盲目的に自己の流儀を押しつけてくるケースが必ずしもすべてではない。ただ、彼らにも思考の落とし穴があり、自分の思考のある大きな欠落部分に気がついていない。日本人もとかく愚かな言動を繰り返して、右のような反駁を誘い易い傾向を助長しているのだといってよいのかもしれない。

「腸の長さ」や「雪の質」まで

例えば、前農林水産大臣が牛肉の輸入自由化に抵抗するため、日本人の腸は他民族よりも長いから、本当は肉食に向いていない、と語った一件は、欧米社会の憤激と軽蔑を買った。日本在住の意地の悪いグレゴリー・クラークは、「ニューズウィーク」の読者に、この件から五十年前の日本の軍国主義を思い出させ、あの当時も日本人は神国の民で、欧米各国人とは出来が違うという主張が意識的になされたと述べている（日本語版一九八八年四月七日号）。

日本のスキー用具の業界関係者が、日本の雪は質が違うので、欧州製のスキー用具は向いていないし、危険だと語ったというニュースも、またたく間に世界中に拡がった。日本人の愚かな思い上りを嘲笑《あざわら》う話題として、各国から非難が向けられた例は、この他にもいくらもあるが、私が覚えている最大例の一つは、日本人の脳は特殊だという或る学者の大真面目な説である。右脳と左脳の働きの違いに着目し、外国語を覚えることのへたな日本人の脳の特殊な構造を研究した説であったと、私も漠然としか記憶していないのであるが、あるドイツ人が私に、「日本人の脳が他民族の脳と違うなどという学説は、冗談として言われたにしても一寸悪質です。まともな日本人がそんなことを信じているとは思えませんが、そういう学説を本にしたり、そういう学者の存在を許している日本社会が、私たちには不気味に見えるのです。」もちろん、彼は少し誤解していて、この学説は日本民族の優秀さが脳の構造の他民族にない特殊な働きによる、と主唱しているものと考え、そのため驚き、かつ呆れているのである。しかし、もとよりこの学説が世界的に知れ渡ったのは、同じように世界中が誤解し、日本人の滑稽かつ異常な誇大妄想の一例として、悪意をもって取り上げられて来たせいに外ならない。

ハルバースタム氏が「十一時間日米討論」で、「日本人は自分たちの文化をユニークだとか特殊だとか言うべきではない」と即座に応答したのは、ひょっとするとこの種のばかばかしい不遜の事例を意識してのことであったかもしれない。少くともロバート・E・コール教授の、日本人のコメ文化防衛論に対する苛立ちに満ちた批判は、この文脈の中で初めて正当に理解することが出来るであろう。日本人の脳や腸が違うとか、雪の質が違うといった説と、コメの味が違うといった主張とは、米国人の目からみれば、おそらく区別がつけ難いものであるに違いない。

純血種に対する過大評価や、優等民族と劣等民族との人種的区別意識などは、十九世紀には堂々と大手を振って思想界を罷《まか》り通っていた。しかし、二十世紀、ことに大戦以後は、このような価値判断を思想の中に取り入れることは、タブーであり、ほとんど説得力を持たない。田村通産相が、包括貿易法案が米上院を通過した一九八八年四月に、「超大国の思い上り」とこれを評し、つい口から洩れてしまったのであろうが、「人種差別が感じられる、云々」と憤慨してみせたのは、日本人にはすぐピンと分っても、米国人を反省させるのに役立たない。「人種」という言葉を簡単に持ち出した田村氏の文化感覚が疑われただけである。それくらい、人種問題に対し欧米は敏感であり、日本人は無邪気で、誤解され易い。

自分の脳や身体の部分が他民族にない特殊な構造を示しているといった研究が、日本では非難されずに公式に取り扱われるのに、諸外国では嘲りに満ちた痛憤の対象となるのは、日本の国内と国外におけるこの意識の差に基づくが、われわれはこの点を十分に警戒した上で、コール教授の「経済と文化からみた日米関係」の、コメをめぐる論議を、次のように批判し、反論することが可能ではないかと考える。

愚かなり「日本特殊論」

私は過日、大宰府跡を訪れる機会があり、古代日本人の衣食住の模型を展示した資料館を見て歩いた。そこで往時の日本の貴人と庶民の食膳が、資料によって復元され、模型化されている展示コーナーを見学した。貴人の食膳といっても大変に質素で、鮎のような魚の塩焼き、芋の煮つけ、茹でた青菜、漬物、椀一杯の汁、それに白い御飯である。庶民の食膳はそれを格段に質素にしたもので、特色はなかった。当時の日本人の住居の形態は今とはかなり違うし、衣生活もガラリと変わって、現代とのつながりを見出し難いほどだが、食生活の内容は基本において現代のわれわれの食卓を飾っているものとそう大きな開きはない。なるほど、食べ物は千年経ってもじつに変わらないものなのだなア、と私はそのとき感慨を新たにしたのだった。

外国には度々行く私だが、外国の食事には今でも馴染めず、年齢を重ねるうちに、ますますこれが身体にこたえるようになって来た。ヨーロッパの都会に二週間もいると、私は日本レストランに入りたくなるし、それがない町ならば、中華料理屋へ行く。私はこの点ではからきし意気地がない方だけれども、一民族の習慣の中で何が不変といって、食べ物ほど不変なものはないであろう。日本女性と結婚した日本に住むドイツ人で、日本の食べ物は何でも好き、「からすみ」とか「あんきも」とか「なめこ汁」とかまで舌鼓を打って食べる人を知っている。しかし、その彼にして、ドイツの味を忘れているわけではない。東京銀座のあるパン屋で、ドイツ産と同一の黒パンが初めて売り出されたとき、彼は目の色を変えて飛んで行った。週一回売り出される黒パン発売時刻に、彼がその店に出向かなかった日はない。特殊な味覚へのこの偏愛を、われわれは嗤《わら》うことは出来ないし、これが文化でなくていったい何が文化であろう。あらゆる国々、あらゆる民族によって互いに異なるこの「文化の特殊性」を相互に尊重し合うということは、国際理解の初歩的条件であり、どこの国の人でも分り合えるし許し合える「特殊」の概念内容ではないだろうか。

日本人は何かという文化の違いを口にし、ユニークな民族であるという看板の影に自分を隠したがるという非難の声が海外で高いことは、先に述べた通りだ。しかし、米国人も、ドイツ人も、フランス人も、中国人も、例えば食べもの文化ということになれば、それぞれ「文化の違い」に立脚し、「ユニークな民族」のカラーを発揮している筈なのである。日本人がそれをして悪いはずはない。ただ、そこに価値の上下が含まれてはいけない。フランス料理と中華料理とでどちらが上等ということはない。各自の好みの問題にすぎない。各国が互いに共通して所有し、それでいて互いに相異し合う独自のもの——その個性、個別性、特別なカラーを互いに是認し合い、他を決して侵犯せず、どこか一国の趣味を普遍価値として他の国に押しつけることはしてはならない。この程度の文化定義を各国に理解してもらうことは、料理や家の形態や衣服に関することを例に引けば、さして難しいわけではないだろう。

日本人は「文化の違い」にこだわり、「特殊な、ユニークな民族」であることに胡座《あぐら》をかいているのでは決してない。欧米人がそう受け取りたがるのは、欧米の尺度を「普遍」の基軸にして、そこからの「特殊」への逸れ具合で日本を測定しているからに外ならない。東アジア人を中心に据えてみると、欧米人もまたある偏った「文化の違い」を示している。彼らはキリスト教文明圏という一つの大きな閉ざされた体系の中に住む「特殊な、ユニークな民族」にすぎないのである。そのことを彼らは謙虚に意識していないので、〝日本人は魚を食べるのをへらしてもっと牛肉を食べるべきだ〟とか、〝日本人はクジラを食べてはいけない〟とか、〝牛肉の方がうまいはずだ〟とか、自分の立場でしか他者を見ようとしない理不尽な議論に走り勝ちなのである。欧米人の伝統的な生き方もじつは一個の「特殊」であり、互いに特殊同士が相手の特殊性を尊重し合うことが、地球上で、各民族が生存して行く最低の条件であり、礼儀だということ――この一点の認識から、われわれは胸を張って彼らに自己主張を展開して行くべきではないだろうか。第一節で述べた「われわれと彼ら」という対等で、平等で、協和的な相互関係は、この認識に基づいて初めて可能になるのである。そして、それを可能にするには、今まで強力であり、今まで自分を「普遍」と信じていた側が、自分もまた「特殊」の一つであると認識するに至る自己相対化のプロセスがどうしても必要である。日本人は彼らのこの自己認識の転換に手を貸すために、あらゆる努力を惜しむべきではなく、また、それの妨げとなる日本人自身の愚かな言動を避けなくてはならないだろう。

『菊と刀』以来、「タテ」社会、「甘え」の構造、「縮み」の理論、「イエモト」国家論、等に及ぶ風変わりな心理主義的特殊日本社会論が七〇年代に一世を風靡したが、これなどはまさにそうした事例であったと思う。私はこういう傾向にかつていち早く疑問を呈したことがある（「愚かなり『日本特殊論』」「文藝春秋」一九八一年十一月号、全集本巻Ⅰ所収）。自らの社会の性格が特殊だから日本は成功したのだと日本人が自己主張を展開することは、やがて海外から必ず反発と批判を招く、と私は書いたが、その通りになった。そして、そのとき私に、外務省のある高官が「貴方は外交戦術上日本は特殊でない、というのですか、それとも本当に日本という国は特殊ではないと考えているのですか」と質問されたのを覚えている。当時、右の評論の中で、私はこの点の明確な答えを書いていない。今それに、次のように答えておこう。私は外国に対し、日本は特殊ではないと断って置く方が外交戦術上得策だ、と言っているのではない。「タテ」、「甘え」、「縮み」、「イエモト」等々は、かつての『菊と刀』における「罪の西欧文化」対「恥の日本文化」という対応と同様に、欧米の文化を基軸にそこからの誤差、ないし偏差値を示している限りにおいて、欧米の文化に予《あらかじ》め規定されており、あくまで西欧から見て「特殊」

という、伝統的な西欧的価値観の支配下に置かれているのであって、真の意味での日本文化の主張にはなり得ていないと考えている。また、これらの理論は、西欧に予め規定されている以上、当然のことだが、西欧ないし欧米の文化もまたある意味で一個の「特殊」だという観点を完全に欠いている。世界の文化は多様で、中心点を見出し難い今日の状況認識にも一致していない。私はそのように今考え、判断している。

「恥」、「タテ」、「甘え」、「縮み」、「イエモト」等々の特殊日本社会論は、初めは価値観のない単なる客観的定義のような顔をして論じられていたが、それによって日本の経済的成功を原因づける傾向が強まるにつれて、やがてどうしても価値観を伴ったものとして、意識されざるを得なくなる。理論の提唱者にその意図がなくても、理論が継承され、解釈されるプロセスにおいて、次第に価値観を生み出して来る点において、日本人の脳や腸が違うとか、日本の雪の質が特殊だといった説と、大変によく似ているのである。例の「日本人の脳」理論の研究家は、客観的科学的研究をしているつもりであって、自分は日本人特殊イデオロギーの信奉者ではないと信じているに違いないが、広い世界からは誰も彼をそう信じてくれる人はいないであろう。

「普遍」などどこにも存在しない

要するに私は、貿易摩擦に関する外交交渉等において、「文化」が引き合いに出されることがあってはならないと言っているのではない。自分自身の持つ「文化の違い」や「世界に例のない唯一の独自性」は、どこの国も、どの民族もが意識している。ただ、他の国や他の民族より自分は秀れているという優越の感情、排他的意識とこれを結びつけて、いいかえれば価値観を随伴させて「文化の特殊性」が持ち出される場合に、自国民以外のいかなる国の人々をも納得させることは出来ないということを知っておくべきである。従って、日本のコメは日本の文化だということはいくら言ってもいいのだが、それは黒パンがドイツやロシアの文化であり、チーズがフランスやオランダの文化だというのと同じような意味で言えるだけであって、日本人の稲作文化は信仰の源泉であるとしてときに天皇制と結びつけて論じるような神秘めかした言い方は、外国人には通用しないし、「それなら自動車は米国の文化だ」と反論されてしまうのが落ちなのである。われわれは日本が「タテ」社会だとか、日本人の脳や腸は特殊だとかもはや言っても仕方がないのと同じように、日本人にとってコメは商品ではなく信仰の対象だ、などというような言い方をするのは慎まなくてはならないと私は考える。われわれは欧米の文化もまた一つの「特殊」であり、地球上にはさまざまな「特殊」があるだけで、「普遍」はどこにも存在しないことを欧米人に広く知らしめるためにも、日本の「特殊」を神秘化し、崇高化し、さながら一種の「普遍」であるかのごとき議論を展開することは自ら許されないと知るべきであろう。

日本人が日本の稲作をいかに大切にしているかを世界に周知徹底させるには、合理的な理由づけ以外のいかなる理由づけもしてはならないのではないか。例えば、ポーランドで連帯騒ぎが起きたとき、商店には肉のかけらもない、と報道され、穀物倉庫は空っぽであるとは誰も言わなかった。危機が起きると、欧米ではまっ先に肉の配給券が出される。ソ連でも、肉の供給不足が民衆を苦しめている。しかし、日本の民衆は貧しさの表現を「米《こめ》櫃《びつ》は空っぽ」と書く。米穀通帳はつい先頃まで一種の身分証明書だった。日本人は牛肉を食べないでも耐えられるが、コメがないと突然不安になる。大正七年の「米騒動」は有名だし、終戦後も「米よこせデモ」があった。穀物不足の不安を経験したことのない米国人には、穀類とくにコメに対する日本人の独得な安全保障の感覚、危機に備えてコメの安定供給の条件を悪化させたくないという意識は、なかなかに分ってもらえないかもしれない。しかし、数字を挙げて合理的に説明すれば、コメは日本人の信仰の泉だと文化的独自性を誇示するよりは、はるかに納得してもらえる余地があるであろう。

日本人は明治以前に牛肉を食べなかった。明治五年の文明開化期に、皇室が牛肉を食べ始めたところ、「肉食」の流行に反対する山伏たちが皇居に乱入し、天皇の「肉食」で国土が汚れたとして、天皇の暗殺を謀ったという秘せられた事件もあったほどである。私自身は昭和十九〜二十一年の、茨城県の山奥の生活を知っている。農民はその頃でもまだ牛肉はおろか、牛乳も口にしなかった。農家は配給されたバターを持て余したので、東京からの疎開者であったわが家が買って歩いて、栄養源とした。こういう背景がある以上、牛肉の国産を何が何でも守らなくてはならない理由は、日本にはない。牛肉は日本人の文化の根幹に触れては来ないからだ。それに比べれば伝統的な食文化に位置を占めるクジラの方がはるかに看過し難い、重要性を帯びている。というより漁獲水域が次第に狭められ、危機に近づいている水産業全般が、畜産農家よりももっと真剣に保護されるべきと言えるかもしれない（魚資源の重要性はもっと日本人が注目してよいテーマである）。同じような意味で、われわれは日本酒の味を死守する義務があるが、日本産のウイスキーやワインを保護する文化的理由を見出すことは大変に難しいであろう。

ロバート・E・コール教授に対する反論は、以上を以て十分になされたと私は考える。少くとも、教授にあのような議論を吹き掛けられないための、予め米側の疑問を封じる、賢明かつ合理的な日本人の対応の仕方、自己主張の仕方について、以上を以て私は縷々考察を重ねてみたつもりである。

日本人が「文化の特殊性」に立て籠ることへの教授の非難は、われわれがコメの文化を民族的優秀さの神話や神秘めかした価値観に結びつけて主張しないことで、回避されるであろう。そして、米国人もわれわれと同様に「文化の特殊性」を所有しているのであり、われわれが米国人の食文化を侵害しないように、米国もまた日本人の伝統的な食文化に礼節と敬意をもって接してもらいたいと申し出る根拠が見出されるであろう。例えば、貿易赤字の不満を、捕鯨禁止や漁獲制限などで報復することの野蛮性を、声を大にして言ってよいであろう。そして、食べ物の好みはどの民族にも許されている平等な「特殊価値」であって――米国人はドイツ人に黒ビールを禁止したり、フランス人にかたつむり料理を制限したり出来るだろうか――食べ物を自動車といった工業製品と比較し、「コメ文化」と「自動車文化」を対応させるなどといったことは当を得ないという良識を、米国人に回復してもらう切っ掛けを得ることが出来るだろう。

第三節　必要とされる「欧米の国際化」

国際化と開国の違い

過日矢野暢氏が、「国際化」と「開国」とは異なるという新鮮な視点を、あるスピーチの中で話されたのを、印象深く覚えている。正確な表現は忘れたが、「開国」政策は日本の歴史の中で幾度も採用され、経験済みだが、「国際化」政策というのは歴史上例がない。これは外国人単純労働者を大量に受け入れる等をもその一つとする、苦痛と災いを伴ういわば試練の政策に外ならない。外国から良きもの・美しきものを学んだり、便利な制度を取り入れたりする〝いいとこどり〟が「開国」で、今でもこの程度のことを「国際化」と呼んでいる向きもないではないが、現代日本が迎えている新たな局面はいささか違うのではないか、といった内容の指摘であったかと思う。

「国際化」とは自国の文化的基盤を大きく揺さぶるような民族的体験なのだ、という意味であろう。まさにその通りだと私も思う。そのような意味での開放政策を日本は今まで確かに実行したことがなく、現在はわれわれがそこまで踏み込むかどうか大いに迷って、敷居口に立ちつくしている時代だといえるだろう。

言論界の表向きの議論は「国際化」賛成である。新聞・テレビに現われる世論も、概して「国際化」歓迎である。建て前としての「国際化」の美名に抵抗する人などひとりもいない。「開国」と違って、国内に激震が襲い、亀裂が走るのが「国際化」の帰結する処であると果して知ってか知らずか、あらゆる機会にその必要が騒々しく唱えられて、もう何年にもなる。金融、流通機構、労働市場は言うに及ばず、教育改革の論議の背後にまでも、「国際化」が日本の国民的課題であると言わんばかりの言い方が熱っぽくなされている。自分自身がある程度の苦痛を蒙《こうむ》り、今まで避けていた厭なことを敢えて国内に引き受けるということも、これだけの経済大国となった日本の責務だと語る識者の声に、大衆は素直に肯き、黙従するかに見える。

しかし私は今、全然逆のことを考えている。いったい日本以外のどこの国で、日本人が目下唱えているのと同じ意味の「国際化」を実行しようとしている国があるだろうか？　それどころか、右に見た厳密な意味での「国際化」に運命的に襲われもしないうちから、それを進んで実行している国が果してあるだろうか？　あらゆる国が所詮「国際化」なんか出来ていないのではないか？　どこの国もせいぜい「開国」はしていても、「国際化」なんかまるきりしていないのではないか？　といった一連の疑問が浮かんで来るのを抑えようがない。

もちろん程度問題ということはある。日本の流通機構はもっと風通しを良くして、円高が即座に還元されるようにしたらいいし、大学や研究所に外国人の研究員をもっと数多く入れて、かつて米国にしてもらったように情報公開したらいいし、兜町をウォール街やシティのように制度的に開放し、外国の証券会社がもっと自由に活動し易いようにしてあげたらいい。さらにまた、街角のどの銀行でも駅でも、外貨を円に二、三分で替えられる便利なシステムが日本にだけないのはおかしいし、外国人の子供が日本の学校に入っても戸惑わないような体制が、どの公立小中学でも準備されていないのは不思議だし、公立大学に留学生専用の窓口がなく、チューターも相談員もいないので、何か起こると教授が右往左往するというのもじつに変な話である。何から何まで外の世界の風波を受けないで来た温室国家であったがゆえの外国への甘え、外国人に対する不馴れ、不用意は、「国際化」を急務とする声を今日わが国の各方面で熱っぽく唱えさせるに至った背景の現実である。あまりにも遅過ぎたこれらの自己改造は、どしどし行うべきだし、それを妨げる旧い因襲は打破されなくてはならない。

しかし以上挙げたような程度のことだけでは、いまだ「国際化」の段階を指しているとは言えず、せいぜい「開国」政策が目指されているにすぎないのだ、ということが、私がここで真っ先に言いたいことなのである。日本は以上述べた「開国」程度のこともまだやっていない、暢気に閉ざされた部分を多数抱える反面、それと混じって、すでに無差別に、足許を揺さぶられる深刻な「国際化」の要求の波にも同時に晒《さら》されている。無邪気に前者を推進しているつもりで、あっという間に後者の要求に流され、足場の崩壊をみなくてはならないかもしれない。今は何を迎え、何を守るか――どこまでやり、どこから先はやらないか、いわば選択的段階に入ったといえる。牛肉・オレンジは譲ってもよいが、コメは守るべきではないのか？　魚資源はどうするか？　クジラの禁止は日本の文化価値に抵触するのでは？　人の自由化はどうあるべきか？　どこまで認め、どこから拒否するか？

私のいう「戦略的〝鎖国〟論」とは、無差別に国を鎖《とざ》せというのではない。無差別に外国に自分を合わせることへの警告であり、自分自身の判断に確たる自信を持つことによって、いちいちの局面におけるこの選択を過たぬようにせよ、ということに外ならない。それが出来るためには、自分自身を知ることであり、自国の強さと弱さ、本質と枝葉の区別を弁えることではないか。私はさっき「温室国家」という比喩を使ったが、二千年に及ぶ島国人の特性は、その長所・弱点を共に含めて、われわれの体質を決めていて、すでに自らの骨肉ともなっている、急には改造のきかない現実の条件で、われわれは対応策を考えていかなくてはならない。

米国に留学した日本人は、とかく日本を多様な人種が活力をもって住む米国流の移民国家に近づけようとしたがる。欧州に住んだことのある人は、例えばオランダは完全な穀物輸入国家で何の不便もしていないから、日本もコメの輸入国にしてしまいなさい、などと言いたがる。そして、日本と同様な単一民族国家――例えば西独――における労働移民が決してうまく行っていないという米国とは違う条件を考えないし、オランダは人口小国で、農業大国に取り巻かれていて、穀物が不足すればフランスから一晩でトラック輸送されるのに比べ、人口一億二千万の日本への食糧供給は政治危機で簡単に封鎖される海上輸送に依存しているという条件の違いも、考慮しようとしない思考のお粗末さである。

自国を真に知ることは、また外国を真に知ることに通じる。そして外国を表裏ともに知ればすぐ分ることだが、自分の条件の許す範囲で「開国」する国はあっても、自分の長所・本質を脅かしてまで「国際化」している国など、地球上どこを捜しても存在しないという事実に改めて気がつくであろう。

to internationalize の驚くべき意味

世界広しといえども、「国際化」がスローガンさながらに叫ばれているのは、わが日本だけである。タイの知識人がそれを不思議とする文章を書いていたのを覚えている。欧米世界には、これをめぐる議論もなければ自己反省の意識さえも存在しない。第一、日本人が使っているのと同じような意味での「国際化」という言葉が存在しないのだ。従って翻訳もできず、kokusaika と表記してある例を何度も見た。仕方なく引用符をつけ、"internationalization"であるとか、"Internationalisierung"であるとか書いて、雑誌や新聞の日本関連記事の中でのみ括弧つきで使用するというケースも少くない。日本でこの言葉が流行語をなしているということがいま国際ニュースになって、世界の関心を集めているためである。

とはいえ、to internationalize という動詞の用法は昔からあったようだ。長谷川三千子氏の大変に示唆に富む、この点を解明した論文（『からごころ』中央公論社刊所収）があって、それによるとこれは正真正銘の他動詞であった。日本でのように「国際的になる」とか「自分を国際化する」といった自動詞ないし再帰動詞めいた用いられ方は決してされていないという。辞書によると、他国の領土を二ヵ国以上の共同統治または保護の下に置く、がこの語の本来の意味であるようだ。例えば一八八五年英誌「スペクテータ」に、「スエズ運河は internationalize されねばならぬ」という表現があるが、これにより、エジプト領内にある運河を英国が堂々と自分の統治下に置きたい、という意志表示を行っているのである。さらにまた、一八八三年「コンテムポラリィ・レヴュー」誌に「コンゴの国際化」という言葉が出て来る。英国がドイツ政府にこの件での協力を訴えている一文に出て来るのだが、コンゴの産業が国際競争力をつけて英国やドイツに進出できるように両国が取り計らってあげよう、などという意味ではまったくない。ましてや、コンゴという国のあり方を「国際社会」の一員たるにふさわしく整えるために、英独両政府が協力しよう、というような意味ではもとよりあり得ない。何の話かといえば、当時ベルギー領になりそうだったコンゴを、欧州諸国間で仲良く山分けにしよう、というような物騒な意味のことだったのである。

　であるとすれば、「日本の国際化」ということに今世界中の関心が集まっているのは一体何を意味するか、われわれはいささかなりとも内心に警戒心を抱かなくてはならないのではないか……と、これはもちろん冗談であるが、いずれにせよ日本人が使っている自己反省めいた意味では、to internationalize は過去においても使われたことがなかったし、今日も決して使われてはいない。この実情をわれわれははっきりと認識しておく必要があるであろう。

　だとしたら、いったいなぜ日本においてだけ「国際化」の必要はかくも熱心に唱えられるのであろうか。そしてまた、欧米世界では日本人が用いるような意味でこの語が使われることがまったくないのはなぜであろうか。

　欧米世界は現実においてすでに「国際化」されているから、いまさらそういう言葉を必要とはしていない、という事情があるためだと一応は考えられる。彼らの大半は無意識にそう判断しているはずである。今までは欧米で通用して来た尺度が、そのまま世界に通用する尺度でもあった。十九世紀の英国、二十世紀の米国がそうであった。彼らにとって「国際化」という言葉は、必要でもなければ、それについて議論することなど思いも寄らないことだった。目標ではなく、すでに現実と化している事柄は、ことさらに問題として意識されることがない。他方において現代の日本人が、「国際化」の必要をかくも熱心に唱えるのは、日本人自身が今なお自分を閉ざされた、特殊な、遅れた民族と意識し、いささか劣等感をもって、それをなんとか克服しなければならない欠点として認識しているからであろう。それ以外の理由は考えられない。そして、もしそうだとすると、「国際化」の内容が十九世紀の英国、二十世紀の米国への日本人の自己適応だという宿命は、そもそも最初においてほぼ決せられているのである。

しかし、果して以上のようであってよいのだろうか。日本だけが「国際化」を必要とするのだろうか。私が疑問とし、新しい問題をここで提起したいと目論んでいるのはじつはここから先に属している。

欧米こそ「国際化」を必要とする

世界地図を広く見渡してみると、いま言ったような意味での「国際化」などまったくなされていない、閉ざされた国ばかりがやたら目立つ。イスラム諸国しかり。中南米諸国しかり。中国しかり。ソ連しかり。……そこまでは誰にでも分る事柄だろう。だが、ここで発想の転換をして頂きたい。

米国や欧州諸国が果して完全に「開かれた」国々だと言えるだろうか。果して「国際化」されている国々だと言えるだろうか。そう矛先を前へ向けて考えてみて頂きたい。自分の暮し方を民主主義の最高形式と信じ、自分の正義を他国に押しつけ、外国語を学ぼうともしない米国国民。近代科学と進歩の理念が自分に発し、地球全体に拡がったことを理由に、地球上のすべての民族は自分をモデルに、自分の歴史の跡を追い駆けているものと思い込んでいる自己中心史観に囚われた西欧人。彼らは「西欧の没落」を口にし、自分の文明が絶対でないと表向き公言しながら、心のどこかでキリスト教を欠いた文明はみな野蛮で、未解放だと思っているせいか、どうしても自分の尺度で相手を見る、すなわち、西欧のレンズを通して非西欧圏を写し出すという習性を、脱却することが出来ないでいる。一体彼らがどうして「国際化」された、開かれた民族だといえるのだろうか。自分を閉ざされた国だといつも意識している日本人の方が、よほど心理的に開かれていて、外の世界から謙虚に「学ぶ」という伝統的習性を保持しているのではないだろうか。ただ、国際会議が主に英語で行われるなど、世界の運営がこの二百年欧米の基準でなされて来たので、〝欧米の閉鎖性〟ということが、今まではどうしても見えにくかったままでなのだ。

西欧文明こそ一つの巨大な閉ざされた文明圏なのではないだろうか。そして、西欧諸国こそ、日本人が今まで使って来たような意味での「国際化」を、真に必要とする国々なのではないだろうか。

私は奇をてらった逆説を弄しているのではない。一つの固定した見方を覆す、その目的のためだけに言っているのでもない。日本が単に欧米文明の歴史の歩みを追認しているのではなく、善かれ悪しかれ、もはや他人に精神の下駄を預けているわけにはいかない、すなわち自分自身の歩み方を求められていると、覚悟を定め始めた昨今、われわれには今まで見えなかったいろいろなことが見えるようになって来たまでである。

その一例を挙げてみよう。

一九八七年五月、米国のある教育専門機関が、米国の大学生の四九パーセントが地図上で日本がどこにあるかを特定できないとの、カリフォルニア州の大学生を対象とした調査結果を報告した。一昔前こういうニュースを聴いた日本人であれば、日本がそれほどにも世界に知られていないのか、と嘆き、外国の教科書における日本のイメージの是正を図る必要があると考えたり、日本人は世界に自分の正しい姿を知らせる努力をもっとしなくてはならない、などとしきりに自己反省したものだった。

つまり、悪いのは全部日本人である、と世界の人々の誤認の責任までも自分のせいにして、自分を責めたものだった。しかし、今、果して多くの日本人はそんな風に思っているだろうか。否、そう思うべきだろうか。右のようなニュースに接し、大概の日本人は、おかしいのは米国の大学生の知識水準にあると即座に考えているだろうし、事実そう考える方が実情に合っている。

実際、右の調査報告は、非が世界情勢に無知な米国の〝内向き教育〟にあることに米国人自身が気がついて、米国青年の外への関心を高めることの必要性を強調している。米国人自身がようやく自分の欠点に気がつきだした証拠であるが、それでも、外国に目を向けようとする気が少しでもある米国人の柔軟さはまだしも救いがあるのである。米国企業が日本企業の経営方法を取り入れることに熱意を示す、という内容のニュースに、われわれはしばしば接して来たが、度量の広い、そしてまたある意味では文化後発国であるアメリカ合衆国民の人間性の、明朗かつ健全な側面ではないかと考える。それに比べ欧州人はいまだに病膏肓《こうこう》というか、頑迷というか、外に対し謙虚に目を向けるという気持がまことに乏しい。それでも、かつて七つの海を支配した英国の指導階級には、比較的公平かつ冷静に世界全体を見る目があると思うが、一般にフランスとドイツの指導者は、ややもするとナショナリズムに目が曇らされ、いかがなものかと疑問に思うことが少くない。以前、西独のある実業家が、「日本から学ぶくらいなら破滅した方がまだましだ！」といかにもドイツ人らしい口惜しさをこめて語ったことを、私は今も鮮やかに覚えている。情報週刊誌「シュピーゲル」に至っては、「日本人から学ぶ？　否《ナイン》！」という大特集号（一九八二年一月四日号）を発行したことがあるほどなのだ。

その特集号は、日本が生産性の高い国であることを認めていないのではない。ただ、生産性の高さは著しい社会的犠牲を伴っていると大袈裟に書き立て、日本女性は未解放で、封建的因襲下に喘《あえ》ぎ、労働者はストレス過剰で、今にも死にそうな気息奄々《えんえん》たる生活をしている、等々と誇張し、「日本に学ぶ、それはすなわち社会的後退を意味するのである」と断定しているのである（彼らは日本が世界の最長寿国であるという数字上の簡単な事実をどう説明する気だろう、と私はそのとき思った）。

右の論旨で言わんとしていることは明らかである。先進西欧諸国はすでに新しい文明に向かって人間を解放し、自由である。今ここで日本に学ぶことは、その分だけ遅れをとることになるのだ、というわけだが、日本社会の能率の良さ、生産性の高さは、日本が封建社会の名残りを留め、遅れているからこそ起こり得たことだ、というこの逆説的理由づけ（彼らの希望的推理）は、いうまでもなく西欧人がつねに歴史の最前線にあり、世界の他の国々は西欧人の生活をモデルに、彼らの歩みを必死に追いかけているに違いないという、例の西欧中心的世界観からくる思い込みに外ならない（この点に関しては全集本巻II所収「欧米人が描く日本像の奥底にあるもの」参照）。

過日私が、アラブ某国でかつて大使をなさっていた方とお話を交し、教えて頂いたある事例がある。アラブの女性は黒いチャドルを纏《まと》って、顔を隠しているので、欧米の観点からすれば、男性社会の奴隷のような存在に見える。日本でもそう思っている人が多いに違いないが、アラブ人から言わせると、じつはまったく逆であるということだ。素肌も露わに男性の前に身体を晒す欧米の女性は、言ってみれば男性の性的関心の道具にされているのであるから、あれほど男性社会の欲望の犠牲になっている哀れな存在はほかにない。アラブ社会ではそう考えられているのだそうである。この話をわれわれが初耳のように聞いたとしたら、西洋の勉強をして来たために、われわれまでもがアラブ世界を見る場合に、西洋人の見方でしか見られなくなっている証拠だといえよう。

世界はじつに多様である。ことにアジア＝アラブ世界は多様そのものである。西欧文明はそれと並べてみれば、かなり大きな、しかし所詮は閉ざされた、他と同等の、一つの文明圏にすぎない。西欧人がこの点をどこまで認識しているか、単に頭で認識しているだけでなく、全身で体得しているかどうかという点が、冒頭で述べた「われわれと彼ら」という対等にして、平等な、すべての文明の相互に協和的な関係が、結べるかどうかの、いわば決め手となるであろう。

地球上にはさまざまな「特殊」があるだけで、「普遍」は存在しない。西欧文明もまた一つの「特殊」である。――このことはすでに前にも述べたが、そういえばおそらく、日本人もまた西洋人の猿真似をせず、非西欧文明の多様で複雑な世界に敬意を以て、謙虚に接しなくてはならない、などと必ず反省的な言葉を振りかざす人がいるだろう。アジア＝アラブ世界に優越感情を以て臨まず、自分もアジア人の一人なのだという連帯意識をもっと自覚すべきだ、等々。まさにその通りには違いないのだが、この点に関する心配をじつは私自身はあまりしていない。私たちが西欧人に特有の主我的意識、過度の批判的精神、人間の意志的力が世界を形成するという人間中心の世界像、等々をきっぱり脱ぎ棄てることさえできるならば、すなわち、私たちが本来の日本人に立ち還ることができるならば、アジアを始めとする世界の他の地域に、文化的強制力を発揮することはおそらく起こらないだろう。日本人は、自分の文化がかなり自己収斂《しゅうれん》的であることを知っているからである。

日本語が限られた伝播能力しか持ちないように、日本の文化もまた限られた影響力しか持ち得ない。もし過去において、あるいは現代においても、非西欧世界を前に日本人が謙虚さと敬意とを欠いて振舞ったのだとしたら、それは日本人の中の西欧的部分、西欧化＝近代化された表層の意識がそうさせるのである。西欧という優越文明の尻馬に乗って、非西洋世界に高飛車に出た愚かさの実例は、今後とも罰せられねばならない。

己れを虚しくして他に学ぶ日本人本来の長所

日本で琵琶を学んでいるあるドイツ人がいた。家元ないしは、それに近い立場の人を師匠にして、もう五年も習練を積んでいる。彼はあるとき、師匠に、その流派に伝わる秘伝書を見せて欲しいと頼んだ。しかし、きっぱりと断られたそうだ。見せられないものはどうしても見せられない定めになっている、と言われたのだそうである。文字で書かれたことを頼りにせず、体で覚えて欲しい、と師匠はあらためて彼に言った。ドイツ人は、師匠を怪しげな神秘主義を操る人として、言葉鋭く批判した。

先日私は以上のような話を伝え聞いて興味深く思った。日本の芸道では多くそうだが、稽古中にノートを取ったり、文字を読んで学ぶことが忌避される。茶道でも、初級段階は市販の本に書かれてあるが、ある程度以上の段階になると、もはや言葉を介さず、体から体への習得を第一義とする。文字は習得の妨げとなる。稽古中に書き留めてはいけない。教則本などを頼りにしてはいけない。西洋における芸道や技芸の習得法とは、おそらくずいぶん相違する処があるであろう。

秘伝書などにどの程度の事柄が書かれてあるのか、私も知らない。おそらくたいした内容は書かれてないのではないか。それを読んでたちどころに秘術を究め尽くすという魔法の書でないことは、師匠自身が知っているはずである。弟子は自分自身の練習の積み重ねで、さながら悟りを開くかのように、自力である境地に達することが先決である。体から体へ、心から心へ、技を伝えるのが日本の芸道、武道の伝授法であろう。それも言葉で教え、教えられる範囲は限られていて、出口のない闇を歩くような、どこまで行っても退屈で単調につづく練習の日々を耐え切らなくては、何事も始まらないのである。

私はかつてオイゲン・ヘリゲルの『弓と禅』を一つの参考に、弓道という日本文化の一典型に、我の強い西洋人がどう接し、これをどう学びどう体得していくか、その矛盾――ないし心の危機――の諸相を考えたことがある（「無心への飛躍」「新潮」一九八八年九月号、全集本巻Ⅳ所収）。ヘリゲルは並の水準を越えた西洋人であったからこそ、我を捨て、習得が可能であった。しかし、私は今までにずいぶん目にしてきたのだが、日本の芸道や武道を学んでいる欧米人で、日本流の衣裳や道具はきちんと身につけ、型通りの礼儀作法については知識を持ち、ときに日本人以上に礼法にやかましいが、それでいて主我的・批判的な精神の型を少しも脱却していないという人がいかに多いことか。彼らはじつに異様にグロテスクである。日本人にはその不自然がすぐ分る。秘伝書を見せてくれない琵琶の師匠の無知な神秘主義を罵ったドイツ人も、そういうグロテスクな西洋人の一人であろう。どこまでも西洋の心を持ち歩いて、それに依って日本の芸道を批判的に分析し、吟味し、あれこれ批評するのであるから、最初から日本の師匠について学ぶ資格がない人だったのだともいえる。

芸術や武術に現われる日本の精神は、このように最初から閉ざされた世界に属していて、西洋の精神のように方式化し、世界各地で受容され、普及し、猛威を揮《ふる》うという性格のものでは元来がない。簡単には他人に伝えられない密室的な精神の働きを駆使しているのだということを、日本人自身が知っている。そう考えることは日本人の傲慢でもなんでもない。前にも述べた通り、日本の中の西洋的部分、学習された主我性・合理性・批判性を日本人が脱ぎ棄てさえすれば――すでに和洋が血肉の中で混淆しているのでそう簡単ではないことは私もよく知っているが――日本精神による世界制覇などという事態、西洋人が考えつきそうなプログラムが、日本人にとってはもともと無縁で、まったくあり得ない絵空事だということを知るであろう。

しかし、困ったことに、秘伝書を見せない芸道家を見て、西洋人と一緒になって日本人の無知な非合理を批判するようなタイプの日本人がいて、問題をややこしくするのである。あるいは批判しないまでも、「イエモト」と表記し、日本の社会を西洋的心理主義の分析法で解明し、分ったような、利いた風な議論を展開する日本人がいるのである。彼らはグロテスクな外国人と同じ意識で、冷い、よそよそしい目で日本を分解する。日本は西洋の鏡に照らして、遅れていて、歪んでいて、特殊だと見立てる彼らは、日本人の中に棲みついている西洋人である。「タテ」社会、「甘え」の構造、等々の先にも取り上げた特殊日本文化論は、いずれもみなそうしたガイジンの目になって書かれた、従って今の日本人にある意味で分り易い書き方の、日本人の心を客観化しているがゆえに日本人の心から最も遠い通俗教本である。

しかし、繰り返すようだが、琵琶の秘伝書を見せない日本人師匠は傲慢でそうしたのではない。秘伝書は西洋的心理主義に基づく、開かれた、客観的記述による教則本ではおそらくないのであろう。限定された秘術を学ぶには、身体《しんたい》で覚えるしかないのだ。あれこれ理屈を言っても駄目で、我を捨て、己れを虚しくして、修練を積むしかない。多くの西洋人のように、自分の側の尺度をもって、この世界に自分の流儀を当て嵌《は》めようとしてうまく行くものではない。そのような意識――あるいは意識を棄てた自由感で、他に学ぶという道を究めてきた日本人には、今度は逆に、永い伝統から、それなりにある「学ぶ」姿勢が具わって来ている。話を再び元に戻せば、「国際化」という言葉がことさらに日本で好まれ、抵抗なしに使用されている本来の、もう一つ奥にある理由を、ここに垣間見ることも出来るように思う。

すなわち、少し飛躍めいて聞こえるかもしれないが、日本には聖徳太子の時代から、己れを虚しくして他に学ぶという受動性において大変に長けたある種の能力が育っていて、その意味に限っていえば、日本人は昔から最も「国際化」されている国民、少くとも最も永く「国際化」を志向して来た国民といってよいかと思う。この点では世界的にみて最も珍しい意識を育て上げた国民といえる。遣唐使以来の、国の外に本物があって、国の内側にあるのは何となく偽物ではないかというような、日本人に特有の島国意識といってよいかもしれないが、それは劣等感という空しい作用をもたらすと同時に、飢餓感から外へ自分を絶えず開いておきたいという、外に「学ぶ」ことで活力を維持する日本文化の強さにもなり得ている特性である。これは私がいま問題にしている、日本の芸道や武道の持つ、己れを捨てて「学ぶ」精神にどこかで繫っているのではないか。自分の尺度で外国を裁くのではなく、何も知らない無知を意識し、外国に驚き、讃嘆し、自分の流儀を当て嵌めるどころか、自分の無力を知って、ひたすら「学び」、自分を少しずつ外の世界に合わせていく柔軟さ——これは歴史が培った日本人のいわば長所といってよいであろう。

ところで、「国際化」という言葉の使われ方をみると、この中には非常に無意識に、日本人の〝外に学ぶ〟という長所・美点から出た概念内容が他の使われ方の中に混じって、融け込んでいるように思える。政治的経済的必要から、欧米の要請に差し当り自分を適応させなくてはならないという、誰にでも見易い現代的課題と、日本人が昔から大切にして来た歴史的本能にも近い〝外に学ぶ〟というこの長所・美点とがごちゃ混ぜになって、「国際化」という言葉が形作られて来ているように思える。だからこそこの言葉に日本人がとりたてて抵抗がなく、大変に好ましいイメージをそこに投影して、この語を何かと便利に美化して用いているのではないかと考えられる。

しかしわれわれは、いつまでもそのような無邪気な使用法で自分を曖昧にしておいてよいのだろうか。国内における早分り、無差別な国民間の相互了解は、これからは対外的に誤解を招き、不利益を蒙ることになりはしないか。自分の長所は長所として保持していいと思うが、これと切り離して、外国の基準に無限に自分を合わせ、自分を後退させる意味での「国際化」概念は、思うに日本人の長所でも美点でも何でもない。それはエゴイズムせめぎ合う諸外国葛藤の外の世界に対する無警戒であり、無知であり、お人好しまるだしの不用心である。この二概念ははっきりと区別してかかるべきであろう。

過ぐる日、わが国第一級の外交官で知られた故牛場信彦氏が、テレビで貿易摩擦に関連し、「日本は特殊な国で、先進国でこんな歴史と文化をもった国はどこにもないのだから、その点を認識して、欧米の言い分に耳を傾けねばならない」と仰ったのを、私は今でもはっきり覚えている。尊敬すべき知性派外交官にしてなおこの認識の危うさがある。わが国が欧米の言い分にときに耳を傾ける必要があるのは、わが国が特殊で、先方が普遍的な国だからではない。日本が特殊だというのなら、欧米もまたキリスト教の神の観念に呪縛された一個の「特殊」である。このことは何度も強調して来た。地球上に「特殊」も「普遍」もない。われわれは単に〝生きる必要〟から、諸外国の言い分に耳を傾けて来たに過ぎないし、これからもそうするであろう。故牛場氏のような意識で欧米諸国に対応したら、今では余裕を失っている彼らは、嵩にかかって、日本に無限後退を要求して来ることになるであろう。

外国を拒絶しつつ外国に学ぶしなやかな〝自由〟

私は西洋の思想、文芸の研究の徒である。西欧世界が一つの閉ざされた壁に囲まれた小宇宙であり、その外に数え切れぬほどの多様な価値観が存在するという世界全体の相対化された構造を、私が学んでいるような西洋の天才たちはよく知っている。ゲーテも、ショーペンハウアーも、ニーチェも、マラルメも、ランボオも、ロレンスも、ドストエフスキーも――彼らは西洋文明の閉鎖性をよく知っている。彼らの天才は、自らを取り囲む文明の壁を突き破る先見性を具えていた。単に外の世界を憧憬するのではなく、已れの存在そのものを賭けて、時間的にも空間的にも自分とは遠い世界への飛躍ないし合体が、彼らの宿命的課題でもあった。しかし西欧における並の知識人にはこれがどうしても分っていない。天才たちを研究している知識人にも大概分っていない。天才に対する研究書を読むとその限界が見える。天才のテキストを読んで、研究書は読むな、と言われる所以だが、西洋の一般の知識人、政治家、経済人等が天才たちとは違って、いかに視野が閉ざされ、固定した世界像に安座していることに気がついていないかは、私の日頃の経験のうちに属している。

そこで一つ次のことをはっきり言っておきたい。われわれは聖徳太子の時代から、確かに外に学ぶという謙虚な意識を育てて来た。それはある意味で本物が外にあり、自分は偽物だという意識に微妙に関わっていて、あるときは唐天竺に、あるときは西欧世界に精神の下駄を預けて来た。江戸時代の儒者の中には、中国には聖人がいても、日本人は永久に聖人になれないと考える学者もいた。明治以後は、本物はつねに西洋にあって、われわれは永遠に偽物文化の中に甘んじなくてはならないのだという意識に、これが転じて行った。われわれは西欧文化を完成品と見立て、それに少しでも近づく努力を精神の向上と考えて来た。しかし、私は敢えて言いたいのだが、このように考えることは苦難の道では決してなく、ある意味では大変に楽なことではないだろうか。問題の鍵を全部西欧人が握っているのだとしたら、日本人はそれに近づく努力をしているのだと自称して、自らは何ひとつ新しい自己発見への努力をしないで済むことになるからである。

しかも、このように西欧世界を崇高化した場合には、並の西洋の知識人・政治家・経済人たちの視野の狭さ、固定した偏見、自己中心的世界像のばからしさを見破ることも出来ないであろうし、また逆に、私が先に述べた天才たちの能動的な精神の運動をも、自分自身の運動として受けとめることもなく、本当には理解することが何ら出来ずに終ってしまうであろう。私が言いたいのはそのことである。

「国際化」という世界に例語のない言葉の中に混っている日本人の本来の美点、遣唐使以来の、己れを虚しくして謙虚に〝外に学ぶ〟という長所が、外の世界の単なる無差別な崇拝、他者依存、自分を外国によって規定して安心する怠惰な習慣に道を通じかねないことを、われわれはよく弁《わきま》えていなくてはなるまい。そして、一番大切なことは、外国に自分が規定される追い込まれた危機の中で、外国を拒絶して自分を貫きながら、なお外国に学ぶというしなやかさを忘れない自由無碍《むげ》の境地ではあるまいか。私が「戦略」と呼ぶのは、そのような意識の自由を指して言っていることである。

第四節　食糧安全保障論

極端に低い穀物自給率

小学校四年生で終戦を迎えた私は、茨城県の農村に疎開していたお蔭で、ひもじい思いを免れた。水戸市在住の私たち一家は、鹿島灘からの艦砲射撃を恐れて、縁故もないのに、水戸空襲の二週間ほど前に栃木県境まで逃れた。終戦を迎えたのは山間の小さな村である。周りはみな、いわゆる五反百姓だった。わずか一町歩（一ヘクタール）程度の田畑を持つ農家でさえ当時は構えが大きく、裕福に見えた。私たち一家はそれから二年ほど農村にいて、農家の真似事をして飢餓から身を守り、昭和二十三年都会へ戻った。

当時コメの値段の上昇に子供心にも胸を痛めていたのを覚えている。夏の終りになると、新聞に全国的作付予想が出て、豊作か凶作かが報じられ、秋になるとその結果が出た。これまた子供心にも大変に気にしていた。コメの価格が一家の生活にもろに響いたからだと思われる。数年も経つと、日本の稲作の優秀さが度々報じられるようになった。反当り収穫高の世界的水準の高さが伝えられた。何年生の頃のことか、もう覚えてもいないが、「農業試験場」という言葉は、当時日本の先端技術を代表する場所のように思えていた（子供時代の私の錯覚だろうか？）。その頃駅弁大学と言われた地方大学に、農学部が続々と新設された。やがて日本の稲作は世界一だといわれた。確かに、新聞には「今年も豊作」という言葉が毎年現われた。これも私が何年生のときか、中学三年で私は東京に戻ったので、その頃のことか、高校生になってからか、そういうことの後先は覚えていないものだが、豊作が当り前になったのであろう、だんだんに話題にならなくなった。私が大学を卒業した頃には、確かに、もはや、そういう記事はニュースにはならなくなっていたように思い出される。私が大学を卒業したのは昭和三十三年である（あるいは、新聞に「豊作」のニュースが出なくなったのはもう少し後だったかもしれない）。

私の記憶もあまりはっきりしないのであって、その後自分の人生と学問に夢中になり、私は日本の稲作、というより日本の農業そのものに無関心になっていった。食べる物に不自由しなくなって来た、ということも、無関心の原因であろう。それにしても、以上述べたことすべてが、日本経済の高度成長期以前の出来事である。

私の農村体験は幼稚であり、しかも飢餓時代に属する。

本節でこれから論述することは、そうした私の個人体験に著しく作用されているという非難を受けるかもしれないが、私には食糧とりわけ主食であるコメの安全保障に関しては、特別の危機意識を有している。といって、私が直かに飢餓に苦しめられた幼少年期体験を持つというのではない（農村で両親に守られた私にそういう具体的体験はなかった）。ただ、あの時代を呼吸し、何かを敏感に感じ、心の中に強いインパクトを受けた結果かもしれないが、食糧危機は何にもまして人の心を恐怖に落し入れる最悪の危機であるという感覚が私からついて離れない。インフレも、石油危機も、宅地高騰も、要するにたいしたことはない。

食べる物に不自由しなくなって、都会の人間がコメの値段をあまり気にしなくなっておよそ四半世紀は経つと思うが、その間に、日本の農業は食管制度と農地法に過剰に保護されて、国際競争から完全に取り残されたようだ。私がコメ作りの行方に心配を抱かなくなって、日本の農業の力はさすがだと安心している間に、取り返しのつかぬ内部蚕食がどんどん進行して行ったのであろう。

世界一だといわれた日本の稲作は、いつしか日本の農家の二十倍、三十倍の米国大規模農場の生産性の高さに太刀打ちできなくなり、種苗戦争にも敗れたらしい。短期間になぜそんなことになってしまったのか。しかも、もっと深刻に思えるのは、麦・小麦・大豆・小豆等の国内生産がいつの間にか潰滅状態になっていることである。「自由化」の結果、穀物の六八パーセントは輸入に城を開け渡した。僅かにコメの自給率一〇〇パーセントが守られているおかげで、日本の穀物全体の自給率は三二パーセントのラインを死守しているが、人口二千万以上の先進国で日本より穀物自給率の低い国はどこにもない。これは大変なことである。例えばカナダ二二三パーセント、米国一八一パーセント、フランス一八一パーセントは当然としても、英国一一三パーセント、西独でさえ九六パーセントを維持している。ECは全体として、一九七五年の八八パーセントから、八五年には一一六パーセントまで穀物自給率を高めるという注目すべき努力を払っているほどである。このことは日本だけが国際的に飛び離れて食糧安全性の低い、危険な水域に生きていることを示している。

それでいて、日本のコメの価格は、国際価格と比較して驚くほど高いといわれている（米国産の六倍、タイ産の十倍と試算されるのが常である）。日本の農業は政府の手厚い保護と国民の税金に守られて、コメだけ作っていればいい、しかもコメの味などどうでもいい、という安易なぬるま湯に浸って、どんどん崩壊してきたもののようだ。国家保護下に置かれると、何ごとでもこうなる。ソ連の作家や詩人は、国の手厚い保護を受けて、いい作品を書こうが書くまいが、詩は一行幾ら、小説は一ページ幾らで政府から自動的に支払いを受けるので、秀れた文学が出現するはずがないという事情を、私はかつてソ連作家同盟を訪問して、痛感した。日本の農業の腐敗と頽落も似たようなことかもしれない。農協を中心とする農民のエゴイズムとそれに迎合する以外に能のなかった自民党農政の失敗は、誰の目にも明らかである。

どうにもならない処まで問題をなおざりに放置して来たこうした国内の体制のまずさ、知恵のなさ、無責任ぶりは、いくら批判しても、し過ぎることはないであろう。都市のサラリーマン層の農村への不満、疑問には、十分過ぎる理由があると私も考える。けれども、農政の問題の間違いは間違いであるとしても、また農民のエゴイズムは許せぬものがあるとしても、過去二、三十年に世界史的にも異常と見えた高度工業国家への日本の急速な変貌が、日本の全体像を歪めたこと、バランスのある発達をこの国に許さなかった原因が工業の余りの急成長であったこともまた紛れもないのだ。工業が農業を荒廃させた、あるいは、工業の余りに早い発達の速度が農業を不自然な形に捩じ曲げた、ということだけは、誰でも常識のある者には理屈抜きにはっきり見えるはずである。

考えてもみて頂き度い。穀物自給率が先進工業国の中で最低の数字を示し、しかも、残された自給率三二パーセントのコメが国際価格の数倍もの値段になる、という事実は、もはや日本の農業は事実上存在していないということをはっきり物語っていよう。水田にはなお青々と稲葉が波打っているが、工業の成功による経済の余力が、国際的に非常識な農業を辛うじて守っていて、守り切れないでしまった他の穀物は、米国を主とする他の国々の輸出力の前に敗退した。日本の鉄鋼や自動車や半導体の輸出力の前に、他の国々の工業が敗退して行ったのと、丁度逆の構図を示しているのである。

もちろん、穀物は必ずしも農業のすべてではない。しかし穀物は一般に水分の含有率が他の食品に比べて低く、つまり腐敗しにくく、保存食品として最適である。カロリーも高い。だからこそ世界のあらゆる国々で、穀物自給の比率を下げないような配慮が絶えずなされて来ている。食糧の安全保障という観点からいえば、日本はすでに外堀はおろか内堀を埋められ、本丸に攻め込まれているのである。

もとより、穀物以外からのカロリー摂取――乳製品とか、魚肉とか、芋類とか、油脂とかからの——もいざというときには有効だが、このカロリー換算の自給率でさえも、一九七七年当時の統計で日本はやはり三三パーセントであり、香港やシンガポール並みであった。現在の日本は三〇パーセントをすらすでに切っているであろう。他の工業先進国では大体どこも八〇パーセント以上を維持している。日本はこの点ではまさに累卵《るいらん》の危うきにあるといっていい。農民層から安い労働力を吸い上げ、田畑を潰して工場を建てていった日本経済の高度成長の帰結が、この始末である。どんなに工業が国のすべてだという論者であっても、日本の発達の姿のグロテスクな捩じ曲りを否定することは出来ないであろう。ある識者によると、カロリー自給率を六〇パーセントにまで回復するには半世紀かかるといわれているのだから、日本がいかに取り返しのつかない危険な淵を歩んでいるかは、強調してもし過ぎることはない。

それでも、農民がみな裕福で、製品購買力も高いというのならまだ救いもあるだろう。確かに日本の農村は、悲惨な昔に比べれば、相応に豊かで、自動車も二台持つ家が多く、台所も電化され、農民弱者論は今ではもう成り立たない。けれども経済的安定は農家の大半が兼業農家で家族が他に勤めを持つことから生じているのであって、農業所得自体が物価の高い日本で十分に労働力に対応しているか否かは簡単には言い難い。国民の税金で保護された生産者米価で売ってさえ、昔はそれだけあれば大きな農家といわれた水田一町歩（一ヘクタール）のコメの売価は、よくて二百万円、これだけで農機具を維持し、子弟に教育を与え、文化生活を守ることはまったく難しい。日本の農業は何という能率の悪いものになり下ってしまったのだろう。というより、昔は一日働いてコメ一升買えれば生活が出来た。世界の他の貧しい国々は今でもこうだろう。しかし、今の日本では学生が一日アルバイトをしただけで、何日分のコメが買えるか試算して頂きたい。農業がいかに割りの合わない仕事になっているか、その背景がありありと見えるようだし、農村に花嫁が来ないという実態には十分に必然性があると分る。先日、東北本線からわずか一キロ離れた二町歩経営の農家に嫁の来手がないという話を聞いた。それを私に話してくれた人は、自由社会の中の奇妙な不自由、繁栄社会の中の忘れられた貧しさについて強調していた。

異様なハイペースで発達をとげた日本の工業に引きずられて、日本人のすべての生活がバランスを失している。戦後長い期間農村の保護が維持されたのも、工業のこの速度からの緊急避難の意味があったと思うが、保護の結果、誰も得をする者がいなくなった。保護する都市住民側も、される農民側も、手に負えない重荷を背負う結果となった。自民党政府の先見のなさがこの失政を生んだことは争えない事実である。牛肉・オレンジの自由化の次はコメの自由化が米国から要求されるだろう、という過剰反応がすでに国内にあって、騒然たる議論が不安を伴って展開されている。農政の失敗への感情的批判と反発の声は、農村の内外でとみに高い。加えていろいろの意見がある。農地の大規模化とハイテク導入によるところの、自由化に耐えられる農業再生の可能性の試算。コメが麦や大豆の二の舞になり潰滅する危機感への苛立ち。日本の農業は元来強いので自由化恐るるに足らずの楽観論。農産物も工業製品と同様に考え完全自由化だけが農業を再生し得るという強気一点張りの議論、等々が入り混じって、巷の論争は錯雑たる様相を呈している。ただ一つ気になるのは、穀物自給率の異常な低さと安全保障の見地に十分注意が払われていないように思えることである。

先日も私は、コメの自由化を主張する社会学者の加藤秀俊氏とこの点で興味深い話し合いをする機会があった。氏は現代では農業は工業と同じである。機械と化学肥料で生産され、石油がなければすべて動かなくなってしまう点で、農業は工業と変わらない。石油を輸入に依存し、つねに危険をかかえている日本では、主食の安全保障だけを考えても意味がない。石油がなければ、コメも作れなくなってしまうのだから……と主張した。石油同様に、コメも備蓄によって安全を図ればよい、というのが氏のおおよその考え方である。しかし私は、氏にこう反論した。

「仰ることは分るが、あなたは〈時間差〉ということを考えに入れていない。また〈心理的要因〉ということも考慮していない。石油が止まって、農機具が動かず、コメが生産されない、という結果が出るには、一年ないし少なくとも半年の時間を要する。食べ物への不安は生物としての生存の基本条件に関わるので、機械が動かないからといって、日本人が田畑のすべてを休耕地にしてしまうとは考えられない。人海戦術を駆使して、急遽収穫を図るよう努力するだろう。猫の額ほどの空地にも食べ物を植えた戦時中の生活を、日本人はすぐに思い出すだろう。国内に収穫が期待できる、という事実だけで、人心の安定が得られる。その効果は量り知れない。石油がなければ、ガスが出ない。煮炊きができないから、コメがあっても意味がないと議論する人がいるが、何というばかげた議論であろう。コメさえあれば、庭に竈《かまど》を作って、庭木を切って、あるいは机を毀してこれを燃料とし、御飯を炊くことが出来る。少くとも、いつでもそれができる、と考えるだけで、気持が落着くのである。しかし、コメを海外に大幅に依存した後で海上輸送に問題が生じ、石油が止まるだけではなしに、同時にコメをはじめ穀類のいっさいが止まると知ったときの不安は、想像を絶するものがあるだろう。否、輸入が半減しただけでも大変なことになるだろう。備蓄があればよい、というが、トイレットペーパーでさえあの騒ぎだった。穀物は急騰し、農家は売り惜しみ、米問屋は江戸時代の百姓一揆のときのように、倉庫を大衆に包囲され、打ち毀されるかもしれない。もちろん、政府が備蓄を管理すればよい、という考えもあるが、それでもパニックに火が点けば、収まりはつくまい。政府備蓄がかりに二ヵ月分あって、石油が一ヵ月止まるのと、穀類（基本食糧）が一ヵ月止まるのとでは、その時点における不安の程度が決定的に異なるのではないだろうか。」

私はそんな風に応答したのだった。食糧不足を知らないで育った若い世代には、とんと理解の及ばない幻想奇談のように聞こえるかもしれない。

日本農業のルネサンスを

さて、農業と工業とは現代では基本において同じだという見解は、一面においては正しいと思う。この地球上において、工業の発達した国でしか農業の生産性も上っていない、という事実があって、がんらい農業と工業は車の両輪のように、相互に関わり、補完し合い、調和しながら発達をみるべきものであろう。そして、世界の農業先進国はみな第一級の工業先進国でもあることが、右の考えを証拠立てている。先進国サミットに集まる国々の中で、日本を除く米英仏加独の国々は、世界において食糧を輸出できる余力を持つ国々なのである。そして、工業生産力においてこれらの国々と伍するに至った日本において、農業が事実上じり貧状態であることは、何度も述べているように、日本全体の発達の仕方の異常ないびつさ、捩じ曲り方を示すと共に、農業が日本の工業力を活かしきれないできた何らかの人間的社会的要因があって、日本の政治がそれを克服し得ないで来たことに、今日の農業貧困の原因があったのだと推定できる。コメの自由化は是か非か、という問題は、じつはこうした大きな現実の中の一つの枝葉にすぎないのであって、農業の再生、とりわけ発達した工業の力の導入による日本の農業のルネサンスこそが求められている課題であり、それさえ実現できれば、コメの自由化などは恐るるに足らないこととなり、問題としては消えてなくなってしまうのではないかと考えられる。

しかし、さて、日本農業の再生への道、などというこんな大それた問題は、私のごとき素人が考えてもどうなるものでもないし、口出しすること自体が恥かしいとさえ言える。それぞれコメ作りに、あるいは農政に生涯を賭した人たちが、今、知恵を絞って名論卓説をジャーナリズムに提供している時代である。それもまた数が多いし、素人には論の良し悪しの見分けさえ容易につかないし、奥が深くて、手に負えない。従って、私の身丈の及ばぬこのような大それたテーマについて、利いた風な意見を述べることは差し控える。ただ素人なりに読み進んでいるうちに、二つの大変に興味深い近刊の著述にぶつかり、具体的判断において対立しているこの二意見が——私はその当否を判定できる立場にないし、そうする必要もないが——、ひょっとすると、日本の農業ルネサンスの理想と現実を、最も先端的な最前線で、ラディカルに捉えているのではないかと、私なりの直観で想定するに至った。

その一つは農業経済学ならびに農政学の泰斗である中嶋千尋氏の『私の「土地」政策「コメ」政策』（中央公論社刊）の中の、次のような考え方である。氏は食管制度による価格保護をやめ、国内の自由化を推進する代りに、国内のコメ生産を亡びさせないために、日本のコメを国際競争の風にさらすことだけは何としても避けなければならないという考えに立つ。日本の土地利用型農業は、地形その他の理由から宿命的に虚弱体質である、と氏は判定するからである。すなわち——

米国の水田は一区画が四〜五ヘクタールで、それの二〇〜三〇区画で一一〇ヘクタール、というのが平均的な農家の規模である。カリフォルニアでは一五〇ヘクタール以上にもなる。それに対し日本の水田は、地形その他の条件、農住混在、水田所有の零細、分散、錯圃などによって、一区画を〇・三ヘクタールにまとめることのできる地域でさえわずかしかない。今後どんなにうまくやっても、〇・三ヘクタールの区画にできる面積の割合は、せいぜい全水田の二五パーセントであろうと算定している。そして、コメ販売農家の平均コメ作面積は現在〇・八六ヘクタール、最大で三〇ヘクタール。米国の比ではない。従って米国を『ガリバー旅行記』の大人国のコメ作とすれば、わが国のそれは小人国のコメ作でしかない。わが国には一五ヘクタール以上の中人国のコメ作農家でさえ指で数えるほどしかない。従って、今後長く、将来にわたって「圧倒的大多数の『小人国』経営の中に少数の『中人国』経営が混じっている」という程度に留まらざるを得ないのがわが国のコメ作の宿命だろう、と悲観的に推定している。これでは、一区画四〜五ヘクタールの水田が長く連っているためチャーターした飛行機をフルに利用して、播種《はしゆ》から施肥、農薬散布まで自由に操作し得る米国のコメ作に対して、コスト競争ができるわけがない。

以上のような事実認定が、日本の立場の弱点を見つめている氏の現実的姿勢である。自由競争させれば日本の農業も負けない例として、卵の値段の上らない養鶏の成功をとかく比較に持ち出す人がいるが、氏によると、養鶏や施設園芸などの土地節約型農業に国際競争力があるのは当り前である。土地利用型農業に限って宿命的に虚弱体質なのだと語っている。さらにまた、外国では日本人の好みに合うコメが作られていないから、輸入を自由化しても一定量以上は入って来ないという楽観論に対し、日本が輸入を自由化した場合に、米国やタイでも直ちに日本人好みの品種を開発し始めるであろうし、中国がこれに次いで最大の対日輸出国として登場するであろう、と推定している。そして、これら諸外国に対して日本のコメ作は太刀打ちできず、ほどなく全滅し、必ずしも安定的な供給の責任を持ち得ない諸外国の食糧事情に、日本人の生活が振り回される危険にさらされるであろう、と警告を発している。

「わが国の『コメ輸入自由化』論者の多くは『日本のコメ作も今後規模拡大に努力すれば、全水田面積の少なくとも二割か三割の面積では、国際競争力のあるコメ作農家が生まれるだろう』と——おそらく——思っているのであろうが、これは全く幻覚虚妄である。」

自分の弱点を知ることは、戦略の第一歩である。それが真の強さを引き出す所以でもある。あらゆる強がりは弱さの表現でしかない。私は中嶋氏の現実主義的な考え方に大変に共感し、あちこちで目にする自由化論が、考えの浅さ、足りなさ、自分を知らない強がりを暴露しているように思えた。とはいえ氏にみられるような防衛意識一点ばりで、自国の農業の活性化を図ることを他方において怠れば、弱点はあくまで弱点のままでありつづけ、弱点を少しずつ強さに変えていく攻勢的姿勢は生まれないだろう、とも考えていた。

丁度そんなとき、兼坂祐氏の『わが農業革命——世界一安い米づくりに挑む』（中公新書）という、農業実践者の自信に満ちた実験報告書が出版された。これを読むと、内部崩壊も著しい日本の農業の中で、数少い先覚的努力をしつづけていた少数の改革家がいたのだということを知らされて、近頃きわめて心強い思いもしているのである。

注目すべき水田実験

兼坂氏の住む千葉県佐倉市の角来《かくらい》集落は、農家戸数六十戸、働き手は六十歳を越え、後継者のいる家は二戸しかない。十年後には農業の継続が不可能になる。昭和五十五年、ここに二戸による九ヘクタールずつの大規模農業が発足し、次いで昭和六十二年に臼井地区の土地改良事業が竣工して一二ヘクタール二戸の大型営農が開始された。水路も畦もない広大な水田である。用排水路のパイプライン化を工夫し、農村の社会的壁をこわして耕地を集積する困難を克服し、その他数多くの難題を解いて、全国に先がけて見事にコメのコストダウンに成功したのである。詳しい経緯、統計的事実は同書に譲るとして、経費を引いた農業所得（労賃は含むとしても）が約一千万円の大台に達した。これぐらいの所得がないと後継者が農業をやらないといわれる水準に到達したのである。

兼坂氏は自ら大農経営に成功しただけでなく、三十四回も海外視察し、世界各地のコメ作りを見て歩いた。その結果次のような確たる見通しを持つに至ったという。戦前、小作人が農民組合を作って地主に対抗したが、時代は変わり、現在は後継者のない農家が地主組合を作って耕作権をまとめるべきである。そして、一人が受け持って、二毛作地帯は一〇ヘクタール、一毛作地帯ならば二〇ヘクタールを最低限度として耕作に当らなくてはならない。しかもその田はいつでも畑になる。田畑輪換できる、世界で一番秀れた水田にして、その上オートメーションの機械を多用する。ロボットつきトラクターで耕し、無線操縦の小型ヘリコプターで農薬を散布し、無人のコンバインで刈り取りをする。このようにハイテクの機械を駆使していけば日本の農業は十分に世界に対抗できるだけでなく、世界一の農業になるのも決して夢ではない、と主張するのである。

兼坂氏によると、現在、代掻《しろか》きとか田植えをやっているのは発展途上国だけで、先進国の稲作はみな直播《ちょくはん》でやっているという。日本の稲作は徳川時代のやり方のそのままの踏襲である。西欧人はコメ食民族ではなく、ステーキなどの横に油で炒めたコメが少量添えてあったりする程度だが、その欧州の稲作――乾田直播という能率的な方法による――の反当たり収穫が、どの国でも現在日本よりも多いという氏の記述を読んで、私は正直驚いた。日本はコメ作りに関しては残念ながら発展途上国並み、という氏の判定に肯くと共に、私の少年時代に聞いていた、〝豊葦原瑞穂の国《とよあしはらみずほ》〟の世界に冠たる稲作文化の誇りは今やいずこと嘆くだけでなく、私たち都会の人間がうかうかしているうちに、日本の農村はとんでもないことになっていたのだな、とあらためてまた思い知った。

しかし、兼坂氏はそれでも日本農業はアメリカの農業に勝てる、と力強く仰る。自らの実績を背にしての言葉であるだけに、自信に溢れている。

「アメリカでは一〇〇馬力のキャタピラ付きトラクターでガラガラと土地を耕しているけれど、日本では三〇馬力で充分で、しかもその上に小型ロボットを乗せ、夕方ボタンを押して帰って来て翌朝行ってみると二ヘクタールが耕されているというふうにすればいい。」

「アメリカでは操縦士の乗った飛行機を飛ばせて種を播き、農薬を散布していますが、わが方では無線操縦の小型ヘリコプターを使えばいいわけです。」

さらに、子供たちが飛ばすのと同じラジコンヘリによる薬剤噴霧が、空高くからの散布よりも葉裏にまで薬が当り、効果が絶大だ、等々と氏の夢は果てしなく膨らんでいくし、読んでいて気持がいい。

「アメリカは一戸当たり一三〇ヘクタールが平均で、日本は一ヘクタールだから敵《かな》うはずがないなどと言いますが、そんなことはありません。アメリカでは黒人とかメキシカンを大勢雇っていますから、一人当りにすれば三〇ヘクタールから四〇ヘクタールだと思えばいいのです。日本ではこれから一五ヘクタールくらいの規模で二毛作をやれば、一人当りの作業能率はアメリカと同じになりますから、絶対敵わないなどと考える必要はありません。」

兼坂氏の自信に満ちた展望が日本の農業の全域にわたって期待できるのかどうか、私には分らない。印旛沼《いんば》の湿地帯という一定の広さに恵まれた地域だからこそ可能になったのであって、山間部や居住地に囲まれた都市近郊の狭い日本の水田を考えると、「一五ヘクタール規模の二毛作」が日本全土で可能なのだろうか、と素人なりに疑問にもなる。そして、農政学者中嶋千尋氏の「〇・三ヘクタールの区画にできる面積の割合でさえ、せいぜい全水田の二五パーセント」という、わが国の土地利用型農業の虚弱体質に関する現実認識が、ここであらためて甦って来て、一体どちらが本当なのだろうか、と私は判断に迷い、ハムレットのように悩むのである。兼坂氏に言わせれば中嶋氏の統計数値は、日本全土を実際に足で歩いていない学者の観念論的決めつけということになろうし、逆に中嶋氏に言わせれば、兼坂氏の対米優勢論は自分の一経験を日本全土に押し広げて考えている安易な楽天論ということになるのではないだろうか。

さて、両氏がどうお考えになっているか分らないが、この対立点のいずれが正しいかは差し当り私には関心がない。日本の農業が兼坂氏の処方箋に従って本当に再生されるのか否かが最大の眼目なのである。そしてまた、その際に、中嶋氏の指摘した日本の農地の弱点が、にわかに全面的に解消されるはずもないとすれば、われわれは弱点を一方で目から離さないで、病衰状態にある日本の稲作の、国際的競争にも耐え得るパワーの回復に全力を挙げなければならないわけだろう。だとしたら、日本の一般国民の立場からすれば、両氏の認識上の相違などは問題ではない。日本の土地利用の限界を知った上で、外国からの輸入の圧力に対抗するために、いずれにせよ日本のコメの生産性を高めなくてはならないのである。われわれは限界を弁えながら、戦わなくてはならないのだ。米国やタイのコメに黙って敗北してしまうわけにはいかない。穀物自給率のこれ以上の低下を食い止めるために、コメの国内生産を維持しなくてはならないという点においては、中嶋氏も、兼坂氏もまったく同意見なはずである。ただ、前者は自由化を回避し、日本のコメを国際競争に全面的にさらすわけにはいかないと言っているのであり、後者は自由化はこわがるに及ばず、国際競争にさらしてもやっていけるような農業を再建できると言っているのである。

この違いが大きいか否かを決めるのは、日本の農業の実践上の問題であって、ここから先は、農業の専門家にお任せするほかはない。私のような門外漢は、日本の稲作の将来については、大きな期待と不安を抱きつつ、ここで論を閉じるが、一つだけ結論としてはっきり言えることがある。「コメの自由化」の是か非かが肝要なのではない。日本の農業の再生の方策を見出し、それを実行することこそが肝要なのである。そして、その際、麦・小麦・大豆等の穀物全体の自給率を次第に高め、日本全体の発展の歪みを是正することがむしろもっと大きな課題ではなかろうか。もしそれができれば少しくらいのコメの輸入がなされても驚くことはないし、自給率一〇〇パーセントを死守する理由もないことになる。要は食糧の安全保障の見地が尊重され、守られるか否かにある。

この点に関連して、もう一つ言っておきたいのは、諸外国、ことに米国に対して、日本の稲作の生産性を高める農業改革が実行されるまで、ある程度の時間の猶予を求め、性急な「自由化」要求を取り下げてもらうというときに、わが方の唯一の論拠は主食の安全保障論であって、それ以外のいかなる論拠も成り立たないだろうということである。間違っても文化の特殊性だの、水稲は天皇制につながるだの、コメは商品ではなくて信仰の対象だのと言ってはならないこと、この点は前にも述べた通りだ。ＩＮＦ交渉以上に日本人の安全保障の感覚に、コメの自給体制の確保が大きな意味を持つなどといくら言っても、穀物不足に悩んだことのない米国人を説得するのは容易ではないだろう。しかし、安全保障に関わることであれば、どこの国でも相当のわがままが許されているのが通例である。穀物の払底は、日本においては社会的大混乱をもたらし、金融パニックを引き起こし、経済大国日本の動揺は西側全体の安全への脅威になるという、中嶋千尋氏の見通しは、この点でまったく正鵠を射ていると私は思う。

　加えて、日本のコメの味を守るということもまた、なんのけれんみもなくわれわれが主張してよいもう一つの論拠である。ドイツ人がソーセージと黒パンとビールを愛し、フランス人がチーズとワインを好むのと同じように、われわれが寿司のコメの味が落ちるのを阻止し、日本酒がまずくなることを望まないのは、きわめて当然な要求だといっていい。味覚の特殊性は、なんら文化の優越の主張ではない。前にも述べた通り、特殊性それ自体は非難さるべきことではないのだ。特殊性が一民族の優越の論拠として持ち出される場合に限って問題が生じるのであって、それによって他の民族を納得させることはほとんど不可能であろう。どの国の文化もそれぞれ特殊であって、文化は互いに等価である。

　もしも日本の農業が再建される前に、安価な外国産のコメの流入によって日本の稲作が大幅に押し切られるような事態が起こったとしたら、大衆はまずい米を安く食べられるが、コシヒカリやササニシキは高値を呼び、各地自慢の銘酒は高騰し、高級寿司とそうでない寿司との格差が生じ、やがて日本人の味覚は破壊されることになるだろう。私はそれを恐れている。そしてそれを守ることこそ文化ということではないのか。

　日本人は賢い民族だからそんなことは起こらないと嘯《うそぶ》く人がいるが、それなら戦後におけるあの国語国字の改《かい》竄《ざん》があっという間に、考えるいとまもなく、瞞《だま》し討ちに合ったように行われ、もはや元に戻らないのを人はどう弁解できるのだろうか。大元の処を一度深く毀したら、もう二度と元へは戻らないのが文化というものである。

　一民族の文化は死滅し難く、しぶとく、靭《つよ》いものだが、しかしまたある面では、驚くほど脆《もろ》く、はかないものでもあるのである。

第五節　世界の日本弱体化政策に抗して——沈着のすすめ

「外敵」を城内に手引きするな

「外圧を利用する」という言葉を用いる人がよくいる。新聞にも使われている。確かにそういう現実があるように思う。自民党政府が米国からの圧力を利用して、国民に言うことをきかせるというやり方は、これまでにもよくあって、最近の例でいえば、牛肉・オレンジ交渉がその一例かと思う。

しかし、ときには、内部の合理化という程度にとどまらず、内敵を倒すために、外圧を利用するという手もあるらしい。ロッキード事件における三木内閣のやり口はそうだったし、近い話題では、藤尾元文相や奥野元国土庁長官を罷免に追い込んだときの野党やジャーナリズムの手法がそうだった。米国とか中国とか、外国の圧力を利用して、内敵を葬ったからである。これらは概して利敵行為になりがちで、感心しないが、しかし外敵が内部に侵入して来るわけではないので、少くとも今のところはまだ微温的段階にとどまっている。

しかし、最近まったく新しい危険な考え方が立ち現われている。すなわち、内敵を倒すために、外圧を切っ掛けにするにとどまらず、むしろ外敵を国内に導入して、外敵に内敵を直かにやっつけさせるという考え方である。国の開放政策が「開国」の程度を越えて、「国際化」の段階へとぐっと近づこうとしている折も折、新しい局面へ国全体が踏み込もうか踏み込むまいかと迷っている最中であればこそ、俄かにこういう思い切った考え方が出て来るのは、当然といえばいえるかもしれない。

もちろん、ここで「外敵」とか「内敵」とかいうのは比喩的用法であって、まさか外国から刺客を傭って国内の政敵を倒すというような歴史活劇のような話ではない。「国際化」を渇望する勢力は、いつまで経っても日本の社会が旧態依然として変わらないので近頃業を煮やし始めている。永い間世界史の動きの外にあり、鎖国政策をとりつづけ、開国して一世紀と一寸しか経たないこの国に、いわゆる〝外国人ずれ〟していないナイーブさを責めて、がらりと急変せよと要求しても無理な点がある。そこで、一部の識者は、異質を知らない日本のような閉鎖社会は駄目だと声高に叱咤しつづける。外の世界への無垢、素朴さ、外国人への劣等感、日本人同士ですべて分り合って、微温的に肌暖め合って納得し、国の外に思い切って自分を晒すことをしない自閉的自己満足状態。こうした精神状態そのものが、彼ら「国際派」からみるところの「内敵」である。

誤解のないように言っておくが、私自身もまたこれまで、同じ「内敵」を批判の対象として追いつづけて来たといっても過言ではない。この点は私の読者なら納得して頂けよう。私の今までの著述に、外国から日本を、外から内を見るときの苛立ちが、批評の泡となって波立っているのを思い出して下さる読者もおられようかと思う。しかし、私は内から外を見る目も同時に大事にしているのである。なぜなら、私は自分の国の歪みをどんなに批判しても、私もまたその歪みを内に抱えた一人であり、「内敵」の一部に属していることを知っているからである。だから、外からの圧力を利用して、少しでもそうした歪みを是正して行こうとする努力は分るし、及ばずながら私もそうして来たつもりだ。例えば、日本の教育の病理を治すのに、欧米の学校制度を引き合いに出して、参考に供するというのもその一つである。明治以来、日本の知識人のやって来た、他に照らしてわが身を省みるこの方式を、私もまた踏襲して来た。それがどんなに即効性がなくても、日本の社会の生態系をこわさずに、改良を重ねていくには、こうした漸進的な方式しかない。その点で、私のやり方もまた、先の比喩を用いるなら、「外圧を利用して内敵を倒す」の譬えのうちに入るのかもしれない。

しかし、最近、「外圧を利用する」程度ではもうまだるっこしくて我慢がならず、「外敵」を国内に導き入れて、「内敵」を直かに彼にやっつけさせるという乱暴な考え方が出現し始めたと、私は先に述べたが、その一例を代表する人物と、一九八八年前半に偶然に私は論争する羽目に陥った。ここでいう「内敵」とは今言った通り、異質を知らない、外国人ずれしていない、自閉的でナイーヴな日本の社会体質のことである。私もまたそれを「敵」として意識しているわけではあるが、しかし、私は日本という城を守護したい思いが強いので、城の内部にどんな奸臣不忠の徒が群っていても、彼らを倒すために、「外敵」を城内に手引きして、城の内部を一度滅茶苦茶に打ち毀してしまわなければ、日本という城は良くならない、などとは決して考えない。そんな不遜な考えには断じて立たない。

私は論文「『国際化』とは米国への適応なのか」を、「正論」一九八七年十二月号に発表した（全集本巻V所収）。その終りの方で、外国人労働者の導入について自分は懐疑的である理由を述べ、「破滅的な災厄を子孫に遺す」怖れがあると警告した。それに対し、米国で実際に肉体労働に従事して来たという経歴の持主石川好氏が、一九八八年一月に反論を寄せた。その論法はきわめてユニークで通説とは異なる。すなわち日本は経済大国だからアジアの失業を肩代わりしてやる責任があるとか、多少の混乱は生じても日本の社会はさして大きな痛手は蒙るまいとか、そういう世に多い責任論や楽観論の類ではなかった。すなわち、氏は大略次のように言う。

　多数の外国人が入って来たら、西尾の言うように危機的混乱が生じようが、だから入れるなというのではなく、だからこそ外国人が入ることを認めよ、と自分は言いたいのである。日本人は今までいつも「口先や観念だけが火傷をしただけで、本当の火傷をしたことがないではないか」「われわれ人間には、本当に、この自分の体と生活が、やられることによってしか、理解できないことがある」のである。日本人が甘ったるい「外国病」や「国際化ノイローゼ」から解放されるためにも、外国人を一度入れてみろ、そして西尾の言う「破滅的な災厄を子孫に遺す」ほどの事態を一度経験してみよ、それによって初めて日本人は外国に対し生ぬるい考えを持たない、本格的に国際化された、まともな民族に鍛え直されるであろう、と石川氏は言うのである。

　私に論争を挑んで来たこのケースに対し、私は「『人の自由化』は悲劇的錯誤」（全集本巻V所収）という論文をもって応戦した。その後、氏との雑誌の対談による論争もしばらく続いたが、私の言わんとする反論の本旨は、右の論文の中ですべて言い尽くしている。私が氏にどう答えたかは、実際にそこで読んで頂ければよく、従って、外国人労働者受け入れの是非についての突っ込んだ問題提起も、右の論文に譲る。ただし、私はこのとき論争の相手に一つの新しい危険を感じたことだけを言っておこう。石川氏の考え方の基本がもはや「外圧を利用して内敵を倒す」の域をはるかに越え、「外敵を城中に手引きして内敵と戦わせしめ、それに伴う流血の犠牲は敢えて問わぬ」の過激な領域にあることは、明らかだからである。

　最近ジャーナリズムの表面に、こうした一見勇ましい、ロマンチックで、派手なものの言い方をする評論家が、にわかに増えて来たように思える。「開国」ではもはやまだるっこしい。直接的で即効性ある「国際化」への革命的転換を図ろうというわけである。そして、言うまでもないが、彼らはそれによって日本の民俗的生態系がどのように壊されようとも責任は持たず、歴史上・地勢上のこの国の独自の背景も眼中にない。ただ自分の良いと思った方向性を一途に推し進めようとする盲目的馬力があるだけである。自民党農政の失敗と農民エゴに腹を立てる余り、この「内敵」を倒すためなら、日本の農業が全滅しても構わないという、一部に過激な「コメの自由化」論者も、彼らに大変によく似た、向う見ずで、無鉄砲ながむしゃら精神によって特徴づけられることが今併せ思い出される。

穀物自給を軽視するな

私は新聞の一般読者が自由応募する「サンケイ新聞」オピニオンプラザ「わたしの正論」欄の、一九八八年度の審査員の一人を務めさせて頂いている。毎月紙上掲載作である入選作二篇と、そうでない佳作三篇を選んでいるが、たまたま六月のテーマが「コメの自由化をどう思うか」であった。

応募原稿二二六篇のうち、「コメの自由化」に積極賛成者が五二パーセント、気持としては反対だが避けられまい、仕方ない、一部を自由化したらどうか、といった消極賛成者が二五パーセントで、両方合わせて八割近くが「自由化」に肯定的だったのが、私にはじつは大変に意外だった。同じ年の二月、総理府が発表した世論調査では、コメなどの主要食糧品は「外国産よりも高くても、生産コストを引き下げる努力をしながら国内で作る方が良い」が七割を越え、「外国産の方が安ければ輸入する方が良い」の一九・九パーセントをはるかに上まわっていた。国民の食糧安全保障の感情の強さを示す、いわば健全さの証しとしてこの数値は各方面から注目を浴びた。これに対しオピニオンプラザの応募原稿の示す数値は丁度逆になったのである。単なるアンケートの回答と、意識的に何かを訴えようと筆を執る作文との労力の相違、姿勢の違いという事情もあるだろう。が、応募作を読んで、私が真先に感じたのは、食管制度に保護された日本の農村の甘え振りへの都市住民の不満、自民党農政の怠慢への怒り、簡単な工業優先主義から出た都会人のエゴの主張、等がいかに根強いものであるか、ということだった。そして、もう一つそれに関連して言えることなのだが、日本が大幅な貿易黒字を抱える以上、世界の自由貿易を維持するために、率先して自己犠牲に踏み切る必要があり、そのために農産物の譲歩もまた止むを得ない、というまるで外務官僚のような、外にいい顔をしたがる意見が多かったことである。外国の要求を先読みして気配りする日本人らしい人の好さも感じられた。とともに、新聞に台詞《せりふ》をつけられたのではないかなと、私は皮肉の一つも言いたくなった。

予選作を選び出すために全投稿を読んだ担当記者の報告によると、「自由化」賛成の根拠は、一つには農村の現状への批判、農民や農協への憎しみであるが、もう一つは予想される米国の要求を強く意識してのことだという。牛肉・オレンジの次はコメだという先回り意識が、多くの投稿者に筆を執らせたようだ。審査会では過剰反応ではないかという声さえあった。そして、食糧の要である穀物の自給に、安全保障の見地から考慮を払う論旨はきわめて少なかった。

以上の傾向を総括してみると、投稿者の気分は、外圧を利用して日本の農業に活を入れよう、というような程度の段階ではもはやないように見受ける。腐り切った日本の農業はすでによほどのことがなければ甦らないので、思い切って自由化に踏み切って、経済原則に立ち返ってみよう。そしてその結果何が起こっても知ったことではない、という考え、つまり「内敵」を倒すためにはもはや躊躇なく「外敵」を導入し、一か八かやってみるしか仕方がない、といった切迫した感情が、私が読んだ応募論文の行間からひたひたと迫って来たのである。

ある種の性急な結論の出し方に、私は正直のところたじたじとさえなった。日本人は今やどういうわけか焦っている。あるいは、何かに怯えている。正体の分からない何か外から迫ってくるあるものに駆りたてられている。それが「国際化」であるとか、「自由化」であるとかいう言葉になって、日本人の上に襲いかかって来ている。私はなぜか応募原稿を読みながら、漠然とそんな感想を抱いた。

前節にも見た通り、私は「コメの自由化」そのことに反対なのではない。日本農業を再生し、穀物の安全保障を高めるよう努力して欲しいと期待しているのであって、その手段として、「外圧」すなわち若干の「自由化」が戦略的に役に立つならそれも悪いことではないと思っている。しかし敵兵を城内に入れて、城の安全保障そのものを全面的に敵の手に委ねてしまってもよいという風に考えたことは一度もない。

岩井忠彦氏（四十二歳・高校教諭）の入選第一席（「サンケイ新聞」一九八八年六月十一日掲載）は、理筋の通った「自由化」肯定論で、十八、九世紀の英国に範を見た書き出しも説得力があり、大変に好評であった。すなわち永い対仏戦争で穀物価格が高騰し巨利を貪った英国地主は、戦争が終っても高値安定を図るべく穀物法を制定して、輸入を制限し、消費者の利益を損った。地主以外の人たち、資本家や労働者が結束して、十九世紀半ばにようやくこの穀物法の廃止に成功した。英国農業に最初大きな痛手となった廃止措置が逆にバネとなって、やがて英国農業は再生した。現在農民一人当たり二〇ヘクタールの大型経営で、小麦の自給率一〇〇パーセントを達成している。岩井氏はこの故事に倣《なら》い、日本のコメの自由化をめぐる状況を十九世紀英国に重ね合わせて、自由化反対論者の次の三つの論拠がいかに時代逆行で、理由なきものであるかを説く。第一に食糧戦略発動に対する恐怖論（私の言う穀物安全保障論）、第二に日本文化におけるコメ作りの特殊性という感情、第三に農民弱者論、この三つの自由化反対論をことごとく論拠薄弱だとして、氏は切り捨てる。

私は第二、第三の氏の論駁に納得したが、最も重要な第一の安全保障に関する「自由化」反対の根拠を、氏はただ次のようにあっさりと一蹴するのみである。

「第一の食糧戦略論については、これを理由にした日本の農業の閉鎖性の維持が、逆に外国の保護貿易主義の台頭をもたらし、日本の破滅につながるという危惧が生まれたため、最近では効果を失いつつある。」

これでは反証になっていない。米国の言い分をそのまま鸚鵡返しに言っているようなものである。ヤイター通商代表でさえ、今ではこんな単純なことは日本に向かって言えないだろう。なぜなら、日本は穀物の六八パーセントをすでに外国産に明け渡し、わずかにコメだけを自給しているのに留まるからである。日本の農民が怒っているのは、わが国が米国農業を支える最大のお得意だということを、米国人が忘れた振りをしていることにある。日本の農業は少しも「閉鎖的」ではない。前節にも述べた通り、大半の農産物はすでに輸入に出城を明け渡し、さらに本丸の外堀も内堀も埋められてしまっているのである。しかも、米国は「日本叩き」には熱心だが、日本以上に重商主義的な農民保護のガードを固めている欧州やカナダには、同じような攻撃の鉾先を決して向けない。日本に対してだけは、日本の農業に対してだけは、これを丸裸にするまで攻撃の手を緩めないという、ある恐ろしい意思が、米政府の戦略の中にあるように見える。

第一席の岩井氏は、つづく叙述で、日本の養鶏農家の成功を例にして、コメ作りの非能率を非難し、農業を経済学として考える合理的改革への期待を語って、論を結んでいるが、土地節約型農業の養鶏を土地利用型農業の代表である稲作と比較することは、すでに中嶋千尋氏の教えにもある通り、まったく当を得ていない。私は選評で、この点を付記している。

毒を含んだ現実認識の意義

私自身が必ずしも高い評価を与えていない素人の論文をなぜここに詳しく紹介したかというと、食糧の安全保障に関する恐怖を小さく見る日本人の大抵の人が、どういうわけか不思議なことなのだが、欧米側の対日要求の言葉をそのまま鵜呑みにし勝ちだからである。そして一方的に日本の貿易黒字に対する国際的責任論を唱えるようなタイプの人が多いからである。右はその典型例に思えた。外国人のものの言い方に乗せられて、自分の生命線を脅かされていることに気がつかないとは愚かもいいところであろう。当選第一席論文から、私が右に引用した数行を、今一度読んで頂きたい。外国人の論法に自分を合わせ、自分の身に起こるかもしれない危険については、考えることを停止している代表例である。

佳作に選ばれたある論文の議論の進め方にも、私は同じような危惧を抱いた。活字にはならなかった作品なので、誤解を避けるため、少し長く引用させて頂く。

「日本は貿易立国なので、自由貿易体制を維持していくことは、国の存亡のかかった重大事であり、日本が先頭にたってGATTの精神を守って行く姿勢を示さねばならない。

欧州も農産物に対してはかなりの保護政策を取っており、同様に自由化を要求されているにもかかわらず、日本ほど風当りが強くないのは、貿易は赤字のところが多く、失業率も高いし、軍事支出もGNPの三〜五パーセントを割いており、どこも苦労しているうえに、日本のように他国から妬まれているということもないからであろう。また、英国のような一部の国を除き、欧州各国は農業で生きているところが多く、農業の比重が日本よりはるかに重いことを考慮してやらなければならない。」

この方はベルギーに五年間滞在の経験があるそうで、そしてまたお人柄の良いせいもあってか、すっかり欧州人の代弁者として語っている。

「……（日本における）食料の確保ということであるが、米は確かにほぼ一〇〇パーセント自給しているものの、既に日本の食料の七〇パーセントは輸入に頼っており、米だけを全量自給できても、この贅沢になれた国民を養うことは難しいであろう。」

食糧はもうここまで輸入しているのだから、どうせなら全部輸入にしてしまえという意見らしい。

「日本のとるべき道は、食料の自給体制を作ることではなく、国際社会で孤立して、食料や原油の供給を止められるような事態を招かないよう、多少の犠牲を払っても自由化を進め、国際社会との共存を計ることである。」

「自由化されれば日本人の好みにあった米が決定的に供

給されるか疑問という意見もあるが、パリ、ロンドン、ブラッセルなどでさえもコシヒカリやササニシキ並みの加州米が日本よりはるかに安く入手できるし、各国の篤農家が日本向きの米を生産しようと手ぐすね引いていることを考えると全くの杞憂に過ぎないであろう。イタリアを旅行した時、ミラノ郊外でモンブランを源とする水を湛え、青々と広がる水田に一種のカルチュアショックにさらされたが、そこでもササニシキの栽培が試みられ、イタニシキと呼ばれている。このように自由化に反対する説得力のある反論は見当たらない。」

私は前節で、コメの自給だけでなく、穀物全体の自給率を、欧州はじめ他の先進工業国なみに少しでも近づけていくことが、衰えた農業を工業の力で再活性化する日本の進むべき道であることを、他国との数字上の比較を示して繰り返し説いて来た。

しかし世の中には、右の論者のように、警戒心というものをまるで持たないで、国の運命や民衆の生活を考えられる人がいるということを知ることは、われわれの人生に貴重で役立つ知識の一つかもしれない。が、それにしても、欧米側がとかく唱える〝日本封じ込め論〟とほぼ同じ論理で、日本の国際責任を自己反省的に語る日本人に限って、どういうわけか、自国の安全保障に無頓着で、他国の善意と平和の永続とを信じている例は、この方のうちにも物の見事に認めることができる。そして、またそういう人に限って、「国際的」ということを美化したがるし、自分を「国際人」と位置づけたがるのかもしれない。この方が五年間付き合った欧州の人々が、したたかな自己防衛といざという日のための食糧保全に心血を注いでいる事実を、この方はおそらく学ぼうとせず、欧州人が日本の単に表側を見て、彼らの利害得失から、〝日本は身勝手な国だ！　防衛費ただ乗りだ！　このままいけば孤立するだけだ！　農産物市場を全開せよ！〟と脅しを仕掛けている言葉をそのまま真に受けて、日本人に自分の根城を無抵抗に明け渡すことを勧めるほどにこの方は善良で、無垢で、外国ずれしていなくて（五年もいたというのに！）、いささか非国際的な長閑《のどか》な方と私はお見受けした。

読者の投稿文の評価は、内容によってではなく、論述の仕方のうまい下手によって決まる。選者の思想傾向もまちまちである。従って、佳作にも入らなかったが、印象に残る鮮烈な言葉がやや不作法にばら撒かれている忘れ難い一篇があった。この一文は雑な書き方だが、「反対事例に奇妙な説得力」があるとも評され、私もかなり高い点を投じた。右に紹介した二つの入選作に対する批、、評に十分なり得ているし、案外に日本の民衆の心の奥に眠っている感覚が、やや無責任な、強引な言葉遣いによって刺激され、リアリティを喚起するのではないかと思い、紹介してみる。

「ジャガイモに依存していたアイルランドでは十九世紀には人口が激減。穀物はそんなことはないかというと、大陸ではイナゴの大群に襲われて途方にくれる。アメリカも大陸である。日本へ輸出するはずのコメが無くなることもあり得る。」

「お人好しの日本人はもう忘れているが、アメリカが大豆を禁輸して豆腐が急騰したのはついこの間のことである。どこの国も自国の食糧が不足したら売ってくれない。」

「あまりに高度になりすぎたためによる人災は農業でも起きている……大規模農業は不自然なものの最たるもので、土壌すら流れてしまうのである。メソポタミアもかつては、播いた種子の八十倍もとれた肥沃な土地であった。その荒廃する速度は（現代では）古代の千倍も早い。人の問題もある。季節労働者（アメリカの？）は今は終れば帰っていくが、間もなく住みついて、自分たちも土地が欲しいことを要求しはじめる。（そうなれば）アメリカも小規模農業化され、そのとき彼等は彼等の主食を先ずつくる。」（アメリカの大規模農業だっていつまで繁栄するか当てにならない、と言いたいのであろう。）

「韓国は必死に農業を起こす運動をしついに自給できるようになり、アメリカからの輸入を断った。韓国人から学ぶべきだ。」

「北朝鮮は不足していて、極端になると食糧獲得を目的に南下するかもしれない。百済がたえず侵入されたのは高句麗の慢性的な飢餓にあったのだから。」

「タイも紛争に巻き込まれれば輸出どころでなくなる。」

「永久に食糧を供給しつづけてくれる可能性のある外国など一つもないのである。だからイギリスも六〇％以上を必死に獲得し、西ドイツ八〇％、日本のように三〇％しかないのにさらに下げようとしている国民はいない。」

「今回初めて自由化しなければならないのではないのだ。とっくにつぶされているものがある。ムギ作り。」

「二毛作を復活し田の裏作にムギを作れば、日本も自給率が五〇％くらいには上るだろう。」

「（日本人は）一度本当の異民族の支配を受けてみなければ気づかないのだろうか。」

「経済の原則を振りまわすか、売りこむためには損をしても安く売り、市場を独占してしまえば値を吊り上げるのがその原則で、（自由化しても）一割しか安くならないと試算する学者もいる。」

「(昔は)大の男が一日働いて米一升貰えれば喜んだが、今日日当四千円でも一時間働けば二日分のお米が買える。」

「すでに一個五百円のタマゴ、一丁千円の豆腐がある。(自由化されれば)日本産コシヒカリは一キロ一万円になったりするだろうが、庶民は一割は安いが、ポロポロする外米しか食べられなくなる。恐ろしいことに米騒動の江戸時代が再来する。大商人が買い占め、無い無いと言って値を吊り上げて。」

「敗戦直後も、全く平等に分配すれば誰もそう飢えないだけの食べ物があった。だが一方は刺身に銀シャリで一方は種子芋であった。食管があり闇には体刑という刑があってさえそうなってしまったのである。」

「貿易摩擦を減らすためというのなら、半導体や自動車の輸出を減らすべきである。」

「イスラエルを建国するためには、独立のための義勇軍をつくり、次いでキブツ、共同農場を作った。砲弾が飛んでくる下でつくる作物は安くつくだろうか。戦っているのだから生命まで投げ出している。だがそれすら地球より重いなど言わない。それが経済学だ。むろん彼らは外国から買った方が十分の一も安いとは言わない。日本人以外はそれを知りつくしている。」

「だからアメリカ人も、なにも知らない日本人に迫る。国民皆兵で地下室には二年分もの食糧を備蓄している平和の象徴スイスなどには歯がたたないことを知っているから。」――


論理が飛躍しているので、私がときどき言葉を補わなければならなかった。しかし、警句めいた表現の面白さもある。一種のアフォリズムとしても読める。しかし、選者の多くは、「何を言いたいのかわからない。」「ややヒステリックなのでは。」「データ認識も無茶苦茶、書くことも思いつき羅列。」とさんざんな酷評を下した。もちろん私はそうは思わなかった。言葉はやや稚拙で、感情的で、反感と偏見に満ち、データや事実の間違いもあるのかもしれない。けれどもそんなことはたいしたことではないのだ。入選した優等生風の論文にない鋭い真実が随所に光っている。最悪の事態から考え過ぎる悪夢めいた幻想、破局を予想し過ぎる偽悪趣味、いいたい放題の無責任言辞、等々、いくらでも批評はできるが、しかし私には今度読んだ素人の投稿評論の中では一番「国際性」に根ざした文章――皮肉や逆説で言っているのではない――であったように思えた。

他民族や他国の悪意の見えない者が「国際化」などを

唱えて流す害毒に比べれば、最初から毒を含んだこの現実認識は、いくら偏狭で、片意地なスタイルを示していても、人の目をぱっと開かせる効果こそあれ、欧米人の御説にいつも御尤と肯《うなず》くお人好しの痴呆振りを示すことだけはないであろう。

自虐的善心に満ちた国民

もう大分前になるが、笑い話のように西ドイツで噂されていたこんな話がある。日本に環境庁を作らせたのは欧米の政財界の悪意ある戦略の一つである、と。私がその話を聞いて「まさか」と言って一笑に付したのは、たしか一九八二年の秋のことだった。日本の自動車生産台数が世界一になったのはその二年前の、一九八〇年である。間もなく半導体その他ハイテクノロジーをめぐる「日米戦争」が新聞等でニュースになって、再び衝撃波が世界中に伝わった。日本が相手にしているのは西欧ではなく米国だという新たな認識は、西欧人ことにドイツ人のプライドを著しく傷つけた。その頃ドイツの雑誌で描かれた日本像は、公害王国ニッポンであり、列島は北端から南端まで工場で埋めつくされ、全土排気ガスに蔽われて、国民はマスクを掛けなければ街を歩けない、と、わざわざ風邪でマスクを掛けて歩いている東京のサラリーマンの出勤風景の写真を掲載して、「誤解」を悪意をこめて演出していた。それほど日本が憎らしかったのである。環境庁を作らせ、日本の労働者に健康に暮らす権利意識を目ざめさせれば、工場の能率は下がり、日本経済は後退する、という計算から、欧米の政財界が暗躍して、日本の政界を動かし、環境行政の重要さを知らしめ、立法化させるに至ったのだと、まことしやかに語る在独日本人がいて、私は酒の肴にしては楽しい話だなア、と大笑いしたものだった。

しかし、それから数年待つか待たずかして、日本は公害克服国としてみごとな成果を収めた。そして逆に西独は酸性雨で森林を枯死させるなど、ひどい事例が相次いで、こともあろうに公害王国日本に、工場排気の脱硫装置の研究に人を派遣するというあべこべ現象まで発生した。早い時期に厳しい排ガス規制を乗り越えた日本の自動車産業は、排ガス規制装置の工夫がそのまま省エネ・エンジンの工夫につながり、そのお蔭で石油ショック後の小型車ブームの波にいち早く乗ることに成功したといわれる。公害克服の対策が小型車ブームの成功にいわば直結したわけだ。本当のような嘘のような話だが、これを通産省に近い筋から聞いて、失敗でも何でも取り込んで貪婪《どんらん》に成功に持って行ってしまう日本の産業の強靭さに対し、なるほどなァと感心し、これまた酒の肴になる話だと、友人と語らったものである。

以上の話を私がすべて隅々まで信じているわけではない。少し出来すぎた話だからである。しかし、偶然も重なって、これまで日本が災いをあらかた転じて福となして来たことも確かである。日本人の才幹というより、むしろ単なる幸運だという人もいるだろう。その判定は差し当りどうでも良い。私の関心は、日本の上昇気運をずっと見つづけている欧米諸国の目である。さらに、次第次第に、高まりつづける日本の金融的、経済的な支配を受けたくないと考える国々が増えているであろうと想像されることである。年を追ってその傾向は強まっているに違いない。日本の成功が日本人の才能によるのか、幸運によるのかの判定は、諸外国にとってはどうでもよいことである。ともあれ、いつとははっきりしないが、かなり早い時期から、日本は彼らにとって目の上のたん瘤だった。何とかしてそれを取り除きたかったに違いない。「日本問題」という言葉さえ世界を駆けめぐった。言うまでもなく、どうやったら日本の力を殺《そ》ぐことが出来るか、という対策である。日本弱体化政策である。そういうものがなかったと考えるほど世界は甘くはない。そういうものがあったし、今もなおあると考えれば、環境庁設立をめぐる暗躍、という何やら日本人には荒唐無稽に見える綺談も、あながち無根拠とばかりは言い難い。

否、環境庁のことはどうでも良い。一体「国際化」という言葉は、あるいは「自由化」という言葉は、いつ頃から日本で流行し始めたのであろうか。**to internationalize** の元々の意味は、前にも見た通り、非欧米世界を幾つかの欧米諸国が共同で思いの儘に自由にするということではなかったか。だとしたら、日本に向けて、市場の開放を求め、資本の自由化を迫るのは、もとより幾つかの欧米諸国の大きな利益がそこから引き出せるという期待にも発し、同時に、欧米並の労働慣行を押しつけることに成功すれば、日本の産業の力は後退するであろうという予測に動機づけられているように思える。何しろ日本の成功は、国民のこの国への忠誠心という旧式な意識と近代技術との結合にあるのだから（と彼らは誤算している）、そういう日本国民に西洋流の自由主義、個人主義の価値を教えてやる。レジャーの楽しみを与えてやる。働き過ぎは野蛮だという観念を叩き込んでやる。そうすれば必ずや彼らは遊び心を覚え、我儘になり、無気力になり、団結心を失い、経済力も急速に下降するであろう、と。

ここ十年というもの、日本の新聞が取り上げた西欧人のライフスタイルを模範とする幾つかのテーマが、かなり意図的な、一連の日本弱体化政策に発していたと私は薄々予感する意識を忘れたことはないが、しかしどの場合にも、すべてが欧米側の誤算に終った。何を吹き込んでも、日本はそれを上手に取り入れ、厭なことは拒否し、のらりくらりとやりすごし、いつしか再び、抑止しがたいほどの勢いで、その経済的技術的威力は増大していくばかりである、という新たな現実に、今、諸外国は再び別の脅威を抱いて直面しているといってよいのである。

ここ二、三年の欧米の新聞によく出た新しいテーマは、円高とNIES（新興工業経済圏）の挑戦というダブルパンチで日本経済は沈没するという予測、ないし期待であった。円高が日本に仕向けられた、きわめて露骨な日本弱体化政策の最近の事例の一つであることは、日本人の誰にでも直観されていた。日本の輸出産業はこれによって競争力を急速に落とし、他方、安価なNIES商品が欧米の市場を日本から奪い、さらに日本の市場にも殺到して来て、さしもの日本企業もこの挟み撃ちに合って打ちのめされてしまうであろう、というのが、悪意をこめた欧米のエコノミストたちの戦略であったと思われる。例のG5の蔵相会議（一九八五年九月ニューヨーク。注・プラザ合意のこと）で円高が決まってから、一年ほどして西独の友人より私に手紙があり、西独ではマルク高で苦しんでいるが、日本は円高の上にNIESの追い上げに会って大丈夫ですか、あなたの生活まで破壊されているのではありませんか、と、尋ねられたことがあったのを思い出す。

しかし、日本ではそうした一切が杞憂に終った。円高は石油その他輸入に依存する日本経済にはむしろ有利だったし、NIESは脅威どころか、日本はそこで出来た製品を吸い込むだけの余力があるとさえ論じられている。経済の専門家ではない私は、今、日本が別の新しい危機に面しているのかいないのか、その点についての予測や観測は差し当り控えることにする。ただ、今までの処、欧米の差し向けるあらゆる日本弱体化政策は失敗に終った、と言っても過言ではないだろう。最近では、これ以上の軍事費の増大を日本に求めることは望ましくないけれども、国力に比しての余りに少い軍事予算が日本経済の強さの原因であることが憎らしくてたまらない西欧諸国は、軍事費の代りに、政府開発援助費（ODA）の大盤振舞いを、陰に陽に日本政府に要求している。それも現行のGNP比〇・三パーセントを〇・七パーセントにするというようなけちなことをせず、思い切って一挙にGNP比三パーセントくらいをODAに支出すれば日本は尊敬される、などと、西独前首相シュミット氏は、他《ひ》国《と》のことだと思って、無責任な放言を弄しているが、もとより若干の増額は止むを得ぬとしても、ODAが防衛力の肩代りになるという考えそのものがばかばかしいのである。この考えは疑いもなく昔からある日本弱体化政策の一部に属していると私は判断している。

「国際化」といい、「自由化」といい、言葉は美しいけれども、日本人が言い出したことではなくて、日本弱体化政策の一環として、かなり早い時期から欧米が仕掛けた罠であり、かりに日本人がこれにただ単に踊らされていたにすぎないのだとしたら、これまで述べて来たあらゆる問題はすっかり様相を異にして見え始めるだろう。われわれはそういう複眼をもって、裏側から問題をもう一度見直してみるとよいのである。「コメの自由化」といい、「人の自由化」といい、欧米に合わせようと先回りして、殊勝にもその意を掬《く》んで、過剰に反応している日本人は、一寸したおどしにも弱い、よほどの〝甘ちゃん〟ということになりはしないか。しかも、まだそこまで要求されていないうちから、日本人自身が何かに焦って、あるいは何かに怯えて、自分の内懐にまで「外敵」を導き入れ、ザグレウスのようにわが身を八ツ裂きにしようというのである。何という不思議な自虐的善心に満ち溢れた国民資質であろう。私はほとんどこれに与える言葉を知らない。

敵を知る叡知

先述のG5蔵相会議（一九八五年九月）あたりを境に、日本を見る世界の目が目立って変わって来たとはよくいわれる。あの会議ではドル下落対策とそれに基づく西側全体の通貨対策が話し合われたが、この目的のために日本の協力、すなわちドラスティックな円高への積極的協力が必要であることは、各国の認める処だった。その後もドルの下落はつづき、一九八七年二月には再度フランスにおけるG5蔵相会議でこの問題が討議され、日本の役割はさらに一段と大きくなった。そして、秋に起こったウォール街の株暴落が世界の経済に激甚な被害を惹き起こしたのに対し、日本ももちろん被害を蒙ったが、欧米諸国に比べ、ずっと軽微な程度にとどまった。それに加えて、円高による日本商品の国際競争力の後退をも、日本企業は内部の合理化によってかなりの程度に吸収し、さらに円高メリットを生かして、一段と国力の飛躍に拍車を掛けた。また、予想されたＮＩＥＳの追い上げにも、日本人が周章狼狽している様子は見当たらない。世界は狐につままれたような意外の面持ちで日本を見つづけている。日本企業は海外に進出し、部品調達も国際化し、柔軟な対応で円高を凌いで成果を収めている。この弾力性のある日本経済の力量は、無言のうちに政治的な一つのリアリティの主張にもなり得ていて、ここへ来て急に日本を見る世界の目には、また一つ大きな変化が訪れているのである。さまざまな罠を仕掛けて来た日本弱体化政策の試みはどれもうまく行かなかった。仕方ない。現にある日本の力を認めようではないか、という現実認識に変わってきてくれたのなら、大いに有難いところである。

　ところで、戦後のかなり長い期間、世界はいわゆる東西対立の二極のイメージで眺められて来た。米国と欧州が一方にあり、ソ連と中国が他方にあって、この二極の対立が戦後世界における対立のモデルと考えられて来た。日本その他の国々はいわば埒外《らちがい》だった。もちろんイデオロギーに基づく軍事対立という冷厳たる現実は今なおつづいていて、二極対立がすっかり消滅したわけではないけれども、世界にもう一つの力の渦が生じて、そこを無視して世界政治は考えられないという認識が、かなり急速に拡がりつつあることも事実である。日本、韓国、台湾、香港、シンガポール、あるいはそれにさらにつづく国々があるかもしれないが、東アジアの興隆がそれである。単なる経済的な成功というだけでなく、それに伴う力の出現である。もちろん中国も、巨大な潜在的可能性を抱えている。

　一方、欧州市場は目に見えて縮小しつつある。一九八〇年から八六年の間に欧州の四大経済国（西独、仏、英、伊）向けの米国の輸出は七パーセント減少したが、日本向け輸出は二一パーセント増加している。ＮＩＥＳ諸国、さらに中国の市場への輸出はそれ以上に急速な拡がりをみせている。一九八八年の先進国首脳会議は、太平洋経済圏の持つ政治的意味についての討議を逸するわけにはいかなくなったし、日本はそこで当然主導的役割を果たさなければならなかった。

　このように、二極対立の戦後政治に変化が訪れつつあるにも拘らず、人の心というものは急には変わらない。現実の方が先に変わり、人間の意識は後から追い駆けるのが常である。今は丁度そういう時期であるようだ。米国の指導者の多くは、現在なお、ソ連と中国に代表される「東」の世界に対し、自分は欧州を含む「西」の保護者をもって任じていて、二極対立の図式から解放されていない。埒外にある日本などはどうにでもなると思っている。容易に現実の変化を認めない。そのことは本論の第一節で詳説した通りである。米国ではことに、東海岸の政界やマスコミ、知識人の間に、いまだに欧州中心の見方がはびこっていて、先頃も大統領選に出馬したゲッパート上院議員が、韓国や日本にすさまじい攻撃を仕掛け、同じような貿易慣行で生きているカナダや欧州の黒字に対しては口を緘《かん》するという矛盾した行動をみせた点に、これは如実に現われている。

残念なことに、こうした保守的な意識は、米国の伝統的な支配階層になお根強い。彼らから見ると東アジアの経済的興隆は、要するに鬱陶しい脅威でしかない。ゴルバチョフと和解後のソ連に取って替わって現われた「西側」を脅かす憎むべき新しい威力、という以外のいかなるものでもあり得ないであろう。伝え聞く処では、「黄禍」論すら復活し、作家のビダールやコラムニストのリチャード・リーブスなどの有力論客は、アジアの巨人から身を守るため、米国はソ連と手を結ぶべきだとさえ提唱しているそうである（「ニューズウィーク」日本版一九八八年三月三日号）。

それに対しカリフォルニアを中心とした米国西海岸には、まったく新しい意識が芽生えているとも伝え聞く。カリフォルニアはファッションやライフスタイルなどの新しい潮流が渦巻いている地域だが、ここでは〝欧州はすでに過去〟という意識が支配的で、アジア系などの新しい移民が活力となっている太平洋志向が、米国の新しい変化を求めて胎動しつつあるといわれる。日本並びに東アジアの興隆を見る米国人の意識が、今や新旧二つに二層化し、あるいは東海岸と西海岸とに分極化し、今のところはっきり行方の定まらぬきわめて流動的な状態にある、それが一九八八年の現時点における現実だということを、私はまずここで確認しておきたい。

次いで、欧州の状況だが、ここにも新旧二つの動きがあるように思える。フランスや西独は日本経済の進出に対しつねに冷やかな、意地悪な姿勢を示してきたのにひきかえ、サッチャーの率いる英国は近年がらりと態度を変えた。円高と株暴落とNIESの挑戦をみごと乗り越えた最近の日本の強さを真先に認めたのは英国だった。ロンドンにおける日本の金融活動に期待をかける英国は、一九八八年新春早々にハウ外相を東京に派遣し、次いで、クリストファー・テュウゲンドハット王立外交問題懇談会長を東京に送った。テュウゲンドハットが「デイリー・テレグラフ」に寄稿した論文（一九八八年一月十四日）は、サッチャー首相の対日外交を代弁する、重要な証言となっている。すなわち、米国・欧州、ソ連・中国を西と東の対立のモデルと考える戦後世界の二極図式は、日本の出現によって今や訂正を迫られているという、はっきりと自覚された認識を打ち出している。サッチャー首相の第二任期における外交成果は英ソ関係の改善だったが、第三任期における外交目標は日本に置かれる。現代の世界で、日米の話し合いは米ソ関係と同じくらいに重要で、日米両国が共同の決意を固めるなら、米ソＩＮＦ合意に劣らぬ戦略的重要性がある。日本が対米関係を対欧関係よりも重視するのは当然だが、欧州がこれにこだわらず、日米の世界経済問題に関する共同のアプローチに共に参加することが肝要で、もし欧州にそれがやれなかったり、やる気がなかったりするなら、日米は欧州を越えて前進するだろう、等々の現実主義的なしっかりした判断を示している（PHP World Report 1988. 2参照）。

英国の高い対日評価に比べ、仏独の反応はどこかためらいの色がある。それでも、西独はまだずっと公平で、日本に対しても心を開いて来ているが、フランスは戦後一貫して日本の経済進出に敵対的で、貿易障壁も高く、日米関係が世界政治の要所になりつつあるという、サッチャー首相が認めているような新しい現実に対しても、拍手を送る気にとうていなれないらしい。そして、このフランスの頑《かたくな》な西欧至上主義は、おそらく英国の上層社会にもなお根強く存続するものだろう。ただ外交的に右のような文書が出ているだけであって、西欧人の心の奥底が米国東海岸の政界、マスコミ、知識人の意識とそう大きく違うものでないことはおよそ察しがつく。欧州においても、日本と東アジアの興隆を見直さなくてはならないという現実認識が芽生えつつある一方で、旧態依然たる支配意識もいまなお根強いという二重構造が存在していることを、われわれは現時点における現実であるとして差し当り認めてかからなくてはならないであろう。

いいかえれば、日本の外の世界は一枚岩ではないということである。欧米の対日態度にも硬軟両面あり、「外圧」という言葉で単一化してしまうのは、内か外か、国内か外国かの二つに一つしか選択の余地がないと思い込む日本人側の捉え方の問題にすぎない。欧米文化は国ごとに多様だという意味ではなく、貿易問題などで欧米が日本に一つの要求を突きつけて来る場合でも、脅迫から、要請、期待、希望、懇願、哀願に至るまで、いろいろな心の働きに促されているのであって、しかも現代はすべてが目まぐるしく変動し、方向の定まらぬ時代である。今述べた通り日本の地位の上昇を見ている欧米諸国の認識の目が定まっていない。だから昨日日本に脅迫して来たかと思うと、今日は懇請に態度を変えるかもしれない。今日は期待を述べているだけなのに、明日は再び威嚇的調子にならないとも限らない。米国東海岸のジャーナリズムが「日本叩き」に熱心である間に、西海岸の米国人が大挙して企業誘致に日本にやって来る。フランスの週刊誌に日本文化を愚弄したえげつない記事が出るかと思うと、英国の「エコノミスト」は日本の社会の近代性が西欧以上であることを尊敬をこめて報告している。今はじつにいろいろなことが同時に起こる時代である。隙あらば蹴落とそうとする日本弱体化政策は、片時も休んだことはないと思うが、欧米人は空想家ではなく、現実の力を尊重するリアリストでもある。変貌する日本を見ている彼らの目が、再び新たな段階を迎え揺れ始めている現在、われわれは一喜一憂するのではなく、むしろ相手を呑んでかかって、相手の意見が今割れていること、日本に対しどう考えどう対処して良いか相手が分らないでいること、最も悪質な日本攻撃から最も好意的な対日理解までどれも信ずる必要がなく、どれも真実であってどれも嘘であること、等々をしっかり肝に銘じて相手に対処するのが一番得策であろう。

一体彼らが何だというのだ？　と私は考える。未来のことなど何も分ってはいないのである。もちろんわれわれだって未来のことは何も分ってはいないが、それなら同じではないか。なぜ欧米人にはすべて未来が分り、われわれは彼らが分っていることを承知して行動しているような振りをしてみせなければならないのか？　相手が日本の黙せる力に今たじたじとなっているのはじつにもって幸いである。状況を徹底して利用すべきである。米国の東海岸とか、欧州の中でも例えばフランスとかが、再び日本に言葉の攻撃をし掛けて来ることは再三あるだろうし、この動きはすぐにはなくならないだろうが、敢えて言うが、彼らに好きなように言わせておけばよいのである。「日本は孤立する」などと言われて怯えることはなにもない。われわれは黙々と活動しつづけるのみである。

世界がこういう状況であるならば、われわれは万事において泰然自若、何事につけすぐに動かず、堂々と冷静かつ平然、外界に心を左右されず、悠揚せまらぬ意気でいることが何よりも大切であろう。外国人に何か言われたからといってそれをすぐ信じて――出所が何処であるかがまず問題である。もともと日本を攻撃するのが商売である怨念の塊りのようなある特定の欧米人がジャーナリズムに発言権を持っているので、そんなのはよく選んで、最初から黙殺してかかればよく、従って日本人としては敵を知る叡知こそが今最も求められている課題だが――深く考えず、やすやすと相手に城を明け渡してしまうことが、何といっても一番の下策というべきであろう。

本書では、「コメの自由化」と「人の自由化」の阻止を日本人にとって最も大切な城、日本を危険水域にさらさない最後の砦として扱っている。そう判断する根拠は、本書の随処で縷説《るせつ》している通りであって、従って、外国から何か言われたからといって、こういう最重要の案件は易々と放棄するべき性格のものではなく、どんなに脅しが仕掛けられても、今や日本は、自分の一番大切なものを涙を呑んで捨てなければならないほどか弱い存在ではなくなっていることを、本書ではとくに強調しておきたいと考えている。外国における対日悪感情の最も強い層から今後も何か言って来る可能性はあるだろうが、以上の世界状況の説明から分る通り、世界の対日意識は今動いているのであり、しかもわれわれは現在のところ暗黙の力を発揮しつづけているのであって、従って世界の常識からいえば、何か痛い処を突かれても、ああそうかといって黙して悠然と坐し、いちいち動揺せず、わが国文化の最重要の案件に関して、何か要求が出されたら、これを黙って拒否して、何一つ問題はないものと私は考えている。国内のジャーナリズムその他の対応もまた、外からの刺激的言葉にいちいち過剰反応しない冷静さが期待される所以である。

米国との権力闘争

加えて、最後にもう一つどうしても付記しておきたいことがある。今、日本と米国の間に起こっていることは単なる貿易摩擦ではなく、貿易問題を一つの仮面としているところの権力闘争だという冷厳たる事実である。武力を持たない方がまず相手を倒す最大の武器が金の力であることは、ユダヤの昔から変わらない。江戸時代の町人、豪商は、武士階級に頭を下げつづけながら貸付金で次第に彼らの力を殺《そ》いで、勢力を握った。西欧の市民階級も、絶対王制下で立場を獲得し、有利な地位を築いて行くために、高い税金を承知で支払いつづけなければならなかった。武力を持つ権力と正面衝突しないで、徐々に対等の社会的地歩を占めるために、富の力が切札であることは、世界のあらゆる歴史が証明している。日本が米財政の赤字を毎年七百億ドルずつ穴埋めしているのも、核の傘の代償というだけでなく、次第に米国の首をゆるやかに絞めているある緩慢な政治闘争であると考えてよい。そのことを世界で真っ先に気がついたのがサッチャーであり、フランスやフランスの文化的従僕であるソ連などは、まだこのドラマに気がついていないのではないか。

しかし、権力闘争であるからには、ある時期に米国から理不尽な、恐るべき反撃のパンチが襲いかかって来ることがあるかもしれない。日本は米国の世界的覇権に取って替わろうとする気力も、おそらく意志もなく、従ってさして自覚もなしにある権力闘争に漠然と身を委ねていることは、危険といえばいえないことはない。日本人が望んでいるのはおそらく世界制覇ではなく、第一節に述べた「われわれと彼ら」という対等にして平等な、公正かつ真に協和的な関係を米国との間に結びたいという願望以上のものではないだろう。二十一世紀においても日米の〝離婚〟が、経済的には不可能、軍事的には非現実的であることは、米国防総省の元次官補代理エレン・フロストの言った通りである。けれども、米国が日本の借財に苦しみだし、完全に息の根を止められる前に——例えば基軸通貨国の米国がドル札の増刷で借金を軽くしようと巨大なインフレに陥り、ドルの急下落を招くと共に、世界的覇権の座からも自動的に滑り落ちる前に——、何らかの、われわれの予想もつかぬ政治的な反撃に出て来る可能性がないとはいえないだろう。われわれは武力においてわれわれにはるかに優る相手と再び権力闘争の状態に入っているのだというリアルな認識を、一瞬たりとも忘れてはなるまい。このことを、私は警告の言葉として書き添えておきたい。

日本人は米国からの「日本叩き」に今いささか神経質になり過ぎている。農民団体が米国産の自動車を叩き毀したり、レーガンの人形を燃やしたりするばかげた行動に出ているのは遺憾である。逆説的に聞こえるかもしれないが、言葉による「日本叩き」がつづいている間は、日米関係はじつは安全かつ平和なのである。日本を軍事的に自分より下位に抑え、日本から資金だけを引き出したい米国は、そう期待している限り、儀式として、政治ショーとして「日本叩き」をつねに必要とするからである。日本の防衛費ただ乗りをなじり、それでいて本心は日本の防衛力の著しい増大の阻止に目標を定めている米国は、政府開発援助費（ＯＤＡ）を少しでもより多額に日本に支払わせ、米国の肩代りをさせるために、「防衛費ただ乗り」という「日本叩き」の材料がなくなってしまうことは、むしろ大変に困ったことだといってよいであろう。農産物を始めとする市場の閉鎖性、関税外障壁の高さ、商習慣の違い、流通機構の不合理、等々、「日本叩き」の材料がなくならない限り、米国は日本に譲歩を求めているのだという幻想を抱いていられるし、米軍事力で日本を守ってやっているというプライドも温存できる。問題はドルが本当に暴落し、米経済の力が半減したときに起こる。米軍は日本を守ってやるどころか、自国防衛も怪しくなってしまうだろう。そうなれば「日本叩き」どころの話ではない。米政府の声は威嚇ではなく、哀願調に変わるかもしれない。しかしそこに立ち至るまでに、米国は政治力も軍事力も行使せずに、指をくわえて座視しているだろうか。問題はそこにある。

再び言うが、「日本叩き」が繰り返されている間は、日米関係は揺れつづけながらもなお安泰なのである。好き勝手なことを言われるかもしれないが、われわれは米国の悲劇の表現として、莞爾《かんじ》としてこれを受け止め、悠然と耐えて行くほかないであろう。

自分の中の二つの心

私は先に、上昇する日本および東アジアの勢いに関して、米国でも欧州でも、認識の目は定まっていなくて、最重要の動きとしてこれを尊重する人から軽視黙殺する人まで、じつにいろいろな考えがあるようだと、観測を述べておいた。伝統的な西欧中心主義者はあくまで自己優位の、アジアを見下す意識に捉われたままで、西欧以外の地に起こるどんな活力ある勢いでも〝野蛮の出現〟として冷笑的に眺めるだけであろう。それに対し、西欧の尺度で計れない世界の動きに、重要なシグナルを読み取ろうとしている西欧人もいる。サッチャー首相はさしずめ後者である。

ところで、西欧文化を学んで一世紀以上も経つ日本では、周知の通り、西欧をすべて美化し、絶対化し、自分を野蛮人だと本当に思っている西欧崇拝者の日本人から、その正反対の者までいるのである。じつは米国や欧州ではなくて、日本のこの国内において、自分に関して、認識の目がかようにいっこう定まっていないのが実情である。日本と東アジアの現在の活力ある勢いに関して、どう考えていいのか、本当のところは日本人自身が一番分っていないのだ。というよりは迷っている。迷っているのならいいが、まるで西欧人と同じ冷たい目で、自国の成果をじろじろ観察し、意地悪く判定して、あまつさえこれを嘲ける一群の日本人がいる。西欧に近い学問をしている知識人、外地暮しの永い日本人、一部の外務官僚、一部の政治指導者にとかくこうした例がみられる。しかし、もちろんまたその正反対の者もいる。日本はなにごとにつけて最高で、今日の興隆は日本文化の強さそのものの帰結であるとストレートに信じて疑わぬような人々である。現代の日本を見る世界の目が一定点に定まらないのではなく、現代の日本を見る日本人自身の目がこのように絶えずぐらぐら揺れているのである。

右の二つの極端な典型例は、正直いってどちらも頂けない。こんな固定した観念論では、現実は捉えられないからである。現実はおそらくその二極の真中にあると考えていいだろう。けれども、私はときどきふと思うのだが、二つのタイプの固定した性格の日本人がいるのではなくて、一人の日本人の中に大抵この二つの心が宿っていて、弥次郎兵衛のようにたえずバランスを保っているのではないかと観察されるのである。私自身が、自分の心の中を覗くとそう見える。

西欧型の教育を受けて久しいわれわれは、自分の目ではなく、つい西欧人の目で自分の文化や歴史を見てしまうのである。それなら、徹底して西欧的に生き、西欧的な目を磨き上げて、その目で見ているのかというと、必ずしもそうは言えない。いい加減なところで見ている。中途半端である。これはいかんとも避け難い。

私自身に二つの心があって、知らず知らずに欧米人の冷やかな目で自国をじろじろ観察し、批判しているかと思えば、それが行き過ぎると、一寸違うのではないかな、日本は彼らの言う通りではないのじゃないかな、と慎重に構えたりしているのである。欧米人の心になって日本社会に「外圧」を加えなければもうこの国はどうしようもないのではないか、と思い詰めるときもあれば、その逆に、所詮われわれと違う処に生きている欧米人の心の寒々とそそけ立つような違和感を思い出し、われわれは彼らからの借り着ではなく、われわれ自身の衣裳で——たとえ薄手の、貧弱な衣裳であろうとも——生きなくては、結局は作りものの文化で終ってしまう、と、自省するときもあるという次第である。どんなに日本の外にある文化が素晴らしく、日本人がその前に拝跪して学んで来た歴史の重みがあるとしても、いつまでも他人の足を借りて立つのではなく、自分自身の足で大地を踏みしめるのでなければ、何事も始まらない。それは強がりではなく、自分の脚力のなさ、弱さを知ることからむしろ始まる。私が「鎖国」という言葉を敢えて選んだ動機もその辺りにあり、今まで日本人は外の世界から自分をじろじろと無遠慮に、侮蔑的に見過ぎて来た、そのことへの反省を籠めてである。二つの心のうちの自分本位であろうとする心に、少し振子を振ることが今は必要だと判断したからである。時代が変わり、流行や人の心も変われば、私は今度は振子を前の方に振ることが必要だと自分に言い聞かせ、人にも説くことになるかもしれない。

「鎖国」とはもちろん、自分を鎖すことである。外国を拒絶することでもある。文字通りそう解されて構わないし、本論を読めば誤解の余地はないと思うが、私は外国に学ぶことを止めようとは思わないし、外国に心を開くことをむしろ最重要事とさえ考えているのである。私は矛盾したことを言っているのではない。拒絶したらもう手も足も出さず、自己を完全に閉ざす以外に方法がない、と思い詰める窮屈な人士が私には理解できない。それは外国を許容したら、自己を開きっ放しにして、内臓を剥《む》き出しにし自分をなくしてしまう所まで行かないと収まりがつかないという精神と同根である。私はこの二つの心事が分らない。

拒絶しつつなお学ぶ、そのしなやかさが大切だとは、前にも書いた通りである。

（講談社『戦略的「鎖国」論』一九八八年七月刊の第Ⅰ部）

Ⅷ　講演　知恵の凋落

講演　知恵の凋落

大変に立派な言葉で紹介していただき恐縮に存じております。「知恵の凋落」という、これまたタイトルからして立派すぎる題名を付けておりまして、些《いささ》か気恥ずかしくなっている次第でございます。「知恵の凋落」というと、いかにも私自身が知恵のあるところにいて、世の中、知恵を失った人ばかり、というように受け取られるかもしれませんが、それは実に知恵のない話でございまして、実は全然そうではないのです。

私自身が知恵を失っているということが、話の出発点であり、またそうでなければならないと思います。フランスの哲学者ガブリエル・マルセルが、これと同じ題名で本を書いたことがありますのを、ちょっと今回、いい題名なので、拝借した次第ですが、と申しましても、知恵という言葉をどう定義するか、それを今ここで、マルセルのひそみにならって、哲学的に、抽象的に議論してみたいというのではありません。

むしろそのようなことではなく、今、私自身が知恵を失っていると申しましたが、それを私達というふうに言い直してもいいかもしれません。広く、現代人が落ちこんでいる状況、あるいは宿命を正しく観る事が、私達が落ちこんでいる、文化のいろいろな穴から這い出すための、出発点になるのではないかというふうに考える事もできると思います。「知恵」ということばもその程度に簡単に考えておいていただきたい。

私は最近、『平家物語』を少しく詳しく読むという経験をもちました。いつかテレビで、大河ドラマという形で、日曜ごとに放映されたものとは違います。あれは御承知の通り、吉川英治の改作した『新・平家物語』です。

しかし、話のついでですけれども、テレビの『新・平家物語』を見ていますと、あそこに出てくる平清盛は、サラリーマンの出世頭のような描かれ方でして、私は同じ吉川英治の『太閤記』でも見ているような感じになりました。清盛というのは、ああいう人間像ではなかったのではないか、そのことがちょっと今日の話にも関係があるのです。吉川英治の描いた平清盛は、いってみれば現代のサラリーマンの欲望や感情をそのまま歴史に投影している。ある意味では、歴史のなかに現代人の感情や考え方を投げ込んで作ったというようなものであります。だから分りやすい。現代人と同じような考え方、生き方をしている人間が、武将の衣服をつけて、絵の中にあらわれ、生きて、動いている訳ですが、歴史というのは果してそうだろうかという疑問があります。

今日、真先に申し上げたいことも、実はそのことに関係があります。

原作『平家物語』の昔の作者は、清盛という人間像を、明らかに悪者に描こうとしております。作者は複数でありますけれども、とにかく当時の作者は非常に意図的に描こうとしているようにみえる。今日我々が読みますと、悪者に描こうとしている作者の邪心ですね、それがあるようにも思えるのに、そういうものを超えて今日に生き残っている作品の生命、叙事の精神があって、かえってこれがむしろ清盛という人間を非常に大きな人間に仕上げている。大変に魔神的というか、デモーニッシュな人間像にしたてております。つまり、書かれた時には、作者はある一定の方角をもって、こういう人間に書こうという欲望で書かれている。個人的な意図が多かれ少なかれそこに投げこまれているはずですが、しかしそれが時間とともに洗い流されていって、つまらない邪心が消されて、何時《いつ》の間にか作者の意図とは関係のないところで、説明のできない、異様に大きな、ちょっと簡単に現代では存在しないような人物像が、そこに描かれているという結果になっている。これが歴史の不思議ではないかという気がします。時間の不思議ではないかという気がいたすのです。

小利口に解釈する現代

私は、いろいろな場面が好きですけれども、「一二《いちに》の懸《かけ》」という段を例にしてみましょう。

熊谷次郎直実、小次郎という親子が一の谷の先陣を志して、夜半に他を出し抜こうとしている。もう一人大変に先陣がけの上手な平山季重《すえしげ》という侍がおり、親子はこれとつねづね競争している。で、熊谷親子は、先駆けの上手な平山季重に先を越されるのを恐れまして早々と仕度をすませまして、陣内で下人を調べにやりますと、案の定、平山は早くも先に仕度をして、今度こそは敗けられないといってしきりに力《りき》んでいるようです。そこで熊谷親子は、それみたことかと、大急ぎで先を越して、夜半のうちに馬を駆って出発します。早くも夜明け前に城内に辿り着きますが、味方は一騎も後からついてきません。だからといってグズグズしていると先陣の名前を失う恐れがありますので、熊谷親子は、

「夜の明るを待たらんぞ、いざ名乗らん」と申しまして、立ち上って、大音声を挙げて、

「是は武蔵国の住人、熊谷次郎直実、嫡子の小次郎直家、この度、一の谷の先陣ぞや」

と、大声を挙げて名乗りますけど、未だ朝の事でありますから、たった一騎しか来ていないので城内はシーンと静まりかえって、相手にもしてくれません。そうこういたしますうちに、先程、遅れをとった平山季重が武者一騎、後から追っかけて来ます。先に来ている熊谷親子を見まして、この平山、しまった、と思います。

で、実はもう一人、成田五郎という武者がおりまして、平山は来る途中で、これに制せられ、軍勢を後において余り早く先駆けするのは意味がない、とたしなめられたので、小山を昇りきったところで、ジッと待っているところへ成田五郎がやってきたので、自分に話しかけるかと思ってみれば、彼はツゥーと前に行ってしまう。ああ、ああいうふうに言って自分を出し抜いて、先駆けする気だと分かったから、一鞭当てて大急ぎで成田を引き離してやって来たのだ、そういうふうに、熊谷親子を前において一所懸命に弁解をいたします。口惜しまぎれに弁解するのもなにしろ場所が場所で、これから戦《いくさ》のはじまる敵前でございますから、大変ユーモラスな感じがいたします。

さて、熊谷親子は東の空がしだいに明るくなってまいりますと、もう一度、立ち上りまして——ここが、私は大変楽しいところだろうと思うのでありますが——大音声を挙げて、

「これは以前に名乗りあげたる武蔵国の住人熊谷次郎直実、小次郎直家、この度、一の谷の先陣ぞや、と名乗りたる。城中には此の由をききて、いざ宵より名乗る熊谷親子引っ提げてこんとて、進む兵には誰々ぞ……」

というような叙述が続く訳です。私はここまで読んできて、非常に愉快な気持になったのです。武将同士が先陣を競いあうということも、昔の武将らしく大変ユーモ

ラスなんでありますが、同時に前の方に来ていた熊谷親子は、一回、名乗りをあげたけれども他に誰もいないし、敵方も全然相手にしてくれない。で、今度は追っかけて来た平山季重を目の前に置いているもんですから、迂闊に先陣を先にとられたらいけないというので、そこでわざわざ〃以前に名乗りをあげたる、拙者、もう一度申し上げますぞ〃ということで「以前に名乗りをあげたる」という言葉がここについている。

　当時の武将の率直な負けん気というものが気持よく読めるのです。高らかな笑い声とともに、じつにフモールをこめて描かれている。それが先ほど述べた作品そのものの健康な生命、叙事の精神といったようなものでありましょう。

　ところがですね。現代という我々の時代はじつに厄介な時代でして、いろいろこれに解釈や説明をつけ加える人があとをたたない。学者というのが沢山いるのは困った時代なのです。どういう解釈や説明をつけ加えるかというと、当時の武将がなぜ互いに先陣を競いあうかについて、社会経済史的に分析し、説明するのであります。武将には所領というのですか、領地ですね。それぞれに与えられている訳ですが、名誉のある戦ぶりをしないと、所領を召しあげられてしまう。従って、所領を守る、あるいはそれをふやす、このために死を賭して点数かせぎをした。家の子郎党、自分の家族のためですね。いわば自分の一家の経済を支えるために、当時の侍たちは、必死になって名誉心を競いあったのだ。こういうことを、あの先陣の場面につけ加えて説明する。理に落ちた話で、たしかにそう言われるといっぺんに分り易くなるが、とたんにつまらなくなる。

　これは実はですね、『平家物語』の裏にある当時の資料を調べていきますと、確かに、そういう事情があったらしいことを予測させる事実が散見されるようですね。経済的な問題がなかったとはもちろん言いきれない。しかし『平家物語』の文章を率直に読んでいるかぎりそこからは出てこない観点であります。当時の人には自明の前提であったから言葉になっていないのかもしれないのですが、作品を書いたり、その朗唱を楽しんでいた当時の人々の心にはやどらなかった主題かもしれない。心のなかになかった主題は、結局そういう主題は存在しなかったことを物語っているのではありませんか。それなのに現代人の立場から、現代的な読みこみをして、大変さもしいというと言いすぎでありますが、理窟でわり切れた、いかにも尤もらしい解釈をつけ加えるのが現代という時代であります。つまり歴史は、そこでは社会学のなかに自分を見失っているといってもいいかもしれません。

　私はある座談会の席上で、この同じ問題について著名な某評論家と小さな論争をしたことがあります。彼はこのような、所領守護のために勇敢になった当時の武者の心理を称してですね、あれは死の美学ではなくていわば死の経済学だ、というようなたいへん小利口な定義づけを言ったことがある。で、死の経済学といったこの言葉で、問題をスッと簡単に括ってしまうのが、説明過剰な現代人の一つの典型ではないかという気が、私、する訳です。これは平清盛像にサラリーマンの欲望や心理を読みこんで安心するテレビ劇と結局は同じことであります。

歴史の解釈にさかしらは不要

　で、もう少し他の例を考えてみましょう。

「宇治川先陣」という有名なくだりがございます。木曽義仲が京都で狼藉をいたします。そこでそれを取り鎮めるために鎌倉殿頼朝が、軍勢を引きつれて、京都に向かいます。宇治川を挟んで、両軍が対峙するときの話です。頼朝は生食《いけずき》という名馬を持っていて、つねづねこれを大変に大事にしています。これを今迄、誰が欲しいといってもやりませんでした。ところが家来のなかに、佐々木四郎高綱という人物がいまして、これが出陣の暇乞いにまいりました時に、大変無雑作にそれをくれてしまいます。そこに特別の動機もございません。頼朝のどんな心理的解説もついていません。ところが、この名馬は、もう一人、梶原源太景季というのが欲しがっていた。鎌倉殿頼朝は困ってしまって、先に生食よりももう一つ劣るけれども、別の名馬を与えておりました。何故、武将たちがこのように名馬を欲しがるかと申しますと、川を挟んで、――これもふたたび先陣でございますが――先陣競いをするためです。馬が良ければ、先に対岸にのりいれることができるからです。

　ところが、ここが大変に興味深いことでありますが、頼朝がなぜ片一方にだけ生食という名馬をやって、もう一方にやらなかったというようなことに関して、現代の文学であれば、必ずそこにくどくどした分析がつけ加えられる訳であります。つまり、こっちの家来の方を可愛いがっていたんだろうとか、あっちの家来を憎んでいたんであろうとか、等々原因をいろいろ創作することができます。こういうのをもって通俗の歴史小説という訳でありますが、先程申し上げた古典の叙事の精神というものは、そういうさかしらな心理的解釈を越えておりまして、いっさい書いてないのです。つまり、なんて言うんでしょうか、馬をくれてやった頼朝のその時の気持はなんにも書かれていないのです。しかし我々にしたって、よく考えてみますと、こういう場面で自分の気持などはよく分からないのが普通じゃないでしょうか。Aの人にフッと馬をやる、Bの人に馬をフッとやる、その時の頼朝の気持にはなんにも理屈はなかったんじゃないかと思うんです。人間の気持はそんなものじゃないでしょうか。フッとそんな気になるような事にすぎなかったので、我々の日常にも、そういう風に説明の切れてしまう場面というのはたびたびあります。そんな時にいちいち説明をつけ加えるのは、意外とつまらないことじゃないのか、という気がするのです。

さて、名馬をもらいそこねた梶原源太景季の気持はなんともおさまりがつきません。同じように召使われてありながら、自分が片一方の佐々木に見返られたとあっては、これは恨めしい、とばかりに、頼朝公のこの水臭い気持に、大変腹を立てまして、

「一人当千《いちにん》ときこゆる平家の侍どもと戦して、死なむとこそ思ひつれども、この御気そくでは、それも詮なし。ここで佐々木に引っくみ差しちがへ、よい侍二人死んで、鎌倉殿に損とらせ奉らむ」

と、大変なことを言いだす訳です。つまり、名馬をもらい損ねたんだからもうこれは腹が立ってしようがないから、平家と戦争をするつもりだったけどやめてしまって、名馬を貰った佐々木と取っ組あいの喧嘩をして、二人の侍が死んで、頼朝に損をさせてやろうと、乱暴な男らしいとんでもないことを思いつく。そう思って佐々木を待構えておりますと、名馬に乗ってやってまいります。そこで佐々木はハッと、ああそうだ、この男も生食を所望していたんだ、と気がつきます。そこでサッと機転をきかして、相手の問に答えて、御秘蔵の生食をくださる筈はございません。夜明には出発いたそうというその夜、馬屋の番人としめしあわせて、まんまと盗みおおせたのでございます。……こういうふうに機転をきかして答えるのであります。そうしますと、

「ねったい、さらば景季も盗むべかりけるものをとて、どっと笑ってのきにけり」

という具合に、気持に収まりがついて、まったくこだわらずに大笑いして立ち去ったと、それだけの描写でございます。

佐々木の答えが嘘か本当か、それはわからないけれども〝いや、私は盗んできたので、この馬はもらったんじゃない〟と答えられたら、ハッと判って、それ以上はこだわらないで、馬首を変え、笑い声をあげて気持をおさ

めた、というこの場面の描写には、健康な、男らしい哄笑と合戦の前の緊張がみなぎっています。大河の辺りで、今、死を前にして戦いに向かっている武将の気持というのは、恐らくこんなものであったかもしれない。ある種の荒々しい、原始的な感情と、無邪気な遊びのような明るさをもって、全体の情景が力強く描き出されているのです。で、私はここには理屈はなにもない、歴史というものには、後世の人間がいろいろ理屈をつけたがるものであります。後世の人間が自分の身の丈にあわせた解釈をつけたがるものであります。しかしこの戦場の場面にどんな現代人好みの説明が可能でしょうか。我々はどうしてこの文章の表面だけをそのまま率直に読んで、ありのままに受けとってはいけないのでしょうか。

先程も申し上げましたように、歴史を現代人の膚《はだ》にあうように読み直して、そこに考えをもち込むというのは、一つの通念だという気がいたします。で、何時の時代でも、自分の時代の通念から離れるというのは、一番難しい事なのかもしれません。ものを考えるパターンというのがありますが、それと同じように感じるのにもやはりパターンというのがございまして、そしてなんでもそういうふうに現代人に分かりやすくなってしまうことが危険だという気がするのであります。

死すら無邪気である

さて、以上述べた二つの『平家物語』のイメージ豊かな、印象的な場面を、みなさん、眼の前に彷彿と思い浮かべていただきたい。私がこれらの文章にどうして魅力を覚えるかという根拠をもう少しお話ししたいと思うからです。

譬えば、勇気という言葉を考えてください。私達はいま実社会においてどの程度の形でもって生かしているでしょうか。現代では、勇気という言葉は、なぜか滑稽な言葉になっていないでしょうか。みなさんの住んでいる生活のなかで、会社なら会社という場において、課長とか、上役がある種の間違ったことをやっているとします。みんな黙っている、うかつに言えないからです。世の中には簡単に口に出して言えないことがありますね。しかしそれはやはり思い切って言わなけりゃならない局面がある。そして、ついに言った。もし、それが勇気だとすれば、それは大変な勇気ではあるが、別の面からみれば、ちょっとした滑稽なことにもなるかもしれません。あいつは馬鹿な奴だと陰口をきかれる、これが現代人の感想ですね。しかし今、申し上げた戦場の武将の描写に、滑稽感は全然ございません。

　次に憎悪という言葉を考えてください。現代では、憎悪ということは極端性をもっていて、いったんなにかを憎みだすと、非常に陰惨なものにもなりかねません。赤軍派の、例のリンチ殺人事件というのを思い出して下さい。憎しみというものがとぐろを巻いて、他から他へと伝播し、奥へ奥へと浸潤していく。人間の恐ろしさというものをまざまざと感じさせますが、しかし今、説明申し上げた『平家物語』の描写の中から、私達は人間的な陰惨さを感じません。憎しみさえもここでは、なにか健康な感じがいたしませんか。

　と同時に、死というもの、人間が死ぬということ、これも現代ではなにか機械的なもののみを感じさせます。「隣りの人が死んだ」「ああそうか」で、明日忘れる。「飛行機が墜っこった」「可哀想だ、大変だ」って言うけれども、可哀想で大変なのは、亡くなった人の家族だけであります。他の人は一瞬たりとも、そのために眉を動かしません。そして、いまやそういう機械的な死はわたくしたちの周辺に絶えずあります。しかし本当に私達は日々のくらしの中で死に直面しているかというと、そういうことが全くないのが、現代であります。しかし『平家物語』の描写を読んでいますと、私はここでは、死もまた大変に無邪気だという感じがいたす訳であります。

　このように勇気というものが少しも滑稽ではなくて、率直なものであったり、憎しみというものが少しもとぐろを巻いた陰惨なものではなくて、むしろ健康であったり、あるいはまた死というものが機械的ではなく、無邪気であったりする、こういう文学はいったい何だろうか。それが歴史というものではないだろうか。それに対し我々はなにかを喪って生きているのではないだろうか。私達の意識からはなにかが欠落してしまっているのです。「知恵の凋落」といった意味は、あるいは前よりはいくらかみなさんにおわかりいただけるようになってきたかもしれません。

　現代の文学で死を扱うと惨めっぽくなるか、さもなければ分析的に緻密になる所以です。それはもうものすごく科学的に分析的で、死の分析、死の形而上学とかなんとか言って、概念的になってくる。古代や中世の古典ではそういうことがありません。むしろ死というものがなんか自分と隣りあわせているような優しい感じがいたします。

死に直面していない現代人

『平家物語』には武将の死が実にたくさん語られています。そして一見すると、抒情的詠嘆にみえる。この作品は、ご承知の通り、平家の滅亡を詠った哀感を強調しているわけですから、死の場面においても哀れさを誘うような描写が多いだろうと普通は考えられております。しかしそうではございません。ちょっと時間がないので『平家物語』の場面の説明はこれだけにいたしておきますけれども、一つ一つの武将の死の描写というのは、実におどろくほど即物的であります。サッと事実が書いてあるだけです。詠嘆がないのです。詠嘆の部分はあるにはあるのですが、これとは別です。死の描写とはちょっとずれたところに出てくるんです。ですから、死の描写というのは、少し調べますと――『平家物語』の描写にかぎりません――『太平記』その他でもそうですが、意外に日本文学というのは、センチメンタルじゃないなあということを感じさせるといってもいいくらいです。

で、私、申し上げたいのは、「知恵の凋落」という言葉が、ある程度、そこでお分かりになってくるんじゃないか。先程から私自身が知恵を失っている、あるいは、私達が知恵を失っている時代を生きている、ということを申し上げてきましたが、問題はそこなんでございます。

私達は最近、「自然の破壊」というような事を盛んに耳にいたします。それはもうまるで耳にたこができたと言った方がいいかもしれません。自然の破壊、さらには人類の死滅の可能性とかが少しテーマとして流行になりすぎていて、私たちはもうたくさんだ、驚かさないでくれといいたくなるくらいですが、ともかくこの問題を今の文脈の中で考えてみましょう。

新宿に紋白蝶を一万羽はなしたというニュースがございました。自然が破壊されて、だんだん私達の住む生活環境が、索莫とした砂を噛むようなものになってくるのは、申すまでもなく大変困ったことでございます。生活のなかへ、食べものだとか、大気、空気のなかへ、死毒が忍び寄っているということも盛んに言われております。

しかしよく考えてみますと、私達は、そうした自然の破壊ということで実は快適さも得ているのではないでしょうか。例えばですね。私達は、夏、暑い日に、庭に水を打って、夕風が入ってくるところで、ユックリと夕涼みをします。昔はよくそういう涼み方をしました。これが日本人の夏にやはりふさわしい、涼しさを味わう味わい方です。そのかわり、昼間は暑いのを我慢します。ムシムシするほど暑いけれども、しかし夕方になると打ち水をして、サッと涼しくなる。これが日本人の夏らしいと私は思う訳でありますが……ところで、自然を破壊することによって、私達はそれを必ずしも不快だとは思っていないと先に申しました。実は、快適な代償を得ているのです。もしルーム・クーラーというものを、部屋に一旦、取り付けてしまいますと、たしかに昼間の暑さはもう我慢しなくてすむ。そういう快適を手に入れます。そのかわり、私達はその味をしめてしまうと、夕暮に庭に打ち水した時の涼しさの、あの味は忘れてしまうのです。だからなにか自然が破壊されることは不快なことだと思っておりますが、実は全然別種の、麻薬的な快適さを、その代償として得ているんじゃないか、という気がいたします。そしてこれは麻薬みたいなもんですから、一旦味をしめてしまうと、どうにも逃れられないという性格がございます。ルーム・クーラーを入れると涼味が機械化され、身体に及ぼす感覚が変わってしまい、もう元にもどりません。交通機関が速くなりまして、飛行機の事故が巨大になればなるほど、危険だということが分っていても、飛行機を大きくすることを止める訳にはいかないのとよく似ています。

それは最近の石油騒ぎでも同じことだろうという気がいたすのであります。と同じように、人間の寿命が伸びた、という問題、これはどうでしょうか。会場にはいま、ご老齢の方もおられるのでさしさわりのあることを申すようになるかもしれませんが、（一部に笑声）果たして、これが幸福なことかどうか分らないのであります。

私は先ほど『平家物語』の武将の死の描写には、どれもただあっさりした事実が語られているだけで、即物的な描写であることに感銘したと申しました。意外に詠嘆の部分が少ない。そういう場面をひとつひとつていねいにみていきますと、現代人の生と死の感覚とはなにか違ったものがそこにあるような気がしてなりません。あの時代の文学を読んでおりますと、シミジミ感じますのは、死というのは何時でも生と背中あわせだという思いがすることであります。明日、死が来るかもしれないという思い、そういう人生を生きているのが、昔の日本人だったんだなあ、ということを感じないではいられません。

で、無常という言葉がありますけれども、別に思想でもなんでもない。無常という思想がどっかにある訳でもなんでもなくて、生活のなかの感覚みたいなものだったんだろうということを予測させます。私達は、明日も知れぬ生命を生き、死というものに直面していれば、今日の掛替のない生命というものをも大切にするようになってくるんじゃないかという気がいたします。

　しかし現代人はどうでしょうか。私達は今、凡《あら》ゆる快適に取り巻かれている訳であります。そして死に直面することをしない。しないで済む訳であります。つまり凡ゆる科学的、衛生的便利によって取り巻かれていて、中世の人間が日々、曝されていたような病気の危険からも遠ざけられております。水を一杯飲んだら、それが明日死につながるかもしれないという予感などもたないで生きております。そしてその結果寿命が延びましたが、それだけ死に直面することが少なくなって、安全に守られ、生命の真の燃焼ということもしないですませている。それでいて機械的な死、文明の死というのは突然のように我々に襲いかかります。そういう死は我々を取り巻いていると言ってもよいのであります。しかしその文明の死は、何時も我々にとっては物体の消滅ぐらいにしか感じられなくなっているのはなぜでしょうか。つまり私達は死というものから遠ざけられて、まあ人間は何時か死ななきゃならない訳ですが、寿命は伸び、凡ゆる薬物は発達し、凡ゆる便利というものが存在するが故にですね、運命を感受する能力を失なっているのではないでしょうか。

　事故が起きるとですね、運が悪かったという人はおりません。政府が悪かったと言います。政府や運輸省が悪かった一面があることは事実でありますけれども、しかしみんな腹の中では本当は運が悪かったと思っているはずであります。ハイジャック事件が起きても、みんな恐らく運が悪かったと思っている訳であります。これは政府が悪かったと言う訳にはいかないので、アラブが悪かったとか言う訳でありますけれども。つまりなにか私達自身が、運というものを正直に感じる事が少なくなった。その実、心の中では運というものに動かされて、生きてゆく感じがするんですが、言葉でそれを表現する時には、誰もそうだとは申しません。誰も運だとは言わないのであります。正直に言わないのですね。どこかに別の原因があって、科学的に悪い原因はとらえることができて、自分がその悪い原因を取り除かなければならない、これがつまり現代人の考え方のパターンですね。〝悪は必ず除去可能だ〟と思っている訳であります。あるいは禍は必ず取り除き、抹殺することが可能だと思っている訳であります。しかし本当の、人間の生命というものが、一番燃えあがる時というのは、除去することのできない悪というもの、運命というものに直面した時ではないか、というふうな気がいたします。そして中世の人間は、どうも常にそういうものに取り巻かれて、生きてきたのではないのか、という気がいたす訳であります。しかし現代人は運命を回避することばかりに熱心になり、それがあるていど実現できた。つまり合理的にいろいろな災禍をとり除くことができた。そのことにいい気になってどんな悪でもすべて悪は除去でき、運命などというものを考えなくてもすむ、と思い上るようになった。あるいは考えるべき必要のある場面でも、他の説明でごまかすという自己欺瞞を平気でおかすようになったのではないか。

何にでもわけ知りになる弊風

で、以上幾つか述べました例で、私は現代における知恵の凋落の、端的な徴《しるし》というのは、人間が「畏れ」というものを失ってしまったことではないかという気がいたします。歴史に対する畏れ、死に対する畏れ。あるいは事実に対する畏れ。これは別の言葉で言えば、分らないものに直面することを、日々ごまかしてしまうことではないか。なんでも分ってしまったとする傾向が現代において顕著になっていることではないかという気がする訳であります。

一番平明な例を一つ出しましょう。横井庄一さんという方が帰ってきました。これは驚きでした。私も大変驚きました。驚かなかった日本人はまず一人もいなかったのではないかと思います。とくに、現在、三十五歳以上の人、すなわち、戦争というものをなんらかの形で経験してきた人々にとっては、二十八年という私達が営々とくらしてきた、この戦後の歴史の間、この人がグアム島の密林のなかに兵士として生きていたことは、まあ考えてみれば考えてみる程、驚きであった訳であります。

さあ、たくさんの論評が出ました。私は、その論評のなかで一つだけ覚えているのがあるんですが、日本人は恥を知る国民である。恥かしいという気持が強い国民である。それが故に、あの横井さんはかくも長きにわたって、ジャングルのなかで生存し続けることができたのである。これは日本人の特徴である、と。こういうことを、司馬遼太郎氏が新聞に長々と論評しておりまして、いやーな気持がしました。本当にみなさん、日本人の特徴だという風に言ってあの事件をかんたんに説明できるでしょうか。本当に、あの一人の人間が密林のなかで二十八年間というもの生きていた事実は、人知を越えたことが起ったとしか、私にはいいようがないのであります。しかしこれを日本人の特徴である、というようなことを言うことがどんなにさかしらで、いかにもわかったような軽薄な説明だという風にお感じにならないでしょうか。

ところが新聞や雑誌を蔽《おお》う議論というのは、おおむねこういうタイプの議論であります。

ちょうど、あの直後に、テルアビブ空港乱射事件というのがございまして、日本人の青年がイスラエルの空港でたくさんの乗客を殺害するという事件が起りました。直ちに「短気な日本人」という論評がそこにつきました。そして世界の人はいまや日本人のことを不可解に思っている、ということを日本の新聞が盛んに書き立てたのであります。しかし、あの事件を不可解に思っているのは、他の誰でもない、我々日本人じゃなかったでしょうか。やっぱり分らないというのが、私達の正直な気持じゃなかったでしょうか。ところが、誰もそれを分らないと正直に言わないのです。日本人の性格だと言うのでありまず。待って欲しい、というのが私のいいたいことであります。

つまり「日本人はこうだからこうだ」というようななにか定義をすることによって、原因と結果とを説明することによって、そこでなにかを解決したように思いこむこと。これが私が先ほどから申し上げているように、分らないものに直面することを何時も逃げようとする姿勢だ、という気がしないではいられないのであります。つまり畏れの感覚を欠いた生き方だといいたいのです。で、こういうことが私達の日常生活のなかに非常にたくさんあることを、いろいろな側面から考えてみる必要があるのではないでしょうか。

至れり尽せりの堕落

モンテーニュが大変いいことを言っております。「ものごとを解釈するよりも、解釈を解釈する方が大変な忙しさだ」そして、「他の主題についてよりも、本について書かれた本の方が多い、我々は互いに注釈をつけあうことばかりしている」と。

みなさんがあることを知ろうと思う、ある思想家、ある芸術家の仕事を知ろうと思う。みなさんは、その思想家や芸術家の書いたものを読むのが、まず第一に大切であります。ところが、世の中には、その思想家の書いた本よりも、その思想家について書かれた本の方が、たくさん出ている訳であります。まあ誰でもいいんですが、ニーチェならニーチェという一人の思想家のものを勉強するなら、ニーチェの書いたものを読むのが先な訳ですが、しかしどこどこの出版社から出ている、なになに新書という形で、このくらいの便利な本で、ニーチェという題の本が出ている。それを買って読みあげる。そうするとたちまち分っちゃう訳ですね。ああ、分ったって……で、分らない訳です。結局は……。

簡単に分ってしまうのは困ったことじゃないか、恐しいことじゃないかという気がします。本当に分ることの恐しさが分らなくなってしまうからです。しかしそういう反省さえも忘れさせるほど、ものすごい数で本が出ている。それが出版ジャーナリズムであり、書物の文化であるというふうに言うこともできるかもしれません。つまり人間ってのは、知性が進み、だんだん高度になっていくと、しだいにものから離れ、ものを考えなくなる。あるいは文化が発達し、文明が進むにつれてだんだん野蛮になっていくというような逆説をいろいろな場面でみることができるように思います。

戦争中には本がなかった訳であります。たった一冊の岩波文庫をもって、防空壕に入ったとか戦地へ征《い》ったとかいう人がたくさんございます。読むものがないから、一冊の岩波文庫を何度もくりかえし読んだという話を、戦後いろいろな人からよく聞くのです。しかし今、われわれが本屋に行ったら、一体なにを読んでいいのか分らないほど本が多いのじゃないでしょうか。あり余るほど、書物がございます。そして昔の人は、わずかなチャンスと、わずかな教材を生かして語学やなんかを勉強しようとしました。辞書は不完全であった。今は、外国語を勉強しようと思えば、テープレコーダーはあるし、耳からも目からも学べるありと凡ゆる親切な手段がつきまとっています。そういうことが人間を堕落させる原因なんでしょうね。

譬えば、私、ドイツ語の教師でありますから、ドイツ語の教科書の歴史をみていると面白いと思うことがあります。最近は全部単語の訳がページの袖《そで》に出ている教科書が売り出されているんですよ。各単語の訳語が書いてあるんです。辞書を引かなくてもいいようになっている。甘ったれ文化もついにここまで来たかと、呆れてものも言えなかったのでありますが。

モンテーニュの言っていることは、いろいろな場面に妥当する大切な問題点を衝いているような気がします。言葉というものが、あるいは思想といってもいいのですが、かえって人間の大切なことを失わせるということを言っている訳ですね。我々が、ある本について勉強すると、その本よりも、その本について書かれた本の方が多い、と彼は言います。我々は注釈をつけることばかりし合っている、とも言っています。つまり言葉というのは不便でかつ便利、あるいはその逆だといってもいいですね。便利でかつ不便。なにかを伝えるのには実は言葉しかない訳です。言葉以外になにかを伝える手段はない。しかしなにも伝えないで済ませてしまうのにも、言葉は一番便利なのです。

なにかにある言葉を与えることで、言葉では簡単に伝えられないなにかの中のあるものが消えて見えなくなってしまうからです。つまり、言葉でなにかをいろいろ言っているとですね、分ったような気がしてくるということです。言葉は大変に便利です。それが一番こわい。なぜなら、分ったということで、それで終っちゃうからです。伝達ということは本当は不便なのです。私、そういう事柄が今の世界には非常にたくさんあって、言葉で言葉を隠すということがインテリの世界になればなる程、かえって多くなっているという気がするのであります。

運動体としての全体知

ついこの間も、私、ある座談会に出まして、世界の文明のなかで日本の文化の位置づけをいろいろな面から滔々と議論されている方がおられまして、その方の話を聞いておりますと、日本は奈良朝以来、開いたり閉ざしたりすることをズーッとやってきた、という意見を述べておられる。それはおおむね当っている。奈良朝の時代には、国を開いた。遣隋使、遣唐使というのがあった。平安朝の時代には、閉ざした国風文化ということが起こった。それからまた開いたり閉ざしたりしてきたという流れをみごとに説明されました。しかしあまりにも全歴史がくまなく図式的にみごとに説明されてしまうと疑わしくなってくる。まるで幼稚園のお遊戯みたいに開いたり閉ざしたり（笑い声）で、日本の歴史が全部わかってしまってはたまらない。

まあ鎖国ということはそもそもなんであろうかという点から始まって、一連のそういう話が出た訳でありますが、話をきいていると全部つじつまがあっている訳です。大筋は確かに言われている通りなんですね。しかし私は正しすぎるから困ったと思った。まるで日本という一つの国の歴史が生物の運動みたいにみえてくる訳ですね、その人の話をきいていますと。

私はこういうのを博物学的歴史像ということにしています。いくら知識が豊富でも、いくらその方が勉強して、いろんなことを知っていて、歴史の動きがおおむね正しく摑めていても、歴史に対する姿勢においてなにか一点肝心なことが分っていないのではないか。

なにが分っていないかといいますと、日本の歴史であってもなくてもいい、過去の歴史、日本にかぎりません、過去というものをひっくるめて分ってしまう立場はあり得ないということです。自分の知性が過去から独立して、高見に立ってなにか遠いものを眺めわたすようにして、自分は知的な優越者に立って、全部を統轄して、これは分ったということは、歴史については原理的にあり得ないということです。歴史に関しては全体知は不可能だということ、この前提がお分りになっていないケースと思うのです。歴史に関し豊富な知識をもちながら哲学だけは勉強したことがないという人に多くみられる例のようです。

全体知は存在しないということ、これは私は永遠の真理だと思います。つまり我々には部分しか分らないこと、しかしその部分のなかにこそ、全体がある訳なんですよ。しかしそれは大変象徴的な形でしか認識され得ないのです。

もし歴史に全体というものがあるとすれば、たちまちそれはイデオロギーになるでしょう。これはマルキシズムの歴史観をみれば分るでしょう。一つの固定観念であり、一つの定められた歴史観であります。定められた歴史観、すなわち全体知が、たとえフィクションであっても、その後の歴史を動かすという事はいくらもあるのです。だから私が申し上げているのは懐疑論じゃ決してない。しかしちょっと間違えると懐疑論になりかねませんね。全体知は存在しないというと、これは懐疑論になります。で、懐疑論というのは、何事においてもプロダクティブではないんです。生産性がありません。ところがドグマティズム、つまり懐疑論じゃなくて、全体知が存在するという立場、これは歴史を動かす原動力になることがあり得ます。人間は巨大な誤解によっても未来を動かせるからです。マルクス主義もその一つですが、しかしキリスト教の歴史観だってやっぱりそういうものですよ。天地創造から最後の審判まで、一つの全体知を立てている訳ですからね。

しかし人間には……つまりそこで神と人間との違いが出て来る訳ですが、人間には所詮、全体知は存在しない。そして、仮に立てた全体知が歴史を動かす事はあるかもしれないが、動かされた後の歴史は、ひょっとすると、最初に立てられた構図と違ったものになっているかもしれない。つまり最初に立てた、イデオロギーでもなんでもいいんですが、全体知というものとずれたものが結果としてできてくるかもしれない。しかしそれは当り前な話であります。

全体知というのは、固定しないものです。絶えず運動するものでありますから。それは、人間のすることにはつねに錯誤が伴うからだとも言えますし、進歩への志向があるからだとも言えますが、加えて進歩とは錯覚かもしれないからですが、しかしいずれにしても、全体知は時間とともに変化し、終末を迎えることがあり得ます。

全体の知がないということが人間を絶望させる、あるいは人間を懐疑的にさせるのでありますが、それにもかかわらず、先刻、人間には部分しか分らないと申しました通り、その部分のなかで全体観が生き生きと象徴的に蘇えるような、そういう全体への迫り方というのがあるはずです。絶望の中にかすかに希望がほの見えるケースです。それは絶えず流動する知性のあり方だといってもいいかもしれません。絶えず闘っている、緊張している精神の運動だと言ってもいいかもしれません。そういう形での全体知なら生産的だといえましょう、すなわち運動体としての全体知なら……。運動の反対の言葉は、実体という言葉だと思いますが、この実体としての全体知は、存在しない、と私は考えている訳であります。その、そういうものが、存在するというような考え方、これに無意識に立脚して、全体が分ってしまったような立場から歴史であれ、文学であれ、政治であれ、なんらかの論を明確に展開している人が現代ではきわめて多いのです。それがいわば畏れというものを忘れた現代人の弱点だという風に言えないでしょうか。先程、例として申し上げましたように、奈良朝から明治に到る迄、日本の文化が開いたり閉じたりするという二本の糸で、うまく説明されてしまうとしたら、右に述べてきた現代風の知性の恰好の例といえるでしょう。

これは要するに説明好きということなんですよ。で、いかにも上手に説明されると、誰でもああなるほど、という気になる。この、なるほど、というのが、いつの場合にも危険なんであります。

知性の評価

私が今日、一番申し上げたかったのは、なにか知的に合点がいくということは、それ自体そこで終ってしまって大変、危険な事ではないかということであります。つまりかくかくだからこうだと説明されて、ああそうだと納得がいって、分ってしまう少し手前で、立ち止まって、もっと懐疑をもたなければいけないのではないか、ということであります。

モンテーニュはまたこんなことも申しています。

「我々は他人の意見や学識をしまいこむ、そしてそれで終りだ、それらを我々のものにしなくてはならない」

他人の意見や学識をしまいこむだけとは、たとえば新書判で解説を読んで、ああ分った、というようなことであります。それを我々のものにしなくてはならない。当り前なことですが、これがやはり一番難しい。

「我々はよく彼はギリシャ語を知っているのか、それともラテン語を知っているのか、彼は韻文で書くのか散文で書くのか、と尋ねる。しかし彼が優れた、一層、賢い人間になっているかどうかが問題の根本だったのに、それは後に置き忘れられている、誰が最もよく知っているかを調べなければならなかったのだ。誰が最も多くを知っているかをではない」

よく知っている事と、多く知っている事とは、全然別の事である、というのであります。逆に言えば、多く知った人間は、よく知る事が、それだけ少ないかもしれません。そういう事が知性にはあり得る訳であります。

今、私達はこの日本においておびただしい分量の情報、インフォメーションを持っております。新聞、雑誌……出版物の洪水のなかにいるといってもいい。テレビ、ラジオ、きりがありません。なにかを知ろうとして、気の遠くなるような思いをするのがしばしばでございます。先程も申し上げましたように、世界の、ある思想家について勉強しようとすると、その思想家の著述よりも、彼について書かれた注釈や解釈の方がはるかに多いという現状でございます。ある歴史的事実を調べようとしても、同じ悩みに出会うでしょう。日中戦争。これの秘密がなんであったか、こういう事を、今調べようと思っても、一つの事実が幾通りもの見方、幾通りもの解釈をもって、私達の理性を混乱させるばかりであります。

歴史というものはそういうものなのかもしれません。がんらい分らないものなのかもしれません。その分らないものを分らせようとする努力が、歴史記述でありますけれども、それを固定観念でもって分らせようとすると、それは、誤った歴史記述ということになりましょうか。たとえば日中戦争という一つの歴史的事実も、こんにちでは実にたくさんの解釈にとり巻かれているということを、私達は戦後二十数年間、経験しているのであります。

そういう時、私が何時も頼りにしたいと思いますのは、一流の定評のある著述家か、さもなければ自ら三流であることを知っている知性が一所懸命になって、丹念に詳しく調べあげた実証的な文献、もしくは地味な資料の集積であります。

モンテーニュも、この点に関して大変に面白い事を言っております。

「私は非常に単純な歴史家か、または群を抜いて優れた歴史家が好きだ」

これは大変な皮肉でございます。

「この二つの中間の部類にある連中が、全てを駄目にしてくれるのだ、ところがこれが一番普通にある部類なのだが……」

というわけであります。つまり最高の知性か、三流の知性が一番有益なのだが、大部分の人間は二流の知性であって、これが全てを駄目にしてくれるという、モンテーニュの痛烈なアイロニーであります。そう考えてみますと、天才を除いて、他の大多数の知性のおこなっていることは、現実を歪めることでしかないと言えるかもしれません。我々ごく普通の平均的知性は、ことごとく絶望するほかないということになるでしょう。モンテーニュはもとより、それくらいの強い皮肉をこめて述べているのですが、しかしこれを文字通り世に流布しているいく通りかの歴史書に当てはめて考えてみることもできるでしょう。

たとえば日中戦争の歴史について研究する。丹念に調べあげられた資料は、物事の基礎ですから、これは大切です。資料というものはたしかに貴重です。しかし新書判ぐらいで適当に、なにかのイデオロギーに従って書かれたような歴史書をわれわれはたくさん見ておりますが、こういうものはやはり二流の知性であって、じつは歴史を歪める事しかしていない。しかし本当の一流の歴史家は、今度はそれらを綜括して、もっと高い所から観て、全体を見通して歴史を描きます。しかし日中戦争や太平洋戦争などの比較的近い歴史について、それだけ深い史観でもって書かれた全体的な通史というのは、今日の日本には未だ存在しません。まだ早過ぎて、時間がそこまで成熟していないのかもしれません。

本当になにか「事実」が見えた、というような歴史書に出会うのは容易なことではない。大抵は、言葉が事実の上に煙幕を張って、わけのわからない仮構物をつくり上げているようなものばかりかもしれない。それくらいなら、何百年も前に評価の定まった古典を読んでいる方がましだ。または、対象の範囲を狭く限った丹念な事実資料の調査研究に自ら励んでみる方がいい。そうすればいかに事実と違ったことについて多くの人が多弁を弄しているかが分ろうというものである、と考えたくなるかもしれません。ところで一流か三流以外は信用できないというこのモンテーニュの苦言は、単に歴史の本にのみ当てはまることだと言えるでしょうか。

現在の出版ジャーナリズムをみておりますと、先程も申し上げましたように、若い人はなにを読んでいいのか分らない程、たくさんの本に責め立てられているようにみえますけれども、今一番売れている、もしくは出版ジャーナリズムで力を握っているのは、たったいま申し上げました意味における真中の部類なのではないでしょうか。ちょっとばかり知的めかしていてその実は通俗的なもの言いの本というのが、圧倒的に影響力を持っているように思えます。

例えば、地味な学問的な仕事、これは本があんまり売れませんけれども、大事な部分ですね。それから通俗文学というものもあって、私は一向に邪魔にならないんです。ポルノ小説だって、あんなものは全然毒にも薬にもならんと思っている訳であります。何故ならば、ああいうものは、人がたかをくくって読んでいるからです。たいした危険もないだろうと思います。つまり人の心を歪めたり、混乱させたりすることは、世間が予想しているより少ないといっていい。所詮、そういうものだと思って、みんなが承知して読んでいるからであります。

しかし一番困ったのは、純文学に片足を入れながら、じつは通俗的な文学、大変に知的な意匠をこらしながらそのじつ贋物としか言いようのない評論、現在世評が高いだけで永続性のないもの、そういうものはしかし、非常にたくさん出まわっておりますから、大いに注意しなければならない。まあ名前はあえて申しませんけれども、実際に〝あああれもそうだ、これもそうだ〟というものが圧倒的に多いのではないでしょうか。たとえば、私にはどう考えても通俗的な歴史観で書かれているとしか思えないようなある歴史小説家の作品がブームをよぶと、通俗文学だとは誰も考えなくなる。一流の評論家や学者がさかんに知的な評価を加えるようになる。これは大変に困った事だろう、と思います。が、事実はそういう事でございます。そしてこれがどれくらい、文化の評価を混乱させているか、歪めているか、分らないと言ってもあながち言いすぎではないでしょう。どこに基準があるのかは大変難しいのでありますが、あの、いろいろな肩書とか、なになに賞とかは全く当てにならないという事だけを申上げておくのが、一番よろしいんじゃないかと思います。

行為と認識

さて時間も残り少なくなりました。先程から申し上げているように、文化とか文明とかが進む事によって、かえって生活のある部分が野蛮になってくること、なにかを率直に見ることがそれだけ少なくなってくること、言葉だとか思想だとか本だとかが、かえって礼節や節度や正直さを妨げてしまうこと、これがいわば「知恵の凋落」ということではなかったでしょうか。

知恵のあった時代、『平家物語』の、あの原始的な時代の叙事文学を、先程申し上げた実例で是非思い出して下さい。これはもとより比喩として申し上げているにすぎません。

確かにあのような時代に人間は、悲しみから喜びまでの落差の激しい状態で生きていたと予想されます。私達のように安全に取り巻かれて生きていることは全くなかった。大変もの悲しい、つらい思いをもして、人間の生命はまるで虫ケラのように扱われていた時代であったかもしれません。しかしそういう時代であったからこそ、人間はとにかく真直に、ものに面していたんじゃないでしょうか。直接の自然というものが人間を取り巻いていた。いわば原始の自然のなかで人間は思い切って泣き、思い切って笑い、そして思い切って行動したという気がいたす訳でございます。

そういうふうに、大変に健康な時代が、たとえば古代社会であった。あるいはある時期の中世社会である、という気がいたすのでございます。彼等はそのように率直に泣き、笑い、行動し、あげくのはてにつねに祈りがあった。そうした、自然人の生きていた世界から、今、私達の生きているこの現代は、はるかに懸け隔った衰弱した時代だというふうに言うこともできるでしょう。

キルケゴールという人が、大変に興味深いことを言っております。

「街を歩きまわっているうちに、なにをなすべきかについて論じられているのを小耳にはさみ、そこでただ皮肉のために、理由のあるなしなどを構わず、その意見のどれかを実行する人がいたとしたら、みんなはギョッとする事だろう。人々はなんと軽率な、と思う事だろう。ところがその彼等自身、考察者として論じあう段になるやいなや、そのことこそがなされるべきことだと理解するであろう」（「現代の批判」）

この皮肉はお分りですか。みんな口先で正しい事を言っている。しかしその正しい事をかりに実行する人が、近辺に出現したとしたら、あいつ馬鹿なやつだねえ、というふうに人は嘲笑《あざわら》うだろう。それが現代人じゃないかと言っている訳であります。現代人は口で言っている事と行なっている事が、こんなにも違う。しかし一旦、考察者として、すなわち口で言う人間として、例えば記事を書いたり、講壇で論じたりすると、正しい事を言う外ない。だけど誰もそれを実行できない。実行できない事だからこそ常に正しいのかもしれません。この実行と知識のこんなにも隔ってしまった裂目が、また、現代というものの一つの動かせない宿命なのかもしれません。

我々は今さら『平家物語』の中の原始の自然人に立ち還ることができるわけがありません。だからそういうものを理想として、一方的に憧れるのはセンチメンタルなことでしょう。実行と認識の越えられない隔たりは、むしろ宿命として甘受されなければならないのかもしれない。キルケゴールもだから、あえて喜劇的であることを承知して、果敢な実行家になれと言っているのではありません。ただ、あらゆる場面で、われわれは自分がつねに嘘をつき、嘘にとりまかれてようやく生を保っている事態を正直に見なさいと言っているにすぎません。行為と認識に引き裂かれている事実にいちいち気がついていて欲しいと言うのです。

自分自身の生き方を見出せ

具体的にもう少し、私達の生活に即した実例をあげて考えてみましょう。

松本道介さんという私の友人が書いていた短いエッセーに興味深い指摘がありました。彼が、国技館に実際のお相撲を観にいった場面の事を書いている。彼も何時もテレビでばかり、お相撲を観ていた。ある時、生れてはじめて国技館に行った。そうしましたら、あっ、これがお相撲かと、彼は大変にびっくりしたというんですね。じゃあ、今迄、テレビで観ていたお相撲はいったいなんだったんだろうか。国技館の土俵に、まず力士が二人出てきて、そこに解説もなければアナウンサーの声もない。言うまでもないことですが、録画による再現シーンもない。本物の相撲には繰り返しがまったく効かない、この当り前な単純なことに生れてはじめて気がついたような気がしたというのです。

実際の相撲は、力士と力士が体をぶっつけあうだけである。ほかの余計なものはなにもない。そして彼が吃驚《びっくり》したのは、なんとテンポが緩慢だろうかという事です。我々がテレビを観ているかぎりでは、次ぎ次ぎに取組が忙しく変っていく。しかし広い国技館のなかの、かなりの距離のところから遠く望まれる土俵の上で、力士がぶつかっては、退いて、またぶつかっては、退いている単調な動きが見られるだけである。そして二つの体がピシッとぶつかりあう、その音だけが小気味よくきこえるだけで、ほかに余計な解説の声もなにもない。それは彼がテレビで知っていた相撲とは、大変に違う世界だという感想をもった。それはある種の驚きでもあったと書いている。非常に正直な、率直な文章であります。

私達はそういうふうに、現実に触れることをふだん妨げられて生きている。現実を失っているのが私達の時代だという風にもいえるでしょう。これは先ほどから何度も申し上げている事ですが、情報や言葉や知識を、現実そのものととかく取り違えているのが私たちです。テレビで知っている相撲を、相撲そのものだと取り違えている。テレビで相撲を観る時に、音を消して観る人がいますが、これはいいことですね。

テレビが日本に開局されてからどれくらいの年月になるか、かれこれ二十年ぐらいになるんじゃないかと思いますけれども、戦後の日本でこれほど我々に黙って作用を及ぼしつづけてきたものはありません。テレビは既に私達の日常生活の一部と化している訳であります。で、私達にとって厄介なのは、誤解しないでいただきたいのですが、テレビが低俗番組を流すことではありません。これはたいした事ではないでしょう。低俗番組に人は長くつきあう事はできないからです。夜十一時すぎの画面がどんなにハレンチなことをやってもですね、二回か三回観たら、馬鹿らしくなって観なくなるんです。繰り返し観てあきない人は、テレビがやめれば別のところで繰り返し観てあきないものを探し出すでしょう。つまりそういう事が問題じゃない。テレビが私達の日常生活の意識のなかに入っているという事に一番大きな問題があります。私達の気持や感情がテレビに統御されているということ、譬えば薬の広告が絶えず出ていると、なんか効くような気がして、つい買ってしまうようなこと。広告するると売れるっていうのはなんでしょうか。広告が出なくなると人は途端に買わなくなるといいます。我々は映像にやはり操られていると言う他ありません。しかしそんなことは注意すればまだしも制御できることでしょう。テレビで恐ろしいのは、お相撲の例で示した通り、現実というものが見えなくなることだと思います。というより、テレビに映るものの方がいかにも現実くさくて、本当の現実の方がかえって夢のように思えてしまうという錯覚がある。

もうひとつ具体例をあげてみましょう。

一九六〇年の安保騒動の時に、私、学生でしたけれども、あのデモに参加したんじゃなくて、ひやかし半分に国会近くまで行ったことがあります。そうすると、今何がおこなわれているのかが、なんだか全然分らないのです。なにか大変な混乱が、国会の正門近くで起こっているらしい、そういうニュースは入るけれども、非常にたくさんの人間が集まっているもんだから、群衆の唯中にいる者には事情がよく分らん訳です。そして、みんな煙草をふかしたり、雑談したり、ブラブラ、ブラブラしていて、正門から少し離れたあたりでのん気にくだを巻いているだけです。確かに国会の正門近くでは、怪我人が出たとかなんとか聞くけれども、少し離れた私の周辺はきわめてのんびりして、しかも事情がぜんぜん分らないのです。が、この分らないで迷っているということ、これがまさしく現実なんですね。状況が分らないと、みんな電話をかける、そしてテレビを観ている家族の誰かに事情を聞く。そうするとテレビを観ている家の人はですね、ああ危険だよ、そんな所にいちゃ駄目だよ、早く帰っていらっしゃい。もう今にも機動隊が出動するようなことをいうのです。

テレビを観ている人間の方が興奮しているのです。そうして現実を、すなわち今全体の状況がどうなっているかを、知っている。という事はテレビの映像の方がはるかに現実くさいからなのです。実際の現実というのは、そんなもんじゃない。私達が現実に触れるということは、自分の今立っている位置が分らないということも含めて、動いている現実に触れることではないか。ところがテレビには解説がつきます。何時何分、機動隊が導入されまして、鎮圧がどうなってこうなって、だから見通しはこうですというようなことを分らせてくれる。だから、ある種のことが過ぎると、ああそうかっていうんで、じゃあもう終ったからパチンとテレビを消す。しかし終ってからなにかがあるかもしれません。現場ではそういう感情はつづいています。動いているからです。それが現実というものではないでしょうか。解説があって、全体の状況が説明されるのは危険だということは、それですべてが分っちゃうからなんです。そうすると、私達はそこでものごとが解決してしまうように思うからであります。

つまり実際の現実よりも、テレビがいかに現実くさい分らせ方をしてしまうかということ、つまり現実そのものではなく、現実という名前の観念がものごとをリードし決定してしまうこと、これが現代の知性であり、現代人が陥りやすいもっともらしさ、分別というものの正体であります。これが解説とか、注釈という名のもとに、全国に異常な速度と規模をもって――テレビばかりじゃございません――広まっているメディアの罠であります。

さて、以上いろいろの実例をあげ、八方に話題が飛んで、まとまりが悪くなりましたが、私はなにも現代のいろいろな災厄をあげつらって、時代や社会が悪いと言っているのではありません。現代を批判するのは、現代をよりよく生きるためです。現代をより自覚的に生きるためです。そうしたからといって、明日からなにかが改革され、生き易くなるというのではありません。そんなことは期待できません。

昨年面白い事件がいくつかありました。魚の汚染騒ぎがあって、新聞が大騒ぎをして、魚屋や寿司屋が大いに被害をこうむりました。しかし最近は誰もがもうケロリと忘れてしまったようです。わずか半年ほど前のことです。もしあのとき魚に毒があったのなら、恐らく今もなお魚は有毒でしょうし、今はもう安全だというのなら、あのときの魚もたいして危険ではなかったということになるでしょう。どうも私にはわかりません。新聞、テレビその他の情報産業のつくった巨大な幻像に我々は踊らされたということなのでありましょうか。そうならば被害をこうむった者はおそらく言いたいでしょう。この場合の責任は一体誰がとってくれるのであろうか、と。

ひきつづいて、トイレット・ペーパー騒ぎがございましたが、こういうパニック状態も、明らかに新聞やテレビが作り出す幻像に関係があるような気がします。新聞ってのは大変矛盾しておりまして、この間ある記事を読んでいましたら、うどんやそうめんやおそばまでが、値上りするような事が一覧表になって出ているわけです。こんなことを書けば、みんなが買い急ぐに決っています。そして、そう書かれた頁の裏の記事を見ましたら、パニックに操られて買物をする主婦はけしからん、反省すべきであるって書いてある訳ですよ。(笑) けしからん事をやっているのはいったい誰か、新聞じゃないですか。一面と二面とではたがいに矛盾した、無責任なことを言っている訳です。魚の汚染の場合と全く同じです。これは実に不思議なもんですね。これも現代の陥し穴だろうと、私、思う訳であります。

たとえば政府は減税をしないと言って、新聞のこれぐらいの小さなコラム欄なんかによく書いてありますね。ちっとも税金が下がらないといって政府の悪口を言う。しかし政府が減税をするとですね、上の者にばかり減税をして、下の者には薄い、と今度また悪口を書く。常に悪口の種はつきない訳ですね。そして一つのパターンの悪口ばかり言って、それで済んでいる、こんな楽な商売はない。つまりものを考えないで済む訳です。

大新聞であればある程そういう傾向が強くなってくるのはどうしてでしょうか。新聞社自体が一つの大きな無責任社会になっているからでしょうか、じつに不思議な気がします。

大衆社会っていうのは、実存主義の哲学なんかでは、非常に問題にしますけれども、この大衆社会ってのは決して……いいですか、決して学歴がどうだとか、いわゆる世間で言う教養がどうだとか、そういう意味ではまったくありません。むしろ学歴が高く、そして知性をもっている人間の方が大衆になりやすいというのが現代の特徴ではないでしょうか。かつては知的水準の低い人の方が他人に操られやすいというふうに思われていたかもしれませんが、現代ではどうもそうではない。知性を与えられた人間の方が合理的説明に弱い。つまり全体知でありますが、原因を明確に打ち出して、正義心をあおり立てるとそれに群がり集まる、という傾向があります。そして分ったような顔をする人種が非常に増えてくるという、つまり知識人が大衆化しやすいという、それが大衆社会の最大の危機ではないでしょうか。そして現代のように教育が普及しまして、みんなが大学へ行くような時代になってくると……という事は益々時代が酷い事になってくるという事以外のなにものでもないという気が私にはいたします。

　にもかかわらず教育は普及するでしょうし、にもかかわらず新聞は幻像を描き続けるでしょうし、にもかかわらずおかしな解説や情報は氾濫するでしょうし、にもかかわらずテレビは益々現実を分らなくさせ続けるでしょう。ですから、私達はそういう環境のなかに取り巻かれて生きるし、また生き続けなければならないという宿命を踏まえたうえで、自分自身の生き方は、その中でどれだけ自覚的で、そこから自由であり得るかということに尽きるのだと、覚悟する外ない訳であります。

　以上、いろいろ話題が八方に飛びましたが、ご清聴ありがとうございました。（拍手）

（一九七三年十二月に行われた第二回生長の家市民文化講座における講演。林房雄編『日本の息吹』日本教文社一九七四年刊所収）

IX　文化とは何か

私の文化観

文化という言葉から普通に連想されるのは、例えば桂離宮であり、源氏物語であり、夏目漱石であり、シェークスピアの名前であろう。文化という言葉で人が思いつくのは、大抵、文化遺産のことだからである。しかし文化とは私たちのごく平常の日々の暮し方、つまり手紙の書き方、挨拶の仕方、本の売り方買い方からテレビの宣伝の仕方まで含めた人間の行動の仕方の総称ではないだろうか。そして釣り合いのとれた様式がそこに存在することが、とりもなおさず文化的ということではないだろうか。

文化を文化遺産と混同するのは、私たちが文化という言葉にはじめて出会う、歴史の教科書の記述の仕方にも関係があるかもしれない。歴史の教科書はだいたい政治史中心であって、文化は各時代の記述の後にひとまとめにして、建築や美術や宗教や文学の固有名詞の羅列として与えられている。勿論、それら個々の文化遺産が私たちの現在の生き方の中に作用し、これを動かしている限りでは、文化遺産といえども、やはり文化という名で呼ぶことが許されよう。

だが、例えばあのギリシアの壮麗な古代遺跡が現代のギリシア人の生活となんの関係もない以上、われわれは彼らを古代ギリシアの名において文化的と呼ぶことは出来ない。すなわちなにかある「物」が作られ、そして今日に遺されている、内容的にすでに完結したその結果が文化であるのではない。文化は人間のさまざまな行為の結果としての業績のうちにあるのではなく、行為そのものが文化なのではないだろうか。

しかし、ただそう言っただけではまだ足りない。文化はなんらかの形式で「物」を創り出そうとする価値形成の行為を離れては存在しないからである。文化とは価値を創りなしていく運動の概念であるとひとまず言っておこう。

それはまさしく勤労であり、手仕事である。大工が家を造るように、作家は文を刻む。生産に携わる人間の日々刻々の営為のなかにしか文化はない。このように、仕上げられた「物」そのものが文化なのではなく、仕上げていく過程、ないしは運動だけが文化だという意味は、作品の制作者にのみ当て嵌まるのではなく、作品の享受者にも当て嵌まる。

例えばシェークスピアの一作品は時代ごとにたえず新しい評価を受けて動揺している。過去は休みなく創造されているのである。作品は本の中にあるのではなく、本はインクと紙とから成り立つ物質でしかない。作品とはそもそも幻影であって、実体ではない。実体はあくまでそれを受けとって鑑賞する後世の人間の意識の運動の中にしかない。しかもそれはきわめてあやふやな運動で、時代によって異なった幻影を生むし、個人によって異なった鑑賞のされ方をする。鑑賞する主体がそのあやふやさに耐え、なんらかの価値に賭けていく行為こそがまさしく文化なのではないだろうか。

私が最初に文化は文化遺産にあるのではなく、手紙の書き方から本の買い方に至る、私たちの日常の行動の仕方に関係があるのだと述べたことの意味は、お分りいただけたと思う。したがって優れた文化は時代が生むのであって、個人が生むのではない。日常の暮しの中の行動に様式を欠いているような時代は、なんら文化を産み出す力を持たないであろう。しかし、それはさらに先の問題である。

（朝日カルチャーセンター「CULTURE」一九七六年六月）

粗製濫造のマンガ文化

今日私のところに、あるルポライターの方から電話があり、近頃のマンガ雑誌ブームについて一文を草するのだが、私の意見はどうかと尋ねてこられた。私がかつてＮＨＫのテレビで、マンガ、ではなく最近は「劇画」と呼ばれているらしいが、そのゴキブリのような蔓延振りにインテリの一部が迎合して、「マンガ文化論」のごとき主張をなす点に疑問を呈したことがあったのを、彼は思い出して、電話を掛けてこられたようである。が、私はマンガ専門家ではないし、第一あまり読んでもいない。

私はピリッとした諷刺のきいた、マンガ本来の精神を備えた、生きのいいマンガならば評価している。だから大人の楽しむ政治マンガには昔から敬意を抱いている。他方で成長期にある子供にとっても、マンガが知的活動を正常に刺戟する有効な役割を担っていることを信じてもいいように思う。私も小学校に入る前から低学年の時代にはマンガを夢中で読んだものだった。江戸川乱歩の探偵小説や南洋一郎《みなみよういちろう》の冒険物語を読み始める年齢になるまでは、マンガが知的世界のすべてであった一時期があった。ところが最近はどうだろう、子供ではなく、大人がマンガを読むのだ。大学生だけかと思っていたら、三十—四十歳の人間が電車の中などで、マンガならぬ「劇画」に夢中で見入っているのを私は目撃する。これにはただただ驚く外はない。

しかも、どうやらマンガらしい諷刺もユーモアも健康な笑いもない、荒っぽい絵と誇張表現に満ち溢れた粗製濫造の世界が、今日「劇画」と呼ばれている世界である。私も床屋やラーメン屋の待時間に、置いてある劇画コミック雑誌を手にとって、ぱらぱら眺めてみるのだが、なんとも話の筋を追って行くことが出来ない。眼がちかちかして、どうにも仕様がない。こういう印刷物がそれぞれ何百万部という発行部数を誇っていると聞くと、よくもまあ、とほとんど信じられない思いがするのである。

そのうえ、こういう雑誌が日本本土では毎月総計して八億冊も発刊されているとの由である。因みに日本の雑誌の発行総数は二十四億冊であるから、日本人が読んでいる月刊誌と週刊誌のうちの三冊に一冊は、劇画コミック雑誌ということになる。

こんな事態を本当に信じることが出来るだろうか。一体私たちの生活の底に何が流れ、どんな変化が起こっているのだろうか。ルポライターの方がマンガ論を書くに際し、私に質問をぶつけて来たのはまさにこの点だった。

話は変わるが、七年前にソルジェニーツィンが祖国を追われたとき、私はソ連ではまだ文学が恐れられているのだという事実を知って、その事実に非常に新鮮な感動を覚えたことを今思い出す。つまり、社会主義の国では、文学の内容につねにある制限が課せられていて、言葉の世界はきわめて不自由であるように思えるが、しかし、逆に言えば、言葉にはまだそれだけ社会を動かす力が残されているのだということにもなろう。

しかし日本はどうだろうか。どんな意見を発表しても誰を驚かすことも出来ない。名論卓説は世に溢れているが、なに一つそれによって現実は動かされていない。なにか真剣な主張や危険な思想が語られても、誰も気づかないし、たまに気がついて注目する人がいても、気の利いたことを喋る奴がいる、と思うくらいで、もう明日には忘れられている。言葉はほとんど無力である。多くの人がさまざまなことを語ると同時に、すべてがたちまちのうちに拡散して行く。

今日ほど論壇に論争がなかった時代はないし、今日ほど言葉が無節操で、同一人物が別の場所において別の思想を語っていても咎められず、論理的矛盾が批判されないですんでいる時代もない。言葉は切り売りされ、思想は商品と化している。

こういう時代だから、文学や思想はたしかに衰弱の一路を辿っているかにみえるのではあるが、しかし、量的には驚くほどの隆昌をきわめている、という、じつに不思議な様相を呈してもいるのである。否、出版点数が殖え、書籍は本屋の店頭に収まり切れぬほどに大規模に量産されてさえいる。小売の店頭では、本は果物のように山積みされ、バナナの叩き売りのようにして売られているのである。言葉はますます重味を失い、無責任になっていく一方である。それでいてこの事態を、今やなにびとも阻止することが出来ない。

文学や思想にいかなる内容制限もなく、量的に拡大してきた結果が質的な水準の低下を招来したのだとすれば、自由や民主主義というものは、初めのうちは文学や思想の向上に役立つかもしれないが、やがて度がすすむと、かえって無効果を招き、文化を質的な衰弱に追いこむようでもある。自由と民主主義を謳歌する国では、当然、危険を賭して自分の言論に節操を示す、という事態は必要とされないので、言葉はどこまでも、量的に拡がり、無責任に流されていく宿命を阻止し得ないのである。それなら、日本もソルジェニーツィンの祖国のようであったらいい、という議論にはまったくなり得ないのだから、なんともそこが難しい点である。

言葉の量的拡大とその結果としての言葉の力の喪失——今風に言えば情報化社会の光と影——とまさにパラレルに現われたのが、マンガの流行である、と私は思っている。つまり、いわゆる「劇画」は、言葉の世界の衰弱という現象とほぼ裏腹の関係にあるといえよう。言葉が本来の力を失ったので、しだいに末梢神経だけで反応する安易な知覚が人間の世界を蔽い始めたのだ、という風に解釈することもできるように私は思う。私に電話を掛けて来たルポライターの方に、自分はマンガについてそう考えると述べた。新聞や雑誌の発行部数、書籍の出版点数が戦後著しく増加し、その分だけ言葉の持つ力は退行したが、それに並行して、テレビやマンガの映像文化と称せられるものが世にしだいに尊大な位置を占めるようになってきた経緯を、われわれはもっと深い人間精神の深部の危機として捉え直す必要があると思う。

ところが、じつに不思議な話だが、マンガすなわち今日の「劇画」の流行を歓迎すると公言して憚らない知識人が、決して少なくないのだ。そして、そういう知識人の発言を、ジャーナリズムはどうやら一般に喜び迎える傾向があるように思えるのである。つまりなにか新しい現象が出現すると、ジャーナリズムは帰趨が定まるまでそれに弱い、という体質がつねにあるようだ。

いま「劇画」という新しい現象を前に、そのナンセンスをある程度予感しながらも、迎合型の知識人の発言をしばらくは喜び迎えるという傾向が、この世界には根強くあるようである。

ジャーナリズムは昔からこうであった。その体質は千年一日のごとく変わらない。問題はそれにほいほいと乗って行く知識人の迷蒙振りである。

時代の現象や流行にたちまち迎合し、うまく調子を合わせる知識人を「進歩的文化人」という。誤解のないようにと思い言っておくが、進歩的文化人とは決して左翼的傾向を持つ知識人のことだけを言うのではない。マンガの流行を「視覚型人間の到来」とか「世界に誇る現代日本のユニークな伝達手段」などと尤もらしい理論で脚色したがる知識人をこそ言うのである。

（「マスコミ文化」一九七九年五月号）

もてあそばれる「文化」概念

　近頃、どういうわけか新聞や雑誌の論調のなかに、「文化の時代の到来」とか、「文化の輸出」といった言葉を目にする機会が多くなったように思えます。前者は言うまでもなく大平総理大臣の新年における施政方針演説の中に出て来た言葉ですし、後者はとくに誰の言葉というのではありませんが、日本がそろそろ文化輸入国の立場を脱して、諸外国に対しより積極的態度に出ても良いのではないか、という自信の表明でもありましょう。政府筋から出てくる「文化の時代」というキャッチフレーズにも、勿論、後者と同じような、日本が文化の「質」の向上を考えるべきときが来たという自信のほども窺えるのですが、しかしおそらくその本音は、経済の高度成長に対するリアクションから来ていると言えましょう。つまり日本経済はもう今までかなりの量的拡大を図って来た。しかし石油ショック以来、行き詰まってきた状況を打開するためにも、量より質への転換を企てなければならない。それが「文化」という言葉につながっているところに、端なくも今日の政府主導によるある種の精神状況が示されているといえます。事実、総理の演説の中には、日本人が「経済中心の時代から文化重視の時代に至った」という言葉も見出されるほどで、経済の退潮のいわば代償として、文化があらためて意識され、取り上げられているのは明らかであります。

　しかし文化という概念は果してそのような意味合いで使われてよいものでしょうか。文化はなんらかの積極的なものが衰えた後の、いわば代償、もしくは穴埋め、あるいは転換のための手段といった消極的な概念にすぎないのでしょうか。私は今日、文化という言葉がこのように軽々しく、便利に用いられている状況そのものをにがにがしく思っている一人であります。といって、私はなにも高踏的な文化主義を唱えようというのではありません。文化を政治や経済よりも上位概念に据えて、現実世界を見くだすような姿勢でものを言おうというのではありません。それどころか、むしろ逆に、政治や経済とは別のところに、衛生装置のようなものとして文化を意識することは出来ない、そういう文化観そのものが間違っているのではないのか、と言いたいのです。

昭和二十年、日本が敗戦した日を境に、たちまち「文化国家」という言葉が流行したのを覚えている方は少なくないでしょう。私は小学校四年で敗戦を迎えた世代ですが、昨日まで合言葉であった「勝利の日まで」が「文化国家建設」に摩り替わった唐突な移り変わりを、校長先生の訓話の中などに聞き取り、じつにいい加減なものだと子供心にも直観していた年代に当ります。そのとき、はっきり覚えていますが、文化という言葉は、野蛮に対する反対語でした。戦争という野蛮な時代に対する反省として、また戦争を惹起した遅れた日本の封建的社会体質――と当時は信じられていました――に対する引け目を表わす意識として、文化はいわば輝かしいその代償でした。すなわち、日本は武力だけを信じ、文化を軽視して来た。そのために侵略国家となり、世界に対し罪を犯した。罪の報いとして戦争に敗れたのである。したがって武力を奪われた今となっては、日本の進むべき道は文化以外にない。文化国家は日本再建のためのいわば国家目標である。一般に広くそう説かれ、そう信じる人が多かったのであります。文化はここでも代償であり、転換のための手段でした。「文化人」「文化の日」「文化住宅」そしてしまいに「文化鍋」まで登場した、文化という言葉の使われ方は、疑いもなく、いまだ存在しない美しき目標を目指した国民の切ない幻想の表われでした。今のところ日本は文化的ではない、しかしこれから日本は文化的にならなければいけない……といった一般の願望が示していたように、文化は未来価値であり、現在の自分の不足に対する戒めや刺激の意味をも担っていたのです。そして、それは申すまでもなく、戦争という途方もない破壊行為をことごとく自分のせいにした敗戦国に特有の劣等感と罪悪感の裏返された感情とでも言うべきものであったかと思われます。

しかし今にして振返ってみますと、戦争はいったい文化の反対概念なのでしょうか。勿論、戦争そのものには戦争の論理しかありません。しかし、戦争の仕方や、戦争に踏み切るまでの国内の動きや、終戦の処理の仕方などにもっとも典型的に現われるのは、まさに文化であります。日本がもしも外交術に拙劣で、しなくてもすむ愚かな戦争をしたのだとかりに仮定すれば、ほかでもなく、その選択の過ちや行為の愚かさと別のところに、日本の文化があるわけではありません。戦争が終わって、過ちや愚かさが分ったからといって、日本がそれでにわかに文化国家になり、日本人がこぞって利口になるというものではありますまい。過去の愚かさは形を変えて現在の自分を規制しているはずです。そういう風に考えない限り、現在の隘路を一歩でも踏み出すなどということは覚束ないのだと私は言いたいのです。

解毒剤としての「文化」

ところで、経済の高度成長への期待が完全に消え失せた最近、にわかに「経済中心の時代から文化重視の時代へ」などと、総理が音頭を取るような雰囲気が出始めています状況は、どことなく戦後日本のあの「文化国家」の掛け声と似た一面があるとは言えないでしょうか。戦後の高度成長のための日本人の激しい努力は、いわば形を変えた新しい「戦争」であったと言えないことはありません。そして、その「戦後の戦争」がいわば第一ラウンドを終わって、休息期に入った今、にわかに「文化」を持ち上げる意識的な掛け声が一斉に湧き立っていますのも、そしてまた、行き過ぎた産業界の独走や大規模工業の画一性に対するいわば解毒剤として、「文化」を見直すというようなスローガンが登場してくる経緯を見ましても、どうも戦後日本の辿った心理的パターンと似ているように思えてならないのです。しかも経済学者や官僚テクノクラートの階層から、こうした主張がさも高級な人間的生き方の反映でもあるかのように打出され、「八〇年代は物から心への時代」であるとか、文化産業論であるとか、手を変え品を変えさまざまなキャッチフレーズが登場するのを見るにつけ、私は素朴な疑問を抱かずにはおれません。

いったい生産の量的拡大に夢中になっていた六〇年代―七〇年代前半の日本人は野蛮人で、主として外的要因によりこれ以上の拡大が出来なくなった最近の日本人は、にわかに高級な文化人になったのでしょうか。日本が参加した戦争が、善かれ悪しかれ日本の文化の反映であり結末であったと同じような意味において、戦後の高度成長と産業社会の拡大もまた、日本人の表現であり、ともかく日本の文化の一結果であることに相違はありません。だいたい量の反対概念はすぐに質であるという風に、あるいは物の反対概念はすぐに心であるという風に、どうしてそう単純に分けることが出来るのでしょうか。量の拡大とは別のところに質の向上があるわけもなく、物を離れて心の働きだけが勝手に独り歩きするものでもありません。余りに単純素朴な観念論が大手を振って罷り通っていますので、正直、裏になにか隠された意図があるのではないかと勘ぐりたくなるほどです。

　唯今日本で行われている生産、日々の営為そのものが文化なのです。ところが文化をそう考えず、なにか小綺麗で非活動的なもの、日常生活とは異なった教養主義めいたもの、休息と慰めとゆとりを与える暇つぶしと判断する静的な文化観が一般には広く見られ、これは一見文化を尊重する態度のように見えますが、じつは政治家や経済人が文化運動に寄進するときにとかく見せる、ある種の侮蔑と保護意識とを文化に対して抱いている表われだと申せましょう。生活内容に関して量より質を大切にするという、一見文化尊重と見られやすい最近の政策を、私たちはいったい本当に文化的動機に発していると判断して良いのでしょうか。エネルギーを大量に消費する経済から、節約の経済への転換を強いられた産業構造そのものの変化が、文化尊重とも見られ兼ねない政策を準備したのであって、経済上の新しい要請が、そういう姿勢を国民に求めているのだといえましょう。量で勝負した産業製品のあるものは、韓国や香港に席を譲らなければならない。日本の産業は低成長を踏まえ、製品の質的な向上を図ることによって、危機を打開しなければならない。そのような認識からゆとりと生活の質に力点を置く政策がとられ、物から心へ、経済から文化へ、というスローガンが必要とされるに至ったのでありましょう。そう言えばたしかに、この十年間で日本人の消費生活は変わったように見受けます。一口でいえば贅沢になりました。安い品ではなく、少々高くてもいい品を求めるという意識が消費者に拡がっています。それはまた、省エネルギー下の経済の構造にもマッチしているものなのでありましょう。私はそれはそれで良いことだと思います。商品の品質が向上するのを悪いことだと考える消費者はおりません。しかし、このように、経済の変化が生み出した単なる必要を、文化の名で飾り立てるのはなんとも感心できません。これは文化とは何の関係もない単なる現実の変化です。総理は「経済中心の時代から文化重視の時代に至った」などと言うべきではなく、「経済の拡大の時代から縮小の時代に変わった」とだけ言えば、それで十分でありましょう。

働かないことがいいことか

こう申し上げたからといって、私はなにも「文化」という言葉にこだわり、これを神棚に祀り上げようというのではありません。ただ戦争や経済成長もまた文化なのであって、文化という言葉を綺麗ごとに仕立てて、力の減退や消極性を糊塗するための自己美化の手段として利用するのは、自分に対する欺瞞行為だと申し上げておきたいのです。

文化とは積極的な概念です。行動的な概念です。それをなにか上品な静的な教養概念に仕立て上げて、なにもしないことを文化だとするような風潮が拡がりつつあること自体に、私は反対なのです。

働かないのがいいことだ、という空気が今の日本には瀰漫しつつあります。フランス人のように長期のバカンスを持たないのを恥とするという考え方さえあります。そしてフランスの民衆はバカンスでも長くとって大いに怠けなければ、とても割の合わないほどにひどい賃金格差と階級差別に悩まされているのだ、というような裏の事情はあまり知らされていません。しかし資源の乏しい日本の場合に、高い教育水準と、勤勉に働くこと以外にいったいどんな財産が他にあるというのでしょうか。〝兎小屋に住む働き中毒〟と言われて、腹を立て反論するのだったらきわめて正常な反応だと私は思うのですが、この言葉に悪乗りして、はしゃいで、自虐的になって――それがきわめて日本人的で、厭になります――働き中毒を非難する欧米人の尻馬に乗って、自分は休日にどうせすることもないくせに、休むのはいいことだと、殊勝げに反省して見せるのも、要するに最近のありふれた風潮になっております。それもやはり、なにもしないことを文化だとするような消極的で静的な文化概念に深く関係があることのように思われてなりません。

いったい文化とは生産の反対側にある概念でしょうか。今の生産がそのまま文化ではないのですか。どうしてそう考えてはいけないのでしょうか。

思うに多くの人にとって、文化とは日常の生き方のことなのだという常識に立脚した文化観が、十分に理解されていないせいではないかと思います。文化とは挨拶の仕方や手紙の書き方に始まり、本の読み方・買い方、家族のあり方、友人との付き合い方、会社の運営の仕方、そしてテレビの広告の仕方に至るまで、総じて人間の行動の様式の総称であると定義することが――勿論それだけでは足りないのですが――許されるのではないでしょうか。つまり文化とは現在の行動と深く関わるのであって、未来や過去の行動と直かにつながるものではありません。どんなに古代のギリシア文化は壮麗であったにせよ、ギリシアの現代史の中にはもうそれが生きた命脈を保って存在していないとしたら、古代ギリシア文化は現代のギリシア人にとってはなんら文化の名に値するものではありません。それに対しギリシアの土を踏んだこともないゲーテの生涯に、ギリシアの詩文芸、とりわけホメロスの詩が直かに生命の籠もった息を吹きかけたとしたら、ギリシア文化はドイツの土に花開いたということが言えると思います。現在に働きかけ、現在を生かし、動かすかぎりにおいてのみ、過去の文化には意味が生じるのです。現在に働きかけない過去の文化は、文化としての価値がありません。それは文化遺産です。文化と文化遺産とは別です。

しかし文化に関してはどうしてもある種の誤解、ないし先入見が世間に拡がっているように思います。文化と文化財を混同する偏見です。例えば民族学博物館というようなものが開設される。世界各地のさまざまな珍しい文化財が蒐められる。そうすると、その蒐めるという行為が、それはそれだけでたいした事ではないのですが、すでに文化的行為であるかのような錯覚が発生します。が、文化財を蒐めたというだけでは、なんの価値もないはずです。蒐められただけでは、それは瓦礫の山と変わりはありません。問題はそれが現在の人間にどう作用し、現代の世界にどう甦るかにかかっています。しかし効果は目に見えるほどありありと、急速に現われるものではありません。そこで、どうしても、文化財を蒐めたいという行為の方が目立ち、人々は蒐集を文化自体ととり違えはじめるのです。そういう現象が今のこの日本でも、じつに頻繁に見られます。蒐集が高度の技術を必要とし、学問めいて見える場合にはなおさらです。また、もし政府の文化行政機関が、例えば文化庁などはその最たるものですが、文化に関与するときには、文化財の保護、管理を主要な義務とせざるを得ないでしょう。目に見えない人間の行動や心の問題に役所は手出しが出来ないので、出来上がった過去の遺産の保護、管理以外に、役所にとってなし得る仕事はなく、またそれはそれで当然であると私も考えますが、しかしそうした作業を繰返していますうち、いつしか役所が文化を動かしているのだという妄想が拡がり始める傾向が見られないでしょうか。はっきり言って文化庁は文化とはなんの関係もありません。文化行政は場合によっては、はなはだしく非文化的行為だということを知っておいてもらわなくては困ります。

生きることが文化だ

過去の出来あがった文化財――それは文化の結果でしかなく、文化の生きた過程をそれ自体としては持っていません――を蒐めたり、保護・管理したりする仕事をただちに文化だと考え、政府が文化に金を出すといえばそうしたことしか考えつかないのは、文化がなんらかの目的意識のうちで捉えられている証拠だと思います。文化は現在の私たちの日常生活の型や様式の中に生きている生命そのものだという風に考えずに、過去に出来上がったある一定の形成物にのみ文化が存在し、現在はその過去にくらべ文化的に劣っているという価値観におおむね立脚しています。過去の文化的高さを尊重し、過去を規範にして現在を批判するのは、人間のある種の正常な歴史感覚の現われではありますが、ただし、現在が過去によって動かされ、新たな生命を吹き込まれた場合に限ってそう言えるのであって、過去を徒らに尊重し、現在への働きかけを忘れて、過去を捉えることが目的それ自体と化したときにこそ、堕落が始まるのです。例えば博物館や文化庁は、行動としての文化、という態度の決め方を知りません。いや、なにも博物館や文化庁だけに関係のある問題ではありません。最近は日本ブームで、歴史の中に自己の姿を投影しようと、あるいは中世に、あるいは江戸時代に研究対象を求め、現代に背を向けて、それを大変に高等な態度と評している学者や評論家は枚挙に暇《いとま》がありません。ここにもなにか共通した匂いを感じます。ここにもやはり、行動としての文化という態度の決め方の欠落が認められるように思えるのです。

　このような歴史主義は、じつはよく考えてみますと、現在に対するたえ間ない不満と、現在からの逃避、あるいは〝真の世界〟をどこか遠い処に置いているという意味において、文化に関する未来主義と根を一つにしているように思えます。現在の日本はまだ文化的ではない。だから野蛮な戦争を起こした。これからの日本は文化国家でいかなければだめだという、例の「文化」という言葉の使い方と共通した、文化に関する目的主義の一変種です。単なる過去崇拝の歴史主義は、未来主義の裏返しにほかなりません。歴史主義が猛威を振ったヨーロッパの十九世紀が、また同時に、文明の行末を薔薇色に描いた進歩信仰の世紀でもあったことを考え併せる必要もありましょう。要するに、現在が欠落しているというその一点において、民俗学博物館や文化庁が象徴している文化へのある固定した姿勢は、「経済中心の時代から文化重視の時代に至った」というような最近の、代償としての、摩り替えとしての、手段としての文化観といわば表裏一体の関係にあるのです。そこから出てくるのは文化ではなく、文化政策にほかなりません。文化は文化政策の終わったところから始まります。文化は目的として意識することの出来ない唯一のものだ、と言ったのはたしかT・S・エリオットでした。文化を目的として追い求める姿勢は、たとえその方向が過去であれ未来であれ、政策論のほかになに一つ産み出すことは出来ないでしょう。

どうかよく考えて下さい。経済の時代は終わった。だからこれからは文化の時代だと言います。その意識のうちには今の自分はまだ文化的に足りない。これからもっと文化的になりたい、またはならなければいけない、という未来への期待があります。目的への意識が働いています。とすれば、その場合「文化的」とはどういう内容か、およその雛型がある程度意識の中に存在しているわけでありましょう。ある場合には外国に理想があり、またある場合には過去の歴史に模範があるのかもしれません。理想や模範を持つこと自体が悪いわけでは決してありません。ただ、それがそのまま文化だというわけではないのだと私は言いたいのです。むしろ理想や模範を持つことだけで、現在の生を空洞にして、かえって自分の足許を見ない自己欺瞞を招き易いケースが多々あります。

一度よく考えていただきたいと思います。いったい人は文化のために生きるものなのでしょうか。それとも、生きることが文化なのだ、と、そう考えて生きるべきものなのではないでしょうか。

（「Ｖｏｉｃｅ」一九七九年十一月号）

日本をとりまく「誤解」の構造

日本が国際社会の中でその実力にふさわしい積極的役割を演じて欲しいという要請は、引込み思案であった戦後の日本に、欧米ことに米国から、これまで一貫して寄せられて来た。日本もまた、これに応えて、自国の利益だけでなく、国際社会の利益をもたえず念頭に置いた、責任ある指導国家として行動したいと、内心思わないではなかったし、また、たびたびそういう施策が提唱されたこともあった。しかし実際に日本が、欧米に先駆けて、世界を先導する行動の原理を打ち出したことはなかったし、これからもおそらくそう容易にはあり得ないだろう。そして誰よりも日本人自身が自分のそういう消極性をよく知っている。ハイジャックに対する西ドイツ政府の解決を目の当りに見たとき、大抵の日本人は、ああこういう解決の仕方もあったのかと初めて愕然と悟った。西ドイツ政府の遣り方には賛否両論があったにしても、心理的に、日本人が西ドイツの意志的な行動から、ある強い感銘を受け、あらためて自分の無策ぶりを自覚したことは否めない。外国が明確な処置に出るまではなにも自己反省せず、外国の行動を見てやっと自分の行動方針をもむろに検討してみる、というのも、今に始まったことではない。日本人の行動のいわばパターンであるといえよう。

外国でなにかが起こってはじめて問題の所在を知り、あわてて急拵えの対策を立て、さながら応急処置をするかのように手を打つ型の日本の外交は、最近の大幅な経常収支の黒字と急激な円高に際しても、またしても繰返された。円高の帰趨にまだ大きな不安のあったつい先頃のことだが、日本政府の対応が遅れ勝ちであることに対し国内で苛立ちが高まった。しかし余剰外貨に関し対策もなく放置されていた基本政策の怠慢はあまり反省されず、「対応」が早いか遅いかだけがさながら経済外交の中心であるかのごとくに論じられた姿勢に、すでに他者依存型の日本人の行動の型がうかがえる。米国の対日経済政策は、なにもにわかに風雲急を告げたのではなく、じつはフォード政権の時代から政策内容は変わっていない。産油国の黒字による負担を日米が公平に分担しようとか、そのために日本人の経済成長率を高めて経常収支を赤字に近づけてほしいとかは、フォード時代にも、あるいはカーター政権になってからのロンドンの先進国首脳会議でも、繰返し議論され、要望されていた案件であった。勿論そこには米国なりの計算があり、エゴイズムはあったであろう。したがってなにも日本が言われた通りに米国に追随しなければならない謂れはないが、日本の側にもしも自己主張すべき論拠があったのなら、その頃から能動的に言うべきことを言っておけばよかったのである。

周知の通り西ドイツは、一九七五年頃から、世界の景気の動向に対して憂慮を抱いていて、フランスやイギリスと語らって、世界的な経済政策の調整を行うための首脳会議の開催を唱えていた。シュミット首相自らが率先して、フォード大統領に働きかけ、インフレを恐れて景気拡大を嫌がるアメリカをなんとか会談のテーブルに引き出し、説得しようとしていた。ハイジャックの事件のときもそうだが、西ドイツは日本のように孤立してはいない。米国に単に要望するのではなく、言うべき必要のあることは前もって能動的に言っている。基礎収支の黒字に対して西ドイツがあまり非難されず、日本ばかりに批判の矢が向けられたことを遺憾とする声があったが、欧米側の単純な「黄禍」論を推論すべきではあるまい。世界経済の中で自分はかくあろうとしているというはっきりした基本的方針が日本にはなく、ただ場当り的に他に追随しているようにしか外からは見えないことが、日本を欧米人の目に容易に理解しがたい謎の国家にしているのである。アメリカ人も西ドイツ人も出来ることはすぐにでもやろうとするが、出来ないことは出来ないと遠慮なく言って、不都合を招いていない。相手の立場が明確で、政策に理筋が通っているなら、たとえ相手から拒絶されても、それなりに自分の立場を立て直すことが出来るからである。しかし日本のように平生はただ黙って、なにも主張しないで、表向きは欧米側の要求に従うような顔をして、そのじつ煮え切らない消極的態度に終始していることが、彼らの目からは不気味にもみえるし、狡猾にもみえ、不必要な摩擦の原因となるのではないだろうか。

誤解のないように言っておくが、私は日本が米ソに次いで責任ある指導国家として、つねに世界をリードする覚悟で、積極果敢に行動して欲しいと言っているのではない。そんなことはおそらく不可能であろう。カーター大統領を五月（一九七八年）に訪問した福田総理は、その折の日米会談が従来の会談とは異なり、世界の一番目の国と二番目の国とが自国の利害を超えて語り合う世界のための首脳会談だと記者団に説明し、しきりに〝世界の中の日本〟を強調した。意図的なこういう言い方自体が、世界の真中に必ずしも日本文明が存立していない事情をかえって証拠立てている言葉にしか見えず、なにを今さら、と私はこそばゆい思いをもって聞いたが、善意に解すれば、ここで日本が逃げ腰でないことを示しておかなければ、国の内外を説得できないと直感した老宰相の急場凌ぎのポーズであったろう。日本がとつぜん世界の政治的指導国家になったかのようなこうした言い方は、気恥ずかしいだけでなく、また例によって、外圧のたびにつねに日本が示してきた――今度は円高という外圧に対する――にわか仕立ての対応のための口舌《こうぜつ》にすぎないように思えてくる。


福田総理がいくら胸を張ってみせても、次の機会にまったく新しい種類の外圧が起これば、日本外交は思うにおそらく再び、追随的態度しかとれないであろう。なるほど、今度の外貨べらしの課題は、時間とともにやがて段階的に解消されるであろう。しかし自主的に自分の方から世界の主要問題を解決して行こうとはしない日本の対外的な姿勢ないし体質は、そう簡単に改まるものではない。否、改めることがそれほど意義のあることかどうかさえ分らない。日本が能動的に世界政策に乗り出さない逡巡にはそれなりに理由があり、そこには地理的・文化的な背景から発した特殊事情もないわけではないからである。

日本人の自己理解の二重性

私の言っていることは少し矛盾しているように思われるかもしれない。日本が西ドイツのように能動的に行動しない引込み思案を私は先に残念がったかと思うと、それもまた日本の知恵の一つである、という裏返した言い方を敢えて選ぼうとしているように思われるかもしれない。

たしかに日本の位置を見る世界の眼には微妙に複雑な

帷《とばり》が下ろされていて、アジアを劣弱視して来た過去の習慣に縛られているかと思うと、たびたび不安定に揺れ動きもする。これら気儘な外からの刺戟に応対している日本が、西ドイツのように、一直線の動きをなし得ないのは当然だろう。国内の摩擦を減らし、ナショナル・コンセンサスを得るためにも、日本は能動的な世界経営思想を展開するよりも、外部からの圧力に対応して、先例に学び、周囲を窺い、少しずつ時間をかけ、対策を立てて動いて行く従来の緩慢な遣り方が、地理的・文化的制約からして日本に一番ふさわしい態度だと言えないこともないだろう。

しかしまたそれは、大国日本の期待される役割にふさわしくないとして、海外から誤解を招き、非難の対象とならないとも限らないし、国内においては、国民感情の内部に欲求不満が醸し出され、政情不安の原因とならないとも限らない。だから従来の日本の受け身の遣り方がいけないことだとも、いいことだとも、私はいま単純に割り切った言い方で決めつけたくない。ケース・バイ・ケースであって、原則は立て難いのである。というのも外国から見られている日本の位置にも、日本が見ている自分の位置にも、それぞれ自己に都合よく変化する二重の構造があって、世界内における客観的に正確な位置として、双方の共通の了解とは容易にならないからである。諸外国はまったく自分の都合で、日本を大国扱いするかと思うと、これまた自分の都合で、大国であると認めた相手国の内部の事情に謙虚に耳を傾けようとはしないのだ。日本もまた諸外国からのこうした身勝手な処遇に振り廻されて、自分を実際以上に大きな役割の果しうる指導国家だと思いこんでしまうか、また逆に、自分の原則で世界は動かないものと決めこみ、自己主張を諦め、消極的宿命論に立て籠もってしまうかのいずれかなのである。どちらも態度としては硬直していて、賢明ではない。

それに、日本にも身勝手な点があって、自分の都合でもって、あるときは大国であるとか先進国であるとか称して世界政治に参与したがるくせに、身に危険の及び兼ねない責任ある行動だけは、つねに避けようとする姿勢がある。私は日本が自分の限界を限界として認めることは非常に大切だと思うが、だからといって消極的になる必要はないのだと言いたいし、一方また別の局面では、諸外国の煽《おだ》てに乗せられ、彼らのエゴイズムを見抜けぬままに、実際以上に自分の位置を過大視して、自分の置かれた正確な位置を見失ってしまうのも、やはり愚かなことだと思わざるを得ないのである。

例えば今回の円高の件に話題を戻すなら、次のような問題点を看過してはならないだろう。今回の円高の比率は、西ドイツ・マルクやスイス・フランの上昇率に較べ必ずしも不当とは言えないとつねづね言われてきている。円がかなり意図的に安く押えられて来た久しい事情は数年前から問題視されていた。円レートの上昇はいずれ時間の問題だとさえ言われていたらしいが、日本にとって苦痛であったのはあまりにも短期間に起こった大幅の上昇である。しかもそのこと自体が日本の置かれた地理的・文化的条件に由来するのではないだろうか。

私は専門外なので正確には分らないが、円のような通貨がヨーロッパにあれば、西ドイツ・マルクと同じように無理のない漸進的切上がなされたであろうという記事を読んだ覚えがある。結局、円はこれまで、国際金融市場に不十分にしか組み込まれていなかったのだ。円に関しては情報不足、予測の不確実等が原因して、今まで当然上がるべきレートも上がらなかった。しかしある段階をすぎ、円高予測が確実となるや、利にさとい投機筋は一挙に動き、円レートは急変した。これがどうやらここ半年に起こった出来事の実際らしい（市村真一「円高の波乱は乗切れる」「経済論壇」昭和五十三年五月号参照）。もし以上の推測が正しいとすれば、経済超大国と称されるほどの日本の経済力もまた、所詮は極東の周辺文明圏に位置する文化的宿命に封じこめられているのであり、円高ショックに事前に手を打てなかった日本政府を、そう簡単に非難することは出来ないであろう。また政府の対策が遅れ勝ちであったのも、幕末の黒船来航以来、つねに国難に受け身で対処する島国日本のお家芸を、再度披露せざるを得なかったまでのことかもしれない。だから〝世界の中の日本〟などと、舞台が一回転してから総理が大見栄を切る方が、かえって私にはしらじらしい。日本が昔から非常に限定された位置に置かれ、主役を演じないおかげで独立と安定をかち得て来た特殊な事情を、やはり正確に認めてかかることが必要だと思う。

こんな風に、日本の国力上昇の象徴でもある円高事件のうちにも、自分自身の限界と制約を見つめるという冷静さが必要だと私は思うが、しかしまた、日本人は自分の主張ではなに一つ世界を動かせないと決めてしまって、世界の立場でものを考えなくなるのも、怠惰の誇りを免れないだろう。事実、日本人の自己理解のこの二重性が、諸外国に誤解と苛立ちを与えている主な原因だと思う。

このことと関連して、最近私は非常に気になっているのだが、中国の尖閣諸島侵犯事件をはじめ、ここのところ諸外国の日本に対する態度には、今までにない異様に高ぶった調子が感じられた。米国の外貨べらし要求にも、ニュージーランドやEC諸国の輸入拡大要求にも、かつてない高圧的な調子が目立った。日本の対外姿勢の中には、どうやら相手国の「威し」を招くようななにかがあるに相違ないのである。領土問題には別の理由もあるので一概には言えないが、一般に諸外国が日本と紳士的ないし論理的に交渉しても日本はまったく動かず、埒があかない。日本に実効ある対策をとらせるには、威した方がいいのだと各国が考えだしているのだとしたら、これは大問題である。威さなければなにもしない国だとなれば、しだいに強いショックを与えるべく、威嚇もエスカレートしてくるからである。日本が言葉の通じない非合理な国と見られてしまうのは困ったことである。海豚《いるか》の虐殺のニュースがたちまち大袈裟に伝わり、文化的違和感が欧米各国でしきりに取沙汰されたのも決して偶然ではあるまい。しかもこの種の不当な日本批判で、わが国の国内に挫折感情がしだいに鬱積するのも、また好ましいことではない。威されるまで愚図愚図してなにも有効な手を打たない日本人の受け身な姿勢は、追い込まれると、今度は戦時中のように頭に血がのぼって、カーッとなる危険を孕んでいるからである。

いったい日本にとって何がなし得ることであり、また何がなし得ないことなのか。それを今きちんと意識的に区分けする作業が一番必要なことではあるまいか。私が先ほどから述べているように、実際以上に自分を大きく見て、自分を取り巻く制約を忘れてしまうのはたしかに愚かな話だが、しかし日本は自主的にはなにも出来ないと思い込み、威されるまでじっと忍耐するばかりで、なに一つ効果的な対抗手段に訴える余裕がないというのは、いっそう愚かなことだと言えよう。限界は限界として認めたうえで、自分のなし得ること、なすべきことはちゃんとやって行く。譲歩してもいい点はいくらでも譲歩しよう。主張すべき点はあくまで主張し、自分を貫こう。それをはっきりさせる。さもないと今後ますます侮りを買う。

よく言われることだが、これまでのように本能や勘に従って行動するのではなく、言葉を重視する欧米人を相手に、自分の非論理性をいったん論理化する努力、内外に向け自分を意識化する努力が、たしかに今ほど日本人に求められているときはないのである。しかし、ここでも困ったことには、論理性を欠いた国民が、論理で自分を明確化したときに、いつしかそれに囚われて、かえって硬直してしまい勝ちな一面を持っているのである。言葉を重視しないでうまくやって来た民族が、言葉による自己主張と自己説明で対外用に武装した途端、今までの自由な判断さえ失って、一層多くの新たな誤解を引き起こすという事態を招かないだろうか。

国会で与党の政治家が野党の代表質問に答弁でもするような調子で、例えば「善処します」などと言い、その場を取り繕ってやりすごす政策は、国際社会では通用しないとよく言われる。それはたしかにその通りであるに違いない。そういう曖昧さが、相手方を怒らせ、させないでもいい冒険に彼らを駆り立てる結果にもなり兼ねないからである。しかしながら、「善処します」は、決定をしばらく引き延ばし、事態の推移を見守るうえで、日本の国内においては、大変に便利な言葉として用いられてきている。今まで日本人が柔軟に外の世界に対応できたのも、この種の自己防衛の非論理的用語の便利さを存分に利用して来たからでもあった。

しかしこれからは、そうは行かない。そうしたくても、相手国がそれを許さない。言うまでもなく、国力の増大が、他の国々の利害に深刻に作用し始めたからである。そうなると、今度は日本人の判断や行動は自分の流儀を見失って、論理に縛られ、とかく硬直した動き方しか出来ない危険が出てくるであろう。ここに私たちが今迎えている事態の新しい性格がある。

外からの過大な期待と日本の実際

そこで、今いったい日本人がしようとしてもなし得ない限界は何であり、また、なし得るはずなのにしないで来た怠慢は何であるかを、さまざまな角度から点検することが有益であろう。

日本の国内における経済的・社会的諸条件は、最近ではしだいにどの先進国にも見劣りしない程度の、かなりの高水準に達しつつあると言われる。日本は百年の間にたしかに英国と逆転した立場に立った。日本の経済規模は今は英国よりも三倍も大きく、その生産量は西ドイツとフランスを合わせたよりも大きい。鉄の生産量はソ連に次ぎ、一九八七年には日本人は世界のどの国もが及びもつかない最高の生活水準を享受しうるとみられている。およそ以上のように、EC委員会の常置されているブリュッセルの主要紙「ラ・リーブル・ベルジック」は、一九七七年の秋、日本に関する最大級に好意的な紹介記事を掲げている（外務省情報文化局「世界の動き」三三五号）。

その記事は、日本の産業がすでに環境汚染問題を克服し、石油危機を乗り越えたこと、世紀病を免れた日本人は資本主義の論理を極限まで突きつめる意志を持っていること、加えて企業に対する日本人独特の家族主義的忠誠心や中小企業の果している構造的役割にいたるまで、正確に報告していて、伝えられる初歩的誤解のもっとも少ない、良心的な新聞報道の一つといえるだろう。

右は外務省が諸外国の誤解をとくため、ヨーロッパ各国主要紙の記者を招いた結果の一つであって、したがって内容が好意的であるのも当然だが、こうした日本・外国双方の関係者の努力により、日本に関する愚かしい無理解や歪んだイメージが一つ一つ取り除かれていくことはなるほどたしかに喜ばしいことかもしれない。そして日本が個人一人当りの所得や、福祉等予算の水準においてもしだいに他の先進国に匹敵し、これを凌駕するであろうと最近ときどき目にする予測も、外国からのこうした評価を待つまでもなく、しだいに現実味を帯びた事柄となってきつつある。そして、事情がこのように好条件に満たされてくると、日本はおそらく、われわれが今や欧米に学ぶのではなく、欧米がわれわれに学ぶ時代がやって来たとか、日本語がついに国際通商語となる時代がやって来たとか、言い出すにきまっている。そして、日本について真剣に研究しようと努力しない欧米人に腹を立て、彼らの思い上がった頑迷さが相互理解を阻んでいる主原因だと考え、日本人自らはあまり努力しようとしなくなるだろう。いや、そういう傾向はすでにぼつぼつ出始めている。事実、右のベルギーの新聞記者も、日本はもはや西欧から模倣するものはなく、逆に近い将来、西欧が日本から多くのものを学ぶようになるだろう、と嬉しいことを言ってくれている。

しかし、日本人が自己満足に陥り、海外から学ばなくてもういいのだと心を閉ざし始めたときに、日本文明は確実に下降線を辿るようになること、日本が国内の経済的社会的成熟にも拘らず、指導国家の役割を果たせずにある種の不安に駆られている点に、日本の発展の原動力があることを、今こそはっきりと確認しておきたいものである。

生産量において日本がしだいに超大国となりつつあるのに、外交政策において高姿勢に転じることが容易に出来ず、外観と不釣合なほどにあまりにも内気で、臆病であるのはなぜか。世界経営思想を初めから持たず、つねに本物は外にあり、自分は贋物であるという意識に悩み、自己の達成した成功をさえ容易に信じないほど自己に対して疑い深いのはなぜか。そこに日本文化の特性の一つがあるのではないか。行動的な世界政策を自ら承知で放棄しているこの受身の姿勢をこそ、むしろ私たちの文化形成力の積極的特性として評価しなければならないのではないかと私は考えている。

文化貿易の大幅な赤字

文化庁発行の『文化行政統計資料』(昭和五十二年三月)によると、昭和五十年に日本の文芸作品が翻訳されて外国から得た収入は、わずかに千三百万円にすぎないのに対し、外国への送金、すなわち外国へ支払った翻訳料は、確認されたものだけで十二億七千八百万円で、収入の約百倍である。日本がレコードの輸出によって得た収入は四億円、外国のレコードを買って支払った代金は三十一億円であるから、収入の約八倍である。日本のレコードは文芸作品にくらべれば、まだしもよく売れているといえる。しかし音楽著作権使用料となると、約四千万円の収入に対し、十四億円の支出で、収入と支出の比は一対三十五にもなる。軽音楽からクラシックにいたるまで、音に関するわれわれの生活がいかに海外に依存しているかがこれによっても分るであろう。

昭和五十年に日本にやって来た外国人の音楽・舞踊、演劇の国内公演は三百三十二件であったのに対し、日本人芸術家の海外公演は四十八件にとどまる。最近では日本映画は東南アジア各地によく売れ、外貨を稼いでいるとつねづね聞いていたが、日本映画の輸出による総収入は約九億円、米国映画のみの日本における総収入約九十四億円の十分の一にも満たないことになる。なお日本で封切られる外国映画のうち、米国映画の本数は毎年おおむね六割を占めている。

文化貿易として象徴的意味があるのはなんといっても書籍の輸出入である。昭和五十年の統計では、輸入百七十二億円、輸出五十七億円という数字が示されている。約三対一で、日本の書籍が予想外によく売れているとも言えるわけで、これは一つの発見であったが、内訳を詳しく見ると、日本語の書籍がかなり読まれているのは世界の中でもやはり限られた地域であることが分る。日本からの本の輸出が、その国からの本の輸入より上まわっているのは、まず韓国、次いでブラジルである。以下インド、中国、シンガポール、豪州、インドネシア、フィリピン、メキシコ、マレーシアの順である。それ以外の諸国では、いずれも日本側の著しい輸入超過となっている。

主要先進国に関していえば、英国からは書籍の輸入二十七億円、英国への輸出二億六千万円。フランスからは輸入五億三千万円、輸出四千七百万円。西ドイツからは輸入二十一億円、輸出一億四千万円。米国からは輸入九十億円、輸出二十億円である。米国を除いて、輸入は輸出の十倍以上にも達し、ことに西ドイツと日本との比は二十対一にも近い片面貿易である。以上は一般書籍の数字であるが、雑誌の輸出入になるといっそう極端な開きが出てくる。英国からの雑誌の輸入は十三億円、英国への輸出はわずか三百五十五万円。フランスからの雑誌の輸入は五億四千万円、輸出はなんとたったの十二万三千円。西ドイツからの雑誌の輸入は十四億円、輸出は四百六十五万円である。われわれは西欧諸国の時事問題、思想、風俗、工芸、モードその他に関心を持っているから各種雑誌を輸入しているが、西欧諸国では日本の国内事情に対しまったく無関心で、わずかに大学の日本研究科のような小機関の図書室が定期的に日本の代表雑誌を購入している数字が、右に示されている数字にすぎなかろう。なおこの場合もやはり米国だけは例外で、米国からの雑誌の輸入が四十四億円であるのに対し、米国への輸出が二億八千八百万円で、二十対一ほどの比にはなるが、それでも西欧諸国よりもまだしも日本の国内事情への関心が保たれていることを物語っている。

以上は文学、芸術、芸能、それに学問に関するデータで、科学技術、特許、デザイン等を加えれば、この数値の差はもっと決定的に広がることが予想される。日本がピエール・カルダンひとりに支払っているデザイン料が百億円を越えるという話をなにかで読んだが、この点に関する正確な統計は今私の手許にない。科学技術庁編の『科学技術白書』（昭和五十一年版）によると、昭和五十年度のわが国の技術輸入は、七億千二百万ドル、輸出は一億六千百万ドルで、日本側の明白な赤字である。輸出入ともに米国との技術貿易が群を抜いて大きいことは当然かもしれない。業種別では鉄鋼と繊維を除く全業種の技術貿易が、完全に日本の輸入超過になっている。地域別では、書籍の貿易とよく似た形態を示し、韓国、ブラジル、中国等に技術を輸出し、――これらの国から日本への技術輸入はゼロであるが――欧米先進国との貿易に関しては、イタリアを唯一の例外として、ことごとく日本の赤字を示している。

日本の産業がいまだに欧米先進国の技術に依存して成り立っている事実を、これほどあからさまに証拠立てている数字はないといえよう（文化庁ならびに科学技術庁の右の統計資料は、いずれも昭和五十年までの数値しか示されていないが、昭和五十三年六月現在入手し得る最新の情報である）。

日本の国際指導力の限界と性格

近頃の新聞をにぎわす経済報道が、日本の輸出超過を到る処で告げ、経常収支に抱えた黒字を、さながら民族の密かな自負のように、あるいは世界に対する罪のように連日話題にしているというのに、文化部門における貿易不均衡は、右に見た通り、あらゆるジャンルにおいて、わが国の極端に大幅な赤字を示しているのである。もし輸出入を文化部門だけで賄っていたら、わが国の財政はとうの昔に破産している。

つまり、世界地図の中にある日本をいま客観的に眺めれば、およそ次のようなイメージが得られるだろう。日本で生産された自動車やテレビや鋼材が洪水のように世界各国の市場を占領し、それによって得られた外貨で日本は水脹《ぶく》れになって、おかげで生活水準も上昇し、健康や福祉や教育にも金がまわり、ブリュッセルの新聞が驚嘆してみせたような結構な富める国になりつつあることは確かなわけだが、しかしそれは、必ずしも日本の文化的原理が世界内に地歩を占め、成功を収めた結果とは言い難い。依然として繁栄をもたらしてくれるものの基礎はおおむね外国から来ている。いや、文化の基本を海外に仰いで、自国を外国文化の特殊な加工舞台とすることが、有史以来の日本の文化的原理であるというのなら、日本はユーラシア大陸の周辺に位置するこのような利点を、今度も最大限に発揮しているのだと言えないこともないだろう。しかしそれなら、政治面や外交面でつねに受動的である姿勢——なにか事が起こったときに対応を考えるだけで、自主的・能動的に世界経営の理念を展開しない受動性——もまた、今さらどうにも改めようもないわが国のいわば宿業であると言う外はない。二千年も習い性となったこの怠惰な因襲にこそ、むしろ日本なりの積極性を発見して、善くも悪くもここにしか日本はないのだと居直って自己主張するのも、また覚悟の決め方だと考えるべきではないか。

戦後の日本が指導国家の旗を進んで振らなかったのも、経済力をそのまま国際指導力と同一視しなかった、日本人の現実的で、またある意味では成熟した判断のせいでもあったと私は思っている。敗戦国の気後れだけではない。有史以来およそ一度も文化的衝撃を外に与えたことがなかったわが国の位置を、日本人は一般に漠然と意識している。自国の文化原理を中心点とした世界像、すなわち「中華思想」がわが国には欠けているという本能的予感が、対外政策の消極性にも作用していると私は考えている。

周知の通り、日本人の宗教、美意識、生活風俗、自然観、社会形態等の文化価値が、世界の相当に広い領域に影響を及ぼしたことはかつてなかったし、これからも当分はないだろう。それなのに、そういう限られた条件下で、日本が経済力や工業技術のみをもって指導性を発揮しようとしたら、必ず間違いを犯す。日本はむしろ日本と同様に、中華思想を持たない、閉鎖的で孤立した文化圏との協調や共同によって、欧米の尺度では必ずしも律せられない世界秩序を目指す可能性にかえって恵まれているのかもしれない。日本は欧米先進国に対し、こうした特殊な自分の条件を強く自己主張し、理解させる義務があると私は思う。

例えば先進国首脳会議などと言い、欧米側が先に調整しておいた世界秩序に、日本もAクラスの仲間入りをしたのだからこれに自分を合わせるのは当然だとして、欧米側から同じレールを歩むように要求してきたときにこそ、日本のとるべき態度が問題となる。ただ唯々諾々として、彼らの土俵に乗って、欧米流の遣り方を模倣しようとしても、周辺諸国に対し日本は彼らと同一の文化的影響力を持っていない。日本はアジア諸国から多くの留学生を迎え入れ、この面での支出は必ずしも人が言うほど恥ずかしい規模ではないのだが、欧米の大学出身者の方が各国で優遇されている現状は覆しようがない。例えばインドネシアの新スハルト内閣の民間出身の閣僚は米国やオランダに学んだ者で、日本の留学生であった者は一人もいないそうである。こういう文明の現況の中で、欧米ペースですすめられている先進国首脳会議において取り決めがなされ、彼らの流儀に従い、同一の影響力を行使しようとしても出来るわけがない。日本が世界をリードする指導国家としてもっと積極的に振舞って欲しいと、例えば米国政府から要請されたとして、実際に日本にはたいしたことは出来ない。誠意があっても身動き出来ないため、米国側を怒らせるようなことが起こるのは、こうした文化上の前提を両国どちらもが理解していないからである。日本は欧米側の要求に従うような顔をして、簡単に同じ土俵に乗るからいけない。出来ないことは出来ないと、自己の特殊条件をはっきり主張すべきである。同じ土俵に乗って、やるような顔をしてなにも効果的な手を打たない状態が、彼らの日本への苛立ちを増し、「威し」をかけてくる切っ掛けとなっている。

考えてみると、日本の防衛負担の増大を求めながら、平和日本を要請しつづける米国の対日期待にも、そもそも矛盾がある。それを米国のエゴイズムと見るのは易しい。私はむしろ善意に解釈し、ただ彼らは虫がいいのだと言っておきたい。彼らの立場からみて理解し易い日本の行動や判断は賞讃の対象になるであろう。しかしまったく独自の日本の行動や判断を、彼らは本当は決して喜んでいない。それでいて、はっきりした原則好きの彼らは、少なくとも建前としては、日本が独自の行動や判断をつねに遠慮なく展開することを歓迎している。しかしその独自とは、あくまで欧米流の論理の外に出るものではないのだ。日本が非常に矛盾した、遣り難い状況の中に置かれていることは明瞭である。しかも、こうした状況は、どちらに責任があるというのではなく、いわば歴史の所産である。先述の統計が示すように、日本の今までの行動がもたらした必然の帰結であるともいえるのである。

欧米人の知的怠慢と閉鎖性

　先日私はテレビで米国の木材輸出業界が語る次のような日本に対する不満と非難を耳にした。日本人が原木材を高値で買い取って行くので、米国の製板工場が成り立たなくなり、相次いで倒産した。日本人は原木材ではなく、板や角材に加工した製品を輸入すべきだ、というのである。それに対する日本側の言い分は、米国製の板や角材をそのまま輸入したとしても、規格が違うので日本では家を建てることができない。これに対し米国業界は、じつに乱暴にも、米国製材料の規格で建築できるように日本の家屋の構造や形態を変えるべきだと主張するのである。日本側はこういう暴言を聞いていると、しまいに日本の天候や自然までをも改造せよという無理難題を吹きかけて来ないともかぎらない、と慨嘆していた。

　日本の黒字減らし、すなわち輸入拡大の努力不足が非関税障害をなしているという米国やEC側の度重なる非難の多くが、この種の救い難い（としか日本人には考えられない）彼らの怠慢に由来する例は、「サンデー毎日」（昭和五十三年六月十一月号）の特集記事「誤解される日本像」にも、具体的なエピソードをもっていくつか紹介されている。

　英国のあるニットウェア・メーカーが次のように言ったそうだ。日本人の体格に合わせてサイズを短くする必要は承知しているが、日本からのサイズの注文書がセンチ、ミリ単位で書かれ、まるで精密機器の仕様書のようで、ばかばかしくてお話にならない。当社は諸外国にも輸出しているが、いまだかつてこのような事例には遭遇したことがない。そう述べ、日本市場に食い込めない不満を、日本側の不誠実のせいに帰して、永年やって来た自分たちの遣り方を改めようとはしなかった（ジェトロのロンドン・センターからの報告）。

衣食住全般にわたってすべて大味で精緻さを欠く欧米人と、趣味の相違が商売に響いてくるほどの微妙な感覚を持つ日本人との間の「文化摩擦」だと理解してもよいが、彼らが日本の実情にマッチした売り込みをやろうと努力しないのは、趣味の問題ではなく、むしろ永年にわたる地球上の力関係が及ぼした習慣の問題である。

「サンデー毎日」の同記事はさらに次のような事例をも紹介している。

デンマークのある会社が日本から商品百個の注文を受けたが、生産能力は五十個。日本のメーカーなら残業して徹夜してでも残り五十個を作ろうとするが、彼地の言い分は「あと五十個作るには機械をもう一台入れなければならない。以後、百個の注文を保証してくれるか」

合理的といえば合理的だが、こんなことではとうてい日本の市場で商売はできない。

キャビアの輸出もいい例で、キャビアを赤く染める染料を日本は認めていない。しかし「自分たちが長い間食べて来て、障害はなかった」とヨーロッパのある輸出業者は譲らない。

以上のような例話を知って、外貨が日本に溜る責任の大半は、欧米人のこのどうしようもなく頑迷な閉鎖的高姿勢にあると思わない日本人はいないだろう。商品売込みに情熱を注いできた日本人の努力、そしてそのための旺盛な外国研究熱のせめて一かけらでも欧米人にあれば、日本人は非難されずにすむ。自分の怠慢を棚に上げて、日本の非を咎めてくる彼らこそが批判されてしかるべきだと、日本人は誰しも反撃に出ずにはいられない気持になるに違いない。

しかしここで一歩退いてよく考えてみるならば、日本の進出を不当に思う欧米人の言い分にも一理あるのである。日本が西欧文明から学んだ武器を突然西欧に向けて来た、と彼らが解釈する外どうにも考えようがないほど、これまでの日本が余りに閉鎖的な歴史を歩んで来たからである。欧米側が日本の国内事情を進んで研究しようとしない不熱心も、従来の日本人のただ外から学ぶだけであった歴史の型に原因がある。その証拠に、日本政府は誤解を防ぐためのもっとも大切な投資——例えば日本語教育と日本文化の普及——に、本格的に取り組んでは来なかった。他国に自分を教えることがいかに重要で、いかに自分の利益にも関わってくるかという発想がわれわれには最初からなかったのである。彼らの日本研究の不足を責める資格はわれわれにはない。欧米人が突如として市場に溢れる日本商品を前に、ただ周章狼狽する以外に方法がなかったのもまた当然であろう。

海外に学ぶ日本文化の特質とその変革

先に示した文化庁と科学技術庁の統計から明らかなように、政治や経済をその底において動かしているのは結局は文化の力の差である。日本は有史以来、文化輸入国であって、輸出国であったことは一度もない。宝亀六年十月の「吉備朝臣真備……従使入唐、留学受業」(続紀三三)以来、留学はわが国の文化形成原理の一つであった。近頃では留学した日本人に、それだけで箔がつくようなことはもうなくなり、留学という言葉自体が死語になりつつあるといわれるが、しかし海外からの文化受容を基本に、その吸収、同化、展開をもって国力増大を計っている国のあり方自体は、数字が示している限り、いささかも変わっていない。

これに対し、英独仏語のうちには「留学」に相当する単語さえ存在しないのである。この対照的で、そしてきわめて象徴的な事実は何を物語っているのだろうか。私は留学生時代に、書類には仕方なく、「ドイツにおける研究滞在」と長たらしく説明的に書いたものだった。ロンドンに行った友人も英語で同じように書いたという。勿論、「留学生」という言葉もないので、「奨学金受給者」もしくは「外国人学生」と書く。すなわち言葉がないということは、歴史的にも、これに見合う現実がなかったことを物語っている。なるほど世界最初の大学であるイタリアのボロニア大学へ、十二、三世紀にドイツ人が多数法律を学びに行ったという事実はある。同じ頃パリ大学は神学のメッカで、欧州各地から学僧が集まっていた。しかし周知のように中世ヨーロッパには国家意識がない。話される言葉も共通のラテン語である。海を越えて唐天竺へ留学したわが国の学僧たちの意識に匹敵するものはなにもなかった。

他国から学ぶという姿勢を文化形成の支柱にして来た日本と、その必要を自ら持たず、自分が教えるものを他国はただ喜んで受け入れると信じ、基準を自分に置いていた欧米世界と、この二つの世界の地位の一部が今や逆転し、物量の流れが逆流し始めた新しい状況が、世界の各地で起こっている日本商品進出のトラブルであることは、はなはだ見易い。しかし、たしかに自動車やテレビや鋼材といった物量は部分的に逆流しているのかもしれないが、文化形成の原理までが、日本から欧米へ怒濤のごとく押し寄せて行っているわけでは決してない。もしそうなら、彼らは必死に日本語を学び、日本の国内事情に精通しようと努力するだろう。しかし彼らが日本からろくに書籍・雑誌を買おうともしない基本状況は、少しも動いていないのである。日本に多彩な雑誌ジャーナリズムが存在することすら彼らは知るまい。外国の学問・芸術に関する日本人の知識は量的にも質的にも相当に高いが、それらはほとんど国境の外へは出て行かない。諸外国はそういうものの日本における正体を、全体としてはまったく知らない。つまり日本の現代文化の実際はほとんど知られていないに等しいのだ。日刊新聞の発行総数も日本は六千二百万部の米国とわずかの差で二位を占め、五千八百万部にも達し、三位の英国の二千四百万部に大きく水をあけているほどの、驚異的な数字である。けれども、日本の日刊新聞が外国人の手に渡って読まれる機会は、欧米各国の新聞が外国人に読まれる機会と較べ、ほとんど問題にならないくらい低い比率だと考えられる。

こういう状況だから、欧米人が日本商品の進出を不快に思い、日本国内の事情に無関心と無理解を示すままであるのは、ある意味では当然のことと言わなければなるまい。日本文化が世界内に占めている位置が、彼らをしてそうさせるのである。誰の罪でもない。われわれが彼らに彼らの不当を詰《なじ》っても、全体の状況は動かせない。勿論、欧米とくにEC諸国が高飛車で、異質の文明圏に対する謙虚さを欠いていることは事実である。彼らは外に「学ぶ」ことが下手である。その自尊の態度が、やがて彼らの成長を停滞させるかもしれない。学ぶ意志を欠いていることで西欧が損をしているのは事実であろう。しかしそれは彼らの問題であって、われわれの問題ではない。われわれは逆に国内の事情を外に「教える」ことが下手だった。自閉した歴史を歩んで、自己説明が拙劣なままできたことが、今日の誤解の因をなしていることは争えない。差し当りわれわれは、こちらから日本の事情を丁寧に説明して、あらゆる場面で誤解を解くよう努力する以外にないだろう。誤解している向こうが悪いと叫んでみても、誤解させるように仕向けて来たのは、ほかでもない、二千年に及ぶ私たち日本人自身の歴史なのである。私たちが外に学ぶだけで、外に教えるということ、文化を輸出するという積極的姿勢を欠いていたことに、誤解される宿命は胚胎している。

勿論、文化は意図して輸出できるものではないし、すべきでもない。自然に周辺に伝播していくものである。その点でも日本は不幸であった。先述の統計は、韓国や中国等に、日本の書籍ならびに科学技術が相当量輸出されている事実を示しているが、これらの国々が日本の文化を学ぼうとしているとは思えない。日本の工業化の成功過程を自国の参考にしようとしているにすぎまい。それもまた日本の文化の一つだと言えば言えないことはないだろうが、日本に来ているアジア諸国からの留学生の大半が工学・医学系で、日本語ないし日本文化にあまり関心がなく、英語で教えてもらいたいなどという不心得者さえ存在する実情を、私たちはどう解したらよいのだろうか。私は日本がしようとしてもなし得ない限界は何であり、なし得るのにしないで来た怠慢は何であるかを考えてみたいと先に書いた。後者はじつは非常に地味で、小さな事柄である。しかしそこから始めなければ、対日誤解を根本的に解消する道は開かれないであろう。

留学生受け入れは外交政策の重要な柱の一つであるという認識は、フランス、西ドイツ、米国に根強くあり、おそらくソ連にもあり、先進国の中でこの認識を欠いているために、相当の費用を投じながら効果的な投資をなし得ていないのはおそらく日本のみである。例えばフランス政府はアフリカ人を大量に招き入れ、徹底的にフランス語とフランス文化とを教えている。西ドイツもドイツ語とドイツ文化を普及させるための、ゲーテ協会やフンボルト財団のような国際的な巨大組織を持ち、伝統的なドイツ風学問の伝播を最重点政策としている。留学生がやがて故国へ戻り、フランスの新聞を読んだり、ドイツ的学風で学問したりする遠い将来への波及効果を、なによりも大切に考えているからである。

ところが、日本政府はこの点でまことに効果の乏しい投資をしつづけている。今日本にいる外国人留学生は約五千人（うち日本政府招待は千人）だが、その八割近くが、アジア諸国からの工学系学生である。つまり日本政府は工業普及という地球上の「均質化」のために莫大な金を使い、日本文化の自己主張のためには、見返りの少ない投資をしていることになるのである。ここにすでに、自ら外に教えた経験のない日本らしい不用意さがある。勿論日本語を学ぼうとする外国人の数はまだ少なく、西ドイツやフランスの対外国人制度はそのままお手本にはならないであろう。しかしそれにしても世界各地にろくな日本語教科書もなく、必要な施設も教師も乏しい現状、国内の組織が非能率に分散し、若い有能な人材が情熱をもって教育に当れる体制ができていない状態は、放って置いていいはずはない。日本語を学びたいという、確実に殖えつつある諸外国からの要望を満たすために、日本政府はあらゆる援助を惜しむべきではない。誤解を避けるための努力はまずここから着手さるべきだ。長い目で見て、これが自分を理解してもらうための一番有効な方法であろう。

どんな問題も解決に至るのは容易ではない。しかしどんな問題も解決されるときには、ほんの小さな、地味な努力から始められるものなのである。

（「中央公論」一九七八年八月号、The Price of Passivity Atlas, News and views from the foreign press. Vol.25 No.11, November 1978）

海外からの留学生を優遇する

もう三年ほど前になるが、西ドイツからシェール大統領が来日した折に、かつて西ドイツに学んだ八百人近い日本人の元フンボルト留学生――今では日本の各学会で活躍している――が、京都で一堂に会したことがある。西ドイツ政府が旅費並びに宿泊費の全額を負担し、総勢を夫婦同伴で京都へ招待したのである。これを伝え聞いて、時の総理・福田赳夫は思わず「恥ずかしい」と洩らしたそうである。学問尊重の心構えの日本との相違を、総理が反省した言葉の一つとして、この件は当時話題になったが、しかしその後も、日本政府が肝に銘じて、留学制度を一国の外交政策の重要な柱の一つとして再認識し、急速かつ効果的に、一段と進んだ政策を打ち出した、という話は寡聞にして聞いていない。「国際的」とか「国際化」とかいう言葉は、日本では政府もジャーナリズムももっとも好む言葉であるが、言葉の示す通りには日本では誰も行動していない、という安心感が、表向きかえってこういう言葉との安易で愉しい戯れを可能にしているのではないだろうか。

私は若い時に留学したので、フンボルト財団のお世話にはならなかった。しかしこれが西ドイツの外国人中堅学者の受け入れ制度として、実質的にもっとも完備したシステムであることはよく知っていた。しかも日本人はとりわけ厚遇されていて、第二次大戦後に財団の活動が再開されて以来、世界中の約七千人の研究者に与えられた奨学金のうち、日本人は約千人近い最多数を占めているのである。財団が日本人留学生のためにこれまでに支出した経費は約五十億円、財団総経費の一六パーセントにものぼるといわれる。このフンボルト財団のほかに、より年齢の若い外国人研究者を留学させる制度として、ドイツ学術交流会（略称ＤＡＡＤ）があり――私は一昔も前にここのお世話になったのだが――今でも日本人は毎年三十五人ほどが選抜試験を経て、西ドイツの各大学に渡っている。つまりＤＡＡＤは西ドイツの公費留学生を管理している準政府機関である。常時約二千人の外国人に奨学金を与えているので、日本人の占める比率はフンボルト留学生の場合ほどに高くはなく、各国に公平に分配されているのではあるが、日本の青年がこれまで――日本人が貧しくて容易に渡航できなかった時代に――この制度をどれほどたのもしく思い、頼りにしていたかは計り知れない。現在のように若い人が夏休みにヨーロッパに気軽に自費旅行をするような日本の恵まれた状況下でも、ＤＡＡＤの厳しい選抜試験を受けようとする若い学者は相変わらず多い。今は私は巡り巡って日本側の試験委員の一人になっているので、その実情が痛いほど分る。日本は金持になったはずだが、二十代の学者の卵が自分で応募して西ドイツに一、二年留学する公的機会は、じつはいまだにこの、ドイツ側が与えてくれるケース以外にはほとんどないのが実情である。私たち試験委員は集まるたびに、福田さんと同じように「恥ずかしいなア」を繰返しているのである。

しかし、勿論、日本政府も外国人を受け入れるためには相応の支出を惜しんでいるわけではない。日本政府の経費で日本に来て学んでいる外国人学生は、常時約千人（昭和五十三年の統計では一〇七五名）であるから、十分とは言えないにしても、数合わせだけはまあまあなんとかやっているのである。単純な数字比較だけで言えばとても対等とは言えないが、歴史的にもともと文化輸出国ではない日本の立場からみれば、数字の上でそれほど恥ずかしい規模だとは必ずしも言えないだろう。日本もこのように外国人を招いているのだから、われわれも遠慮なく外国の金で外国へ行けばいい、お互いさまである。そう胸を張って言いたいところだが、しかし、私自身は外国人を迎え入れる精神的態度において決定的な相違があることに気がついているので、ただ数合わせだけしている――途上国援助のつもりだから――わが国の受け入れ態勢に対しては、どうしても「恥ずかしい」気持がつき纏うのを避けるわけにはいかない。また、ただ恥ずかしいだけでなく、大金を投じながら効果の少ない投資をしているのではないかという割り切れない感情も持っていることを付け加えておかなければならない。

留学制度は高度な外交戦略

近頃では「留学」という言葉は死語になるか、あるいは少なくとも変質していると私には思われる。留学した日本人に箔がつくという時代は明治の初年から始まり、昭和三十年くらいまででだいたい終わり、この意味での留学神話はもう崩れたと思う。しかし、それなら日本にやって来た外国人留学生にははたして箔がつくだろうか。この新しい問題に対して、日本人は今のところ十分に適応し切れているとは言い難い。ましてやこれから二十一世紀へかけて「国際化」という言葉も意味が変わって来ざるを得ないはずである。短期的に日本のためだけを考えていればそれで間に合う国際化ではなしに、日本が外国のために欲得ぬきで、それこそ無償の気持で役立つ働きかけをし、それがいつか長期的に日本のためにもなるという、そういう国際協力こそが求められて来るのを避けることはできないだろう。なにもそれは日本も大国になった、ここいらで大国らしく出し惜しみせず鷹揚に振舞おうではないかという、いい気な気分から発した行為ではなしに、いわば外から要求として強いられてくる、現実の必要条件の一つだと言いたいのである。そういう外からの要求の多くにうまく応じられるかどうかが、国の存立の条件にさえなりかねない時代をわれわれは迎えるだろう。「留学」も、少し大袈裟に言えば、そういう変貌を強いられた新しい課題の一つなのである。

先述のフンボルト財団は参考例として挙げているまでである。アメリカのフルブライト、フランス政府給費留学制度、イギリスのブリティッシュ・カウンシルなど、外国人受け入れのシステムとその精神とは、先進国ではどこでもほぼ同じで、日本がまったく未経験の段階を、各国はすでに踏み越えているのだ。たまたま私はドイツの事例しか知らないので、これを話の切っ掛けにしているだけだが、問題は外国人を金にあかして数多く招いて、教えてやって帰せばいい、というような乱暴な精神ではとうてい駄目だということである。学びに来る外国人に見返りを求めず、また、学問は息の長いものであるから速効性を要求せず、あらゆる場面で一外国人その人の立場に立って彼がよく研究し、愉快に暮せるように配慮し、まるで自国の利益を度外視するような寛大さで遠来の客を迎えて、彼の国のために尽してあげる——以上のような精神が、なんといってもまず前提として必要だということを、私はドイツの実例から痛感してきている。そういうゆとりある人間的な態度が、初めて相手側の心を開かせ、尊敬心を抱かせる原因となっている。日本のフンボルト留学生の多くがドイツを深く尊敬し、帰国後、ドイツ風学問に従うことを誇りとするケースがはなはだ多いのは、そういう基本的な謙虚な心構えが、まずドイツの財団の関係者を支配しているからである。

それなら、ドイツの財団は莫大な金をただ無差別に、外国の個々の留学生の利益のために振りまいてそれで意に介しないのか、といえば、ある意味ではたしかにその通りなのだが、しかしそうすることがやがて結局はドイツ人とドイツ文化のためになるであろうという遠大な波及効果を疑ってはおらず、そこに一本しっかりした姿勢が感じられるところに、私はまたしても、日本の方針のない拡大政策との相違を感じないではいられないのである。

フンボルト財団は大部分が国の予算で賄われてはいるものの、国の管理機構からははっきりした距離を保っていて、官僚の統制下に置かれていない。それは初代の総裁ハイゼンベルクが選んだ道である。外国からの研究者を選ぶ場合に、人種、宗教、国籍、さらにドイツとの外交関係の有無などとまったく無関係に、純粋に研究者個人の学問的能力のみを選考条件にしたいという、世界的に著名なこの物理学者の理想主義がひとまず制度化されているとみていい。過去に何度も、国別あるいは専攻別の人数枠を定めるべきかどうかが議論されたそうだが、それさえ学術交流の自由という建前に矛盾するとして斥けられているのである。だから日本人がやたら多く選ばれる結果とさえなったらしい。日本人、次いでアメリカ人がもっとも多く選ばれているが、それは個々の研究者の水準の高さによるのであって——尤も親日・親米感情も働いていると思うし、とくに自然科学の分野では日本とアメリカの学界との接触を、ドイツ人の側がむしろ積極的に求めているという事情もあるらしいが——おおむねは研究者の能力のみを尊重して儀礼的形式を排したいという、理想主義の結果といっていい。

私が感心するのは、この財団が個々の留学生に対しじつに面倒みがいいことである。私が世話になった先述のDAADは規模も大きく、官僚組織の一つなので、「家族的雰囲気」は期待できない。しかしフンボルト経験者はつねにその種の暖かい雰囲気について語る。在独中には本人だけでなく、家族や子供までが気持よく暮せるように行き届いた配慮が行われている。研究の必要上、ドイツ以外の地域、例えばスイスやスウェーデンに滞在する必要が生じた場合でもそれが許可されるし、ドイツより物価の高いこれらの地域で暮す場合には、差額の補助金さえ出されるのである。ドイツの費用でドイツ以外の国でも学問ができるのだ。官僚に管理されていたらこうはいかないだろう。純粋な学問上の欲求というものが何であるかを知っている精神でなければ出来ない処置である。外国人がドイツ人の学問愛に対し尊敬心を抱くようになるのは、こういう場面に直面したときである。そしてそれは結果的にドイツ文化への敬意となって跳ね返って来るであろう。

財団は外国人が長くドイツに滞在することを求めない。優秀な頭脳の国外流出が世界的に騒がれている時代だけに、母国に帰って母国のために仕事をすることを求め、外交的配慮をも忘れていない。帰国後も、かつての留学生とはさまざまな連絡が保たれている。冒頭のような機会をつかまえてレセプションが行われる。五年置きに、専門分野の最新の書物が一人に約二十五万円分も送られて来る。十年後に、期間三ヵ月の二回目の招待が行われ、ドイツにおける昔の恩師やまだ会っていない新しい研究者との会談の機会を、財団がことごとくアレンジしてくれる。私が関係したDAADの組織は、何万人も招聘する巨大組織となったために、これほど面倒をみてはくれないが、それでもたえず連絡は保たれているし、年一回の大使館主催のパーティには招いてくれるし、やはり十年後には人を選んで再招待の機会を与えてくれるのである。

以上が組織的運営ということにかけては能率のいいドイツ人の、外国人留学生受け入れに関する制度と精神の素描である。ここには勿論、見返りを求めない純粋な奉仕の精神があることはいうまでもないし、それゆえに私はドイツ人の信義をいささかも疑う者ではないが、また見方を変えれば、ここには信義というものを前提とした、きわめて高度な外交戦略があるのだと考えても、それは決して信義という概念と矛盾した表現にはならないだろう。

硬直している日本の知性

日本政府が以上のような形式で、しっかりした哲学を持って、なんらかの世界経営思想を抱いて、この外国人留学生受け入れというような事業をきちんと処置する成熟した時代がいつ来るか、今のところ私には皆目分からない。フンボルト財団やDAADといったそれを専門とする統一組織さえも日本にはまだ存在せず、外務省と文部省とが仕事を分け合って、窓口が二つになっていることにもそもそも問題がある。それに、かりに統一組織が出来たとしても、外務省や文部省の単なる外郭団体といった程度の弱体な組織であるなら、結局、いい人材はそこに集まらない。退役官吏の単なる天下り組織であったり、エリート路線を外れた無気力な窓際族の腰掛けお役所みたいなものなら、作らない方がいい。それは両省の権限をある意味で超えた独立した組織であるべきだし、両省にも大学にも人事が自由に移動できる開かれた、誇り高い組織でなければならないだろう。そうであってこそ、本当に優秀な日本人が参加し、外国から来た留学生すなわちその国のトップエリートたちを迎えて、彼らに正しい日本像を与えることができるだろう。そしてそれが、これからの日本の外交と文化の両面にわたって、われわれが今考えている以上に重要な意味を持って来ることに必ずやなるであろう。

いったいなぜ今までの日本に、フンボルトやDAADやフルブライトやブリティッシュ・カウンシルのような留学生管理組織が生まれなかったのだろうか。欧米には宣教師による伝道組織が昔からあったのでこういう運営には慣れているが、日本は外国、とくに自分より進んだ外国に「学ぶ」ということばかりを意識してきて、他に「教える」とか「伝える」とかを急務として来なかったためであろう。じつに見易い理由である。だから外務省も、文部省も、文化交流といえば日本が辞を低くして、「学ぶ」ための方法論を磨きさえすればよかったのだ。欧米の信用し得るある日本研究団体が財政援助を求めて来ても、日本の官庁ではそれに見合った予算を用意していなかった――おそらく今も用意していないだろう――という話は、最近も新聞で話題になったばかりである。外国人に日本を知ってもらう努力は大切だと分っていても、それに莫大な金が掛かることまでは考えついていなかったのである。従来日本人は外から学べばよく、外に教えたり、外に自分を説明するための困難な努力は必要がなかったからだ。必要がないところには、そのための発想もなければ、予算もない。外務省も、文部省も(そしておそらく最大のネックは大蔵省だが)、新しい発想への転換を試みようとは、習性上、容易にしない。だからこそ、さっきから述べている留学生のための組織は、既成官庁の外に、それを超えたところに、作られなければ真に新鮮な仕事はなし得ないだろう、ということを私は言いたいのだが、それはともかく、日本のこの偏った受動的姿勢の習性は、二千年の歴史伝統に由来することはいうまでもないとはいえ、はたして日本の長い歴史だけがそれをもたらして来たといえるのか、それとも日本を取り巻く近隣諸国の日本観が日本をそのような形につき動かして来たのか、じつはあまり判然としないところがあるのである。

日本は自分の動機で動いているよりも、案外に外からの動因で動かされている場合が多い。それも、従来は先進国からの「外圧」で動かされている場合が多いと考えられていたが、いわゆる開発途上国の日本への期待に、日本が動かされ、誘導されているという別の側面が予想外に高いように私には思える。例えば、東南アジアの開発途上国の知識人は、欧米の知識人とは違って、日本の伝統文化にはさして関心がない。そしてただ日本の近代化とその工業文明とにのみ関心を抱いている。最近の例でいえば、中国である。中国は日本の「文化」にはおよそ関心がなく、西欧先進国からの日本の学び方、すなわち日本の近代的な発展の方式にのみ関心があるにすぎない。日本人にとってはそれは残念なことだが、事実はそうなのである。これに対し、欧米の知識人は依然として、伝統的な日本文化に主たる関心を抱き、日本の工業文明や国家政策に対する関心はあくまで二次的であろう。最近でこそ、自動車、鉄鋼、家電等の貿易摩擦によって、日本の実力を黙視するわけにはいかなくなったといわれているけれども、トータルに日本の現状を正確に知ろうとする情熱が、本格的に高まるとは思えない。摩擦が過ぎれば、元の木阿弥であろう。ことにヨーロッパではそうである。例えば、韓国の光州暴動と日本の唐突な国会解散とは因果的にはまったくなんの関係もないのに、西欧では同時に入った二つのニュースを結びつけて解釈しようとする無益な試みすらしきりになされたという。無知という点では、知日派の知識人ですらこの程度なのである。

欧米先進国は日本の「近代化」に対する関心がまだまだ低く、開発途上国は逆に日本の「近代化」に対してしか関心がない。勿論、欧米先進国では今この傾向が多少とも変わりつつあるが——これから私が指摘したいのはその点である——しかし、基本的にはまだ組み変えられていない諸外国のこの日本への対応、姿勢が、逆に日本の外交に作用し、われわれの文化交流のあり方を動かしているのがじつは怖いのである。

明治初年の大学設立時において、日本の大学はある意味ではきわめて国際的な性格を帯びていた。多くの外国人教師が雇われ、外国語で講義がなされ、多数の若い国費留学生が海を渡った。それがいつの頃からか、おそらく明治二十年頃を境にしてであろうが、関係が逆転し、今日では日本の大学は世界に類の少ない閉鎖的性格を特質とするようになっている。今では外国人教師は数も少なく、正規の員数には迎えられず、外国語で講義がなされることはめったになく、若い留学生は相手国の金を頼りにかろうじて海を渡る。前途有為な日本の青年に、国費が給される可能性は今やまったくないのである。

いったいいつ、どのようにして日本の大学が外に自己を閉じるようになったかは、それ自体解明に値する問題だが、先に述べた「近代化」の日本独特な深化のプロセスと無関係ではないだろう。欧米先進国はただ日本の「近代化」を恐れるだけで深い関心を抱かない。開発途上国はただ「近代化」だけを日本の存在価値と見做している。そして現在、私たちは日本のこの、外に自己を閉ざすことでかえって逆に必要ないっさいを外から吸収することに成功した「近代化」の独特な構造に、明らかに罅《ひび》がはいり始め、なんらかの手直しが今必要になっているという認識を新たにせざるを得ない時期を迎えているのである。

広島大学の喜多村和之氏は次のように書いている。

> 西洋文明の伝達者であった外国人教師「から」学ぶことによって、「西洋化」をはかった日本の大学は、その次の段階で「日本化」を達成したあと、部外者に「対して」自己を閉じたのである。一方的に外部「から」学ぶ姿勢と、一方的に外部に「対して」自己を閉じる姿勢からは、相互に学びあう交流を促進するために不可欠の「外部とのつきあいのルール」は育つ余地がないといわざるをえない。そしてこの先進国から一方的に学ぶという姿勢は、非先進国に対しては一方的に教えるという態度となってあらわれる。
>
> （天城勲編『世界に通用する大学』サイマル出版会・所収論文）

右に指摘された状況がなんらかの形で改革されなければならないと思えばこそ、私はフンボルト財団を参考のために引き合いに出してみたのである。

フンボルト財団では日本人学者を他の国の学者以上に多く招待している、と私は書いた。それは深い信義を前提とした上での、高度にソフィスティケートされた外交戦略であるとも私は述べておいた。つまり、ドイツ人は日本の学問、物理学や医学などのある領域がドイツよりも進んでいる事情をよく知っていて、近頃では日本の学者を招くことでむしろなにかを学ぼうとさえしているというのである。自然科学系統では、例えば地震工学であるとか橋梁工学であるとか、まあ私は具体的に詳しい内情は分らないのだが、フンボルト財団は競争相手としての日本の学問水準をたえず知ろうとしているという話を、信ずべき筋から聞いた。ドイツ人は日本全国の科学者の研究内容を、まだ若い助手クラスの日本人の仕事ですらも、よく知っているそうだ。そしてそれをドイツの企業や研究所にたえず紹介している。財団はドイツの学問を普及する機関であったはずだが、いつの間にか情報局としての役割さえ果たしつつあるのかもしれない。多くの日本人を招待する結果として、日本人から学ぶ機会を得ようとさえしているこの成果は、財団の本来の目的ではなく、おそらく期せずしてそうなった、ヨーロッパの側の危機意識の反映であろう。しかし留学生管理組織が、いつの間にか自分の文明の防衛のために役立つとすれば、それは長い歳月をかけて信頼を得て来た国際交流の、善意に発した努力の賜物ともいうべきものだろう。

　それにひきかえ、もともと世界経営思想を持たない日本の知性は、自己を鎖したまま、先進国から学び、途上国に教えればそれですむのだとほとんど硬直した姿勢をとりつづけているように見うける。「留学」になによりもその欠点が現われていよう。いったい日本に学びに来るインドネシアや台湾やシンガポールの留学生たちから、日本人は学ぼうとした経験があるだろうか。これは逆に日本人がフランスやイギリスやドイツに出かけて自分を説明し主張しようとしない怠惰と隣り合わせである。

　私は打開策の一つとして、先進国に対しては能、歌舞伎、生花、茶道等の伝統文化に基づく国際交流をこの辺でもういっさい止めにして、代わりに、日本の現在の政治、経済生活の幅の広さとその安定した実力を本当に評価してもらうための広報活動を繰り拡げるべきであると考える。そのために日本人の伝統芸能に関心を持つ文化人ではなしに、経済学者や新聞記者や実業家といった実務家を――アメリカからはすでに十分に来ているので――むしろヨーロッパから、もっと多数招待して、近代日本の素顔をみてもらうべきである。

　さらに、これとは逆の関係になるが、開発途上国の人々には、彼らが関心を持ちたがらない日本の伝統文化をすすんで学んでもらう必要がどうしてもある。日本文化はどうせ中国文化の出店だからと高を括《くく》って――あるいは日本人の方で早々と卑屈に振舞って――科学技術のノウハウだけを簡便に学びたがったり、日本人もそれが相手に対する親切だと決めこんでしまうのは、もってのほかだと私は考えている。アジアにおける唯一の科学技術の急速な発達は、日本人の生活文化と無関係ではないのだ。日本語の構造ともおそらく無関係ではない。もし彼らが日本の成功した「近代化」に学ぼうというのなら、根を見ないで実だけを求めるやり方では駄目である。出来合いの結果だけを大急ぎで取り入れても、自分の国に根づくことなく、失敗に終わるだろう。

もし中国が真剣に「四つの近代化」達成のために日本に学ぼうというのなら、日本の歴史や社会の特質を、遠く遡って研究する必要があるだろう。また日本における百年以上に及ぶ西洋研究の歴史を、文学や宗教の研究にいたるまで、分析の対象とする一学問が確立されなくてはならないだろう。そうなれば日本の芸術や芸能にも無関心でいるわけにはいかない。総合的な日本研究が中国の土壌に一学問ジャンルとして成立する必要があるだろう。その実現のためには日本人は援助を惜しむべきではない。ところが、戦前から本気で日本を尊敬し、理解しようとした中国人は絶無であった、と、岡田英弘氏は書いていた（「中央公論」昭和五十五年三月号）。もし氏の言うように、中国人は日本を利用するために日本語を学んでいるが、日本それ自体はなんの研究価値もないと考えているのだとしたら――中国の大学には日本語の専攻コースはあっても、日本学の専攻コースはないそうだ――いくらたくさん留学生を送りこんで来ても、中国が日本から本当に豊かで大きな成果を引き出すことはまず覚束ないだろう、と私は言っておきたい。

自閉的精神怠慢を打破せよ

留学生問題を中心に日本の文化交流を考えだすと、私たちはたしかに苛々《いらいら》することが余りにも多すぎる。しかし、いずれにしても相手国の文化に対する尊敬心を欠いては、なにも学ぶことが出来ないだろう。この点、日本語という隔絶した言語の障害が、留学生にとって日本への敷居を高くしている、という説をなす者がいる。それはおそらく事実だろう。日本語は学んで帰っても、故国であとで役に立たない、ともいう。また、日本の大学では学位をなかなか出さないので、東南アジアの留学生は帰国後に評価が得られないので困るともいう。欧米の大学の学位に比べ国際的に権威が低いのに加え――実際の程度は欧米の方が低いのだが――日本では学位をよく出す学科とほとんど出さない学科のばらつきが甚だしく、留学生の勉学目標を混乱させているという。これもおそらく事実であろう。

要するに、日本では大学そのものが外国人のために開かれていないという事情がある。欧米の大学では外国人を見かけるのは珍しくなく、専用の世話係を置いているほどである。因に、全大学数に対する外国人留学生の比率は、カナダ一六%、フランス一二%、イギリス七%、西ドイツ六%であるのに対し、日本は二百万人の大学生に対し、私費留学生を含めた外国人留学生総数はわずか五、六千人であるから、〇・三%にも満たないことになる。日本の大学で外国人にめったに出会えないのも当然である。しかも、ドイツで私が経験したような、その国の学生と共同生活できる寮制度ではなく、外国人ばかりを一ヵ所に集めて、日本人学生の生活から切り離してしまう寮が日本では用意されていたりするというから、これでは文化交流の実はほとんど上がる道理がない。そこで元気のいい外国人は進んで日本風の家屋に下宿しようとするが、物価高に加えて住宅費の異常な高さに、面喰らう例も少なくないと聞いている。

それやこれやで日本が留学目的地として欧米各国に比べて魅力がないのは、ある意味では自然な成行だともいえるだろう。しかしそれでも日本に学ぼうとする外国人は今後殖えこそすれ、決して減ることはないだろう。そしてその際、彼ら留学生を襲う困難のうちには、日本側の知恵と責任で明らかに解消される性格のものが少なくないのだ。ただ日本が自分に改革を加えようとせず、今までと同じ硬直した姿勢でいるかぎり、事態はますます悪くなる一方だろう。勿論、地理的にも歴史的にも日本には超えられない限界がある。けれども、フンボルト財団のような制度と精神とが日本にもし実現したとしたら——それは日本では非常に難しいことではあるが——日本に住む外国人学生の困難の相当部分はなくなるであろう。つまり、日本は今までなにかをやろうとさえしていなかったのだ。

例えば日本語は特殊だという。留学生のなかにはろくに勉強もしないで日本語は難しいと不平を言い、自分たちにだけ英語で教えてもらえないかと要求するのがいる。教授会の中にも国際親善だからそれに賛成だという人がいるし、ある実業家は、英語で教える制度を推進せよ、と書いていた。驚いたことには英国大使館の文化担当者が私にそう語っていたことである。日本人はアジアのために尽すのなら、英語をもっと上手になって、アジア人に科学技術を英語で教えるべきだというのである。イギリス人は植民地支配時代の根性からまだまったく抜け切れていないらしい。

しかし私たちは英語やフランス語やドイツ語を学ぶのにいったいどれだけの時間をかけ、どれだけの努力を積み重ねて来たことだろう。日本に来る留学生は、日本語を学ぶのに果してどれくらいの情熱を注いで、それで難しいと言っているのであろうか。また、日本人はそのために組織的にどのくらいの協力をしてきただろうか。つまり、私たちはこの問題に関しては、まだほとんどなにもやり始めていないうちに、日本語は難しい、不可能だ、無意味だ、と決めつけてしまっているのである。

フランス政府は例えば近年アフリカを重視し、アフリカから留学生を大量に招いているというが、真先にしていることは彼らにフランス語とフランス文化を徹底的に教えることであって、工学や医学を教えるのはそれから先だという。ドイツにも先述のＤＡＡＤやゲーテ・インスティテュートといったドイツ語を普及させる国際的な巨大組織がある。日本でドイツ語を教えているドイツ人教師の多くは、みな相当な学者だが、日本側が金を払っているのではなく、ドイツ政府直属のこれらの組織から給与を支給されている場合が多いのである。ここでもまた経済大国日本は、自分のためにドイツ語を学ぶはずなのに、このように相手国におぶさっている。

それならいったい日本は、外地で日本語を教えている日本人をこのように組織化し、財政的に保障したことがあるだろうか。教科書でさえみな現地で自分たち自身の手で作成したりしているのである。先日もシンガポールで日本語を教えて生計を立てている中年の一日本婦人の生活がテレビで放映されていたが、彼女は言語学の専門家でもなく、ただ勘と愛情だけで、シンガポールにおける日本語教育をすでに代表しているのである。

つまり日本人はこの点に関してはまだほとんどなんの組織的努力もしていないのだ。学問的にいかなる緻密な計画さえも立てていない。それでただ日本語は難しい、教えるのは無意味だ、と決めつけてしまっている。ここには、日本人に特有の自閉的な精神怠慢がある。

勿論、日本語の普及というようなことは、一般に日本人は口にしたがらない。かつての八紘一宇を思い出すせいもあろうが、なんとなく照れ臭いし、恥ずかしいのだ。誰でも日本語は日本人のためにだけあればそれで十分だと思っている。だから、外国人が苦労して学ぶのは気の毒で、見るに忍びない。科学技術なら英語で教えてあげればそれでいいではないか、という優しい気持にもなってくるのである。これがおそらく多くの日本人の偽らざる感情だろう。フランス人のように誇り高く教えたり、ドイツ人のように組織をもって普及させようなどという肩の怒らし方は、日本人の心性のなかにはない。

だから私は留学生受け入れや自国語普及の制度とその精神において、ここでも再び欧米先進国に追認せよというのでは決してない。日本人には日本人の遣り方がある。

けれども言葉と切り離してどんな学問も成り立たない以上、実用的にあまりに便利すぎる親切が、外国人に対しかえって仇をなすことを私は恐れているのである。

そして今、睡っている日本は世界地図の中で嫌でも揺り起こされようとしている。日本は好むと好まざるとに拘らず広く求められ、なにもしないでいるというわけにはいかなくなっている。今後ますますこの要請は強まるだろう。そのとき、ともあれ理由もなくわれわれが外部に対し自分を鎖し、それゆえに安心して外部から学ぶことができた久しい習性が、もうそろそろ成り立たなくなっていることを自覚しなければならない。われわれはこれからの歩みをこの自覚から歩み出さなければならないことを肝に銘ずべき地点に今や立たされているのである。

（「Ｖｏｉｃｅ」一九八〇年九月号、「海外からの留学生を優遇せよ」を改題）

掌篇

日本人の不思議なしぶとさ

あるアメリカ女性が日本にしばらく滞在してホテルでテレビを見た感想が新聞に書かれていた。日本のテレビのコマーシャルにどうして欧米系の俳優や歌手があんなにたくさん登場するのだろうか、彼女はそのことを疑問に思った。アメリカではテレビのコマーシャルに出た俳優や歌手はすでに一流ではなく、落ち目になったと見做されるため、警戒して出たがらない人が多いのに、日本に来て、思いがけない自国の男優・女優の顔のラッシュに出会って戸惑った感想を率直に語っていた。そう言われて私もテレビのコマーシャルで外国人登場の回数を数えてみたことがある。すると時間帯によっては五割を越える。これはたしかに予想以上だと思った。折しも隣国で欧米語の排斥運動が起こり、大統領の鶴の一声でさながら戦時中の日本で野球のストライクを〝いい玉〟、ボールを〝悪い玉〟と強制的に呼ばされたとほぼ同じ窮屈な規制が始まったというニュースに接した。これもいささか行き過ぎで、自然に自分の言葉と化した外来語を極度に規制するのはかえって不合理である。外来の制度や文物で取り巻かれて生きている以上、われわれは翻訳できない言葉を暮しの中に取り入れる必要にもせまられるわけで、野球の用語などはスピード感覚も要求されるから私はストライクやボールやファウルでいいと思う。それでも日本のルーズな野放図さは隣国の厳格主義といい対照をなしていていろいろな感想を抱かずにはいられなかった。

　知人のドイツ人教授が日本滞在中にデパートのマネキン人形がことごとく金髪か褐色髪で、顔の彫りも西洋人であることや、女性週刊誌の表紙につねに西洋女性が印刷されていることを、興味深い社会心理のデータだと述べていたことがある。私たちの心の中にはさまざまな闇がある。私は外来のものをもっと規制すべきだなどと言いたいのでは決してない。日本は自由社会である。日本人が自ら不自然さに気がつくまでは放って置くしかないのだと思う。ただ私たちはできれば自分が興味深い社会心理のデータにされていることに各自もっと気がついた方がよいのではないか。例えば、流行歌手や野球選手の中には中国人と韓国人が数多くいると言われる。中国人はおおむね本名で通用している。しかし韓国人は例外なく日本名に改名している。中国人の場合は本名の方が人気を呼ぶらしい。韓国人は国籍を隠しておかないと日本の大衆社会の幅広いアイドルになり得ないのだという。ここにも私たちの心の説明のできない闇があり、「興味深い社会心理のデータ」があるのである。

　それにしても私が疑問に思うのは日本人の欧米崇拝ではない。そんなにまで外国のもの、海の彼方の遠いものを百年来憧れる習性に慣らされて来ているのに、日本人は本当は自分とは切り離された異国のものを憧れて崇拝しているのだ――日本に来た外国人の目にはそう映ずる――というはっきりした自覚を持っていないのである。この島国の内側にいると、われわれには日本も世界も区別なしに地つづきに感じられているのである。西洋人のコマーシャルやマネキン人形をわれわれは自分の生活感覚の一部にして矛盾を感じていないのである。日本人のそうしたしぶとさ、あるいは無自覚の野放図さの方が私には不思議であり、少し不安である。

（「経済論壇」一九七六年九月号）

日本は欧米の出店か

　中国の街角に派手な商品展示が見られるようになったという珍しい場面がNHKテレビ「ニュースセンター九時」（昭和五十五年四月二十二日）で紹介された。日本のある家電メーカーの近代的な台所セット一式が、北京の王府井《ワンフーチン》の大通りに展示された。それを食い入るように見ている北京市民の姿とともに、陳列窓の内部も映し出された。私はそのときおやっと思った。最新型の冷蔵庫や洗濯機の前に置かれているマネキン人形が、どうも日本人の主婦に見えない。栗色髪で、白い皮膚、尖った鼻は明らかに欧米女性の模型である。マネキン人形は二度映ったから、たぶん私の見間違いではないと思うが、私はなにか釈然としなかった。

周知のとおり、日本のコマーシャルには欧米人の俳優や歌手がよく登場する。女性週刊誌の表紙は、たいがい金髪美人である。白人系の混血児はテレビタレントやモデルとして大いにもて囃されている。日本の社会では、これはある程度仕方がないことかと諦めていたが、中国市場に近代的な日本商品を売り出すときに、そのシンボルとなるのが欧米女性だというのは、いかがなものであろうか。なんとも面白くない話ではあるまいか。

東京外語大の岡田英弘氏によると、中国人は日本を利用するために日本語を学んでいるが、日本それ自体はなんの研究価値もないと思っているという。中国の大学に日本語の専攻コースはあっても、日本学のコースはない。日本に留学した中国人学生が多かった戦前にも、日本それ自体に関心を持ち、本気で日本を尊重し、理解しようとした中国人は絶無であったという（「中央公論」昭和五十五年三月号）。それは中国人が尊大であるからというよりも、漢字文化を共有した韓国人、日本人、ベトナム人は「準中国人」と見做されるからであろう。中国人にとって日本は最初から文化的属国であり、ただ科学技術の面でさしあたり今は日本を利用しておこうと考えているのであろう。

だが、日本の政府や企業がそういう彼らの思惑に、進んで自分を合わせる必要があるのだろうか。国交回復後、文化使節として日本から真先に中国に渡ったのは、たしか洋風の古典バレー団であったし、今度は日本のアニメ「アンデルセン物語」が中国のテレビに放映されるという。私は別に国粋主義者ではないが、欧米の出店か出張所ぐらいにしか日本を考えたがらない中国人の思惑に、なにもわざわざこちらからほいほいと調子を合わせる必要はないのではあるまいか。

（「サンケイ新聞」一九八〇年四月二十六日）

プロ野球文明論

プロ野球各チームが外人選手を二名ずつ入れる制度ができてから、かつて日本の球界に例のない摩擦が起こるのではないかと、私は密かに期待しつつ観察して来た。なぜなら、野球は米国から来た球技だが、日本の各野球チームは、きわめて日本的に運営されているように見えたからである。例えば、米国では、新人の採択はスカウトに全権が委ねられているという。スカウトは自分の責任で新人を入団させる。その新人の成績が悪ければ、スカウトの首がとぶ。責任の所在ははっきりしている。きわめて個人主義的である。けれども日本の球団はそうはいかない。スカウトにそんな権限もなければ、責任もないという。すべては合議制である。出先の代表には発言権がなく、球団に持って帰って、フロントと相談しなければなにも決まらないのは、先年の江川事件でわれわれの見聞きしている通りである。

つまり、日本の球団は集団主義的に運営され、個人の責任ははっきりせず、情緒的で、フロントやファンの我儘が通りやすい。最近、阪神のブレイザー監督が契約なかばにして退団させられた事件をみて、日本的組織に対し、欧米人がおそらく納得できないであろう、いわば一つの典型を見る思いがした。もしも阪神タイガースの成績が悪ければ、ブレイザー監督が契約満期の後に、首になるのは当然である。しかし、その代わり、与えられた契約期間中には、監督がどういう采配を振るおうとそれは監督の自由である。ヒルトンを使い、岡田を一シーズン休ませても、監督の権限内にあることではないか。

勿論、日本のプロ野球は日本人のためにあるのだから、欧米流の「契約」思想に囚われず、日本的にルーズに運営されれば、それでよいともいえるだろう。この場合、日本的というのは、例えば外国選手をも家族の一員のように扱い、かつてのスタルヒン、今でいえばマルカーノやマニエルのように、日本人にすっかり親しまれた愛すべき人気選手を作ることもその一つであろう。

ところが、この点で私は不快に思えてならないのだが、今のプロ球団は外国人選手を消耗品のように扱っている。使い捨てである。少しも日本的ではない。名前も覚えないうちに次々と新外国人が来る。それほど割り切って合理的であるなら、欧米流の「契約」をも守るべきであって、ブレイザー監督は首にすべきではなかった。日本の球界のこの矛盾には、現代日本のいわば文明論的矛盾が横たわっている。

（「サンケイ新聞」一九八〇年五月二十四日）

ロシア人の「待つ心」

ロシア人は「貴方の国は寒いですねえ！」と言われて、どんな形容よりも嬉しそうな、初めてほっとした安堵した表情をするという話を聞いたことがある。楽天的で開放的なアメリカ人ならさしずめ、「偉大な国ですね」と言われて無邪気に喜ぶだろうし、日本人なら「美しい国ですね」と言われたがるだろう。ところがロシア人の誇りを満足させるのは、寒い、の二字だと——どうも初めは本当の話とは信じられなかったのだが——あるロシア文学者から聞いたのである。私が旅行した九月から十月にかけての時期でさえ、日中でも耳が痛むほどの寒さだったから、真冬のもの凄い寒さが想像される。人間誰でも、たとえ辛い事実でも、本当のことを言われると嬉しいものである。

ロシアの河は下流から上流へ向かって流れることがある、というのも、最近私が聞いて驚いた情報の一つである。モスクワから北方において、河はある時期にほとんど動かないそうだ。どちらが上流かはロシア人にさえ分らない。水はじわじわと溜っている。軽いものを浮かべて流れの向きを見るが、上流へ向かって流れていることさえあるという。モスクワのある公園はあまりにも広く、中に這入ったら自分でつねに出口がどこかを考えておかなくてはならない。お巡りさんですら出口が分らないのが普通だから……という面白い事実も、同じロシア文学者から教わった。どうもこの国には量り難い面があり、日本の常識はもとより、欧米の尺度も当て嵌まらない、驚くべき要素があると思ったものだった。

一昨年（一九七七年）私はソ連旅行をして、各地の知識人と討議をした記録をもとに、ある雑誌に『ソ連知識人との対話』（本全集第7巻所収）を連載した。それ以来、いろいろな方のソ連旅行の経験やロシア論を読んだり、聴いたりする機会が多くなった。今、雑誌に連載した文章にさらに書き加えて、一冊の本にする作業に取り掛かっているが、考えれば考えるほど、私たちの間尺には合わないこの国の不思議さ——そこに魅力もあり、怖ろしさもあるのだが——に数多く突き当るのである。例えば、長時間たった一つの品物を買うために、信じられないほどの忍耐心をもって平気で列に並んで待つロシア人のあの神経の暢やかさとず太さと鈍重さは、やはりロシア以外の国では考えられない、独特の非合理な感情に発しているようにみえる。

初め私は、戦時中の日本人が饂飩《うどん》一杯をするために長蛇の列を作ったのを思い出して、物資不足が原因だと単純に考えていたが、やがてそんな生易しい話ではないように思えて来た。モスクワの赤の広場の武器庫の入口には、ソ連各地からのお上《のぼ》りさんが長い列をなして順番を待っている。切符売りの老婆は一人。彼女がトイレかなにかに立つと、三十分位は客を平気で待たせる。なんの斟酌もしない。そして客の方も黙って穏和しく待っているのである。

キエフに着いた夜のことは忘れ難い。季節外れの寒波が襲来していて、午後の十時半、非常に寒かった。空港から車で三十七キロ走って、市中随一のホテル〝モスクワ〟に到着したのが十一時五十分。やれやれ、とホッと安堵したのも束の間、ホテルのフロントには従業員が誰もいない。国際ホテルなので、内外からの客が二十人以上もロビーで待たされている。暖房がなく、非常に寒いので——ロシア人には寒いという範囲のうちに入らないのかもしれないが——私はできるだけ身体を動かして体温を保とうと思い、許される空間を往ったり来たりした。

不思議なのは、何十分待たされても、皆がじっと穏和しく忍耐し、案内のロシア人もどこかへ問い合わせたり、掛け合ったりいっさいしないことだった。文句を言ってもどうにもならないのを知っているのかもしれない。すべては相手の出方次第で、自分の力では状況は動かせないという諦めが、すでに最初に彼らの全身を縛っているかのようにみえた。

翌朝ホテルの各階の一角にあるビュッフェに朝食を食べに行った。すると、そこがまた長蛇の列で、並んで待たなければならない。ヨーグルト、目玉焼、パン、コーヒーといった朝食を、従業員の手でお盆の上に載せてもらって、後はセルフサーヴィスで席まで運ぶ。よくあるシステムだが、テーブルは僅か三脚、従業員は一人だから、順番が回ってくるのは容易ではない。私にはさらに不思議に思えることがあった。このホテルでは各エレベーターに婦人の係員がついているが、これが不必要な労働力に思えた。なぜエレベーターの人員をビュッフェに回さないのだろうか。勿論、各組織にはそれなりの内情があり、外国人の知ったことではないのだが、しかし、それにしても、たかが朝食をとるためだけに、三十分以上も列に並び、一人の従業員が悠々と目玉焼を焼いているのを黙って見ていなければならないこのようなシステムの非能率——何のためのセルフサーヴィスか分らない！——は、日本人の理解をたしかに超えている。

しかも、その都度不思議に思えたのだが、待たせる無神経もさることながら、待たされて平気でいる彼らの辛抱強さにも驚くべきものがあった。土曜の夜などレストラン前に、家族連れの長い行列が出来る。いったい一時間程度の食事のために何時間待たされるのだろう。あんなに待たされるくらいなら食べない方がいい、と短気な日本人なら考えるが、この気長さはロシア人の大陸的気風のせいだけでなく、権力に対する忍従に慣らされて来た政治的風土も無関係ではないだろう。

帝政時代以来、反抗してえらい目に会わされた恐怖心の記憶が、民衆を従順にし、与えられるまで待ち、与えられる通りに行動するのが一番安全だ、という民衆の本能が育てられて来たのだ、という説をなす者もいる。

私は自著をまとめるに際し、ロシア人の「待つ」もしくは「待たせる」心理を重大視した。なぜならロシア革命は強大な「待つ」エネルギーの蓄積が噴出した現われと思えるからである。日本人のようになにごとも待ち切れず、たえず新しい、小さな変化を好む国民には、革命はなし得ない。

ロシア人は犀《さい》のように鈍重に、じっと待ちつづけた。十九世紀を通じ、忍耐の限界まで待ちつづけた。そのエネルギーが反転して、革命という発火点に達したのであろう。

けれども待たせる人間と待たされる人間の対立、権力と民衆の対立という考え方だけではすべての説明はつかない。待たせる人間は、別の機会には、待たされる人間の立場に回るからである。そこが不思議な点である。三十分も無意味に客を待たせる切符売りの老婆は、食料品店の前へ行けば、今度は彼女自身が三十分無意味に待たされるのであろう。私を寒中に放置したホテルのフロントマンは、彼自身が旅行するときには、別のホテルのフロントマンに長時間待たされる羽目になるのであろう。

この相互の無駄をお互いに省いて合理的に生きようと考えないところが、きわめてロシア的なのである。

ロシアはじつに複雑な国である。専制主義は民衆と必ずしも対立していたのではない。専制主義は民衆の心の中にも宿っていた。小市民は小市民なりに、どこからか小さな暴君たる自尊心を手に入れて来る。彼は自分のささやかな仕事の範囲の中で、客を平然と待たせるというような形式で、絶対権力を発揮し、自分自身の忍従や屈辱の心理を発散させるのだ。革命を経てもロシア人はロシア人で、この生き方に大きな変化は起こっていないように、私は観察した。

(「マスコミ文化」一九七九年八月号)

人間の幸福から見た都市問題

私は子供の頃、池袋界隈で育った。戦争で一時期、東京を離れたが、自宅が戦災を免れたという稀有な事例にも恵まれて、中学三年以後は元の古巣へ戻った。よく東京には故郷《ふるさと》がない、ことに山の手には土着の文化がないと言われるし、とりわけ池袋は「永遠の新開地」で、無味乾燥の代表地域のように思われがちであるが、池袋はしかし私にとっては疑いもなく故郷である。子供の頃は人力車が走っていた。立教大学のあたりにはまだ草原や小さな林が多かった。駅の角の東京パンもなつかしい。戦後は闇市と暴力バーで名をはせた西口の広場を突き抜けて、高校へ通ったものだった。池袋はたしかに大衆の町であり、情緒に乏しい喧騒の町であるかもしれない。しかしここにはそれなりの歴史があり、人間が密集して住んできた、都会に特有の汗と脂の匂いがある。

私がじつは今書こうとしているのは、私自身の経験を通じた、最近の土地問題を含めた都市論であり、都市改造問題である。私はただ無限に果てしなく拡がっていく東京というものに疑問を持っている。というより、苛立ちをすら覚えている。

私は独立して最初、池袋界隈の古マンションに住んでいた。それから多くの東京居住者がそうであるように、自分の土地と家を持ちたいという希望から、新宿を起点とする私鉄沿線の奥の、電鉄会社によって開発された、規模の大きい新興住宅地に引越した。そこには緑と太陽と空間があった。多摩丘陵を切り崩したスロープに、千二百戸のマイホームがお行儀良く並んでいる。空気のいい爽やかな場所で、新宿まで電車で四十分、多少足の便が悪いという難を除けば、今の土地窮乏時代に文句は言えないのかもしれないが、しかし居住し始めて五年を経て、次第に落着かない感情が澱《おり》のように溜まって来るのを私は抑えようがなかった。

成程、都心に較べ地価が低いため、家に金をかける人が多く、家並も揃っているし、どこの家も庭にたっぷり樹や花を植えている。下水やゴミ処理は完備し、スーパーマーケットも、医療施設も準備されている。住宅地専属の小学校も、公園もある。だから満足して居住している人が多いようだが、私はこの住宅地には都市生活の基本をなすなにかが欠けているように思えてならなかった。

そのなにかとは、町が汗と脂の匂いを宿して少しずつ成長し変化してきた息遣いであり、足跡であり、一口で言えば歴史である。この住宅地はあまりに人工都市でありすぎる。池袋のような猥雑で混沌とした歴史を持つことが必ずしもいいわけではないが、しかし、それにしても、地域の農村社会から浮き島のように遊離した抽象的な千二百戸の都市生活はどことなく不自然である。この農村地域に住む人々との交わりはほとんどない。土地のお祭りがあっても、敬遠されて仲間に入れてもらえない。

勢い住宅地だけが孤立して、団結意識が生まれてくる。戦時中の「隣組」のような自治会組織が出来て、住民の運動会、バス旅行、ラジオ体操、子供大会、主婦の奉仕活動等が相次いで発案され、煩わしい思いを募らせる。

さて、話は変わるが、日本の都市は、周知の通り、ただ建物が漠然と集まった集合体にすぎない。ヨーロッパのように城壁で都市を画然と囲って、周辺の自然に対し人間の住む文化世界を明確に区別するという歴史的感覚を育てては来なかった。自然と人為との境界を曖昧にぼやかしているのは、日本文化の特徴の一つでもある。日本の町々が小さな山にほどよく囲まれ、自然に恐怖を感じないですんでいたことがおそらく主要な原因だろう。ヨーロッパの都会では十八世紀まで繁茂する原始林との戦いが続き、十五世紀にさえ狼の群がパリ市内を襲っている。また、中央アジアや南ロシアのような果てしない大平原に都市を作れば、人は心理的不安から城壁で町を囲まずにはいられなかったろう。

ところが日本の都市は周囲の自然に対しなんの警戒心も不安も持たない。それゆえ明確な境界を必要とせず、欲求に応じなんとなく人家が集まって町となった歴史は、裏返せば、畑地や山林を破壊して無限にだらしなく町の領域を広げていくことにほとんど疑問を抱かせない。

自然と対立せずに自然の懐《ふところ》に包まれて生きる日本人は、自然に甘え、従って自然を毀すことに不安がなく、畑地や都市部との間には本来質的な違いがあるべきだという近代都市の常識をどうしても理解しない。小都市の場合はそれでも良かったかもしれない。しかし東京や大阪のような近代都市の機能をも具備した大都会が、日本人のこの伝統的な自然観でなんとか切り抜けようとしている処に、今日の国土政策の無策の基本があるのではなかろうか。これもまた日本人本来の長所ともいえる特性が近代化に際し裏目に出ている結果ではないだろうか。

今日の東京の都市づくりの最大の難問を解決するため、大幅な宅地供給を政府に要求する声は今や一段と強い。聞くところでは、ある大手の開発業者が都心より七十キロ圏の土地の買い占めを始めているという。私の住む住宅地が三十五キロ圏で、住民はすでに不自然な人工都市の生活を強いられているのであるから、このまま行けば、首都圏を関東一円に拡げる結果となる無方針な拡大政策が、都市に住む人間の幸福にどう作用するかを、今や真剣に考えなくてはならない時機だろう。

最近都心より五―十五キロ圏の地価が一段と急騰したのも、そこには私が池袋界隈で子供時代に経験したような、人間の汗と脂を積み重ねた変化の歴史があるからである。歴史や記憶のないところでは、人間の生活は根を奪われた荒涼たるものとなる。小綺麗で、便利で、衛生的な住宅地さえ大量に供給すれば土地問題は解決すると考える合理主義者は、政府関係者であろうと開発業者であろうと、都市としての東京の病気を本当に理解しているとは言えないだろう。おそらく根本的には、東京を遷都するか、首都の機能を分散するかで、東京に匹敵する魅力のある都会を他に作らない限り問題は解決せず、首都圏はだらしなく無限に拡がって行くだけだろう。

日本人は人間と自然との間だけでなく、人間と人間との付き合いにも、人間と社会との関係にもくっきりした境界を置くのを野暮と考え、不明確さをモラルの一つと見做しがちであるが、このある意味での民族としての長所に、今私たちは復讐されているのかもしれない。

（「サンケイ新聞」一九七九年五月二十一日夕刊）

宅地の「供給」という言葉

いま首都圏ではあらゆる私鉄の奥地に新興住宅地が造成されている。新宿、渋谷、池袋などの起点から電車で約四十分〜一時間半のところで、山が削られ、樹木が伐られ、雛壇状の造成地が出来つつある。そして、そういうものを開発することを、政府は宅地を「供給」すると称している。最近では宅地の「供給」が行き詰まったために、首都圏の地価が高騰した、などと解説されるのも、そういう造成地の開発を主に指している。けれどもこういう場合に使われる「供給」という言葉が、私にはどうもぴんと来ない。食糧や石油に関して使われる場合には少しもおかしくないこの言葉が、住宅地の場合にはふさわしくない、と私には思われる。そしてそのふさわしくない事柄が平然と実行されている無神経さが、今日の東京の住環境の異様な貧しさと非人間性の現われであるように考えられてならないのである。

じつは私自身が新宿から京王線で約四十分、多摩動物園にほど近い日野市の丘陵地帯に切り拓かれたこうした典型的な「新興住宅地」の一つに、六年ほど住んだ経験があるのである。そしてその経験から一つの事実がはっきり分った。住宅地というのは、便利に、衛生的に、小綺麗に、人工的に、要するにいわゆる「文化的」に造られていればそれでいいというものでは決してないということである。都心との有機的結合、教育や文化施設の完備、適当な散歩道や盛り場の存在、昔からそこに住んでいる人々の地域社会とのつながり、等がいかに重要かということである。つまり、ある程度の汚れ、猥雑さ、人間臭さが住環境には必要であるのに、いわゆる「新興住宅地」にはそれがないのである。

一般に「新興住宅地」はあまりに明るく、健康でありすぎる。しかも山林地帯の真只中に、そこの一区画だけがぽつんと切り離された文化区域を形成しているのがいかにも不自然である。周りの地域社会とのつながりがまったくない。サラリーマンは最寄駅にバスやタクシーで出て、それから郊外電車に長時間乗ってやっと都心にたどりつく。あるいは毎日田圃の中を歩いて駅へ出て会社に行き、帰りには少し遅くなると駅前でタクシーの奪い合いになる。自分の家には寝に帰るだけで、周りの農村地域にはいつまでもなじめない。お祭りがあっても余所者の眼で見ている。勿論、住宅そのものは文化的に完備しているかもしれない。セントラルヒーティング付で綺麗な庭もあるかもしれない。しかしなにか落着けない。ただ自分の家がある、という安心感だけで、生活がどこか狂っていることに薄々感づいていても、仕方がないと諦めている。都会育ちの奥さんはだんだんにノイローゼになってくる。大型スーパーマーケットもあれば、病院もあるので、不便はないと思って引越して来たが、子供の時から山の手線の内側で育って、お店を選ぶのが買物の楽しみの一つであった彼女には、しだいに我慢ができなくなってくる。生活必需品は一応は手に入る。しかしヴァラエティーに欠けている。消費者が少ないので、品質はどうしても古くて、悪い。おまけに、文化住宅が並んでいる一区画は同じような年齢のサラリーマンが多いので、隣近所との交際がやかましく、東京で暮しながらまるで都会生活とはいえないような心理的煩わしさに悩まされ始める。年に一、二度は和服を着て外出したいと思っても、田圃の中を和服で歩いて駅に出て、さらに一時間も電車に乗れば着くずれてしまうからそれももう出来ない。

私が今描いたのはつい先日までのわが家の状況である。私どもは業を煮やして杉並区に引越したが、私どもが住んでいた日野市の「新興住宅地」の生活条件は、それでもまだましな方であるらしい。近年ではさらに十キロも二十キロも奥地に宅地が「供給」されている有様だと聞いている。開発業者も、またそれを支援している建設省の役人も、宅地を開発するといえば、結局はその宅地の内部の環境しか考えていない。内部を合理的に、水捌けよく、日当り良く造りさえすれば上等な宅地であると信じている。そして宅地を「供給」した積りになっている。

しかし米や石油を供給するように、本当に人が望んでいる宅地を供給することは可能だろうか。新宿区の、世田谷区の、目黒区の宅地を、政府はどうやって現にある以上に「供給」することが可能なのだろうか。おそらく不可能であろう。高層化以外に方法はないのであろう。それなのに関係者は安易に宅地の「供給」を口にする。たしかに「新興住宅地」はこれからも供給できるかもしれない。しかし近年の土地の値上がりが都心部から始まって周辺部に広がった事実は、人が「供給」を求めているのは都心部の土地であり、そこでの生活だということである。そのことに気がつかず、宅地の供給不足、すなわち「新興住宅地」の開発不足のみを問題にし、都心部の再開発、すなわち区画の整理と高層化を本格的に問題にしない今の政策はどこか間違っているのではないだろうか。

（環境庁「かんきょう」一九八〇年五月号）

X　日本を許せなくなり始めた米国の圧力

言葉なき国は滅ぶ

日本の経済力が世界に大きなインパクトを与える時代になっているにも拘《かかわ》らず、日本人がそのことをあまり自覚していない、とはたびたび指摘される点だが、その弱点が一番はっきり現れているのはどの点であろうか。日本人の言葉の無力について、日本人があまり危機感を抱いていないことである。日本人の言葉、文章、表現が世界の人々の目に触れ、耳に響くことがほとんどないのに、日本の工業製品は圧倒的な力で世界の市場に出回っている。このアンバランスに、日本人がさして不安を抱いていないことは、私には不思議であり、これから深刻化する問題の一つではないかと思われる。

欧米の新聞に日本の産業や経済に関する記事が出ていない日はおそらくない。けれども欧米の新聞で、日本の経済学者の現状分析や意見を掲載する例はほとんどない。日本の経済学者が取るに足らぬ見解をしか述べられないからだろうか。そうでは決してないと思う。欧米の新聞が関心を持たないのである。日本の技術や経済や会社経営法等にあれほど高い関心と熱意を示す欧米人が、日本の責任ある一個人の展開する「言葉」には興味を示さないのだ。

日本のリアリティーを尊重はするけれども、日本人のロゴスは尊重しない。このような状況の発生する原因の一つは、明らかに欧米人の自己中心的な、傲慢《ごうまん》な態度にあるが、もう一つは「言葉」による挑戦を最初から諦《あきら》めている日本人の現状満足的な姿勢にある。日本人が今のこの儘《まま》の状態で安心し切っていることが私には不思議だし、やがてカタストローフがここから始まるのではないかと憂慮している。

昨年(一九八六年)アメリカの一ジャーナリストが「ニューヨーク・タイムズ」に遠慮会釈ない日本批判を書いて話題になった。日本は敗戦国だったはずだが、じつは戦争を継続していたのであって、今や戦勝国のアメリカに報復しているのではないか、といった論旨を、戦争時代を回顧しながら露骨に描いた。アメリカと日本の両方に賛否両論の大きな反響が捲《ま》き起こった。日本では新聞でまず報道され、ある雑誌が全文訳を掲載した。そして、念の入ったことに、その同じ雑誌に日本人有識者が何人も反論の筆を執った。勿論《もちろん》日本語で、日本人の読者に向けてである。

私はここに大きな、根本的な錯誤があると思う。アメリカで話題になった日本批判の論文に対する反論なら、当然英語でアメリカのジャーナリズムにおいて反論がなされるべきであろう。「ニューヨーク・タイムズ」にスペースを割かせ、そこで抗議なり、訂正なり、反証なりを行うべきであろう。もしも、「ニューヨーク・タイムズ」がそれに協力しないというのなら、アメリカの他の有力なジャーナリズムを捜す努力をすべきだろう。それも不可能で、いっさい門戸は鎖《とざ》され、日本人の反駁《はんばく》意見を傾聴するアメリカ人などアメリカ社会には存在しないということであれば、われわれはそこで初めて本当の現実に触れるのである。そこから初めて問題を本格的に考える出発点が得られることになるのである。

日本の国内で、日本人に向けて、日本語で、アメリカ人に反論したり要求したりするのは、単なる気休めであり、現実に背中を向けた自閉的な態度であるばかりでなく、見方によっては、ひどく滑稽《こっけい》な態度だとも言えるのではないだろうか。

しかし、このような滑稽さに日本の国内では誰も気がつかない。そこに問題がある。上は政府から下は民衆の末端に至るまで、日本の国内で合意が得られればそれで満足し、国内で合意が得られることと、外国にそれを納得させることとはまったく別種のことだという事情が、ほとんど理解されていない。

本年度の新しい予算も決まったが、国際文化交流や海外広報活動の予算をいま〝劇的に〟増額させることが、防衛費増額よりも場合によってはもっと大切な国家的必要事だということが、相変わらずまったく分かっていないように思える。この面で欧米の中ではスタートが最も遅かった西ドイツでさえ、学者を派遣したり、留学生を大量に呼んだり、世界各地にドイツ文化センターを置いたりするための総予算は、日本の約三十倍と言われている。アメリカの規模がもっと大きいことは言うまでもない。

先日学者ばかりが集まっているあるサロンで、お酒を飲みながらの気楽な雑談の最中ではあったが、本当に知的で学問的な「言葉」による世界への挑戦の必要性について、またそれをすることの難しさについて論議が百出していたとき、三十歳を少し出た若い学者が、なぜそんなことで苦労をするのか分からない。日本がどう誤解されてもわれわれはちっとも構わない。日本人はお金だけ稼げばそれで良いのではないか、と発言し、中年老年の多い一座の憤激を買うという出来事があった。

〝新人類〟と呼ばれる若い無関心層の出現はこのところ話題になっていたが、私が目の当たりにするのはこれが初めてであった。言葉による自己説明、自己主張を欠くなら、日本がやがて自分を維持できなくなり、「お金も稼げ」なくなる、という世界の中での自分の位置が、この若い学者にはまるで見えていないのだった。

しかし、私は不図《ふと》思ったのだが、政府の高官も、学会の代表も、果たしてこの若い愚かな学者を嗤《わら》えるだろうか。考えていることは違っても、大抵の日本人のやっていることは、現実には彼の言っている程度をさして超えてはいない。私はそう思うと、ただ正直に実情を語っただけの〝新人類〟のクールな発想に、われわれの方がむしろ批判されているのではないかとさえ思えて、苦笑を抑え難かったのである。


（「世界日報」一九八七年一月二日）

「欧米の挑戦」は受けて立つべし

レーガン米大統領は二月十七日（一九八七年）、ホワイトハウスで声明を発表し、米国の国際競争力を強化するための包括的戦略六項目を発表した。その中に「知的所有権の保護」の一項目のあるのが注目される。これは米国が基礎研究に金を投じて開発した技術をこれからは日本に勝手には使わせない、という決意の表明だと思う。日本とはっきり国名を挙げてはいないが、米国は従来、日本の〝技術のただ乗り〟状況をアンフェア（不公正）だと再三主張して来ただけに、主たるターゲットが欧州ではなく、日本であることは公然の事実である。

欧州では科学技術の基礎研究は伝統的に強い。産業への応用面に弱みがある点で、米国と事情はやや似ている。従って、今度のレーガン戦略の示す直接的な報復の狙いはあくまで日本であろう。

これに対する日本側の対応策は二つ考えられる。一、日本の創造力を起こすこと、二、従来の対米依存の遣《や》り方《かた》が馴染み易いし、自力開発よりは経済的だと考えること。日本政府にも、産業界にも、おそらく二、の考え方に傾く人が少なくないと予想されるので、欧州の状況を参考にしながら、挑戦された側は必ずそれに対抗し、再度挑戦してお返しすること――それが世界の侮りを買わない道である所以を、少し詳しく述べたい。

一九八〇―八二年頃、「日本の挑戦」という言葉が欧州の新聞やテレビの字面に躍った。と同時に、日本人は米国と欧州の技術をコピーし、上手に応用しただけで、自ら開発した原理は何一つない、との侮辱的評価が流行した。そして、それから五年。応用面に強い日本、弱い欧州という状況に、欧州人はどのように対処しただろうか。とりわけ日本の進出に最大の衝撃を受けた西ドイツは、どのような手を打っただろうか。

彼らは自分の欠点にはなかなか気がつかないが、いったん気がつきだすと対応は早い。「ハイテクパーク」といって、工科大学のキャンパスを利用したベンチャービジネスが、いま、西ドイツでは流行の観を呈している。政府が適当な施設を調達して、大学に無償で貸与する。そこで助手とか、大学院生といった若い才能が、教授たちの基礎研究を製品に結びつける智恵を競い合って、企業家としてスタートする。産、官、学の三者協力体といえるが、一九八三年十一月にベルリン工科大学を皮切りに、アーヘン、ミュンヘン、ダルムシュタットの各工科大学がつづき、八五年五月には十七大学にのぼり、八六年七月には四十三大学にまで激増した。一大学に約二十社、従ってすでに約八百社以上のハイテク企業がスタートしていることになる。

一方、南ドイツ三州の州政府は、日本の通産省顔負けの猛烈な「産業政策」を推進している。七都市を結ぶハイテク企業の集中帯がすでに出来あがっていて、「ハイテク街道」と名づけられ、第二のシリコン・ヴァレーを目指している。いずれも日米の動向をにらんだ捲《ま》き返し戦略にほかならない。こうした反撥力はフランス、イギリスにも顕著であり、ハイテクパークに限っていえば、オランダ、ベルギー、デンマーク、スウェーデン、北イタリアでも着手されている。

日本も油断してはいけない、などと私は言いたいのではない。一九八〇—八二年に「日本の挑戦」を認めた欧州諸国が、五年後に、自分の弱点——応用面に弱い——を克服しようと、早いスピードで自己改造を試みていること、すなわちハイテクによる日米の挑戦を受けて立って、自らも応用面に強くなろうとし、一斉に立ち上がったこと、ここにわれわれは、欧州にまだダイナミズムが失われていない証拠を見るであろう。と同時に、外から自分の弱点を挑発的に指摘されたなら、ただちにそれを積極的に是正する自己改造力を持つことが、柔軟で活力を持つ国の行動原理でもあるということを、確認しておきたい。

英国の科学雑誌「自然《ネイチャー》」は「日本の科学」を特集した記事の中で、日本の科学に若干とも独創性が不足しているのは、日本人の才能に欠点があるせいではなく、基礎科学の研究状況が見窄《みすぼら》しいことと、大学や研究所の早い時期における人事の固定化、終身雇用制度に原因があると書いている。まったくその通りだと、私も思う。

いったい日本人は、いまなおコピー人種と言われ、真に新しい法則の発見や原理の樹立で人類に寄与したことは一度もない、などと軽んじられて、それでなぜ平気なのだろうか。そういう言葉で露骨に挑戦されたら、受けて立つべく、自己の弱点の克服に全力を挙げるのが当然なのではないだろうか。それなのに、基礎科学に人材と資金が集中的に投入されたという話は聞かないし、大学や研究所に創造力を尊重するような人事政策が断行されたという話も聞かない。

いま米国はにわかに厳しく「知的所有権の保護」を言い出した。困ったことに、現代の技術はシステム技術であるから、開発の根元を押さえられると、その後の改良技術の全部が押さえられてしまうことになる。それに、日本人が創造的国民だとのイメージが世界的に定着するまでは、アンフェアというあのいまわしい評語が、日本人に投げつづけられるだろう。

「日本の挑戦」を受けて立った欧州の精神を今こそ学んで、われわれもまた「欧米の挑戦」を受けて立つことが必要なのではあるまいか。

（「産経新聞」一九八七年三月十二日）

「国際化」などという言葉は使うなかれ

最近わが国では、あらゆる所で「国際化」の必要が唱えられている。金融・流通機構・労働市場は言うに及ばず、教育改革の論議の背後にまでも、「国際化」が日本人の国民的課題であると言わんばかりの言い方がなされている。

しかし、「国際化」とは一体何だろうか。わけもわからずこの言葉を合言葉のように振り回して、日本を一定の方角へ闇雲に駆り立ててしまう前に、いま冷静に踏み止まって、言葉の意味を問い直し、その用法を吟味し、他国との比較を試み、その上で進むべき方向を模索しても遅くはないのではなかろうか。

世界において「国際化」がスローガンさながらに叫ばれているのは日本だけである。欧米世界に、これをめぐる議論も、自己反省も存在しないし、第一、日本人が使っているのと同じような意味での「国際化」という言葉が存在しないのだ。私が知る限りの欧米人に聞いてみると、彼らはまず第一に、日本語の「国際化」というこの言葉が何を意味するかが分からないと言う。

思うにその理由は、欧米世界は現実においてすでに「国際化」されているから、今さらそういう言葉を必要とはしていない、という事情があるためだと一応は考えられる。彼らの大半は無意識のうちにそう自惚《うぬぼ》れている。欧米で通用して来た尺度は、従来、そのまま世界に通用する尺度でもあったからだ。そして、他方において日本人が「国際化」の必要をかくも熱心に唱えるのは、日本人自身が今なお自分を閉ざされた特殊な民族と意識し、それを克服しなければならない欠点と判断しているからだろう。

しかし、果たしてそう単純に考えていてよいのだろうか。世界地図を見渡してみると、「国際化」されていない、閉ざされた国ばかりがやたら目立つ。イスラム、中国、ソ連しかり。米国や欧州だって、完全に「開かれた」国々だと果たして言えるだろうか。自分の暮らし方を民主主義の最高形式と信じ、自分の正義を他国に押しつけ、外国語を学ぼうとさえしない米国国民。近代科学と進歩の理念が自分に発し、地球全体に拡がったことを理由に、久しい間自己中心史観に胡坐《あぐら》をかき、キリスト教を欠いた文明はみな野蛮で、未解放と思っている西欧人。一体彼らがどうして「国際化」された、開かれた民族と言えるのであろうか。自分を閉ざされた国だといつも意識している日本人の方が、よほど心理的に開かれていて、外の世界から謙虚に「学ぶ」という伝統的習性を保持しているのではないだろうか。ただ、国際会議が主に英語で行われるなど、世界の運営がこの二、三百年欧米の基準でなされて来たので、〝欧米の閉鎖性〟ということが今まではどうしても見えにくかったまでなのだ。閉鎖的な自己中心癖は何処の国でも同じで、他国にぬけぬけと「国際化」を要求できるほど公平で、無私の国民など、まずあり得まいと私は信じている。

それにも拘らず、日本の「国際化」が求められる所以は、貿易、軍事、文化交流、等々において世界を支配しているのは、今の処《ところ》はまだもっぱら欧米の論理であって、日本はそれに自分をある程度合わせない限り、国としての生存を維持できないからにほかなるまい。つまり、「国際化」は必要から、やむを得ず強いられていることであって、決して美しい正義の御旗なのではない。国が生き延びて行くために、どうしても欧米の論理への適応化を必要とするなら、それはそれでいい。いくらでもそういう覚悟でやったら良いと思う。ただ「国際化」が、日本の特殊性を普遍化してくれる絶対善だからそうするのでは断じてない。日本は特殊で、欧米は普遍だなどというのは、誤てる迷妄にすぎない。単に実用的必要の見地から、日本はいま外に向けてある程度開かれようとするのであって、従って、「国際化」という甘美な言葉の使用をむしろやめ、はっきりと、「欧米の秩序への適応化」という正確な言葉を使う方が、かえって誤解は避けられる。

この場合の「誤解」とは日本人の自己誤解である。日本には聖徳太子の昔から、文物を外に求め、己れを空しくして、外の世界に自分を柔軟に合わせるという美点——島国人としての自意識が非常に発達している。この美点と、政治的経済的必要から欧米の作り上げた秩序に一時的に自分を適応させるという現代的課題とを、日本人は「国際化」という同じ一つの言葉の中で、ごちゃ混ぜにして用いていないか。

過ぐる日、わが国第一級の外交官で知られる故牛場信彦氏が、テレビで、貿易摩擦に関連し、「日本は特殊な国で、先進国でこんな歴史と文化を持った国は何処にもないのだから、その点を認識して、欧米の言い分に耳を傾けねばならない」とおっしゃったのを、今でもはっきり覚えている。尊敬すべき知性派外交官においてなお、こうした認識の危うさがある。わが国が欧米の言い分に耳を傾けるのは、特殊な国だからではない。日本が特殊だというのなら、欧米もまたキリスト教の神の観念に呪縛された一個の特殊である。地球上に特殊も、普遍もない。われわれは単に生きる必要から、外国の言い分に耳を傾けるにすぎない。

例えばアフリカの国コンゴを、ベルギー一国の統治に委ねず、欧米諸国で山分けした一八八三年、「コンゴの国際化」という英語が用いられた。スエズ運河の権利を英国がエジプトから奪ったときも、「運河の国際化」という美名の下に行われた。欧米人は「国際化」という言葉をかような意味に使うのである。いま彼らが日本の「国際化」をしきりに言うのが、本来どういう意味であるか、外の世界が多少とも見えている人なら、間違うことはないだろう。

（「産経新聞」一九八七年四月十四日、「安易な『国際化』への疑問」を改題）

日米双方にみられる自己錯覚

日米関係の危機の基本が、単なる文化の違いや情報不足にあるのではなくて、急激にさまがわりしている両国の力関係の変化に、両国民の認識が追いついていけない点にあることが、どうやら双方で、少しずつはっきりと、自覚されて来ているようだ。米国人にしてみれば、現状のままでは米国は衰退して行く一方ではないか、という恐れや懸念には、非常に深刻なものがあり、そうした不安が他方で経済大国としての日本の繁栄と浮上とに結びついているのだから、どんなに公平な米国人でも、日本によって米国が超大国の座から引きずり下ろされつつあるという不快な印象を、避けることは難しいのであろう。

しかし日本人から見ると、最近の米国のやり方には、納得のいかないことが多い。日本憎しの感情が先に立って、米国のやることは少し滅茶苦茶になって来た、と考え始めている。このままいけば、米国はますます無理なことを言い出すのではないか、そして、日本の側もそのうち平静さを失っていくのではないかという危惧の念もきざし始めている。

最近の例でいえば、前商務長官顧問のC・V・プレストウィッツ氏が「ニューズウィーク」(日本版では一九八七年八月十三／二十日号)に寄せた、新たな日米関係を求める意見が、全体として冷静で、建設的な見方を示しながら、ある一点で支離滅裂なことを語って、米国人のわがままさ加減をさらけ出している。

プレストウィッツ氏は、米国は自国経済の優位がいつまでも続くものと油断して、日本に技術を譲り渡し、経済的な譲歩を重ねる習慣がついてしまったと指摘する。一方、米国の庇護に慣れた日本では、国際的な防衛システムや経済システムのコストを負担しなければならないという責任の意識が育たなかった。経済と防衛を切り離して処理して来た四十年に及ぶこのような不自然な関係は、いま米国の国力の下降、日本の上昇によって、矛盾にぶつかっている。日米間の今日の危機の本当の原因はここにあり、両国民はそれぞれの自己認識の誤りを改める必要がある、と氏は主張する。

両国の摩擦の原因を日本の閉鎖性にだけ求めるのではなく、両国の力関係の新しい変化に認めているこの意見はフェアな態度で、一つの進歩であると思う。ところが、政治と軍事における国際システム維持のための応分の負担を日本に要求しているプレストウィッツ氏が、なんと驚くべきことに、同論文の後半で、日本に次期支援戦闘機FSXの国内開発を諦めるよう求め、コストの安い米国製を買うことを至上命令のごとくに言っている。これは論理の矛盾ではないか。日本が政治や防衛の面でもっと自主的になれ、というのなら、米国製にだけ依存しない航空機の自主生産体制を、日本自らが築き上げなくてはならないのは当然の道理ではないか。

そういう肝心なことは阻止しておいて、別の面でだけ責任を負えと日本に要求するのであれば、米国の政治と軍事にのみ都合のいい利益のために、米国民の負担を軽くせよ、と日本に身勝手な要求をしているにもほぼ等しいことになる。いかにフェアに見える意見でも、米国人が持ち出す日本への責任要求論には、どうしても矛盾がつきまとう一例として、この論文を挙げておく。

日本の極東における覇権を何よりも恐れているのは米国自身である。フィリピンや韓国の政情不安に、日本が発言を控えたのは、敗戦国のいわば宿命であって、もし日本があいうときに政治的な動きをしたら、最も牽制したのは米国だったに違いない。米国にとって、日本は他国に経済援助はするけれども、政治的軍事的にはいっさい影響力を行使しない国、という現在の状況が、最も望ましいはずなのである。だとしたら、米国側からの日本への政治的軍事的な責任要求論は、ことごとく説得力のない、空しい影のような虚論に終わるほかないといえよう。

しかし、問題は、じつはその先にある。戦後四十年間、日米関係を支配して来た基本的な前提が、今や有効ではなくなったというプレストウィッツ氏の認識は、氏の下心ある動機とは別に、私たち日本人にとっても看過し難い、決定的に重要な認識の一つにほかならない。池田・佐藤内閣の時代あたりまで、日本の外交は米国を食いものとして徹底的に利用するという外交で済んでいた。日本に責任がかかって来ても、逃げて、経済利益だけを追求すればよかった。

いま新宰相が選ばれる時に当たり、そのような古い意識で事に当たったら、今度の総理は必ず失敗するという予感は、国民の中にかなり広く行きわたっている。ということは、日米の力の接近が両国の摩擦の真因だという、リアルな認識が日本人には自明になって来ていて、政治や軍事の面で日本が今までより自主性を回復することが、摩擦や危機を回避するためにはどうしても必要であり、米国もそれを欲しているということを意味する。

ただし、ここが肝心な点なのだが、自主性の回復であるからには、米国の利益に必ずしも一致しない場合が出て来ることを、両国民はどこまで予想し、覚悟しているだろうか。米国にもその覚悟はまだできていないし、日本に至っては米国の身勝手ささえ批判できず、ただ一方的に、米国の基準で無責任呼ばわりされて、辞を低くしているだけである。

（「産経新聞」一九八七年九月十五日）

大国としての日本のエゴイズム考

日本はいま（一九八九年）、いかなる政治目標をめざして進もうとしているのか、世界各国からかたずをのんで見守られている。日本の正体がさっぱりつかめないからである。日本は経済大国を称しているが、何のための経済大国なのか。その力で何をしようと欲しているのか。援助にいかなる代償を求めているのか。どんな政治的欲望を持っているのか。いざという時にはどういう方式で権力を行使するのか。

世界中が一番関心を持っているこれらの点に、日本はいつまでたっても答えようとしない。世界の大国たらんとするなら、大国にふさわしい統治の方式というものがあるはずである。それをぜひ見せて欲しい、と世界中の人が身構えて注目している。それなのにいつまでたっても、日本からは何の声も挙がらない。そのことがかえって薄気味悪く思われよう。

日本人は二言目には、民主的な平和を愛する国家になる、などと言うが、そんなものは何の声明にもならない。なぜなら、世界のどの国もが、この点では同意見であり、同じスローガンを掲げているので、そこに日本独自のものは見出し難いからである。しかも、日本が実際にやっていることは、経済による世界制覇への動きであって、その進出の仕方は少しも平和的ではない。日本人が平和を尊重する国になるなどと言えば言うほど、何年か後には平和を脅かす国に逆転するのではないかと、その偽装されたエゴイズムの底意を疑われてしまうのもまた、無理はないのである。なぜなら、どの国もがエゴイズムを持っており、日本は大国なら、大国にふさわしいエゴイズム発揮の合理的プログラムがあるはずで、それが外からある程度すけて見えて初めて、日本はなるほど普通の、まともな国家だったんだなあと納得され、その平和意図を安心して理解してもらえるからである。

しかし日本に関しては、どうもこの常識が通じない——日本には正常なエゴイズム、すなわち国家意志が果たしてあるのかないのか、いま、それが世界で八方から疑われている時期にさしかかっているように思える。

おりしも国家予算が決まり、ODA（政府開発援助費）は大幅に増額された。竹下首相はそれを手土産にブッシュ新大統領に会い、中南米、アフリカ、さらには中東にまで日本の金をばらまくと宣言した。米国の世界戦略にぴったり同調し、それを補完する役目を強めたわけだ。私は、それがまずいと言っているのではない。そこにどんな一貫した日本独自の戦略、米国をも統治の対象とする大規模な日本の国家意志が存在するのか否か、私が疑問とするのはその点である。

「ニューズウィーク」（一九八九年二月九日号、日本版）によると、米国は自国の政治目標に日本の金を使う要求を露骨にし始め、「両国の資金とノウハウをプールして共同で運用する計画」をもって「日米関係を戦略的パートナーシップにまで高める」と称しているそうである。ベーカー新国務長官の構想の一つらしい。私は日本が米国に利用されても、理にかなっているのなら、それはそれでいいと思う。問題は、ODAを増額させていけば防衛力増強の代替にもなり、国際的責任も果たせると考えている、日本側ののんきさと、戦略のなさである。いざというときの国家意志の発動、権力行使の方式が知られていなければ、米国にはなめられ、ODAの大盤振る舞いは画餅に帰するであろう。

フィリピンの米軍基地が脅威を受け、日本が逡巡している間に、中国がただ一隻の駆逐艦を派遣すれば、それだけで米世論はあっという間に中国を最大の同盟国と見なし、日本を見捨て、日本の対比援助の蓄積は空無に帰する、とは、従来も、ペルシャ湾事件に際し指摘されていた。軍事力だけを重視するのは間違いだが、軍事力をも含めた、日本の政治意志の欠如が、日本を米国からも相手にされない、哀れで危険な状態に追い込みかねないのだ。米国人は単なる依存関係を望まない。自分独自の道を明確に歩む国だけを尊重する。中国の方がよほど彼らには分かり易い。

ソ連の対日接近のためらいが領土問題にあると日本人は思っているが、私にはそうは思えない。ソ連は、米国次第で日本はどうにでもなると高をくくっているのである。ソ連にとってもやはり中国の方が自分の意志を持つ真の大国である。だからゴルバチョフは日本など尻目に、さっさと中国訪問を決定した。

こうした状況にもかかわらず、竹下首相は「世界に貢献する日本」などと言い、何を貢献するのか分からぬまに、国民も「大国の責任」だの「国際国家の確立」だのといい気になって、世界に自分を打ち出したつもりになっているのは、何という間の抜けたおめでたい光景であろう。

昨年の外交白書には日本のODAの特徴が取り上げられている。米国は米国民主主義を、ソ連は国際共産主義を、欧州は各国文化を普及する意図で援助するのに対し、日本は相手国に国家哲学を押しつけず、あくまで相手国の立場に立って、各国の利益に役立つような無私の精神を貫いている点が喜ばれ、歓迎されているそうである。わが国対外援助のそのような慎しさが、真の自信から出ているのならいいが、何を世界に貢献してよいのかさっぱり分からない外務当局の呆然自失の表現でなければ、まことにもって幸いである。

（「産経新聞」一九八九年二月十七日、「日本に国家意志はあるのか」を改題）

お母さんの熱意——米国人の目に映る日本の教育

最近米国では日本の教育をほめるのが流行になっている。ほめ言葉の中には、当たっているな、と思わせる的確な判断も勿論あるが、ちょっとおかしいのではないかな、と首を傾げたくなるような言葉もないではない。しかし一般的にはなかなかに良く日本を観察している。日本の小中学校の能率の良さは少人数教育のせいだろう、とある米国人は勢い込んで調べたところ、米国では一クラスが二十五人前後なのに、日本では四十人前後と分かってびっくりした、という記事を読んだ。これなどはまあ素直な反応の方だといってよいだろう。ハイテクで日本に追い上げられている米国では、さぞ日本では小中学生のうちからコンピュータ教育を叩き込んでいるのであろう、と予想して、いろいろ調べてみると、コンピュータを導入している学校はまだごく少数で、日本の学校でやっていることといえば、昔からのありふれた読む・書く・数えるの地味な基礎訓練ばかりであることを知って、これまた意外な面持ちで引き下がるほかなかったという。こういう反応もしごく正直に自身の驚きを表していて、新しいものに悪びれず脱帽する米国人らしい度量の大きさを示しているように思えた。

日米の教育の一番の違いはお母さんの熱意の違いにある、というのも、よく観察している例の一つである。米国のお母さんは大概キャリア・ウーマンで、自分の社会生活の方を、子供の教育よりも、断然上位に置いている。子育てばかりを考えて明け暮れている日本のお母さんの真似をしろと言われたら、米国のお母さんはどうしていいか分からなくなり、たちどころに混乱し、パニックを起こしてしまうだろうという。この点に関しては日本人の真似はできないし、真似すべきでもあるまい、と米国人は考えているようである。

けれども、この「お母さんの熱意」という言葉で表されているものは、国民の元気、活力、上昇意欲といったもののいわば象徴であって、かつては米国国民の中にも違った形で存在していたものを指している。もしもこれを学ぶことが出来ないとしたら、米国人は日本の教育の中の一番大切なエトスを学ぶことが出来ないということを意味するであろう。

しかし「お母さんの熱意」の相違は、こんな風にまさに日本と米国の教育の差の一番の基本をなす点であるとはいえ、日本ではこれは必ずしも好ましい、良い側面だけを表しているわけではないように思える。塾、予備校が繁昌するのもみなこの熱意とつながっているからだ。仲の良かった母親同士が、子供の進学水準の差で、そりが合わなくなってしまったというような話はいくらもある。お隣りのあの子に負けたくないからとか、お父さんのような損な人生を歩ませたくないからとか、そんなみじめな競争心が「お母さんの熱意」の基本動機だとしたら、外国から見て一番素晴らしく見えるこの活力の差は、日本の内側からみれば、学校教育の一番困った弱点と不可分につながっているということになるであろう。そして事実、月の半面のように、光の部分はまた見方を変えれば闇の部分にもなるのがどうやら日本の教育の実相である。同じものが明るくも見えれば、暗くも見える——それが外国、ことに米国から見ての日本の教育の姿らしい。

米国の教育学者が日本の教育を見て一番感心するのは、それが大変に selective だということである。selection がうまくいっているということである。この語は勿論「選抜」「選択」という意味だが、「淘汰」という意味も内包していることをわれわれは忘れてはならない。

米国からみて、日本の教育で羨ましい点は、教育の水準をさして下げないでも、高い進学率・卒業率が維持されている点だといわれる。さらに、社会に役立つ有能な人材とさして役立たない無能な人間とを、教育の機関が選別し、淘汰する役目を果たしている——と信じられている——ことである。社会に混乱をひき起こさず、このうえなく上手に、合理的に、学校教育が能力選抜、階層分化の機能を発揮している、と考えられている。そして、それを可能にしている、日本にあって米国にない制度は、全国のすみずみまで、高校と大学を支えているピラミッド型のヒエラルヒーであり、微妙な差異によって階段状に形づくられている学校間の「格差」に外ならない。日本の教育制度はこれあるお蔭で、教育効果を失わずして、しかも高校進学率九四パーセントが代表する平等を達成しているのだ、と看做されている。東大を頂点とする大学の序列、各地域ごとに存在する高校の序列（県立普通校、私立普通校、商業高校、工業高校、農業高校という具合に縦並びになり易いあの序列）は、周知の通り、日本の教育を最も歪め、苦しめ、息苦しい絶望状態に追い込んでいる当のものに外ならないが、不思議なことに、米国からみると、日本のこの宿痾《しゆくあ》が、日本社会を素晴しくうまく機能させているキーポイントであるかのように輝やいて見えるらしいのである。

所変われば、品変わるとは良く言ったものである。眺める場所が変わると、山の姿が変わって見えるのはよくある例だが、朝日を浴びている山容の裏側のダークサイドが外国人に見えないからといって、彼らの浅見を非難するには当たらない。外国人は自分の必要から、自分の利害から、日本という山を見ているだけであって、彼らは自画像、ないし自分の反対像を他国に投影して、あれこれ勝手な期待を語っているだけなのである。ただわれわれはここから一つの重要な教訓を引き出すことが出来るように思う。

通例われわれは自分の欠点を過度に意識しがちである。日本の教育の悪い点は、すでに言われ過ぎるほどに言われてきた。例えば学校間の格差、因襲的な序列、ヒエラルヒー、それがひき起こす受験競争は、確かに最大の難点である。ことに小学生の塾通いが示す競争の低年齢層化は、憂慮すべき、深刻な事態といえる。そういうことは百も分かったうえで敢えて言うのだが、もしこの欠点や短所を何らかの手段で本当に取り除くことに成功したとしたなら、われわれの制度は今度は米国人の目から見て少しも魅力的に見えなくなり、せっかくうまく機能している制度全体が、ホルモンのバランスを欠いて、がたがたに崩れ落ちてしまうことにもじつはなりかねないのである。われわれの内側で欠点や短所と思われていたものは、われわれの意識していない処で、暗黙のうちに、全体をうまく回転させるホルモンの役目を果たしていたのであって、だからこそ外国からみると、欠点や短所はすっかり隠されて、良い面しか目に映らないということになるのではないだろうか。

例えば、もしも受験競争が存在しないとしたら、全国的に学力の水準が急激に低下することは避けられないだろう。物質的に恵まれた今日の無風状態の日本の社会で、真剣な競争が一つでもなくなるということは、社会の活力をその分だけ殺ぐことになるであろう。そして、もしも学校間に「格差」がなかったら、子供たちやお母さんたちに競争の火を燃え立たせつづけることは難しいだろう。

人間は心の底で平等を求めてはいない。他人との差異が認められることで、人間は生きることに絶望しないですんでいるのである。しかも、他方、学校間に「格差」があるからこそ、例えば十人のうち九人以上が高校卒になれるという世界に稀にみる平等が達成されているのではないだろうか。私の言っていることは矛盾でも何でもない。もし「格差」を取り払って、高校生を小学生のように、能力の差を無視して同じ教室で教えたとしたなら、能力の高い子には途轍もない無駄を強いることになるし、能力の低い子を心身症に追い込むことになるであろう。

学校間の「格差」は救いの神でもあるのである。これあるお蔭で、日本の教育は教育効率を著しく下げることもなしに、高校進学率九四％という平等を達成することに成功している。いいかえれば、「格差」は平等を欲しない人にも、平等を重視する人にも、ともに満足を与えるという日本的芸当を演じているといえるのだ。われわれはただ日頃そのことに気がつかないでいる。そして、そこに欠点や短所ばかりをみて、不平不満を抱いているが、米国から見ると山の姿が違って見えるというヒントは、私たち自身が自分で自分の姿をよく振り返ってみるきっかけとなり得るのではないかと、私には考えられるのである。

（文部科学省「教育委員会月報」一九八八年十月号）

Was ist das moderne Japan?

Prof. Dr. Kanji Nishio

Der Vortrag wurde im Auftrag der Japan-Foundation und unter der Unterstüzung der japanischen Botschaft ab 29. Sep. bis 11. Okt. 1982 in Kiel, Lüneburg, Hamburg, Köln, Bonn, Düsseldorf, München und Stuttgart gehalten.

I

Meine Damen und Herren,

ich bin Germanist und lehre an einer japanischen Universität. Mein Interesse gilt dem deutschen Denken und der deutschen Kunst im weitesten Sinne. Heute stehe ich jedoch nicht vor Ihnen, um als Fachmann über Themenkreise, die zu meinem engeren Forschungsbereich gehören, zu berichten. Vielmehr möchte ich meinen Vortrag damit beginnen, Ihnen aufzuzeigen, welche Verbindung in meinem Fall mit der deutschen Kultur besteht. Im weiteren soll dann das Gespräch auf das eigentliche Thema dieses Vortrags übergeleitet werden: Was ist das moderne Japan?

Um kurz auf meine Person zurückzukommen: Ich bin der Übersetzer von Arthur Schopenhauers Werk "Die Welt als Wille und Vorstellung", wobei jedoch hinzugefügt werden muß, daß es sich in diesem Fall um die sechste Übersetzung ins Japanische handelt. Die erste Übersetzung dieses Werkes wurde im Jahre 1911 getätigt. Ich bin weiterhin Nietzsche-Forscher und habe bisher ein zweibändiges Werk über Nietzsche veröffentlicht. Gegenwärtig übersetze ich auch die bei Walter de Gruyter in West-Berlin erscheinende kritische Gesamtausgabe von Nietzsches Werken, zusammen mit einigen anderen japanischen Kollegen. Eine Übersetzung der sämtlichen Werke Nietsches in japanischer Sprache erschien jedoch bis zum jetzigen Zeitpunkt schon achtmal, d. h. also schon öfter, als in Deutschland in deutscher Sprache. Sicher hören Sie das, meine sehr verehrten Damen und Herren, heute zum ersten Mal. Dies trifft jedoch nicht nur im Falle Nietzsches zu; von fast allen bedeutenden Denkern, Dichtern und Schriftstellern Europas existieren mehrere Übersetzungen im Japanischen. So etwa die Gesamtausgabe Marx/Engels, die in sechsfacher Ausgabe vorliegt. Ähnliche Beispiele dürften sich in Europa nicht finden.

Um noch kurz bei Nietzsche zu verweilen: Nietzsche war, wie allgemein bekannt ist, bis zum Jahr 1890, ein Jahr, nachdem er in geistige Umnachtung gefallen war, fast völlig unbekannt. Ging man im Jahr

1891 in eine Buchhandlung und fragte nach einem Werk Nietzsches, so berichtet uns der Dichter und Schriftsteller Max Dauthendey, gab es fast niemanden, der diesen Namen kannte. Doch bereits im Jahre 1893 begann man sich in Japan zum ersten Mal mit Nietzsche und seinen Werken kritisch auseinanderzusetzen; welch verblüffende Schnelligkeit, welch prompte Hinwendung des Interesses zeigt sich hier! Und das nur 25 Jahre später, nachdem durch die Meiji-Restauration die Abschließungspolitik aufgehoben worden war.

Was ich hiermit sagen will, ist folgendes: Warum hat sich dieses Interesse, ja diese Neugier, nur in Japan gefunden? Warum nicht auch in anderen asiatischen Ländern, China zum Beispiel? Etwa, weil China bereits eine Geisteskultur von hohem Niveau besaß und Japan, da es ihm an einer vergleichbaren Geisteskultur mangelte, diese vom Westen über nehmen mußte, um das Vakuum auszufüllen? Wer so etwas sagt, zeigt, daß er die Geschichte nicht kennt. Ein Land, das nicht bereits eine hohe geistige Kultur besitzt, wäre nicht imstande, auf die hohe geistige Kultur eines anderen Landes oder Kulturbereiches so behend zu reagieren. In Japan hatte sich also lange schon vor der Zeit, als das westliche Gedankengut mit Vehemenz auf den japanischen Kulturkreis traf, ein geeigneter Nährboden zur Aufnahme desselben gebildet. Man könnte deshalb durchaus auch sagen, daß sich Japan zu der damaligen Zeit bereits in einem Stadium befand, das auch ohne das schlagartige Eindringen der westlichen Kultur die Voraussetzungen zur Entstehung einer modernen Geisteskultur geboten hätte.

Von daher läßt sich auch das starke Interesse Nietzsche gegenüber erklären, wobei Sie, meine Damen und Herren bemerken mögen, daß es sich bei diesem Denker eher um einen scharfen Kritiker dieser neuzeitlichen Ideen handelte. Dem wäre jedoch entgegenzusetzen, daß in einer Zeit, in der die Neuzeit gerade erst begonnen hatte, also noch kaum entwickelt war, keinerlei Bedürfnis nach einer solchen Kritik bestand. Das gegenwärtige Indien zum Beispiel oder die islamischen Länder, in denen der Hinduismus oder der Islam noch immer eine große, allumfassende Rolle spielen, brauchen keinen Nietzsche, und sie kommen sehr wohl ohne die geistigen, kulturellen Werte des Westens aus. Oft werden diese Werte sogar als Störung oder Gefahr empfunden. Probleme, die Nietzsche Zeit seines Lebens zu bewältigen versuchte, existieren in diesen Ländern nicht, nicht einmal in annähernd ähnlicher Form, ——wohl aber in Japan.

In diesem Zusammenhang möchte ich Ihnen etwas äußerst Interessantes mitteilen. Der japanische Verlag Hakusuisha hat vor kurzem eine Bibliographie der von Japanern verfaßten Nietzsche-Studien herausgegeben, die alle Arbeiten ab 1893 erfaßt. Ein Bekannter von mir und ich sind mit dieser Arbeit betraut. Und nun erschrecken Sie bitte nicht:

Die Angaben enthalten jeweils den Titel der Abhandlung, Erscheinungsdatum sowie Erscheinungsort und machen allein damit schon an die 300 Seiten aus. Diese Tatsache ist jedoch bei europäischen und amerikanischen Nietzsche-Spezialisten nicht im geringsten bekannt.

Dies mag zeigen, wie isoliert hier ein Stück in japanischer Sprache verfaßten modernen Kulturguts dasteht, ein Beispiel, wie es sich in der Weltgeschichte nicht noch einmal findet. Was ich damit sagen will, werden Sie aus dem folgenden ersehen. Nietzsches Ideen wurden selbst in Deutschland nicht gleich von Anfang an verstanden und gewürdigt. Es handelte sich vielmehr um einen langwierigen Prozeß, der mehrere Stadien durchlaufen mußte. Noch um das Jahr 1890 wurde er als Befreier mit bestialischem Instinkt, als radikaler Individualist aufgefaßt, und er rief nicht viel mehr hervor als einige Skandale. Erst in den zwanziger Jahren des zwanzigsten Jahrhunderts bemühten sich Leute wie Georg Simmel, ihn als Philosophen zu sehen, oder etwa Ernst Bertram, der in ihm den Dichter-Philosophen sah, der sich um die Wiederbelebung der Göttersagen verdient gemacht hatte. Der erste Versuch jedoch, ihn als Verkünder des europäischen Nihilismus zu sehen und seine Bedeutung innerhalb der Metaphysik aufzuzeigen, geschah zum erstenmal, wie Sie alle wissen, durch Martin Heidegger und Karl Jaspers.

Die Nietzsche-Forschung in Japan aber sieht nunmehr schon auf 90 Jahre zurück, und ebenso wie in Deutschland waren es mehrere Stadien, die den Weg zu einem Verständnis von Nietzsches Ideenwelt ebneten, wobei noch zu bemerken wäre, daß es sich fast um einen synchronischen Prozeß handelte, der in beiden Ländern parallel ablief. Erst etwa um das Jahr 1910 fand Nietzsche allgemeine Anerkennung als Philosoph oder Dichter-Philosoph, und erst unmittelbar vor Beginn des 2. Weltkriegs brachte man Nietzsche mit dem Nihilismus in Verbindung. Natürlich ist hier zu erwähnen, daß der Einfluß der deutschen Nietzsche-Forschung ziemlich stark war. Doch sieht man sich die Ergebnisse der japanischen Nietzsche-Forschung genauer an, zeigt sich schnell, daß auch sehr viele eigenständige, ausgezeichnete Werke darunter sind. Fast zur gleichen Zeit wie in Deutschland, manchmal sogar schon etwas früher, trifft man auf das gleiche Problembewußtsein, die gleichen Fragen, die sich den Intellektuellen im Zuge dieser schicksals haften Zeit aufwarfen.

Nietzsche ist dabei nur ein Beispiel. Fast alle bedeutenden westlichen Denker, Dichter und Künstler im weitesten Sinne waren während der letzten 100 Jahre Gegenstand intensiver Forschung japanischer Wissenschaftler, und ich möchte betonen, daß diese japanischen Forscher diese Aufgabe als ihre ureigene Aufgabe und Herausforderung betrachteten.

Japan hat sich also seit der durch die Meiji-Restauration erwirkten

Öffnung nach außen mit der westlichen Geistesgeschichte arrangiert, ein Prozeß, der noch weiter fortwirkt, aber ich möchte hier eindringlich vor dem möglichen Trugschluß warnen, daß dies das Ergebnis davon ist, daß sich die Japaner nicht nur in dem Bereich der rein materiellen Zivilisation, sondern bis hin zum geistig-kulturellen Leben mit dem europäischen Gedankengut identifizieren. Es ist vielmehr umgekehrt: Da Japan zur Zeit der Abschließungspolitik bereits eigene, selbständige Ansätze zum Schritt in die Neuzeit entwickelt hatte, war es möglich, unmittelbar nach der Öffnung des Landes westliches Gedankengut zu übernehmen und die sich in diesem Denksystem stellenden Fragen als seine eigene Aufgabe aufzufassen. So und nicht anders ist das Problem zu sehen.

In der letzten Zeit zerbrechen sich mehr und mehr Leute in Europa den Kopf, wie es möglich ist, daß ein Land, in dem doch die Ideen des Buddhismus und des Konfuzianismus richtungsweisend sind, auf dem Sektor der Auto-und Elektronikindustrie so sehr in den Vordergrund, ja, in manchen Bereichen an die Spitze treten konnte. Sicher ist Ihnen allen bekannt, daß in Japan die westliche Wissenschaft und Kunst einen hohen Stellenwert haben, doch oft heißt es, daß Japan bis zum jetzigen Zeitpunkt mehr oder weniger kopiert und imitiert habe und erst in letzter Zeit auf dem Sektor der Entwicklung von Automobilen und elektronischen Geräten eine gewisse Eigenständigkeit entwickelt hat. Daß es zu einer solchen Ansicht kommen kann, ist durchaus verständlich, wenn man sich vor Augen hält, wie gering eigentlich das Wissen der Europäer über Japan ist. Hier wäre jedoch zu sagen, daß es sich bei der Geisteskultur und der Industrietechnik nicht um zwei voneinander völlig losgelöste Elemente handelt. Diese beiden Elemente stehen vielmehr in einer gegenseitigen Beziehung und bilden ein einheitliches Ganzes. Natürlich findet sich noch immer eine starke Tradition, deren Grundlage Konfuzianismus und Buddhismus bilden. Die Bereitschaft zur Auseinandersetzung mit der europäischen Kultur, die sich nicht zuletzt in der bereitwilligen Aufnahme Nietzsches zeigte, schuf zusammen mit dem festen und unerschütterlichen Vertrauen auf die traditionellen Werte in subtilster Weise ein neues Gebäude, eine Zusammensetzung aus beiden Elementen. Was ich jedoch sagen möchte: Japan ist ein Gebilde, das aus beiden Elementen besteht und aus diesen beiden Elementen lebt.

Um noch einmal die wichtigsten Punkte meiner bisherigen Ausführungen zusammenzufassen: Japan hatte schon vor seinem ersten Zusammentreffen mit der europäischen Kultur in der zweiten Hälfte des 19. Jahrhunderts seinen Schritt in die Neuzeit getan. Auch wenn die stimulierende und herausfordernde Wirkung des europäischen Einflusses nicht stattgefunden hätte, wäre die Entstehung einer modernen geistigen Bewegung nur eine Frage der Zeit gewesen.

Ist es, meine Damen und Herrn, nicht vielleicht so, daß der europäische Mensch zu sehr in seinen von seiner Kultur geprägten Kriterien befangen ist und somit alles, worauf sich diese Kriterien nicht anwenden lassen, als "nicht-neuzeitlich, nicht-fortschrittlich" abstempelt? Ich glaube, der europäische Mensch muß sich dazu durchringen, ein neuzeitliches Element anzuerkennen, auch wenn es nicht vom Christentum geprägt ist, sondern auf dem Buddhismus oder Konfuzianismus gebaut ist. Das, meine Damen und Herren, möchte ich hier zur Diskussion stellen.

II

Weiterhin ist zu bedenken, ob Sie das Problem nicht zu sehr in einem bloßen Gegensatz zwischen "West" und "Ost" sehen. Es ist meiner Meinung nach eher angebracht, das Augenmerk auf die Gemeinsamkeiten zu richten, die einer modernen Gesellschaft zueigen sind. Nur so kommt man zu einer realistischen Beurteilung.

Ich möchte Sie bitten, sehr verehrte Damen und Herren, den Sachverhalt vielmehr folgendermaßen zu sehen: Europa und Japan befinden sich, geographisch gesehen, in entgegengesetzten Teilen der Erde, und haben——völlig unabhängig voneinander——eine bestimmte geschichtliche Entwicklung durchgemacht. Im 18., 19. Jahrhundert jedoch hatten beide eine Stufe erreicht, die starke Ähnlichkeiten aufweist. Aber der Schritt ins Industriezeitalter hat sich in Europa etwas früher als in Japan vollzogen. Das war in England um das Jahr 1800, in Frankreich in den dreißiger Jahren des 19. Jahrhunderts, in Deutschland in den fünfziger Jahren, und schließlich in Japan etwa um die Zeit des chinesisch-japanischen Kriegs, also ungefähr 1890. Das zeigt sich z. B. deutlich am Beispiel des Baus der Eis enbahn: England 1825, Deutschland 1835, Japan 1872. Betrachten wir nun den Zeitunterschied von 50 oder 100 Jahren, stellt dies keinen großen Unterschied dar.

Der SPIEGEL-Redakteur Meyer-Lahrsen schreibt, Japan hätte vor 110 Jahren (Japan entsprach zu dieser Zeit——seiner Meinung nach jedenfalls——etwa der Zeit unter Maximilian im 15. Jahrhundert) seinen Weg der Entwicklung angetreten, und hatte sich innerhalb von dreißig, vierzig Jahren zur asiatischen Großmacht entwickelt. Das ist völlig falsch. Der zeitliche Unterschied in der Entwicklung betrug zur Zeit der Meiji-Restauration, zur Zeit der Öffnung des Lands, also vor 110 Jahren, nicht mehr als 50 bis 100 Jahre. Natürlich wurde die moderne Wissenschaft und Technik von Europa entwickelt, das die industrielle Revolution schon früher erlebte, und es ist auch völlig klar, daß Japan für eine gewisse Zeit unter diesem starken Einfluß stand. Aber die Voraussetzung dafür, daß Japan sich diese wissenschaftlichen Erkenntnisse und Techniken aneignen konnte, waren bereits während der Edo-Zeit

geschaffen, das heißt also zu einer Zeit, als Japan noch unter einer Feudalherrschaft stand, nach außen völlig abgeschlossen. Das bedeutet nicht nur, daß zu dieser Zeit bereits eine moderne, rationale Denkweise vorzufinden war, es bedeutet auch, daß die Besonderheiten des japanischen Feudalsystems ähnlich waren und aus diesem Grunde (——anders als etwa im Falle Chinas——) auch den Keim zu einer modernen Entwicklung bargen.

China war ein völlig in sich geschlossener Kulturbereich, mit einem Volk, das fest davon überzeugt war, daß es von der es umgebenden Außenwelt nichts zu lernen gebe. Viele Chinesen reisten zwar im 19. Jahrhundert ins Ausland, doch es bot sich ihnen nach ihrer Rückkehr in die Heimat kein Spielraum und kein Ansatz punkt, die erworbenen Kenntnisse und Fähigkeiten fruchtbar anzuwenden. Im Gegensatz zu dem einheitlichen Reich China, das kaum Reaktionen auf Anregungen von außen zeigte und nur wenig eigenen unternehmerischen Geist entwickelte, boten sich Japan aufgrund seiner durch die Feudalherrschaft bedingten Situation (Japan war in viele Clans, sogenannte "Han" aufgeteilt) viel eher die Chancen zu einer modernen Entwicklung. In China mit seinem überreifen Bürokratiesystem mußten die hervorragendsten und intelligentesten Menschen ihre ganze Energie darauf verwenden, ihre Bürokratenlaufbahn auszubauen und zu festigen. In Japan dagegen gab es viele, die unabhängig vom politischen System, manchmal sogar gegen das politische System, ihre kühnen Pläne verwirklichten. Die ersten Ansätze eines modernen Unternehmertums zeigten sich schon damals. Ende des 18. Jahrhunderts fanden sich——trotz der ausgeübten Abschließungspolitik——bereits gut funktionierende Finanz-und Handelsorgane, eine Tatsache, die man nicht vergessen darf.

Wissen Sie vielleicht, meine Damen und Herren, wann in Europa, Reiche und Adelige ausgenommen, Gabel und Löffel zum ersten Mal auch auf dem Tisch eines normalen Haushaltes erschienen? Das war nicht vor dem 18. Jahrhundert. Bis dahin gebrauchte man die zehn Finger, das heißt, man aß mit der Hand. Bis zum 17. Jahrhundert——so steht es in den Geschichtsbüchezn——gab es in normalen Haushalten für die Eltern kein eigenes Zimmer, die ganze Familie schlief nackt und aneinandergedrängt auf einem einzigen, großen Bett, und die einzige Möglichkeit für den Mann und die Frau zur Ausübung der ehelichen Pflichten, ——wenn ich mich so ausdrücken darf——bot sich am Tag, irgendwo im Freien.

Der englische Historiker James Murdock, der sich vor etwa einem halben Jahrhundert längere Zeit in Japan aufhielt, versuchte aufgrund reicher geschichtlicher Quellen und Materialien das Leben und das Le-

bensniveau der Japaner während der Abschließungspolitik, also vom Anfang des 17. Jahrhunderts bis etwa Mitte des 19. Jahrhunderts, in seinem dreibändigen Werk "A History of Japan" (1903–25) zu rekonstruieren. Abgesehen von Zeiten einer Hungerkatastrophe und ähnlichem war nach James Murdock das Lebensniveau eines Japaners beträchtlich höher als z. B. eines Franzosen vor der Französischen Revolution. Weiterhin sind Berichte von einem russischen Marinesoldaten namens Golownin, der 1807 im Norden Japans eingedrungen und festgenommen worden war, erhalten. Dieser Soldat kannte auch England, Holland und andere europäische Länder. In seinem Bericht heißt es, die Japaner seien auf dem Gebiet des Ackerbaus und Bergbaus, des Handwerks, der bildenden Künste und in anderen Bereichen den Europäern in keinster Weise unterlegen. Die Bewohner führten ein glückliches Leben, und es bestehe für die Japaner im Augenblick keinerlei Anlaß, ihr Land nach außen zu öffnen. Diesen Bericht veröffentlichte er nach seiner Rückkehr in die Heimat.

Um es noch einmal zu wiederholen: Ohne Zweifel hat die "moderne japanische Zivilisation" wchtige Anregungen erhalten; das bedeutet aber nicht mehr, als daß der ganze Bewegungsmechanismus auf eine moderne Gesellschaft hin, der sich schon zur Tokugawa-Zeit gebildet hatte, ausgelöst wurde. Würde man das Entstehen einer modernen japanischen Zivilisation nur dem europäischen Einfluß zuschreiben, stellt sich die Frage, warum nicht auch alle anderen Länder, die enge Kontakte mit Europa unterhielten, die gleiche Entwicklung wie Japan durchgemacht haben.

Das "In-Erscheinung-Treten" Japans als modernes Land ist zum großen Teil seiner eigenen Entwicklungsfähigkeit zuzuschreiben, der Einfluß Europas spielt nur eine mittelbare Rolle.

Ich kann mich nicht det Eindrucks erwehren, daß die Europäer die sogenannte "japanische Herausforderung" stereotyp sehen. Erstens nämlich in der Beziehung, daß es sich um die erste Herausforderung Europas durch ein nicht-europäisches Land handelt. Aber betrachten wir diesen Sachverhalt doch einmal genauer und erinnern uns an den tatsächlichen geschichtlichen Ablauf: Deutschland hat im Laufe der Zeit mit England gleichgezogen, und Japan ist im Begriff, dasselbe mit Deutschland zu tun; das entspricht also genau der Reihenfolge in der Entwicklung zum Zeitpunkt der industriellen Revolution.

Zweitens möchte ich Sie bitten, nie aus den Augen zu verlieren, daß Geschichte eine Kontinuität aufweist. Seit dem europäischen Schock im Jahre 1980, der durch die massiven japanischen Autoexporte hervorgerufen wurde, beharrt der europäische Jaurnalismus auf der Version, Japan wolle dem Westen nun plötzlich die Zähne zeigen. Nicht

selten hört man dann sogar das Märchen, Japan habe sich nach dem zweiten Weltkrieg von einem Land mit kaum nennenswerter Industrie innerhalb von 30 Jahren zu einem Industrieriesen entwickelt, was natürlich völliger Unsinn ist. Dies zeigt in deutlicher Weise, wie wenig die Europäer die kontinuierliche Entwicklung der japanischen Geschichte beachten, denn der "Automobil-Schock", wie ihn Europa heute erlebt, kam keineswegs von heute auf morgen, sondern war das Ergebnis einer langen, vorhergehenden Entwicklung.

Erinnern wir uns zurück, so war auch der Sieg Japans im japanisch-russischen Krieg ein gewaltiger Schock für die Europäer. Schon kurze Zeit später folgte der nächste Schock, als die sich immer mehr entwickelnde japanische Textilindustrie Liverpool und Manchester ruinierte und damit den Haß der Engländer auf sich zog. Aber die Europäer vergessen so etwas schnell. Alle Nachrichten aus Japan haften im Gedächtnis der Europäer nur als ein bestimmtes Ereignis, als ein bestimmter Punkt, und es fällt ihnen schwer, diese Reihe von Ereignissen als eine kontinuierliche Linie aufzufassen. Letzten Endes war es auch Japan, das——wie immer man es sehen mag——nach dem 2. Weltkrieg das Verschwinden von Kolonien im Pazifikbereich bewirkte. Nun eben haben wir den "Automobilschock" oder eben den "Elektronikschock". Eine Zeine Zeitlang wird Aufruhr und Unmut herrschen, dann aber, wenn man sich beruhigt hat, alles wieder in Vergessenheit versinken. Aber bedenken Sie bitte, meine Damen und Herren: Auf diese Weise sind Sie es, die Europäer, die den Schaden tragen. Denken Sie bitte an die Kontinuität der Geschichte..

III

Im bisherigen Verlauf dieses Vortrags bin ich auf die parallele Entwicklung der europäischen und japanischen Geschichte eingegangen und habe damit dargelegt, daß sich die Neuzeit mit ihrer modernen Technik und Wissenschaft keineswegs auf eine bestimmte geographische Sphäre, das heißt auf den Westen, beschränkt. Japan, das sich ebenfalls zu einer modernen Gesellschaft entwickelte, ohne seine auf den Buddhismus und Konfuzianismus gegründeten Wertvorstellungen aufzugeben (ja, man könnte eigentlich fast sagen, daß diese Grundsätze eine wichtige Rolle spielten), mag als Beispiel dafür gelten.

Wenn dem auch so sei, so werden Sie, meine Damen und Herren, sagen, daß die japanische Gesellschaft ein in sich geschlossenes Gebilde ist, mit vielen für einen Europäer unverständlichen Elementen, und dem Europäer für immer fremd bleiben wird. Ich versuche einmal, das Japanbild, wie es ein normaler Europäer besitzt, nachzuzeichnen. Das sieht dann folgendermaßem aus: Die japanischen Arbeiter haben fast keinen Urlaub und arbeiten immer fleißig, ——haben also eine völlig an-

dere Lebenseinstellung und Vorstellung von Lebensqualität als die Europäer. Sie opfern ihr Privatleben und stehen in bedingungsloser Loyalität zu ihrem Unternehmen. Sie gehen völlig in der Gruppe auf und beanspruchen keinerlei Rechte auf eine eigene Individualität. Regierung und Privatunternehmen arbeiten eng zusammen——die "Japan-AG" startet ihre Exportoffensive auf dem Weltmarkt, um ihr zu erobern.

Bedenkenlos wird eine Automatisierung durch Computer, Roboter usw. betrieben, ohne sich der Gefahr eines möglichen Verlustes der Menschlichkeit bewußt zu sein. Jedes Mittel ist ihnen recht, um die Produktivität zu steigern. Irgendwo fehlt es ihnen an einem Gefühl für Kultur, oder zumindest haben sie eine andere Vorstellung von kulturellen Werten. In jedem Winkel der Welt findet man die japanischen Geschäftsleute, die ausgezogen sind, den Geschmack und die Vorlieben in den verschiedenen Ländern auszuspüren, um ihre Produktion danach ausrichten zu können und um noch höhere Gewinne zu erzielen. Innerhalb kürzester Zeit machte das japanische Bruttosozialprodukt ein Zehntel des Weltsozialproduktes aus, das Land bildet vom äußersten Norden bis zum äußersten Süden ein einziges Industriegebiet, die Natur ist zerstört, das Volk leidet unter Umweltverschmutzung und extremem Streß, von einem glücklichen Leben keine Spur. Und Sie, meine Damen und Herren, werden sich nun fragen, ob man überhaupt die westlichen Kriterien für eine "Neuzeitlichkeit" auf Japan anwenden kann. Wie ist die Tatsache zu verstehen, daß Japan eine ähnliche Geschichte durchlaufen hat, den gleichen Konkurrenzkampf führt und das gleiche Ziel anstrebt ?

Solcherlei Fragen, meine, Damen und Herren, werden Sie sich stellen, ——Fragen, die sich in deutschen Zeitungen und Zeitschriften in Artikeln über Japan immer wieder finden. Da ich mit Interesse die Japan-Berichte in den deutschen Medien verfolge, ist mir pas Japanbild des Deutschen bis zu einem gewissen Grad bekannt.

Vor allem das sogenannte "Gruppenbewußtsein" der Japaner wird in Deutschland immer wieder hochgespielt. Im Fernsehen sieht man dann Szenen, wie die ganze Firmenbelegschaft sich zur gemeinsamen Gymnastik versammelt. Sicher ist Ihnen auch bekannt, daß Japaner, wenn sie sich vorstellen oder vorgestellt werden, nicht nach dem Beruf oder der Arbeit fragen, sondern nach dem Namen der Firma, in der man arbeitet.

Ein Deutscher, Reinhardt Keller, der in verschiedenen japanischen Unternehmen tätig war, erklärt dies folgendermaßen: Da die japanische Gesellschaft homogen ist, versucht man, Konflikte innerhalb einer Organisation zu vermeiden, und Diskussionen werden so lange geführt, bis alle Mitglieder gleicher Meinung sind. Das Mehrheitsprinzip funktioniert in Japan nicht. Nicht die Oberen entscheiden, die Entscheidungen we-

rden vielmehr innerhalb des Gruppenkonferenzen-Systems gefällt, und die Leitung muß diese Entscheidungen dann nur noch anerkennen. Natürlich besteht in ausgefallenen Situationen eine Kontrolle von oben, aber im Prinzip sind alle am Prozeß des Entscheidens beteiligt, ohne daß es ihnen von oben befohlen worden wäre, und es entsteht eine Atmosphäre, die jedem das Gefühl gibt, an der Entwicklung des Unternehmens beteiligt zu sein und somit auch die ganze Belegschaft motiviert, an dieser Entwicklung mitzuarbeiten. Durch dieses System lassen sich auch Massenentlassungen vermeiden. Die Gewähr für einen lebenslangen Arbeitsplatz und das Senioritätsprinzip sind typische Merkmale für die japanischen Unternehmen. In diesem Sinne sind japanische Gewerkschaften im Vergleich zu Europa viel kooperativer; Arbeitgeber und Arbeitnehmer bemühen sich gemeinsam, den Gewinn des Unternehmens zu erhöhen. In Japan gibt es kein "Blue-Monday-Syndrom", da nämlich "Blauer Montag" alle Beschäftigten einer Firma sich als eine große Familie fühlen, die ein einziges, gemeinsames Ziel hat. (Zitat Ende)

Eine Homogenität, wie man sie in Japan findet, d. h. *eine* Sprache, *eine* Rasse, die letzten Endes dieses Gruppenbewußtsein hervorbrachte und *eine* geistige Gemeinschaft bildete, findet kaum Beispiele in der übrigen Welt. Diese Tatsache bietet Japan, jedenfalls solange kein Weltkrieg entsteht, der die ganze Erde verändern würde, überaus günstige Voraussetzungen. Denn überall auf der Welt finden wir Unruhen, ja Krieg, der durch den Unterschied der Rassen oder der Religionen bedingt ist. Israel, Nord-Irland, Rhodesien, Kambodscha, dies alles sind Beispiele dafür. Auch die Rassenprobleme in den Vereinigten Staaten, das Gastarbeiterproblem und die zunehmende Ausländerfeindlichkeit in der BRD gehören dazu. Probleme dieser Art gibt es in Japan nicht.

Schon von alters her spielte die "Harmonie" der Gruppe eine wichtige Rolle, und in der japanischen Gesellschaft entwickelte sich kein Individualismus, wie man ihn in Europa vorfindet. Die japanischen Wirtschaftserfolge sind zumindest zum Großteil daraus zu erklären.

Diese Besonderheiten der japanischen Gesellschaft, wie wir sie in verschiedenen Aufsäzen, die von Deutschen geschrieben wurden, finden, lassen sich nur schwer leugnen.

Der Zweck weines Vortrages heute, meine Damen und Herren, ist jedoch, Sie davor zu warnen, bei einer Gegenüberstellung von Japan und Europa nur die Besonderheiten und Abweichungen vor Augen zu haben. Ich möchte vielmehr noch einmal auf das eigentliche Thema dieses Vortrages zurückkommen, nämlich die Gemeinsamkeiten bei Japan und Europa als moderne Gesellschaft. Ich glaube aber, daß sich in jedem Land bestimmte typische Eigenschaften und Merkmale finden,

die vom Volkscharakter her erklärt werden müssen: Typisch französische Merkmale in Frankreich etwa, oder typisch deutsche Merkmale der Deutschen. Auch bei Japan, einem Inselstaat in Asien, ist es nur mehr als natürlich, wenn Europäer gewisse typisch japanische Merkmale, die auf den ersten Blick fremd und ungewohnt erscheinen, entdecken. Doch dies alles stellt nicht den Kern des Problems dar.

Aber der Tournalismus, wie man ihn heutzutage in Deutschland findet, steht dem Phänomen des plötzlichen Großwerdens Japans ratlos gegenüber, und der größte Teil der gegen Japan gerichteten Kritik gipfelt in dem einzigen Argument, daß die japanische Gesellschaft viele Besonderheiten aufweise. So hätte eben der japanische Arbeiter eine ganz besondere Arbeitseinstellung, indem er seine Loyalität zur Firma als Glück ansehe. Japanische Arbeiter hätten kaum Urlaub und würden ununterbrochen Automobile produzieren, die dann exportiert werden und somit deutsche Arbeitsplätze gefährden. Wer hat ihnen das Recht dazu gegeben ? Weiterhin heißt es, die Japaner würden durch ihren bedenkenlosen Einsatz von Computern und Industrierobotern den Arbeitsplatz "entmenschlichen", eine Tatsache, in der sich auch die "Kulturlosigkeit" der Japaner zeigt. Se heißt es nicht nur in Deutschland, sondern in den ganzen westlichen Ländern.

Daß der deutsche Journalismus alles damit erklären will, daß Japan eben anders ist und nicht mit Europa vergleichbar, dient noch einem anderen Zweck: eine solche Erklärung ist nämlich sehr bequem und außerdem beruhigend. Ich aber, meine Damen und Herren, möchte Sie bitten, mehr Mut zu zeigen und Japan so zu sehen, wie es wirklich ist. Der Hauptgrund für die gegenwärtige wirtschaftliche Rezession in Deutschland——so hört man heute häufig——ist in der Tatsache zu suchen, daß Deutschland es 1970 versäumt hat, mehr in die Elektronik-Industrie zu investieren. Die Folge: Deutschland blieb in der Entwicklung von IC, LSI, Optical Communication undanderer fortschrittlicher Technologie entscheidend hinter Amerika und Japan zurück. Die Deutschen selbst geben das nicht gern zu, ——sie berufen sich dann gern auf die Überlegenheit ihrer Kultur. Und was Japan betrifft, heißt es, Japan sei eben anders.

IV

Die psychologische Situation zwischen Japan und Deutschland weist, meine Damen und Herren, starke Ähnlichkeiten mit der psychologischen Situation zwischen Deutschland und England in den achtziger Jahren des 19. Jahrhunderts auf.

Der französische Dichter und Denker Paul Valéry schreibt 1891 in einem Aufsatz mit dem Titel "Une conquête méthodique (La conquête Allemande)" konkret über die Reaktion der Engländer zu dieser Zeit.

Er schreibt: "Sie waren beunruhigt und ratlos. Ein Germanien ist plötzlich emporgewachsen, das Anlaß zur Sorge gibt." Mit diesen berühmten Worten beginnt er seine Abhandlung. Überall tauchten plötzlich Waren "made in Germany" auf und Valéry warnte vor dem wirtschaftlicher Siegeszug der Deutschen, der noch schrecklicher sei als ihre militärischen Siegeszüge. Er spricht von ihrem unverbesserlichen Fleiß, der genauen Analyse des Vermögens, dem kühnen Aufbau von Produktionsmitteln, dem unbedingten Gehorsam gegenüber Begriffen und Prinzipien und ähnlichem. Er weist weiterhin daraufhin, daß dem deutschen Handel jede nur denkbare Absicherung durch den Staat zuteil wurde und gebraucht in diesem Zusammenhang auch den Begriff der "Gruppe", die mit vereinten Kräften auf das Ziel zustrebt. Die einzelnen Aktivitäten der Deutschen unterstanden einer natürlichen Ordnung und waren mit den Aktivitäten des gesamten Staates koordiniert, so daß dadurch eine Regelung der einzelnen Einkünfte bestand. Sobald sich in dieses System ein fremdes Land, d. h. ein Feind, einmischt, kommt der zwischen Deutschen geführte Konkurrenzkampf zum Stillstand. Valéry schreibt:" Es handelt sich um eine ehrliche Vereinigung, um einen Austausch von wirksamen Opfern, einem Wettkampf der Energie und Erfahrung, um somit den gemeinsamen Sieg zu erringen."

Meine Damen und Herren, welche Ähnlichkeit findet sich hier mit dem, was die deutschen Journalisten heute über Japan schreiben !

Valéry fährt fort: Die Deutschen schwärmen in alle Welt aus, um die Wünsche ihrer Kunden zu erforschen, einzuordnen, alles zu analysieren, was die Leute essen und trinken, welche Dinge sie verwenden, das Finanzwesen. "Auf diese Weise konnten die Deutschen innerhalb kürzester Zeit Fabriken, Eisenbahn, Kanäle usw. schaffen." "Die Erfahrungen, die die vielen deutschen Reisenden im Ausland sammelten, fanden Verwendung in der Diplomatie und der Wirtschaft." Diese Worte Valérys, geschrieben vor nunmehr 90 Jahren, finden sich fast unverändert——nur jetzt eben auf Japan angewandt——in den Berichten der deutschen Journalisten über die Japaner. Valéry beschreibt weiterhin, wie die Engländer auf das Auftauchen der deutschen Konkurrenz reagierten: "Die Engländer waren sich bis dahin nicht im geringsten bewußt, daß sie im Begriff waren, von einem Konkurrenten, der viel schlechtere geographische Voraussetzungen hatte und zeitlich gesehen weit zurücklag, ihrer Lebensgrundlage beraubt zu werden."

Ähnliches findet man auch in dem Bericht der Wochenzeitschrift "Zeit." Dort heißt es:

"Lange Zeit fand man sie vor allem komisch, manchmal auch lästig: die vielen Delegationen aus Japan. ....Daß man selbst auch etwas von den Besuchern lernen könnte, kam kaum jemand in den Sinn."

Das Genie Valéry hat diese Tatsache in seinem Aufsatz "Une con-

quête méthodique" bereits vorausgesehen. Dort heißt es am Ende, daß Japan dereinst dieselbe Methode annehmen wird, und er schreibt: "Japan wird einst denken, daß Europa das für sich gemacht hat." Es ist wirklich bewunderswert, daß Valéry bereits im Jahr 1896 eine solche Voraussage machen konnte, aber das weise Frankreich war weit davon entfernt, diese "conquête méthodique" gutzuheißen, sondern betrachtete sie vielmehr als "einen der vielen Siege der *Banalität* auf unserer Erde" und bietet somit einen pessimistischen Ausblick auf die zukünftige Gesellschaft. Doch beruht diese Denkweise allemal auf der im 19. Jahrhundert vorherrschenden Wertvorstellung, daß allein England und Frankreich die Vorkämpfer der Zivilisation waren und nur diese beiden Länder eine echte Zivilisation aufwiesen. Daß Deutschland sich aber nicht mit einer solcher untergeordneten Rolle zufrieden geben wollte, zeigte sich in der stetigen Entwicklung Deutschlands, während England mehr an Einfluß verlor.

Mit solchen Worten also wollte Valéry Ihren Großvätern zum Ausdruck bringen, wie sehr es dieser ihrer geballten Energie an Grazie und Eleganz fehle, ja, daß es sich letzten Endes fast um einen Akt von Barbarentum handle.

Die Deutschen aber dürften zu der damaligen Zeit diese kritische Betrachtungsweise als ungerechtfertigt empfunden haben. Und auch ich kann nicht anders, als in dieser Kritik den Ausdruck des englischen und französischen Überlegenheitsgefühls zu sehen. Auch im Falle der BRD läßt sich sagen, daß sich ihre Grundlage für ihre heutige industrielle Macht nicht plötzlich nach dem 2. Weltkrieg gebildet hat, sondern bereits in der Jugendzeit Varlérys, also in der Zeit Bismarks. Zur Zeit des preussich-französischen Krieges und der Gründerzeit nach der Einigung des Reiches——Nietzsche haßte diese Zeit wegen ihrer Leichtfertigkeit, die durch die gute Kenjunktur bedingt war——hatte Deutschland Frankreich als Wirtschaftsmacht bereits überholt und war zur Wirtschaftsmacht Nummer eins in Europa aufgestiegen. Das war 1880. Dem schloss sich nach dem 2. Weltkrieg das deutsche Wirtschaftswunder an, praktisch als Verlängerungslinie der steigenden Kurve, die ja durch die beiden Weltkriege zwar angehalten, aber nie völlig unterbrochen wurde. Und auch der Grund für den raschen Wiederaufbau nach dem verlorenen Krieg liegt einzig und allein darin, daß die Volksenergie, die sich in der zweiten Hälfte des 19. Jahrhunderts gebildet hatte, noch immer weiterwirkte. Wie ich schon sagte, messe ich der Kontinuität der Geschichte eine große Bedeutung bei. Auch die Franzosen zur Zeit Valérys, deren Macht schwächer und schwächer wurde und die im Begriff waren, von den Deutschen überholt zu werden, wollten diese Tatsache nicht wahrhaben. Sie lebten noch immer von der Erinnerung an die glorreiche Französische Revolution und waren

fest davon überzeugt, ihre Zivilisation in die ganze Welt hinaustragen zu müssen. Doch fast könnte man es als Ironie der Geschichte bezeichnen: Die Französische Revolution war der Grund dafür, daß die wirtschaftliche Entwicklung Frankreichs erst so spät einsetzte. Dieses Land, das durch die Revolution mit *einem* Streich das Feudalsystem zunichte machte, machte die Pächter zu Landbesitzern und festigte die Landgemeinden, investierte aber kaum in die Industrie. Aktivitäten auf dem Gebiet des Handels wurden von den Bürgern in hochmütiger Weise geringgeschätzt und verachtet. Frankreich ging dem Jahrhundert seines Verfalls und der Dekadenz entgegen.

Die "große Revolution" brachte weiterhin einen fast anarchistischen Individualismus innerhalb der Gesellschaft hervor, und schuf ein Klima der Uneinigkeit unter den Arbeitern. Dazu kam noch, daß der von Napoleon als Erbe übernommene Beamtenapparat mit all seiner Bürokratie die Industrialisierung behinderte und daß sich nur schwerlich eine Atmosphäre bilden konnte, die einen echten Unternehmungsgeist hervorgerufen hätte. So war es nur natürlich, daß die französische Gesellschaft insgesamt allmählich hinter Deutschland zurückfiel.

So läßt sich auch leicht verstehen, mit welchem Ärger und Mißmut die Franzosen damals auf die Deutschen blickten. Der Mensch sieht seine eigenen Fehler nicht. Obwohl in Frankreich die bürokratische Verwaltung viel ausgeprägter war und obwohl an den deutschen Universitäten der wissenschaftlichen Freiheit ein viel größerer Spielraum zugemessen wurde, hielten die Franzosen die Deutschen für ein Volk, das keinen Individualismus kennt und an einem zurückgebliebenen, blindgläubigen Gruppenbewußtsein festhielt, kurz gesagt, sie betrachteten die Deutschen als Barbaren. Auf Grund der Argumentationsweise, in Deutschland, das keine Revolution erlebt hat, könne sich kein echter neuzeitlicher Geist entfalten, fühlte sich die deutsche geistige Elite in ihrer Ehre gekränkt und fast bedroht, ja, sie litt lange Zeit sogar unter einem Minderwertigkeitsgefühl. Daß diese, mit solch komplizierten Gefühlen belastete gegenseitige Beziehung sogar bis zum Ausbruch des ersten Weltkrieges führte, ist Ihnen meine Damen und Herren, allen bekannt, ——ein Ereignis der jüngsten Geschichte.

Was ich hier sagen möchte, ist: Noch immer zeigen sich ähnliche Tendenzen, wie wir es im Falle von Frankreich und Deutschland gesehen haben, daß ein Land, das von einem anderen Land überholt wird, diesem mit Vorurteilen gegenübersteht. Die deutschen Arbeiter in der Zeit vom Ende des 19. Jahrhunderts bis hinein ins 20. Jahrhundert zeigten im Vergleich zu den Franzosen in der Tat eine starke Loyalität zu Organisationen, ihre Arbeitssituation war alles andere als gut, und trotzdem waren sie überaus fleißig. Aber sind diese Eigenschaften etwa zu kritisieren? Es läßt sich meiner Meinung nach viel-

mehr sagen, daß sich in dieser Zeit innerhalb der deutschen Arbeitswelt eine überaus fortschrittliche Politik herausgebildet hat, ——eine Tatsache, die weder für England noch für Frankreich zutraf. Es war Bismarck, der 1880 soziale Einrichtungen wie Krankenversicherung, Unfallversicherung und das Rentenwesen einführte, ein Vierteljahrhundert vor England, das als fortschrittlicher Sozialstaat galt. Das geschah allerdings nicht unbedingt aus humanitären Gründen; das soziale System wurde jedoch beibehalten und von einem späteren fortschrittlichen Bürokratismus übernommen und zeigt heutzutage seine unerwartete Auswirkung in der gespannten Beziehung zwischen Arbeitgeber und Arbeitnehmer.

Ich möchte Sie hier, meine Damen und Herren, auf zwei Paradoxa der Geschichte hinweisen. Das erste ist; Ein sich spät entwickelndes Land, das voll ist von Vitalkraft und Energie, wird von einem bereits entwickelten Land eines gemeinsamen, gruppenhaften Volkswillens bezichtigt. Das zweite Paradoxon ist: Ein bereits entwickeltes Land, das von einem sich später entwickelnden Land überholt wird, merkt dies erst, wenn dieses Land schon längst eine viel fortschrittlichere, moderne Gesellschaftsreform durchgemacht hat.

Wenn Sie dies vesstanden haben, meine Damen und Herren, werden Sie den Japanern nicht mehr vorwerfen, sie würden zuviel arbeiten. Sie werden den Japanern auch nicht mehr vorwerfen, daß es sich bei ihnen um eine besondere Rasse handelt; denn auch die Deutschen wurden früher wegen ihrer Loyalität zum Unternehmen und ihres ausgeprägten Gruppenbewußtseins kritisiert.

Ich glaube auch weiterhin, daß die Falschinformationen, wie sie z. B. vom „Spiegel“ und ähnlichen Presseorganen geliefert werden, wenn es heißt, das japanische Volk leide unter den Auswirkungen der Umweltverschmutzung und extremem Streß, die japanische Arbeiterschaft werde zum Opfer der rücksichtslosen Produkvität usw., von der ehrlichen Entrüstung der Deutschen rühren, und ich glaube, daß die Tatsachen, die bis jetzt nicht real wiedergespiegelt wurden, in ihrem richtigen Licht gesehen werden, wenn sie nur psychologisch richtig erklärt werden. In jedem Land gibt es Unterschiede zwischen Arm und Reich, in Japan ist dieser Unterschied——wie allgemein bekannt ist——viel geringer als in Europa oder Amerika. Japan ist eines der Länder mit der breitesten Mittelklasse. Wie ist die Kritik zu verstehen, daß Japan unter Streß und Umweltverschmutzung leidet, wenn man sich gleichzeitig vor Augen hält, daß Japan das Land mit der höchsten Lebenserwartung in der ganzen Welt ist. 1981 betrug die durchschnittliche Lebenserwartung bei Männern 73, 8 Jahre, die höchste der

Welt; bei Frauen 79, 1 Jahre, an zweiter Stelle nach Island. Danach folgen Schweden, Holland und Norwegen.

V

Zuvor aber noch einmal kurz zu dem zweiten Paradox der Geschichte, von dem ich vorher schon kurz gesprochen habe. Sie alle wissen, daß England, das als erstes Land den Schritt in die Neuzeit getan hatte, inzwischen über ein veraltetes System verfügt, auch in kultureller Hinsicht, und zwischen den einzelnen Klassen eine große Feindschaft besteht. Sie wissen weiterhin, daß die französische Elite in Politik und Wirtschaft hauptsächlich aus Absolventen der Grandes Ecole besteht und zwischen den einzelen Klassen eine starke Lohndifferenz, also keineswegs eine Gleichheit herrscht, wie sie durch die Französische Revolution ausgerufen wurde. Eine solche Gleichheit findet sich viel eher in Deutschland, das auch viel eher neuzeitliche Elemente aufweist als die beiden Länder, Frankreich und England, die Deutschland früher einen Schritt voraus waren, und damit meine ich eben dieses Paradox der Geschichte, von dem ich vorher gesprochen habe. Der französische Deutschlandspezialist Prof. Alfred Grosser bemerkt richtig, daß die deutsche Demokratie viel entwickelter ist, was sich allein schon im gemeinsamen Beschlußsystem zeigt.

Nun erwarten Sie sicher, meine Damen und Herren, daß ich Ihnen erzähle, Japan sei inzwischen demokratischer und moderner als Deutschland. Aber auf ein so simples Schema möchte ich mich nicht einlassen. Es soll hier auch gar nicht geklärt werden, welches Land über die beste Regierungsform verfügt, denn die Normen für die Demokratie sind in jedem Land anders. Vielleicht denken Sie, die Japaner hätten eine völlig andere Vorstellung von Politik, die nicht mit westlichen Maßstäben zu messen ist. Sie wüßten nicht, was Diplomatie ist, und was ihre Rolle auf der Bühne der Weltpolitik betrifft, so stecken sie noch in den Kinderschuhen. Nun, dem möchte ich nicht unbedingt widersprechen, denn auch ich kann mich eines solchen Eindrucks nicht erwehren.

Abgesehen von der Demokratie, möchte ich aber auf ein sehr wichtiges Bildungsproblem hinweisen. Die Voraussetzungen für die Ungleichheiten des Bildungsrechts sind in Deutschland ganz anders als in Japan. Hier in Deutschland versucht die Regierung seit der Schulreform das Konkurrenzbewußtsein der Schüler und der Eltern konsequent anzuregen; z. B. durch das Mittel von Bafög order durch die Erweiterung der Wahlmöglichkeiten der Fächer in der Oberstufe des Gymnasiums. In Japan hingegen wollte die Regierung das Konkurrenzbewußtsein immer wieder besänftigen. Der große Unterschied der Voraussetzungen zeigt, daß die Klassenschranken seit dem Feudalzeitalter in Japan

durch die Erweiterung der Möglichkeit der Erziehung an den weiterführenden Schulen fast aufgehoben worden sind und in Deutschland aber scheint mir jetzt noch in unsichtbarer Form zu existieren.

Nach Angabe des deutschen Bildungswissenschaftlers sind die Leute hier unbewußt dazu verbannt, innerhalb ihrer Klassenschranken zu verweilen. Die deutschen Eltern sehen ihren höchsten Lebenszweck nicht immer darin, ihre Kinder auf eine noch bessere, weiterführendere Schule zu schicken. Größtes Anliegen der japanischen Eltern dagegen ist es, ihren Kindern eine optimale schulische Ausbildung zu bieten. Wenn das Kind gut lernt, stehen ihm völlig unabhängig vom Beruf der Eltern alle Tore offen. Der Sohn des Gemüsehändlers hat ebenso die Chance, zum Top-Manager in der Industrie aufzusteigen wie die Tochter des Friseurs z. B. Ärztin werden kann. Nicht selten kommt es vor, daß Kinder von kleinen Beamten, Polizisten oder Volksschullehrern, solange sie nur begabt sind, Top-Posten in der Industrie erreichen. Die Klassenzugehörigkeit spielt in Japan fast keine Rolle und die soziale Stellung der Eltern hat keine Auswirkung auf den Entwicklungsgang der Kinder. Außer in den Bereichen der traditionellen Künste, wie z. B. der Welt des Kabuki-Theaters, existiert keine automatische Übertragung der Autorität vom Vater auf den Sohn. Man kann also sagen, daß die Kinder im japanischen Gesellschaftssystem die gleichen Chancen für einen sozialen Aufstieg haben. Und auch die Kinder sind sich durchaus der Tatsache bewußt, daß ihnen nur der Abschluß einer guten Schule das Tor yum Eintritt in ein gutes Unternehmen öffnet oder eine gehobene Beamtenlaufbahn ermöglicht. Zwar ist die Schule nicht alles, doch sie spielt èine wichtige Rolle. In Japan gibt es 450 Universitäten, ein Studium dauert 4 Jahre, und etwa 30 Prozent der Schüler vom gleichen Jahrgang besuchen eine Universität; betrachtet man nur die männlichen Schüler, so sind es 40 Prozent. Etwa 94 Prozent besuchen eine höhere Schule.

In England, so hört man, ist es fast unvorstellbar, daß Kinder aus der gehobenen Mittelschicht mit Arbeiterkindern etwa Football spielen. Das kann ein Japaner nicht verstehen. Betrachtet man Deutschland, so finden sich auf den ersten Blick keine derartigen offensichtlichen Klassenschranken wie in England.

Aber die deutschen Bildungswissenschaftler schreiben häufig, daß im Bewußtseindes Einzelnen diese Klassenschranken nach wie vor existieren. Je nach Tätigkeit und Beruf gibt es verschiedene Ausdrücke dafür, was der Arbeitnehmer vom Arbeitgeber erhält: Bezüge, Gehalt und Lohn. Wie man hört, gibt es sogar noch Tagelöhner. In Japan macht man keine solchen Unterscheidungen, fast alles ist mit dem Begriff “Monatsgehalt” abgedeckt. Ein weiterer Beweis für die Existenz von Klassenschranken in der BRD ist das traditionelle dreigliedrige

Schulsystem. Seit etwa 1965 werden zwar eifrig Schulreformen durchgeführt, am grundlegenden Aufbau hat sich jedoch nichts geändert. Der Anteil der Gesamtschulen beträgt insgesamt nur 3 Prozent, überall taucht Kritik an diesem System auf, und in den letzten Jahren wurden keine neuen Gesamtschulen gegründet. Das dreigliedrige Schulsystem paßt allem Anschein nach am besten zur deutschen Wirklichkeit. Doch gleichzeitig——und das hört sich vielleicht etwas widersprüchlich an——schätze ich die Vorteile dieses Systems vom erzieherischen Standpunkt her sehr. Dieses System verhindert nämlich die Gefahr einer allmählichen Verflachung der Erziehung, wie sie sich in Japan bereits bemerkbar macht. Wenn ein Drittel aller Japaner eine Universität besucht, gibt es nur zwei Möglichkeiten: Entweder senkt man das Niveau der Hochschule überhaupt, oder aber man unterscheidet die einzelnen Universitäten nach "Güteklassen", wenn ich mich so ausdrücken darf. Güteklasse A, Güteklasse B, C und so weiter. Japan hat sich für das letztere entschieden. Die Folge war ein erbarmungsloser Konkurrenzkampf unter den Studienplatzbewerbern, der noch viel extremer ist als in Europa. Außer dem normalen Unterricht, der natürlich nicht ausreicht, besuchen die Schüler alle möglichen Vorbereitungsschulen, die meistens privat sind, oder sie nehmen Privatunterricht; pausenlos werden sie mit Prüfungen und Tests traktiert, die der Vorbereitung für das Eintrittsexamen in die Universität dienen sollen. Kurz gesagt: Die jungen Leute sind einem extremen Streß ausgesetzt. Doch läßt sich immerhin sagen, daß in Japan das Ideal der Chancengleichheit auf dem Bilungssektor eher erreicht ist als etwa in Europa, und die Forderung "Bildung für alle!", wie man sie häufig in deutschen Zeitungen findet, scheint sich in Japan bereits erfüllt zu haben. Ob dies allerdings vom erzieherischen Standpunkt her gut ist, ist eine andere Frage. Jedenfalls ist es so, daß sich der Bildungsweg eines Japaners nach seinen Fähigkeiten richtet, ganz anders als etwa in Frankreich, wo nur die Elite echte Bildungschancen hat oder in England, wo die jeweilige Klassenzugehörigkeit den Bildungsweg vorschreibt. Auch bei der Anstellung spielen die soziale Stellung der Eltern, ihre finanziellen Verhältnisse oder Beziehungen keine Rolle, wichtig ist nur die schulische Ausbildung. So wird es in ganz Japan gehalten, und das ist auch der Grund für den Konkurrenzkampf, dem sich die jungen Leute stellen müssen, um später beruflich Karriere machen zu können. Dieses Bildungsübel haben Schule und Familie——ob sie wollen order nicht——zu tragen, aber gleichzeitig bedeutet es auch, daß durch die gleichmässigen Bildungschancen die letzten Klassenschranken niederge rissen werden und eine Gesellschaft entsteht, die Gleichberechtigung für alle bietet.

Das also meinte ich mit der Geschichte, in diesem Fall der neueren Geschichte, daß ein Land, das seinen Weg in die Neuzeit erst später

angetreten hat, mit Aufwendung all seiner Energie ein Land, das ihm in seiner Entwicklung voraus war, einholt und 100 Jahre später in vielen Bereichen fortschrittlicher ist als das Land, das es einst einzuholen galt. Der Begriff "Fortschrittlichkeit" bedeutet für mich nicht unbedingt nur Positives; in mancher Beziehung hat der "Fortschritt" schon die gefährliche Nähe von "Selbstzerstörung" und "Nihilismus" erreicht. Sieht man aber von einer solchen Wertvorstellung ab, so läßt sich durchaus sagen, daß Japan in vielerlei Hinsicht inzwischen fortschrittlicher ist als die europäischen Länder. Ein Beispiel dafür ist das Bildungswesen. Deutschlands Forderung nach "Bildung für alle" ist in Japan schon längst Wirklichkeit geworden. Die Versuche Deutschlands seit 1965, eine allumfassende Bildungsreform durchzführen, um dieses Ideal zu erreichen, zeigen das Problem deutlich auf: Deutschland hat endlich angefangen, den Weg zu gehen, den Japan schon vor 100 Jahren gegangen war.

Als nämlich in Japan 1873 ein modernes Schulsystem entstanden war, das sich auch bis zu einem gewissen Grad an dem französischen System der Zentralisierung der Macht orientierte, hatte sich bereits der einspurige Bildungsweg von der Grundschule bis zur Universität herausgebildet, und der vielspurige Bildungsweg——getrennt nach sozialen Klassen——wie es in Europa zu finden war, wurde aufgegeben. Noch während der Edo-Zeit, als sich das Land nach außen hin abgesperrt hatte, gab es natürlich auch im japanischen Bildungssystem Unterschiede, die durch die jeweilige Klassenzugehörigkeit bedingt waren: Schulen für die Samurai, und Schulen für die normalen Bürger. Hätte Japan damals die europäische Bildungsidee voll übernommen, würden diese Schulen noch immer bestehen, es hätte sich wahrscheinlich noch eine Schule für den Mittelstand gebildet, und das Ergebnis wäre das gleiche dreigliedrige Schulsystem gewesen, wie es Deutschland besitzt. Doch Japan hat sich anders entschieden. Schon fünf Jahre nach der Öffnung des Landes besuchten Kinder von Samurai und Kindern von Bürgern die gleiche Schule, was in Europa zu der damaligen Zeit wohl noch unvorstellbar gewesen wäre. Woher oder warum die Japaner damals schon einen solchen Weitblick hatten, ist unklar. Aber rufen Sie sich bitte in Erinnerung, was ich Ihnen schon vorher gesagt hatte: Japan traf schon während der Edo-Zeit, als es noch völlig abgeschlossen war, Vorbereitungen für seinen Weg in die Neuzeit. Im Jahr 1873, als das neue Bildungswesen in Japan eingeführt wurde, besuchten in England bereits 40 Prozent der Kinder eine Volksschule. Nun ja, England war auf diesem Gebiet schon immer sehr fortschrittlich. Doch schon um das Jahr 1900 waren es in beiden Ländern, in England und Japan 80 Prozent der Kinder, die die Volksschule besuchten. Und schon zehn Jahre später waren es in beiden Ländern fast 100 Prozent. Japan hatte mit

England gleichgezogen. Bei der höheren Schule (diein Deutschland etwa dem Gymnasium entspricht) waren es 12 Prozent in Japan und nur 4 Prozent in Fngland. Japan war hier also England schon voraus. Es war keinesfalls so, daß die Gleichberechtigung bei der Bildung und dem Ausbau des Bildungswesens erst nach dem 2. Weltkrieg einseten; das geschah bereits vor nunmehr 110 Jahren.

Daß dies möglich war, ist durch den besonderen Charakter der Meiji-Restauration zu erklären. Die Meiji-Restauration war nämlich in mancher Hinsicht, vor allem was den Wechsel der herrschenden Klasse betraf, viel tiefgreifender als die "Revolutionen", wie sie Europa erlebte. In Europa findet sich bei den herrschenden Klassen eine Kontinuität von mehren hundert Jahren. Die Nachkommen der Adligen und Feudalherren seit dem Mittelalter wahrten ihre Landeskultur, führten und führen ein angenehmes Leben, widmeten sich ihren Lieblingsbeschäftigungen wie Reiten, sie hatten Jachten und veranstalteten glanzvolle Bälle, sie pflegten ihre Sammlungen und liebten edle Weine; bei der Erziehung spielte die Weitergabe der traditionellen Kunst und die Erhaltung der Religion eine grosse Rolle. Im Japan des 19. Jahrhunderts war das anders. Für die Erziehung der Kinder von Fürsten und Feudalherren wurden nur hervorragende Leute herangezogen, die sich auch im Ausland neue Kenntnisse erworben hatten, wobei die Klassenzugehörigkeit keine Rolle spielte; die wichtigste Voraussetzung für einen Erzieher war seine schulische Bildung. Japan hat nie eine "bürgerliche Revolution" erlebt, trotzdem ist es ihm gelungen, mittels eines modern ausgerichteten Bildungssystems die feudalistische Klassenordnung anfzuheben.

VI

Ich glaube und hoffe, daß Sie nun, meine Damen und Herren, verstehen, worin der Grund für die Energie und Aktivität zu suchen ist, die die Japaner heutzutage an den Tag legen. Sie werden weiterhin auch die Paradoxie der neueren Geschichte verstanden haben, indem Japan das Ideal der Gleichberechtigung erreichen konnte, und zwar in einem Masse, wie man es sich in Europa nicht vorstellen konnte. Es gibt keinen Beweis dafür, daß so möglichweise der Ausspruch Valérys vom "letztendlichen Sieg der *Banalität*" wahr geworden ist. So mancher Europär mag sogar behaupten, daß sich nun in Japan Nietzsches Voraussage vom Kommen der Kultur des "Herdenmenschen", des "letzten Menschen" erfüllt hat. Aber was jetzt in Japan passiert, ist eine völlig logische Entwicklung der Geschichte der Neuzeit, und ich möchte Sie ausdrücklich davor warnen, dies als etwas anzusehen, was nur in diesem seltsamen fernöstlichen Land Japan existiert und für Europa mit seiner konservativen Stagnation keinerlei Bedeutung habe.

Die wirtschaftliche Stärke Japans——so wird allgemein gesagt——beruht auf der allgemeinen Qualität seiner Arbeiter. Die jungen Leute, die später in den Fabriken arbeiten werden, lernen auf der höheren Schule Physik, Chemie und Trigonometrie. Sie passen sich der fortschreitenden Automation in den Betrieben an, und wenn es erforderlich ist, haben sie auch die Flexibilität umzulernen und sich mit einem neuen Aufgabengebiet zu beschäftigen. Japan hat zwar keine politischen Führerpersön lichkeiten, Japan hat dafür aber hervorragende Arbeiter, die sich ihr Wissen aus Büchern holen, und das ist der Grund für das allgemeine hohe Bildungsniveau innerhalb der japanischen Gesellschaft. Ihre Ausbildung beschränkt sich nicht einzig und allein auf ihr Fachgebiet, wie es bei den deutschen Arbeitern der Fall ist, und wenn ihnen plötzlich ein neuer Aufgabenbereich zugeteilt wird, käme niemand auf die Idee, dagegen zu protestieren. Wenn sich herausstellt, daß Roboter für das Lackieren von Autos billiger und besser sind, stellt sich das Werk um und verlegt seine Tätigkeit auf einen anderen Bereich. In Deutschland, wo ein junger 15-oder 16 jähriger nach dem Hauptschulabschluß Lackierer wird und es als höchstes Ziel ansieht, Meister zu werden, wäre es unvorstellbar, plötzlich, nachdem er dieses Ziel erreicht hat, umzulernen. Auch der Widerstand gegen die Einführung von Robotern ist das Ergebnis dieser Haltung.

Als ich vor 2 Jahren in Deutschland war und mich unter anderem sehr für das Ausbildungssystem, auch das berufliche Ausbildungssystem, interessierte, mußte ich feststellen, daß dieses nicht mehr zeitgemäß war. Das Meistersystem mag für die Industrie des 19. Jahrhunderts von Vorteil gewesen sein, aber heute nicht mehr, und ich war sehr überrascht, daß die Deutschen dieses System nicht selbst anzweifelten. Die fortschreitende Automation erfordert eine Ausbildung, die es den Arbeitern ermöglicht, sich den jeweiligen Betriebsverhältnissen anzupassen und jederzeit einen neuen Aufgabenbereich zu übernehmen. In diesem Sinne ist das dreigliedrige deutsche Schulsystem hoffnungslos veraltet. Und recht fragwürdig erscheint mir auch eine Bildungsreform, die nunmehr schon 15 Jahre andauert, aber kaum Erfolge zeigt.

Valérys Worte klingen für Sie vielleicht hart, wenn er sagt: "Dem Menschen fällt es nicht leicht, Dinge zu verändern, die er einmal für gut angesehen hat und die ihn zufriedenstellen." Valéry bezieht sich zwar auf England, aber ich glaube, daß diese Worte inzwischen auf ganz Europa anzuwenden sind.

Im alten Europa war dies nicht der Fall. Im England des 17., 18. Jahrhundets, im Frankreich des 18., 19. Jahrhunderts und im Deutschland des 19., 20. Jahrhunderts fand sich ein revoluionärer, reformistischer Geist, und es fragt sich, ob die Voraussage Nietzsches vom Ende Europas wirklich zutreffen wird.

Um aber Mißverständnisse zu vermeiden, möchte ich es hier noch einmal deutlich sagen: Das Lebensniveau der Deutschen ist durchschnittlich gesehen beträchtlich höher als das der Japaner, und im gegenwärtigen Stadium kann man keinesfalls sagen, daß Japan Deutschland in dieser Beziehung bereits eingeholt hätte. Nur kann ich mir den Widerspruch nicht erklären, warum die Deutschen einerseits gegen eine Automatisierung sind, sich aber andererseits nicht davor scheuen, die ausländischen Arbeiter die Schmutzarbeit tun zu lassen. Japan hat nicht deshalb keine Gastarbeiter, weil es sich etwa davor scheut, ausländische Arbeitskräfte in seine homogene Gesellschaft aufzunehmen. Die Japaner haben sich für Roboter entschieden. Es gibt sogar Japaner, die dies damit erklären, daß Japan nicht wie der ganze europäische Kulturbereich——und Deutschland gehört dazu——das im Orient und im alten Rom übliche Sklavenwesen übernommen hat. Nietzsche, ein Verehrer des antiken Griechentums, war da anderer Meinung. Seiner Meinung nach war für eine hochentwickelte Kultur das Sklavenwesen nötig. Das Sklavenwesen existiert heute nur noch in symbolischer Form, nämlich in den Klassenunterschieden und den daraus resultierenden Klassen schranken, die durch das Bildungssystem noch verstärkt wurden, und ein Elitebewußtsein hervorbrbrachte. Das war es auch, worauf Valérys Idee beruhte. Was im Moment in Europa gefährdet ist, ist nicht seine Industrie. Es ist vielmehr dieses Elitebewußtsein, das durch den Aufstand der Sklaven ins Wanken gerät.

Viele Japaner sind heute der Ansicht, daß die Zeit, als Japan seine Blicke nach dem Atlantik gewandt hatte, zu Ende ist. Jetzt beginnt die Zeit, wo man sich dem Pazifik zuwendet, in politischer wie wirtschaftlicher Hinsicht. Die Länder um den Pazifik, Amerika und Japan, Korea, Taiwan, Singapur, Kanada und Australien bilden einen riesigen Wirtschaftsbereich, in dem es ohne Zweifel zu einer breitangelegten Zusammenarbeit kommen wird. England hat die Welt mit der Eisenbahn verändert, Amerika tat dies mit dem Antomobil, die dritte technische Revolution aber wird durch die Entwicklung der Telekommunikation——insbesondere durch das Mittel der Optical Communication——statt finden.

Ich bin kein Fachmann, und auch für mich ist es nur schwer vorstellbar, wie diese dritte technische Revolution aussehen wird. Eines aber kann ich mit Sicherheit sagen: “Mit Sicherheit nicht wird die europäische Geisteskultur von der Renaissance bis zum 19. Jahrhundert untergehen, und ich bin fest davon überzeugt, daß diese Geisteskultur völlig unabhängig von der technischen Zivilisation von dauerndem Bestand ist.

追補　入江隆則・西尾幹二対談――国際化とは西欧化ではない

国際化とは西欧化ではない

〈対談〉

入江隆則（明治大学教授）
西尾幹二

西尾　私この間、パリで国際会議がありヨーロッパへ行きました。ロンドンでは、入江さんが留学された折下宿されていたパーソンスグリーンのギリーズさんのお宅に泊まりました。入江さんをお世話されたおばあさんがご健在で、八日ばかりおりました。

入江　私がイギリスにいた初めのころは、家族と一緒に郊外に住んでいたんですが、家族が先に帰ったので、ロンドンの真ん中に出てきてギリーズさんのところにお世話になりました。

西尾　それで入江さん以降、日本人がよく下宿したり泊まったりしたんですね。

そのギリーズさんが、数年前に日本に来て、世話したたくさんの日本人に大歓迎されて楽しい一時を過ごされたようです。そのお礼で、今回私もほとんどただみたいな値段で泊めてもらいました。

ギリーズさんのようにオープンに、外国、特にアジア系の外国人と活発に交際したりする老女が日本には果たしているでしょうか。そういうことが国際化の問題を考えるときのひとつの目安になりますね。

「国際化」という不思議なスローガン

西尾　日本が自らをなんとなく特殊な、あるいは閉ざされた国民だと自覚しているために、日本ではなにかというと「国際化」というのが合い言葉になり、スローガンになる。これは世界に例のない日本独自のシナリオではありませんか。

入江　それを少し地球をグローバルに見ますと、日本ばかりではなくて、たとえばアラブのイスラム社会だとか共産圏の国々なんかも、たいへんな閉ざされようですね。

西尾　ええ、ヨーロッパもそうです。

入江　ですから、確かに日本が自分の特殊性にこだわっている面がありますが、ただ私はあんまり日本の閉ざされ方というものを誇大視したくないんです。

西尾　でも、なぜ日本だけが「国際化」ということを騒ぐんでしょう。これは日本人だけが騒いでいるんであって、工業先進国といわれる欧米諸国では、国際化という言葉が市民の合い言葉になったこともなければ、また第一そんな言葉も存在しません。

入江　日本語の「国際化」にあたる言葉を英語で言えば、おそらくインターナショナライゼーションでしょう。でも、この言葉が持っている本来の意味はまったく違いますね。

たとえば昔、日本が満州事変を起こしましたね。アメリカやその当時の列強諸国が満州に持っていた権益を日本が独占しようとしたということで、アメリカは日本に対し門戸を開放をせよと言った。つまり満州をインターナショナライズしろとね。そういう文脈で使うわけです。エジプトがナセルの時代に、スエズ運河を国有化しましたが、欧米諸国は、スエズは国際的な運河なんだ、インターナショナライズしろと言ったのです。つまり自分たちにも国際的な権力を認めろというわけです。インターナショナライズという言葉は、そういう形でしか本来使わないんです。

西尾　なるほど、他者に対する要求語であって、自己反省の言葉として使われている例はないんですね。

入江　そうなんです。いま日本人が使っている「国際化」という言葉には、非常に特殊なニュアンスがありますね。

西尾　欧米には国際化というスローガンが存在もしなければ騒がれもしない。これには、ひとつにはこういうことが考えられます。欧米はすでに国際化されていて、もうこれ以上国際化される必要はないという考え方。

もうひとつは、欧米の尺度そのものが世界の尺度になっているから、これまた努力する必要がないんだという考え方。欧米の論理が世界の論理、少なくとも工業先進国の論理になって働いているため、それに対して日本が適応せざるを得ないんだと。

ところが、私はここにひとつの問題があると思うんです。もし、国際化ということが、単に欧米にわれわれを適応させるというようなことをいうんなら、国際化なんていう言葉を使わないで、「欧米の秩序への適応化」とかいうふうに言葉を改めればいいんです。その方が誤解が起こらなくてすむ。ところが「国際化」と言うからには、少なくともこれはあらゆる国々の文化に開かれているということ、そして自分の尺度を相手に押しつけるのではなくて、まず相手の存在というものを十分に理解し、その上で自国の価値というものを主張していくということでなければならない。

「国際化」を、そういう開かれた態度というふうにもし理解するならば、私は日本以上に欧米の方が遥かに国際化されていないと思う。

国際社会での日本ならではの役割

入江　それにしても「国際化」というのは、日本国内ではあんまり評判のいい言葉ではない。

たとえば、私の大学でも近頃留学生が増えて、教授の中に二種類いて、国際化に熱心な人と熱心でない人がいます。熱心な人が教授会で留学生問題で発言したりすると、また国際化気違いがかっこいいことばかり言っているというような目で見られてしまう。どこの大学でもそうだといいます。

ところで、今の日本の国際化というのは、近世以来のヨーロッパの自己主張と軍事力の衝突の中で最小限のルールを作ろうとして国際法が生まれて成長してきた文脈とはまったく違った日本的発想で言われていますね。私はこれは面白い現象だと思います。ひょっとすると日本が国際化とは何かを教える立場にあるのかもしれないなと思っているのです。

西尾　ヨーロッパに対してね。

入江　ええ、ヨーロッパに対してです。私は西尾さんがパリで発表された論文を拝見しましたが、あまり理解されていないように思いましたが。

西尾　ぜんぜん……。ヨーロッパ人にも分かってもらえなかったかもしれないが、日本人に足をひっぱられたんです。

日本人から出ている国際化というのは、日本の外に常に基準を求めていますね。中国に対しても、ヨーロッパに対してもそうでした。たえず国を開いていろんな文物を導入して、それを消化していかない限り、自分たちの国の文明を維持していけないという危機感が太古以来日本にはありました。地政学的な条件がそうさせているわけですが、聖徳太子の昔から本能として日本人の中にはそれがあるんです。

言ってみれば、日本の文化のありようそのものが、国際化という言葉になって出てきている。ところが、そのことと、欧米の秩序に無理に自分を合わせることが混じり合って、ごちゃ混ぜになって国際化という言葉になって、今使われているんですよね。だから、僕はこういうことは言葉としてまずいので、もっと別の表現にかえた方がいいと思っています。

入江　ただ、今の日本的な意味の国際化について、もうちょっと掘りさげて議論をしていけば、今まで世界から思想を輸入するばかりで何も輸出しなかったと言われてきた日本が何かを外に出していける一つの独創的な契機になるかもしれない。ちょっと大袈裟に言うと、「国際化」という言葉の流行について、そんなことを私は考えているんです。

西尾　それをいくら言っても分かってもらえないんです。日本が工業先進国として生きのびていくために欧米先進国に適応しようということを、イコール国際化と表現している。それと、今言ったように日本の伝統から来ていることとをごちゃごちゃにミックスしているんですよ。

入江　ある意味で、今はそのひとつの分岐点かもしれませんね。明治になって近代化を始め、欧米に追いつくことが日本の西洋化であり、近代化でした。その当時としてはどうしても先方に合わせざるをえなかった。ところが、今やそうでなくなりつつある。そこでこの時点で、「国際化」という言葉が出て来たというのがたいへん面白い。

日本は漢字を輸入し、咀嚼したあと、漢字・かなの二本立てでやってきた民族で、つねに自分と他者を比較することばかり千年間やってきて、漢字文化圏のなかでのその独創性に日本人自身も気付いていない。

オルテガが例の『大衆の反逆』のなかで、「大衆的国家（非ヨーロッパ諸国）が貴族的国家（ヨーロッパ諸国）に反逆する時代がはじまる」と言っている。

それに対して北一輝が、「持たざる国」は「持てる国」に対して反逆する理由があるんだと主張したのが戦前の日本の態度だったとすれば、私は今の日本の「国際化」という挑戦のほうが昔よりずっとスマートだと思っているんです。ただ、読売新聞の客員論説委員の方の書いた文章がありましたね。

西尾　ベルトラムさんの文章ね。

入江　そう、あれを見ると、ちょっと分かりかけている人がいるように思いましたが……。

西尾　分かりかけていますね。国際化はヨーロッパにも必要なんだということを、今度自分も考えるようになったと言っていましたね。

入江　ヨーロッパは今まさにそれが必要なんです。私は国際化というのは日本の国内ばかりでなくて、外に対しても強く主張できることだと思います。

西尾　私は読売国際会議に六人の日本人と一緒に参加して、日本人から袋だたきにあいました。これが現実です。ヨーロッパには頭の下げっぱなしで行くべきなんだというのが、最初から日本人全体の意識の中にあるんですね。

ヨーロッパの参加者は、ヨーロッパ人と同じような思考、同じような合い言葉で日本の文化を否定して、ヨーロッパ万歳！　って書いた日本人の論文を、大騒ぎして喜びました。それがヨーロッパ人のダメなところです。ヨーロッパでも一流の人だったらああじゃないと思う。

私が主張したことをわかってくれたのは、日本人では経済学者の篠原三代平さんひとりでした。あとはまったく二十年前の知識人みたいな発想しかできない。だから、私は帰国後きちんと報告を書いて、「西欧の自閉　日本の無力」（「中央公論」一九八六年十二月号　本巻Ⅲ所収）という象徴的な題をつけたんです。

きわめて普遍性のある『五輪書』

入江　たいへん面白く拝見いたしました。

ところで、話は変わりますが、私の勤務する明治大学はわりと戦前から留学生を受け入れてきた伝統がありま す。その関係で今もアジアから留学生がたくさん来ます。

最近はマレーシアがたいへん熱心で、数年前に日本に調査団を派遣して、日本の大学の中から三十大学五十学部を選んで、毎年留学生を送り込んできます。マラヤ大学は日本でいえば東大にあたる優秀な大学ですが、日本語熱がたいへん盛んになっています。かつて英国領でしたから英語は別として、長らくフランス語が学生の選択する外国語のトップだったんですが、今は日本語がフランス語を抜いてトップになっているそうです。

日本の大学は文部省の大学設置基準で、留学生に日本の事情を教えることになっていて、私はそれをこの数年二つの大学でやっております。最初は何を教えるべきか非常に苦労しましたが、今年は宮本武蔵の『五輪書』を読んでいるんです。

西尾　あれは英訳されて、たいへん評判になっていますね。

入江　ええ。何年か前にアメリカでベストセラーになりましたね。

西尾　ドイツでもなりました。ドイツでは吉川英治の『宮本武蔵』の翻訳も出て、よく売れています。

入江　『五輪書』は意外にもきわめて普遍性のある哲学であることを私自身発見しましてね。

たとえば、敵と戦う時には常に敵の立場に自分を置いてみる、固定した構えを拒否する。固定ということは長所でもあるけれども弱点にもなる。常に流動的でなければいけないなどと言っている。これは、日本的でもありかつ普遍性がある哲学なんですね。ですから日本の伝統的発想のなかに、案外普遍性のある国際化に耐える思想がある。

太平洋戦争をどう克服するか

西尾　中曽根首相をはじめ、日本の指導者の対アジア諸国への姿勢が最近よく問題になります。その時、私はいつもドイツの例を考えるんです。

日本とドイツの戦争は本質的に違うと私は見ていますが、世界から一般には同一視されていますね。そこにじつはきわめて大きな問題がある。戦後ドイツは謝罪を繰り返さなければ生き延びることはできない立場でした。あの戦争がドイツ人の精神内部に与えた傷というのは非常に大きいものでした。今でもドイツ人は謝罪、謝罪の繰り返しで、それがあるからフランス、イギリス、その他周辺諸国はドイツを許しているといえます。

ところが、そのような過剰な謝罪、というより永遠の懲罰ですが、これはすでにドイツにマイナスをもたらし始めていて、今日のドイツの精神的荒廃の原因だと私は見ています。しかし、ドイツでそんなことを言ったら大学教授であろうと役人であろうと首がとんじゃうんです。民族問題の「み」の字に抵触したら大学のポストはとんでしまうというくらい、ものすごいタブーが支配している。それだけに、「ドイツ」を克服し、「良きヨーロッパ人」になるということが戦後ドイツ知識人の合い言葉でした。

入江　その問題ですが、日本人の場合は、韓国や中国には悪いことをしたという意識がありますが、欧米に対しては、彼らはアジアへの侵略の歴史を繰り返してきたんだから、これに反抗するのは当然だという考え方が昔も今もある。こういう二元論には私は反対なんです。アジアとヨーロッパをそうやって分けて考えられるかどうか。太平洋戦争があったために、たとえばインド国民軍ができ、ビルマ独立軍ができ、インドネシア解放軍ができ、その結果として、植民地が解放されたので、これは日本の力なしにはできなかったのですが、この現象の合理的な説明は、アジア人のアジアというような考えからはできないと思います。

つまり、日本がやった戦争の意味をもっと根本的に考え直さないといけないんですが、そこが難しい。負けることがわかっている戦争をやって、負けたんだが、実はその結果よいこともいろいろあった。

西尾　ドイツはとにかく自分を理解してもらうための努力を、謝罪を含めてしてきた。世界の各地にドイツ文化会館を置いて、そこに多数のナチ関係文献もそろえ、残虐の歴史も全部提示し、研究資料を供し、研究会議のようなものを開いたりして、広く各国国民に再考のチャンスを与えるための努力をしている。さすがそこはヨーロッパ、ロゴスの国というか、言葉の国で、物事を隠さなかった。

日本がこれからしなければならないことは、まさしくこの文化会館のようなものを多数アジアに設置することです。ただ形式的に日本が悪かったと繰り返していたんでは、日本の国内にフラストレーションもたまってくる。

ドイツの場合はドイツの国民が自国の歴史を反省していることと、外国からドイツに要求していることとの差があんまり大きくないんです。ドイツ人自身が、ユダヤ人六百万人の虐殺ということについて救い難い絶望感を味わっているだけに、そしてまた、第二次世界大戦は確かにドイツの巨大な侵略戦争であったということについても、まったく言い逃れができない。国民的に反省している。国外の意識と国内の意識との差は日本よりは少ない。

ところが日本の場合は、侵略してきた欧米諸国をやっつけたんだという意識があって、まず欧米諸国に対しては罪責感がない。アジア諸国の解放戦争であったという弁解もあれば、欧米の侵略に対する対応としてやむを得なかったという弁解もあったりする。それが現に藤尾発言等になって出てきている。ところが、日本とドイツの戦争は同じだと外国からは見られている。国の内外の意識の差が大きいのに、それを埋めるための広報等の努力がなされていない。

日本の戦争とヒトラーの戦争は違う

入江　日本人は昔からあんまりしゃべらない民族、自己弁解をしない民族なんですね。細かいところまで全部論理的に説明するということをしない。「東京裁判」に対してもいろいろ不満があっても黙りつづけてきたところがある。

西尾　でも、ドイツ人は「東京裁判」批判が日本の論壇のテーマになっていると聞いたらたまげますね。私は何度も言われた。ニュールンベルク裁判に口をはさむなんてことは欧米では考えることができない。

入江　ただその場合、日本の戦争とヒトラーの戦争とでは非常に違いますね。

西尾　違う！　ただ、ドイツ人でも分かっている人はこういう面白いことを言う。日本の第二次世界大戦はわれわれにとっての第一次世界大戦のようなものであったと。

入江　まったくそうなんです。日本の近代の戦争はヨーロッパでいうと第一次世界大戦までの戦争ですね。ヒトラーの戦争というのはドイツという国の利害よりもヒトラー自身のためにドイツ国民が道連れになったような一種の狂気の戦争でしょう。ああいう戦争は日本はしていません。

西尾　だから、文化会館のようなものをどんどんアジア各国に建てるということが大事なんです。イギリスでは今年も八月に五味川純平の「人間の条件」という映画を五夜にわたってテレビで流しました。相変わらずナチの戦争と日本の戦争をダブらせて見ている。ナチよりもっと残虐で、かつもっとわけのわからないのが日本だったと見ています。

入江　戦争の歴史を見てきますと、十九世紀からだんだん「正戦論」という考え方が出てきます。つまり、戦争には正しい戦争と正しくない戦争があるという考えです。それが間違いの元です。それが第二次世界大戦で極致に達してイデオロギー戦争の時代ということになる。交戦国が全部イデオロギーを掲げて戦うわけですね。ソ連はコミュニズム、米英はデモクラシーと自由。ナチスはナチズムで戦う。日本は八紘一宇というようなことを言っていた。

しかしそれはすべてヒトラーが言った通り「大きな嘘」なんです。結局、戦争は国と国との利害と欲望の衝突でしかない。ただヒトラーの戦争は、その「大きな嘘」を意識的に掲げた狂気の戦争だったという違いがあると私は思う。

西尾　日本のやった戦争とナチのやった戦争が同じだと思っているのが欧米の国民の意識です。ごくごく限られた歴史家は別として、政治家もほとんどそうなんです。

入江　アメリカの状況は若干違うかもしれませんね。アメリカの学者にはむしろ最近は、インドやインドネシアやマレーシアが植民地から独立できたのも日本の戦争の結果だという客観的研究をしている人がかなりいますね。

たとえば、ジョイス・レブラという人の『東南アジアの解放と日本の遺産』という本があります。これはたいへん客観的ないい研究です。それからアメリカの日本に対する戦後政策を客観的に批判しているアーネスト・メイという人がいます。朝鮮が南北に分かれたということも、これは完全にアメリカの政策の失敗だと言わざるを得ませんね。アメリカは朝鮮半島の戦後について考えてもいなかった。南北に分かれるとどうなるかという予想がまったくなかった。

西尾　アメリカが戦前から戦後にかけていかに対日外交を失敗してきたか。もし日本にああいう無法なしめつけを強要してこなければ、日米戦争は起こらず、中国はおそらく共産化されなかったでしょう。

入江　中国の共産化は日本の失敗でもあり、アメリカの失敗でもあり……。

欧米一辺倒の日本の知識人

西尾　ソ連にも、中国にも、アラブにも、アメリカにも、ヨーロッパにも、諸外国にはそれぞれ独特な閉鎖性があります。国際化とは日本だけの問題ではなくて、諸外国こそむしろ必要だということを私は言いつづけてきました。

それがよく理解されない背景には、日本の多くの知識人が、世界は欧米の論理で動いているという前提の上に乗っかって、いわば欧米の支配というものを鵜呑みにして、疑問ひとつ抱かないでいるからです。それを客観的に突き放してもう一回見直すというようなことをしていない。

特に欧米の文化・学問を学び、それを教えている日本の知識人が問題です。遠くからヨーロッパを眺めて憧れを持ち、崇拝の対象としてきたという伝統的な姿勢からなかなか抜けられない。

私は今度パリの会議に行って感じたのは、日本の知識人はまったく大正文化主義的で、座ったままで遠くのものを見て、ただ頭の中だけで考えているということでした。現実にはヨーロッパと日本との力の関係はどんどん変わっているのに、それがぜんぜん眼中に入っていない。まったくヨーロッパと闘っていない。学ぶということは闘うということだと思うんです。

中村紘子さんの歯ぎしり

西尾　私が「中央公論」にパリ会議の報告「西欧の自閉　日本の無力」を書いたら、ピアニストの中村紘子さんが電話をかけてきて、僕の文章には、ヨーロッパ人にも日本人にも分かってもらえないという歯ぎしりの音が聞こえたと言うんです。中村さんは鋭いですね。

彼女が、たとえばライプチヒでピアノを弾くと、ドイツ人たちが日本人なのにどうしてこんなにバッハが上手に弾けるのかというようなことを言ってくる。ふざけちゃいけない、日本人がバッハを弾けるとかなんとかじゃなくて、日本には日本のバッハの理解の仕方というものがすでにでき上がっているんだ。それがぜんぜん分かっていなくて、まるでお人形さん扱いしているようなことを言う。それに対するものすごい歯ぎしりというのが自分にもやっぱりある。そういうこととどこか共通するものがあって、僕に電話をかけたんだと言うんです。

僕はそうなって闘うということが、基本だと思うんです。ところが、座ったままで本だけ読んでいる日本の知識人はヨーロッパをただ理想化している。日本を他に知らしめることの最大の障害になっているのは、政府でも外務省でもない。実は外国を知っていると主張する知識人じゃないかという印象を、私は近年非常に強く持っているわけなんです。

入江 闘うというと、言葉がちょっと強いけれど、ある場合には闘い、ある場合には闘いながらそれを楽しむということもあるかもしれない。

これは日本の地理的条件によるところが大きいと思いますが、大体昔から中国との関係でも、書物や品物は入ってくるが、実際に中国人と付き合った日本人というのは、平安朝でいうと、まあ空海とか阿倍仲麻呂だとか非常に限られた人しかいなかったわけですね。明治以後のヨーロッパとの関係も同じで具体的付き合いがないから、どうしても観念的になる。

私はむしろ彼らとの闘いにしても交際にしてもそれをもっと楽しめばいいと思っているんです。さきほどのギリーズさんですけれど、日本から何人もの人が行って泊まる。われわれも彼女に日本に来てもらって非常に喜んでもらう。そういう日常的な付き合いをすることが必要なんですが、それがまだ未だに不足している。その場合、日本で生活する外国人の数と比率はどのくらいがよいかとか、難民をどのくらい引き受けるかとか、難しい問題はありますけれど。

西尾 専門家と称する人たちはボードレール道、あるいはリルケ道を極めるために、せっせと翻訳している。たまたま外国へ一カ月とか二カ月とか行くチャンスがあると、まず自分が一生かけて研究した詩人のお墓に行って涙を流し、それから美術館と演劇を観て帰ってくる。そういう精神構造が今でもぜんぜん変わらない。

びっくりするのは、長いあいだヨーロッパで暮らして帰国した新聞記者なんかが、客観的にヨーロッパのいろんな裏やばかばかしいところまで見ているのかというと、案外そうでもない。人間が生きているんですから愚劣なこともエゴイズムもあるはずなのに、美しさしか見てこない。何かというと日本はお金があるけれども精神がだめだと言う。そんな安易な意見を新聞などで、元特派員とかいう人が書いている。私はそういうのを見ていると非常に情けなくなるんです。

森有正という人をみればよくわかります。あの人はあれだけ長くパリに住んでいたにもかかわらず、精神構造はパリへの憧れでいっぱいです。パリにいながらパリに憧れているんですよね。

二世にはない変な外国かぶれ

西尾　一年くらいフランスにいた学者が言っていました。今のパリを見ていると、戦争直後の日本みたいだ。たとえば八百屋さんがジャンパーをわきに掛けて屋台をやっていると、すきを見て泥棒がジャンパーを盗んでいく。そうすると八百屋さんは走っていって格闘してジャンパーを取り上げる。すると泥棒の方はばつの悪そうな顔して、にたにた笑って立ち去ってゆく。もう慢性化しているから、泥棒するということに犯罪意識がないわけですよ。だから捕まえて、それを警察へ突き出すでもない。警察に突き出しても何もならないということを知っている。自分の物は自分で必死になって守るしかないんです。

実はそこまで今ヨーロッパは民度が下がり、落ちぶれているんです。何か起こると、お互いに責任を擦りつけあって、どこも責任をとらないという構造が、上は大統領から下は市民にいたるまででき上がっている。非常に面白いと思ったのはね、その人はお子さんを連れてってむこうで小学校へ入れたんです。そうしたら、子どもは正直だから、こんな泥棒がいたとか、日本では考えられないこんな卑劣な人がいたとか、道徳がなってないとか、ずけずけ作文に書く。子どもには変なフランスかぶれがないというんです。

私はなにも今のヨーロッパをおとしめることが目的で言っているんではないんです。ものは正直に、現実をそのまま見なさいと、言っているだけです。

入江　その手の人はいっぱいいますね。江戸時代にも中国にものすごく憧れて、中国には聖人が出るけれど日本には出ないと言った儒学者がいましたし。これはやはり昔から日本の知識人のひとつの弱点でしょうかね。しかし、これからはそういう日本人は必然的に少なくなってゆくだろうと私は予想しています。

西尾　日本を指して、働き中毒というのもナンセンスです。というのは、ヨーロッパもひと昔前はみんな一生懸命に働いたはずです。ところが、文化が爛熟すると安逸が始まるわけで、衰亡の始まりです。ところが、そこには触れないで、日本人はあくせく働くばかりで精神文化がないと批判する。

入江　まったくの誤解です。日本人の勤勉性には二つ理由があって、一つは手間ひまをかける集約農業と、もう一つは江戸時代の石門心学から来ていると思います。一生懸命に働くことは仏の道であると考えているんです。

西尾　それはプロテスタントにもあったはずです。

入江　ええ、かなり似ています。お寺に説教なんか聴きにこなくていい、百姓であれば田畑を耕すときに精根を込める、商人であればその商いに魂を込める、それが、そのまま仏の道につながるという教えで、まさにプロテスタンティズムです。この勤勉さは絶対にわれわれが受け継いでいかなくては日本は滅びます。

西尾　かつてはヨーロッパも宗教的背景を持って勤勉の美徳を説いていた。しかし今それが守られなくなったというのは、ヨーロッパ人が高級だからというのではなくて、彼らがある種の衰弱状態に陥ってきて生命力が枯渇してきているからマイナス面が出てきているというふうに理解すべきことなんです。勤勉は今も美徳です。

日本人の言う「国際化」は「日本化」？

西尾　中曽根首相の少数民族発言以来、何かというと傲慢な日本人はいけないとか、高姿勢に外国にのぞむべきでないとかいう空気が強まっています。ジャーナリズムでもバカのひとつ覚えみたいにそんなことを書いている人がいて、おかしくなるんですが。

確かにプエルトリコ人や黒人やその他少数民族のことをとやかく言うのは愚かな話です。でも、中曽根さんがもし白人支配の価値観に挑戦した言葉を言ったんだったら、おそらく問題はあんなふうにはならなかったでしょう。

入江　最初の話にもどりますが、日本人がいましきりに言っている「国際化」というのは、己を空しくして外の文化を受け入れ、調和していこうということですが、これはきわめて日本的発想です。それがもっと世界に広がっていくのが望ましい。

西尾　でも、そういう日本化を他国が受け入れてくれるかということになると、日本は難民ひとつ受け入れてないじゃないかと、たちまち反発が起こってきます。

ヨーロッパの尺度が国際化の尺度か

西尾　さっきソ連も中国もアラブもアメリカもそれぞれ閉鎖的なところがあると言いましたが、ヨーロッパ文明の閉鎖性ということはそれとやや次元を異にした問題であるというふうに私は思っています。そのわけは、ヨーロッパが思想から学芸、政治、経済に至るまでの座標軸をきめてきました。だから、ヨーロッパ人は自分たちの尺度が、即、世界の尺度だというふうに思い込む自由の幅が、他の国、アメリカや中国やソ連なんかよりも広いんですね。それだけに、よく考えないと閉鎖的な彼らの意識や行動がそう見えないということです。

入江　それは文化人類学なんかの例をみると、非常によくわかりますね。文化人類学というといかにも客観的な立場で南アメリカやオセアニアの文化を分析しているように見えても、その基礎にある方法論が彼らのきわめて閉鎖的な方法論でしかないという場合が、非常に多いでしょう。

西尾　彼らは宣教師的なんですよ。自分たちの理解の及ばない未開民族の文化を、自分たちの合理言語の中にあてはめようとしている。いわば征服意識なんですよね。思想の征服意識。私が声を大にして言っているのはそのことなんです。だから日本の国際化のことを言う前に、ヨーロッパ人が国際化されなければならないんです。ヨーロッパ人のその主我的認識というものに、構造的に閉鎖的な面があるんです。

私や入江さんにそれがわかるのは、私はニーチェを、入江さんはロレンスを通して、天才の思想を見てきたからです。ニーチェもロレンスもみんなぶ厚いヨーロッパの障壁というものを突き破ることに生涯かけていた。ところが普通のヨーロッパの知識人は、それをはねのけるとか、突き破ろうとかいう意識はまったくない。枠の中でしかものを考えていない。

またその認識や意識を引き継いでいる大半の日本の知識人にも、問題の所在が見えていない。

入江　同感です。ロレンスはものすごくヨーロッパの独善を嫌った人だった。われわれがそれを学ぶということは日本の独善をものすごく嫌いになれということですよね。

実は私は日本人がいやだと思うことは日本的な人間関係を含めていっぱいあるんですけれど、それはそれとして、ただヨーロッパがこれだけ縮小してきた現在、つまり、過去三百年間の奢れるヨーロッパは久しからずというのが、これだけ眼に見えてきた現在、昔よりはおだやかな視線で見ることもできるんじゃないですか。

西尾　いや、まったく相手の壁はいまだに頑固なまでに固いし、門戸は閉ざされたままだ。欧米の価値観が支配的で、日本がわずかにそれに抵抗しているという状況は、百年前とそう変わっていない。

さて、日本の立場が重要になればなるほど、今後どうするかという方法論が必要です。その方法論のひとつとして、たとえば外国人をたくさん呼んで、歴史に対する意見をアジアの学者と交換し、ロゴスを通じて説得していく以外にない。日本の命運にかけてもそれをやらなきゃいけないんで、いつまでも土建屋的発想で国を運営していては困る。文化交流に対する予算をもっと増やさなきゃいけない。

入江　その通りですね。それは政治家の問題であると同時にわれわれの問題でもある。ただ、方法論としては、絶えざる自己革新というか、われわれの長所も短所も、いままでの歴史的な愚行もあるいは成果もありのまま自分をさらけだし、その上で客観的に普遍的に考えることしかないと思います。

（彩文社刊「知識」一九八七年一月号）

後記

一

本巻Ｉの冒頭に掲げた「ヨーロッパの閉鎖性」は私には思い入れの深い内容の一文で、当時としては大胆な、今でも勇み足ととられ兼ねない主題を表明していた。世界に自分を閉ざしているのは日本ではなく、ヨーロッパの方なのである。私はそう論述した。一九七八年十二月三十日午後七時三十分―八時の時間帯に、バイエルンラジオ放送局からドイツ全土に放送された。ラジオだから文字による目立つ反響はなかった。ただコンラート・アデナウアー財団の会誌 „im Gespräch"（Nr. 4, 1980）からテキストを掲載したいと申し出があり、収録された。日本ではこれは三修社からドイツ語教材用テキストとして出版された。日本語文は「Ｖｏｉｃｅ」（一九七九年四月号）に載ったが、記憶している人はほとんどいないだろう。

『ヨーロッパ像の転換』と『ヨーロッパの個人主義』をスタート台にして著作活動を始めた私にとって、ヨーロッパvs.日本という対立構図が久しい期間ものを考える際の基本のモチーフだった。ヨーロッパを普遍文明と認め、日本をそれに追いつこうとしても追いつけない劣弱文明として批判的に描くことを私は一度もしたことはない。ヨーロッパを物指しにして自国を批判する、長期滞在日本人に例の多いもの言いをむしろ嫌っていた。けれども日本優越論も好まなかった。ヨーロッパ文明の圧倒的底深さを学んで来た立場から、たかが経済成長くらいで強がりを言うのも言葉を変えた劣等感の表明であると承知していたからである。

しかし七〇年代中頃から八〇年代にかけて私の考え方は少し変化した。日本は「遅れている」という単純な言い方が現実的でなくなってきたからだ。いうまでもなく高度経済成長の結果であったことを私は否定はしない。ところが日本は「閉ざされている」という言い方がそれに取って替わって、理由のない日本劣弱論を引き起こしつづけた。それもおかしいと思いだした。「国際化」が政治や外交だけでなく教育や文化のあらゆる面で目標として必要視された。「国際化」は二十一世紀に入って「グローバリズム」というように言葉を替えたが、自国へのある程度の反省はいいとしても、過度の反省の余り世界全体を見ていない弊害が感じられた。一番見落し勝ちなのは、日本人自らがそう言っているだけならまだいいのだが、「日本は今や遅れてはいないが、閉ざされている」という声がヨーロッパやアメリカその他からいっせいに浴びせられ、日本は異質で、奇妙で、変態だと言われつづけ、それに国内が影響されている事実なのである。その結果「国際化」を唱える日本人がいちばん国際化されていないとか、「グローバリズム」を良いことのように言う日本人が世界のナショナリズムの現実を少しもグローバルには見ていない、などというばかばかしい逆説的状況さえ生じ、二十一世紀の現在に及んでいるのである。

閉ざされているのは日本ではなく、むしろヨーロッパの方なのです、と七〇年代の終り頃に私が訴えた「ヨーロッパの閉鎖性」の先駆けた意図はお分りいただけるであろう。ラジオ講演なので、誰にでも分り易い平明なエピソードで語ってはいるが、ただその中でミシェル・フーコー『言葉と物』に射放った矢は、欧米の精神的知的活動に一般に共通していえる「自閉的」性格を射抜いていると信じている。

私に言わせれば、中世以来のキリスト教的ヨーロッパ世界は閉ざされた巨大な一大政治世界であり、あの地域で起こった近代の「自由」の運動は、それに対する破壊運動であって、日本には本質的に関係はないのかもしれないと思うことが多い。ピューリタン革命もフランス革命も単なる反カトリック暴動にすぎなかったのでは？　という疑念を最近の私はずっと抱きつづけている。二〇一三年から言論誌「正論」に連載中の私の長篇評論「戦争史観の転換」は、そうした大きな展望で、欧米中心の世界史像に否！　を突きつけようとしている試論である。私が『国民の歴史』（一九九九年）以来、西洋中心史観をどう克服するかを課題としてきたことはご承知と思うが、じつはそのような動機へ舵を切った切っ掛けの一つは、今思えばヨーロッパ文明の地方性、周辺性、非普遍性を分り易いエピソードで綴ったこの小さなラジオ講演なのである。

ところで、この講演文については象徴的な後日談がある。私は西ドイツでバイエルン放送局の依頼を直接受けたのではなく、日本にいる私に連絡があり、レナーテ・ヘロルトさんという在日ドイツ人女性に日本語原稿を渡すように言われ、すべてを任せ、現地放送はアナウンサーの朗読で行われた。訳文は正確で、いいドイツ語だと思った。ヘロルトさんは日本学を修めた社会学者であった。ただし標題が Die Exklusivität Europas. と訳されていて、おや、これでいいのかな、と瞬間疑問に思った。その疑問はだんだん大きくなっていった。

もちろん「閉鎖性」はネガティブな概念である。欧米人が日本をいつもそのように呼ぶ良く分らない国、閉ざされた、闇を抱えた謎の文明ニッポン、というときと同じ否定的用法のつもりである。ところが、die Exklusivität はそういう意味ではどうもない。しばらく経って私はしまったと思った。高級時計、ブランドもののバッグ、スカーフ等の色彩あでやかな雑誌広告に „exklusiv!“ としばしば書かれているのを見て、ネガティヴな用法では必ずしもないことがはっきりした。ヨーロッパは排他的ではあるが、地球の他の部分に優越した、屹立した存在であるという自己主張も含まれている語感がある。高級ブランドもののイメージを与えるべく、ドイツ人女性訳者はこのきわどい語を用いたのである。私が意図する本来の意味の「閉鎖性」なら die Verschlossenheit でなくてはならなかった。私は一杯食わされたのである。訳語選択のものの見事な術策の中に、ヨーロッパの「閉鎖性」そのものが表明されているように私は思った。

二

昭和初期から戦後もしばらくは西洋と日本とを対比的に論じるときに西洋と東洋という言い方をすることが少なくなかった。日本を東洋の代表と見立て、西の心と東の心の接近であるとか融合であるとかを考察するとき、日本と東洋とを同一視してよいのか、というような疑問はあまり生じなかったように思い出される。しかし現代ではそういう呑気さは考えられない。本巻Ⅰに「アジア人の見方——『場末』の島国・日本」という東南アジアからの観点を強調した一文をあえて並べたのは、日本をアジアの代表と見なす見当違いを示しておきたかったからである。日本は何の代表でもない。どこまでも日本である。アジアという概念がそもそも明確には存在しない。

それなら二十世紀に入っての中国のいわゆる急激な台頭は東洋の勃興と考えてよいのだろうか。私の答えは次の通りだ。中国が十九世紀以来日本が辿ったのと同じ運命をいま辿っているとはまったく考えていない。事柄の性格がはっきりするには長大な時間を必要としよう。何かが分ったときには、別の二つの文明の異なる軌跡の異なる結果をそこに認めることになるだろう。「西欧強迫症」に陥るような西欧への屈服と格闘の穴から日本は今脱け出しつつあるが、中国はそんな穴に一度も塡《は》まったことはなく、気儘な主観性の海に遊んでいることが吉と出るか凶と出るかは今後の問題である。

本巻は一九八〇年代の論考を主に収録している。八〇年代の終りにベルリンの壁の崩落、共産主義の敗退、フランス革命二百年祭、天安門事件から、九〇年代にかけてソ連の消滅、ドイツ統一、湾岸戦争等と「世界史の急転回」ともいうべき大事件が相次いだ。本巻はその直前の一九八八年までの論考に収録を抑えている。私は新聞などに出た私への批評文をこの時期に限ってよくスクラップ帖に残していたので、若干紹介しておこう。

本巻Ⅰ「西欧の無知　日本の怠惰」(「中央公論」一九八一年三月号)は中嶋嶺雄氏(「東京新聞」二月二十五日夕刊)、公文俊平氏(「日本経済新聞」二月二十二日)の論壇時評で取り上げられた。中嶋氏は次のように書いている。ドイツの出版社のカタログに「現代日本人が現代日本を論じた評論がただの一点も翻訳されていない」ことを知った西尾が、日本を知ろうとしない西欧と西欧に自分を知らせようとしない日本の両方を批判し、日本人が自国の特殊性に甘え、それを武器に世界にいくら進出しても、西欧からは「無人格の文化」「顔のない日本人」としてしか評価されないという現実を厳しく見詰めている。西尾と同じ時期にフランスで生活していた自分はことのほか興味深い、と論旨に賛成しているが、公文俊平氏は辛辣このうえない評語を私に浴びせた。第一に西尾の主張には新味がない。進出しているのは「商品」だけで「人格」ではない、とは他の論者にも同じ指摘がある。最大の問題は、西尾自身の『ヨーロッパの個人主義』と今回の主張との間には矛盾があることである。西尾は自著の中でかつて次のように書いている。「日本の封建社会から近代社会への移行を、ヨーロッパから移入した用語や学説で定義しても、じつはなにごとも意味しない。明治維新がヨーロッパ的な意味における市民革命かどうかを詮議するがごとき議論ほど無意味な作業はない」「日本人は自分の生活様式に合わせて、民主主義らしきものを創っていけばそれでよい」「日本において論争はつねに和解をめざし、対話はつねに馴れ合いに終わる」「日本特有の平等主義がある」「人と人との情的なつながりの上に成り立つ〝間柄の倫理〟」等々。以上は、社会科学という普遍的立場に立つ自分からすれば〝日本特殊論〟としかいいようのない強烈な挑戦であって、その西尾が日本の「特殊性」への甘えを批判するのは矛盾していて、筋が通らない、と。

公文氏は「社会科学」という西洋近代が作った歴史説明の地図の内部に立っている。しかし私はそこに入っていない。入らないで「日本的なるもの」をもう一つ別の「普遍性」であると言っているのだから、初めからロジックが噛み合っていないのである。今の世界情勢の中では、私の主張する「日本的なるもの」を西洋人が頭ごなしに異質で、奇妙で、変態だと言っているのであるから、日本人がなすべきは、西洋の定める普遍性とは別のもう一つの異なる「普遍性」が存在することを申し立てて行くしかないであろう。私の言いたかったのはそのことである。まずは戦略的にそうして行くほかないであろう。であるのに「タテ社会」とか「甘えの構造」とか「ムラ意識」とか「イエモト社会」とか「縮み志向の日本人」とか日本人が自分で自分を変態であると世界に向かって言い触らすような言動をしていてはいかにも具合が悪いではないか、と私は申し立てていたのであった。

同じ時期の拙論「愚かなり『日本特殊論』」(「文藝春秋」一九八一年二月号)については正村公宏氏の論壇時評(「讀賣新聞」一月二十九日夕刊)がかなり正確な理解を示してくれた。

西尾幹二は、西ドイツの最近の論調を紹介し、日本の競争力の秘密を日本の「特殊性」に求める傾向がひじょうに強いのは危険だと述べている。日本の知識層自体が、いわゆる「日本人論」「日本特殊性論」に傾斜しているのは賢明でない、と西尾はいう。それは結局、日本の進出を、欧米人にとって理解不能な、得体の知れない日本人の侵入という「黄禍」として受けとらせることにつながるというのである。

西尾はさらにいう。「日本は西欧諸国から単に技術を学んだのではない。教育や文化を含めて、トータルに学んだのである」。ところがヨーロッパ人には日本の近代化の全体像が理解できないし、それにたいする関心さえもてない。「私たち日本人は世界のなかで決して特殊な国民ではない。……日本が欧米と同じ近代路線上で競争しているのだということを、外に向けあらゆる場面で主張し説明する必要があろう」と西尾は述べ、「遊戯的な日本人論の愚かさ」を知らなければならない、と結んでいる。

欧米と同じ近代路線上を歩んでいると日本が世界に向け主張すべきと私が言ったのは、「日本的なるもの」の存在を私が否定し、すべて欧米路線に合わせろと言っているからではない。欧米から見て「近代」が同じに見えることを前提として、さて、しかしその「近代」は欧米以外の文化の基盤の上に開花したのは自明であるから、「日本的なもの」の普遍性がそれをもって証明されることになるであろう、という言い方を通せと、私は外交上の手続きと戦略を唱えたにすぎない。

三

外務省の委嘱で、西ドイツの八都市（キール、リューネブルク、ハンブルク、ケルン、ボン、デュッセルドルフ、ミュンヘン、シュトゥットガルト）において、連続講演を行う旅に出たのは前記二論文の翌年、一九八二年（昭和五十七年）九月二十九日から十月十一日であった。ドイツの対日誤解を防ぐというのが直接の依頼目的である。日本を歪んで描く余りにひどい戯画的嘲弄に、政府当局もなんらかの対策の手を打たねばならぬと考えたからであろう。

講演は用意していたドイツ語草稿（本巻巻末に掲載）に基づいて行なわれた。ただし質疑応答に際しては、ドイツ育ちで、中高等学校《ギムナジウム》を卒業している日本人女性に聴き取りをお願いした。質問のドイツ語の、会場からのこもった声音を聴き取れなかったら、万事休すだからである。

講演の日本語草稿「近代日本とは何か」は、帰国後すぐに「中央公論」（十二月号）に発表された。内外での反撃を報告した「ドイツで私の講演がぶつかった壁」「拒否される日本人の自画像」「身構える西欧的自尊心」も、全部一度は「中央公論」に載り、本巻IIに収録されている。

対日誤解を防ぐという外務省の期待は、論争を誘うような私の挑発的講演によって、逆効果に終わった可能性もないではない。そう思った外務省の関係者もいたに違いない。評価は省内でまっ二《ぷた》つに割れたと聞いている。だが、いま読めば、誰でも日本人としては当然なほどの自己主張を述べたにすぎないように思えるであろう。それがドイツ国内にヒステリックなまでの賛否両論の渦を巻き起こしたということは、ヨーロッパ人がいかに日本を認識していないか、あるいは認識したがらないかを逆に裏書きしているともいえるだろう。

とかく欧米人は、日本人は自分の意志を曖昧にし、はっきり物を言わない、と批判する。しかしいったん日本人が自分の意志を明確にし、はっきり物を言うと、とたんに腹を立て、大騒ぎをするのが常である。他の事例でも、多くの人が経験していることであろう。

私に対し少し褒め過ぎではあるが、「兵庫県教育新聞」に載った匿名の論評をまずお目にかける。

近代日本とは何か――私はドイツで、こう主張した（中央公論十二月号）という、西尾幹二氏の論文を読んで大へんな感動を覚えた。

世界には、日本についていろいろ紹介した書物や論文があるが、日本人の手で、しかも科学的な歴史を踏まえながら、生きたドイツ語でかくも堂々と近代日本と日本人をドイツ人ひいては、ヨーロッパ人に説明したのは、この人が初めてではないかと思う。

いま、アメリカのみならず、ヨーロッパ全体に日本の挑戦という言葉が流行している。

かつては、極東の一角にあり、エキゾチックな文明のほかは、永遠に知る必要もなかった日本人が、優れたエレクトロニクスや自動車で、ヨーロッパの産業に斬り込んできた時、彼らは驚き、異端視し、憎悪し、日本人とその社会が特殊であるとの論法で、自分たちを正当化しようとしているのである。

西尾氏は、かつては英国やフランスから異端視され、特殊視された近代ドイツとドイツ人を巧みに引用しつつ、日本人とその文化が、けっして異常でもなんでもなく、むしろヨーロッパ近代世界史の必然的な帰結に学んだ結果であり近代の共有であると力説する。

しかも、その近代日本が徳川時代以来一貫して追求してきた教育の場における自由競争と、平等、公正な能力主義の評定によって生まれたとする西尾氏の説は複線型教育と階級制度を脱しきれないヨーロッパ人に大きな警鐘を与えている。

彼は、日本が平等能力社会を実現し得た背景として万人に機会均等の門戸を開いた明治維新と日本の近代教育制度を評価する。

日本教育の大衆化は、西欧世界より一歩先んじており、日本の若者は、身分や階級にかかわらず誰でも努力と能力さえあれば一流大学、一流企業の門をよじのぼれる。ドイツやフランスのように、限られた階級が大学を占領したり、イギリスのように子供の時から、自分のいく学校が決まっていたりしない。

教育における自由競争が日本人の社会と産業に絶えざる活力を与えていると説くのである。

西尾幹二氏は、電気通信大学の先生でドイツ文学、ニーチェの研究者である。

文学者というと、つい視野の狭い専門馬鹿を想像しがちであったが、これ程近代史や、科学技術に、教育に精通した学者を見て日本の文学者にも世界に通用する普遍性をもった学者があらわれてきたと思う。

この論文は、単なる近代日本の弁明ではなく、優れた東西交渉史論であり、文明論でもある。

もし、日本政府に目があるならこういう論文にこそふさわしい栄誉と奨学資金を出してほしいと思う。

（一九八二年十一月二十一日）

苦労して準備し、孤独に講演して歩いたのであるから、これくらい賞讃されても良いだろうと本人は当然思うのだが、事実は逆だった。外務省は私の論文を背後に隠して、一般公開を避けた。ほぼ同時期に周遊講演をした小塩節氏のテキストはすぐにプリントし自由配布したが、私のそれはさながら存在しなかったかのような事後扱いをした。何年にも渡り諸外国からテキストの引き合いがあった。噂を聴いたドイツ人が個人的に日本大使館からコピーを取り寄せ作成されたプリントが、世界のあちこちの人の手に渡って、私に宛てた質問や励ましや反論の言葉の波がつづいた。詳しいいきさつはIIの諸論文に報告されている。

私は西洋人に対する外務官僚の遠慮、西洋の優越のうしろで穏和しく息をこらして生きようとする彼らの臆病さをただただ憐れんだ。だが、私としては最初から自分を生体実験にかけてドイツ社会の反応を見たかったのだから、一定の結果が得られればそれで十分だった。その間の心理的事情を「日本経済新聞」（一九八二年十二月二十六日）の公文俊平氏の論壇時評が見抜いていて、一年前とさま変わりし、今度は好意的な言葉を並べてくれた。

「近代日本とは何か」の結びの言葉が示唆しているように、ゲルマニスト西尾は平民的な日本文化よりもヨーロッパの貴族的な精神文化に共感している所が強いはずだ。だから「ドイツで私の講演がぶつかった壁」という報告文において、正直な反応を示している。西尾の『ニーチェ』を日本語で読んでいるドイツ人の人文系学者がミュンヘンの聴衆の中にいて、西尾に向かって、貴方は一方で西欧の貴族主義的精神に依存し、他方でいまは日本の技術優位の闘いを評価し、あまつさえ日本の労働者の平均的な質の高さを礼讃してさえいるのは矛盾ではないか、と突っこんできた。これにより「西尾氏が『百年来の日本の知識人のもつ矛盾に矢が射込まれた』と頭をかかえているのは興味深い」と公文俊平氏はひとまず私の立ち往生を面白がっている。

ただ、それに終わらず、西尾の「報告の中には有用な情報が多く含まれている」として、次のポイントに注目している。

たとえば、後発国日本の教育は先進国よりもはるかに急進的に機会の平等や大衆化を追求した結果、先進国よりも早く「万人のための教養」を達成してしまったという西尾氏の説明に対して、ドイツ人がなげかける定型的な批判や疑問が紹介されている。日本の私立の医大の学生の大部分は富裕階級の子弟ではないかとか、幼稚園から私立の小・中・高校を経て名門大学に入るエリートコースの存在を考えれば、日本こそ富者と貧者の間の垣根が教育をゆがめているのではないか、といった類の反問がそれである。これはほんの一例にすぎないが、現代日本の社会や文化に対して繰り返し出される定型的な批判や疑問をきちんと整理して、それらに対する標準的な回答を準備し、改善していくのは、行政の務めではないだろうか。

「近代日本とは何か」は今でも毀譽褒貶を免れまいが、「東京新聞」、「サンケイ新聞」、「週刊文春」が取り上げ、「八二年論壇回顧」(「朝日新聞」十二月七日)で中嶋嶺雄氏が「今年のベスト5」に挙げてくれた。私信ではあるが小堀桂一郎氏が「実に堂々たる論旨スタイルで偶々まで共感しました。よくぞこれまで健闘してきて下さつたものです。ヴァレリーを出したところ見事に効いたと思ひます。」と言ってこられたのは嬉しかった。

このヴァレリー云々については、ある雑誌（今では誌名不明）の随筆欄で山本満氏が拙論を枕に「貿易摩擦旧聞」の題材に用い、イギリス人の小著『メイド・イン・ジャーマニー』が一八九六―九七年当時、イギリスを追い上げるドイツ産業のすさまじいパワーを論じて反響が大きかった事件があって、ヴァレリーの発言はそこに発している、と書いていて、私は知識を広げた。この小著はイギリス商工業者にドイツの現実を見るように、と警告を発していた本であったらしい。ドイツ人の経済的成功の基礎にある集団主義、没個性的規律への献身、すなわち「凡庸性の勝利」に対するヴァレリーのあの嫌悪とさげすみの気持は、ドイツ産業に学べと言っていた商工業者向けの小著のかもす風潮に向けられていたもののようだ。ドイツの産業にやがて日本がつづくであろう、というヴァレリーの予言は当ったと私は講演で語って、今のドイツの対日批判は、かつて英仏から自分が批判されていたことと同質である。ドイツ人は己れを顧みて世界を知るがよいと指摘し、効果を上げた。しかし、今にして思うと、貴族主義的優雅に胡坐《あぐら》をかいていたあの時代のイギリス人やフランス人は、引かれ者の小唄に見え哀れにも思えてくる。

「近代日本とは何か」で私が語ったテーマと、それをめぐる内外の反響は、私自身にも面白いドラマであった。それなのに、直後にこれらは、いかなる単行本にも収録しないで終わってしまった。反響、あるいは反論はきわめて数が多く、「中央公論」に発表したのは一部であった。いずれ時間を見て大きな著述にして世に問うに値するテーマだと思い、材料を保存し、計画を立てていたが、果たし得ないでいるうちに時間がどんどん経ってしまった。

講演旅行の翌年（一九八三年）春に、私は大病を患い、入院生活を送った。それも単著にまとめ得なかった理由である。わずかに『西尾幹二の思想と行動②』に一括再録はしておいた。

四

一九八六年（昭和六十一年）九月二十三日―二十五日、読売新聞社主催のパリ国際円卓会議「ヨーロッパと日本――未来への展望」が、日本から七人、ヨーロッパから十二人の知識人を集めて、開催された。四つのセッション、延べ十四時間の討論会である。本巻にはそのときの私のポジション・ペーパー「日本の擡頭《たいとう》はどのように解釈されるべきか」と、帰国後やはり「中央公論」に発表した会議の進行次第を叙べた「西欧の自閉　日本の無力」を収録した。会議の席上、西部邁氏のポジション・ペーパー「高度大衆社会・日本の《の》現状」が、「日本の産業の成功は文化の犠牲の上に成り立つ」という近代日本を否定する論を展開し、ヨーロッパの出席者の間で高い評価を得た。私はあえてそれに異を唱え、反論した。その結果、私と西部氏との間で激しい論争が繰り広げられた。

日本とヨーロッパとの対比をめぐって示された二人の意見の対立は、四セッションのうち三つにまで影響した。日本人記者席からは「西―西論争」などと冷やかされたが、ヨーロッパ人の眼前で、日本人同士が互いの主張をぶつけ合う光景は、外国人の目にそれなりに新鮮に映ったらしく、日米欧三極委員会欧州委員長G・P・ベルトワン氏をして、会議の最終日に、今回は日本人が決してホモジニアスではなく、多様性を持つ国民であるとの感想をあらためて抱いた、と語らせた。

西部論文に対するヨーロッパ知識人サイドの共感の声が何であり、私がどこに疑念を表明し、二人がどんな論争を展開したかを詳しく読者に知ってもらうのが一番いい。「西欧の自閉　日本の無力」は、概略を述べたにとどまるので、二人の生きた討論の呼吸は伝わらない。幸いこの点については二人にとって公平な面白い記録が残っていた。主催者の読売新聞社側が、西部、西尾の両方にはパリで言い残したことが相当あるに相違ないと、同社の月刊誌「THIS IS 読売」（一九八七年一月号）で論争の続きを存分に述べ立てるようにと、ほぼ一冊の半分に近い大幅のページ数を提供してくれたのである。本巻に収めた「西欧強迫症を超えて」がそれである。二人の立脚点の相違と論争の次第はこれを以て明らかになるであろう。

円卓会議にはアイスランドからヘルマンソン首相（当時）が知識人代表として参加していた。ヘルマンソン首相は会議終了後すぐに、首都レイキャビクに戻り、レーガン米大統領、ゴルバチョフ・ソ連共産党書記長を迎え、冷戦終結の記念碑ともなった、いわゆる「レイキャビク会談」を主宰した。パリは中東危機のあおりでテロが多発し、シャンゼリゼは危険だというのでわれわれは近づかなかった。

そんな時代を背景にしたパリ会議だった。

日本を出発した日に空港で、日本側メンバーのひとりである加藤秀俊氏が私のポジション・ペーパーを批評して、「過激な内容だ」と言った。パリのヨーロッパ側メンバーの誰かが、私を評して、「アメリカ人みたいなことを言う日本人が出て来た」と語ったと、読売新聞社の関係者から聞いた。要するに私が、ヨーロッパ人の目に〝可愛い日本人〟でなかったことだけは、まず間違いない。

しかしあれから二十八年たった今、本全集第10巻の読者のみなさんの前にすべての資料が再現されている。私の語った内容が果たして過激であったか、アメリカ人みたいであったかは、ご自身の目で判断していただけるであろう。時代はあれから大きく動き、日本の歴史の独自性をより徹底して考究しなければ、今日の日本の立場をもはや説明することはできないことに気がつく人も増えているであろう。

本巻にパリ帰国直後の討論の掲載を快く承諾して下さった西部邁氏に深謝申し上げる。氏は論争の最中も終結後も一貫してフェアーであった。

五

大雑把に言って本巻Ⅰの各論は一九八一年、Ⅱは八二年、Ⅲは八六―八七年の活動記録であったと総括できるが、一本だけそこから少し時間的にずれている主要論文がある。「欧米人が描く日本像の奥底にあるもの」(「中央公論」一九八五年二月号)がそれである。これは挿絵写真により、ことにアルコールづけの指の映像などでドイツのメディアに向けて日本から怒りの声が上がった論文であった。ⅡとⅢの中間に書かれた一文である。次に示す神谷不二氏の「論壇時評」(「THIS IS 読売」一九八五年三月号)は客観的で、公正であった。

それ(西尾の論説)によれば、日欧米間の摩擦は思想問題としては第一ラウンドを終わり、いま整理期に入っている。すなわち、日本文明の抬頭を世界史の文脈の中でどう位置づけるかについて、欧米諸国は最初日本人を愚弄する戯画化の態度をとっていたが、一九八三年後半あたりから真面目な日本探究へとすこしずつ変わっている。しかし、比較的公正に現代日本を考えようとする英米にくらべて、西ドイツには度量の欠けた感情的な日本論が目立つ。そこには、かつて一九三〇年代に「近代の超克」を唱えた日本と類似の心理構造が、今度は日欧逆転した関係で起きていると言ってよい。

ヨーロッパ人は日本人の現在を物質主義、能率主義、技術万能主義と決めつけ、非文化的状況であるかのごとくに言う。彼らがヨーロッパの精神的、道徳的優越を唱えだしたのは実は自己防衛の本能からだが、彼らはそれに気づいてさえいない。日本に西欧流の個人主義、自由主義が欠けていることが労働倫理面での日本の有利さであり、やがて日本も西欧なみに労働倫理の衰弱を迎えるであろうとき、精神文化面でもやっと国際的に一人前になるのだ、といった議論が欧米人の間に依然としてある。

要するに、物質文化面と精神文化面とは不可分に結合しているはずだが、欧米人はあえてこれを二分化し、前者の成功を承認せざるを得ない分だけ、カサにかかって後者への攻撃をしているわけだ。そこで問題はこれに対する対応だが、日本の精神文化面での優越を唱えて反撃するという姿勢ではなく、日欧のそれが相対的に等価値であること、さらに地球上の全文化の平均的平等性という観念を機会あるごとに欧米人に説くという態度でなければならぬ、との西尾氏の結論に私も同感だ。

かつて物質文明の面で西欧に立ち遅れていた時代にわれわれがなにかと日本精神を鼓吹したのと似たような意味において、いまヨーロッパで代償行為が逆倒して起こっている不健全な傾向を拙論は指摘している。これは重要なポイントと私は見ているが、神谷氏が見逃さず、全体の意図をバランスよく解説して下さって有難かった。ところが同じポイントを次のように書く時評もあった。

ドイツの「シュピーゲル」誌など、諸外国紙誌から、欧米人が描く日本人像を取り上げているのは「中央公論」の西尾幹二の論文である。野蛮なチョンマゲというイメージこそなくなれ、いまもって欧米人の日本人観には、ハイテクノロジー国日本の成功と生産性の高さを封建的精神に結びつけようとする彼らキリスト教圏の文化上位の倒錯感情が隠ぺいされているのだと分析している。分析通りであろうとは思うのだが、しかしそのことは同時に、太平洋の時代を唱え始めた日本人の側の我々の意識の中に、アジア諸国や南洋諸島の人たちにむける同様の倒錯が内在していないか、むしろそのことを反面教師として見ないかぎり、結局のところこの種の議論はいずれもアナクロニズムな国家主義の称揚を導びく議論につながりかねない。

（金井淑子「週刊読書人」一九八五年二月四日）

これはある意味で典型的なものの言い方であるといえる。つねにこういうことを言う人がいる。日本が西欧の先進文明と地球上の他の文明のどちらをも理解し、どちらにも与しない二重性を生きる国であることは私ももとよりよく承知している。ただ物質文明の面で、すなわち近代化された生活において、日本人が羨むようなレベルに達している国々は、欧米以外の地域においてはいまだ存在しない。日本人が再び代償行為として日本精神をもち出さねばならないほど劣等感にわれわれを苛むような国々は、アジアには生まれていない。とすれば右の時評は見当外れであり、私の論文の意図とはかけ離れている。テキストが読めていない。内容が分ってなくて政治感情だけでものを書くこの手の論客がメディアを埋めていて、今も昔も若い読者をミスリードしている。

六

ところで、欧米の大手のメディアに日本人の主張を発表していくことの難しさはよく知られている。欧米人の気に入らない論調はたいてい忌避される。私も何度も経験があるが、日本に関する単なる情報は喜ばれるが、政治思想や信条に関する日本側の主張はたいてい受け入れてもらえない。

しかし本巻Ⅳ「シュミット前西ドイツ首相批判」の中の論文はうまく行けば主要メディアに載る可能性があった。ナチスをめぐるドイツ人の自己欺瞞をテーマにしていたので、たぶんタブーに触れたのだろう、最終的には成功しなかったが、私ならびに関係者の手違いさえなければひょっとしたらうまく行ったかもしれない、という所まで行った。

ドイツ人の側に私の論の支持者がいて、最後に小さな雑誌に公表することが可能だったことを思うと、戦争のテーマでドイツ社会が日本人のドイツ批判を受け入れる余地は十分にある、と見ていいのだ。シュミット前首相の発言は日本でこそ評判を得たが、ドイツ国内で彼がつねに友や味方に取り巻かれているわけではない。

拙論「〝日本の友〟シュミット前西独首相に反問する」(「中央公論」一九八八年七月号)は、『ヨーロッパとの対決』と名づけた本全集第10巻の「対決」の名に最もふさわしい一文であると思う。どうか虚心にページを繰っていただきたい。

以上本巻IIIIIIVに収めた三種類の体験録を、何年にもわたって追跡し、掲載してくれた当時の「中央公論」編集長・故平林孝氏の霊に、御礼を申し上げ、その早逝をあらためて悼む者である。

七

本巻V「異文化を体験するとは何か」は日本を理解させるための対外姿勢という今までの論旨とは一転して、日本人の理解の質を問題にする。本巻のテーマでいちばん肝心な部分をなす。

「漱石の文明論と現代」で、私は「漱石の師マードック先生」と題された平川祐弘氏の力作評論が漱石の有名な講演「現代日本の開化」を読み間違えているのではないかという問題を提起した。「開化」とは今のことばでいえば「近代化」である。

漱石は日本の未来を暗く、消極的に思い描いていたが、自動車産業の成功による日本の近年の発展を見ると、漱石の予言は当たっていないのではないか、という意味のことを平川氏は述べている。私は漱石のあの講演では西洋と日本のどちらが優位かが問題にされていないこと、よく読むと、漱石は西洋の近代化は内発的で立派で、日本の近代化は外発的で上辷《すべ》りだと言っているのではなく、西洋と日本とを問わず近代化そのものを共通現象とみなしており、かつこれをともにネガティヴに見ている視点があることに注目するように論述した。つまり平川氏は漱石のテキストを読み違えているのではないかと言ったのである。詳しくは私の論述を見ていただきたい。

平川氏は講談社学術文庫版『漱石の師マードック先生』「あとがき」で次のように書いている。

> 拙論を読んで、……「漱石の文明論と現代」を「文学界」昭和五十六年八月号に発表したのは西尾幹二氏である。私は日本の文化的ナショナリズムを説くつもりは毛頭ない（日本の文化的ナショナリストといえばドイツ各地で挑発的な講演をしてまわった西尾氏自身の姿がそれであろう）。私はただ漱石の悲観は、一九百八十年代の今日から振返るならば、必ずしも当っているといえない点があるのではないか、という疑念を提出したまでである。
>
> （同書初版一九八四年）

私は平川氏を文化的ナショナリストと言ったのではなく、氏が「現代日本の開化」を読み間違えている、と言ったにすぎない。「開化」すなわち「近代化」を平川氏のように西洋と日本の対立図式でとらえず、歴史上の共通現象ととらえる漱石の視点を見落とすな、と言ったまでで、これはドイツ各地で講演した「近代日本とは何か」からパリでの西部氏との論争にいたる私の一貫した立脚点に通じる。私は日本の歴史の独自性をどこまでも主張するが、日本の文化の西洋に対する優位性を主張するつもりはないし、事実、していない。平川氏は他方、欧米と日本、西と東を対比させる文化論、西と東という空間の相違からスタートする優劣の思考の型に最初からとらわれている。

ここで『ヨーロッパの個人主義』の「日本人にとって『西洋の没落』とはなにか」で、工業生産力の新しい優位からくる日本人の優越感を私が戒めている文章を思い起こしていただきたい。日本の優越を疑問としたと同時に、今度はすぐに西洋の優位、西洋の変わらざる文化的優位を私は説いていただろうか。よく読んでいただきたい。私は日欧のどちらの文化的優位も決して口にしていない。むしろ西洋の悪意を論じている。悪意に裏づけられた西洋人の生命力のしたたかさに繰り返し立ち還っている。これに対する日本の文化的優位さえも語っていない。文化では相手と戦えないのである。西洋人の生命力とどう対応し、対決していくかに私の関心は集中している。

私は若い頃から一貫して同じことを言っている。若い頃の右の文章においても、漱石を論じた文章においても、平川氏の言う「ドイツ各地での挑発的な講演」においても、西洋とどう戦うべきかという動機において一貫し、自国文化の優位などに少しも関心を払っていない。また、西と東を対比させる文化の定義に興じてもいない。そのことを、本巻編纂の過程で、自らあらためて確認したことをお伝えしておきたい。

文芸誌「新潮」誌上の平川氏の「漱石の師マードック先生」に私の目が向かったのは、当時たまたま文芸時評でこれを大きく取り扱ったからである（本全集第9巻「文学評論」六一一―六一二ページ参照）。そこですでに次のように明言している。「日本の近代化は成功しても、私たちの精神生活は今なお、漱石の言う『外発性』からくる『空虚さ』に覆われていないだろうか。」「ヨーロッパ文明がいつかは没落し、代わりに日本が興隆することがあってもおかしくはない……けれども日本の興隆を特徴づける科学技術がヨーロッパ産であり、少なくとも西欧世界の科学技術と同次元のものであって、日本は系統的にまったく異質の文明を築いているわけではないのだ。ヨーロッパの没落はこの点で日本の問題とも直結するのである。漱石が『外発的』と言った基本は、日本が科学技術による『開化』の道を歩んでいく限り、容易にくつがえされるものではない。」

拙論「漱石の文明論と現代」は文壇的にも波紋を広げた。「東京新聞」の「大波小波」欄が三度取り上げた。一九八一年七月十四日付は「この平川の論の皮相さをついたのが今度西尾幹二が書いた『漱石の文明論と現代』（「文学界」八月号）だ。平川の見方と逆に、漱石は開化そのものへ疑問を提出しているので、西洋も日本も含めて、技術革新とか近代化だけでは真の文化は生まれず、したがって文学も不毛におちいると警告している。」と正確に記している。七月二十二日付は「どこかから平川をたしなめる声が上がるかと待っていたら、やはり言う人間がいた。」と私の名と論題を示し、「産業面で日本が成功したからといって、漱石の悩みが解消したわけじゃない、と平川の思い違いをただしている。」と要約している。八月六日付も「文学に限定するかぎりでは西尾の考え方に賛成である」と。そして桶谷秀昭氏と入江隆則氏の文芸時評がこれに追い撃ちをかけるようにつづいた。

敏感な平川祐弘氏は何かと目にし、心穏やかでなかったであろう。漱石のテキストの読み間違えでしたとあっさり兜を脱げばここでいっさい終わるのに、学校優等生で通して来た人にはそれができない。桶谷秀昭氏や入江隆則氏はさすがその点では「文学者」である。私の文章の微妙な点、産業の成功は漱石の悩みとは関係ない、と言っていた「大波小波」欄レベルの表向きの部分にだけではなく、肝心な細部に目が届いていた。

私に一等興味深かったのは、漱石の「自己本位」という言葉について、異国文化との関係で、「われわれは結局、完全に到達するのではなく、不完全を完成させるという瞬間的な決意を引受ける」ことだと解しているところである。正確な理解と思う。

（桶谷秀昭「東京新聞」一九八一年七月二十五日夕刊）

入江氏はさらに微妙な屈折点に錘《おもり》を下ろしていた。

漱石の「現代日本の開化」に関するポレミックな部分もさることながら、批評家としての西尾氏の思考の動き方がよくわかる後半が、とりわけ興味深かった。小林秀雄を引き合いに出して「『日本的なもの』にせよ『西洋的なもの』にせよ、一目で展望できる歴史の青写真」はばかばかしいと西尾氏はいう。「文学は青写真や見取図に立って物を言うことではな」く「歴史を見るにせよ、社会を見るにせよ、文学者は展望の広さを誇る必要はないし、予見する能力を得意がる必要もないのである。むしろ認識の限界を自覚し、自分を一つの点に限定してはじめて見えてくる何かを信ずるという姿勢こそが、文学者の態度ではないか」ともいう。

それはまさにその通りである。しかし逆にいうと、青写真と見取図が貧弱な文学者の、独善的な蒙昧ぶりにうんざりすることも、最近私には多い。それに厳密な意味であらゆる見取図を拒否すれば、どんな生活も成り立たないのも事実だろう。西尾氏のこの文章が面白いのは、「青写真と見取図」を拒否しながら、実は文明論という名の「青写真と見取図」を終始問題にしているからだともいえる。それがこのエッセイのある種の矛盾をはらんだユニークな特徴ではなかろうかと思った。

（入江隆則「昴（すばる）」文芸時評一九八一年九月号）

不完全さを完成させるとか、一つの点に限定して自分を信じるといったこの微妙さは、平川祐弘氏にとっては恐らくまったく理解の外にあるのだろう。

その後いろいろな場面で氏が私について慎みのない言葉遣いで論評していると伝え聞いている。漱石のテキストの読み間違えを指摘された一件がよほど身にこたえたのであろう、と世間の人に思われるだけであろう。

八

「ドイツの大学教授銓衡法を顧みて」という小論が本全集第7巻Ⅳに載っている。これは東京医科歯科大学の教授人事をめぐる金銭スキャンダルを機に、私が公正と競争を両立させたドイツの大学の人事システムを報告した一文である（「文藝春秋」一九八三年十月号）。

不正排除と学問の活性化を維持する目的から、ドイツには「同一学内招聘禁止法《ハウスベルーフングスフェアボート》」という慣習法が存在する。一口で言えば、自分の出身した母校の教授にはなれない取り決めだ。教授は自分の愛弟子《まなでし》を後釜に据えることはできない。准教授が教授に、教授が正教授へと位階を上げていくには必ず他大学の門を叩き、他流試合といっていい試問を受けなければならない。私がこの情報を「文藝春秋」に書くまで日本ではほとんど知る者はなく、教育学者でさえ初耳であった。教育哲学の難しい理論を翻訳紹介はするが、留学してもきちんと現実を見てこないのが日本の学者知識人である。

本巻Ⅴの「複眼の欠如」「複眼の意味」と題した高橋英夫氏とのいわゆる「暗闇論争」――とその頃呼ばれた――をお読みいただくに際し、どうか本全集第7巻の「ドイツの大学教授銓衡法を顧みて」をご一読たまわりたくお願いする。同論争の発端も私の文芸時評にあり、本全集第9巻六六六―六六七ページに、高橋氏の評論を捨て置けないと思った私の動機はすでに示されている。

「河上徹太郎『西欧暮色』のもの足りなさ」は同人雑誌時代に書かれた。一九七二年という最も早い時代の文章で、私は三十七歳だった。これは「横光利一『旅愁』再考」（「文学界」一九八三年十月号）と、私の主観ではいわば対をなしている。なぜなら河上氏が戦後の自分のパリ体験は「横光利一のそれのしき写し」であったと平然と言ってのけているからである。「私のパリは横光氏の『外遊日記』や『旅愁』に描かれたそれである」

ところでその『旅愁』だが、一読して私が発見したのは、登場人物は日本人ばかりで、彼らがフランスにあってフランス人を「外人」という言葉で表現している奇妙さである。自分たちが「外人」であることにまったく気がついていないように描かれているのは驚きである。吉田健一氏や篠田一士氏がこの閉鎖小説を近代小説だと絶讃している意味が私には分らなかった。ただ彼らとは違った角度から、私の評論は『旅愁』を評価している。

日本を離れた遠いところで、とりわけヨーロッパである程度長期に暮していると、判断力も不確かな病人と変わらぬ心的状態に陥ることが多い。ことに昭和の初期まではそうだったと思う。帰国しても、すぐに日本に適応できない不具者のようになって、元の自分には簡単に戻らない。そのような病理的症状を横光は「旅愁」と呼んだのである。さすが作家である。外国体験は知能の問題ではなく、身体の問題だと正確に見ているのである。そして、この心身症的事例を登場人物に即して精巧に追究している。矢代の古神道へのこだわりも、千鶴子との恋愛も、みな病理学的範疇に属するものとして観察されている。

ところでV最後の「無心への飛躍――ユング、小林秀雄、唐木順三、オイゲン・ヘリゲル、ニーチェ」(「新潮」一九七八年九月号)は異文化体験の極限をヘリゲルの弓道修業のうちに見届けようと模索している。体験はここでも知能ではなく身体である。心と身体の一体化したある全体である。この評論は「『旅愁』再考」からは四年経っているが、同一線上の問題を扱っている。

外国文化を理解するとはどういうことか。まことに簡単なことではない。自分というものがなければなにも起こらないが、その自分というものが理解を妨げるのである。「人間が自我意識を捨てて、無心に達するという究極の救い」を、私はこの一文によって体験したと言っているのではなく、わずかに予感し、推察していると言っているまでである。

尚「無心への飛躍」はハンブルク大学日本学科が編集する „KAGAMI“という雑誌に Der Sprung ins ‚mushin', den „Zustand ohne Denken“ として翻訳掲載された(訳者は Dr. Franziska Ehmcke)。日本ではこのドイツ語訳は同学社からドイツ語教材テキストとして一九八七年に刊行された。

九

前にも述べたが、本巻はベルリンの壁の崩落にいたる直前、一九八八年頃までの文章を収めていて、その敷居をできるだけ越えないように編集されている。一九八九年に私は『「労働鎖国」のすすめ』という、社会に刺戟を与え、反響も大きかった一書を残している。誤解も引き起こしたが、日本社会の崩れを阻止するパワーも発揮した。この一書は全集第11巻『自由の悲劇』に入れるべく編集を完了しているが、外国人単純労働者導入問題、ひと口でいえば移民問題が少しづつ気にかかり出したのは、今調べてみると一九八〇年代の後半頃からである。本巻でいえばⅥ、Ⅶのブロックがそれに相当する。

「ヒトの移動」について一番最初に私が言挙げしたのは、「正論」一九八八年一月号の「『国際化』とは米国への適応なのか」で、中曽根政府の安全保障政策等を扱った文の最後の三―四ページに「外国人労働者問題に無邪気でいいのか」の小見出しの下に、ほんの追加的に書き添えた。これが火を点けたかのごとく論壇で大騒ぎになったのを記憶している。ちょうど時期が来ていたのである。石川好氏が「人間不在の開国論」（「Ｖｏｉｃｅ」同年二月号）で応じたので、私はしっかり腰を据えて書くようにとの編集部の求めを受けて、「『人の自由化』は悲劇的錯誤」（「正論」同年三月号）を著した。同論文がいわば引き金になって、外国人労働者導入慎重論に引き摺り込まれるかのようにのめり込むことになったのである。ＮＨＫ総合テレビで二度にわたる長時間討論番組に参加したり、テレビ朝日の朝まで生テレビで孤軍奮闘したり――そのとき私をひとり援けたのは西部邁氏だった――余り慣れない行動に打って出たのは、「正論」三月号の同論文を切っ掛けにして起こったことだった。

イスラム教徒と中国人の異常な膨張による二十一世紀の民族大移動、気をゆるめた先進各国を震撼させている今の時代の移民問題に、四半世紀前から警鐘を鳴らした私の一連の文章は、全集第11巻の一角にまとめられるが、世界の動揺は一九八〇年代の後半に始まっていて、私は八七年末に最初に手を着けている。そのしるしが本巻Ⅵであり、この件の初期活動として刮目していただけたら幸いである。

十

VIIの「戦略的『鎖国』論」は、講談社から一九八八年七月に同名で出された評論集の第I部を形成している。ほぼ同じ歳月に集中していた〝自国文化を守る〟という私の意識の現われだが、妙なことにこの論争では「ヒトの移動」については論じられていない。もっと多角的な、産業社会の日本の今後に関わる諸テーマをいろいろ掘り起こしているので、当時よく読まれ、後に講談社文庫にもなった。文庫版の解説は経済学者の飯田経夫氏（名古屋大学教授）のお手を煩わせたが、的を射た良い解説でありがたかった。

ノーベル経済学賞受賞者のポール・サミュエルソンの発言に違和感を覚えた私の引用を読んで、次のように言っている。

実際、欧米人が描く日本像は、時代錯誤も甚だしい。たとえば、日本人が学校を巣立って大企業に終身雇用されるのは、「これは本当に封建主義だ。一九八〇年が幕府時代みたいで、君が歌舞伎座で見ているままの世界なのだよ。」と、ある日本人とのインタビューで（！）語っているのが、有名な経済学者ポール・A・サミュエルソンであるのには、著者とともに私自身も、「ほとんどわが目を疑う思い」がする。私が経済学者で、サミュエルソンのすぐれた教科書で経済学に入門した経験があるだけに、ショックにはことさら大きいものがある。「こういう失礼なことが、よくぞいえたものだな」というのが、私（に限らず多くの日本人）の偽らざる実感だろう。しかし、当のサミュエルソン自身には、失礼なことをいったという自覚は、かけらほどもないだろう。まったく悲しいことだが、欧米人の傲慢はそれほどにもひどいのだともいえるし、人間が古びた固定観念にいつまでも支配される度合いは、それほどにも極端だともいえるのである。

幸いなことに、これまでのところ日本の社会は、種々の問題を抱えつつも、まだそこまでは（注・欧米の個人主義の行き過ぎまでは）行っていない。したがって日本人は、ムードや外圧に流された安易な「国際化」論を唱えることなく、堂々と自己主張すべきだと著者（西尾）は考える。すなわち、「本論で私が言いたかったことは、外国にそのモデルを探す自らの弱さを捨てよ、ということに外ならない。」おおよそ以上が、この好著が発するメッセージの概要である。

飯田氏も西尾の立論は残念ながらまだ少数派だと言っていたが、たしかにそうで、本巻『ヨーロッパとの対決』が先駆け的な洞察を示し得ていたか否かは私の知見の及ぶ範囲ではない。本巻が問うた内容を最後にあらためてまとめてみると、西洋文明ははたして普遍的か、世界に中心軸は存在するのか、という問いに収斂される。西洋人自身（アメリカ人も含む）も今はその点を半ば疑いつつも、地球の他地域に無知で、それでやっていけるので傲慢であることにさえ気づかない。日本人は今となれば当然、「自己本位」で行くほかないのに、こちらも怠惰と無気力ゆえに、たいていの分野で西洋的尺度に合わせ、自己を主張しない。その方が楽で、容易だからである。自己がなくなってしまっている。西洋文明の閉鎖性、地方性、周辺性、つまりは非普遍性は目をこらせば見える者には見えるのである。

十一

国立国会図書館に約八〇〇篇の私の論文が収蔵されていることを知ったのは本全集開始後だった。うち約二割は私の著作になく、記録保存もなされていなかった。本巻からその中の目星しいものの再録を始める。

「講演　知恵の凋落」は一九七三年十二月に原宿で開催された第二回生長の家市民文化講座において行われた。講演者は林房雄、戸田義雄、高尾亮一他の諸氏に私も交じっていて、林房雄編『日本の息吹き』（日本教文社）という講演録が後に出版されている。その中に私の「知恵の凋落」も収められていたので、ここに復活させる。私の三十八歳の作だった。

十二

各篇を最初に収録した単行本とそれぞれの作品名を記すと次の通りである。

『懐疑の精神』（中央公論社、一九七四年十一月）＝「河上徹太郎『西欧暮色』のもの足りなさ」

『鎖国の跫音』（ＰＨＰ研究所、一九八一年十二月）＝「ヨーロッパの閉鎖性」「私の文化観」「粗製濫造のマンガ文化」「もてあそばれる『文化』概念」「日本をとりまく『誤解』の構造」「海外からの留学生を優遇する」「掌篇六篇」

『西欧の無知　日本の怠惰』（ＰＨＰ研究所、一九八二年一月）＝「西欧の無知　日本の怠惰」「愚かなり『日本特殊論』」「西ドイツから見た日本」

『日本の教育　智恵と矛盾』（中央公論社、一九八五年十月）＝「複眼の欠如　西洋の見方　過去の見方」「複眼の意味」「日本におけるドイツ語教育の衰亡」

『行為する思索』（中央公論社、一九八七年五月）＝「漱石の文明論と現代」「横光利一『旅愁』再考」「無心への飛躍」

『戦略的「鎖国」論』（講談社、一九八八年七月）＝「ロンドンで考えたこと」「『国際化』とは米国への適応なのか」「『人の自由化』は悲劇的錯誤」「『西ドイツ見習え論』のウソ」「欧米人が描く日本像の奥底にあるもの」「戦略的『鎖国』論」

『智恵の凋落』（福武書店、一九八九年十月）＝「読書する怠け者」

『日本の不安』（ＰＨＰ研究所、一九九〇年三月）＝「変化したヨーロッパの位置と日本の学問」「アジア人の見方」

『日本の孤独』（ＰＨＰ研究所、一九九一年十二月）＝「〝日本の友〟シュミット前西独首相に反問する」「シュミット氏との論争不成立について読者への報告」

『思想の出現』（東洋経済新聞社、一九九四年九月）＝「西欧強迫症を超えて」

『現代について』（徳間書店、一九九七年十二月）＝「言葉なき国は滅ぶ」「『欧米の挑戦』を受けて立つべし」「『国際化』などという言葉は使うなかれ」「日米双方にみられる自己錯覚」「大国としての日本のエゴイズム考」「アジア各地に日本史資料館を」

『西尾幹二の思想と行動②』（扶桑社、二〇〇〇年十月）＝「近代日本とは何か」「ドイツで私の講演がぶつかった壁」「拒否される日本人の自画像」「身構える西欧的な自尊心」「日本の擡頭はどのように解釈されるべきか」「西欧の自閉　日本の無力」

国立国会図書館蔵書（NDL）＝「日本の知識人　いびつな西洋観の系譜」「ウラもオモテもない社会、ドイツよ」「『労働開国』はどう検討しても不可能だ」「外国人労働者問題における西ドイツの事情」「穀物自給率の全体を高めよ」「講演　知恵の凋落」

講演「近代日本とは何か」のドイツ語原文は、東京大学比較文學會編『比較文學研究』第四十四號（一九八三年十月）と、シュトゥットガルトの学術研究出版社 WISSENSCHAFTLICHE VERLAGSGESELLSCHAFT m. b. H. の雑誌 UNIVERSITAS Jg. 39（1984）に掲載されたが、本巻には省略部分の少ない前者を採用した。

西《にし》尾《お》幹《かん》二《じ》全《ぜん》集《しゅう》　第十巻

ヨーロッパとの対決《たいけつ》

平成二十七年一月二十日　初版第一刷発行

著　者　西尾幹二

発行者　佐藤今朝夫

発行所　株式会社国書刊行会
〒一七四―〇〇五六
東京都板橋区志村一―一三―一五
TEL〇三（五九七〇）七四二一
FAX〇三（五九七〇）七四二七
http://www.kokusho.co.jp

印刷所　三松堂株式会社

製本所　株式会社ブックアート

ISBN978-4-336-05389-3